厚德博學
經濟匡時

匡时 金融学系列

|第3版|

投资学教程

上海财经大学金融学院《投资学教程》编写组　编

上海财经大学出版社

图书在版编目(CIP)数据

投资学教程 / 上海财经大学金融学院《投资学教程》编写组编.—3版.
—上海：上海财经大学出版社，2022.12
（匡时·金融学系列）
ISBN 978-7-5642-4094-3/F·4094

Ⅰ.①投… Ⅱ.①上… Ⅲ.①投资经济学-高等学校-教材 Ⅳ.①F830.59

中国版本图书馆 CIP 数据核字(2022)第 220055 号

责任编辑：刘晓燕
封面设计：张克瑶
版式设计：朱静怡

投资学教程（第3版）

著 作 者：上海财经大学金融学院《投资学教程》编写组 编
出版发行：上海财经大学出版社有限公司
地　　址：上海市中山北一路369号(邮编200083)
网　　址：http://www.sufep.com
经　　销：全国新华书店
印刷装订：上海市崇明县裕安印刷厂
开　　本：787mm×1092mm　1/16
印　　张：30.25(插页:2)
字　　数：575千字
版　　次：2022年12月第3版
印　　次：2025年9月第3次印刷
印　　数：55 001—56 500
定　　价：59.00元

投资学教程
（第三版）

主　编

王明涛

前　言

《投资学教程》第二版发行至今已近七年。这段时间，我们经历了两方面与投资学有关的重要变化。一是我国高等院校在经济金融教学改革中对于投资学的教学越来越重视，很多非金融的经济管理类专业都把投资学作为一门重要课程列入专业教学计划中，这说明金融投资重要性的理念在高等院校经济管理专业的教学中得到普遍提升。上海财经大学已经将投资学列入商学院的平台课程，几乎覆盖商科的所有专业。二是中国经济金融深层次改革对于推动资本市场的发展起到了极大的促进作用。在金融管理当局倡导投融资更多地向直接融资倾斜的政策引导下，中国资本市场尽管遭遇了经济欠景气的宏观层面压力，但资本市场的改革步伐不断加快。中国的科创板市场、金融期权期货市场、新三板市场，以及相关的企业债私募债业务、金融资产管理业务、资产证券化业务等均得到极大的发展。这一切，均为投资学的教学实践和理论演进提供了巨大的发展空间。

为了更好地适应中国资本市场的发展实践，我们根据读者对最新市场发展变化了解和分析技能变化的需求，对第二版的《投资学教程》进行了较大规模的修订，主要安排如下：

(1) 全书的结构安排更加合理。我们将第二版的十四章改为四篇十八章内容，分别为证券市场篇(第一、二、三章)、资产定价基础篇(第四、五、六、七章)、金融产品定价篇(第八、九、十章)及综合应用篇(第十一、十二、十三、十四、十五、十六、十七、十八章)。第一篇主要介绍证券市场产品、参与者、市场类型及证券发行与交易、证券市场监管等，这些是证券投资的基础与环境。第二篇为资产定价基础篇，主要介绍资本资产定价理论，包括资产定价基础、资产配置理论及 CAPM、APT 等定价理论，为后续金融产品的定价奠定基础。第三篇为金融产品定价篇，是第二篇的具体应用，介绍几类主要金融资产的定价，包括债券定价、股票定价及期货期权的定价等。第四篇为综合应用篇，该部分为投资学的基本理论在实际投资中的应用，包括资产配置、股票投资分析、债券投资分析、基金投资分析及套利投资策略、期权投资策略、股票量化投资策略、套期保值策略等。这种安排从理论到实践、从基础到应用，逻辑更为清晰，更符合中国学生的学习特点。

(2) 增加了投资学应用的内容。尽管第二版中有部分投资学应用的内容，但这些内容不但少，也不突出。为了使读者能更好了解投资学在实际中的应用，能更好地理论联系实际，本次修订专门增加了综合应用篇，突出并较大幅度地增加了投资学应用的内容。这些应用基本包含了投资学在实际中的应用范围，有效弥补原书中投资学应用不足的缺憾。

(3) 根据我国资本市场的发展现状和投资者的需要，对各章的内容进行了调整，增加了适合我国资本市场变化和投资者需要的内容，削减了与我国市场关系不大和投资者不太需要的内容。如在第一章证券市场产品部分，增加了大宗商品、非标产品(字画、艺术品等)、碳金融、加密货币等其他投资工具；在中国的证券市场层次部分，增加了科创板市场、北京证券交易所等内容。在第二章，增加了股票发行注册制的内容。第三章在第二版的有效市场理论基础上，增加了其他投资理论与流派的内容。第四章为新增的内容，主要介绍投资学的基本假设、数学基础及证券投资收益和风险的度量。将第二版中第四章的内容更改为本书第五章马科维茨资产配置理论，全面系统地介绍了马科维茨均值方差模型、证券投资组合的可行域、有效组合与有效边界及最优证券组合的选择与马科维茨模型的应用。第六章(第二版第五章)增加了分散化投资的应用及分散化投资的方法。第七章(第二版第六章)增加了 Fama 和 French 的五因素模型及多个实际案例，使内容更切近中国的实际市场。第八章(第二版第七章)是债券定价分析，对第二版内容进行了重新整理，将可转换公司债券定价放在第十六章的期权投资策略部分，增加了利率期限结构，对其他内容进行了整合，使其更为规范合理。第九章(第二版第十章)为股票定价分析，本次修改进一步充实了各部分内容，并对案例进行了更新，同时也增加了章后的练习题。第十章为期货和期权定价分析，将第二版的第十一章与第十二章整合，并重点从定价角度进行阐述，去掉了与定价关系不大的内容，将期货套期保值与套利内容放在综合应用篇。从第十一章到第十八章是综合应用篇，第十一章为第二版第十四章的内容，即资产配置与业绩评估。本章对资产配置理论进一步细化分析，同时对部分案例进行了更新。第十二章为股票投资分析，为第二版第十章内容，我们主要从理论应用的角度展开对股票投资的分析，压缩内容，使其更为简练，同时给出中国实际的案例。第十三章为债券投资分析，本章将第二版第七章中的债券收益与风险分析、债券评级与第八章中的久期和凸性、消极和积极的债券组合管理有机组合，从债券投资的角度分析债券投资收益与风险以及风险管理，并增加了一些应用案例。第十四章基金投资分析，为第二版第十三章的内容，本章几乎进行了全新的修改，主要从基金投资的角度进行分析，包括证券投资基金基础、收益与风险、基金的选择等，并对几类主要证券投资基金的投资进行分析，内容更为系统、适用。

第十五章为套利投资策略，本章从套利投资的角度介绍投资学理论的应用，不但扩充了第二版第十一章期货套利的内容，而且还介绍了期权等其他工具套利的内容，并配有思考与练习题。第十六章期权投资策略，本章不但扩充并丰富了原书第十二章中期权交易策略的内容，而且详细介绍了期权投资的风险与管理，另外，将第二版第七章中可转债定价放在此章，同时给出了相应的案例。第十七章为股票量化投资策略。量化投资策略是最近十几年业内应用最广泛的策略之一，本章系统介绍了多因子选股策略、市场中性策略、指数增强策略及量化择时策略等多种股票量化投资策略，是全新的内容。第十八章为套期保值策略，本章从套期保值的角度介绍投资学理论的应用，不但扩充了第二版第十一章期货套期保值的内容，而且介绍了期权套期保值的内容，增加了套期保值应用的案例。经过这样大规模的修改，相信《投资学教程》第三版一定能紧随我国资本市场的发展，为读者更深刻地理解和应用投资学理论提供帮助。

(4) 对文字表述进行了重新梳理，对书中的符号进行了统一。

(5) 配置了更接近我国资本市场实际的案例与习题。为了方便学生在学习时得到更多的实战训练，我们在每一章后面都给出了思考题及练习题，以供读者训练。

参加本次新版改编的人员分工如下：金德环第一、二、八章；曹志广第三、四、十一章；王明涛第五、六、七章；朱杰第十、十三、十六章；王安兴第九、十四、十八章；谢斐第十二、十五、十七章。全书由王明涛统筹。

在本书的写作过程中，国信证券公司债券投资交易部主管赵文、招商证券公司投资银行总部高级经理彭淳懿、中欧基金公司基金经理孙甜博士提供了部分案例资料，在此表示感谢。

由于全球和中国资本市场一直处于快速变化和深化改革的进程中，编写组成员难以随时掌握已经变化了的状况，仍可能在书中遗留不少问题和错误没有解决，敬请读者谅解，容后续再版时予以更新。

王明涛

2022 年 8 月

目　录

第一篇　证券市场篇

第一章　证券投资与证券市场　/ 2
引言　/ 2
第一节　证券与投资概述　/ 3
第二节　证券市场产品　/ 5
第三节　证券市场参与者　/ 10
第四节　证券市场的类型和层次　/ 13
第五节　证券市场监管　/ 20
本章小结　/ 27
关键词　/ 28
思考与练习　/ 28
参考文献　/ 28

第二章　证券发行与交易　/ 30
引言　/ 30
第一节　货币证券的发行与交易　/ 30
第二节　债券的发行和交易　/ 33
第三节　股票的发行与交易　/ 38
第四节　股票的除息、除权和价格指数　/ 47
第五节　金融衍生工具的创设与交易　/ 59
第六节　证券信用交易　/ 63
本章小结　/ 70
关键词　/ 71
思考与练习　/ 71
参考文献　/ 73

第三章　证券市场投资理论流派　/ 74
引言　/ 74
第一节　有效市场假说的基本含义　/ 74
第二节　行为金融的兴起和发展　/ 80
第三节　其他投资理论与流派　/ 89
本章小结　/ 91
关键词　/ 91
思考与练习　/ 92
参考文献　/ 92

第二篇　资产定价基础篇

第四章　证券投资收益与风险　/ 96
引言　/ 96
第一节　投资学的基本假设　/ 96
第二节　投资学的数学基础　/ 98
第三节　证券投资收益的度量　/ 100
第四节　证券投资风险的度量　/ 103
本章小结　/ 109
关键词　/ 109
思考与练习　/ 109
参考文献　/ 110

第五章　马科维茨资产组合理论　/ 111
引言　/ 111
第一节　资产组合理论的产生与发展　/ 111
第二节　马科维茨均值方差模型　/ 117
第三节　证券投资组合的可行域　/ 121
第四节　有效组合与有效边界　/ 130
第五节　最佳证券组合的选择与马科维茨模型的应用　/ 135
本章小结　/ 142
关键词　/ 142
思考与练习　/ 142
参考文献　/ 144

第六章 资本资产定价模型 / 146
引言 / 146
第一节 经典资本资产定价模型 / 146
第二节 特征线模型 / 155
第三节 资本资产定价模型的应用与检验 / 166
本章小结 / 173
关键词 / 173
思考与练习 / 173
参考文献 / 175

第七章 因素模型与套利定价理论 / 176
引言 / 176
第一节 因素模型 / 176
第二节 套利定价理论 / 183
本章小结 / 190
关键词 / 190
思考与练习 / 190
参考文献 / 192

第三篇 金融产品定价篇

第八章 债券定价分析 / 196
引言 / 196
第一节 债券定价的影响因素 / 196
第二节 债券定价 / 202
第三节 债券投资收益 / 208
第四节 利率期限结构 / 214
本章小结 / 219
关键词 / 219
思考与练习 / 220
参考文献 / 221

第九章 股票定价分析 / 222
引言 / 222

第一节　股票定价分析概述　/ 223
第二节　股票定价的绝对模型　/ 226
第三节　股票定价的相对模型　/ 234
本章小结　/ 241
关键词　/ 241
思考与练习　/ 242
参考文献　/ 245

第十章　期货和期权定价分析　/ 246
引言　/ 246
第一节　远期与期货市场的交易机制及定价　/ 246
第二节　期权市场的交易机制及定价　/ 255
本章小结　/ 270
关键词　/ 270
思考与练习　/ 270
参考文献　/ 272

第四篇　综合应用篇

第十一章　资产配置　/ 276
引言　/ 276
第一节　资产配置的含义　/ 276
第二节　资产配置模型　/ 278
第三节　资产配置案例　/ 286
本章小结　/ 288
关键词　/ 289
思考与练习　/ 289
参考文献　/ 289

第十二章　股票投资分析　/ 291
引言　/ 291
第一节　股票价值与价格的影响因素分析　/ 291
第二节　股票基本面分析　/ 294
第三节　技术分析　/ 311

本章小结 / 317
关键词 / 317
思考与练习 / 317
参考文献 / 319

第十三章　债券投资分析 / 321
引言 / 321
第一节　债券投资风险分析 / 321
第二节　久期和凸性 / 323
第三节　债券的信用风险与评级 / 329
第四节　债券组合管理 / 335
本章小结 / 343
关键词 / 343
思考与练习 / 343
参考文献 / 345

第十四章　证券投资基金投资分析 / 346
引言 / 346
第一节　证券投资基金基础 / 346
第二节　证券投资基金的收益与风险 / 350
第三节　证券投资基金的评价与选择 / 354
第四节　几类主要证券投资基金投资分析 / 357
本章小结 / 361
关键词 / 362
思考与练习 / 362
参考文献 / 362

第十五章　套利投资策略 / 364
引言 / 364
第一节　套利的基本概念与分类 / 364
第二节　套利策略及案例 / 370
本章小结 / 390
关键词 / 390
思考与练习 / 391

参考文献 / 391

第十六章 期权投资策略 / 392
引言 / 392
第一节 期权交易策略 / 392
第二节 各类特定风险的度量与管理 / 402
第三节 可转换公司债券定价 / 408
本章小结 / 417
关键词 / 417
思考与练习 / 418
参考文献 / 420

第十七章 股票量化投资策略 / 421
引言 / 421
第一节 多因子选股策略 / 421
第二节 市场中性策略 / 429
第三节 指数增强策略 / 435
第四节 量化择时策略 / 444
本章小结 / 450
关键词 / 450
思考与练习 / 450
参考文献 / 450

第十八章 套期保值策略 / 452
引言 / 452
第一节 套期保值策略 / 452
第二节 期货套期保值策略 / 455
第三节 期权套期保值策略 / 461
第四节 套期保值的应用 / 465
本章小结 / 469
关键词 / 469
思考与练习 / 469
参考文献 / 470

第一篇 证券市场篇

第一章　证券投资与证券市场
第二章　证券发行与交易
第三章　证券市场投资理论流派

第一章　证券投资与证券市场

引言

1990 年 12 月 19 日，在中国上海黄浦路 15 号原浦江饭店旧址，上海证券交易所正式开张。这是中国经济改革开放以后首次设立的场内证券交易市场，首批上市交易的证券共 30 只，包括 5 只国债、8 只企业债、9 只金融债、8 只公司股票。约半年以后的 1991 年 7 月 3 日，已经试营业一段时间的深圳证券交易所正式开业。自此，以中国上海和深圳两大证券交易所为主体的资本市场格局开始形成。企业直接融资有了更便捷的渠道，投资者可以买卖挂牌上市的证券，证券公司作为股份有限公司直接融资和投资者买卖证券的市场中介以及自身买卖证券的市场参与者也开始在中国资本市场活跃起来。

本章主要介绍证券投资的基本概念，包括证券与证券投资、证券市场产品、金融衍生品和其他投资工具，证券市场参与者、市场的类型和层次，证券市场监管模式和体系等。

第一节　证券与投资概述

1984 年 12 月的一天，位于上海武夷路的飞乐公司门口，不少人排成了长长的队伍，等待购买新中国改革开放后首次发行的股票。这就是于 11 月 18 日成立的上海飞乐音响股份有限公司（亦称小飞乐）公开面向社会个人和集体发行的公司股票，共发行 1 万股，每股面值 50 元，总筹资 50 万元。该股票于 1986 年 9 月 26 日成为中国第一批在工商银行上海市信托投资公司静安证券营业部挂牌交易的股票。

然而，长期在计划经济模式下生活的中国人，对于究竟什么是证券，什么是证券市场，如何进行证券交易等知识，大多处于空白状态。所以，当中国第一只公司股票公开向社会发售的时候，必然引起社会的震动，也产生了大量的疑惑甚至众多的质疑。

时至今日，中国已成为世界第二大经济体，资本市场也成为世界第二大市场。证券投资既是一般市民理财的重要内容之一，也是企业直接融资的重要渠道。学习并掌握投资理论和技能，已成为企业、居民乃至政府管理者在现代经济中实现各自经济目标的重要手段。

一、证券的概念与特征

证券是代表某种权能的凭证。它表明持有者有权依凭证所记载的内容取得相应的权益并具有法律效力。拥有证券意味着拥有某种权能。这种权能主要体现为持有者对证券所对应资产的收益权，该收益权依证券种类的不同而有区别。在资本市场上证券现货主要分为股票与债券。

股票代表持有人拥有对应资产的所有权，是证明持有人在该公司入股并有权从公司收入和盈利中取得股息和红利的凭证。但这仅仅是理论上的所有权。从所有权的占有、使用、收益和处置四项权能来看，持有者主要拥有股票所对应资产的收益权，这个收益权系指对资产所产出利润的收益要求权。由于利润大小的不确定，其收益也就不确定。若公司产生亏损或破产，投资者可能连投入的资本也难以收回。对于所有权的另外三项权能，作为单一的投资人是无法实现的。因为股票被分割成很小的份额，它无法占有、使用并处置作为整体的实物资产。只有对应这些资产的股票全部整合在一起，才能行使这些权能。这就是股东大会。股票持有人只能通过股东大会决议的形式来表达并行使全体股东对公司资产管理的意志。股票持有人是公司的股东并以其出资份额对公司承担有限责任。股票没有到期期限，可以依法转让和交易。

债券代表持有人拥有对应资产的债权，是证明持有人在依法约定的特定期间内将特定数量的货币借给债券发行人使用、债券发行人按规定利率在特定日期支付利息并到期归还本金的凭证。债券持有人拥有对应资产所产出利润的收益权。因为利率是固定的，所以收益也是固定的，不随发行人实际收益大小而变化。这决定了债券发行人可以利用债券的固定收益特征实行杠杆经营，增加股东权益。但是当公司经营不善发生亏损或无法按时还本付息时，债券持有人的收益无法实现，甚至本金也无法收回。债券发行人既可以是公司，也可以是政府或政府机构。债券记录的要素有：发行人、到期期限、面值、票面利率等。而权利和义务的具体内容则被记录在债券招募说明书里。债券持有人没有参与债券发行人经营和管理决策的权利。

股票和债券作为证券的主要品种，具有如下的共同特征：

(1) 收益性特征。证券持有人一般能从发行人运用权益资本和债务资本获得的增值收益中分得相应的份额作为收益。这部分投资收益，是公司经营利润在公司留存收益、国家税收与投资者之间分配的结果。股票投资者获得股息红利和资本利得，其中资本利得或交易价差是对公司未来利润的提前分配；债券投资者则获得债息收入。

(2) 流通性特征。证券在二级市场上自由交易称为流通。流通性是保证证券一级市场实现融资功能的必要条件，只有证券持有人能够方便地将持有的证券实现转手交易，投资者才愿意将自己的资金使用权转让给证券的发行人。证券的流通性能促进二级市场的活跃，从而保证一级市场的健康发展。

(3) 风险性特征。证券交易价格在流通市场的上下变动会导致证券投资人收益发生变化甚至亏损。证券收益在理论上可以分为持有时间的收益和承担风险的收益。除了持有到期国债以外，其他证券的价格在市场上都面临各种不同因素变化的影响而产生波动，这种波动就是证券的价格风险。即使是国债，如果不持有到期，其价格也会受到市场利率变动的影响。

二、证券投资的概念与特征

证券投资系指投资者放弃当前消费而将资金通过购买证券以期未来获取收益的行为方式。当人们把自己收入的一部分用来购买股票、债券或者存入银行的时候，他正是放弃了即期消费而持有了有价证券。在经过一定时间以后，持有人就可据以要求获得相应的股息、红利或利息。如果这些证券可以在市场上流通，持有人也可以通过将证券转让而获得差价即资本利得。但因为证券的风险性特征而使证券价格发生波动，从而可能使资本利得成为负数。由此我们可以将证券投资的收益分为两部分：一部分是由投资者持有证券的时间所获取的收益，另一部分是由投资者持有证券所承受的风险而获得的收益。证券投资的收益可以用公式表示如下：

$$绝对收益=证券的卖价-买价+股息红利+利息$$

$$相对收益=(证券的卖价-买价+股息红利+利息)/买价$$

一般将相对收益以年化收益率表示，则公式为：

$$相对收益率=[(证券的卖价+股息红利+利息)/买价]^{1/n}-1$$

其中，n 为证券持有的年数。

从上述公式可见，证券投资的收益是由买卖差价和股息利息计算得到的。其中股息红利和利息收益来自公司的经营收益，可以看作是实体经济的贡献，代表着社会财富的增加。而证券买卖差价则来自证券持有人在交易市场上的转让收入，其盈利直接表现为买卖双方的价值转移，并不代表社会真实财富的增加。从这个角度看，证券投资是一种虚拟投资，而只有把资本投入到实体经济中的行为才能增加社会财富，才是经济学意义上的投资，或称为实体投资。正是由于这个原因，我们把证券经济定义为虚拟经济。

与虚拟经济和实体经济相对应，投资也分为虚拟投资与实体投资。两者之间既有共同点，也有区别点。其共同点是：虚拟投资与实体投资都需要初始货币用于投资，因此都是一种延迟的消费；两者都需要用货币购买资产；增值价值的获取都需要经过一定的时间并承受相应的风险。其区别点是：虚拟投资购置的主要是金融资产，属于间接投资，而实体投资购置的主要是实物资产和无形资产，属于直接投资；虚拟投资的过程主要表现为金融资产的交易过程，而实体投资的过程则表现为具有生产能力的实体资本的形成过程；虚拟投资的结果表现为金融资产价值的增减，不能计入社会经济总量，而实体投资的结果则表现为新生产能力的运用并获得产品，其价值归入社会经济总量；以金融投资为主的虚拟投资主要在特定的场所——交易所内进行，而实体投资的场所则主要由交易双方自主决定或在按行业分类的交易市场内进行。

本节所述的证券与投资，理论上都属于金融投资。之所以专门指出证券，是因为我国传统学科领域的投资内涵和外延均超出了金融投资的范畴，故本节特指证券投资。以下章节均可理解为金融投资。

第二节　证券市场产品

在证券市场从事金融投资，必须为投资者提供可供选择的金融产品。证券市场上金融产品可分为货币市场工具、资本市场工具、金融衍生品和其他投资工具。

一、货币市场工具

货币市场工具系指期限在一年以内的金融产品，其特点是期限较短、流动性强。货币市场产品可细分为同业拆借、回购协议、票据、可转让定期存单和短期国债。

同业拆借是金融机构之间进行短期性、临时性资金调剂的工具。同业拆借分为头寸拆借和短期拆借。头寸拆借期限一般是1天或7天，短期拆借期限一般是数天到1年不等。同业拆借利率可以由融资双方金融机构协商确定，也可以通过市场公开竞标确定。大多数国家的中央银行把同业拆借利率作为货币政策的操作目标。故同业拆借利率最能反映市场资金供需情况。

回购协议是由借贷双方签订协议，规定借款方通过向贷款方暂时售出一笔特定的金融资产而换取相应的即时可用资金，并承诺在一定期限后按预定价格购回这笔金融资产的交易工具，其回购品种主要分为债券和股票两大类。在我国，回购协议的交易主要在交易所回购协议市场和银行间回购协议市场内进行。

票据贴现系指票据持有人为了将未到期的票据提前变现，把未到期的票据以贴付一定利息的方式向银行出售，银行在扣除一定利息后将票面余额支付给持票人。票据的形式主要有汇票、本票、支票、企业发行的短期融资券、中央银行一年期以内的票据等。其中企业短期融资券的交易一般在银行间市场进行。中央银行票据是央行向商业银行发行的短期债务凭证，是中央银行调节基础货币和短期利率的一项货币政策工具，目的是减少商业银行可贷资金量，其交易也在银行间市场进行。贴付利息的方式又可分为贴现、转贴现和再贴现。贴现就是持票人为提前取得现款而以一定的贴现率转让票据的行为。转贴现是指银行将以贴现购得的未到期票据向其他商业银行转让，这是商业银行间相互拆借资金的一种方式；再贴现是指贴现银行持未到期的已贴现汇票再向人民银行贴现，通过转让汇票取得人民银行再贷款的行为。

可转让定期存单是一种可转让的大额存款凭证，主要由大的商业银行发行，其特点是数额大，期限短（大多为一年以下），不记名，可流通转让，利率相对一般定期存款要高。参与大额存单交易的投资者主要有非银行金融机构、企业、政府机构、银行和个人。我国的可转让存单采用交付方式转让；记名大额可转让定期存单必须采用背书方式转让。

短期国债是由财政部发行的一年期以下的各种国债，其规模大、流通性强、信用高、风险低，易于变现，是金融市场的重要组成部分。

二、资本市场工具

资本市场工具主要有固定收益产品、权益类产品和基金类产品。

（一）固定收益产品

固定收益产品是指未来收益是事先确定的，或按事先约定的计算公式计算获取收益的凭证，一般称其为债券。债券主要有政府债券、公司债券、可转换债券和国际债券。

政府债券又分为国债、政府机构债和市政债券。国债是中央政府根据信用原则，以承担还本付息责任为前提而筹措资金的债务凭证，也是政府信用的一种主要形式。政府机构债券是由政府所属机构发行的债券。在美国主要有美国联邦政府所属机构或联邦政府创办的经营机构发行的债券。在中国主要有国务院下属的中央机构发行的债券，比如我国住房和城乡建设部发行住宅建设债券，中国人民银行发行金融债券等等。市政债券(Municipal Bonds)是指地方政府或其授权代理机构发行的有价证券，所筹集资金用于市政基础设施和社会公益性项目的建设。

公司债券(包括企业)是经营性公司依法定程序发行、约定在一定期限还本付息的债务凭证。可转换公司债券是根据事先的约定，可以在将来某个时间按约定的条件转换为普通股股票的特殊公司债券。在可转换公司债券尚未转换成股票时，它与公司债券一样享有固定的债券利息收益，但当达到在事先规定的转股期时，可转换公司债券可以转换成发行人的普通股。

国际债券又分为外国债券和欧洲债券。外国债券是指外国政府、公司、金融机构等筹资者通过在金融市场所在地国家的银行或其他金融机构组织发行的以所在国货币为面值的债券，美国的扬基债券、日本的武士债券、中国的熊猫债券都属于外国债券的范畴；欧洲债券是一国政府、金融机构、工商企业或国际组织在国外债券市场上以第三国货币为面值发行的债券，如欧洲美元债券、亚洲美元债券等等。其特点是债券发行者、债券发行地点和债券面值所使用的货币分别属于不同的国家。

(二) 权益类产品

权益类产品是指持有人拥有证券所代表实体资产所有权的金融资产，其收益不能确定的产品。权益类产品具体包括股票、存托凭证、房地产信托凭证等。

股票是股份公司发给股东、证明其所投入股份及所持股权的凭证，是股东借以获得股息收入及管理权利的有价证券。股票持有人是公司的投资者，并对该公司的净资产占有一定份额的所有权。股票按股东的权益不同，主要分为普通股和优先股。普通股是股票中最普遍的一种形式，是股份公司最重要的股份，构成公司资本的基础。持有普通股股票代表对公司财产占有一定所有权，并在此基础上派生出多种相关权益，如决策参与权、盈余分配权、剩余资产分配权、优先认股权等。优先股也代表持股人在公司中的财产或所有权，但其更强调收益性，具有领取股息优先、清偿优先的权利，但优先股股东一般不能参加公司的经营决策，其拥有的投票权是有条件的。

股票存托凭证是指由存托人签发，以境外股票为基础在境内发行，代表境外基础证券权益的证券。

房地产信托凭证分为两种，一种是指房地产拥有者将该房地产委托给信托公司，由信托公司按照委托者的要求进行管理、处分和收益，信托公司对该信托房地产进行租售或委托专业物业公司进行物业经营，使投资者获取溢价或管理收益。另一种房地产资金信托，即委托人基于对信托投资公司的信任，将自己合法拥有的资金委托给信托投资公司，由信托投资公司按委托人的意愿以自己的名义，为受益人的利益或特定目的，将资金投向房地产业并进行管理和处分的行为。后一种属房地产融资方式，不具有权益性质。

（三）基金类产品

这里主要是指由基金公司面向投资者发行的理财产品。基金有很多种类。按照募集方式的不同，基金有公募和私募之分。公募基金是以公开方式向社会投资者发行的理财产品。其特点是公开性、可变现性和规范性。私募基金是以非公开方式向特定投资人发行的理财工具。其特点是非公开性、大额性、封闭性和非上市性。按照组织形式的不同，证券投资基金可以分为公司型和契约型两种。公司型基金系指该基金是按公司法设立、具有法人资格、以营利为目的的基金公司，基金份额由它发行。契约型证券投资基金系指按照信托契约原则发行的带有收益凭证性质基金证券形成的基金组织。按照能否在证券交易所挂牌交易，基金又可分为上市基金和非上市基金。上市基金系指能在证券交易所交易的基金，如交易型开放式指数基金（ETF）、上市开放式基金（LOF）和封闭式基金。非上市基金系指不能在交易所交易的基金产品。包括可变现和不可流通两种产品。前者是指该产品虽然不能在交易所挂牌交易，但可以通过"赎回"方式回收投资份额，比如开放式基金。不可流通基金则是指既不能在交易所交易又不能赎回的基金，如某些私募基金等。基金按运作方式的不同又可分为封闭式和开放式两类。封闭式基金又指固定式投资基金，它在发行完毕之后按一定的期限封闭起来，规模不能变动。开放式证券投资基金的规模可以变动，它可以通过发行新的基金或投资者赎回本金而改变投资规模。证券投资基金还可以按投资对象不同分为股票基金、债券基金、混合基金、期货基金、期权基金等等。

三、金融衍生品

金融衍生品是指从原生性金融工具派生出来的金融合约，其价值取决于一种或多种基础标的资产或指数。合约的基本种类包括金融期货、金融期权、金融互换和金融远期合约以及期权中一种或多种特征的混合金融合约。

金融期货合约是规定在将来某一确定时间、以确定价格购买或出售某项金融资产的标准化合约。该合约是在期货交易所内进行交易的，不允许进行场外交易；这种交易的基础资产交割率很低，绝大多数是以对冲方式来了结的；合约的交易实行保证金制度，交易者只需付3%-15%的履约保证金，交易所实行逐日盯市、每日无负债结算制度，违约的风险较小。

金融期权是以金融基础资产或金融期货合约为标的物的期权交易，购买者在向出售者支付一定的期权费后，即获得能在规定期限内以某一特定价格向出售者买进或卖出一定数量的某种金融基础资产或金融期货合约的权利。金融期权可以分为金融看跌期权和看涨期权。金融看跌期权又称卖出期权，是指期权的买方具有在约定期限内按履约价格卖出一定数量金融资产的权利。金融看涨期权又称买入期权，是指期权的买方具有在约定期限内按履约价格买入一定数量金融资产的权利。

金融互换合约是一种为交易双方签订的在未来某一时期相互交换某种基础资产的合约，较为常见的是利率互换合约和货币互换合约。假如互换合约中规定的交换货币是同种货币，则为利率互换；如是异种货币，则为货币互换。

金融远期合约是规定签约者在将来某一确定的时间按规定的价格购买或出售某项资产的协议，它通常是在金融机构之间或金融机构与其公司客户之间或各个大公司之间签署，没有标准化的格式和制度化的交易程序，一般在场外市场交易。远期合约是买卖双方直接签订的合约，往往含有个性化条款，不易被第三者接受。

四、其他投资工具

除了上述金融产品以外，还有其他投资产品，如外汇、黄金、大宗商品、非标产品（字画、艺术品等）、碳金融、加密货币等。

外汇是货币当局以银行存款、财政部库券、长短期政府证券等形式保有的在国际收支逆差时可以使用的债权以及其他以外币表示的资产。包括该国拥有的一切外国货币、外币存款、外币有价证券等，它是一国国际储备的重要组成部分，同时也是清偿国际债务的主要支付手段。作为支付手段的外汇应当具有可支付性、可获得性和可兑换性的特点。外汇投资中最普遍进行的外汇交易是以一种外币兑换为另一种外币，汇率则以两种货币之间的兑换比率表示。外汇交易市场没有特定的交易地点和交易所，属于场外交易，所有交易都在银行之间的专门网络上进行，任何金融机构、政府或个人随时可以参与交易。外汇交易可分为实盘交易和虚盘交易。实盘交易可以通过开设银行账户进行外汇宝之类的交易，也可通过代理商开户缴纳资金后进行保证金交易。

作为金融投资工具，黄金投资是投资者通过买卖黄金或黄金合约来规避成本、获取利益的行为。投资黄金有多种方式，如为保值增值，可以投资实物黄金，也可以投资纸黄金、黄金ETF基金、黄金期货等品种。

大宗商品是指同质化、可交易、被广泛作为工业基础原材料的商品，只能在合法的商品交易所交易。大宗商品大致可以分为能源、金属和农产品三大类，具体有几十个品种。进行大宗商品投资的机会主要有：大宗商品基金，如黄金 ETF 等；商品现货和大宗商品期货，如上海期货交易所、大连商品交易所和郑州商品交易所里的多种材料供应。

碳金融系指所有服务于限制温室气体排放的金融活动，包括直接投融资、碳指标交易和银行贷款等活动。根据 2005 年《京都议定书》的法规安排，国际排放机制、清洁发展机制和联合履行机制协同作用，帮助缔约国以灵活方式完成减排目标。《京都议定书》以法规的形式限制了各国温室气体的排放量，并催生出一个以碳排放权利为主的碳交易市场。通过碳指标的交易来限制碳排放和鼓励使用清洁能源。

加密货币系指使用密码算法的加密数字货币，是一种依靠密码技术和校验技术创建和维持的加密数字货币，其特点是运用了点对点技术，每个人都可以发行它。具体又分为开放式采矿型加密数字货币和发行式加密数字货币。加密数字货币的优点是可以节省发行、流通成本，还可以提高交易或投资效率，提升经济活动的便利性和透明度。

第三节　证券市场参与者

证券市场是证券发行和交易的场所，按照证券的不同类型，可以分为货币证券市场、债券市场和股票市场。各种证券通过这些市场在不同的市场参与者之间交易流通，从而实现资金融通和经济资源的合理配置，最终推进社会经济的发展。证券市场的参与者主要是发行人、投资人和市场中介，三者构成了证券市场主体。

一、证券发行人

证券发行人是指因筹集资金的需要而向投资人发行股票、债券等融资工具的经济组织，主要有企业、金融机构和政府部门。

企业可以通过发行股票筹集公司的股权资本，通过发行公司债券筹集公司的债务资本，以这种直接融资方式解决企业数量较大的资金需求。股权融资是一种可以供企业长期使用、不需归还的长期资金来源，有利于企业长期稳定地生产和经营，大量的企业愿意在证券市场进行股权融资。而对于企业的阶段性资金需求，则可以通过发行公司债券的方式进行融资。只要企业的资本利润率高于债券利息，就可以提高股东权益，这种融资方式从发行人来看有时会比股权融资更具有吸引力。

金融机构是经营资金的特殊企业，庞大的资金需求规模使它也常常在证券市场融资，通过发行股票筹集资本金，提高资本充足率，通过发行债券增加可运用资金，扩大资产规模,以获取更多的利差收益。金融机构的范畴包括商业银行、保险公司、证券公司和信托投资公司等。金融机构作为股份有限公司,其性质与一般的股份有限公司是一样的。但由于其经营性质的特殊性,即一般生产经营性公司经营的是物质商品及其有关的劳务,而银行等金融机构经营的是货币商品及其有关的劳务;生产经营性企业把资金投资于物质资产及其有关的劳务,而银行把资金投资于生产经营性企业和政府债券。这种经营性质上的区别,使金融机构区别于其他的生产经营性企业。

政府和政府机构在证券市场主要通过发行债券融资,用于弥补财政赤字,扩大公共项目投资和调节资金供求关系。中央政府发行的债券称为国债,地方政府发行的债券称为地方政府债券或市政债券。我国原来规定地方政府不能发债,2009 年规定地方政府债券必须由中央财政部代理发行,2011 年起国务院批准,上海市、浙江省、广东省、深圳市四地开展地方政府自行发债试点,2013 年 7 月财政部又将地方政府自行发债试点扩至江苏和山东等 6 个省市。试点省市在国务院批准的发债规模限额内,自行组织发行本省(市)政府债券,债券由财政部代办还本付息。中央政府债券一般不存在违约风险,故国债证券被称为“无风险证券”,与其相对应的证券收益率被称为“无风险利率”。中央政府机构也可以在一定情况下发行债券,如我国原铁道部于 2007 年 11 月 28 日至 2007 年 12 月 4 日向社会公开发行 450 亿元的中国铁路建设债券等。政府机构债券的信用由中央政府担保,但要比政府债券略低,其还款必须要由发债机构自己承担。作为政府机构的中央银行也可以发行债券,但这是中央银行为了调节货币供给量而发行的特殊债券。如中国人民银行从 2003 年起发行中央银行票据,就是中央银行为调节商业银行超额准备金而向商业银行发行的短期债务凭证,其实质是中央银行债券。这是中央银行调节基础货币的一项货币政策工具,目的是减少商业银行可贷资金量。商业银行在支付认购央行票据的款项后,其直接结果就是可贷资金量减少。而央行票据的发行,也丰富了公开市场业务操作的工具,为市场提供了基准利率,推动了货币市场的发展。

二、证券投资人

证券投资人系指证券市场上从事证券买卖的交易者,包括个人投资者、机构投资者、政府和企业。

个人投资者是指依据法律规定允许从事证券买卖的公民。在一级市场上,他们为了获取收益而将未用于消费的资金购买证券,将资金转移到发行者手中,再由发行者将资金投入到建设与生产经营系统,最后增加社会财富的产出,促进社会经济增长;在二级市场上,投资者将证券按市场价格出让给需求者,实现证券的转让交易。这种交易一般要通过证券经纪商来实现,也可以通过买卖基金份额的方式间接进行证券投资。

机构投资者是指法律规定允许从事证券买卖的金融机构，一般包括证券公司、投资基金、商业银行、保险公司、信托投资公司等。证券公司除了在一级市场上为发行人从事证券发行承销业务、在二级市场上从事证券经纪等业务外，还从事证券自营业务和部分资产管理业务。自营业务是将证券公司的自有资金投资于股票或债券，以提高证券公司自己的收益；资产管理业务是证券公司将客户的委托资产从事证券投资，以提高客户的收益，证券公司则得到分成收益。证券投资基金是将基金持有人的资金投资于股票、债券以提高增值收益；商业银行投资证券，将资金投资于期限较短、信用级别较高的政府债券以保持资产的流动性和分散风险；保险公司将保险收入投资于债券和少量股票，其目的是要在保证本金安全的前提下，尽可能提高收益率，实现保险资产的保值增值；信托投资公司主要以受托资产管理或设立基金的方式将委托人的资金投资于风险较小而收益增长较快的债券和股票，以在风险可控的基础上提高受托资产的经营收益。

政府投资者系指在证券市场买卖证券的各级政府和政府机构，包括中央政府、地方政府和政府机构。一般而言，政府不可直接进入证券市场从事证券的买卖，而是通过其代表机构按政府的意图进行证券投资。如 2007 年 9 月在北京成立的中国投资有限责任公司(中投公司)，就是由中国财政部以发行的 15 500 亿元人民币特别国债作为资本金设立的从事外汇资金投资管理业务的主权财富基金，代表中央政府从事股权投资；很多地方政府也成立了投资公司，代表当地政府进行股权和债权的投资管理和融资；还有国务院下设机构国有资产监督管理委员会，以国家出资人代表的身份对管辖范围内国有企业的股权进行投资与监督管理；中央银行作为政府机构在证券市场上买卖国债和票据，目的是进行公开市场操作，调节货币供应量和稳定币值，实现宏观经济的调控。

企业投资者与金融机构投资者不同，他们主要是生产和流通领域的工商企业，他们进行证券投资的目的主要有三个：一是运用生产经营过程中的间隙闲置资金以增加盈利；二是为了稳定企业生产成本、实现经营预算目标而进行套期保值；三是为了企业的兼并收购或重组进行股权结构或债务结构的调整。企业投资者根据他们的具体目的而选择相应的投资品种。

三、市场中介

市场中介系指专门为证券发行者和投资者提供专业服务的各种专职服务机构，主要有证券公司、证券投资咨询机构以及为各种与证券发行和交易有关的会计财务、法律信息等提供鉴证服务的会计师事务所和律师事务所。市场中介与作为金融中介的商业银行不同，商业银行在企业融资过程中直接介入供求双方之间，并分别与资金供求双方签订存款和贷款契约，形成资金供应链中的一个环节。而市场中介仅仅提供代理服务，并不构成资金供应链中的一个环节。

证券公司作为市场中介机构，主要为证券发行者和投资者提供代理服务。它为发行人提供发行保荐和承销服务，保荐人兼承销商在证券市场上充当规范上市公司、代理证券发行的中介。它也为投资者提供证券交易的经纪服务。为了增加投资盈利，它又担当了证券自营商的角色，成为自身的服务中介。在有报价驱动机制的证券市场中，证券公司又通过做市商而成为市场交易中介。在资本市场的收购兼并业务中，证券公司可以提供咨询和策划等中介服务，等等。

证券投资咨询机构主要为各类市场主体提供投资价值分析咨询意见和分析报告，如证券投资咨询公司、证券评级公司等。它们帮助发行主体和投资主体了解市场状况，以确定有利的投资目标，减少市场风险。

会计师事务所、律师事务所和资产评估事务所用自己的技能为公司证券的发行和持续挂牌交易提供专业服务，并为发行材料的申报和各类证券业务的信息披露事务提供鉴证责任，签署审计意见、鉴证意见和评估意见，以确保贯彻市场"三公"原则，保护广大投资者的利益。

第四节　证券市场的类型和层次

证券市场是证券发行和买卖的场所。证券发行人通过一级市场发行证券而融通资金，证券投资人通过二级市场交易证券而改变资金流向，使资本资源的配置更加合理有效，支持和推动实体经济发展。证券市场按种类可以分为货币证券市场、债券市场、股票市场和衍生品市场；按层次可以分为主板市场、二板市场、三板市场、四板市场等。

一、证券市场的类型

（一）货币证券市场

货币证券市场又称为短期资金市场或货币市场，系指证券期限在一年以内的发行与交易市场，其特点是期限较短、流动性强。货币市场具体可细分为同业拆借市场、回购协议市场、票据贴现市场、可转让定期存单市场和短期国债市场。货币证券市场的相关内容已经在上一节货币市场产品中予以描述，本节不再赘述。

（二）债券市场

债券的发行和转让就构成了债券市场。债券市场按发行过程和市场的基本功能可分为发行市场(一级市场)和流通市场(二级市场)。流通市场又可按组织形式的不同分为场内交易市场和场外交易市场。债券市场还可按发行地的不同分为国内债券市场和国际债券市场。

证券交易所是专门进行证券买卖的场所,如我国的上海证券交易所和深圳证券交易所。在证券交易所内买卖债券所形成的市场,就是场内交易市场,也称交易所交易市场。这种市场组织形式是债券流通市场的较为规范的形式。场外交易市场是在证券交易所以外进行证券交易的市场,其主要形式是柜台交易市场,如在银行机构的营业部门交易的债券市场等。我国的银行间债券市场也是场外市场的一种形式。场外交易市场主要通过做市商报价来实现债券的交易,维持市场的流动性。当发行者和发行地点在同一个国家时称为国内债券市场,而发行者和发行地点不在同一个国家时称为国际债券市场。国际债券市场又分为外国债券市场和欧洲债券市场。以发行地的货币作为票面币种的债券的发行与交易市场称为外国债券市场,而以发行国和发行地以外的第三国货币作为票面币种债券的发行与交易市场称为欧洲债券市场。

(三) 股票市场

股票市场包括发行市场和交易市场。发行市场又称股票的一级市场,股份有限公司发行股票,必须由具有保荐和承销资格的市场中介——证券公司进行承销发行。证券公司要帮助拟发行公司制作申请文件,向拟上市的证券交易所申报,由交易所上市审核部门进行审核,审核通过后进一步报中国证监会核准或注册。一旦证监会核准或准予注册,承销商就要协助上市公司在6个月内向社会公开发行股票。交易市场又称股票的二级市场,是已发行股票在投资者之间进行转让的市场。交易市场一般分两类,一类是通过证券交易所的集中交易市场,还有一类就是场外交易市场。中国股票的交易主要通过场内交易进行,只有已经退市的股票才由指定证券商在联网的场外市场进行交易。

股票的交易较多采用的有四种方式:全额交易、信用交易、期货交易和期权交易。由于中国股票市场历史较短,为了避免交易的不规范,目前只采用全额交易和信用交易两种方式。

(四) 金融衍生品市场

金融衍生品市场是指以交易金融衍生工具合约为主体的市场,其交易价格派生于基础资产的市场交易价格,其交易的合约包括金融期货、金融期权、金融互换和金融远期合约。

金融衍生品交易市场既有场内市场,也有场外市场。期货和期权合约的交易大量出现在场内交易市场,如中国上海的金融期货交易所、美国芝加哥的期权交易所(CBOE)和商品交易所(CME),也有一些金融期货和期权合约在股票交易所内交易,或者在场外市场交易。而金融远期合约和互换合约则由于非标准化而大多在场外市场交易。

二、证券市场的层次

证券市场的层次是指为满足投资者和筹资者多样性的投融资需求，有效发挥资本市场的功能，按照证券交易品种的不同规格而构建起来的不同的交易市场。

证券市场的层次反映了一个国家资本市场的深度和广度，同时体现出资本市场的国际化水平。通常情况下，证券市场可以分为三个层次：第一层一般称为主板市场，主要为成熟企业提供上市融资和交易服务，面向规模较大、经营稳定、业绩优良的发行主体，该市场的准入要求较高，风险相对较低；第二层也称二板市场或创业板市场，主要为不满足主板上市要求但是具有高成长性的中小企业提供股权融资和交易服务，准入要求相对较低，风险则相对较高；第三层称为三板市场，主要形式为全国性的电子交易市场，该市场为非上市中小企业提供融资和股权流通服务，也为在主板、二板上市的企业提供退出的场所。也有将证券市场分为四个层次，第四层次称为四板市场，主要是区域性证券交易所或交易中心，为区域内的中小企业提供直接融资，为地方经济发展提供金融服务。英、美等经济发达国家较早建立了比较完整的多层次证券市场体系。中国在资本市场开创初期一直只有单一的主板市场，自 2009 年开始设立创业板市场，2013 年初开始设立中国中小企业股份转让系统，即新三板。2013 年 5 月底，以 1 500 家小微企业挂牌交易的深圳前海股权交易中心正式成立，标志着中国各区域相继成立的四板市场开始形成，中国的多层次证券市场体系基本确立。此后在 2019 年 7 月科创板正式运行并采用注册制，这个板块基本可以归入二板市场。

（一）美国的证券市场层次

美国多层次的证券市场根据各证券市场所面向的对象、影响的范围、服务条件等的不同以及发行人规模和准入条件等为标准，在传统上划分为主板市场、二板市场、三板市场以及区域性股票交易市场等，从而形成了由四个层次构成的“金字塔”形多层次证券市场体系。

第一层次是以纽约证券交易所（NYSE）为核心的主板市场，它主要为成熟企业提供上市融资服务，面向的是规模较大、经营稳定、业绩优良的发行人，准入要求较高，风险较低，因此对上市公司的要求比较高。在该交易所上市的企业一般是知名度高的大企业，公司比较成熟，同时要求有良好的业绩记录和完善的公司治理机制，有较长的历史存续性和较好的回报。

第二层次是以纳斯达克（NASDAQ）证券市场为核心的二板市场。其主要向中小企业提供股权融资服务，面向通常处在创业阶段、具有发展潜力但缺乏资金的中小规模发行人，其准入要求相对较低，风险则相对较高。纳斯达克市场是美国多层次证券市场的重要组成部分，对于缓解小企业发展瓶颈、促进风险资本的发展、推动高新技术的产业化等起着十分重要的作用。

第三层次主要是指为非上市公众公司提供报价服务的美国场外交易电子报价系统（OTCBB）和粉单市场（Pink Sheet Market）。OTCBB 是全美证券经纪商协会（NASD）按照美国证监会（SEC）要求，为达不到主板或二板上市标准的企业开设的电子报价系统，提供场外交易实时报价、最新成交价和成交量信息。这些公司挂牌的标准比创业板市场要低。1998 年以后，经美国证监会注册的所有国外证券和美国存托凭证也被允许在 OTCBB 挂牌。OTCBB 市场门槛低、交易产品多，吸引了众多的交易者进入，培育了大量的可上市公司资源，也为退市公司提供了一个栖息地。在 OTCBB 市场上的公司只要达到相关财务或盈利标准，就可以进入 NASDAQ 小型资本市场或全国市场。

美国粉单市场是在 1904 年成立，由从事印刷和出版业务的私人公司全美股价行情局（National Quotation Bureau，NQB）设立。粉单市场向美国的券商和投资者提供柜台交易的股票和债券的报价服务，同时也将各种证券的报价信息定期制作成刊物印刷并发往全国。因此，粉单市场是比 OTCBB 更低一级的报价系统，它只需要挂牌公司提供注册会计师的财务审计报告，并且只要有一家符合 NASD 要求资质的做市商愿意为某只股票做市报价，其股票就可以挂牌交易。由此可见，OTC 市场挂牌的各类证券除了已在主板上市的证券以外，总体投资风险较高，流通性要明显低于证券交易所市场。

第四层是区域性证券交易所（包括地方性柜台交易市场）。大约 10 000 余家在各州发行的小型公司股票通过当地的经纪人进行柜台交易。这些公司都是根据《美国证券法》D 条例中的发行注册豁免条款发行的股份，这些股份都是州内发行的小额公司股份。

由上述四个层次构成的证券市场体系，为全美 3 万家左右的公司提供不同程度的服务。进入证券市场体系的股份有限公司数量大致占全美股份公司总数的 1%。

随着金融互联网的兴起，原有主板市场与二板市场之间的区别以是否存在有形交易场所作为主要区分标准的惯例已被打破。2006 年，纳斯达克创业板市场被美国证监会（SEC）批准升格为与纽约股票交易所相同的交易所交易市场。这样，传统的证券市场层次划分标准被打破，原来的主板市场和二板市场现在统称为“交易所交易市场”，而原有的三板、四板市场则随着发展也相应地被称为“非交易所交易市场”。

可以看出，美国多层次证券市场体系是由多个不同上市标准的市场构成的，每个层次的市场都与特定规模、特定发展阶段的企业融资需求相适应，各有发展的侧重点和目标。全国性交易所是证券市场“金字塔”的顶端，其上市标准是最高的，主要服务于大型企业。上市公司的规模大、业绩稳定，投资风险较低，适合各类投资者投资。

同时，这些市场也并非各自封闭，而是实现了相互间的有效联通。比如，在纽约证券交易所上市的股票可以在其他地区性证券交易市场交易，也可以在场外市场交易。此外，上市公司由于各种原因退市后，其股票可以在场外 OTC 市场挂牌交易；但当挂牌公司达到一定条件，又可以升级到纳斯达克小型资本市场甚至全国市场上市。

也正是由于美国证券市场这种不同层次、不同定位的存在，为企业和投资者之间搭建起桥梁，从而更好地满足了各类股份公司和投资者的不同投融资需求，更好地促进了企业的发展壮大和市民的财富增长。

（二）英国的证券市场层次

英国也有一个多层次的证券市场。

1. 全国性的主板市场

伦敦证券交易所是英国全国性的集中市场，它有着 200 多年的历史，是吸收欧洲资金的主要平台、世界第三大证券交易中心，统称为主板市场。1773 年，英国的第一家证券交易所在伦敦柴思胡同的乔纳森咖啡馆成立，1802 年，交易所获得英国政府正式批准。伦敦证券交易所在世界范围内上市证券种类最多，除股票外，有政府债券、国有化工业债券、英联邦及其他外国政府债券，以及地方政府、公共机构、工商企业发行的债券等，其中外国证券占 50%左右。作为世界上最大的股票基金管理中心，伦敦证券交易所可出色地将国际发行者引荐给众多大型机构投资者。机构投资者在伦敦证交所各市场的股票投资和交易方面占绝对优势，其交易份额在 80%以上。

在伦敦证券交易所上市的公司一般须有三年的经营记录，并须呈报最近三年的总审计账目。公司在交易所的注册资本应超过 70 万英镑，已至少有 25%的股份为社会公众持有。实际上，如想通过伦敦证交所进行国际募股，其总股本一般要求不少于 2 500 万英镑。

2. 全国性的二板市场

英国的二板市场 AIM(Alternative-Investment-Market)是由伦敦交易所主办，专为中小型成长企业提供融资支持的全球性资本市场；是伦敦证交所的一部分，属于正式的市场。其运行相对独立，是为英国及海外初创的、高成长性公司提供的一个全国性市场。

3. 全国性的三板市场

英国的三板市场 OFEX(Off-Exchange)是由在伦敦证券交易所承担做市商职能的 JP-Jenkins 公司创办的，属于非正式市场。主要是为中小型高成长企业提供股权融资服务的市场。

OFEX 创立于 1995 年 10 月 2 日，它是为那些未进入伦敦证券交易所主板市场或 AIM 挂牌交易的公司建立一个可出售其股票、募集资金的市场。一些在 AIM 交易的公司股票及以前在 1996 年底关闭的“未上市证券市场”交易的公司股票也可以在 OFEX 进行交易。

OFEX 与 AIM 都是为中小型高成长企业提供股权融资服务的市场，但 OFEX 的市场准入门槛更低、层次更初级。OFEX 是由在伦敦证券交易所承担做市商职能的一家家族公司创办的，属于非正式市场。2002 年以前，OFEX 的监管是由 Jenkins 公司依据英国法律和伦敦交易所的相关管理规定自己实施监管，从 2002 年起，由于该市场日益发展壮大，已正式纳入英国证监会的监管范围之中，由英国证监会直接监管。在 OFEX 挂牌交易的公司，通过市场的培育可以按照相应的规则，进入 AIM 交易。

（三）中国的证券市场层次

中国到 2013 年上半年为止，已经初步形成了以上海证券交易所、深圳证券交易所为主体的多层次证券市场。

1. 主板市场

中国的主板市场集中在上海证券交易所和深圳证券交易所。上海证券交易所于 1990 年 11 月 26 日成立，同年 12 月 19 日正式开业运行。从第一批上市交易的 8 只上海本地股票开始，上海证券交易所目前已成为中国最大的证券场内交易市场。到 2021 年 6 月底，在上海证券交易所上市的公司计 1 500 多家，总股本约 45 000 亿股，总市值约 49 万亿元人民币。深圳证券交易所是一个集主板、中小企业板和创业板于一体的交易所交易市场。2021 年 6 月底已有上市公司约 2 400 家，总市值约 36 万亿元人民币。其中主板市场于 1991 年 7 月正式营业，第一批上市交易的股票仅有 5 只，2004 年 5 月 17 日，“中小企业板”在深圳证券交易所获准设立，首批 8 家公司于 2004 年 6 月 25 日挂牌。2021 年 4 月，深市主板与中小板正式合并，两板合并后，深市主板上市公司超过 1 470 家，总市值超过 20 万亿元人民币。

2. 创业板市场和科创板

创业板市场又称二板市场。为了推动中国原创型高科技企业的发展和建设高成长性中小企业的融资渠道，为风险投资和创投企业建立正常的退出机制，为自主创新国家战略提供融资平台，酝酿了 10 多年之久的中国创业板市场终于在 2009 年 10 月 23 日开板。10 月 30 日，首批 10 家公司在深圳证券交易所创业板市场挂牌上市。到 2021 年 6 月底，已有约 1 000 家公司在创业板上市，总市值约 12 万亿元人民币。流通市值约 8 万亿元人民币。之所以将创业板市场归于二板市场，主要是因为在创业板上市的公司盘子较小，风险较大。

中国创业板市场的设立对于高科技企业融资瓶颈的缓解起到了极大的作用，使投融资双方建立起风险共担、收益共享的直接融资机制；该市场也可以通过提供股权激励激发科技人员努力将科技创新收益变成实际收益，解决创新型企业有效激励缺位的问题。创业板市场的设立，同时形成了上市企业市场化退出的优胜劣汰机制，让发展过程中失败和衰退的企业按照上市标准自动地退出市场。2020 年 4 月 27 日中央通过了《创业板改革并试点注册制总体实施方案》，同年 8 月 25 日创业板试点注册制正式落地实施。

与美国的 NASDAQ 市场不同，中国的创业板市场是一个隶属于深圳证券交易所的场内交易市场，其交易方式采用指令驱动机制，也可以算作交易所交易市场。而 NASDAQ 市场是一个电脑联网的网上交易系统，其交易方式采用报价驱动机制。

科创板市场是 2018 年 11 月国家主席习近平在上海召开的首届国际进口博览会上的发言中提出的。他要求上海依托上海证券交易所建设科创板以促进中国高科技企业的发展。为尽快落实总书记设立科创板的指示，经中国证监会和上海证券交易所积极筹备，科创板于 2019 年 7 月正式运行并试点注册制。到 2021 年 6 月底，在科创板上市的企业约 300 多家，为我国高科技企业的融资需求和发展提供了有益的渠道。

3. 三板市场与北京证券交易所

中国的三板市场是指为在主板市场退市的上市公司股份提供继续流通的场所，也有一部分原在 STAQ、NET 系统历史遗留股份公司的法人股在此流通。所谓的 STAQ 和 NET 是两个法人股流通市场，全名叫全国证券交易自动报价系统(Securities Trading Automated Quotations System)和中国证券交易系统(National Exchange and Trading System)。STAQ 系统是一个基于计算机网络进行有价证券交易的综合性场外交易市场。其最早由中国证券市场研究设计中心联合办公室(简称联办，后改名为中国证券市场研究设计中心)创办，系统中心设在北京，连接国内证券交易比较活跃的大中城市，为会员公司提供有价证券的买卖价格信息以及结算等方面的服务，使分布在各地的证券机构能高效、安全地开展业务，所有的买单或卖单均通过电子网络进行。1992 年 7 月 1 日法人股流通转让试点在 STAQ 系统开始试运行。NET 系统是由中国证券交易系统有限公司(简称中证交)开发设计，并于 1993 年 4 月 28 日投入试运行，系统中心设在北京。该系统利用覆盖全国 100 多个城市的卫星数据通信网络连接起来的计算机网络系统，为证券市场提供证券的集中交易及报价、清算、交割、登记、托管、咨询等服务。由于监管和其他原因，STAQ 和 NET 两个系统始终没有得到很好的发展。STAQ 系统自 1993 年底就暂停新股上市，NET 系统也没有得到很好的发展，两个系统终于在 1999 年 9 月被停止交易。

2001 年 7 月，中国证监会选择部分证券公司作为试点，代理原 STAQ 系统与 NET 系统中公司股份转让业务，此转让系统称为“代办股份转让系统”。次年 8 月，证监会将在主板市场被退市的公司纳入"代办股份转让系统"实行股份的代理转让,一个比较健全的三板市场正式形成。三板市场实行主办券商制度。到 2010 年 5 月中旬,该系统已经拥有 50 家代理转让的主办券商,有 124 家公司的股票在该系统转让交易。

2006 年 1 月,中国证券业协会为中关村科技园区非上市股份有限公司开设代办股份转让系统,其挂牌企业均为高科技企业,被称为"新三板",也有的将老三板合在一起称为"新三板"。截至 2010 年 3 月,共有 63 家北京中关村挂牌公司进入新三板系统转让。这一系统发展很快,2012 年 8 月又新增了上海张江、武汉东湖、天津滨海等全国高新科技园区的非上市股份公司。2013 年 1 月 16 日,以新三板为基础的全国中小企业股份转让系统正式揭牌运营。

三板市场的形成,既为从主板市场和二板市场退市的企业提供了一个继续交易的平台,又为这些企业转回到主板和二板市场创造了一个恢复养育的环境。

2021 年 9 月 2 日,在北京召开的中国国际服务贸易交易会全球服务贸易峰会上,习近平主席在致辞中,提出设立北京证券交易所,打造服务创新型中小企业主阵地。这是对我国资本市场更好地服务于国家新发展战略、推动高质量发展做出的新的重大战略部署,为深化新三板改革、完善资本市场对中小企业的金融支持体系指明了方向。

2021 年 9 月 10 日北交所官方网站上线,11 月 15 日在北京西城区金融街金阳大厦开市。北交所的成立并运行,弥补了我国资本市场对大量小微企业提供资金融通的短板,为促进我国大量的专精特新小微企业成长,营造了良好的市场生态。

4. 四板市场

四板市场主要是区域性证券交易中心,为区域内的中小企业提供直接融资,为地方经济发展提供金融服务。2013 年 5 月 30 日,深圳前海股权交易中心在深圳正式开业,首批挂牌展示企业高达 1 200 家,这是目前中国最大的区域性证券交易中心。加上已经开业和正在开业的上海张江股权交易中心、浙江股权交易中心以及江苏、广东、山东、天津等多个省市的股权交易中心,形成了几乎覆盖全国的四板市场,为解决大量的小微企业融资难问题发挥重要作用。

第五节 证券市场监管

一、外部监管与自律监管

世界各国对投资银行业的监管,一般分为以政府主导的外部监管和市场自律监管两个层次。所谓外部监管,就是通过政府设立监管机构负责对全国证券市场进行监管,这种监管带有强制性质。证券市场的参与者都必须遵守有关的法律法规,违法者将受到法律的追究。但不同的国家所采用的具体模式不尽一致。自律管理就是通过市场参与者的行业自律组织以及交易所监管机构对整个市场进行的监管。这种监管主要是通过在行业内部制定协商一致的公约、章程、市场操作业务细则等规章制度对行业内部的所有市场参与机构和投资者建立一致的约束条件，对于违规者实施道义谴责和行业内部的行政处罚等方式加以实现的。

（一）以政府主导的外部监管模式

1. 美国政府对证券市场的外部监管

美国政府对证券市场的最高监管主体是美国证券交易委员会（SEC）。该委员会成立于1934年，是在20世纪20年代末美国股市大崩溃以后按照美国国会的一系列证券市场管理法律而建立起来的一个独立的、超党派的准司法管理机构。其总部设于华盛顿，直属于美国总统，不受中央银行和财政部管理，主要任务就是监督并实施美国的证券法律。此外，美国各州都设有自己的金融监管机构，负责对在本州注册的从事投资银行业务的金融机构的监管，包括机构与业务准入、业务检查等。

在2007年开始的金融危机以前，美国采用“双线多头”的功能性金融监管模式。功能性监管系指按照金融服务的功能性差别划分为银行、保险、证券和期货四个类别，分别由不同监管机构对其进行管理。“双线”是指联邦政府和州政府两条线，“多头”是指有多个履行金融监督管理职能的机构。其中，联邦一级的金融监管机构主要有联邦储备委员会（FED）、货币监理署（OCC）、联邦存款保险公司（FDIC）、证券交易委员会（SEC）、联邦住房放款银行委员会、美国保险监督官协会（NAIC）等。

2007年金融危机发生以后，“双线多头”金融监管模式明显暴露出它的不足。其主要体现在监管疏漏与监管重叠并存，监管成本高企；监管过于放松，系统性风险不断积聚；复杂环节的风险监管存在诸多漏洞，消费者权益保护不力；等等。

金融危机以后，美国的金融监管体制逐渐从“双线多头”向统一、综合的监管体制过渡，更加注重系统性风险的控制以及消费者权益的保护。2008年3月31日，针对金融危机暴露出的美国金融监管体制的问题，美国财长保尔森提出了《现代金融监管架构改革蓝图》；2009年6月17日，美国政府正式公布了全面金融监管改革方案（金融监管体系改革的“白皮书”）。这两份文件反映了美国对以往金融监管体制所存弊病的反思和未来改革的方向，使美国的金融监管体制逐渐从“双线多头”向统一、综合的监管体制过渡。这些文件的主要思想表现为三个方面：

（1）金融监管体制将从功能性监管向目标性监管转变。功能性监管的缺陷在本次金融危机中充分显现。主要体现为监管权力分散导致监管空白、冲突和效率低下。于是提出了目标性监管模式。目标性监管是依据主要的监管目标来建立监管架构。它可以通过对监管机构及监管力量的整合提高监管效率，更好地适应金融市场的形势变化，将金融体系稳定、金融机构审慎经营和消费者保护作为三大目标加以整合，构建出高效统一的监管部门，以更好地应对由于金融创新而产生的监管空白。

(2) 强化美联储权力，加强系统性风险监管。授权美联储解决威胁整个系统的风险累积问题，监管范围扩大到所有可能对金融稳定造成威胁的企业。除银行控股公司外，对冲基金、保险公司等也被纳入美联储的监管范围；同时，成立由美国财政部领导的金融服务监管委员会，以监视系统性风险。

(3) 建立消费者金融保护局。着重保护消费者不受金融系统中不公平、欺诈行为的损害，对消费者和投资者金融产品及服务强化监管，促进这些产品透明、公平、合理。同时，对金融市场进行全方位监管，增加市场透明度，全面监管金融衍生品的场外交易。

2. 英国政府对证券市场的外部监管

以英国金融服务局(Financial Service Authority，FSA)为证券市场的最高监管机构。英国在1986年金融大改革(Big Bang)以前，传统上主要依靠市场和投资银行以自律管理为主，具体通过以证券业协会和证券交易所协会为核心的非政府机构进行自我监管。1986年金融大改革以后，英国首次以国家立法的方式对证券市场进行直接管理。当时由财政部负责对银行业和证券业实行统一监管。在财政部外又成立了一个非政府监管机构——证券与投资管理委员会，负责实施《1986年金融服务法》中所赋予的监管职能。1998年6月1日，金融服务局成立，对英国的金融市场实行统一监管，原来较为松散的自律管理格局逐步被集中监管的格局所替代。它从英格兰银行接管了对商业银行的监管职能，从证券与投资管理委员会接管了对证券市场的监管职能，成为英国金融业的超级监管者。

以2000年6月新的《金融服务与市场法》出台为标志，英国的金融监管改革取得了重大突破。2001年11月，新金融法的细则出台并从12月1日起全面实施，使英国成为世界上第一个实行统一金融监管的国家，被一些全球性的投资机构称为"革命性"的改革。

英国新的统一金融监管制度主要体现在金融服务局的功能上。金融服务局既要为英国的金融服务法制定执行的细则，又要监管银行、住房基金、保险公司、证券公司等各种金融机构的金融活动，决定惩罚与处置，是个权力很大的二级立法及执行机构。

英国政府推出这一系列改革的目的：一是组建一个全面行使金融监管权的政府职能部门，以适应混业经营的新趋势；二是整顿金融秩序，惩治营私舞弊，使金融业在经济发展中起到"稳定器"和"加速器"的作用；三是规范政府债务及现金管理，以确保有关债务管理的决策不受内部信息(如调整利率)的影响和增加政府债务及现金管理的透明度。但是，英国在金融服务局内部仍然继承了传统的行业分类，根据不同的金融业务(如银行、证券、保险等)设立对应的不同监管部门,只是简单地将多个金融行业监管者捆绑在一起。

2007年金融危机以后,英国更加强调实质上的“统一”监管,更加强调整个金融市场的稳定、系统性风险的控制以及消费者权益的保护。2009年7月8日,英国政府公布了《改革金融市场》白皮书,就全球金融市场现状、应对危机的措施及导致危机爆发的根源等进行了分析,并提出了一系列改革方案。其主要内容有:

(1) 新设立金融稳定理事会。其目标是分析与检查英国经济金融稳定中出现的风险并协调金融服务局、英格兰银行和财政部三方做出适当反应;增强金融服务局的治理安排和法律框架,使其集中于审慎性监管、系统层面风险和提供一个清晰的立法权限来采取行动维护金融稳定;给予金融服务局新的权力,确保金融服务局能使用自己的干预权。

(2) 增强系统性风险的控制。加强审慎性监管,提高金融机构风险暴露的透明度;强化证券和衍生品市场的监管;抑制过度信用条件和风险承担行为,以降低金融传染风险;避免加剧经济下滑。

(3) 加强金融消费者利益保护。确保消费者能够获得所需的金融服务,为消费者提供高度透明的金融产品,培育竞争市场,更好地为消费者服务。

(二) 以行业协会与交易所为主的自律管理模式

除外部监管以外,各国一般成立行业协会,与证券交易所一起对证券市场实行自律监督管理。美国《1934年证券交易法》除了规定建立证券交易委员会以监管证券市场以外,还要求民间会员组织(证券商协会和证券交易所)承担规范会员的商业行为、监督证券市场交易活动的监管责任。英国的自律管理模式较具有特色。传统的英国证券市场主要是证券业协会和证券交易所协会实行自律管理,尤其在很大程度上依靠伦敦证券交易所严格的交易规则、注册制度与信息披露制度和高水准的投资银行进行自我监管。1998年金融服务局成立以后,虽然在政府监管方面加强了立法措施与监管手段,但传统的习惯依然存在。这使英国的监管模式逐步从基本的自律管理向政府主导和自律管理相结合的模式转换。

交易所在监管体系中的作用显得日益重要。其主要原因在于全球资本市场的放松管制使交易所的市场地位凸显出来。交易所的监管目标主要有以下三方面:

1. 保护投资者特别是中小投资者。

2. 确保市场公平、高效和透明度。交易所能够通过它所设置的监管机制识别、阻止和处罚市场操纵等不正当交易活动;通过它的信息传输系统,保证信息的高效传导机制,提高市场的透明度。

3. 降低市场的系统性风险。通过交易所的监管活动和高效的交易、清算机制能够有效地化解一部分风险，减轻这种风险所带来的破坏程度。

二、中国证券市场的监管体制

中国于1992年起正式建立资本市场的政府监管体系，当时的最高领导机构是国务院证券委员会，执行机构是中国证监会。1998年初，中央决定撤销国务院证券委员会，同时改组中国证监会，将证券委的职能并入中国证监会。

(一) 中国证券监督管理委员会

中国证监会是依照法律法规对证券期货市场的具体活动进行监管的国务院直属单位。其主要职责是：起草证券期货市场有关法律法规，提出制订和修改的建议；垂直领导全国证券期货监管机构，对证券期货市场实行集中统一监管；归口管理证券业、期货业协会；监管证券期货经营机构、证券投资基金管理公司、证券登记结算公司、期货结算机构、证券期货投资咨询机构、证券资信评级机构；审批基金托管机构的资格并监管其基金托管业务；指导中国证券业、期货业协会开展证券期货从业人员资格管理工作；监管境内企业直接或间接到境外发行股票、上市以及在境外上市的公司到境外发行可转换债券；监管境内证券、期货经营机构到境外设立证券、期货机构；监管境外机构到境内设立证券、期货机构，从事证券、期货业务；等等。

随着证券市场规模的扩大，为加强管理，全国各地省一级政府和计划单列市政府相继成立了证券管理机构，即地方证券监管部门，它们根据中国证监会以及当地政府授权管理当地的证券事务。这些机构的成立，对中国证监会监管证券市场起到了积极的作用。至1997年底，全国共有35家地方证券监管部门被中国证监会授权对证券市场行使部分监管职能。

1998年，中国证监会将地方证券管理部门收归证监会直接管理，并将原来的35家机构缩减为9家大区(包括天津、沈阳、上海、济南、武汉、广州、深圳、成都和西安)派出机构，称为地方证券监管局和相应的稽查局。这些区域性派出机构的职能主要有：负责对设立在本区域内的证券经营机构、证券投资咨询机构、期货经纪公司、从事期货经纪业务的非期货经纪公司会员单位的业务活动进行日常监管；查处本区域内的监管对象及其从业人员、证券或者期货市场投资者的违法违规行为；负责处理本区域内有关证券或者期货的信访投诉和举报，调解证券或者期货纠纷和争议。

(二) 中国证券业协会

中国证券业协会正式成立于1991年8月，是具有独立法人地位的、由经营证券业务的金融机构自愿组成的行业性自律组织。协会是非营利性社会团体法人，接受中国证监会、国家民政部的业务指导、监督和管理。它的设立是为了加强证券业之间的联系、协调、合作和自我控制，以利于证券市场的健康发展。

该协会的最高权力机构是由全体会员组成的会员大会，理事会为其执行机构。协会实行会长负责制，设专职会长 1 名，会长由中国证监会提名并由协会理事会选举产生。协会对会员进行分类管理，会员分为证券公司类、证券投资咨询机构类和特别会员类 3 类，对于会员入会实行注册制。

中国证券业协会在国家对证券业实行集中统一监督管理的前提下，进行证券业自律管理；发挥政府与证券行业间的桥梁作用；为会员服务，维护会员的合法权益；维持证券业的正当竞争秩序，促进证券市场的公开、公平、公正，推动证券市场的健康稳定发展。

（三）中国证券投资基金业协会

中国证券投资基金业协会成立于 2012 年 6 月 6 日，是证券投资基金行业相关机构自愿结成的全国性、行业性、非营利性社会组织，从事非营利性活动。协会接受中国证监会和民政部的业务指导和监督管理。会员包括基金管理公司、基金托管银行、基金销售机构、基金评级机构及其他资产管理机构、相关服务机构。

中国证券投资基金业协会的最高权力机构为会员大会，执行机构为理事会。协会实行会长负责制。协会的会员分为三类：普通会员、联席会员、特别会员，范围涵盖基金管理公司、银行以及保险、信托、QFII、资产管理类私募公司等类型。

中国证券投资基金业协会的主要宗旨是：提供行业服务，促进行业交流和创新，提升行业执业素质，提高行业竞争力；发挥行业与政府间桥梁与纽带作用，维护行业合法权益，促进公众对行业的理解，提升行业声誉；履行行业自律管理，促进会员合规经营，维持行业的正当经营秩序；促使会员忠实履行受托义务和社会责任，推动行业持续稳定健康发展。

（四）中国期货业协会

中国期货业协会成立于 2000 年 12 月 29 日，是依法设立的全国期货行业自律性组织，为非营利性的社会团体法人。协会接受中国证监会和国家社会团体登记管理机关的业务指导和管理。

中国期货业协会由期货公司等从事期货业务的会员、期货交易所特别会员和地方期货业协会联系会员组成。会员入会实行注册制，会员申请加入协会时，应当按照协会的要求进行登记与注册。会员大会是协会的最高权力机构，每四年举行一次。

中国期货业协会的宗旨是：在国家对期货业实行集中统一监督管理的前提下，进行期货业自律管理；发挥政府与期货业间的桥梁和纽带作用，为会员服务，维护会员的合法权益；坚持期货市场的公开、公平、公正，维护期货业的正当竞争秩序，保护投资者利益，推动期货市场的规范发展。

（五）证券交易所

作为自律性的监管机构，证券交易所的监管职能包括对证券交易活动进行监管，对会员和上市公司进行监管。证券交易所在对证券交易活动的监管中尽可能使不同市场参与者的需求能在公正、公平的原则下得到适当的平衡，从而确保交易的公正性。证券交易所有责任促进交易的透明度，保证投资者有平等机会获取证券市场的交易情况和其他公开披露的信息，并有平等的交易机会。

证券交易所在对会员的监管中有责任就取得会员资格的条件和程序，席位管理办法，与证券交易和清算业务有关的会员内部监管、风险控制、电脑系统的标准及维护等方面要求，会员的业务报告制度，会员所派的出市代表在交易场所内的行为规范，会员及其出市代表违法、违规行为的处罚等事项制定具体的会员管理规则。

证券交易所接纳的会员应当是有权部门批准设立并具有法人地位的境内证券经营机构。它必须对会员取得的交易席位实施严格管理。证券交易所有责任对会员的证券自营业务实施监管。证券交易所每年应当对会员的财务状况、内部风险控制制度以及遵守国家有关法规和证券交易所业务规则等情况进行抽查或者全面检查，并将检查结果上报证监会。

证监会、证券业协会（包括基金业协会和期货业协会）和证券交易所形成了三个层次的证券市场监管架构，对保证中国证券市场的安全高效运行起到了重要的作用。同时，三个层次的证券市场监管架构也暴露出一些问题，有待于今后不断完善。

（六）证券投资者保护基金

为建立防范和处置证券公司风险的长效机制，维护社会经济秩序和社会公共利益，保护证券投资者的合法权益，促进证券市场有序、健康发展，设立证券投资者保护基金。经国务院批准，中国证监会、财政部、中国人民银行于 2005 年 6 月 30 日联合发布了《证券投资者保护基金管理办法》，并于 2005 年 8 月 30 日注册成立了证券投资者保护基金公司。

公司主要职责如下：

1. 筹集、管理和运作证券投资者保护基金；

2. 监测证券公司风险，参与证券公司风险处置工作；

3. 证券公司被撤销、关闭和破产或被证监会采取行政接管、托管经营等强制性监管措施时，按照国家有关政策规定对债权人予以偿付；

4. 组织、参与被撤销、关闭或破产证券公司的清算工作；

5. 管理和处分受偿资产，维护基金权益；

6. 发现证券公司经营管理中出现可能危及投资者利益和证券市场安全的重大风险时，向证监会提出监管、处置建议；

7. 对证券公司运营中存在的风险隐患会同有关部门建立纠正机制。

证券投资者保护基金的资金来源主要有以下几个渠道：

1. 上海、深圳证券交易所在风险基金分别达到规定的上限后，将交易经手费的20％纳入基金。

2. 所有在中国境内注册的证券公司，按其营业收入的0.5％－5％缴纳基金，经营管理和运作水平较差、风险较高的证券公司，按较高比例缴纳基金；具体缴纳比例由基金公司根据证券公司风险状况确定后，报中国证监会批准，并按年进行调整。

3. 发行股票、可转债等证券时，申购冻结资金的利息收入。

4. 依法向有关责任方追偿所得和从证券公司破产清算中受偿收入。

5. 国内外机构、组织及个人的捐赠。

6. 其他合法收入。

中国证券投资者保护基金的设立，是我国投资者保护制度的进步，是我国证券法律制度保护投资者尤其是中小投资者合法权益这一基本原则的具体体现，是建立证券公司风险处置长效机制的主要措施，也是落实《国务院关于推进资本市场改革开放和稳定发展的若干意见》的重要举措。

证券投资者保护基金有限公司依法合规运作，按照安全、稳健的原则运用基金资产，并接受证监会等相关部委的监督。基金的资金运用限于银行存款、购买国债、中央银行债券（包括中央银行票据）和中央级金融机构发行的金融债券以及国务院批准的其他资金运用形式。

本章小结

证券是代表某种权能的凭证，主要体现为持有者对证券所代表资产的一种收益权。股票持有者有权凭其从企业收入和盈利中取得股息和红利；债券持有者有权按规定利率在特定日期获得利息并到期收回本金。证券具有收益性、流通性和风险性的共同特征。

证券投资是一种虚拟投资。虚拟投资与实体投资的共同点是：两者都需要初始货币用于投资；都需要用货币购买资产；都需要经过一定的时间并承受风险。其区别点是：虚拟投资购置金融资产属于间接投资，实体投资购置实物资产和无形资产属于直接投资；虚拟投资表现为金融资产的交易过程，实体投资表现为实体资本的形成过程；虚拟投资引起的金融资产价值增减不计入社会经济总量，而实体投资引起的经济价值增减计入社会经济总量；金融投资主要在交易所内进行，而实体投资的场所主要由交易双方自主决定或在按行业分类的交易市场内进行。

证券市场发行主体主要有企业、金融机构和政府部门；投资主体主要有个人投资者、机构投资者、政府和企业；市场中介主要有证券公司、证券投资咨询机构、证券交易所以及为与各种证券发行和交易有关的会计财务、法律信息等提供鉴证服务的会计师事务所和律师事务所。证券市场按种类可以分为货币证券市场、债券市场、股票市场和金融衍生品市场等；按层次可以分为主板市场、二板市场、三板市场、四板市场、期货市场等。

证券市场的监管分为外部监管和市场自律监管两个层次。美国的外部金融监管体制逐渐从双线多头向统一、综合的监管体制过渡，更加注重系统性风险的控制以及消费者权益的保护。英国也有同样的趋势。各国一般通过行业协会与证券交易所一起对证券市场实行自律监督管理。中国的证券市场的监管体制主要有中国证监会及其地方派出机构、中国证券业协会、基金业协会、期货业协会、证券交易所和证券投资者保护基金等负责分层的监管。

关键词

证券(Securities)
证券投资(Securities Investment)
证券市场主体(Securities Market Entity)
市场中介(Market Intermediary)
货币证券市场(Currency Market)
债券市场(Bond Market)
股票市场(Stocks Market)
自律监管(Self-regulation & Supervision)
创业板市场(Growth Enterprise Market)
科创板市场(Science Creation Market)
外部监管(External Supervision)

思考与练习

1. 试述证券和证券投资的概念与特征。
2. 试述证券市场的参与者。
3. 试述虚拟投资与实体投资的共同点和区别点。
4. 试述证券市场中的投资工具。
5. 试述证券市场的类型。
6. 试述主板、创业板与科创板的特点与区别。
7. 试述美国和英国的证券市场层次。
8. 阐述中国的证券市场层次。
9. 试述美国政府对金融与证券市场的外部监管。
10. 试述英国政府对金融与证券市场的外部监管。
11. 试述证券业的自律监管模式。
12. 试述中国证券业的监管模式。

参考文献

[1] 中国证券监督管理委员会.中国资本市场三十年[M].北京：中国金融出版社，2021.
[2] 上海财经大学金融学院编写组.投资学教程(第二版)[M].上海：上海财经大学出版社，2015.
[3] 刘鸿儒.突破——中国资本市场发展之路[M].北京：中国金融出版社，2009.
[4] 胡滨，尹振涛.英国的金融监管改革[J].中国金融，2009(17).

[5] 洪艳蓉.公司债券的监管竞争、路径依赖和未来发展框架[J].证券市场导报，2010(4).
[6] 金德环.投资银行学(第三版)[M].上海：格致出版社，2018.
[7] 李扬，胡滨.西方金融监管改革的动向、趋势与中国金融监管改革再审视[J].经济学动态，2009(11).
[8] 全先银，闫小娜.美国的金融监管改革[J].中国金融，2009(17).
[9] 任志安.中国证券市场层次结构创新研究[J].市场经济研究，2004(2).
[10] 杨少华.证券市场的层次结构与中国金融市场改革[J].当代经济科学，2002(3).

第二章　证券发行与交易

引言

2010年3月末，沪深证交所开始接受券商的融资融券交易申报。这标志着经过多年准备的融资融券交易正式进入市场操作阶段。融资融券交易的实施，更是使得做空机制进入了现货领域，标志着历经20年的A股市场从此告别没有做空机制的单边市，实现了由“只能做多赚钱”到“双向交易都能赚钱”的里程碑式转变。2010年4月16日，沪深300股指期货正式在中国金融期货交易所挂牌上市交易，从更宽的层面上开启了中国资本市场交易新格局。

在新的交易格局下，投资者在获得更多交易工具的同时，也面临着更加复杂的金融风险。投资者只有在充分了解各种金融工具的发行和交易机制的基础上才能更好地控制风险，投资获利。而不同的证券种类由于其性质与特征的差异，决定了它们的交易市场和交易模式的差异。投资者必须了解货币证券、债券、股票、金融衍生品等证券的分类发行与交易模式以及信用交易机制。在交易过程中的价格测算与申报以及价格指数的测度也是投资者入市所应当把握的基本知识。

第一节　货币证券的发行与交易

货币证券是指到期期限在一年以内的证券，其具有期限短、流动性强、风险低的特征。货币证券可以分为短期政府债券、企业短期融资券、商业票据、银行承兑汇票和货币市场共同基金等。

一、短期政府债券的发行与交易

短期政府债券是到期期限在一年以内的政府债券，是政府部门以债务人身份发行的到期还本付息的债务凭证。我国短期政府债券主要有两类：短期国债和中央银行票据。短期国债是指由财政部发行的短期债券，央行票据是指由中国人民银行发行的短期债券。

我国国债包括凭证式国债、储蓄国债和记账式国债三类。凭证式国债，是指国家采取不印刷实物券，而用填制国库券收款凭证的方式，主要面向个人投资者发行的人民币债券。目前，我国凭证式国债完全采用承购包销方式发行。储蓄国债，是指国家向个人投资者销售的、以吸收个人储蓄资金为目的的人民币债券，储蓄国债通过银行网点代销方式发行，发行对象仅限于个人投资者，企事业单位、行政机关及社会团体等机构投资者不得购买。凭证式国债和储蓄国债的发行利率由财政部参照同期银行存款利率及市场供求关系等因素确定，投资者可通过各银行网点购买凭证式国债和储蓄国债，二者均不可以上市流通，但可以在各网点办理提前兑取、质押贷款、非交易过户等。记账式国债，是指国家通过无纸化方式发行的、以电脑记账方式记录债权，并可以上市交易的人民币债券。记账式国债的发行完全采用公开招标方式，发行利率由记账式国债承销团成员投标确定，个人投资者和机构投资者均可以在交易所根据市场价格随时买卖记账式国债，而在银行间市场交易的记账式国债只有机构投资者可以参与。

央行票据，是中国人民银行为调节商业银行超额准备金，在银行间市场通过中国人民银行债券发行系统，向商业银行等发行的短期债务凭证，也是中央银行调节基础货币的一项货币政策工具，目的是减少商业银行可贷资金量。它的发行对象为公开市场业务一级交易商，即央行按一定标准选择的能够承担大额债券交易的商业银行、邮政储蓄银行、证券公司、保险公司等作为与央行开展公开市场业务的交易对象，个人不能直接参与公开市场业务。一般而言，中央银行会根据市场状况，采用利率招标或价格招标的方式，交错发行 3 月期、6 月期、1 年期和 3 年期票据，其中以 1 年期以内的短期品种为主。央行票据主要在银行间债券市场进行交易，交易方式分现券交易和回购。现券交易又分为现券买断和现券卖断两种：前者为央行直接从二级市场买入有价证券，一次性地投放基础货币；后者为央行直接卖出有价证券，一次性地回笼基础货币。回购交易则分为正回购和逆回购两种：正回购是央行向一级交易商卖出有价证券，并约定在未来特定日期买回的交易行为；逆回购的操作方向正好相反。现券卖断与正回购是央行从市场收回流动性的操作，但是，它们均受央行实际持券量的影响。其为机构投资者灵活调剂手中的头寸、减轻短期资金压力提供了重要工具。

二、企业短期融资券、商业票据和银行承兑汇票的发行和交易

企业短期融资券属于短期企业债券的品种之一，是指具有法人资格的非金融企业，依照规定的条件和程序在银行间债券市场发行并约定在一定期限内还本付息的有

价证券。其发行对象是银行间债券市场的机构。发行企业可自主选择主承销商，不得自行销售融资券。对企业发行融资券实行余额管理，待偿还融资券余额不得超过企业净资产的40%。融资券的期限最长不超过365天，发行融资券的企业可在最长期限内自主确定每期融资券的期限。融资券发行利率和发行价格由企业和承销机构协商确定。短期融资券的交易在银行间债券市场进行，参与交易的必须是场内的机构投资者。交易采用询价交易和点击成交等交易方式。询价交易方式包括自主报价、格式化询价、确认成交三个步骤。自主报价包括公开报价和对话报价两类。点击成交方式包括自主报价、确认成交两个步骤。

商业票据是大公司为了筹措资金，以贴现方式出售给投资者的一种短期无担保承诺凭证。由于商业票据没有担保，仅以信用作保证，因此能够发行商业票据的一般是规模大、信誉卓著的大公司。商业票据的发行方式有两种：发行人通过自己的销售力量直接向投资者发行和通过商业票据交易商间接向投资者销售。大多数大金融公司和银行持股公司是通过下属的金融公司直接向投资者销售。商业票据的投资者主要包括中央银行、非金融性企业、投资公司、政府部门、基金和个人投资者。投资者可以直接从发行人手中购买，也可以从商业票据交易商手中购买，由此形成了商业票据市场。

银行承兑汇票是出票人开立的一种远期汇票，以银行为付款人，在未来某一约定的日期，支付给持票人一定数量的金额。当银行承诺支付并在汇票上盖上“承兑”字样后，这种汇票就成了银行承兑汇票。它是为方便商业上的交易活动而产生的一种信用工具，尤其在对外贸易中使用较多。交易之初，进出口商对对方的信用都缺乏了解，在彼此不信任的情况下，银行承兑汇票的出现解决了这一问题。这要比企业信用更加令人信赖，一旦企业出现问题，货款仍由银行担保支付。持票人如果在银行承兑汇票到期前急需资金，可以将银行承兑汇票拿到银行进行贴现。贴进银行承兑汇票的银行可以将其持有至到期，也可以将其进行转贴现、再贴现或出售。所有这些都形成了银行承兑汇票的二级市场。

三、货币市场共同基金的发行和交易

货币市场共同基金是美国20世纪70年代以来出现的一种新型货币市场工具。共同基金是将众多小额投资者的资金集合起来，由专门的经理人进行市场运作，赚取收益后按一定的期限及持有份额进行分配的一种金融组织形式。对于主要在货币市场上进行运作的基金，则称为货币市场共同基金。

在我国，货币市场基金的发行上市需要得到证监会的批准。投资者可以根据基金募集说明书，在指定日期和指定银行或券商网点根据公布的基金净值办理货币市场基金的申购和赎回。

第二节　债券的发行和交易

我国债券品种可以划分为国债、企业债、公司债、可转换债券等，不同品种的债券在不同市场发行，并由不同的部门进行监管。其中，国债的发行主要由财政部负责，交易市场可以为场外或交易所市场；企业债发行主要由发改委负责审批，发行主体主要为中央政府部门所属机构、国有独资企业或国有控股企业，企业债可以在银行间债券市场或交易所市场进行交易；公司债和可转换债券的发行和交易由证监会负责监管，其发行实行注册制，在证券交易所、全国中小企业股份转让系统交易；非公开发行的公司债券也实行注册制并在证券交易所、全国中小企业股份转让系统和证券公司柜台进行转让。国债的发行和交易、企业债的发行和交易可参阅上一节中短期国债和短期融资券的发行和交易，本节重点介绍公司债券(包括非公开发行公司债)的发行和交易。

一、债券的发行

根据 2021 年 2 月 26 日证监会公布的《公司债券发行与交易管理办法》，公司债券发行主体应当满足以下条件：(1)具备健全且运行良好的组织机构；(2)最近三年平均可分配利润足以支付公司债券一年的利息；(3)具有合理的资产负债结构和正常的现金流量；(4)国务院规定的其他条件。若公司存在原有债务违约或者延迟支付本息的事实并仍处于继续状态，或违反《证券法》规定，改变公开发行公司债券所募资金用途的，则不得再次公开发行公司债券。

公司债券的发行方式可分为公开发行和非公开发行。非公开发行是指面向少数特定的专业投资者发行债券，每次发行对象不得超过 200 人；公开发行是指公开向不特定的投资者发行债券。公开发行时，债券发行人必须向证券管理机关办理发行注册手续，在我国，公司债需要先经过证券交易所审核，后经过证监会注册才可发行，然后在交易所债券市场上市进行交易。公开发行公司债券的认购方包括专业投资者和普通投资者，其认购的公司债券必须符合发行人最近三年无债务违约或者延迟支付本息的事实；最近三年平均可分配利润不少于债券一年利息的 1.5 倍；发行人最近一期末净资产规模不少于 250 亿元；最近 36 个月内累计公开发行债券不少于 3 期，发行规模不少于 100 亿元。未达到上述规定标准的，只能由专业投资者参与认购。非公开发行的公司债券只能向专业投资者发行，不可采用广告、公开劝诱和变相公开方式，每次发行对象不得超过 200 人。

由于公开发行数额一般较大，通常要委托证券公司等中介机构承销，即采用间接的销售方式。间接销售的具体方式又可分为两种：(1)代销。即发行人和承销商签订协议，由承销商向社会销售债券。承销商如果在约定期限内未能按照原定发行数额全部销售出去，债券剩余部分可退还给发行人，承销商不承担发行风险。(2)包销。包销又分为余额包销和全额包销。余额包销是承销商按照规定的发行数额和发行条件，代为向社会推销债券，在约定期限内推销债券，如果有剩余，须由承销商负责认购；全额包销是先由承销商按照约定条件将债券全部承购下来，并且立即向发行人支付全部债券价款，然后再由承销商向投资者分次推销。在中国，采用哪一种方式由承销商和发行人协商确定。

二、债券的交易

我国债券市场目前主要的交易品种包括国债、地方政府债、央行票据、金融债、企业债券、公司债、中期票据、短期融资券、定向工具、资产支持证券、可转债等。目前国内较为主要的债券交易场所包括银行间债券市场、上海证券交易所和深圳证券交易所，以及其他场外市场如银行柜台市场等。

国债、地方债、部分金融债券品种发行量大，参与机构众多，在多个市场均可发行和交易或进行跨市场的转托管操作。其他品种则根据发行主管机构和发行程序设定，在某一个市场中发行和交易，例如中期票据、短期融资券、定向工具目前主要在银行间市场发行和交易；公司债、可转债则在交易所市场发行和交易。

债券交易一般用到期收益率来进行报价，以面值报量(一般为100元的倍数)，以全价结算。将交易日定为T日，目前结算日有两种安排可选择：T+0和T+1。交易当日即进行结算交割的为T+0结算，次日进行结算交割的为T+1结算。结算日为买入方计算利息的日期起点，相同的到期收益率，在不同结算安排下，对应的债券价值是不同的。

目前，上海证券交易所所有交易品种均采取净价交易，全价结算。深圳证券交易所国债实行净价交易，其他债券品种实行全价交易，但均实行全价结算。所谓净价交易，是指在现券买卖时，以不含有自然增长应计利息的价格报价并成交的交易方式。在净价交易条件下，由于交易价格不含有应计利息，投资者就可以比较直观地看到价格变动与市场利率变动的关系。全价结算是指以成交价格和应计利息额之和作为结算价格，其中应计利息额是指本付息期“起息日”至“成交日”所含利息金额，从“起息日”当天开始计算利息，计算公式为：

$$\text{应计利息额}=\text{票面利率}\div 365(\text{天})\times \text{已计息天数}$$

票面利率：固定利率债券的票面利率是指发行票面利率，浮动利率债券的票面利率是指本付息期计息利率。已计息天数：1年按365天计算，闰年2月29日不计算利息，已计息天数是指“起息日”至“成交日”实际日历天数。当票面利率不能被 365 天整除时，计算机系统按每百元利息额的精度（小数点后保留 8 位）计算；交割单所列“应计利息额”按“四舍五入”原则，以元为单位保留 2 位小数。

交易日挂牌显示的“每百元应计利息额”是包括“交易日”当日在内的应计利息额；若债券持有到期，则应计利息额是自“起息日”至“到期日”（不包括到期日当日）的应计利息额。

［例 2-1］ 债券 122009 距离上次付息 107 天，票面利率 9%，现价 106.25 元，应计利息 2.638 元，投资人如果以 106.25 元买入，那么结算价为多少？

应计利息＝100×9%/365×107＝2.638(元)

结算价＝106.25＋2.638＝108.89(元)

［例 2-2］ 债券简称 21 附息国债 09，该债券可在多个市场交易，在各个市场均具有独立的代码：210009.IB（银行间债券），210009.BC（银行柜台债券），019657.SH（上海证券交易所），102109.SZ（深圳证券交易所）。

该债券发行起始日期为 2021 年 5 月 26 日，缴款日和起息日均为 2021 年 5 月 27 日，票面利率为 3.02%，每年付息两次，期限为 10 年期。银行间二级市场该债券的报买报卖情况及成交情况见图 2-1 和图 2-2。

债券市场

利率债　信用债　同业存单

	国债		国开债		农发债进出口债		地方政府债	
1Y	219941	84D	210201	142D	210304	267D	15江西债03	283D
	2.1750	1.9952	2.2552	2.2000	2.3850	2.3500	2.2800	2.1300
3Y	210008	1.70Y	210207	2.78Y	210303	2.57Y	21天津债07	2.70Y
	2.4625	2.4480	2.7200	2.7100	2.7200	2.7000	-	-
5Y	210002	4.51Y	210203	4.49Y	210408	4.93Y	17辽宁债17	3.14Y
	2.6299	2.6290	2.9125	2.9120	3.0300	3.0000	-	-
7Y	210007	6.68Y	180210	6.83Y	092118004	6.93Y	18吉林03	6.77Y
	2.8300	2.8250	3.1950	3.1840	3.2200	3.1700	-	-
10Y	210009	9.72Y	210210	9.75Y	210405	9.71Y	21浙江债25	9.83Y
	2.8245	2.8210	3.1623	3.1620	3.2600	3.2500	-	-

图 2-1　2021 年 9 月 6 日银行间市场活跃利率债券报价展示

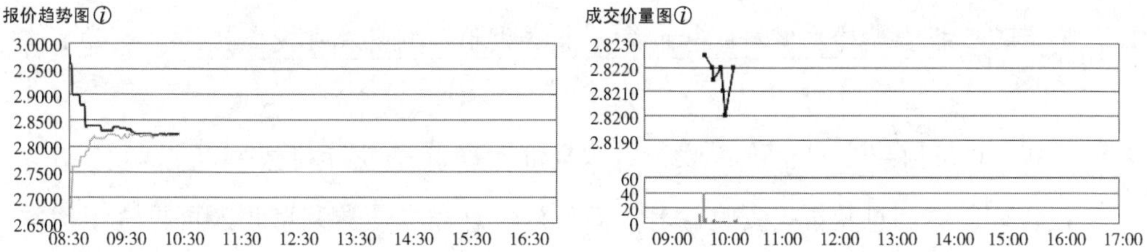

图片来源：中国银行间市场本币交易平台。

图 2-2　2021 年 9 月 6 日银行间市场 21 附息国债 09 成交情况

以上图附息国债09于2021年9月6日星期一在银行间市场中的一笔交易为例，如进行T+0结算，即9月6日当日完成债券结算：成交价到期收益率为2.822 5%，成交量为5 000万元面值，其对应的成交净价为101.666 5/百元面值，结算全价为102.503 5/百元面值，本笔交易结算金额=102.503 5/100×5 000万元=5 125.175万元。

如进行T+1结算，成交价到期收益率为2.822 5%，成交量为5 000万元面值，其对应的成交净价为101.666 1/百元面值，结算全价为102.511 4/百元面值，本笔交易结算金额=102.511 4/100×5 000万元=5 125.57万元。

在交易所市场中的计算与银行间市场相同，此处不赘述。

债券交易根据对手方的不同可以分为中央对手方交易和普通机构对手方交易。在交易所市场中有相当一部分资质较好的债券是通过债券交易参与者与中央对手方进行交易完成的，而在银行间市场中则更多的是普通机构间进行一对一的交易结算。中央对手方模式在交易和结算效率方面更优，但是对中央对手方的结算能力、风险承受能力要求较高，交易体量受到一定限制，普通机构一对一的交易方式则更加灵活，市场交易体量不受中央对手方承受能力的影响。目前，各类交易场所在交易方式上互相借鉴、融合，结合自身优势推出了很多新的交易模式，为广大债券参与者提供了更大的交易灵活性和交易便利。

三、主要的债券价格指数

（一）中国主要的债券价格指数

1. 中证全债指数

中证指数有限公司于2007年12月17日发布中证全债指数。该指数的样本债券种类是在上海证券交易所、深圳证券交易所及银行间市场上市的国债、金融债及企业债。债券的信用级别为投资级以上。债券币种为人民币。债券的剩余期限为一年以上。付息方式为固定利率付息和一次还本付息。

指数计算：

(1) 基期日为2002年12月31日，基点为100点。

(2) 以样本债券的发行量为权数，采用派许加权综合价格指数公式计算。

公式为：

$$\text{报告期指数}=\frac{\text{报告期样本债券的总市值}+\text{报告期债券利息及再投资收益}}{\text{基期}}\times\text{基期指数}$$

其中，总市值 $=\sum$(全价×发行量)，全价=净价+应计利息。

报告期债券利息及再投资收益表示将当月付息样本债券利息收入再投资于债券指数本身所得收益。

(3) 取价规则：选取的债券交易价格为净价。

交易所债券(指仅在交易所交易的债券)：首先取做市商最优报价[最优报价＝(最高买价＋最低卖价)/2，下同]；若无，取日收盘价；再无，采用模型定价。

银行间债券(指仅在银行间交易的债券)：首先取做市商最优报价；若无，取日内加权收盘价；再无，采用模型定价。

跨市场债券(指同时在两个及以上市场交易的同一债券品种)：若存在银行间做市商报价，首先取最优银行间报价；若无，取其在交易所的收盘价(交易所如有做市商报价，则先取最优报价)；再无，取其在银行间的日内加权收盘价；再无，考虑模型定价。

(4) 指数修正：

① 修正公式

当样本债券的市值出现非交易因素的变动时，采用“除数修正法”修正原除数，以保证指数的连续性。修正公式为：

$$\frac{\text{修正前的市值}}{\text{原除数}}=\frac{\text{修正后的市值}}{\text{新除数}}$$

中证全债指数：

$$\text{修正后的市值}=\text{修正前的市值}+\text{新增(减)市值}$$

由此得出新除数(即修正后的除数，又称新基期)，并据此计算以后的指数。

② 需要修正的几种情况

发生指数样本债券调整时，在调整实施前一个交易日修正指数。

凡有样本债券发生发行量变动，在变动日前修正指数。

月末最后一个交易日，将当月样本债券利息及再投资收益从指数中去除。

(5) 指数调整：

新券计入：符合基本条件的债券自下个月第一个交易日起计入指数。

剔除不合格券：每月最后一个交易日，将不合格债券(剩余期限不到一年或信用级别投资级以下)剔除。

2. 上证国债指数

上海证券交易所自 2003 年 1 月 2 日起发布上证国债指数。上证国债指数以在上海证券交易所上市的、剩余期限在一年以上的固定利率国债和一次还本付息国债为样本，按照国债发行量加权，基日为 2002 年 12 月 31 日，基点为 100 点。

该指数计算公式为：

$$\text{报告期指数}=\frac{\text{报告期样本债券的总市值}+\text{报告期债券利息及再投资收益}}{\text{除数}}\times 100$$

其中，总市值 $=\sum$(全价 $\times$ 发行量)，全价 $=$ 净价 $+$ 应计利息。

取价规则：选取债券实际市场价格用于计算指数，若当日没有交易，则取最近交易日的价格计算指数。

(1) 修正公式

当样本券的市值出现非交易因素的变动时，采用"除数修正法"修正原除数，以保证指数的连续性。修正公式为：

$$\frac{\text{修正前的市值}}{\text{原除数}}=\frac{\text{修正后的市值}}{\text{新除数}}$$

其中，修正后的市值=修正前的市值+新增(减)市值。

由此公式得出新除数(即修正后的除数，又称新基期)，并据此计算以后的指数。

(2) 需要修正的几种情况

① 发生指数样本债券调整时，在调整实施前一个交易日修正指数。

② 凡有样本债券发生发行量变动，在变动日前修正指数。

③ 月末最后一个交易日，将当月样本债券利息及再投资收益从指数中去除。

3. 上证企业债指数

上海证券交易所于 2003 年 6 月 9 日起发布企业债指数。该指数以在沪、深证券交易所上市交易的固定利率付息和一次还本付息、剩余期限在一年以上(含一年)、信用评级为投资级(BBB)以上的非股权连接类企业债券为样本，以 2002 年 12 月 31 日为基准日，基日指数为 100 点，采用派许加权综合价格指数公式计算。计算公式为：

$$\text{报告期指数}=\frac{\text{报告期成分企业债的总市值}+\text{报告期企业债利息及再投资收益}}{\text{基期}}\times\text{基期指数}$$

其中，总市值 $=\sum$(全价 $\times$ 发行量)，报告期企业债利息及再投资收益表示将当月样本企业债利息收入再投资于债券指数本身所得收益。

(二) 外国主要的债券价格指数

主要的国际债券指数有三个，分别是花旗全球国债指数(WGBI)、摩根大通国债-新兴市场指数(JPMGBI-EM)以及巴克莱资本债券综合指数(Barclays Global Aggregate Index)。

第三节 股票的发行与交易

股票发行市场是新股首次向社会公众发行的市场，又称为一级市场或初级市场。

股票的发行根据申请上市交易场所的不同，可以分为主板市场发行上市（主要在上海证券交易所和深圳证券交易所上市交易），创业板和科创板市场发行上市（也称二板市场，分别在深圳证券交易所和上海证券交易所上市交易），三板市场挂牌交易（在中小企业股份转让系统和北京证券交易所上市交易）以及四板市场挂牌交易（区域性股权交易中心）；根据发行主体是否已经上市，股票发行又可分为首次公开发行和增资发行。首次公开发行（IPO）是指非上市股份有限公司向社会投资者公开招股；增资发行，是指上市公司向社会公众或特定对象发行股票募资，主要包括配股和增发新股。我国实行股票发行核准制和注册制。核准制即股票发行上市前需要预先得到证监会的核准。注册制是指股票的发行以信息充分披露为依据，而不以其盈利等价值判断为依据。根据证监会规定，以上不同股票发行类别，适应的监管法律也有所不同。本节内容以最为重要的首次公开发行并在主板和创业板、科创板上市为例阐述股票的发行与交易机制。

一、股票的发行

（一）股票发行的基本条件

对于我国股票的公开发行上市，在主板市场实行核准制，在创业板和科创板市场实行注册制。证监会制定了详细的发行上市企业应当达到的标准，企业只有符合这些上市条件，才有可能通过证监会的核准，获得公开发行股票的资格。而注册制下的公司只要由交易所审查通过，即可交证监会注册并发行上市。表2-1列出了公司首次公开发行股票应当在主体资格、公司治理（包括股权股本、管理团队、独立性及规范运作）、业务业绩（包括主营业务、资产负债、经营业绩）以及募投项目等方面所要达到的基本条件。

表2-1　首次公开发行股票并上市的基本条件

条件	内容
基本原则	健全且运行良好的组织机构；有持续盈利能力，财务状况良好；近三年财务会计文件无虚假记载，无其他重大违法行为等。
主体资格	依法设立且持续经营三年以上的股份有限公司，未满三年者须经国务院批准。创业板和科创板不可特批。有限责任公司按原账面净资产值折股整体变更为股份有限公司的，持续经营时间可以从有限责任公司成立之日起计算。
股权股本	发行前股本总额不少于人民币3 000万元。
	发行人注册资本已足额缴纳，用作出资的资产的财产权转移手续已办理完毕。
	发行人的股权清晰，控股股东和受控股股东、实际控制人支配的股东所持发行人的股份不存在重大权属纠纷。

（续表）

条件	内容
管理团队	发行人最近三年内主营业务和董事、高级管理人员没有发生重大变化，实际控制人没有发生变更。创业板和科创板近两年内不发生重大变化。
管理团队	发行人的董事、监事和高级管理人员符合法律、行政法规和规章规定的任职资格。
管理团队	发行人的董事、监事和高级管理人员了解股票发行上市相关法律法规，知悉上市公司及其董事、监事和高级管理人员的法定义务和责任。
规范运作	发行人具有完善的公司治理结构，依法建立健全股东大会、董事会、监事会以及独立董事、董事会秘书、审计委员会制度，相关机构和人员能够依法履行职责。
规范运作	发行人会计基础工作规范，财务报表的编制符合企业会计准则和相关会计制度的规定，在所有重大方面公允地反映了发行人的财务状况、经营成果和现金流量，并由注册会计师出具无保留意见的审计报告。
规范运作	发行人内部控制制度健全且被有效执行，能够合理保证公司财务报告的可靠性、生产经营的合法性、营运的效率与效果，并由注册会计师出具无保留结论的内部控制鉴证报告。
规范运作	发行人具有严格的资金管理制度，不存在资金被控股股东、实际控制人及其控制的其他企业以借款、代偿债务、代垫款项或者其他方式占用的情形。
规范运作	发行人的公司章程已明确对外担保的审批权限和审议程序，不存在为控股股东、实际控制人及其控制的其他企业进行违规担保的情形。
规范运作	发行人依法纳税，各项税收优惠符合相关法律法规的规定。
规范运作	发行人最近三年内不存在损害投资者合法权益和社会公共利益的重大违法行为。发行人及其股东最近三年内不存在未经法定机关核准，擅自公开或者变相公开发行证券，或者有关违法行为虽然发生在三年前，但目前仍处于持续状态的情形。
独立性	资产完整、人员独立、机构独立、业务独立以及财务独立。
主营业务	发行人的生产经营符合法律、行政法规和公司章程的规定，符合国家产业政策。
主营业务	最近三年内主营业务没有发生重大变化。创业板、科创板近两年内主营业务没有发生重大变化。
资产负债	主要资产不存在重大权属纠纷。
资产负债	最近一期期末无形资产（扣除土地使用权、水面养殖权和采矿权等后）占净资产的比例不高于20%。
资产负债	发行人资产质量良好，资产负债结构合理，盈利能力较强，现金流量正常。
资产负债	发行人编制财务报表，应以实际发生的交易或者事项为依据；在进行会计确认、计量和报告时应当保持应有的谨慎；对相同或者相似的经济业务，应选用一致的会计政策，不得随意变更。
资产负债	发行人不存在重大偿债风险，不存在影响持续经营的担保、诉讼以及仲裁等重大或有事项。

（续表）

条件	内容
经营业绩	最近三个会计年度净利润均为正数且累计超过人民币 3 000 万元，净利润以扣除非经常性损益前后较低者为计算依据。
	最近三个会计年度经营活动产生的现金流量净额累计超过人民币 5 000 万元，或者最近三个会计年度营业收入累计超过人民币 3 亿元。
	发行人应当完整披露关联方关系并按重要性原则恰当披露关联交易。关联交易价格公允，不存在通过关联交易操纵利润的情形。
	最近一期期末不存在未弥补亏损。
募集资金项目	发行人募集资金，应当具有明确的用途，应当用于主营业务。
	募集资金数额和投资项目应当与发行人现有生产经营规模、财务状况、技术水平和管理能力等相适应。
	发行人应当建立募集资金专项存储制度，募集资金应当存放于董事会决定的专项账户。

以上基本条件，归根到底是为了保证企业未来具有持续盈利能力，以使公司上市后不会损害中小股东的利益。尤其需要重点关注的是，拟上市公司不得出现以下情形：(1)发行人的经营模式、产品或服务的品种结构已经或者将发生重大变化，并对发行人的持续盈利能力构成重大不利影响；(2)发行人的行业地位或发行人所处行业的经营环境已经或者将发生重大变化，并对发行人的持续盈利能力构成重大不利影响；(3)发行人在用的商标、专利、专有技术以及特许经营权等重要资产或者技术的取得或者使用存在重大不利变化的风险；(4)发行人最近一年的营业收入或净利润对关联方或者有重大不确定性的客户存在重大依赖；(5)发行人最近一年的净利润主要来自合并财务报表范围以外的投资收益；(6)发行人的经营成果对税收优惠存在严重依赖；(7)其他可能对发行人持续盈利能力构成重大不利影响的情形。

北京证券交易所将新三板的精选层全部平移至北交所。未来的上市审核由北交所负责，证监会负责注册与监督。对于 IPO 的审核由北交所在 2 个月内形成意见，证监会的注册期限为 20 个工作日。对于再融资审核，由交易所在 2 个月内形成审核意见(授权发行为 3 个工作日)，证监会注册期限为 15 个工作日。北交所按照新三板精选层的标准筛选上市公司的主要要求是：

(1) 在盈利方面，市值不低于 2 亿元，最近两年净利润均不低于 1 500 万元且加权平均净资产收益率不低于 8%，或者最近一年净利润不低于 2 500 万元且加权平均净资产收益率不低于 8%；

(2) 在成长性方面，市值不低于 4 亿元，最近两年营业收入平均不低于 1 亿元，且最近一年营业收入增长率不低于 30%，最近一年经营活动产生的现金流量净额为正；

(3) 在研发成果产业化方面，市值不低于 8 亿元，最近一年营业收入不低于 2 亿元，最近两年研发投入占最近两年营业收入的比例不低于8%；

(4) 研发能力方面，市值不低于15亿元，最近两年研发投入合计不低于5 000万元。

其他相关的条件是，最近一年期末净资产不低于5 000万元；公开发行的股份不少于100万股，发行对象不少于100人；公开发行后，公司股本总额不少于3 000万元；公开发行后，公司股东人数不少于200人，公众股东持股比例不低于公司股本总额的25%；公司股本总额超过4亿元的，公众股东持股比例不低于公司股本总额的10%。

(二) 公司股票的发行与上市流程

公司股票发行与上市流程可以用图2-3来表示。

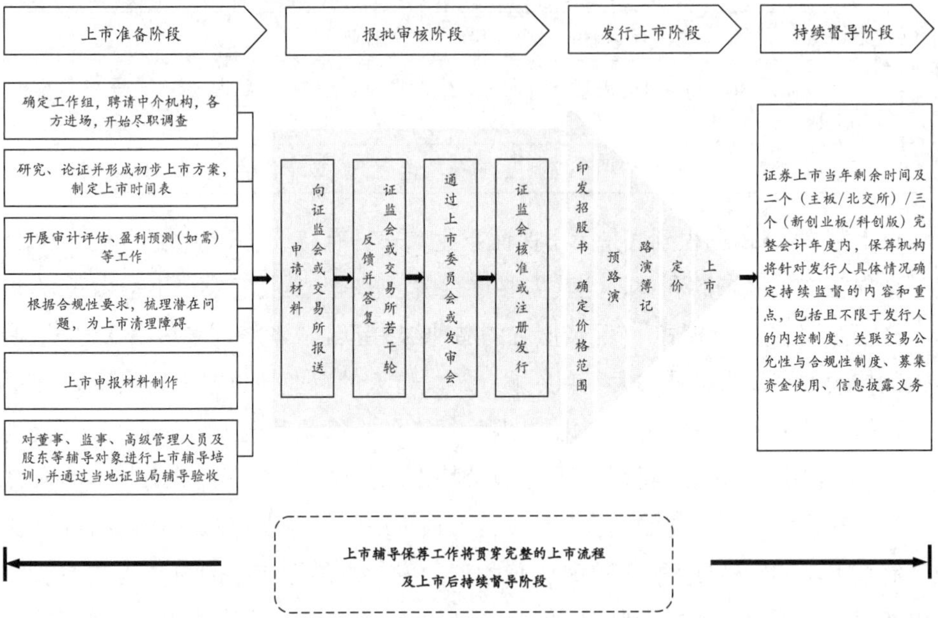

图2-3　公司股票上市服务流程

由图2-3可以看出，拟主板上市的公司股票发行与上市流程可以分为四个阶段。一是上市准备阶段。对公司进行股份制改造和上市辅导，编制上市计划并制作申报材料，以满足股票公开发行的主体资格要求，确保拟上市公司满足上市条件，并对拟上市公司高管进行培训与考核，使其熟悉相关上市公司监管规则。二是报批审核阶段。三是发行上市阶段。在证监会核准后，由证券公司进行股票发行路演，并通过询价方式确定股票的发行价格，然后借助证券交易所网络进行公开发行并上市交易。四是持续督导阶段。公司上市以后保荐人代表还要负责对上市公司进行后续持续督导，以保证公司上市以后的稳健规范运行，持续督导期限要满两年。

科创板和创业板公司股票的发行和上市流程与主板上市公司流程大致相似，如图2-4所示。

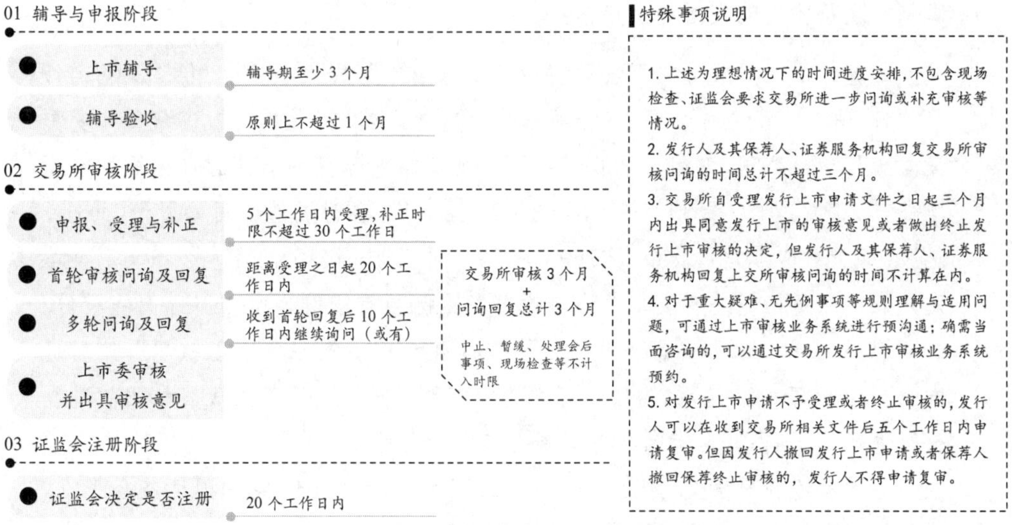

图 2-4　公司股票在科创板、创业板上市服务流程

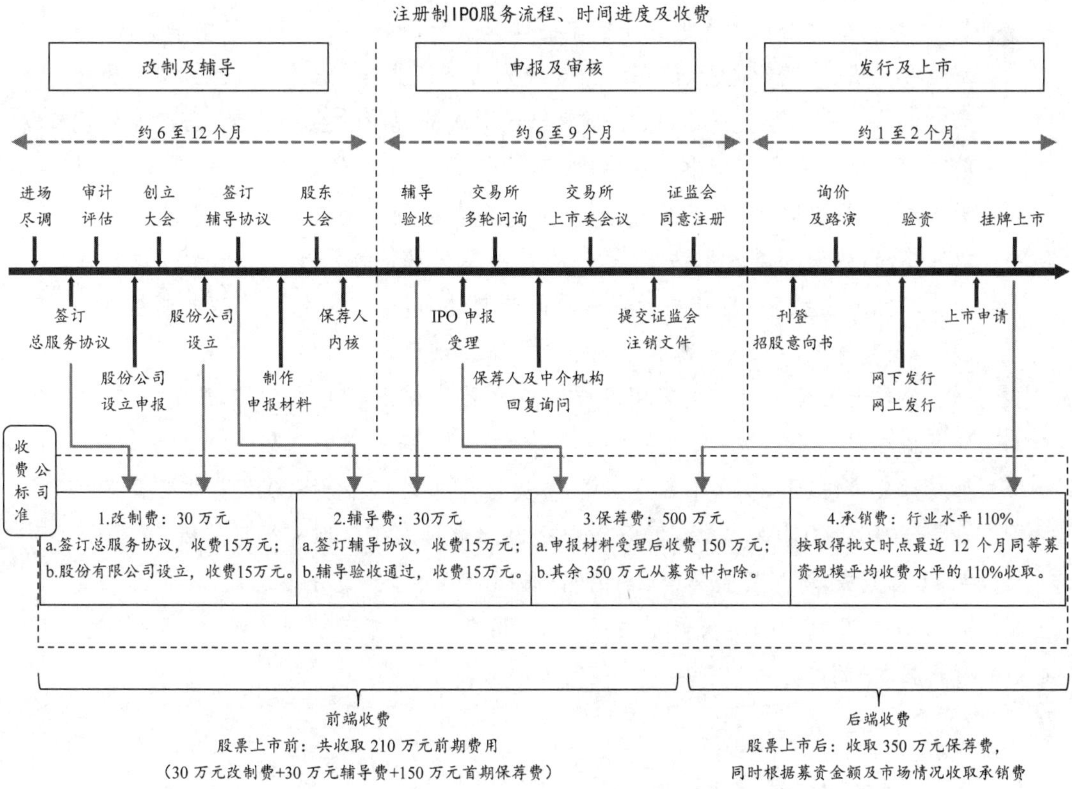

图 2-5　公司股票上市服务流程与费用(注册制)

案例 隆基股份的发行与上市

隆基绿能科技股份有限公司(简称"隆基股份")成立于2000年。2008年7月5日,隆基有限责任公司48位股东作为发起人签订"发起人协议",整体变更设立股份有限公司,以截至2008年5月31日经中瑞岳华审计后母公司的账面净资产262 269 797.23元,按1.311 3∶1的比例折合为股份公司的股份,共计2亿股(每股面值1元),其余62 269 797.23元作为股份公司的资本公积金。全体发起人按照所持隆基有限责任公司的出资比例持有股份公司相应比例的股份。2008年7月28日,西安市工商行政管理局颁发了"企业法人营业执照",注册资本为20 000万元。此后,由国信证券股份有限公司派出保荐人代表和团队进驻公司进行尽职调查、上市辅导并编制上市申请文件。

经过前述的股票发行与上市流程,2012年3月15日,经中国证监会批准,公司首次向社会公众发行人民币普通股7 500万股并于当年4月11日在上海证券交易所上市(简称"隆基股份",代码:601012)。

该公司始终专注于单晶硅棒、硅片的研发、生产和销售,经过十多年的发展,目前已成为全球最大的太阳能单晶硅光伏产品制造商,覆盖隆基单晶硅、隆基乐叶光伏、隆基新能源、隆基清洁能源光伏全产业链。自创立以来,持续为社会提供优秀的能源与服务,依托长期积累形成的规模化生产优势、全产业链优势、创新优势、品牌优势和人才优势,致力于领先的光伏发电技术和产业,促进光伏发电"平价时代"的早日到来,从而改变人类利用能源的方式,改变世界能源的格局,改变人类的生活方式,实现世界文明可持续发展。公司形成的产品和技术优势主要是:全球最大规模单晶硅制造商,全球领先的单晶电池组件制造商,全球领先的光伏电源和系统解决方案提供商。

公司借助资本市场的融资获得快速发展:2012年4月11日首发上市,募集资金总额17.5亿元;2014年非公开发行股票,募集资金总额19.6亿元;2015年发行公司债,于2016年3月完成,募集资金总额10亿元;2015年非公开发行股票,2016年9月完成,募集资金总额29.8亿元;2016年发行可转债,于2017年11月完成,募集资金总额28亿元;2018年配股,募集资金总额38亿元。截至2021年6月30日,公司市值高达4 809亿元,半年营业收入累计351亿元,净利润50亿元。

二、股票的交易

(一) 股票交易的基本流程

股票交易的流程可以分为开户、委托、竞价、成交、清算交收等几个步骤(如图2-6

所示)。股票开户就是在一个证券公司开设自己的股票交易账户,获得自己进行股票交易的股东代码及资金账号。交易委托是投资者对目标股票进行报价的过程,可以分为市价委托、限价委托及止损委托等。竞价成交是交易系统撮合交易并形成成交价格的过程,最后是资金的清算交收,通过独立第三方进行资金和证券的交割过户,有效地避免了可能的信用风险问题。

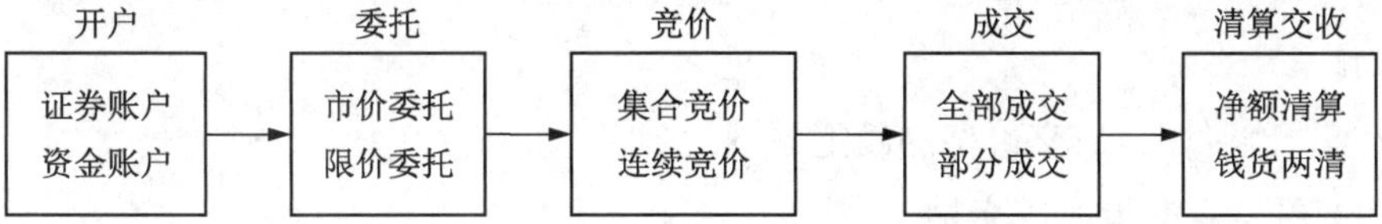

图 2-6　股票交易流程

(二) 股票交易的报价委托

根据价格委托形式的不同,委托指令可以分为市价委托、限价委托和止损委托三种基本形式。

市价委托是指投资者要求证券经纪商按照交易所内的实时市场价格买进或卖出证券。由于在买进股票的时候没有价格上限,在卖出股票的时候没有价格下限,委托指令容易被执行,因此市价委托具有成交迅速且成交率高的特点。

限价委托可以分为限价买入指令和限价卖出指令。当投资者发出限价买入指令时,成交价格必须小于或等于限价,投资者发出限价卖出指令时,成交价格必须大于或等于限价。与市价委托相比,限价委托有利于投资者控制成交价格,保证收益。但是,限价成交速度较慢,容易坐失良机。

止损委托是指投资者要求证券经纪商在目标证券市场价格达到一定水平时,立即以市价或以限价按指定的数量买进或卖出目标证券,目的在于保护客户已获得的利润。

在我国,《上海证券交易所交易规则》和《深圳证券交易所交易规则》都规定,投资者可以采用限价委托或市价委托的方式委托会员买卖证券,且市价申报只适用于有价格涨跌幅限制且证券连续竞价期间的交易。

(三) 股票交易的竞价成交

股票交易的报价撮合机制一般有两种:指令驱动机制和报价驱动机制。报价驱动机制也称做市商机制。做市商就其负责的证券,向投资者报价买入与卖出,投资者或直接或通过经纪人与做市商进行交易,按做市商报出的买价与卖价成交,直至做市商改变报价。纯粹的做市商制有两个重要特点:第一,对于所有客户订单,都必须由做市商用自己的账户买进、卖出,客户订单之间不直接进行交易。第二,做市商必须在看到订单前报出买卖价格,而投资人在看到报价后才下订单。指令驱动机制则是投资者通过证券交易所的股票交易系统输入交易指令，由交易系统撮合成交的驱动机制。我国目前在交易所交易的股票均采用指令驱动机制。以下是我国交易所指令驱动的运作机制。

我国证券交易所在不同的时间段分别采用集合竞价方式和连续竞价方式进行成交。上海证券交易所和深圳证券交易所均规定，每个交易日 9:15—9:25 为开盘集合竞价时间，9:30—11:30、13:00—14:57 为连续竞价时间，14:57—15:00 为收盘集合竞价时间。

在集合竞价时，成交价格的确定原则为：

(1) 可实现的最大成交量。

(2) 高于该价格的买入申报和低于该价格的卖出申报全部成交的价格。

(3) 与该价格相同的买方或卖方至少有一方全部成交的价格。

两个以上申报价格符合上述条件的，使未成交量最小的申报价格为成交价格；仍有两个以上使未成交量最小的申报价格符合上述条件的，其中间价为成交价格。集合竞价的所有交易以同一价格成交。

在连续竞价时，成交价格的确定原则为：

(1) 最高买入申报价格与最低卖出申报价格相同，以该价格为成交价格。

(2) 买入申报价格高于即时揭示的最低卖出申报价格的，以即时揭示的最低卖出申报价格为成交价格。

(3) 卖出申报价格低于即时揭示的最高买入申报价格的，以即时揭示的最高买入申报价格为成交价格。

若按成交原则达成的价格不在最小价格变动单位范围之内的，按照四舍五入原则取至相应的最小价格变动单位。

当买卖申报经交易主机撮合成交后，交易即告成立。符合交易所各项规定达成的交易在成立时生效，买卖双方必须承认交易结果，履行清算交收义务。

同时，上海证券交易所和深圳证券交易所对股票实行涨跌幅限制，其中，主板市场的股票涨跌幅比例为 10%，而在科创板和创业板市场的股票涨跌幅比例为 20%，北交所股票涨跌幅比例为 30%，ST 股票和 * ST 股票价格涨跌幅比例均为 5%。

股票、基金涨跌幅价格的计算公式为：

$$\text{涨跌幅价格} = \text{前收盘价} \times (1 \pm \text{涨跌幅比例})$$

计算结果按照四舍五入原则取至价格最小变动单位。

买卖有价格涨跌幅限制的证券，在价格涨跌幅限制以内的申报为有效申报，超过价格涨跌幅限制的申报为无效申报。

买卖无价格涨跌幅限制的证券，集合竞价阶段的有效申报价格应符合以下条件：

(1) 股票交易申报价格不高于前收盘价格的 900%,并且不低于前收盘价格的 50%;

(2) 基金、债券交易申报价格最高不高于前收盘价格的 150%,并且不低于前收盘价格的 70%。

集合竞价阶段的债券回购交易申报无价格限制。买卖无价格涨跌幅限制的证券,连续竞价阶段的有效申报价格应符合以下条件:

(1) 申报价格不高于即时揭示的最低卖出价格的 110%且不低于即时揭示的最高买入价格的 90%,同时不高于上述最高申报价与最低申报价平均数的 130%且不低于该平均数的 70%;

(2) 即时揭示中无买入申报价格的,即时揭示的最低卖出价格、最新成交价格中较低者被视为前项最高买入价格;

(3) 即时揭示中无卖出申报价格的,即时揭示的最高买入价格、最新成交价格中较高者被视为前项最低卖出价格。

当日无交易的,前收盘价格被视为最新成交价格。根据市场需要,交易所可以调整申报价格限制的规定。

目前我国对上市首日的股票交易实施如下涨跌幅限制:

(1) 深圳证券交易所对创业板股票上市前 5 个交易日不设涨跌幅限制,在无涨跌幅限制下,当日盘中较开盘价首次上涨和下跌达到 30%、60%时,各临时停牌 10 分钟,复盘时间最晚为 14:57。第六天开始每个交易日涨跌幅限制为 20%。临时停牌期间,投资者可以继续申报,也可以撤销申报。

(2) 上海证券交易所对科创板股票上市前 5 个交易日不设涨跌幅限制,第六天开始每个交易日涨跌幅限制为 20%。

(3) 对于沪深交易所的主板市场,股票上市首日的最高涨幅限制是 144%,最低跌幅限制是 64%,第二天开始实行 10%的涨跌幅限制。

(4) 对于北京证券交易所新股上市首日不设涨跌幅限制,上市次日起涨跌幅限制为 30%。

(5) 增发上市和暂停上市后恢复上市的股票,首日上市不设涨跌停板。

第四节　股票的除息、除权和价格指数

一、股票的除息和除权

(一) 现金股息与除息

除息(Ex-dividend)是指除去交易中股票领取股息的权利。当股份公司决定对股

东发放现金股息时就要对股票进行除息处理。下面是与除息相关的几个概念：

1. 与除息相关的几个日期

(1) 宣布日(Announcement Date)。是指公司董事会将发放现金股息的事项予以公告的日期。公告中将宣布股权登记日、除息日等。

(2) 派息日(Payment Date)。指股东领取股息的时间，一般有一个时限范围。

(3) 股权登记日(Date of Record)。由于股票不断地在投资者之间流通转让，为了确定本次股息具体的发放对象，需要在股息发放之前对股东名册编制整理，股权登记日就是持有者向公司登记的截止日期。在不同的交易制度下，股权登记日有所不同。如有的国家规定股权登记日为若干天，此间停止过户。我国股票交易中股权登记日不停止交易，在当天交易结束后经交易所结算中心确认的股票持有者均有权领取公司本次派发的股息，如在该日未登记，公司股东名册上没有名字，则不能领取本期股息。

(4) 除息日(Ex-dividend Date)。又称除息基准日，是除去交易中股票领取股息权利的日期。除息日之前的股票是含息股票，在除息日之前股票含有领取本次股息的权利，在除息日之后则失去这一权利。在有的国家除息日定在股权登记日之前的3-4个营业日，在我国则为股权登记日之后的下一个营业日。

2. 除息基准价

为了真实地反映股票的权利变化，对除息日的股票交易价格进行技术处理，将这一天的股票价格除去本次发放的现金股息作为开盘指导价，称为除息基准价，计算公式为：

$$除息基准价=除息日前一天收盘价-现金股息$$

3. 填息、贴息

经过技术处理后，除息日前一天的股票收盘价与除息日的开盘价之间会有一个价格缺口，本次发放的现金股息数额越大，价格缺口就越大。除息以后，价格可能有两个方向变动，如果除息后价格上涨并很快将缺口填满甚至超越(即价格大于或等于除息日前一天的收盘价)则称为填息；反之，如果股价下跌或虽然上涨但未能将缺口填满(即价格小于除息日前一天收盘价)，则称为贴息。

(二) 股票股息与除权

当公司发放股票股息时需要对股价作除权处理。

1. 与除权相关的几个日期

同除息相似，除权同样有宣布日、股权发放日、股权登记日、除权日(Ex-right Date)。宣布日是公司董事会将送配股方案予以公告的日期，公告中将宣布股权登记日、股权发放日、除权日等。股权登记日用来确定送配股的具体对象。除权日又称除权基准日，是除去交易中股票所含的本次送配股权利的日期，除权以前的股票又称为含权股，除权以后的股票又称为除权股。

2. 除权基准价

除权基准价是将除权前一日该股票的收盘价除去所含权值后的价格，可作为除权日开盘指导价。由于受其他因素的影响，除权日的开盘价可能高于也可能低于除权基准价。

股票股息的除权基准价计算公式为：

$$除权基准价=\frac{除权日前一天收盘价}{1+送股率}$$

[例 2-3] 某股份公司以每 10 股送 5 股的比例向股东派发红股，5 月 23 日为除权日，5 月 22 日该股收盘价为 15 元，则：

$$除权基准价=\frac{15}{1+0.5}=10(元)$$

（三）股票拆股、送配股的除权

当公司股票发生拆股、配股等情形时，需要对股价进行除权处理。除权基准价的计算分为以下几种情形：

1. 拆股除权

股票拆股时除权基准价的计算公式为：

$$除权基准价=\frac{除权日前一天收盘价}{1\times 拆股比率}$$

2. 有偿增资配股除权

股票有偿增资配股时除权基准价的计算公式为：

$$除权基准价=\frac{除权日前一天收盘价+配股价\times 配股率}{1+配股率}$$

[例 2-4] 某公司以每 10 股配 5 股的比例向现有股东配股，配股价为每股 6 元。5 月 23 日为除权日，5 月 22 日该股收盘价为 15 元，则：

$$除权基准价=\frac{15+6\times 0.5}{1+0.5}=12(元)$$

3. 无偿送股与有偿配股搭配方式的除权

无偿送股与有偿配股搭配方式时除权基准价的计算公式为：

$$除权基准价=\frac{除权日前一天收盘价+配股价\times 配股率}{1+配股率+送股率}$$

[例 2-5] 某公司以每 10 股送 3 股和每 10 股配 2 股的比例向现有股东送配股，配股价为每股 6 元。5 月 23 日为除权日，5 月 22 日该股收盘价为 15 元，则：

$$除权基准价=\frac{15+6\times0.2}{1+0.2+0.3}=10.8(元)$$

4. 连息带权搭配方式

连息带权搭配又分为现金股息与送股搭配、现金股息与增资配股搭配、现金股息与送配股搭配三种。下面是一个总的计算公式，若公司分配方案中不包含其中某一项，则将该项视为 0。

$$除权基准价=\frac{除权日前一天收盘价-现金股息+配股价\times配股率}{1+配股率+送股率}$$

[例 2-6] 某公司向全体股东发放每股 1.5 元的现金股息，同时以每 10 股送 3 股、配 2 股的比例向股东送配股，配股价为 6 元。5 月 23 日为除息除权日，5 月 22 日该股收盘价为 15 元，则：

$$除权基准价=\frac{15-1.5+6\times0.2}{1+0.2+0.3}=9.8(元)$$

5. 填权、贴权

除权日开盘价与除权日前一天收盘价之间会有一个缺口，除权后股价若很快填补该缺口，称为填权；反之，称为贴权。

6. 权值

股票除权日前一天的收盘价与除权基准价之间的差额称为权值，公式为：

$$权值=除权日前一天收盘价-除权基准价$$

在上面的几个例子中，除权日前一天收盘价相同，都为 15 元，分配前后股价比例也相同，都为 1∶1.5，但是由于分配方式不同，导致除权基准价不同，权值也就不同。

无偿送股时，权值为 15－10＝5(元)

有偿增资配股时，权值为 15－12＝3(元)

有偿无偿搭配时，权值为 15－10.8＝4.2(元)

可见，无偿送股时，权值最大；有偿增资配股时，权值最小；有偿无偿搭配时，权值居中。

二、股票价格指数

(一) 股票价格指数

为了判断市场股价变动的总趋势及其幅度，我们必须借助股价指数。

股价指数(Indexes)是反映不同时点上股价变动情况的相对指标。通常是将报告期的股票价格与选定的基期价格相比,并将两者的比值乘以基期的指数值,即为报告期的股价指数。

在计算时要注意以下四点:(1)样本股票必须具有典型性、普遍性,为此,选择样本股票时应综合考虑其行业分布、市场影响力、规模等因素;(2)计算方法要科学,计算口径要统一;(3)基期的选择要有较好的均衡性和代表性;(4)指数要有连续性,要排除非价格因素对指数的影响。

(二) 股价指数的编制方法

股价指数的计算方法主要有两种:简单算术股价指数和加权股价指数。

1. 简单算术股价指数

计算简单算术股价指数的方法有两种:相对法和综合法。

(1) 相对法。又称平均法,就是先计算各样本股价指数,再加总,求总的算术平均数。其计算公式为:

$$\text{股价指数}=\frac{1}{n}\sum_{i=1}^{n}\frac{P_1^i}{P_0^i}\times\text{固定乘数} \tag{2-1}$$

其中,P_0^i 表示第 i 种股票的基期价格,P_1^i 表示第 i 种股票的报告期价格,n 为样本数。英国的《经济学家》普通股价格指数就是采用这种计算方法计算出来的。

(2) 综合法。综合法是先将样本股票的基期和报告期价格分别加总,然后相比求出股价指数,即:

$$\text{股价指数}=\frac{\sum_{i=1}^{n}P_1^i}{\sum_{i=1}^{n}P_0^i}\times\text{固定乘数} \tag{2-2}$$

[例 2-7] 假设 A、B、C 三种股票是从上海证券交易所 A 股市场中抽取的股票样本,有关数值如表 2-2 所示,分别用相对法和综合法计算简单算术股价指数(设基期指数为 100)。

表 2-2　股票样本数据

股票	价格(元)		交易量(万股)	
	基期	报告期	基期	报告期
A	10	12	200	250
B	6	8	500	400
C	20	16	100	200

运用相对法计算的简单算术股价指数为：

$$\left(\frac{12}{10}+\frac{8}{6}+\frac{16}{20}\right)\frac{1}{3}\times 100=111.11$$

运用综合法计算的简单算术股价指数为：

$$\left(\frac{12+8+16}{10+6+20}\right)\times 100=100$$

2. 加权股价指数

加权股价指数是根据各期样本股票的相对重要性予以加权，其权重可以是成交股数、总股本等。按时间划分，权数可以是基期权数，也可以是报告期权数。以基期成交股数(或总股本)为权数的指数称为拉斯拜尔指数，其计算公式为：

$$\text{加权股价指数}=\frac{\sum P_1Q_0}{\sum P_0Q_0}\times \text{固定乘数} \tag{2-3}$$

以报告期成交股数(或总股本)为权数的指数称为派许指数。其计算公式为：

$$\text{加权股价指数}=\frac{\sum P_1Q_1}{\sum P_0Q_1}\times \text{固定乘数} \tag{2-4}$$

其中，P_0 和 P_1 分别表示基期和报告期的股价，Q_0 和 Q_1 分别表示基期和报告期的成交股数(或总股本)。拉斯拜尔指数偏重基期成交股数(或总股本)，而派许指数则偏重报告期的成交股数(或总股本)。目前世界上大多数股价指数都是派许指数，只有德国法兰克福证券交易所的股价指数为拉斯拜尔指数。

[例 2-8] 请使用表 2-2 的数据分别计算拉斯拜尔指数和派许指数(设基期为 100)。

拉斯拜尔指数：

$$\begin{aligned}\text{以基期交易量为权数的股价指数}&=\frac{12\times 200+8\times 500+16\times 100}{10\times 200+6\times 500+20\times 100}\times 100\\&=114.29\end{aligned}$$

派许指数：

$$\begin{aligned}\text{以报告期交易量为权数的股价指数}&=\frac{12\times 250+8\times 400+16\times 200}{10\times 250+6\times 400+20\times 200}\times 100\\&=105.62\end{aligned}$$

（三）主要股价指数

1. 中国的主要股价指数

目前，我国股价指数多达上百个，按照编制主体的不同，可以分为三大类：中证系列指数、上证系列指数和深证系列指数。

中证系列指数由中证指数有限公司编制，包括9大系列：中证规模指数系列、中证行业指数系列、中证风格指数系列、中证主题指数系列、中证策略指数系列、中证海外指数系列、中证基金指数系列、中证债券指数系列、中证定制指数系列。

上证系列指数由上海证券交易所编制，共包括7类62个指数：第一，成分指数：上证50指数、上证180指数（其前身为上证30指数）等。第二，综合指数：上证综合指数、A股指数等。第三，行业指数：上证能源、上证材料等10个行业指数。第四，风格指数：180成长、180价值等。第五，主题指数：红利指数、治理指数等。第六，基金指数：上证基金指数。第七，债券指数：国债指数、企债指数等。

深证系列指数由深圳证券交易所编制，包括深圳成分指数、深圳100指数、创业板指数等14个指数。

下面，我们选取其中最常用的6个指数，加以简单的介绍。

（1）沪深300股价指数

沪深300指数是由上海和深圳证券交易所于2005年4月8日联合发布的反映A股市场整体走势的指数。该指数编制的目标是反映中国证券市场股票价格变动的概貌和运行状况，并能够作为投资业绩的评价标准，为指数化投资及指数衍生产品创新提供基础条件。目前，以沪深300指数股票为标的的指数基金和股指期货合约都已经正式推出，该指数也必将为我国基金产品和金融衍生品的进一步大规模发展起到重要的作用。

该指数是从上海和深圳两个交易所市场中选取300只A股股票作为样本编制而成。该指数样本必须同时满足的条件为：①上市时间超过一个季度，或该股票自上市以来的日均A股总市值在全部沪深A股中列前30位；②该股票必须不是ST、*ST或暂停上市的股票；③公司经营状况良好，最近一年无重大违法违规事件，财务报告无重大问题；④股价无明显异常波动或市场操纵；⑤其他专家委员会认定不能进入指数的股票。

然后，将满足上述要求的股票在最近一年（新股为上市以来）的日均成交额由高到低排列，剔除排名后50%的股票，再将剩余股票按照日均总市值由高到低排列，选取排名在前300名的股票作为样本股。

沪深300指数以调整股本为权数，采用派许加权综合价格指数的基本公式计算，即以指数股报告期的股本数作为权数进行加权计算：

$$报告期指数=\frac{报告期成分股的总调整市值}{基期总调整市值}\times 1\,000$$

其中，总调整市值$=\sum$(市价×样本股调整股本数)。

当沪深300指数的样本股名单、股本结构发生变化或样本股的调整市值出现非交易因素变动时，要采用“除数修正法”修正原固定除数(即基期总调整市值)。修正公式为：

$$\frac{修正前的调整市值}{原除数}=\frac{修正后的调整市值}{新除数}$$

其中，修正后的调整市值=修正前的调整市值+新增(减)调整市值，由此得到新除数(即修正后的除数，新基期)。

沪深300指数样本在遇到下列情况时需要修正：除息，除权，停牌，摘牌，股本变动，成分股名单发生变动，停市等。此外，沪深300指数成分股要求每半年调整一次，每次调整的比率不超过10%，等等。

沪深300指数横跨了银行、钢铁、房地产等数十个主要行业的龙头企业，占据沪深两市超过一半的市值，2012年年报实现净利润18 592.15亿元，占全部A股市场净利润的89.41%。该指数的推出切合市场需求，同时也适应投资者结构的变化，为市场增加了一项用于观察市场走势的指标，也进一步为市场产品创新提供了条件。

(2) 上证综指

上证综合指数以1990年12月19日为基期，基期指数定为100点，自1991年7月15日起正式发布。上证综合指数的样本股是全部上市股票，包括A股和B股，从总体上反映了上海证券交易所上市股票价格的变动情况。

上证综合指数以样本股的发行股本数为权数进行加权计算，计算公式为：

$$报告期指数=(报告期成分股的总市值/基期)\times 基期指数$$

其中，总市值$=\sum$(股价×发行股数)。

成分股中的B股在计算指数时，价格按适用汇率(中国外汇交易中心每周最后一个交易日的人民币兑美元的中间价)折算成人民币。

上证综指在遇到以下情况时需要进行修正：

① 新上市。凡有成分证券新上市，上市后第十一个交易日计入指数。

② 除息。凡有成分股除息(分红派息)，指数不予修正，任其自然回落。

③ 除权。凡有成分股送股或配股，在成分股的除权基准日前修正指数。

$$修正后市值=除权报价\times 除权后的股本数+修正前市值(不含除权股票)$$

④ 汇率变动。每一交易周的最后一个交易日，根据中国外汇交易中心该日人民币兑美元的中间价修正指数。

⑤ 停牌。当某一成分股处于停牌期间，取其正常的最后成交价计算指数。

⑥ 摘牌。凡有成分股摘牌(终止交易)，在其摘牌日前进行指数修正。

⑦ 股本变动。凡有成分股发生其他股本变动(如增发新股上市引起的流通股本增加等)，在成分股的股本变动日前修正指数。

$$修正后市值=收盘价\times调整后的股本数+修正前市值(不含变动股票)$$

⑧ 停市。A 股或 B 股部分停市时，指数照常计算；A 股与 B 股全部停市时，指数停止计算。

上证综指反映了上海证券交易市场的总体走势，对于投资者投资沪市股票有较高的参考价值。

(3) 上证 50 指数

上证 50 指数自 2004 年 1 月 2 日起正式发布，其目标是建立一个成交活跃、规模较大、主要作为衍生金融工具基础的投资指数。上证 50 指数根据科学客观的方法，挑选上海证券市场规模大、流动性好的最具代表性的 50 只股票组成样本股，综合反映了上海证券市场最具市场影响力的一批龙头企业的整体状况。

上证 50 指数以上证 180 指数样本股为样本空间，根据总市值、成交金额对其进行综合排名，取排名前 50 位的股票组成样本，但市场表现异常并经专家委员会认定不宜作为样本的股票除外。

上证 50 指数采用派许加权方法，以样本股的调整股本数为权数进行加权计算，计算公式为：

$$报告期指数=报告期成分股的调整市值/基期\times 1\,000$$

其中，调整市值 $=\sum$(市价 × 调整股数)。

调整股本数采用分级靠档的方法对成分股股本进行调整。上证 50 指数的分级靠档方法如表 2-3 所示。

表 2-3　　上证 50 指数的分级靠档方法

流通比例(%)	≤10	(10,20]	(20,30]	(30,40]	(40,50]	(50,60]	(60,70]	(70,80]	>80
加权比例(%)	流通比例	20	30	40	50	60	70	80	100

上证 50 指数需要修正的情况以及修正的方法与上证综指相同。

上证 50 指数依据样本稳定性和动态跟踪相结合的原则，每半年调整一次成分股，调整时间与上证 180 指数一致。在特殊情况下也可能对样本进行临时调整。每次调整的比例一般不超过10%。样本调整设置缓冲区,排名在40名之前的新样本优先进入,排名在60名之前的老样本优先保留。

(4) 上证180指数

上证成分指数(简称上证180指数)是上海证券交易所对原上证30指数进行了调整并更名而成的,其样本股是在所有A股股票中抽取最具市场代表性的180种样本股票,自2002年7月1日起正式发布。作为上证指数系列核心的上证180指数的编制方案,目的在于建立一个反映上海证券市场的概貌和运行状况、具有可操作性和投资性、能够作为投资评价尺度及金融衍生产品基础的基准指数。

上证180指数的样本空间为剔除异常股票后的所有上海A股股票。然后将上市公司分为10大行业,再按各行业内股票的总市值、成交金额对股票进行综合排名,然后按各行业的自由流通调整市值比例分配各行业的样本只数,并按行业的样本分配只数,在行业内选取综合排名靠前的股票,最后对各行业选取的样本做进一步调整,使成分股总数为180家。

上证成分指数依据样本稳定性和动态跟踪相结合的原则,每半年调整一次成分股,每次调整比例一般不超过10%。如有特殊情况,也可能对样本进行临时调整。

上证成分指数采用派许加权综合价格指数公式计算,以样本股的调整股本数为权数。

$$\text{报告期指数}=\frac{\text{报告期成分股的调整市值}}{\text{基日成分股的调整市值}}\times 1\,000$$

其中,调整市值$=\sum$(市价×调整股本数),基日成分股的调整市值亦称为除数,调整股本数采用分级靠档的方法对成分股股本进行调整。根据国际惯例和专家委员会意见,上证成分指数的分级靠档方法与表2-3相同。比如,某股票流通股比例(流通股本/总股本)为7%,低于10%,则采用流通股本为权数;某股票流通比例为35%,落在区间(30,40]内,对应的加权比例为40%,则将总股本的40%作为权数。上证180指数需要修正的情况以及修正的方法与上证综指相同。

(5) 深证成分指数

深证成分指数是深圳证券交易所编制的一种成分股指数,是从上市的所有股票中抽取具有市场代表性的40家上市公司的股票作为计算对象,并以流通股为权数计算得出的加权股价指数,综合反映深交所上市A、B股的股价走势。

深证成分指数于1995年1月23日正式发布,1995年5月5日正式启用。深证成分指数基日为1994年7月20日,基日指数为1000点。

根据调整成分股的基本原则,参照国际惯例,深交所制定了科学的标准和分步骤选取成分股样本的方法,即先根据初选标准从所有上市公司中确定入围公司,再从入围公司中确定入选的成分股样本。

确定入围公司的标准包括上市时间、市场规模、流动性三方面的要求：

① 有一定的上市交易日期，一般应当在3个月以上。

② 有一定的上市规模。将上市公司的流通市值占市场比重(3个月平均数)按照从大到小的顺序排列并累加，入围公司居于90%之列。

③ 有一定的市场流动性。将上市公司的成交金额占市场比重(3个月平均数)按照从大到小的顺序排列并累加，入围公司居于90%之列。

根据以上标准确定入围公司后，再结合以下各项因素确定入选的成分股样本：

① 公司的流通市值及成交额；

② 公司的行业代表性及其成长性；

③ 公司的财务状况和经营业绩(考察过去三年)；

④ 公司两年内的规范运作情况。

对以上各项因素赋予科学的权重，进行量化，就选择出了各行业的成分股样本。

深圳证券交易所定于每年1、5、9月对成分股的代表性进行考察，讨论是否需要更换。

深证成分指数为派氏加权价格指数，即以计算日成分股实际可流通A股数和可流通B股数作为权数进行加权计算。其计算公式为：

$$\text{即日指数}=\frac{\text{即日成分股可流通总市值}}{\text{基日成分股可流通总市值}}\times 1\,000$$

B股用上周外汇调剂平均汇率将港币换算为人民币，用于计算综合指数。B股指数仍采用港币计算。

成分股指数按照股票种类分为A股指数和B股指数。A股指数按其所属行业分，包括工业分类指数、商业分类指数、金融分类指数、地产分类指数、公用事业分类指数、综合企业分类指数。每个分类指数至少用3家成分股编制。

(6) 科创板50指数

科创板50指数是上海证券交易所和中证指数有限公司于2020年7月22日收盘后发布的，旨在及时反映科创板上市证券的表现，为市场提供投资标的和业绩基准的成分指数。该指数以2019年12月31日为基日，以1 000点为基点。其纳入样本的要求是：上市时间超过12个月；上市以来日均总市值排名在科创板市场前5位，并且到定期调整数据考察截止日后第10个交易日时，上市时间超过3个月；如上市以来日均总市值排名在科创板市场前3位，虽不满足前款条件，但上市时间超过1个月并获专家委员会讨论通过，仍可纳入指数。指数的计算公式为：

$$报告期指数=\frac{报告期样本的调整市值}{除数}\times 1\,000$$

其中，调整市值$=\sum$(证券价格×调整股本数×权重因子)。调整股本数的计算方法、除数修正方法参见指数计算与维护细则。权重因子介于0和1之间，以使单个样本权重不超过10%，前五大样本权重合计不超过40%。

科创板50成分指数的样本每季度调整一次，样本调整实施时间为每年3月、6月、9月和12月的第二个星期五的下一交易日。每次调整数量的比例原则上不超过10%。采用缓冲区规则，排名在前40名的候选新样本优先进入指数，排名在前60名的老样本优先保留。权重因子随样本定期调整而调整，调整时间与指数样本定期调整实施时间相同。在下一个定期调整日前，权重因子一般固定不变。

2. 外国主要的股价指数

(1) 道琼斯股票价格平均指数

道琼斯股票价格平均指数，是世界上最有影响、使用最广的股价指数。它以在纽约证券交易所挂牌上市的一部分有代表性的公司股票作为编制对象，由四种股价平均指数构成，分别是：①以30家著名的工业公司股票为编制对象的道琼斯工业股价平均指数；②以20家著名的交通运输业公司股票为编制对象的道琼斯运输业股价平均指数；③以6家著名的公用事业公司股票为编制对象的道琼斯公用事业股价平均指数；④以上述三种股价平均指数所涉及的65家公司股票为编制对象的道琼斯股价综合平均指数。在四种道琼斯股价指数中，以道琼斯工业股价平均指数最为著名，它被大众传媒广泛地报道，并作为道琼斯指数的代表加以引用。道琼斯指数由美国报业集团——道琼斯公司——负责编制并发布，登载在其属下的《华尔街日报》上。历史上第一次公布道琼斯指数是在1884年7月3日，当时的指数样本包括11种股票，由道琼斯公司的创始人之一、《华尔街日报》首任编辑查尔斯·亨利·道(Charles Dow，1851—1902年)编制。1928年10月1日起其样本股增加到30种并保持至今，但作为样本股的公司已经历过多次调整。道琼斯指数是算术平均股价指数。

(2) 标准普尔500股票价格指数

标准普尔指数又称标准普尔股票价格综合指数，是标准普尔公司于1957年开始编制和发表的，基期指数也是100。标准普尔公司是美国最大的证券研究机构，于1923年开始编制和发表股票价格指数。近年来，许多专家认为标准普尔指数比道琼斯指数更能真实地反映股票市场上的实际情况：第一，标准普尔指数包括的股票范围广泛，它包括500种股票的总价值，大约占纽约证券交易所上市股票总价值的90%，能够较全面地反映股票市场价格的变动；第二，标准普尔指数是随机抽样的，包括了上、中、下各类股票；第三，标准普尔指数是以股票的交易额为权数计算得出的，对拆股的股票不需要进行调整。然而，标准普尔指数尚不能取代道琼斯指数，大多数证券公司、报纸杂志、电视广播等媒体目前仍广泛使用道琼斯指数。

(3) 纽约证券交易所综合股价指数

这是由纽约证券交易所编制的股票价格指数。它起自1966年6月，先是普通股股票价格指数，后来改为混合指数，包括在纽约证券交易所上市的1 500家公司的1 570种股票。具体计算方法是将这些股票按价格高低分开排列，分别计算工业股票、金融业股票、公用事业股票、运输业股票的价格指数，最大和最广泛的是工业股票价格指数，由1 093种股票组成；金融业股票价格指数包括投资公司、储蓄贷款协会、分期付款融资公司、商业银行、保险公司和不动产公司的223种股票；运输业股票价格指数包括铁路、航空、轮船、汽车等公司的65种股票；公用事业股票价格指数则有电话电报公司、煤气公司、电力公司和邮电公司的189种股票。纽约股票价格指数是以1965年12月31日确定的50点为基数，采用的是综合指数形式。纽约证券交易所每半个小时公布一次指数的变动情况。虽然纽约证券交易所编制股票价格指数的时间不长，因它可以全面及时地反映其股票市场活动的综合状况，较为受投资者欢迎。

(4) 价值线指数

价值线指数是指由价值线出版公司所创设的综合指数。它是一个等权重的加权股价指数，包含了纽约证券交易所、美国证券交易所、纳斯达克和多伦多证券交易所上市的1 600只股票。

(5) 伦敦金融时报股票价格指数

伦敦金融时报股票价格指数系由英国金融界著名报纸《金融时报》编制的股价指数，于1935年7月1日起编制，采用几何平均法进行计算。共包含3个指数：30种股票价格平均数指数、100种股票价格平均数指数和500种股票价格平均数指数，范围涵盖各主要行业。

第五节　金融衍生工具的创设与交易

一、金融衍生工具的交易者

金融衍生工具市场的参与者来自各个方面，他们利用衍生品交易达到自己的目的。金融衍生工具的参与者按其买卖合约的动机和目的的不同，分为套期保值者、套利者和投机者。

(一) 套期保值者

套期保值者，又称风险对冲者。他们参与金融衍生工具市场的目的是降低甚至消除他们已经面临的风险。例如,一家中国进口商 30 天后要支付 1 000 万美元给美国出口商,那么中国进口商将面临汇率波动的风险。如果届时美元升值,该进口商将支付更多的人民币。如果想规避这种风险,中国公司可以在远期外汇市场上购入 30 天价值 1 000 万美元的远期合约。这样,就等于将 30 天后支付的美元的汇率固定在目前的汇率水平上。当然,购买外汇期货、期权或者参加货币互换也可以达到相同的锁定成本、规避风险的目的。套期保值并不能保证带来利润,例如在上例中,如果 30 天后的美元贬值而人民币升值,那么中国进口商由于购买远期外汇合约而使他多支出人民币换取等值的美元。但是需要强调的是,套期保值者的目的在于减少未来的不确定性,而不是增加未来的盈利。

(二) 投机者

与套期保值者减少甚至消除未来的不确定性不同,投机者主动增加未来的不确定性来谋取利润。他们并不持有基础金融资产的净头寸,他们参与衍生金融工具交易的目的在于赚取远期价格与未来实际价格之间的差额。例如,60 天期美元对人民币的汇率是 1 美元=6.8 元人民币,但某投机者预测 60 天后美元将会升值,那么,他将根据自己的判断买入大量远期美元。如果事实证明该投机者关于美元的汇率判断是正确的,那么在 60 天后该投机者可以以合约约定的价格低价买入美元,然后再高价卖出美元而获取利润。但是,如果到期美元对人民币的汇率不升反降,那么该投机者将会蒙受损失。

(三) 套利者

套利者通过同时在两个或两个以上的市场进行交易而获取无风险的套利收益。套利又分为跨市套利、跨时套利和跨品种套利。无风险套利活动的存在,是促使衍生金融工具市场提高效率的重要因素,正是套利者寻求在不同市场和产品之间寻找套利机会,才使得市场的交易频繁,价格得以发现,市场达到价格均衡状态。

二、金融衍生工具的交易场所

(一) 金融衍生工具的场内交易

场内交易是指所有的供求方集中在交易所进行竞价交易的交易方式。这种交易方式由交易所事先设计出标准化的金融衍生工具合约,由投资者选择与自身需求最接近的合约和数量进行交易。交易所向交易参与者收取保证金,同时进行清算和承担履约担保责任。金融期货合约和部分标准化期权合约都属于场内交易金融衍生工具。

(二) 金融衍生工具的场外交易

场外交易又称柜台交易,指交易双方直接成为交易对手的交易方式。这种交易方式可以根据每个使用者的不同需求设计出不同的衍生工具。同时,为了满足客户的具体要求，出售衍生工具的金融机构需要有高超的金融技术和风险管理能力。由于每个交易的清算是由交易双方相互负责进行的，交易参与者仅限于信用程度高的客户。金融互换合约和远期合约是具有代表性的柜台交易的金融衍生工具。

三、金融衍生工具的交易方法与特征

（一）金融远期合约的交易方法与交易特征

金融远期合约是一份规定合约双方在将来某一确定的时间按规定的价格购买或出售某项资产的协议。金融远期合约通常是在金融机构之间或金融机构与其公司客户之间或各大公司之间签署，它没有标准化的格式和制度化的交易程序，一般不在规范的交易所内交易。合约中规定在将来买入标的物的一方称为多方，而在未来卖出标的物的一方称为空方。合约中规定的未来买卖标的物的价格称为交割价格。金融远期合约的特点如下：

1. 非标准化

远期合约由交易双方在场外直接协商形成。合约标的物的品质、交割地点、交割时间、交割价格等是高度异质的，这直接造成了远期合约较差的流动性以及定价效率。

2. 违约风险高

由于远期合约的履约没有保证，当价格变动对一方有利时，对方有可能无力或无诚意履行合约，因此远期合约的违约风险较高。

3. 平仓方式单一

合约到期必须交割，不可实行反向对冲操作来平仓。

常见的金融远期合约有远期利率协议和远期外汇合约等。远期利率协议是买卖双方同意从未来某一商定的时期开始在某一特定时期内按协议利率借贷一笔数额确定、以具体货币表示的名义本金的协议。借贷双方不必交换本金，只是在结算日根据协议利率和参考利率之间的差额以及名义本金额，由交易一方付给另一方结算金；远期外汇合约是指双方约定在将来某一时间按约定的远期汇率买卖一定金额的某种外汇的合约。同样，在合约交割时，名义本金并未交割，而只交割合同中规定的远期汇率与当时的即期汇率之间的差额。

（二）金融期货合约的交易方法与特征

金融期货合约是指协议双方同意在约定的将来某个日期按约定的条件（包括价格、交割地点、交割方式）买入或卖出一定标准数量的某种金融工具的标准化协议。合约中规定的价格就是期货价格。金融期货合约有以下主要特征：

1. 标准化

期货交易所事先为各种合约规定了统一的数量、质量、交割方式、交割月份等标准。在全部合约条款中，只有价格是变动的，这就大大简化了交易手续。同时，金融期货交易实行保证金制度。交易者不需付出与合约金额相等的全额货款，只需付3%-15%的履约保证金，这极大地降低了投资者的交易成本，增强了期货合约的流动性。

2. 违约风险低

金融期货交易所为交易双方提供结算交割服务和履约担保，实行严格的结算交割制度，违约的风险很小。交易所实行每日盯市、每日无负债结算制度。

3. 平仓方式多样化

期货合约绝大部分都是以对冲方式来了结，很少进行基础资产的交割。

金融期货可以分为利率期货、股价指数期货和外汇期货。利率期货是指标的资产价格依赖于利率水平的期货合约，如长期国债期货、短期国债期货和欧洲美元期货等；股价指数期货是指标的物是股票价格指数的期货合约，交易双方在交易时只能把股价指数的点数换算成货币单位进行结算，没有实物的交割，这是股价指数期货与其他标的物期货的最大区别；外汇期货指的是标的物是外汇的期货合约，如美元、法国法郎、英镑、加元等。

（三）金融期权的交易方法与特征

金融期权是以金融基础资产或金融期货合约为标的物的期权，其购买者向出售者支付一定费用后，就获得了能在某一期限内以某一特定的价格向出售者买进或卖出一定数量的某种金融资产或金融期货合约的权利。

与期货合约只能在交易所交易不同，期权除了可以在交易所交易，还可以在场外交易，而且场外市场非常庞大。交易所交易的是标准化的期权合约，而场外交易的是非标准化的期权合约。

按购买者权利划分，金融期权可以分为金融看跌期权和金融看涨期权。金融看跌期权又称卖出期权，是指期权的买方具有在约定期限内按履约价格卖出一定数量金融资产的权利。金融看涨期权又称买入期权，是指期权的买方具有在约定期限内按履约价格买入一定数量金融资产的权利。按期权合约买方执行期权的时间划分，金融期权可以分为欧式期权和美式期权。欧式期权合约的买方只能在期权到期日执行，而美式期权合约的买方则可以在期权到期日前的任何时间执行期权。按标的资产的不同，可以分为金融现货期权和金融期货期权。金融现货期权又可以细分为利率期权、货币期权、股价指数期权和股票期权；金融期货期权可以细分为利率期货期权、货币期货期权和股价指数期货期权。

（四）金融互换合约的交易方法与特征

金融互换合约是一种双方签订的在未来某一时期互相交换某种基础资产的合约。换句话说，金融互换合约是当事人签订的在未来某一特定时期内相互交换他们认为具有相等经济价值的现金流的合约。互换合约一般在专门的互换市场中进行交易。

常见的金融互换合约有利率互换合约和货币互换合约。利率互换是指双方同意在未来的一定期限内根据同种货币的同样的名义本金交换现金流，其中一方的现金流根据浮动利率计算确定，另一方的现金流根据固定利率确定。互换的期限通常在2年以上，有时甚至在15年以上。货币互换是指交易一方以一种货币的本金和固定利息交换另一方的另一货币的等价本金和利息。由于货币互换涉及本金互换，因此当汇率变动很大时，双方就面临一定的信用风险。

四、我国股指期货的交易方法与特征

目前我国场内股指期货交易主要集中在中国金融期货交易所。其主要产品有沪深300指数期货、中证500指数期货、上证50指数期货，还有一些是国债期货。

以沪深300指数期货为例，合约乘数为每点人民币300元。合约以指数点报价。最小变动价位为0.2指数点。合约月份为当月、下月及随后两个季月。季月是指3月、6月、9月、12月。合约的最后交易日为合约到期月份的第三个周五，最后交易日即为交割日，遇国家法定假日顺延。到期合约交割日的下一交易日，新的月份合约开始交易。交易时间为交易日9:15—11:30和13:00—15:15，最后交易日交易时间为9:15—11:30和13:00—15:00。交易所规定的合约最低交易保证金为合约价值的12%。

为控制交易风险，沪深300期货实行涨跌停板制度。沪深300的价格涨跌停板幅度为上一交易日结算价的±10%，最后交易日涨跌停板幅度为上一交易日结算价的±20%。

同时，中国金融期货交易所为了防止市场风险过度集中于少数交易者和防范操纵市场行为，对会员和客户的持仓数量进行限制，以使合约到期日的实物交割数量不至于过大，引发大面积交割违约风险。除此之外，期货交易所还实行了大户持仓报告制度、强行平仓制度、强制减仓制度等。

第六节　证券信用交易

一、保证金交易

（一）保证金交易的概念

保证金交易(Margin Trading)又称信用交易或垫头交易，是指证券交易的当事人在买卖证券时，只向证券公司交付一定的保证金，或者只向证券公司交付一定的

证券，而由证券公司提供融资或者融券进行交易。因此，信用交易具体分为融资买进和融券卖出两种。也就是说，客户在买卖证券时仅向证券公司支付一定数额的保证金或交付部分证券，其应当支付的价款和应交付的证券不足时，由证券公司进行垫付，而代理进行证券的买卖交易。其中，融资买入证券为“买空”，融券卖出证券为“卖空”。

（二）保证金交易的特征

保证金交易之所以受到市场欢迎，在于其具有以下两个特征：

1. 可以扩大交易量

客户能够以超出自有资金的力量进行大宗交易，甚至手头没有任何证券的客户也可以从证券公司借入而从事证券买卖，这样就大大便利了客户。

因为在进行证券交易时通常会出现当客户预测到某股票价格将要上涨，希望买进一定数量的该股票，但手头却无足够的资金的情况；或者预测到某股票价格将下跌，希望抛售这种股票，可手中又恰好没有这类股票的情况。这时采用一般的交易方式无法进行期望的交易。而保证金交易，在证券公司和客户之间引进信用方式，满足客户交易的需要，活跃市场。

2. 具有较大的杠杆作用

这是指保证金交易能给客户以较少的资本获取较大利润的机会。

［例 2-9］ 某客户有资本 100 万元，他预计 A 股票的价格将要上涨，于是他按照目前每股 100 元的市价用自有资本购入 10 000 股。过了一段时间后，A 股票价格果然从 100 元上升到 200 元，10 000 股 A 股票的价值就变成 200 万元，客户获利 100 万元，其盈利与自有资本的比率为 100%。如果该客户采用保证金交易方式，将 100 万元资本作为保证金支付给证券公司，再假定保证金比率为 50%（即支付 50 元保证金，就可以向经纪人再借入 50 元购买价值 100 元的证券），这样客户便能购买 A 股票 20 000股。当价格如上所述上涨后，20 000 股 A 股票的价值便达到 400 万元，扣除证券公司垫款 100 万元和资本金 100 万元后，可获得 200 万元，盈利与自有资本之比率为 200%。显然采用保证金交易，可以给客户带来十分可观的利润。但是，如果股票行市未按客户预料的方向变动，那么采用保证金交易给客户造成的损失同样也是巨大的。

（三）保证金交易的风险

尽管保证金交易有着以上特征，但是保证金交易的弊端也很多，主要是风险较大。仍以上面的例子为例：

［例 2-10］ 当客户用其自有资金 100 万元作为保证金，假定保证金率仍为 50%时，该客户可用每股 100 元的价格购入 20 000 股 A 股票。假如以后 A 股票的价格不

是像该客户预计的那样上涨，而是一直下跌的话，我们假定它从每股100元跌到50元，这时20 000股A股票的价值100万元，损失了100万元，其损失率为100%。假如该客户没有使用保证金交易方式，那么100万元自有资本，在A股票每股价格100元时，只能购入10 000股，该客户只损失了50万元，其损失率为50%，大大低于保证金交易方式的损失率。

因此，一般认为保证金交易方式是有风险的，应该谨慎地运用。为此，各国对保证金交易都进行严格的管理。例如，美国从1934年开始，由联邦储备银行负责统一管理。该行的监理委员会，通过调整保证金比率的高低来控制证券市场的保证金交易量。另外，各证券交易所也都订有追加保证金的规定。例如当股票价格下跌到维持保证金比率之下时，经纪人有权要求客户增加保证金，使之达到规定的比率，不然的话，经纪人就有权出售股票，其损失部分由客户负担。同时证券公司为了防止意外，当客户采用保证金交易时，除了要求他们支付保证金外，证券公司还要求他们提供相应的抵押品，通常被用作抵押品的，就是交易中委托买入的股票，以确保安全。尽管如此，保证金交易仍是当前西方国家金融市场上最受客户欢迎的、使用最广泛的交易方式之一。

二、中国融资融券交易规则和运行

（一）融资融券交易的要求和内容

1. 融资融券交易期限要求

投资者从事融资融券交易，融资融券期限不得超过6个月。标的证券暂停交易，融资融券债务到期日仍未确定恢复交易日或恢复交易日在融资融券债务到期日之后的，融资融券的期限顺延。证券公司与其客户也可以根据双方约定了结相关融资融券交易。证券公司还需与其客户在合同中，约定特殊情况下融资融券交易期限的处理。

2. 融资融券交易申报内容

融资融券交易申报分为融资买入申报和融券卖出申报两种。融资买入申报内容应当包括：(1)投资者信用证券账号；(2)融资融券交易专用席位代码；(3)标的证券代码；(4)买入数量；(5)买入价格(市价申报除外)；(6)“融资”标识；(7)证券交易所要求的其他内容。

融券卖出申报内容应当包括：(1)投资者信用证券账号；(2)融资融券交易专用席位代码；(3)标的证券代码；(4)卖出数量；(5)卖出价格(市价申报除外)；(6)“融券”标识；(7)证券交易所要求的其他内容。

其中，上述融资买入、融券卖出的申报数量应当为100股(份)或其整数倍。

3. 融券卖出申报价格的限制

投资者融券卖出的申报价格不得低于该证券的最近成交价；如该证券当天还没有成交的，融券卖出申报价格不得低于前收盘价。融券卖出申报价格低于上述价格的，交易主机视其为无效申报，自动撤销。投资者在融券期间卖出通过其所有或控制的证券账户所持有与其融入证券相同证券的，其卖出该证券的价格也应当满足不低于最近成交价的要求，但超出融券数量的部分除外。

（二）融资融券的保证金要求和规定

1. 融资融券保证金比例的具体规定

投资者融资买入时，融资保证金比例不得低于100%。证券公司在不低于上述交易所规定比例的基础上，可以根据融资买入标的证券在计算保证金金额时所适用的折算率标准，自行确定相关融资保证金比例。

融资保证金比例＝保证金/(融资买入证券数量×买入价格)×100%

［例2-11］ 某投资者信用账户中有100元保证金可用余额，拟融资买入融资保证金比例为100%的证券A，则该投资者理论上可融资买入100元市值(100元保证金÷100%)的证券A。

投资者融券卖出时，融券保证金比例不得低于50%。证券公司在不超过上述交易所规定比例的基础上，可以根据融券卖出标的证券在计算保证金金额时所适用的折算率标准，自行确定相关融券保证金比例。

融券保证金比例＝保证金/(融券卖出证券数量×卖出价格)×100%

［例2-12］ 某投资者信用账户中有100元保证金可用余额，拟融券卖出融券保证金比例为50%的证券B，则该投资者理论上可融券卖出200元市值(100元保证金÷50%)的证券B。

投资者以现金作为保证金时，可以全额计入保证金金额；以证券充抵保证金时，应当以证券市值或净值按交易所规定的下列折算率进行折算：

(1) 国债折算率最高不超过95%；

(2) 交易所交易型开放式指数基金折算率最高不超过90%；

(3) 其他上市证券投资基金和债券折算率最高不超过80%；

(4) 深证100指数成分股、上证180指数成分股股票的折算率最高不超过70%，其他股票折算率最高不超过65%。

需要指出的是，证券公司可以在不高于上述标准的基础上，根据证券流动性、波动性等指标自行确定各类充抵保证金证券不同的折算率。

［例2-13］ 某投资者信用账户内有100元现金和100元市值的证券a，假设证券

a的折算率为70%，则该投资者信用账户内的保证金金额为170元(100元现金×100%+100元市值×70%)。

2. 保证金可用余额的组成

(1) 作为保证金的现金。投资者信用资金账户内的现金由作为保证金的现金和融券卖出所得现金两部分组成，其中融券卖出所得现金只能用于买券还券，不能作为保证金。

(2) 充抵保证金的证券。投资者信用证券账户内的证券由充抵保证金的证券和融资买入证券两部分组成，其中充抵保证金证券部分直接经折算后计入保证金可用余额。

(3) 融资融券交易产生的浮盈部分。融资融券交易产生的浮盈经折算后可计入保证金总额，如融资融券交易形成浮亏的，浮亏金额需全额从保证金可用余额中扣减。

(4) 未了结融资融券交易已占用保证金部分。

3. 投资者信用账户维持担保比例的规定

投资者信用账户维持担保比例不得低于130%。证券公司可以在不低于上述基本标准的基础上，根据客户资信状况等因素，自行确定维持担保比例的最低标准。所谓维持担保比例是指客户担保物价值与其融资融券债务之间的比例。

4. 追加担保物的条件规定

当投资者维持担保比例低于130%时，证券公司应当通知投资者在不超过2个交易日的期限内追加担保物，且客户追加担保物后的维持担保比例不得低于150%。证券公司应当对投资者提交的担保物进行整体监控，并计算其维持担保比例，在不低于上述规定标准的基础上，可以根据客户资信状况等因素，自行确定追加担保物的维持担保比例标准。

$$维持担保比例=总资产/负债$$

$$=\frac{现金+信用证券账户内的证券市值}{融资买入金额+融资卖出证券数量\times市价+利息及费用}\times100\%$$

5. 投资者提取信用账户内资金或证券的规定

维持担保比例超过300%时，客户可以提取保证金可用余额中的现金或充抵保证金的有价证券，但提取后维持担保比例不得低于300%。

[例2-14]　某投资者的信用账户中有125万元现金和100万元市值证券(设折算率为70%)，假设该投资者以1元/股的价格融资买入A股票80万股，该股票市价为1.2元/股，折算率为90%；之后又以5元/股的价格融券卖出B股票5万股，目前B股票市价为5.5元/股，折算率为70%；在此期间产生的利息及费用为2万元。试计算

投资者账户的维持担保比例。

$$\text{维持担保比例}=\frac{\text{现金}+\text{信用证券账户内证券市值总和}}{\text{融资买入金额}+\text{融券卖出证券数量}\times\text{市价}+\text{利息及费用总和}}$$

$$=(125+100+1.2\times 80)/(80+5\times 5.5+2)$$

$$=321/109.5=293.15\%\geqslant 150\%(\text{安全})$$

6. 美国股票市场对融资融券的相关做法

美国股票市场的融资融券也称为买空和卖空。其做法其实与我国的做法基本一致，只是在计算内容上有所差异。投资者一般要在券商处开设一个保证金账户，券商会给出保证金担保比例和维持担保比例。然后根据这两个比例来判断投资者保证金的余缺程度并提出是否追加的相关指令。需要哪一个指标来判断呢？就是实际保证金比例，根据实际保证金比例与初始保证金比例和维持保证金比例进行比较来进行判断。实际保证金比例的计算为：

$$am=\frac{(n\times mp)-(1-im)\times pp\times n}{n\times mp}\tag{2-5}$$

式中，am 为实际保证金比例，mp 为当前每股价格，Im 为初始保证金比例，pp 为初始每股价格，n 为股数。

得出了实际保证金率的指标，就可以与初始保证金比例和维持保证金比例进行比较。若实际保证金率大于初始保证金率，则投资者可以将大于部分作为盈利提取现金；若实际保证金率等于低于维持保证金率，则说明投资人风险很大，券商要求投资人必须追加保证金以达到初始保证金比率。这样不断地比较十分麻烦，因此可以设置一个达到维持保证金比率时的股票价格：

$$mp=\frac{(1-im)\times pp}{1-mm}\tag{2-6}$$

式中，mm 为维持保证金比例。

有了这个指标，股票经纪人只要观察这个指标，就可以方便地通知客户是否需要追加保证金。

［例 2-15］　在保证金买空（融资）的情况下，假设王成想要融资买入新兴公司的股票。他在券商处开了一个保证金账户，他的初始投资是用保证金以每股 40 元的价格购买 200 股新兴公司的股票。他向券商借了 3 000 元完成了购买。问：

（1）在购买完成时王成账户中的实际保证金率是多少？

（2）如果新兴公司的股票后来上涨到每股 60 元，则王成账户中的实际保证金率是多少？

(3) 如果新兴公司的股票后来下跌到每股 35 元，则王成账户中的实际保证金率是多少？

解：

(1) $\{[(200\times 40)-3\,000]/200\times 40\}\times 100\%=\{5\,000/8\,000\}\times 100\%=62.5\%$

(2) $\{[(200\times 60)-3\,000]/200\times 60\}\times 100\%=\{9\,000/12\,000\}\times 100\%=75\%$

(3) $\{[(200\times 35)-3\,000]/200\times 35\}\times 100\%=\{4\,000/7\,000\}\times 100\%=57.1\%$

可见，在股价上涨到 60 元时，其账户中的资金是增长的。如果规定初始保证金比率为 60%，则多出的 15%可以作为盈利提取出来。而在股价下跌到 35 元时，实际保证金率下跌到 57.1%，如果规定维持保证金比率是 40%，那说明该账户还没有达到追加保证金的要求。

如果是融券卖空的情况，就需要计算卖空情况下的实际保证金比率：

$$am=\frac{(sp\times n)\times(1+im)-mp\times n}{mp\times n} \tag{2-7}$$

式中，sp 为股票当前价格。

与上面同理，我们也可以设置一个达到维持保证金比率时的股票价格：

$$mp=\frac{sp\times(1+im)}{1+mm} \tag{2-8}$$

若股价下跌，会使实际保证金高于初始保证金，卖空者可就高出部分提现。反之，实际保证金比例可能会低于维持保证金比例，则需要追加到初始保证金比例。

比较中美两地融资融券交易保证金比率计算的差异可见，我国的保证金比例计算中把融资融券的买卖价值量作为分母来计算，而美国的计算方法是把融资融券与保证金之和的买卖价值作为分母来计算的。所以看起来这个比率高了很多。如果把保证金买卖部分扣除，则结果应该是一样的。

(三) 交易规模、信用偿付和平仓

1. 融资融券交易规模的限制

为了防范市场过度波动风险，对单只证券的融资融券规模进行了以下限制：

(1) 单只标的证券的融资余额达到该证券上市可流通市值的 25%时，交易所可以在次一交易日暂停其融资买入；当其融资余额降低至 20%以下时，交易所可以在次一交易日恢复其融资买入。

(2) 单只标的证券的融券余量达到该证券上市可流通量的 25%时，交易所可以在次一交易日暂停其融券卖出；当其融券余量降低至 20%以下时，交易所可以在次一交易日恢复其融券卖出。

2. 融资偿还规定

投资者融资买入证券后，可通过卖券还款或直接还款的方式向证券公司偿还融入资金。

卖券还款是指投资者通过其信用证券账户申报卖券，结算时卖出证券所得资金直接划转至证券公司融资专用账户的一种还款方式，申报时需增加相应“卖券还款”标识。以直接还款方式偿还融入资金的，具体操作按照证券公司与客户之间的约定办理。

投资者卖出信用证券账户内证券所得价款，须先偿还其融资欠款。

3. 融券偿还规定

投资者融券卖出后，可通过买券还券或直接还券的方式向证券公司偿还融入的证券。

买券还券是指投资者通过其信用证券账户申报买券，结算时买入证券直接划转至证券公司融券专用证券账户的一种还券方式，申报时需增加相应“买券还券”标识。以直接还券方式偿还融入证券的，按照证券公司与客户之间的约定以及交易所指定登记结算机构的有关规定办理。

未了结相关融券交易前，投资者融券卖出所得价款除买券还券外不得他用。证券公司应当与客户约定在无法偿还特定标的证券的特殊情况下，现金及其他偿还方式及其处理流程。

4. 强制平仓约定

投资者未能按期交足担保物或者到期未偿还融资融券债务的，证券公司应当根据约定采取强制平仓措施，处分客户担保物，不足部分可以向客户追索。平仓所得资金优先用于清偿客户所欠债务，剩余资金记入客户信用资金账户。平仓包括平仓买入和平仓卖出。

本章小结

本章首先向读者介绍了主要债务工具的发行和交易机制。第一节依次介绍了短期政府债券、企业短期融资券、商业票据、银行承兑汇票和货币市场共同基金等货币证券的发行与交易机制，第二节以公司债券为例，介绍了债券的发行制度与交易规则。

其次，介绍了权益工具的发行与交易。第三节是本章的重点，讲述了公司首次公开发行股票并在主板上市的基本条件、上市进程，以及股票交易的基本流程，区分了委托报价和竞价成交的不同方法。第四节讲述了交易过程中股票的除息、除权和价格指数的编制方法。除息和除权是股票所代表的股东权利发生变化时对股票价格所做的一种修正。投资者应注意与除权、除息相关的一些事项，如发放股息、公积金转增股份、增资配股。股价指数是反映股票市场总体价格水平的相对指标。投资者在进行投资时，股价指数具有很高的参考价值。股价指数可以分为简单算术股价指数和加权股价指数。

再次，介绍了金融远期合约、金融期货合约、金融期权、金融互换合约等金融衍生品交易特征，并介绍了我国股指期货的相关交易规则和制度。

最后，本章对保证金交易进行了阐述，并介绍了我国融资融券交易的相关规则和制度。

关键词

短期政府债券(Short-term Government Bonds)　商业票据(Commercial Paper)
银行承兑汇票(Bank Acceptance Bills)　货币市场共同基金(Money Market Mutual Fund)
首次公开发行(Initial Public Offering)　金融远期合约(Financial Forward Contract)
金融期货合约(Financial Future Contract)　金融期权(Financial Option Contract)
金融互换合约(Financial Swap Contract)　保证金交易(Margin Trading)
股价指数(Index)

思考与练习

一、思考题

1. 我国短期政府债券主要包括哪两种？各自发行的目的是什么？发行对象是谁？

2. 根据中国证监会的规定，公司债发行的基本条件是什么？

3. 什么是净价和全价？上海证券交易所和深圳证券交易所各自是怎样对债券进行报价交易和结算的？

4. 公司首次公开发行股票并在主板上市的基本条件是什么？

5. 请简述公司上市的一般进程。

6. 试比较市价委托、限价委托以及止损委托交易方式。

7. 试比较集合竞价和连续竞价，上海证券交易所和深圳证券交易所各有什么规定？

8. 什么是股票的除息与除权？除息、除权完成后对股票的走势有哪些影响？

9. 什么是股票价格指数？上证综合指数是如何计算的？

10. 目前世界上大多数股价指数用的是哪种股价指数？如何计算？

11. 上海证券交易所和深圳证券交易所规定什么条件下股票不实行涨跌幅限制？

12. 试比较金融远期合约和金融期货合约。

13. 什么是保证金交易？它的优缺点是什么？

二、计算题

1. 某公司按 10 股送现金股息 5 元，送红股 1.5 股的比例向全体股东派发股息和红股，向公司现有股东按 10 股配 1 股的比例进行配股，配股价为 3.50 元，3 月 24 日为除息除权日，3 月 23 日该股票收盘价为 12 元。试计算除息除权价。

2. 假设某股票市场选出 5 只股票作为成分股，在 t 期、$t+1$ 期，5 只股票的情况如下表所示：

	t 期			$t+1$ 期		
	价格	发行股数(万)	市值	价格	发行股数(万)	市值
股一	15	1 200		17	1 200	
股二	20	1 000		23	1 000	
股三	30	1 000		25	1 500	
股四	8	5 000		8.5	5 000	
股五	40	1 000		22	2 000	

其中，股票发行股数变化时因为股三实施了 10 股配 5 股，配股价 15 元/股，股本扩大至 1 500 万股；股五 10 送 10，股本扩张至 2 000 股，若 t 期的股价指数为 350 点，试计算 $t+1$ 期的指数。

3. 某客户向其信用账户提交了 150 000 元现金和 5 000 股证券 A 作为担保品。假设证券 A 市价为 20 元，其折算率为 70%，证券 B 市价为 10 元，客户以每股 10 元融资买入 20 000 股证券 B，试计算其信用账户的维持担保比例。

4. 某股份公司以每 10 股送 6 股的比例向股东派发红股，5 月 23 日为除权日，5 月 22 日该股收盘价为 20 元，试计算除权基准价。

5. 某公司以每 10 股送 2 股和每 10 股配 3 股的比例向现有股东送配股，配股价为每股 8 元。8 月 12 日为除权日，8 月 11 日该股收盘价为 12 元，试计算除权基准价。

6. 某公司向全体股东发放每股 2 元的现金股息，同时以每 10 股送 2 股、配 3 股的比例向股东送配股，配股价为 6 元。6 月 25 日为除息除权日，6 月 24 日该股收盘价为 16 元，试计算除权基准价。

7. 设 A、B、C 三种股票是从上海证券交易所 A 股市场中抽取的股票样本，有关数值如下表所示，分别用相对法和综合法计算简单算术股价指数(设基期指数为 100)。

股票	价格(元)		交易量(万股)	
	基期	报告期	基期	报告期
A	12	15	200	230
B	8	10	500	450
C	24	19	100	160

请使用上述数据分别计算拉斯拜尔指数和派许指数(设基期为 100)。

8. 某投资者信用账户中有 100 元保证金可用余额，拟融资买入融资保证金比例为 50% 的股票 A，则该投资者经过融资可买入多少市值的股票 A?

9. 某投资者信用账户内有 200 元现金和 300 元市值的证券 A，假设证券 A 的折算率为 60%，则该投资者信用账户内的保证金金额为多少?

10. 某投资者的信用账户中有 150 万元现金和 180 万元市值证券(设折算率为 60%)，假设该投资者以 1.5 元/股的价格融资买入 A 股票 80 万股，该股票市价为 1.6 元/股，折算率为 80%；之后又以 6 元/股的价格融券卖出 B 股票 5 万股，目前 B 股票市价为 6.4 元/股，折算率为 70%；在此期间产生的利息及费用为 2 万元。试计算投资者账户的维持担保比例。

参考文献

[1] 中国证券监督管理委员会.中国资本市场三十年[M].北京：中国金融出版社，2021.

[2] 巴曙松.债券通[M].香港：商务印书馆（香港）有限公司，2019.

[3]（美）兹维·博迪，亚历克斯·凯恩，艾伦·J.马科斯.投资学[M].汪昌云、张永骥译.北京：机械工业出版社，2019.

[4] 金德环.投资银行学[M].上海：上海格致出版社，2018.

[5] 上海财经大学金融学院编写组.投资学教程[M].上海：上海财经大学出版社，2015.

[6] 中国证券业协会.证券发行与承销[M].北京：中国财政经济出版社，2008.

[7]（美）查尔斯·P.琼斯.投资学分析与管理（第十版）[M].北京：机械工业出版社，2008.

第三章　证券市场投资理论流派

引言

有效市场假说是现代金融理论的重要基础，它以投资者理性为视角描述了金融市场的价格和基本面价值之间的关系。但在现实金融市场上，也存在许多与有效市场假说不一致的现象，因此，我们也将介绍行为金融理论以及其他投资理论和流派从其他角度对金融市场的认识和主要观点。有效市场假说从投资者理性角度出发来认识金融市场，而行为金融理论引入了心理学偏差和投资者有限理性来认识金融市场，技术分析流派则认为投资者心理上的“恐惧”和“贪婪”导致市场并非是有效的。

第一节　有效市场假说的基本含义

一、有效市场假说的含义

有效市场假说（EMH）是主流金融学和现代投资理论的核心理论基础之一，从它出发的一系列金融理论指导着现代金融理论的投资决策和实证分析。许多现代金融投资理论，如资本资产定价模型（CAPM）、套利定价理论（APT）、布莱克—斯科尔斯（Black-Scholes）期权定价公式等都是建立在 EMH 的基础之上的。EMH 及建立在其上的理论使得金融经济学更加丰富和完善，使得这一学科的重要性日渐增强。可以说，EMH 促进了金融理论的发展。

有效市场假说最早是由保罗·萨缪尔森（Paul Samuelson）在 1965 年提出的，他指出，在一个信息通畅的市场上，如果价格的变化能完全反映所有市场参与者的期望和所拥有的信息，则价格变化是无法预测的。法玛（Fama）是有效市场理论的集大成者，他为该理论的最终形成和完善做出了卓越的贡献。法玛不仅对有关 EMH 的研究做了系统的总结，还提出了一个完整的理论框架。在此之后，EMH 蓬勃发展，其内涵不断加深、外延不断扩大，最终成为现代金融经济学的支柱理论之一。在有效市场假说下，证券价格总是完全反映了已有的信息，如果证券市场上的证券价格能够充分地反映所有有关证券价格的信息，则证券市场上的证券价格变化就是完全随机的，投资者不可能持续性地在证券市场上获取超额利润。也就是说，在有效市场中，作为建立在已有信息基础上的交易系统中的市场投资者，无论他是个人还是机构投资者，长期而言是无法取得超过市场均衡回报的超额收益的，他们不可能打败市场。在证券市场上进行交易的证券，按照各自风险特性的不同以不同的价格出售。

二、有效市场假说的三种形式

根据证券价格对信息反映程度的不同，Robert（1967）和 Fama（1970）把有效市场假说分为三种依次渐强的形式：弱式有效市场假设（Weak-form Efficient Market Hypothesis）、半强式有效市场假设（Seme-strong Efficient Market Hypothesis）和强式有效市场假设（Strong Efficient Market Hypothesis）。

（一）弱式有效市场假设

该层次假设是有效市场假说的最低层次。它认为现行的证券价格完全反映了该证券的历史价格序列。在该层次里，具体的明显的信息组就是该证券的历史价格序列。根据有效市场的定义可知，在弱式有效市场里，投资者不可能仅靠分析历史价格序列并根据此设计的投资策略来获得超额利润。实际上，它意味着以分析历史价格来做出投资策略的技术分析在弱式有效市场里将无所作为。该假设的检验通常可以通过随机游走假设检验进行。如果市场证券价格的走势能够较好地与随机游走假设相吻合，则可以说该市场达到了弱式有效。由于随机游走过程意味着鞅，但反过来鞅并不意味着随机游走，因此，如果市场证券价格的走势并不服从随机游走假设，也不能得出市场是非弱式有效的结论。

（二）半强式有效市场假设

半强式有效市场假设认为现行的股票价格不只是反映了历史价格所包含的信息。该层次里明显的具体的信息组包括历史价格所反映的和所有公开的可得到的信息组所反映的信息。由此可见，这一信息组较第一层次的信息组范围更广，内容更丰富。前面所讲的所有公开的可得到的信息实际上指的是公司的财务报表，如资产负债表、利润分配表、现金流量表以及有关重大事件的公告等包含的信息。如果市场处于半强式有效市场，投资者通过分析财务报表或任何有关的公开的可得到的信息是不可能获取超额利润的。事实上，该假设意味着基本面分析法在半强式有效市场下也失效。

（三）强式有效市场假设

这是有效市场的最高层次，在现实生活中不可能出现。该假设意味着任何市场参与者所了解的信息不论是公开的或未公开的，都被全面准确地反映到了市场价格上。因此，即使那些利用自己掌握的内幕信息进行交易的人也不可能获得超额利润。这一市场近乎理想，在现实市场上或多或少存在着内幕交易。各国的法律中都有关于禁止内幕交易的条款也足以说明了这一点。

三、有效市场的实证方法

（一）EMH 的理论基础

EMH 成立的理论基础依赖于以下三个逐次渐弱的假设：

1. 投资者都是“理性”的，并且理性地估价和交易证券。

2. 如果投资者并不都是那么理性，则他们之间的交易行为是随机的、彼此无关的，从而可以相互抵消各自的作用，使价格不发生非理性变化。

3. 即使有些投资者之间的非理性行为具有某种相关性，市场中理性套利者的行为也将消除他们对价格的影响。

在第一种情况下，投资者理性地估计出证券的基本价值(未来收益现金流折现之和)，并且在交易中对获悉的有关基本价值的新信息迅速做出反应，这样证券的价格也就相应地根据信息进行了调整。Samuelson(1965)和 Manelbrot(1966)证明，如果竞争性市场中的投资者都是风险中性且证券收益是不可预测的话，那么证券的价值和价格都服从“随机游走”规律，而 EMH 自然就是完全理性投资者参与的市场中的一个均衡。

在第二种情况下，即使投资者并不是完全理性，如果投资者在市场中随机交易而且交易数量巨大且彼此的交易又互相独立，那么这样交易的结果对价格的非理性影响在交易中彼此抵消掉了，证券价格仍然服从基本价值规律。这个结论的成立依赖于非理性投资者交易策略之间的无关性。

在第三种情况下，即使非理性投资者交易策略之间的无关性条件不满足，套利的存在使得市场仍然是完全有效的(Friedman，1953；Fama，1965)。理性套利者的存在是市场的自动稳定器，一旦证券价格由于非理性投资者某种相关行为的影响偏离了其基本价值，比如价格走势偏高于基本价值，套利者就可以卖出这种证券，同时买入与其类似但没有被高估的证券来避险，从而获得无风险回报。这样，套利过程又使得证券价格回归到与其基本价值接近的水平上。此外，理性套利者的存在还有更深层次的含义：非理性投资者的回报总是低于市场中的被动投资者和套利者，这意味着他们总是在亏损，在他们不可能永远亏损下去的某一时间，他们将不得不退出市场，这就是

Friedman(1953)所说的“市场选择机制”。因此，由于竞争和套利的存在，市场长期来看总是有效的。

从以上可以看出，EMH 实际上是建立在理性预期基础之上的。由于投资者具有理性预期和投资分析能力，在与非理性投资者博弈的过程中，前者将逐步主导市场，使得证券市场最终至少能达到“弱式有效”的层次。在这一过程中，“市场选择”机制具有重要的意义，理性投资者主导市场正是通过市场选择来实现的。市场选择机制使得发生错误的非理性投资者被淘汰出市场并逐渐消失，直到套利机会也随之消失，通过二级市场投资者的“试错”，市场将逐渐接近“无套利均衡状态”，在这一过程中价格逐步接近基本价值。在资产价格的形成过程中，非理性交易者的作用是不重要的，他们并不能在很大程度上持续地影响价格。从长久来说，投资者只有根据证券的内在价值进行交易才能达到效用最大化，这是 EMH 和市场选择所隐含的结论。

(二) EMH 的实证基础

对 EMH 的实证检验大体上可以分为以下两种思路：(1)一旦有影响证券基本价值的新信息冲击市场，证券价格应该迅速并正确地对信息做出反应，这种反应既不会过度也不会不足，而是价格对信息做出恰到好处的调整；(2)因为证券的价格变动要服从于其基本价值的变动规律，那么在没有任何有关证券基本价值信息的情况下，证券价格不应该对因证券供给、需求或者其他因素的变动有所反应。

根据有效市场假说，在弱式有效市场上，投资者无法利用历史信息获取超额利润；在半强式有效市场上，投资者不但无法利用历史信息获取超额利润，而且也无法利用所有公开的信息获取超额利润；在强式有效市场上，投资者不但无法利用历史信息和公开信息获取超额利润，甚至也无法利用内幕信息获取超额利润，因为内幕信息会迅速泄露并立刻融入价格变化中。在 EMH 提出之后，经济学家早期对这些假说的实证结果大体上是支持性的。

在弱式有效市场的检验方面，Fama(1965)发现股票价格的变化大体上遵循随机游走规律，并且没有系统的证据表明技术分析交易策略会取得超额利润。在半强式有效市场的检验方面，早期的实证检验也对此提出支持，这些检验主要是采用“事件研究法”(Event Studies)，这一分析方法首先由 Fama(1969)提出，并且逐渐成为实证金融学中的一般性研究方法。Scholes(1972)运用事件研究法对在一些公司内大股东之间的大宗股票交易对股价的影响进行了检验，他发现卖出大宗股票，特别是无特别信息的投资者卖出，对股价没有实质性的影响，这一结果与 EMH 的推论“在没有任何有关证券基本价值的信息的情况下，证券价格不应该对因证券供给、需求或者其他因素的变动有所反应”是一致的。

国内许多学者对我国的证券市场的有效性做了实证研究，1993 年以前的研究数据得出的结论是非有效市场，但此后的研究大多支持弱式有效，反映出中国股市存在着明显的阶段性变化；一些学者对若干个区间子样本的实证结果，也说明市场效率随发展阶段而不断提高。许多学者运用事件研究方法对我国股票市场的半强式有效市场假设进行了检验，比较一致的结论是我国股票市场还不是半强式有效市场，因而尚存在利用基本面消息获取超额利润的可能。

（三）EMH的实证方法

1. 弱式有效市场的检验

对弱式有效市场的检验可以采用所谓的随机游走假设检验的思路，如果实证结论支持随机游走的假设，则认为市场弱式有效成立。对随机游走假设的检验方法多种多样，有 Box-Pierce Q 检验、Ljung-Box Q 检验、游程检验、Dicky-Fuller 检验、Phillips-Perron 检验等。下面介绍游程检验和方差比率检验的基本原理。

考虑样本值 x_1，x_2，x_3，…，x_n，记 M 为样本的中位数，将样本中大于或等于 M 的每个值记为"＋"，小于 M 的每个值记为"－"，于是得到一个由"＋"和"－"组成的序列，用 N_1，N_2 依次表示序列中"＋"和"－"的个数。称序列中连续同号的一段为一个游程，游程中相同符号的个数称为该游程的长度。比如有一个样本容量为 10 的观察值，经过上述方式后得到如下的符号序列："＋＋－ － －＋－＋＋ ＋"，可以看出该序列共有 5 个游程，即：＋＋，－ － －，＋，－，＋＋＋。各游程的长度分别为：2，3，1，1，3。

记 R 为游程的个数，如果样本值是随机选取的话，R 不应太大，也不应太小。可以证明，当 N_1，N_2 充分大时，$\frac{R-E(R)}{\sqrt{D(R)}}$ 近似地服从均值为 0、方差为 1 的标准正态分布。其中，$E(R)=1+\frac{2N_1N_2}{N_1+N_2}$，$D(R)=\frac{2N_1N_2(2N_1N_2-N_1-N_2)}{(N_1+N_2)^2(N_1+N_2-1)}$。

在 5%的显著水平下，如果 $\left|\frac{R-E(R)}{\sqrt{D(R)}}\right|\geqslant 1.96$，则可以拒绝样本是随机的原假设。

下面运用该函数分别对 1990 年 12 月 19 日至 1994 年 11 月 23 日和 1994 年 11 月 24 日至 2003 年 9 月 19 日的上证综指日对数收益率进行游程检验。

对 1990 年 12 月 19 日至 1994 年 11 月 23 日上证综指日对数收益率进行游程检验的结果如下：$z=-7.9097$，$p=2.5811\times10^{-15}$，因此在上述期间，可以拒绝上证综指日对数收益率为随机游走的原假设。对 1994 年 11 月 24 日至 2003 年 9 月 19 日上证综指日对数收益率进行游程检验的结果如下：$z=0.1729$，$p=0.8627$，因此在上述期间，不能拒绝上证综指日对数收益率为随机游走的原假设。因此，我们可以认为 1994 年以后，上海股票市场已经达到弱式有效。

1970 年 Ljung 发展了 Box 和 Pierce 提出的 Q 统计量，对所有序列相关系数全部为 0 的联合假设进行检验，Q 统计量如下所示：

$$Q=T(T+2)\sum_{i=1}^{L}\frac{p_i^2}{T-i} \tag{3-1}$$

其中，p_i 为时间滞后 i 期的自相关系数，T 是样本容量，L 为滞后阶数，该统计量服从自由度为 L 的 χ^2 分布，原假设为序列独立。

对 1990 年 12 月 19 日至 1994 年 11 月 23 日、1994 年 11 月 24 日至 2003 年 9 月 19 日、2003 年 9 月 22 日至 2012 年 12 月 31 日上证综指日对数收益率进行 Ljung-Box Q 检验的结果如表 3-1 所示。

表 3-1　　Ljung-Box 的 Q 统计量

时间段	H	pValue	Q 统计量	5%显著水平临界值
1990/12/19—1994/11/23	1	1.2054×10^{-7}	40.461 2	11.070 5
1994/11/24—2003/9/19	0	0.512 4	4.261 8	11.070 5
2003/9/22—2012/12/31	0	0.069 1	10.225 3	11.070 5

因此，根据 Ljung-Box Q 检验可以认为在 1990 年 12 月 19 日至 1994 年 11 月 23 日之间，拒绝上证指数对数收益率序列独立的原假设，而在 1994 年 11 月 23 日之后，不能拒绝上证指数对数收益率序列独立的原假设。据此认为，1994 年之后，上海股票市场已经达到弱式有效。

2. 半强式有效市场的检验

对于半强式有效市场的检验可以采用事件研究法，事件研究法的第一步就是确定要研究的事件，即考察股票对什么样的信息做出反应。通常这类事件有：公司配股、拆股信息的发布及盈利分红信息的发布等。在确定了所要研究的事件后，为了评估事件对股价的影响，需要确定事件发生前的估计窗口的长度和事件发生前后检验窗口的长度（见图 3-1），并计算检验窗口期间的累积超额收益。

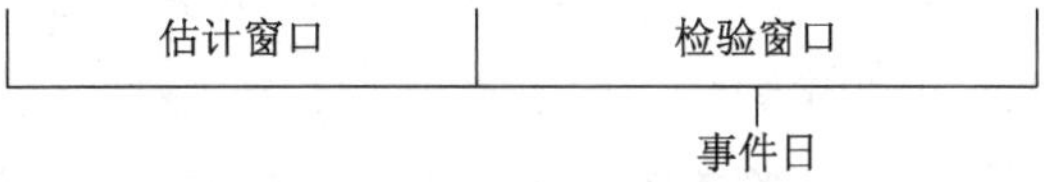

图 3-1　事件研究法的估计窗口与检验窗口

通常可以用 CAPM 模型所得到的收益率作为正常回报率，实际回报率减去正常回报率就是超额收益。通常而言，估计窗口选择某一些消息或事件出现的前一段时期。例如，我们可以选择某事件出现的前 120 天内所有的数据，估计出股票的 β 值，然后用该 β 值计算检验窗口期间的超额收益，进而计算检验窗口期间的累积超额收益，然后检验累积超额收益是否与零有显著差异。如果累积超额收益与零有显著差异，则通常可以认为市场没有达到半强式有效；如果累积超额收益与零没有显著差异，则通常可以认为市场达到半强式有效。

第二节 行为金融的兴起和发展

有效市场假说是现代金融理论的一个重要基石，但是其过于简单的假设并不能完全解释现实市场中的许多金融现象。因此许多经济学家开始对有效市场假说进行反思和质疑，并在对有效市场假说的反思和质疑中，逐渐形成了行为金融理论。作为一个新兴的研究领域，行为金融还没有一个学术界公认的严格定义，Thaler(1993)将行为金融定义为“思路开放式金融研究”(Open-minded Finance)，认为只要是对现实世界关注，考虑经济系统中的人有可能不是完全理性的，就可以认为是开始研究行为金融了。Hsee(2000)认为，行为金融是将行为科学、心理学和认知科学上的成果运用到金融市场中产生的学科，它的主要研究方法是基于心理学实验结果提出投资者决策时的心理特征假设来研究投资者的实际投资决策行为。行为金融是建立在投资主体非理性假设基础上的，是对正统的、经典的有效市场理论的挑战和补充，是对贝叶斯(Bayes)理性人假设的否定。从 20 世纪 80 年代开始，尤其是进入 90 年代以后，行为金融研究迅速发展，有力地解释了许多用传统理论无法解释的现象。

一、对 EMH 理论基础的质疑

（一）对投资者理性的挑战

行为金融理论发现，某些投资者的行为实际上并不满足收益最大化(或效用最大化)要求，这些投资者被称为“噪声交易者”。他们偏离理性要求的现象主要有以下几种：在对待风险的态度方面，研究者发现，个人实际上并不是按照最大化期望效用原则来评价有风险的赌博的。投资者并不注重最终的财富状况，而是对赌博过程的输赢更为在意。因此，他们在市场中表现为回避损失的心理，这种情况下投资者不愿意卖出已经遭受损失的股票，从而影响投资决策。在投资决策方面，实际中投资者往往使用“直觉”，而不是像主流金融理论中最优决策模型要求的那样按照贝叶斯学习过程修正自己的判断并对未来进行预测。他们的学习过程中往往给予最近一段时期的数据和最新的经验更多的权重，同时往往忽略了最近的数据可能只是由某些偶然事件引起的这样一种情况。这样，他们在做判断和决策时将过分看重近期事件的影响，导致结论会有很大的偏差。因此，实际的投资者并不像理论模型中预测的那样理性，而是具有某种情绪(Sentiment)，许多投资者在决定自己对资产的需求时受到无关信息的影响。现实世界的人其实是有限理性(Bounded Rationality),是一种天真的投资者(Naive-investor)。“非理性”投资者的交易目的有时不一定是为了获得获利机会的优势,而仅仅是为了随机的流动性等原因。

如果有效市场理论完全依赖于个人投资者的理性,那么投资者的非理性心理将对EMH形成致命的挑战。

(二)对投资者交易无关性的挑战

EMH的第二个理论基础是说非理性投资者的交易是无关的,随机交易使得非理性交易者对市场不形成影响。心理学研究表明,即使个人投资者依靠自己的判断来做交易决策,他们的交易仍然有很强的相关性。Kahneman和Riepe(1998)指出,人们的行为偏差其实是系统性的。许多投资者倾向于在相同的时间买卖相同的证券。如果噪声交易者通过“流言”或者跟从他人的决策而决策时,这种状况将更加严重。投资者情绪实际上反映许多投资者的共同判断误差,而且个人投资者并不是唯一的非理性投资者。在西方发达的金融市场中,大量的资金由代表个人投资者和公司的共同基金、养老基金的专业管理人员控制。他们也会产生个人投资者可能的误差。同时,他们又是管理他人资金的代理人员,这种授权实际上带来了决策中更大的偏差。Falkenstein(1996)指出,专业管理人员可能选择与他们的评估业绩标准一致的资产以减少比标准低的风险;同时他们也倾向于选择其他管理人员所选择的资产以避免落后;在年末,他们会不约而同地买入最近业绩好的股票、抛掉业绩差的股票,以使得基金的业绩看上去好一些。但是这些决策实际上偏离了资产价值的最大化,只是一种“装扮”(Window Dressing)。这时基金的偏差行为实际上也是具有系统性和群体性的。

(三)对套利的挑战

EMH的最后一道防线是基于套利的有效市场。如果套利能够抵消非理性投资者的偏差,市场依然有效。但实际市场的套利是有限的、有风险的。套利的有效性取决于是否存在近似的替代资产。一般而言,金融衍生资产(如期货、期权)可以获得近似替代资产。但是其他许多资产并没有良好的替代资产。这时,在资产价格发生偏差时,对套利者而言不存在无风险的套利策略,他们将价格保持在基本价值附近的能力也受到了限制。即使存在完全替代资产,套利者还面临来自未来资产价格的不确定性。因为资产价格偏差在最终消失前,未来可能因“噪声交易者”的行为而更加偏离基础价值。价格偏高的可能会进一步上升,价格偏低的也可能会进一步下降。虽然最终资产价格收敛到基础价值的概率为1,但是套利者还是面临至少是短期的损失。如果套利者可以在损失中保持头寸,他最终将获得收益,但是如果他不能坚持下来,被迫平仓,套利者将不得不承受损失。另外,套利者更多的是投资者的代理人,在委托—代理的契约框架下,套利者面临的资金运用约束,作为代理人的套利者没有必要去面临套利的不确定性风险。在实际市场操作中，套利行为尤其是卖空行为会受到各种限制，这增加了相应的套利成本。所以，理论上完美的套利，实际上仍然是充满风险和不确定性的。

二、对 EMH 实证基础的质疑

20 世纪 80 年代以来，相当一部分实证研究结果对 EMH 提出了质疑，对于早期的实证研究主要是支持 EMH，而近期的许多实证研究又与 EMH 相矛盾，这里的原因可能在于一方面早期实证研究方法上的局限性，另一方面可能与在早期由于 EMH 的权威性导致反对 EMH 的论文难以发表有关。随着实证研究的进一步深入，越来越多的学者认识到了 EMH 的局限性，对 EMH 提出了越来越多的质疑。

（一）小公司现象与规模现象

一些研究结果显示，在排除风险因素后，小公司股票的收益率要明显高于大公司股票的收益率。Banz(1981)发现，不论是总收益率还是风险调整后的收益率，都存在随着公司规模（根据企业普通股票的市值衡量）的增加而减少的趋势。Reinganum (1981)也发现公司规模最小的普通股票的平均收益率要比根据 CAPM 模型预测的理论收益率高出 18%。Keim(1983)、Reinganum(1983)和 Blume 与 Stambaugh(1983)等人也进行了类似的研究。他们发现小公司现象主要发生在每年 1 月，特别是 1 月的头两个星期。因此，这一现象又称为“小公司 1 月现象”。Siegel(1998)发现，纽约证交所从 1926 年到 1996 年的历史记录显示，小公司的股票收益要高于大公司的股票收益。Fama 和 French(1992)、Lakonishok(1994)发现，从历史表现上看，那些市场价值与账面价值之比 (M/B ratio)大的公司，其收益明显低于 M/B 小的公司，而且在股市低迷和经济衰退时其业绩也较差。

（二）期间效应现象

期间效应是指在某些特定时间内进行股票交易可以取得超额收益。比如 French (1980)、Gibbons 和 Hess(1981)的研究显示，股票在星期一的收益率明显为负值，而在星期五的收益则明显高于一周内的其他交易日。这种在特定交易日或交易期内的收益异常显然与有效市场假说相矛盾。

（三）股票价格反应不足和过度反应的现象

De Bondt 和 Thaler(1985)的研究发现，选择那些最近表现不佳的股票，放弃那些近来表现优异的股票，可以取得超额的投资收益。而且，这些超额收益并不是一种短期现象，而是经过较长时间才反映出来，被称为“长期异常收益”，即股票价格存在过度反应的现象。许多实证研究也证实了这种“长期异常收益”的存在，如 Cusatis、Miles 和 Moolridge(1993)发现公司分拆后存在着正的长期异常收益，Desai 和 Jain(1997)，

Ikenberry、Rankine 和 Stice(1996)发现公司股票分割(拆股)前后都存在着正的长期异常收益,Lakonishok 和 Vermaelen(1990)发现公司购并后存在正的长期异常收益,Ikenberry、Lakonishok 和 Vermaelen(1995)发现公司在股票市场上回购本公司股票会导致正的长期异常收益等等。Jegadeesh 和 Titman(1993)、Rouwenhorst(1997)、Chan(1997)的研究证实了反应不足现象的存在,即投资者并不总是能够将信息反映到当前的股票价格中去。

(四) 一价定律的违背现象

K. A. Froot 和 E. M. Dabora(1999)发现,1907 年皇家荷兰石油和壳牌运输以 3∶2的比例进行利润分配而合并成一家新公司后,两家公司的股价并不像理论上所预测的呈现 3∶2,它们的相对价值在很长一段时间内都偏离了这个比例。

O. A. Lamont 和 R. H. Thaler(2003)发现,股权分拆也违反了一价定律。以 3Com 公司为例,1999 年 3Com 公司为了将子公司 Palm 分拆,首先在 IPO 时抛出了 5% Palm 的股份,并宣布在接下来的 6 个月之内将余下股权通过拆分的方式出售给 3Com 的股东。由于每个 3Com 的股东每股将会获得 1.5 股 Palm 股权,所以正常来说,在拆分之前 3Com 的股价应该至少是 Palm 的 1.5 倍,然而 Palm 的发行价格却高于 3Com 的价格。

Lee、Shleifer 和 Thalar(1991)发现了封闭式基金的折价溢价现象。例如,封闭式基金在发行时平均溢价大约为 10%,但在一个季度之内,这些基金就会迅速折价,当基金公告结清变现或变为开放式基金时,往往还会带来大量正的回报,折价缩小。

三、行为金融理论主要的理论研究进展

围绕着对 EMH 理论上和实证中的挑战,行为金融学提出了很多新的理论,展开了对 EMH 的争论,比较有代表性的是:前景理论、行为资产定价模型、噪声交易者模型、有限套利模型、过度反应与反应不足理论、羊群效应模型、心理账户、锚定效应等。

(一) 前景理论

Tversky 和 Kahneman(1979)提出的前景理论(Prospect Theory)提出了 S 型的价值函数(见图 3-2)。前景理论的核心结论是投资者对风险的态度受到投资机会以何种形式出现的影响,前景理论提出了 S 型价值函数强调个人投资受到其主观投资参考点(Reference)的影响,当资产价格高于参考点价格时(投资者主观上处于盈利状态),投资者是风险规避者;当资产价格低于参考点价格时(投资者主观上处于亏损状态),投资者是风险偏好者。于是便有了处置效应,即投资者在处置股票时更倾

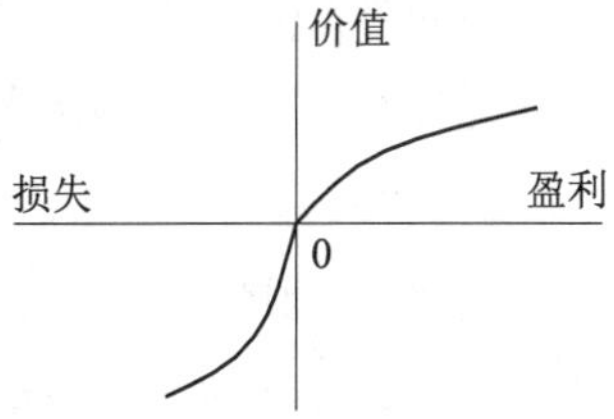

图 3-2 投资者的价值函数

向于卖出盈利的股票而继续持有亏损的股票。

尽管最初的前景理论在理论上容易处理，但是依然存在很多理论问题，阻碍了最初的前景理论的应用和理论研究。因此，一些经济学学者引入了传统的期望效用模型，期望用效用捕捉所有的风险态度，这在实证研究和心理应用上被广泛地使用。Quiggin(1982)和Schmeidler(1982)分别独立地发现"等级依赖"，揭示了一般环境的不确定性和已知概率的特殊情况的风险。

Tversky和Kahneman(1992)将"等级依赖"加入前景理论中，使得前景理论从仅仅能够处理已知概率的风险发展到了能处理更重要环境中的未知概率的风险。

（二）行为资产定价模型

随着行为金融理论的发展，有些学者逐渐认识到把行为金融理论与现代金融理论完全对立起来似乎是不当的，而将二者结合起来，对现代金融理论和模型进行改进和完善，正成为行为金融理论的另一重要发展方向。在这方面，Meir Statman和Hersh Shefrin(1994)提出的行为资产定价模型(Behavior Asset Pricing Model, BAPM)引起了金融界的广泛关注。行为资产定价模型是对现代资本资产定价模型(CAPM)的扩展。与CAPM不同，在BAPM中，投资者并非都具有相同的理性信念，而是被分为两类：信息交易者和噪声交易者。信息交易者是严格按CAPM行事的理性投资者，他们不会受到认知偏差的影响，只关注组合的均值和方差，噪声交易者则不按CAPM行事，他们会犯各种认知偏差错误，并没有严格的对均值方差的偏好。两类交易者互相影响，共同决定资产价格。当前者是代表性交易者时，市场表现为有效率，而当后者成为代表性交易者时，市场表现为无效率。在BAPM中，证券的预期收益是由其"行为Beta"决定的，Beta是"均值方差有效组合"的切线斜率。这里，均值方差有效组合并不等于CAPM中的市场组合，因为现在的证券价格受到噪声交易者的影响。另外，在噪声交易者存在的条件下，BAPM还对市场组合回报的分布、风险溢价、期限结构、期权定价等问题进行了全面研究。

（三）噪声交易者模型

噪声交易者模型(Delong、Shleifer、Summers和Waldman, 1990)认为：(1)噪声与信息是相对的概念。如果信息被定义为与资产基本价值变动有关的一些消息，它可以被投资者接收并据以正确预期资产基本价值的有关变动，则噪声是一些原本可以与资产基本价值无关，但同样被投资者接收并影响资产价格非理性变动的一些消息(Black,1986)。相比之下，接收信息并反应的是理性投资者，接收噪声并反应的是"噪声交易者"。很显然，从认识论的角度看，因为对信息是否与资产基本价值变动有关无法进行先验的判断，市场参与者对信息接收与否的判断标准仍然是主观的，所以市场中没有长久对于所有资产交易而言的始终如一的理性交易者，同样的结论也适用于噪声交易者。(2)市场中存在两类交易者：理性投资者和噪声交易者。理性投资者因为市场参与条件的不同而可能拥有不同的经验、偏好和反应机制，也会受到诸如资金头寸、融资成本、在一定期限内的清算压力或者是投资组合的选择标准等不同的交易约束，因此即便是面对同样的信息，也可能会做出不同的决策。作为风险厌恶者，他们并不一定对所有的套利机会都有能力和愿望去进行套利，他们有许多时候会选择不与噪声交易者的交易力量相对抗，尤其是当噪声交易者的判断和行为都趋于一致的时候。从而噪声交易者有可能获得高于理性投资者的投资收益，噪声交易者的获利可能会产生某种示范效应，使得不仅新进入市场者而且部分套利交易者都加入噪声交易者行列，并且在一定时期对某些资产的交易具有一定的市场影响力。这样，即使是在资产价格偏离基本价值的情况下，由于"有限套利"(Shleifer 和 Vishny，1997)的存在，噪声交易者可以从他们创造的风险获得一定时期的套利空间而获利，从而噪声交易者的长期存在是一个合理的事实。

(四) 有限套利模型

Shleifer 和 Vishny(1997)提出的有限套利模型描述了委托代理关系下的有限套利行为，在他们的模型中假定市场上有三种类型的参与人：噪音交易者、套利者和购买套利基金而不参与交易的投资者。套利者在他所在的特定市场中进行交易，而投资者可以在多个市场的套利者之间进行选择，资产的基本价值只有套利者知道，而其他参与人不知道。投资者根据套利者过去的经营业绩选择预期收益最高的套利基金，因此，一个套利者获得基金数量的多少完全取决于他过去的经营业绩，而正是投资者基于套利者过去的经营业绩导向使得套利者的套利活动受到了限制，因为套利者在价格不利于自己时将面对投资者抽回资金而被迫清仓的风险。

(五) 过度反应与反应不足理论

Barberis 等人(1998)、Daniel 等人(1998)和 Hong 等人(1999)分别引入了心理学的一些研究成果，在不同的假设基础上各自提出了关于过度反应与反应不足现象产生机理的理论模型，同时也为行为金融的发展奠定了理论基础。

1. Barberis、Shleifer 和 Vishny 模型

该模型主要是基于以下两个心理学假设：保守性(Conservation)和相似性启发(Representativeness Heuristic)。保守性是导致反应不足的原因，是指人们对新的信息反应缓慢的现象；相似性启发是指人们在对事物进行观察时，如果发现该事物的某些特征与人们过去某种特定的经验或模式相似，则人们对某些特征符合已有先验模式的事物的主观判断往往会超过其实际概率的现象，这是导致过度反应的原因。比如人们对第一次见面的陌生人是"好人"还是"坏人"的判断，如果该陌生人的某些特征符合人们印象中"好人"的形象，则人们可能会高估该陌生人是"好人"的可能性。基于以上

心理学的假设，投资者会错误地认为股票收益的变动有两种固有的模式（而在实际上股票价格的变动是随机的）：一种模式是均值回归型的(Mean-reverting)，当投资者认为市场处在这一模式下时，他们会认为当前股票价格的变化只是一种暂时的现象，因此投资者并没有根据收益的变化充分调整自己的股票组合，而之后实际收益与投资前的预期不符时，他们才重新做出调整，从而导致股票价格的滞后调整，产生反应不足的现象；另一种模式为趋势型模式(Trend)，当投资者认为市场处在这一模式下时，他们会认为当前股票价格的变化是趋势型的，从而导致股票价格变动的过度反应。

2. Hong and Stein 模型

该模型主要基于以下两个假定：

(1) 证券市场上的投资者有两类，一类为消息观察者(News Watcher)，另一类为动量交易者(Momentum Trader)，这两类交易者都不是通常意义上的理性人，他们都是有限理性的，即"两类投资者都只能以无偏的方式处理公共信息的某一子集"。消息观察者仅根据他们个人所观察和获得的一些基本面信息对股票价格进行预测，而不考虑股票当前或过去的价格，而动量交易者只根据股票过去的价格变化来做决策，不考虑当前的信息，也就是说动量交易者对未来股票价格的预测仅仅是股票过去价格的简单函数。

(2) 私有信息在消息观察者人群中是逐步扩散的。

在以上的假定基础上，模型将反应不足与过度反应现象统一归结为是由于关于基本面的私有信息在消息观察者人群中逐步扩散而造成的。当少数拥有私有信息的消息观察者观测到股票基本面价值上升之后会积极买入股票，从而导致股票价格轻微上涨，这时候一部分动量交易者在观测到股票价格的上涨之后，利用私有信息在消息观察者人群中逐步扩散从而导致股票价格变化反应不足的倾向，也会积极地买入股票，从而导致股票价格进一步上涨，股票价格进一步上涨又进一步引发更多的动量交易者买入股票，最终导致股票价格远高于其基本面价值，从而导致股票价格的过度反应，这种价格远高于其基本面价值的现象不可能长期维持，一旦条件具备，股票价格将很可能发生逆转，而股票价格的下跌再加上动量交易者的卖出行为又可能诱发新一轮的反应不足和过度反应现象。因此在早期介入的动量交易者可能会从反应不足中获利，而在较晚时期介入的动量交易者则可能会由于股票价格的过度反应而受到损失，但是动量交易者在决定是否介入时并不知道自己是处在介入的较早时期还是较晚时期，所以正是由于私有信息在消息观察者人群中逐步扩散从而导致了股票价格变化的反应不足，而股票价格变化的反应不足又为动量交易者提供了进入市场获利的机会，从而又引发了过度反应的出现。

3. Daniel、Hirsheifer 和 Subramanyam 模型

该模型以过度自信(Overconfidence)和有偏的自我归因(Biased self-attribution)为基本假设。过度自信是指投资者由于拥有私有信息而过分相信和夸大自己对股票价值判断的个人信息准确性的现象;有偏的自我归因是指投资者看重那些有利于自己先前判断的公共信息而弱化那些不利于自己先前判断的公共信息的现象。当公共信息与投资者先前的判断一致时,投资者将夸大自己所拥有的私有信息的准确性,当公共信息与投资者先前的判断不一致时,投资者只会对自己先前的信念做出不充分的调整。模型中将市场上的投资者分为两类:有私有信息的交易者和无私有信息的交易者,并假定有私有信息的交易者为风险中性,无私有信息的交易者为风险规避型,因此股票的价格将由风险中性的有私有信息的交易者所决定。模型将交易时刻分为 $t=0, 1, 2, 3$ 四个时点,相应的股票价格分别为 p_0, p_1, p_2, p_3,在 $t=0$ 时刻市场上所有的投资者的信念均相同,投资者之间之所以发生交换,是由于初始财富和风险厌恶程度的不同。在 $t=1$ 时刻,当有私有信息的交易者观测到一个无偏但有噪音干扰的利好消息时,由于投资者的过度自信而导致股票在 $t=1$ 时刻的价格 p_1 高于股票的长期均衡价格。在 $t=2$ 时刻全体投资者收到一个无偏但有噪音干扰的公共信息,当公共信息有利于有私有信息的交易者先前的判断时,股票价格将进一步上涨,即 $t=2$ 时刻的价格 p_2 高于 $t=1$ 时刻的价格 p_1;当公共信息不利于有私有信息的交易者先前的判断时,由于投资者有偏的自我归因,股票价格将向下稍做调整,但仍然有 $t=2$ 时刻的价格 p_2 高于股票的长期均衡价格。在 $t=3$ 时刻市场公布一个确切的公共信息,股票价格回归到正常的均衡价格,从而导致股票价格出现反转。所以从短期来看 ($t=0$-2) 股票的价格行为表现出反应不足的现象,而在更长的时期内来看 ($t=0$-3) 股票的价格行为则表现出反应过度的现象。

(六) 羊群效应模型

1. 外生排序羊群行为模型

1992 年 Banerjee 提出了外生排序羊群行为模型,对投资者发生羊群行为的内在机理做了理论分析和解释。与此类似,Bikhchandani(1992)提出了信息流模型,也解释了在外生的决策顺序下羊群行为发生的内在机理。

Gul 等(1995)提出了内生的决策顺序下羊群行为模型。在 Banerjee 提出的外生排序羊群行为模型中,投资者的决策顺序是外生的,实际上由于每一个投资者所掌握的信息精度是不同的,由于后行动的投资者能够观测到先行动投资者的投资行为,从而部分推断出先行动投资者的私有信息,所以拥有较少信息的投资者将有动力推迟行动,以便从先行动的投资者所产生的信息正外部性中获利。拥有较多信息的投资者将先行动,即投资者的行动次序是由其所掌握的信息量决定的。

2. 声誉羊群行为模型

Scharfstein 等人(1990)提出了声誉羊群行为模型,阐述了委托代理关系下的基金经理发生羊群行为的内在机理,委托代理关系下的基金经理出于对自身声誉的考虑,会采取跟随潮流的做法,表现出羊群行为的特征。

(七) 心理账户

Thaler(1985)提出"心理账户"(Mental Accounting)理论,系统地分析了心理账户现象,很好地解释了处置效应。它的主要思想是决策者倾向于将不同种类的决策归入不同的心理账户中,然后对每个账户分别运用前景理论而忽略可能的影响。例如,当不同的心理账户中的股票产生不同的收益或损失时,前景理论和心理账户的共同作用就会产生处置效应,投资者将会对盈利的股票产生风险厌恶的情绪,而对亏损的股票产生风险偏好的情绪。

1999 年 Thaler 总结了近些年心理账户的研究,认为应该重点关注心理账户的三个方面,一是对于决策结果的感知以及决策结果的制定及评价,心理账户系统提供了决策前后的损失(获益)分析;二是涉及特定账户的分类活动,资金根据来源和支出划分成不同的类别(住房、食物等),消费有时要受制于明确或不明确的特定账户的预算;三是涉及账户评估频率和选择框架,账户可以是以每天、每周或每年的频率进行权衡,时间限定可宽可窄。因此,"心理账户"是人们在心理上对结果(尤其是经济结果)的编码、分类和估价的过程,它揭示了人们在进行(资金)财富决策时的心理认知过程。

(八) 锚定效应

锚定效应(Anchoring Effect)的发展开端于 Kahneman 和 Tversky(1974)的"幸运轮"实验。幸运轮标有 0 到 100 的数字,受试者首先被要求对各种数字进行估计,当转动后随机停留在某一数字处时,不同受试者被要求回答轮盘上的数字是否高于他们所估计的数字,接着说出正确答案。实验发现估计值受到幸运轮产生的数字的深刻影响。不同初始值会对以后的数值估计产生影响,且估计值将偏向于初始值,高初始值使估计值偏高,低初始值使估计值偏低,得出个体的判断是以初始值(或锚)为依据,然后进行不充分的向上或向下调整,即所谓的"锚定与调整"。

Chapman 和 Johnson(2002)认为,产生显著锚定效应至少要满足两个条件,一是受试者对"锚值"充分注意,二是锚值与目标值相兼容(同一数量级、同一单位等)。

锚定效应已经在多个领域中被发现和应用,如判断地产价格、判断核战争爆发可能性以及商业谈判等。

(九) 行为金融理论的其他进展

除了以上的理论进展,更多学者的发现大大丰富了行为金融理论的内涵。例如,Odean(1999)证明了证券市场的交易量过多,应是由投资者的过度自信所致,Odean

(2001)得出结论,由于男性的过度自信,他们的交易量平均比女性多45%且收益率更低;Huberman(2001)提出了令人信服的证据,表明人们倾向于投资熟悉的股票而忽视投资组合理论的原则;Gilovich 和 Griffin(2002)定义了六个通用的启发式(影响、可用性、因果关系、流畅性、相似性和惊喜)和六个特殊目的的启发式(归属替代、愤怒、原型、识别、依据喜欢和默认选择);Holt 和 Laury(2002)进行了一项彩票选择的小实验,发现风险规避的假设动机和真实动机存在不同。

第三节　其他投资理论与流派

前面我们介绍了以有效市场为出发点的有效市场学派(传统金融学派)和融入心理学的行为金融学派,除了这两个主要的流派之外,还有一些非主流的投资理论与流派,比如,以历史价格和成交量等信息为主要分析对象的技术分析流派、以公司财务信息和产业发展前景状况等信息为主要分析对象的基本面分析流派、建立在非线性动力系统之上的分形市场假说。当然还有一些极具个人色彩的投资认识和观点,比如,索罗斯的反身性理论(市场会对投资者观点产生作用,投资者观点反过来也会对市场产生作用)等。这里我们主要介绍普通投资者熟悉的技术分析流派对市场的认识和主要观点。

一、技术分析的理论假设

技术分析有三个重要的前提:价格反映一切信息;价格沿趋势变化;历史会重复。下面我们对这些假设进行讨论。

(一) 价格反映一切信息

技术分析流派认为各种影响资产价格的因素,比如信息、人们的心理等,都已经在价格中得到了反映,价格上涨,则说明市场对该资产的需求增加了,反之,则说明市场对该资产的需求减少了。因此,技术分析流派根据市场的价格行为(比如价格、成交量、未平仓合约数、市场涨跌家数等)对价格的未来变化做出预测,而并不根据经济的基本面因素对未来价格做出预测。这与基本面分析流派完全不同。基本面分析流派强调价格变化的基本面原因,比如:基本面分析流派经过各种宏观层面、行业层面和公司层面的分析后认为某家公司的基本面价值应该在10元左右,而其目前的市场价格只有5元。因此,该公司的股价有向其基本面价值10元靠近的趋势,当前应该买入该股票。然而,技术分析流派却并不关心这些基本面因素,因为这些因素已经被价格吸收了,只有当前的价格趋势向上时,技术分析流派才会买入,否则即便该股票的基本面价值远高于当前的价格，技术分析流派也不会买入。技术分析流派根据价格行为进行投资决策，而并不关心价格行为背后的原因，基本面分析流派则根据基本面因素进行投资决策，而并不关心当前不合理的价格何时回到其正常的基本面价值，只要有足够的耐心，股价总会有反映其基本面价值的时机。

有效市场学派也坚信价格反映了一切信息，从表面上看技术分析流派与学院派之间在这点上并无差异，实际上差别很大。有效市场学派强调投资者的理性将对价格起决定性的作用，信息会被价格及时且正确地吸收，价格对信息的反映不偏不倚，无效信息和投资者非理性的心理因素不会影响资产的价格。这些有效信息所对应的基本面价值被价格及时正确地反映，因此，价格和基本面价值是合而为一的。有效市场学派对技术分析和基本面分析流派都明确提出了质疑，认为技术面分析和基本面分析对价格的预测是无效的，因为当前的价格与当前所有信息所对应的基本面价值是保持一致的，未来价格的变化完全取决于未来那些未被预期到的影响基本面价值的因素是否发生变化（被预期到的因素已经反映在价格中了），而这些未被预期到的信息是无法预测的，因此，价格的变化是随机游走的，也是无法预测的。技术分析流派并不认为市场是有效的，也并不认同“价格及时正确地反映信息”这一观点。他们认为市场的价格行为受到人们非理性的心理因素影响，价格对信息和人们的心理因素均会做出反应，这种掺杂心理因素的反应通常不会是完全理性的，价格的变化并不是完全无法预测的。

（二）价格沿趋势变化

技术分析流派认为价格的持续上涨和持续下跌就是趋势，价格的波峰一波比一波高，同时波谷也一波比一波高，则说明市场处在上升趋势，反之，价格的波峰一波比一波低，同时波谷也一波比一波低，则说明市场处在下降趋势。上升和下降趋势之外的状态就是价格的震荡形态，震荡说明市场的多空双方力量处在平衡状态，市场正处在趋势发生前的等待阶段。技术分析的鼻祖查尔斯·道形象地将一个上升趋势分为三个阶段：第一阶段为积累阶段，通常这时市场环境还在熊市的尾部，大部分投资者并不对上升趋势的来临抱有幻想，一群聪明的投资者开始逐步买入股票，股价开始止跌并缓慢回升；第二阶段为大众参与阶段，通常这时市场环境向好，顺应趋势交易的投资者开始注意到趋势的来临并开始买入，这时候股价进入快速上涨的形态；第三阶段为派发阶段，这时通常是好消息不断，市场投机交易活跃，而那些聪明的投资者开始卖出股票。查尔斯·道对上升趋势三个阶段的描述也解释了价格为何沿趋势变化的原因：少数聪明人在合适的时机引领了趋势，人类的从众心理使得价格持续上涨，上涨带来的盈利效应吸引更多的资金，这很容易形成类似“庞氏骗局”的正反馈，当这一反馈环节最终无法支撑时，上涨趋势被终结。人类的从众行为是一种与生俱来的“天性”，千百年来没有发生过根本改变，这是趋势产生的原因所在。

（三）历史会重复

技术分析流派认为过去发生过的在将来也会类似地继续发生。这是因为在类似的环境下，影响人们决策的“恐惧”“贪婪”等心理并不随着时间的推移而发生根本改变，在投资者对价格行为的演进总是把握不清的情形下，从众心理的天性会使得过去发生过的事总是“一而再，再而三”地发生。人类历史上一再发生的投机泡沫事件不断验证着“历史会重复”这一技术分析的前提。人类共同的“秉性”导致了在类似情形下类似行为的发生，这是“历史会重复”的根本原因。

二、技术分析的手段

技术分析流派通常借助图表的形态，比如，利用“头肩形”“三重顶”“三重底”等形态对价格做出预测，这些图形都是长时间历史经验的总结，具有重要的参考价值。技术分析流派也经常借助计算机手段，利用统计学对价格的走势做出预测，比如，利用各种均线指标、MACD、KDJ 等技术指标对价格做出预测。对图表的形状做出分析，不同的投资者可能有不同的看法和认识，这也使得那些“看图说话”技术分析人士面临指责。而利用各种技术分析指标，则不存在认识上的差异。在技术分析中最常用的分析对象就是价格，将价格和成交量结合起来，则对价格的分析更准确。在上涨的趋势中，上涨应该伴随成交量的增加，而下跌（通常认为是调整）应伴随成交量的减少。在下跌趋势中，下跌应伴随成交量的增加，而上涨（通常认为是反抽和反弹）则伴随成交量的减少。

本章小结

本章第一节对有效市场的含义和三种有效市场的表现形式进行了详细和深入的讨论，弱式有效市场假说认为利用历史股票价格的变动规律选股是无效的，也即技术分析无效；半强式有效市场则认为利用所有公开的信息来选股是无效的，即基本面分析无效；而强式有效市场则认为市场反映了所有的信息，包括内幕消息，即用任何手段都不能获得超额收益；接着讨论了有效市场假说的实证方法，重点利用游程检验和 Ljung-Box Q 检验验证了中国证券市场的弱式有效性。第二节介绍了行为金融理论，阐述了由于小公司现象与规模现象、期间效应现象、股票价格反应不足和过度反应的现象、一价定律的违背现象而使得行为金融理论对有效市场造成的冲击和挑战，并阐述了行为金融理论主要的理论进展。第三节介绍了技术分析流派对市场的认识和观点。

关键词

有效市场假说（Efficient Market Hypothesis）　　弱式有效（Weak-form Efficiency）

半强式有效(Semistrong-form Efficiency)
强式有效(Strong-form Efficiency)
行为金融(Behavioral Finance)
前景理论(Prospect Theory)
心理账户(Mental Accounting)
锚定效应(Anchoring Effect)
技术分析(Technical Analysis)

思考与练习

1. 假如有一天你的一位朋友打电话告诉你某只股票近期内将有大的涨幅,你会听从朋友的建议买入该股票吗?

2. 某上市公司近几年的利润率一直超过同行业企业,你认为这是否违背了有效市场假说?

3. “如果市场上所有的证券都反映了所有可得的信息,没有人能够利用历史信息或公开的财务信息获取超额收益,因此,投资所有的证券得到的收益率应该相同”,你认为该论断正确吗? 为什么?

4. 假设你发现在分红之前股票价格上涨,并获得持续的正异常收益。这是否违背了有效市场假说?

5. 某基金经理认为X公司的市盈率低于15倍时,X公司的股票价格就会上涨,而当X公司的市盈率高于25倍时,X公司的股票价格就会下跌,你认为这与有效市场假说违背吗?

6. 如果市场是有效的,价格已经反映了所有可得的信息,我们通过报纸、电视等获取的信息不会给我们的投资带来额外的收益,但在现实的市场上,大部分投资者仍然通过各种公开的信息来做投资决策,既然股票价格已经反映了所有可得的信息,为什么大部分投资者还是要花费时间和金钱分析各种公开的信息来做投资决策呢?

7. 行为金融的认识和观点与技术分析流派有何联系和区别?

8. 如果市场是有效的,则投资者都应该进行买入持有的被动投资策略。为何现实中存在大量进行主动投资的基金经理?

9. 投资者很多时候会在投资决策中表现出从众的行为特点,试从心理学角度来解释这一现象。

10. 从我国A股市场的实际情况出发,试分析有效市场假说和行为金融理论在我国A股市场的适用性。

参考文献

[1] 金德环.投资学[M].北京:高等教育出版社,2007.

[2] Froot K A, Dabora E M. How are stock prices affected by the location of trade? [J]. Journal of Financial Economics, 1999, 53(2): 189-216.

[3] Lamont O A, Thaler R H. Can the Market Add and Subtract? Mispricing in Tech Stock Carve-outs[J]. Journal of Political Economy, 2003, 111(2).

[4] Zvi Bodie, Alex Kane, Alan J Marcus.投资学[M].北京:机械工业出版社,2012.

[5] Andrew W Lo, Craig MacKinlay. Stock Market Process do not Follow Random Walks: Evidence from a Simple Specification Test[J]. The Review of Financial Studies, 1988,1: 41-66.

[6] Ross Stephen A. Neoclassical finance[M]. Princeton University Press, 2009.

[7] Kaustia M. Prospect theory and the disposition effect[J]. Journal of Financial and Quantitative Analysis, 2010, 45(3): 791.

[8] Wakker P P. Prospect theory: For risk and ambiguity[M]. Cambridge University Press, 2010.

[9] Thaler R. Mental accounting and consumer choice [J]. Marketing Science, 1985, 4 (3): 199-214.

[10] Grinblatt M, Han B. Prospect theory, mental accounting, and momentum[J]. Journal of Financial Economics, 2005, 78(2): 311-339.

[11] Thaler R H. Mental accounting matters [M]. Russell Sage Foundation. Princeton, NJ: Princeton University Press, 2004.

[12] Nianhang X, Shinong W. A Study on Anchoring Effect for Non-tradable Share Reform of Listed Companies in China[J]. Economic Research Journal, 2007, 1: 009.

[13] Chapman G B, Johnson E J. Incorporating the irrelevant: Anchors in judgments of belief and value[J]. 2002.

[14] Sewell M. Behavioural finance[J]. Department of Computer Science, University College London, 2007.

[15] 约翰·墨菲. 金融市场技术分析[M].北京：地震出版社,2010.

第二篇
资产定价基础篇

第四章　证券投资收益与风险
第五章　马科维茨资产组合理论
第六章　资本资产定价模型
第七章　因素模型和套利定价理论

第四章　证券投资收益与风险

引言

投资于风险资产的收益通常是不确定的，我们使用随机变量来描述资产的收益，并且引入期望、方差、偏度和峰度等描述资产收益的特性。当投资者构建投资组合时，组合的收益特性与单个资产的收益特性并不相同，资产之间的相关性对组合的波动性有着重要的影响。

第一节　投资学的基本假设

一、投资者是理性的

投资者是理性的是经典金融学理论的出发点，投资学的许多理论，比如资产组合理论、资本资产定价模型、套利定价理论以及 B-S 期权定价理论等，都是建立在这一假设基础之上的。在金融领域，理性通常意味着以下两件事：一是投资者在进行投资决策时，总是最大化自己的期望效用；二是投资者在收到新的信息后，总是依据贝叶斯法则更新自己的看法和观点。我们经常使用以下形式的效用函数 U 来刻画投资者进行投资决策时的期望效用：

$$U=E[R]-\frac{1}{2}A\sigma^2 \tag{4-1}$$

其中，$E[R]$为投资带来的预期收益率，用来衡量投资的期望所得。A 为该投资者的风险厌恶系数，用来衡量投资者对风险的厌恶程度。一般而言，投资者的风险厌恶系数在 2 到 5 之间，风险厌恶系数越大，表示投资者越厌恶风险，在投资决策过程中就需要越高的预期收益来补偿其承担的风险。特别地，如果 $A=0$，则表示投资者风险中性。如

果 $A<0$，则表示投资者风险喜好。σ 为投资收益的标准差，用来衡量投资的总风险。

为了方便理解投资者依据贝叶斯法则更新自己的看法和观点，我们举一个简单的例子来说明。假定世界上好人和坏人各占 50%，好人做好事的概率为 90%，坏人做好事的概率为 30%。现在一个陌生人来到你面前，你对此人毫无了解，因此你判断该陌生人是好人的概率为 50%。假设你观测到该陌生人做了一件好事，这时候你有了新的信息，根据该信息你会使用条件概率公式判断该陌生人是好人的概率为：

$$\frac{50\%\times 90\%}{50\%\times 90\%+50\%\times 30\%}=75\%$$

如果你认为该陌生人是 100%的好人，或者认为该陌生人为好人的概率为 60%，则说明你并不理性。

二、金融市场是有效的

有效市场的含义我们在前面的章节中已经介绍过了。有效市场假说也是经典金融学理论的出发点。在一个有效定价的金融市场上，资产的预期收益和风险是正相关的，更加确切地说，预期收益与系统风险是正相关的。在投资者高度竞争的金融市场上，高风险资产有高的预期收益，低风险资产有低的预期收益。同时，市场上也不可能长期存在无风险的套利机会，一旦市场上出现无风险套利机会，套利者就会进入市场买入价格被低估的资产，同时卖空价格被高估的资产，最后资产的价格恢复到其合理的价值区间。

我们以在中国金融期货交易所交易的沪深 300 股指期货为例来说明无风险套利机会。假定某沪深 300 股指期货当前时刻的价格为 5 300 点（每个点相当于 300 元），沪深 300 指数的价格为 5 000 点，期货合约还有 1 个月到期，记到期日期货的价格为 F_T，沪深 300 指数现货的价格为 S_T。不考虑交易成本、期货保证金投入、资金借入成本以及沪深 300 指数和沪深 300ETF 之间的跟踪误差，我们在当前时刻可以构造这样一个无风险套利机会的组合：借入 150 万元资金买入沪深 300ETF，同时空头卖出一份沪深 300 股指期货合约。在期货合约到期日，该组合的现金流为：ETF 的市场价值加上期货空头收益并减去需要归还的 150 万元资金，即 $300\times S_T+300\times(5\,300-F_T)-1\,500\,000$，由于在合约到期日沪深 300 股指期货的结算价格以沪深 300 指数最后两小时的平均价格来计算，$F_T\approx S_T$，因此，该套利组合在到期日的现金流约为90 000元。不考虑现金流估算误差、操作风险和期货保证金不足等风险，组合的初始投资为 0，而在到期日却能非常确定性地获取90 000元的收益，这就是一个无风险套利的例子。在一个高度有效的金融市场上，这样的机会是很少出现的，一旦出现，套利交易者就会蜂拥而入，使得现货的价格提高，期货价格下降，从而使得期货和现货价格趋于合理的水平。

第二节　投资学的数学基础

一、随机变量及其分布

我们以彩票的收益为例来说明随机变量和概率分布的含义。假如花费 1 元可以购买一张彩票，如果中奖，则获得 101 元，如果不中奖，则什么也得不到。因此，如果彩票中奖，其收益率为 $\frac{101}{1}-1=10\,000\%$，中奖的概率为 $\frac{1}{200}$；如果彩票不中奖，其收益率为 -100%，不中奖的概率为 $\frac{199}{200}$。记买彩票的收益率为 X，则 X 为离散型随机变量，并且 $X=10\,000\%$ 的概率 $P(X=10\,000\%)=\frac{1}{200}$；$X=-100\%$ 的概率 $P(X=-100\%)=\frac{199}{200}$。函数 $P(x)$ 被称为随机变量 X 的概率函数或者概率分布。定义函数 $F(x)=P(X\leqslant x)$ 为随机变量 X 的分布函数。

上面例子中，彩票的收益率 X 仅取有限的两个值。在投资学中，我们通常假设风险资产的收益率为连续性的随机变量。在多数情况下，我们通常假设风险资产的收益率服从正态分布。对于连续性随机变量，我们用概率密度函数来描述其概率。记连续性随机变量 X 的概率密度函数为 $f(x)$，则其分布函数为 $F(x)=\int_{-\infty}^{x}f(s)\mathrm{d}s$，连续性随机变量 X 在区间 $[a, b]$ 的概率为 $P(a\leqslant X\leqslant b)=\int_{a}^{b}f(s)\mathrm{d}s$。特别地，如果随机变量服从正态分布，其概率密度函数为 $f(x)=\frac{1}{\sqrt{2\pi}\sigma}\mathrm{e}^{-\frac{(x-\mu)^2}{2\sigma^2}}$。

二、随机变量的数学期望

对于离散型随机变量 X，其可能的取值为：$x_1, x_2, \cdots, x_n$，数学期望 $E(X)$ 定义为：

$$E(X)=\sum_{i=1}^{n}x_iP(X=x_i) \tag{4-2}$$

我们以上面彩票的收益率为例来计算彩票的预期收益率，即数学期望：

$$E(X)=\frac{1}{200}\times 10\,000\%+\frac{199}{200}\times(-100\%)=-49.5\%$$

因此，就上述彩票而言，投资彩票的预期收益率为 -49.5%。平均而言，购买彩票是项亏损的投资。

对于连续性随机变量 X，其概率密度函数为 $f(x)$，数学期望 $E(X)$ 定义为：

$$E(X)=\int_{-\infty}^{+\infty} xf(x)\mathrm{d}x \tag{4-3}$$

如果随机变量 X 服从正态分布，其概率密度函数为 $f(x)=\frac{1}{\sqrt{2\pi}\sigma}\mathrm{e}^{-\frac{(x-\mu)^2}{2\sigma^2}}$，则数学期望 $E(X)$ 为：

$$E(X)=\int_{-\infty}^{+\infty} x\frac{1}{\sqrt{2\pi}\sigma}\mathrm{e}^{-\frac{(x-\mu)^2}{2\sigma^2}}\mathrm{d}x=\mu \tag{4-4}$$

三、随机变量的方差与协方差

（一）方差

对于离散型随机变量 X，其可能的取值为 x_1，x_2，…，x_n，方差 σ^2 定义为：

$$\sigma^2=\sum_{i=1}^{n}(x_i-E[X])^2P(X=x_i) \tag{4-5}$$

其中，σ 表示标准差。

我们以上面彩票的收益率为例来计算彩票收益率的方差为：

$$\sigma^2=(100+0.495)^2\times\frac{1}{200}+(-1+0.495)^2\times\frac{199}{200}=50.75$$

对于连续性随机变量 X，其概率密度函数为 $f(x)$，方差为：

$$\sigma^2=\int_{-\infty}^{+\infty}(x-E(X))^2f(x)\mathrm{d}x \tag{4-6}$$

如果随机变量 X 服从正态分布，其概率密度函数为 $f(x)=\frac{1}{\sqrt{2\pi}\sigma}\mathrm{e}^{-\frac{(x-\mu)^2}{2\sigma^2}}$，则方差为：

$$\int_{-\infty}^{+\infty}(x-\mu)^2\frac{1}{\sqrt{2\pi}\sigma}\mathrm{e}^{-\frac{(x-\mu)^2}{2\sigma^2}}\mathrm{d}x=\sigma^2 \tag{4-7}$$

（二）协方差

考虑两个随机变量 X 和 Y，数学期望分别为 $E(X)$ 和 $E(Y)$，标准差分别为 σ_X 和 σ_Y，则随机变量 X 和 Y 之间的协方差 $\mathrm{cov}(X, Y)$ 定义为：

$$\mathrm{cov}(X, Y)=E[(X-E(X))(Y-E(Y))] \tag{4-8}$$

随机变量 X 和 Y 之间的相关系数 ρ_{XY} 定义为：

$$\rho_{XY}=\frac{\operatorname{cov}(X, Y)}{\sigma_X \sigma_Y} \tag{4-9}$$

很显然，$-1 \leqslant \rho_{XY} \leqslant 1$，$\sigma_X^2=\operatorname{cov}(X, X)$，$\sigma_Y^2=\operatorname{cov}(Y, Y)$。

如果 $\rho_{XY}=1$，则称随机变量 X 和 Y 完全正相关；如果 $\rho_{XY}=-1$，则称随机变量 X 和 Y 完全负相关；如果 $\rho_{XY}=0$，则称随机变量 X 和 Y 不相关。

对于常数 a，b，c，d，协方差具有类似多项式乘法的性质：

$$\begin{aligned}\operatorname{cov}(a+bX, c+dY)&=\operatorname{cov}(a, c)+\operatorname{cov}(a, dY)+\operatorname{cov}(bX, c)+bd\operatorname{cov}(X, Y)\\&=bd\operatorname{cov}(X, Y)\end{aligned}$$

这里，常数与随机变量之间的协方差为 0，常数之间的协方差也为 0。

（三）随机变量的偏度与峰度

随机变量 X 的数学期望和标准差分别记为 μ 和 σ，则随机变量 X 的偏度 s 定义为：

$$s=\frac{E[(X-\mu)^3]}{\sigma^3} \tag{4-10}$$

如果 $s>0$，则称随机变量右偏；如果 $s<0$，则称随机变量左偏。特别地，对于服从正态分布的随机变量，$s=0$。像前面介绍的彩票例子中，

$$s=\frac{E[(X-\mu)^3]}{\sigma^3}=\frac{\frac{1}{200}\times(100+0.495)^3+\frac{199}{200}(-1+0.495)^3}{(\sqrt{50.75})^3}=14.04$$

可见彩票的收益率呈现明显的右偏。

随机变量 X 的峰度 k 定义为：

$$k=\frac{E[(X-\mu)^4]}{\sigma^4} \tag{4-11}$$

如果随机变量 X 服从正态分布，其峰度为 3。

第三节　证券投资收益的度量

一、证券投资已实现收益的度量

证券投资已实现收益是指在投资活动结束后，实际所获得的收益率。对于单期的

投资而言，期间已实现收益 $r=\frac{\text{期末所得}}{\text{期初投入}}-1$。按照这种方式定义的收益率称为简单百分比收益率。还有另外一种收益率的定义方式，$r=\ln\frac{\text{期末所得}}{\text{期初投入}}$，这种方式定义的收益率被称为对数收益率。

（一）单个证券收益率的度量

考虑单期的某股票 i 投资，假定期初的股票价格为 p_0，期末投资结束时股票的价格为 p_1。如果期间股票没有发生分红或拆股等行为，则股票 i 的已实现简单百分比收益率为：

$$r_i=\frac{p_1}{p_0}-1 \tag{4-12}$$

股票 i 的已实现对数收益率为：

$$r_i=\ln\frac{p_1}{p_0} \tag{4-13}$$

如果在投资期间股票有分红 D，则期末投资所得为 p_1+D，已实现简单百分比收益率为：

$$r_i=\frac{p_1+D}{p_0}-1 \tag{4-14}$$

已实现对数收益率为：

$$r_i=\ln\frac{p_1+D}{p_0} \tag{4-15}$$

（二）资产组合收益率的度量

同样考虑单期的投资，当投资者持有 N 个资产的组合时，我们通常用权重向量 $W=(w_1, w_2, \cdots, w_N)'$ 表示这个组合，其中，$w_i(i=1, 2, \cdots, N)$ 表示组合中第 i 个资产初始投资金额占整个组合投资金额的比例。记组合已实现的收益率为 r_p，则对于简单百分比收益而言，组合的收益率 r_p 与单个资产的收益率 $r_i(i=1, 2, \cdots, N)$ 满足：

$$r_p=\sum_{i=1}^{N} w_i r_i \tag{4-16}$$

记 $r=(r_1, r_2, \cdots, r_N)'$，则组合的收益率 r_p 也可以写成以下向量的运算形式：

$$r_p=W'r \tag{4-17}$$

特别需要注意的是，对于对数收益率而言，

$$r_p \neq \sum_{i=1}^{N} w_i r_i,\ r_p \neq W'r$$

下面我们举一个简单的例子来说明这一点。假定年初分别投资 1 元到股票 A 和股票 B，到年末股票 A 的简单百分比收益率为 20%，股票 B 为 60%。因此，年末组合的市场价值为 2.8 元，组合的简单百分比收益率为 40%，对数收益率为 33.65%。加权对数收益率为：$0.5 \times \ln 1.2 + 0.5 \times \ln 1.6 = 32.62\%$。显然，这与组合的对数收益率 33.65%不等。

二、证券投资预期收益的度量

证券投资的预期收益率是指在投资决策做出之前，对未来收益率的预期，用收益率的数学期望来表示。证券未来的收益率通常是一个随机变量，证券 i 的未来收益率，我们用 $\tilde{r}_i$ 来表示，对于单期的投资而言，其间预期的简单百分比收益率 $E(\tilde{r}_i)=\frac{\text{期望期末所得}}{\text{期初投入}}-1$。

（一）单个证券预期收益率的度量

考虑单期的某股票 i 投资，假定期初的股票价格为 p_0，期末投资结束时股票的预期价格为 $E(p_1)$。如果其间股票没有发生分红或拆股等行为，则股票 i 的预期简单百分比收益率为：

$$E(\tilde{r}_i)=\frac{E(p_1)}{p_0}-1 \tag{4-18}$$

股票 i 的预期对数收益率为：

$$E(\tilde{r}_i)=\ln \frac{E(p_1)}{p_0} \tag{4-19}$$

如果在投资期间股票预期有分红 $E(D)$，则期末投资预期所得为 $E(p_1)+E(D)$，股票 i 的预期简单百分比收益率为：

$$E(\tilde{r}_i)=\frac{E(p_1)+E(D)}{p_0}-1 \tag{4-20}$$

股票 i 的预期对数收益率为：

$$E(\tilde{r}_i)=\ln \frac{E(p_1)+E(D)}{p_0} \tag{4-21}$$

(二) 资产组合预期收益率的度量

同样考虑单期的投资，当投资者持有 N 个资产的组合时，其未来收益率也通常为一随机变量，记为 $\tilde{r}_p$，对于简单百分比收益率而言，组合的预期收益率 $E(\tilde{r}_p)$ 满足：

$$E(\tilde{r}_p)=\sum_{i=1}^{N} w_i E(\tilde{r}_i)=W'E(\tilde{r}) \tag{4-22}$$

其中，$E(\tilde{r})=(E(\tilde{r}_1), E(\tilde{r}_2), \cdots, E(\tilde{r}_N))'$。

第四节　证券投资风险的度量

一、证券投资风险的含义

证券投资活动中面临多种风险，比如证券监管政策的变动、证券交易过程中的不当操作、证券市场价格变动等。在这里我们将证券投资风险狭义地定义为由于证券市场价格的变动给投资者带来收益上的不确定性。在投资学中，我们经常使用收益率的方差来衡量证券投资风险。当然，收益率的标准差也经常被用来衡量证券投资风险的大小。

二、证券投资风险的分类

一般我们将证券投资风险分成两大类：系统风险和非系统风险。系统风险是指对所有证券价格都产生影响的因素导致的不确定性，比如，预期之外的利率变动将对所有股票的价格都有影响，一般情况下，预期之外的利率下跌会引起股票市场股价的上涨，预期之外的利率上涨会引起股票市场股价的下跌。不同的股票对利率变化敏感程度不一样，上涨或下跌的幅度也不一样。利率变动引发的证券投资收益上的不确定性就属于系统风险。非系统风险是指仅对单个股票收益产生影响的因素导致的不确定性。比如，上市公司引入新的生产工艺引发公司价格的变动，上市公司更换新的董事会成员引发股价变动等。这些因素通常只影响个别上市公司自身的股价变动，不会对其他上市公司的股价产生影响，这些因素导致股价的不确定性就属于非系统风险。

三、单一证券投资风险的度量

针对单一股票 i，其投资收益率 r_i 在通常情况下是一个随机变量，我们可以用 r_i 的方差 σ_i^2 来衡量其投资风险。以我们前面提到的彩票为例，收益率可能为 10 000%，也可能为－100%，其概率分别为 $\frac{1}{200}$ 和 $\frac{199}{200}$，方差为 50.75。因此，投资该彩票的风险为 50.75。很多时候我们也使用标准差来衡量投资风险，即 $\sqrt{50.75}=7.12$，来衡量投资风险的大小。

接下来我们以 1999 年 12 月—2020 年 12 月期间我国 A 股市场上申万 6 个风格指数的历史年收盘价数据来计算已实现的平均年化收益率和期间收益率的标准差。具体地，如图 4-1 所示，我们选取了申万大盘指数、申万中盘指数、申万小盘指数、申万高市盈率指数、申万中市盈率指数和申万低市盈率指数。利用每年年末的收盘价计算得到各个指数过去 21 年的简单百分比收益率 r_{ij}($i=1, 2, \cdots, 6, j=1, 2, \cdots, 21$)。$r_{ij}$ 表示第 i 个风格指数第 j 年的收益率。然后得到各个指数历年的平均收益率 $\bar{r}_i=1/21\sum_{j=1}^{21} r_{ij}$，以及各风格指数收益率的标准差 $\sigma_i=\sqrt{\sum_{j=1}^{21}(r_{ij}-\bar{r}_i)^2/20}$，结果如表 4-1所示。从市盈率风格指数来看，随着市盈率的增加，平均收益率逐渐增加，相应的风险也在增加；从市值风格指数来看，中盘股指数表现出了最高的平均收益率和最高的风险，大盘股指数表现出了最低的平均收益率和最低的风险。从历史数据来看，风险与收益是正相关的，高风险也伴随着高收益。

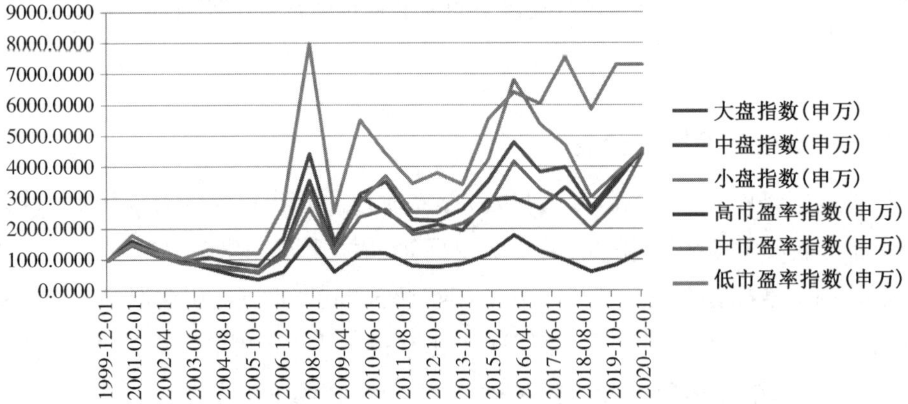

图 4-1 申万 6 种风格指数

表 4-1 **申万风格指数的收益和风险**

风格指数	大盘指数	中盘指数	小盘指数	高市盈率指数	中市盈率指数	低市盈率指数
平均收益率	17.55%	19.10%	17.71%	12.40%	18.45%	21.98%
标准差	52.57%	58.85%	53.63%	54.98%	55.65%	60.20%

四、证券组合投资风险的度量

现在我们考虑证券组合的投资风险，由于组合中各证券收益率的相关性通常并不是完全正相关，组合的风险并不是组合中各证券风险的线性相加。对于一个等权重的证券组合而言，通常组合的风险要低于组合中证券风险的平均值。同样，我们用权重向量 $W=(w_1, w_2, \cdots, w_N)'$ 表示这个包含 N 个证券的组合，组合中证券的收益率向量记为 $\tilde{r}=(\tilde{r}_1, \tilde{r}_2, \cdots, \tilde{r}_N)'$，则组合的收益率 $\tilde{r}_p$ 满足：

$$\tilde{r}_p=\sum_{i=1}^{N} w_i \tilde{r}_i=W' \tilde{r} \tag{4-23}$$

因此，组合收益率 $\tilde{r}_p$ 的方差 σ_p^2 满足：

$$\sigma_p^2=\operatorname{cov}(\tilde{r}_p, \tilde{r}_p)=\operatorname{cov}\left(\sum_{i=1}^{N} w_i \tilde{r}_i, \sum_{i=1}^{N} w_i \tilde{r}_i\right)=\sum_i \sum_j w_i w_j \operatorname{cov}(\tilde{r}_i, \tilde{r}_j) \tag{4-24}$$

如果组合中包含 2 个证券，则：

$$\sigma_p^2=w_1^2 \sigma_1^2+w_2^2 \sigma_2^2+2 w_1 w_2 \operatorname{cov}(\tilde{r}_1, \tilde{r}_2) \tag{4-25}$$

如果组合中包含 3 个证券，则：

$$\begin{aligned}\sigma_p^2= & w_1^2 \sigma_1^2+w_2^2 \sigma_2^2+w_3^2 \sigma_3^2+2 w_1 w_2 \operatorname{cov}(\tilde{r}_1, \tilde{r}_2) \\ & +2 w_1 w_3 \operatorname{cov}(\tilde{r}_1, \tilde{r}_3)+2 w_2 w_3 \operatorname{cov}(\tilde{r}_2, \tilde{r}_3)\end{aligned} \tag{4-26}$$

组合收益率 $\tilde{r}_p$ 的方差 σ_p^2 也可以方便地写成以下矩阵运算的形式：

$$\sigma_p^2=W'VW \tag{4-27}$$

其中，V 表示证券的协方差矩阵：

$$V=\begin{pmatrix}\operatorname{cov}(\tilde{r}_1, \tilde{r}_1) & \cdots & \operatorname{cov}(\tilde{r}_1, \tilde{r}_N) \\ \vdots & \ddots & \vdots \\ \operatorname{cov}(\tilde{r}_N, \tilde{r}_1) & \cdots & \operatorname{cov}(\tilde{r}_N, \tilde{r}_N)\end{pmatrix}$$

在 Excel 中，两个矩阵之间的乘法运算可以通过内部函数 mmult()轻松完成，函数中输入两个矩阵后，同时按 Shift、Ctrl 和 Enter 键后，即可完成两个矩阵之间的乘法。

特别地，我们考虑等权重组合，即 $w_i=\dfrac{1}{N}$，$i=1, 2, \cdots, N$，则：

$$\sigma_p^2=\frac{\sum_i \sum_j \operatorname{cov}(\tilde{r}_i, \tilde{r}_j)}{N^2}=\frac{\sum_i \sum_j \rho_{ij} \sigma_i \sigma_j}{N^2} \leqslant \frac{\sum_i \sum_j \sigma_i \sigma_j}{N^2}=\left[1/N \sum_i \sigma_i\right]^2$$

其中，ρ_{ij} 表示证券 i 和证券 j 收益率之间的相关性。

对于一个严格的凸函数 $f(x)$，我们有 $f(E(x)) < E[f(x)]$。显然 $f(x)=x^2$ 是严格的凸函数，因此，我们得到：

$$\sigma_p^2 \leqslant \left[1/N\sum_i \sigma_i\right]^2 < 1/N\sum_i \sigma_i^2$$

即等权重组合的方差低于组合中各证券方差的平均值。

（一）组合中包含无风险资产和单个股票的风险

我们先考虑一个简单的组合：30％的无风险资产和 70％的某股票 i，即 $W=(0.3,\ 0.7)'$。无风险资产的收益率为 $r_f=5\%$，股票 i 的期望收益率为 $E(\tilde{r}_i)=20\%$，股票 i 收益率的标准差为 $\sigma_i=30\%$。因此，组合收益率 $\tilde{r}_p$ 的期望为：

$E(\tilde{r}_p)=30\%\times5\%+70\%\times20\%=15.5\%$

组合收益率 $\tilde{r}_p$ 的方差 σ_p^2 为：

$$\begin{aligned}\sigma_p^2 &= 0.3^2\text{cov}(r_f,\ r_f)+0.7^2\text{cov}(\tilde{r}_i,\ \tilde{r}_i)+2\times0.3\times0.7\text{cov}(r_f,\ \tilde{r}_i)\\ &= 0+0.7^2\times0.3^2+0=4.41\%\end{aligned}$$

相应地，组合的标准差 σ_p 为 21％。

当然我们也可以通过矩阵形式来计算组合的期望收益率和风险。

期望收益率向量 $E(\tilde{r})$ 为：

$E(\tilde{r})=(5\%,\ 20\%)'$

协方差矩阵 V 为：

$$V=\begin{pmatrix}0 & 0\\ 0 & 0.3^2\end{pmatrix}$$

$E(\tilde{r}_p)=W'E(\tilde{r})=15.5\%$

$\sigma_p^2=W'VW=4.41\%$

（二）组合中包含两只股票的风险

考虑一个由两只股票组成的组合：30％的股票 1 和 70％的股票 2，即 $W=(0.3,\ 0.7)'$。股票 1 和股票 2 的期望收益分别为 20％和 30％；股票 1 收益率的标准差为 $\sigma_1=30\%$，股票 2 收益率的标准差为 $\sigma_2=40\%$；股票 1 和股票 2 收益率的相关系数 $\rho_{12}=0.5$。因此，组合收益率 $\tilde{r}_p$ 的期望值为：

$E(\tilde{r}_p)=30\%\times20\%+70\%\times30\%=27\%$

组合收益率 $\tilde{r}_p$ 的方差 σ_p^2 为：

$$\begin{aligned}\sigma_p^2 &= 0.3^2\text{cov}(r_1,\ r_1)+0.7^2\text{cov}(\tilde{r}_2,\ \tilde{r}_2)+2\times0.3\times0.7\text{cov}(r_1,\ \tilde{r}_2)\\ &= 0.3^2\times0.3^2+0.7^2\times0.4^2+2\times0.3\times0.7\times0.5\times0.3\times0.4\\ &= 11.17\%\end{aligned}$$

相应地，组合的标准差 σ_p 为 33.42％。

当然我们也可以通过矩阵形式来计算组合的期望收益率和风险。

期望收益率向量 $E(\tilde{r})$ 为：

$E(\tilde{r})=(20\%, 30\%)'$

协方差矩阵 V 为：

$$V=\begin{pmatrix} 0.3^2 & 0.5\times 0.3\times 0.4 \\ 0.5\times 0.3\times 0.4 & 0.4^2 \end{pmatrix}$$

$E(\tilde{r}_p)=W'E(\tilde{r})=27\%$

$\sigma_p^2=W'VW=11.17\%$

（三）组合中包含三只股票的风险

考虑一个由三只股票组成的组合：20%的股票1、30%的股票2和50%的股票3，即 $W=(0.2, 0.3, 0.5)'$。股票1、股票2和股票3的期望收益分别为20%、30%和40%；股票1收益率的标准差为 $\sigma_1=30\%$，股票2收益率的标准差为 $\sigma_2=40\%$，股票3收益率的标准差为 $\sigma_3=50\%$；股票1和股票2收益率的相关系数 $\rho_{12}=0.5$，股票1和股票3收益率的相关系数 $\rho_{13}=0.6$，股票2和股票3收益率的相关系数 $\rho_{23}=0.7$。因此，组合收益率 $\tilde{r}_p$ 的期望值为：

$E(\tilde{r}_p)=20\%\times 20\%+30\%\times 30\%+50\%\times 40\%=33\%$

组合收益率 $\tilde{r}_p$ 的方差 σ_p^2 为：

$$\begin{aligned}\sigma_p^2 &=0.2^2\mathrm{cov}(r_1, r_1)+0.3^2\mathrm{cov}(\tilde{r}_2, \tilde{r}_2)+0.5^2\mathrm{cov}(\tilde{r}_3, \tilde{r}_3)\\ &\quad+2\times 0.2\times 0.3\mathrm{cov}(r_1, \tilde{r}_2)+2\times 0.2\times 0.5\mathrm{cov}(r_1, \tilde{r}_3)\\ &\quad+2\times 0.3\times 0.5\mathrm{cov}(r_2, \tilde{r}_3)\\ &=14.77\%\end{aligned}$$

相应地，组合的标准差 σ_p 为38.43%。

当然我们也可以通过矩阵形式来计算组合的期望收益率和风险。

期望收益率向量 $E(\tilde{r})$ 为：

$E(\tilde{r})=(20\%, 30\%, 40\%)'$

协方差矩阵 V 为：

$$V=\begin{pmatrix} 0.09 & 0.06 & 0.09 \\ 0.06 & 0.16 & 0.14 \\ 0.09 & 0.14 & 0.25 \end{pmatrix}$$

$E(\tilde{r}_p)=W'E(\tilde{r})=33\%$

$\sigma_p^2=W'VW=14.77\%$

五、证券投资风险的其他度量方法

除了使用方差或者标准差衡量证券投资风险，还有其他多种度量方法。这里我们主要介绍以下几种其他度量风险的方法：半方差、在险价值 VaR(Value at Risk)、条件在险价值 CVaR(Conditional VaR)。

半方差考虑那些资产收益率低于其预期收益率时投资者面临的不确定。记资产的收益率为随机变量 r，期望值为 μ，半方差 SV 定义为：

$$SV = E[(\min\{(r-\mu), 0\})^2] \tag{4-28}$$

半标准差则定义为 $\sqrt{SV}$。

VaR 是一定置信水平 α（比如 99%），投资组合面临的最大损失，具体地，我们用收益率分布的 $1-\alpha$ 百分位数来定义 VaR：

$$VaR(\alpha) = -F_r^{-1}(1-\alpha) \tag{4-29}$$

其中，$F_r(\cdot)$ 为组合收益率的累积分布函数。

比如，$VaR(99\%) = -F_r^{-1}(1\%)$，即 99% VaR 就是其收益率分布 1%的分位数的相反数。

上面的定义是从收益分布的左尾定义 VaR。有时候，我们也从收益分布的右尾来定义 VaR：

$$VaR(\alpha) = F_r^{-1}(\alpha) \tag{4-30}$$

$CVaR$ 衡量了一定置信水平 α 下发生损失超过 VaR 时的平均损失。具体地，其定义如下：

$$CVaR(\alpha) = -E[r \mid r \leqslant -VaR] = -\frac{\int_{-\infty}^{-VaR} z f_r(z)\mathrm{d}z}{F_r(-VaR)} = -\frac{\int_{-\infty}^{-VaR} z f_r(z)\mathrm{d}z}{1-\alpha} \tag{4-31}$$

同样可以从右尾角度来定义 $CVaR$：

$$CVaR(\alpha) = \frac{\int_{VaR}^{\infty} z f_r(z)\mathrm{d}z}{1-\alpha} \tag{4-32}$$

其中，$f_r(\cdot)$ 为组合收益率的概率密度函数。

CVaR 有时候也被称为 ES(Expected Shortfall)。

下面我们使用 2010 年 5 月 31 日到 2021 年 8 月 16 日期间上证综合指数、中证 500 指数、沪深 300 指数和创业板指数的日收盘价格计算得到的简单百分比收益率为样本，分别计算以下风险指标：标准差、下半标准差、99%VaR 和 99%CVaR。其中，99%VaR 和 99%CVaR 的计算都是基于历史样本分布的 1%的分位数得到的。从表

4-2 中可以看出沪深 300 指数 99%VaR 为 4.41%，这意味着投资沪深 300 指数，我们有 99%的把握说，一天中最大的损失为 4.41%；如果发生损失超过 4.41%，我们有 99%的把握说平均损失为 6.17%。另外，上证综合指数从各个风险指标来看，均表现出了风险最低的特征，而创业板指数呈现出风险最高的特征。

表 4-2　　各指数日收益率的风险

	上证综合指数	中证 500 指数	沪深 300 指数	创业板指数
标准差	1.33%	1.65%	1.44%	1.97%
下半标准差	0.99%	1.26%	1.06%	1.45%
99%VaR	4.11%	5.69%	4.41%	5.91%
99%CVaR	6.11%	7.03%	6.17%	7.10%

本章小结

本章第一节介绍了投资学中最基本的假设：投资者是理性的，以及金融市场是有效的。这为后续章节中介绍的定价模型提供了假设基础。第二节介绍了一些与统计学相关的知识点，具体包括随机变量的期望、方差、标准差、偏度、峰度、协方差和相关系数等内容。第三节介绍了单个资产和资产组合期望收益的计算。第四节介绍了单个资产和资产组合收益方差的风险度量。第五节则介绍了其他常用的风险度量指标，包括半方差、VaR 以及 CVaR。

关键词

理性(Rationality)
方差(Variance)
协方差(Covariance)
收益(Return)
风险(Risk)
半方差(Semi-variance)
条件在险价值(CVaR)
风险厌恶系数 (Risk Aversion Coefficient)
标准差(Standard Deviation)
相关系数(Correlation Coefficient)
期望收益(Expected Return)
投资组合(Portfolio)
在险价值(VaR)

思考与练习

一、思考题

1. 简述系统风险和非系统风险的差异。

2. 从长期历史数据来看，黄金的平均收益约为 1%，股票的平均收益约为 8%，而从风险角度来看，黄金与股票大致相当。问：人们为何还愿意投资于黄金？

3. 在投资者的实际投资决策中，很多个人投资者通常会投资一些收益类似彩票的股票，这些股票收益表的偏度通常为正，试解释这一现象。

4. 简述套利机制发挥作用需要的条件。

5. 简述用标准差和 VaR 衡量风险的区别。

二、计算题

1. 假定投资者面临以下三个投资组合的选择：组合 X 的期望收益率为 10%，收益的标准差为 10%；组合 Y 的期望收益率为 20%，收益的标准差为 20%；组合 Z 的期望收益率为 30%，收益的标准差为 30%。投资者的期望效用为：$U=E[R]-\frac{1}{2}A\sigma^2$，风险厌恶系数为 3。如果投资者只能从以上三个组合中选择其中一个组合，投资者该选择哪一个组合？

2. 假定黄金的期望收益率和风险分别为 1%和 30%，股票 X 的期望收益率和风险分别为 20%和 40%。黄金和股票 X 的相关系数为−0.1。投资者的期望效用为：$U=E[R]-\frac{1}{2}A\sigma^2$，风险厌恶系数为 3。考虑以下两个方案：100%投资于股票 X，以及 50%投资于黄金和 50%投资于股票 X 的组合，投资者该如何选择？

3. 股票 A 的期望收益和风险（用标准差来衡量）分别为 20%和 40%，无风险资产的收益率为 5%。考虑 30%投资于无风险资产、70%投资于股票 A 的组合，求该组合的期望收益率和风险。

4. 股票 A 的期望收益和风险分别为 20%和 30%，股票 B 的期望收益和风险分别为 30%和 40%，股票 A 和 B 收益率的相关系数为 0.6。考虑 30%投资于股票 A、70%投资于股票 B 的组合，求该组合的期望收益率和风险。

5. 股票 A 的期望收益和风险分别为 10%和 20%，股票 B 的期望收益和风险分别为 20%和 30%，股票 C 的期望收益和风险分别为 30%和 40%。股票 A 和 B 收益率的相关系数为 0.6，股票 A 和 C 收益率的相关系数为 0.5，股票 B 和 C 收益率的相关系数为 0.7。考虑 30%投资于股票 A、20%投资于股票 B、50%投资于股票 C 的组合，求该组合的期望收益率和风险。

参考文献

[1] 曹志广.金融计算与编程——基于 MATLAB 的应用(第二版)[M].上海：上海财经大学出版社，2017.

[2] Cao Z. Harris, RDF and Shen J. Hedging and Value at Risk: A Semi-Parametric Approach[J]. Journal of Futures Markets, 2010(30): 780-794.

第五章　马科维茨资产组合理论

引言

在实际投资过程中，投资收益与风险总是相伴而生的。投资者在进行资产配置时，一般是希望投资收益越大越好，投资风险越小越好，要实现这个目标，投资者必须进行资产组合配置，即在多个资产上进行组合投资。如何进行最佳的资产组合配置是本章将要回答的主要问题。

证券投资过程中有两个重要任务：证券分析与市场分析。证券分析主要是评估所有可能的投资工具的风险和期望回报率特性；在对证券市场进行分析的基础上，投资者确定最优的证券组合，然后根据投资者的个人偏好决定最佳证券投资组合。

本章主要内容如下：资产组合的含义与证券组合管理的理论基础、马科维茨的均值方差模型、证券组合的可行域、有效证券组合与有效边界、投资者期望效用函数无差异曲线及马科维茨均值方差模型的应用。为便于理解有关知识，本章还配有相应的案例。

第一节　资产组合理论的产生与发展

一、资产组合的含义与分类

（一）资产组合的含义

在投资学中，资产组合通常是指个人或机构投资者所拥有各种资产的总称。资产通常包括各种类型的债券、股票、存款、衍生品、不动产、黄金、大宗商品等，当个人或机构投资者所投资的资产多于一种时，称其投资为资产组合。最典型的资产组合就是各种证券投资基金。

例如，天利资产管理公司在第一季度所投资项目的具体信息如表 5-1 所示。

表 5-1　　天利公司的资产配置情况

资产名称	投资比例(权重)	期望收益率	风险(标准差)
股票 A	30%	5%	10%
股票 B	10%	15%	20%
股票 C	20%	8%	15%
国债	40%	3%	0

其中，三种股票，即股票 A、股票 B、股票 C，以及国债组成了一个资产组合，也就是说，天利公司在第一季度的投资是一个资产组合。构建资产组合的关键是资产类型的选择与资产配置比例的确定，如表 5-1 中，A、B、C 股票及国债如何选择，它们的投资比例如何确定等。

（二）构建资产组合的目的

构建资产组合的主要目的是有效地降低风险，即在投资收益和投资风险中找到一个平衡点，因为任何投资都有风险。不同资产具有不同的风险收益特征，有的资产投资风险大，有的投资风险小；投资者在证券投资时，不但希望投资收益最大化，同时也希望投资风险最小化。投资者通过组合投资可以在投资收益和投资风险中找到一个平衡点，即在风险一定的条件下实现收益的最大化，或在收益一定的条件下使风险达到最低。

在实际的证券投资过程中，风险和收益往往是同方向变化的，即高收益往往伴随着高风险。如果投资者仅投资于单个资产，他只有有限的选择；当投资者将各种资产按不同比例进行组合时，其选择就会有无限多种，这为投资者在给定风险水平的条件下获取更高收益提供了机会。当投资者对证券组合的风险和收益做出权衡时，他能够得到比投资单个资产更为满意的收益与风险的平衡，从而实现在给定风险水平的条件下获取最大的收益。

人们常常用篮子装鸡蛋的例子来说明资产组合能降低投资风险。如果我们把鸡蛋放在同一只篮子里，一旦这只篮子不小心掉在地上，所有的鸡蛋就都可能破碎；如果把鸡蛋分别放在不同的篮子里，一只篮子掉了，不会影响到其他篮子里的鸡蛋。资产组合理论证明，资产组合的风险随着组合所包含的证券数量和种类的增加而降低，资产间关联性极低的多元化证券组合可以有效地降低非系统风险。这是因为当一个证券价格下跌时，另一个证券的价格可能会上升，通过对不同特性的资产进行组合，投资者所拥有资产的价格波动性就会降低，从而起到降低风险的效果。

（三）资产组合的分类

以证券组合为例，证券组合常分为避税型、收入型、增长型、收入和增长混合型、货币市场型、国际型及指数化型等。

1. 避税型证券组合

避税型证券组合指构成证券组合的证券通常是免税证券，如国债、市政债券等，这种债券可以免交联邦税、州税和地方税。如仅投资国债和地方债券的基金。

2. 收入型证券组合

收入型证券组合追求的是基本收益(及利息、股息收益)最大化。构成这种证券组合的证券通常是能够带来基本收益的证券，如附息债券、优先股、高分红股票及一些避税债券等。

3. 增长型证券组合

增长型证券组合是以资本利得为投资目标的。此类投资者往往愿意通过延迟获得基本收益以求得未来收益的增长。入选此类组合的证券，往往是增长型行业或处于成长期行业的公司股票。由于未来证券价格的不确定性，这种投资组合具有较大的风险。如大多数股票投资基金。

4. 收入和增长混合型证券组合

该类组合试图在基本收入与资本利得之间达到某种均衡，因此也称均衡组合。二者的均衡可以通过两种组合方式获得：一种是使组合中的收入型证券和增长型证券达到均衡；另一种是选择那些既能带来收益，又具有增长潜力的证券进行组合。如稳健型的股票投资基金。

5. 货币市场型证券组合

货币市场型证券组合是由各种货币市场工具构成的，如国库券、高信用等级的商业票据等，安全性很高。如各种货币型基金。

6. 国际型证券组合

该类证券组合是由海外不同国家的证券所构成，它可以在更大范围内和更大程度上降低投资风险，是组合管理的时代潮流。随着我国资本市场对外开放，以及我国在海外上市的企业数量的增加，国际性证券组合在我国逐步得到了应用，如 QFII 和 QDII 等。

7. 指数化型证券组合

指数化型证券组合是模拟某种市场指数而构成的证券组合。信奉有效市场理论的机构投资者通常会倾向于这种组合，以求获得市场平均的收益水平。根据模拟指数的不同，指数化型证券组合可以分为两类：一类是模拟内涵广大的市场指数，这属于被动型投资管理；另一类是模拟某种专业化的指数，如道琼斯公共事业指数，这种组合不属于被动管理之列。如 50ETF、深 100ETF 等。

二、资产组合管理的理论基础

（一）资产组合管理的目标和特点

组合管理的目标是实现投资效用最大化，即使组合的风险和收益特征能够给投资者带来最大的满足。具体而言，就是在实现投资者对一定收益水平追求的同时，使投资者面临的风险降到最低，或在投资者可接受的风险水平之内，使其获得最大的收益。

证券组合管理的特点主要有：

1. 投资的分散性

资产组合理论认为，资产组合的风险随着组合所包含证券数量的增加而降低，尤其是资产间关联性极低的多元化资产组合可以有效地降低非系统风险，使资产组合的投资风险趋向于市场平均风险水平。因此组合管理强调构成组合的资产应多元化。

2. 风险与收益的匹配性

资产组合理论认为，投资收益是对承担风险的补偿。承担风险越大，收益越高；承担风险越小，收益越低。因此组合管理强调投资的收益目标应与风险的承受能力相适应。

（二）资产组合管理的理论基础

资产组合管理有两种基本类型，一类为传统的资产组合管理，一类为现代资产组合管理。两种组合管理具有不同的理论基础，在实际应用中具有不同的效果。

1. 传统资产组合管理理论

传统的证券组合管理实际上是一种非数量化的管理方法，或称为经验管理方法。资产组合管理的核心问题之一是构建和调整资产组合中各资产的比例关系。传统资产组合管理的理论基础是：证券分析师的经验是构建和调整证券组合中各资产的比例关系最有效的方法。尽管已经出现了科学的组合管理理论，但大多数组合管理者仍习惯于采用这种传统的方法。

2. 现代资产组合管理理论

现代资产组合管理理论是一种数量化组合管理方法，它运用数学规划模型，通过定量化的方法得出资产组合中各资产的最佳比例关系，以实现投资收益与风险的最佳平衡。该理论经过几十年的发展，已经在投资学领域中占主导地位。

在实际应用中，两种理论具有不同的适应场合，传统证券组合管理常适用于新兴市场或管理水平相对不高的场合，而现代证券组合管理常适用于成熟市场或管理水平相对较高的场合。当然，这两种证券组合管理方法不是相互排斥的，常结合起来应用。

三、现代证券组合理论的产生与发展

（一）现代证券组合理论的产生

现代证券组合理论产生于 1952 年，以马科维茨在金融学杂志上发表的一篇题为

“证券组合选择”的论文为标志。在这篇论文中，马科维茨考虑了如下的单阶段投资决策问题：在期初，投资者用一笔自有资金购买一组证券并持有一段时期（称为持有期），在持有期结束时（即期末），出售他在期初购买的证券并将收入用于消费或再投资。那么，在期初投资者将决定购买哪些证券，资金如何在这些证券上分配？一般来说，在期初，投资者将有无限多个投资组合可供选择，因此，投资者实际上需要从所有可能的证券组合中选择一个他认为最优的证券组合。这一问题被称为马科维茨资产配置问题。

由于每个资产（或证券）组合在期末的收益率是不确定的，因此，投资者不可能做出获取未来收益最高的完全确定的决策，此时的决策称为不确定型决策。在不确定型决策的环境中，投资者不但希望投资收益最大化，还要求投资风险最小化，其决策是实现两个相互制约的目标之间的某种平衡。马科维茨分别用期望收益率和收益率的方差来衡量投资的预期收益水平和风险（不确定性），建立均值方差模型来实现上述两个目标的最优决策。得出的结果是：投资者应该通过同时购买多种资产而非一种资产进行分散化投资，从而从理论上奠定了资产组合管理的基础。

（二）现代证券组合理论的发展

马科维茨的均值方差模型（资产配置模型）是建立在一系列严格假设基础之上的。其中主要假设是：每种资产的收益率都服从正态分布；投资者是风险厌恶的，总希望期望收益率越大越好，方差越小越好。在这些假设前提下，马科维茨提供了求解最佳投资组合的精确方法。然而这种方法所面临的最主要问题之一是其计算量太大，特别是对大规模的市场，存在上千种证券的情况下，在当时即使是借助计算机也难以实现，更无法满足实际市场在时间上近乎苛刻的要求。这严重地阻碍了马科维茨方法在实际中的应用。1963 年，威廉・夏普提出了一种简化的计算方法。这一方法通过建立“单因素模型”来实现；在此基础上后来发展出“多因素模型”，以图对实际有更精确的近似。这一简化形式使得证券组合理论应用于实际市场成为可能。特别是 20 世纪 70 年代计算机的发展和普及以及软件的成套化和市场化，极大地促进了现代证券组合理论在实际中的应用。当今在西方发达国家，因素模型已被广泛应用在证券组合中普通股之间的投资分配上，而最初的、更一般的马科维茨模型则被广泛应用于不同类型证券之间的投资分配上，如债券、股票、风险资产和不动产等。

马科维茨均值方差模型的另一个不足是没有说明期望收益与风险之间的关系，没有说明风险的类型（如系统风险和非系统风险），因此，不利于投资者对风险的管理。事实上，投资者承担的风险可以分为系统风险和非系统风险两类，并非投资者承担的所有风险都能得到补偿，只有承担的系统风险才能得到补偿，而承担的非系统风险则不能得到补偿。为了探讨期望收益与风险之间的关系，夏普、特雷诺和詹森三人分别于1964年、1965年和1966年提出了资本资产定价模型(CAPM),明确了只有系统风险与期望收益之间才存在正相关关系。然而,1976年,理查德·罗尔对这一模型提出了批评,因为这一模型永远无法用经验事实来检验。与此同时,史蒂夫·罗斯突破性地发展了资本资产定价模型,提出套利定价理论(APT)。这一理论认为,只要任何一个投资者不能通过套利获得收益,那么期望收益率一定与风险相联系。罗尔和罗斯在1984年认为这一理论至少在原则上是可以检验的。

尽管马科维茨均值方差模型、资本资产定价模型等现代证券组合理论在实际中得到了广泛应用,但它们存在一系列严格假设条件,这些条件使它们与实际存在一定的差距,限制了这些理论在实际中的应用效果。逐步放松这些假设条件,则推动现代证券组合理论向前发展。在这些发展中,最主要的一个方向是,随着假设条件的放松,投资风险的计量指标越来越科学,进而对资源配置的模型不再仅是均值方差模型,而是相应的期望收益—风险优化模型,其中最具有代表性的有:Harlow的下偏矩优化模型以及以VaR为风险计量指标的优化模型等。目前,如何科学计量投资风险,进而建立科学的资源配置优化模型,是现代证券组合理论的一个主要研究方向。

四、现代资产组合理论的主要内容

现代资产组合理论的内容十分丰富,而且还在不断发展中。根据已有的研究成果,现代资产组合理论可分为以下三大部分。

(一) 马科维茨的均值方差模型

该理论是资产组合的理论基础,它在一系列严格假设的基础上,以资产或资产组合的期望收益率衡量其收益,以收益率的方差衡量其风险,通过建立一个二次规划模型求解有效证券组合,并根据投资者的无差异曲线确定投资者最满意资产组合的方法。其主要内容包括:马科维茨的均值方差模型、资产投资组合的可行域、有效组合与有效边界、最满意证券组合的选择等内容。

(二) 资本资产定价模型

资本资产定价模型(CAPM)是研究期望收益与风险之间关系的模型,其内容主要包括:研究有效证券组合期望收益与风险关系的资本市场线和一般证券组合期望收益与风险关系的证券市场线、研究证券或证券组合与市场组合收益率之间统计关系的特征线模型,在此基础上分析分散化投资的效用,另外,还包括一些非标准的资本资产定价模型。

(三) 套利定价理论

套利定价理论(APT)是在多因素模型基础上提出的。该理论的主要内容有:单因素模型、多因素模型、无风险套利、套利组合以及套利定价方程等。

第二节　马科维茨均值方差模型

一、马科维茨问题

马科维茨均值方差模型讨论的是如下问题：

投资者将一笔给定的资金在一个给定的时期(持有期)里进行投资。在期初，他购买一些证券，然后在期末全部卖出。那么，在期初他将决定购买哪些证券，资金在这些证券上如何分配？我们知道，将资金按一定比例投资于若干种证券，称为一个证券组合，当投资比例变化时，可得到不同的证券组合。一般来说，在期初，投资者将有无限多个投资组合可供选择，因此，投资者实际上需要从所有可能的证券组合中选择一个最优的证券组合。这一问题被马科维茨称为证券组合选择问题，也称为马科维茨问题。

最优证券组合涉及决策目标和决策环境问题。每个投资者都希望获得最大的投资收益，因此收益最大化是选择最优证券组合的基本目标。如每个证券(证券组合)在期末的收益率是确定的，则此时的投资决策(即最优证券组合的选择)特别简单，即将所有的资金都投入到收益率最高的证券(或证券组合)中，这种决策称为确定型决策。然而，由于每个证券组合(或证券)在期末的收益率是不确定的，他不可能做出在未来获取最高收益的完全确定的决策，此时的决策称为不确定型决策。在不确定型决策的环境中，如果他仅按期望收益率做出决策，他最多只能获得平均收益率，而平均收益率并不等于实际收益率，有时它们之间可能存在很大差异，这就是投资的风险。所以，在不确定型决策的环境中，投资者不但希望投资收益最大化，还要求投资风险最小化，其决策应该实现两个相互制约目标之间的某种平衡。不确定型环境下的投资决策一般是多目标决策。

二、模型构造的基本原则与基本假设

(一) 基本原则

由于每个证券组合(或证券)在期末的收益率是不确定的，因此，实际中的投资决策是不确定型决策。在不确定型决策的环境中，投资者追求的目标不仅是“期望收益”最大化，而且希望投资风险最小化。然而，由于这两个目标是相互制约的或是同方向的，即期望收益率大的证券组合往往具有较大的风险，或者说，要想获得高的期望收益，必须承担高的风险，因此，要同时实现这两个目标的最优化是不现实的，此时，最好的决策应该是使这两个相互制约的目标达到某种平衡。

根据这个思路，构造模型的基本原则为：

(1) 在保证一定期望收益的前提下，使得证券组合的投资风险最小；

(2) 在保证一定投资风险的前提下，使得证券组合的期望收益最大。

马科维茨均值方差模型就是基于上述两条原则建立的，满足上述两条原则之一的证券组合称为最优证券组合。

(二) 基本假设

马科维茨的均值方差模型是建立在一系列严格假设基础之上的。尽管这些假设与实际情况有一定的差距，但它是对实际问题的简化，可以对问题的分析带来极大的方便。这些假设主要有：

(1) 证券市场是有效的，每个投资者都掌握充分的信息，了解每种证券的期望收益率及其方差。

(2) 每种证券的收益率都服从正态分布，收益可以用期望收益率表示，风险用收益率的方差表示。

(3) 各个证券收益率之间是关联的，且服从联合正态分布，其相关程度可用相关系数及协方差表示。

(4) 投资者是风险厌恶型的，其投资目的是在既定风险水平上使收益最大或在既定收益上使风险最小。

(5) 所有投资者均以期望收益率及收益率的方差作为选择投资方案的依据；如果投资者选择风险较高的方案，则要求额外的投资收益作为补偿，即期望收益率与风险之间存在正相关关系。

(6) 资本市场上没有摩擦，即资本和信息可以自由流动，不存在交易成本，不存在对红利、股息和资本收益的征税。

(7) 投资者的个人资本是无限可分的，也就是说，一个投资者可以购买他想购买的任何份额。

(8) 投资者可以以无风险利率借入和贷出任何款额。

马科维茨给出的假设是一种理想化的情况，其目的是抓住问题的实质并使问题简化。实际的资本市场和投资实践要更加复杂。比如，证券市场有效性假设是相当苛刻的条件，即使在相当成熟的股票市场也无法完全满足；对收益的衡量并不是只考虑期望收益率，还要考虑其他一些因素，如通货膨胀、机会成本等，风险的衡量也不是仅仅考虑收益的方差，还要考虑证券价格极端值的变化等；资本市场上的投资者对风险的态度是不一样的，有的投资者资金雄厚，风险承受力强，愿意冒大的风险以获得高额的风险回报，这样的投资者不是风险厌恶者而是风险喜好者。马科维茨给出的假设撇开一些次要的因素，将投资者和投资行为简单化，构建了简明的数理模型和分析思路。

三、马科维茨的均值方差模型及其求解思路

（一）马科维茨均值方差模型

在以上假设条件的情况下，马科维茨建立了以下的收益风险模型，称为马科维茨均值方差模型。

设证券组合中包含 m 种证券，每种证券的收益率为一随机变量，分别记为：r_1，r_2，…，r_m；各证券的期望收益率分别为：$E(r_1)$，$E(r_2)$，…，$E(r_m)$；各证券的投资比例（权重）为：x_1，x_2，…，x_m，且 $\sum_{i=1}^{m} x_i = 1$，$x_i \geqslant 0$。

根据第四章的有关内容，证券组合 P 的收益率为一随机变量，可由下式计算：

$$r_p = x_1 r_1 + x_2 r_2 + \cdots + x_m r_m = \sum_{i=1}^{m} x_i r_i \tag{5-1}$$

证券组合 P 的期望收益率和方差（风险）分别为：

$$E(r_p) = x_1 E(r_1) + x_2 E(r_2) + \cdots + x_m E(r_m) = \sum_{i=1}^{m} x_i E(r_i) \tag{5-2}$$

$$\sigma_p^2 = \sum_{i=1}^{m} \sum_{j=1}^{m} x_i x_j \operatorname{cov}(r_i, r_j) = \sum_{i=1}^{m} \sum_{j=1}^{m} x_i x_j \sigma_i \sigma_j \rho_{ij} \tag{5-3}$$

式中，σ_P^2 为证券组合 P 的方差，σ_i^2 为证券 A_i 收益率 r_i 的方差，ρ_{ij} 为 r_i 与 r_j 的相关系数（i，$j = 1$，2，…，m）。

1. 第一类均值方差模型

根据构造模型的原则 1，即在保证一定期望收益的前提下，使得证券组合的投资风险最小，可构造如下的均值方差模型，称为第一类均值方差模型。

$$\text{Min: } \sigma_p^2 = \sum_{i=1}^{m} \sum_{j=1}^{m} x_i x_j \operatorname{cov}(r_i, r_j)$$

$$(\text{VP1})\,\text{s.t.} \begin{cases} \sum_{i=1}^{m} x_i E(r_i) \geqslant E_p^* \\ \sum_{i=1}^{m} x_i = 1,\ x_i \geqslant 0 \quad （不允许卖空） \end{cases} \quad 或 \quad \begin{cases} \sum_{i=1}^{m} x_i E(r_i) \geqslant E_p^* \\ \sum_{i=1}^{m} x_i = 1 \quad （允许卖空） \end{cases}$$

这是一个二次规划模型，它的含义是在期望收益率不小于给定期望收益的条件下，求出的 x_i 使证券组合的风险最小。模型的第一部分为目标函数，即证券组合的风险最小化，它为变量 x_i 的二次函数；第二部分为约束条件，第一个约束条件为期望收益的约束，其中，E_p^* 为给定的期望收益率，第二个约束为证券投资比例的约束；这些约束均为线性约束，整个模型构成二次规划模型。由于目标函数为方差，约束条件为

期望收益率(均值),故此模型称为均值方差模型。求解此二次规划模型,可得出在给定期望收益率情况下的最优投资组合。

2. 第二类均值方差模型

根据构造模型的原则2,即在承担一定投资风险的前提下,使得证券组合的期望收益最大,可构造如下的均值方差模型,称为第二类均值方差模型。

$$\text{Max}:\ E_p=\sum_{i=1}^{m}x_iE(r_i)$$

$$(\text{VP2})\text{s.t.}\begin{cases}\sum_{i=1}^{m}\sum_{j=1}^{m}x_ix_j\sigma_{ij}\leqslant\sigma_p^{2*}\\ \sum_{i=1}^{m}x_i=1,\ x_i\geqslant 0\quad(\text{不允许卖空})\end{cases}\quad\text{或}\quad\begin{cases}\sum_{i=1}^{m}\sum_{j=1}^{m}x_ix_j\sigma_{ij}\leqslant\sigma_p^{2*}\\ \sum_{i=1}^{m}x_i=1\quad(\text{允许卖空})\end{cases}$$

(VP2)是一个非线性规划模型,它的含义是在风险不超过给定风险的条件下,求出的 x_i 使证券组合的期望收益率最大。模型的第一部分也为目标函数,即证券组合的期望收益最大化,它为变量 x_i 的一次函数;第二部分为约束条件,第一个约束条件为风险的约束,其中,σ_p^{2*} 为给定的风险,第二个约束为投资比例的约束。此模型仍由期望收益和方差组成,故也称为均值方差模型。

由于此模型的求解比模型(VP1)复杂得多,因此,在实际求解中,常用模型(VP1)求最优投资组合。本书也主要以模型(VP1)为主进行讨论。

[例5-1] 设有三只股票A、B、C,其期望收益率分别为:$E_A=5\%$,$E_B=10\%$,$E_C=15\%$。收益率之间的协方差矩阵如表5-2所示。

表5-2　　三只股票A、B、C收益率之间的协方差矩阵

	A	B	C
A	0.25	0.15	0.17
B	0.15	0.21	0.09
C	0.17	0.09	0.28

对角线即为证券A、B、C的方差,这样有:$\sigma_A=0.5$,$\sigma_B=0.46$,$\sigma_C=0.53$。设A、B、C的权重分别为 X_1,X_2,X_3,则第一类均值方差模型为:

$$\begin{aligned}\min\sigma_p^2=&0.25X_1^2+0.21X_2^2+0.28X_3^2+0.15X_1X_2+0.17X_1X_3\\&+0.15X_2X_1+0.09X_2X_3+0.17X_3X_1+0.09X_3X_2\end{aligned}$$

$$\text{s.t.}\begin{cases}0.05X_1+0.1X_2+0.15X_3\geqslant E_p^*\\ X_1+X_2+X_3=1\\ X_1,X_2,X_3\geqslant 0\end{cases}$$

（二）求解思路

马科维茨均值方差模型的求解主要有两种方法，一种是图解方法，一种是解析方法。解析方法是通过求解二次规划模型求出最优证券组合，是实际操作中应用的主要方法，但该方法过于公式化，不能告诉我们投资组合的一些本质特征，不利于深入理解证券组合的实质；图解方法尽管求解烦琐，但可以告诉我们投资组合的一些本质特征，对深入理解证券组合的实质具有重要帮助。本书主要讨论图解方法，对解析方法也作适当介绍。

马科维茨均值方差模型求解的思路是：

（1）根据约束条件，找出所有可行的证券组合，即求出证券组合的可行域；

（2）根据目标函数，在证券组合可行域中找出最优的证券组合。

第三节　证券投资组合的可行域

一、证券组合的图示方法

根据马科维茨均值方差模型求解的思路，求最优的证券组合，首先要找出证券组合的可行域。为此，必须了解证券组合的图示方法。

证券投资的收益率是一个遵循一定分布的随机变量，由于现实中要了解其真实分布是很困难的，因而一种简化的方法是假设证券投资收益率服从正态分布，这时，一个证券可以用正态分布的两个特征值，即期望收益率和标准差（或方差）来描述。构造一个以标准差为横坐标、期望收益率为纵坐标的坐标系，则一个证券就可用 $\sigma-E$ 坐标系上的一点 $A(\sigma_i,\ E_i)$ 表示，如图 5-1 所示。

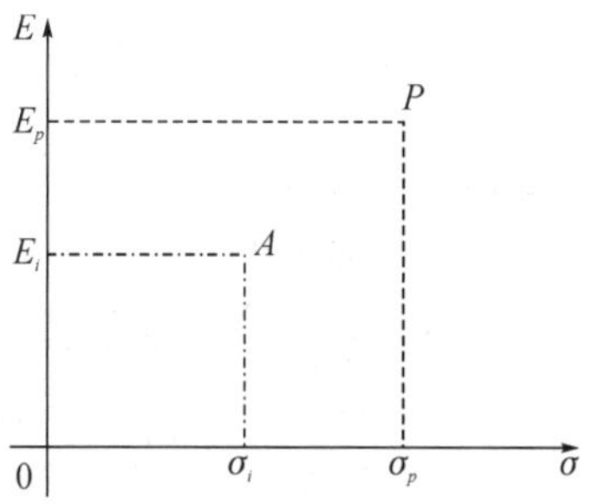

图 5-1　证券与证券组合的图示

人们投资决策的原则是以尽可能小的方差（风险），获得尽可能大的期望收益率。如果仅投资于单个证券，决策选择将只有有限种。为了获得最佳的投资效果，人们常将资金按一定的比例分散投资于若干不同的证券，构成证券组合进行投资。通过组合投资，投资者可以创造出无限多种新的投资选择机会。每一种证券的组合相当于一种新的证券，同样可用 $\sigma-E$ 坐标系上的一点 $P(\sigma_p,\ E_p)$ 表示，如图 5-1 中 P 点所示。

为了让读者对组合投资的作用有一个初步的认识，我们首先从两种证券的组合开始阐述，这也为进一步系统论述组合投资的基本原理奠定了基础。

二、两种证券投资组合的可行域——组合线

如果用期望收益率和标准差来描述一种证券，那么任意一种证券可用在以期望收益率为纵坐标和以标准差为横坐标的坐标系中的一点来表示；相应地，如果一个证券组合是由证券 A 和证券 B 组成，它也可以由组合的期望收益率和标准差确定出坐标系中的一点，这一点将随着组合的权数变化而变化，其轨迹将是经过 A 和 B 的一条连续曲线，这条曲线称为证券 A 和证券 B 的组合线，它也是两种证券投资组合的可行域。可见组合线实际上在期望收益率和标准差的坐标系中描述了证券 A 和证券 B 所有可能的组合。

（一）两种证券组合的期望收益与方差

设有证券 A 和 B，其收益率分别为随机变量 r_A 和 r_B，各证券的期望收益率分别为 $E(r_A)$ 和 $E(r_B)$，各证券的加权系数（投资比例）为 x_A 和 x_B，且 $x_A + x_B = 1$。

记证券组合 P 的收益率为 r_p，则：

$$r_p = x_A r_A + x_B r_B \tag{5-4}$$

证券组合 P 的期望收益率和方差（风险）分别为：

$$E(r_p) = x_A E(r_A) + x_B E(r_B) \tag{5-5}$$

$$\sigma_p^2 = x_A^2 \sigma_A^2 + x_B^2 \sigma_B^2 + 2 x_A x_B \rho_{AB} \sigma_A \sigma_B \tag{5-6}$$

式中，σ_P^2 为证券组合 P 的方差，σ_A^2、σ_B^2 分别为证券 A 和 B 收益率的方差，ρ_{AB} 为 r_A 与 r_B 的相关系数。

将 $x_B = 1 - x_A$ 代入式(5-5)、(5-6)中得：

$$E(r_p) = x_A E(r_A) + (1 - x_A) E(r_B) \tag{5-7}$$

$$\sigma_p^2 = x_A^2 \sigma_A^2 + (1 - x_A)^2 \sigma_B^2 + 2 x_A (1 - x_A) \rho_{AB} \sigma_A \sigma_B \tag{5-8}$$

式(5-7)、(5-8)是确定两种证券组合 P 组合线的基本方程。

（二）两种证券组合的组合线

给定证券 A、B 的期望收益率和方差，证券 A 与证券 B 的相关系数 ρ_{AB} 决定了 A 与 B 不同形状的组合线。

1. 完全正相关下的组合线

在完全正相关下，$\rho_{AB} = 1$，方程(5-7)、(5-8)变为：

$$E(r_p) = x_A E(r_A) + (1 - x_A) E(r_B) \tag{5-9}$$

$$\sigma_p = | x_A \sigma_A + (1 - x_A) \sigma_B | \tag{5-10}$$

这是以 x_A 为参数的参数方程组。由于(5-10)式为分段线性，故 $E(r_p)$ 与 σ_p 的关系也是分段线性的。

(1) 若假定不允许卖空，即 $0 \leqslant x_A \leqslant 1$，则：

$$E(r_p)=x_A E(r_A)+(1-x_A)E(r_B),\ \sigma_p=x_A\sigma_A+(1-x_A)\sigma_B$$

由于 $E(r_p)$ 与 σ_p 都是 x_A 的线性函数，所以，$E(r_p)$ 与 σ_p 之间也是线性关系。

假定 $\sigma_A \neq \sigma_B$，解上述方程组，得：

$$E(r_p)=\frac{E(r_B)\sigma_A-E(r_A)\sigma_B}{\sigma_A-\sigma_B}+\frac{E(r_A)-E(r_B)}{\sigma_A-\sigma_B}\sigma_p \tag{5-11}$$

因此，由证券 A 与证券 B 构成的组合线是连接 A、B 两点间的直线(见图 5-2)。

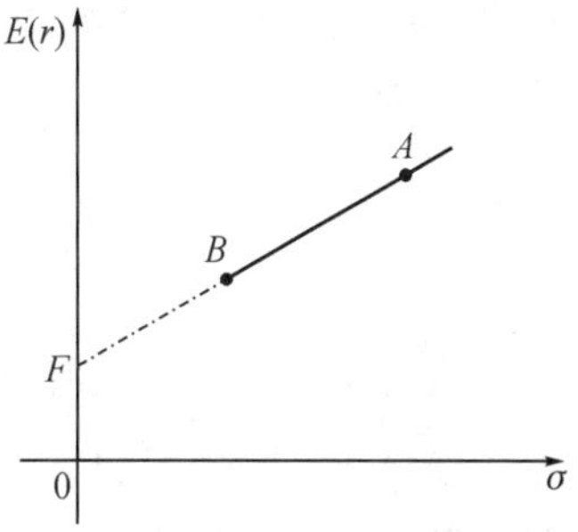

图 5-2　$\rho_{AB}=1$ 时的组合线

(2) 若 $\frac{\sigma_B}{\sigma_B-\sigma_A} \leqslant x_A \leqslant 0$ 或 $x_A \geqslant 1$，则有：

$$E(r_p)=x_A E(r_A)+(1-x_A)E(r_B)$$
$$\sigma_p=x_A\sigma_A+(1-x_A)\sigma_B$$

解上述方程组，得：

$$E(r_p)=\frac{E(r_B)\sigma_A-E(r_A)\sigma_B}{\sigma_A-\sigma_B}+\frac{E(r_A)-E(r_B)}{\sigma_A-\sigma_B}\sigma_p \tag{5-12}$$

此时，由证券 A 与证券 B 构成的组合线也是连接 A、B 两点间的直线(见图 5-2 的 BF 及 A 点以上的射线)。

在 $\sigma_p=0$ 处，为最小风险点，这时投资组合将得到一个无风险收益率。

根据(5-10)式，令 $\sigma_p=0$，得：

$$x_A=\frac{\sigma_B}{\sigma_B-\sigma_A},\quad x_B=\frac{-\sigma_A}{\sigma_B-\sigma_A},\quad E(r_p)=\frac{E(r_B)\sigma_A-E(r_A)\sigma_B}{\sigma_A-\sigma_B}$$

这说明，在证券 A、B 完全正相关下，只要 $\sigma_A \neq \sigma_B$，我们总可以选择 $x_A=\frac{\sigma_B}{\sigma_B-\sigma_A}$，$x_B=\frac{-\sigma_A}{\sigma_B-\sigma_A}$，得到一个无风险且收益率恒定 $\left(r_p=\frac{E(r_B)\sigma_A-E(r_A)\sigma_B}{\sigma_A-\sigma_B}\right)$ 的组合。从权重系数看，一个为正，一个为负，这说明，当证券 A、B 完全正相关时，可通过卖空一种证券，使得它们成为完全反向的证券，从而通过组合完全抵消风险，而且总是卖空方差大的证券。这是利用期货合约进行套期保值的理论基础，因为，期货价格与标的物现货价格几乎可以被认为是完全正相关。

2. 完全负相关情况下的组合线

在完全负相关情况下，$\rho_{AB}=-1$，方程(5-7)、(5-8)变为：

$$E(r_p)=x_A E(r_A)+(1-x_A)E(r_B)$$
$$\sigma_p=|x_A\sigma_A-(1-x_A)\sigma_B| \tag{5-13}$$

与上述相同，$E(r_p)$ 与 σ_p 的关系也是分段线性的。其组合线如图 5-3 所示。

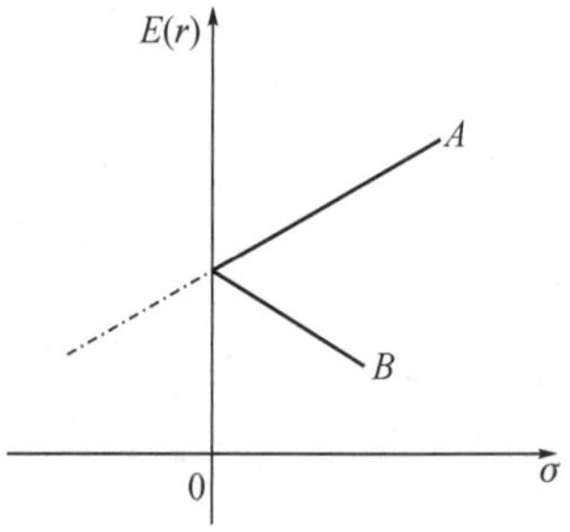

图 5-3 $\rho_{AB}=-1$ 时的组合线

从图 5-3 可以看出，在完全负相关的情况下，按适当比例同时买入证券 A 和证券 B，可以形成一个无风险组合，得到一个稳定的收益率。这个适当比例可通过令式(5-13)中 $\sigma_p=0$ 得到：

$$x_A=\frac{\sigma_B}{\sigma_A+\sigma_B},\quad x_B=\frac{\sigma_A}{\sigma_A+\sigma_B}$$

因为 x_A，$x_B\geqslant 0$，所以按上述比例同时买入证券 A 和 B。这一点很容易理解，因为证券 A 和 B 完全负相关，二者完全反向变化，因而同时买入两种证券可抵消风险。所能得到的无风险收益率为：

$$E(r_p)=\frac{\sigma_B E(r_A)+\sigma_A E(r_B)}{\sigma_B+\sigma_A}$$

3. 不相关情形下的组合线

当证券 A 与 B 的收益率不相关时，$\rho_{AB}=0$，方程(5-7)、(5-8)变为：

$$E(r_p)=x_A E(r_A)+(1-x_A)E(r_B)$$
$$\sigma_p^2=x_A^2\sigma_A^2+(1-x_A)^2\sigma_B^2 \tag{5-14}$$

$E(r_p)$ 为线性，而 σ_p 为双曲线型，因而 $E(r_p)$ 对 σ_p 的曲线是一条经过 A、B 两点的双曲线，如图 5-4 所示。若 $\sigma_A\neq 0$，$\sigma_B\neq 0$，则 $\sigma_p>0$，此时，我们不可能通过证券 A、B 的适当组合构成一个无风险的证券组合。

为了得到方差最小的证券组合，对式(5-14)求极小值：

令 $\dfrac{d\sigma_P^2}{dx_A}=0$，得：$\dfrac{d\sigma_P^2}{dx_A}=2x_A\sigma_A^2-2(1-x_A)\sigma_B^2=0$

$$x_A=\frac{\sigma_B^2}{\sigma_A^2+\sigma_B^2},\quad x_B=\frac{\sigma_A^2}{\sigma_A^2+\sigma_B^2}$$

最小风险为：$\sigma_{p\min}^2=\dfrac{\sigma_A^2\sigma_B^2}{\sigma_A^2+\sigma_B^2}$

显然有 $0 \leqslant x_A, x_B \leqslant 1$，分别以 x_A 和 x_B 的比例买入证券 A 和 B，可获得最小方差 $\frac{\sigma_A^2\sigma_B^2}{\sigma_A^2+\sigma_B^2} < \min(\sigma_A^2, \sigma_B^2)$，即可以通过按适当比例买入两种证券，获得比两种证券中任何一种风险都小的证券组合。

图 5-4 中，C 点为最小方差组合。组合线上介于 A 与 B 之间的点代表的组合由同时买入证券 A 和 B 构成，越靠近 A，买入 A 越多，买入 B 越少。而 A 点的东北部曲线上的点代表的组合由卖空 B、买入 A 形成，越向东北部移动，组合中卖空 B 越多；反之，B 的东南部曲线上的点代表的组合由卖空 A、买入 B 形成，越向东南部移动，组合中卖空 A 越多。

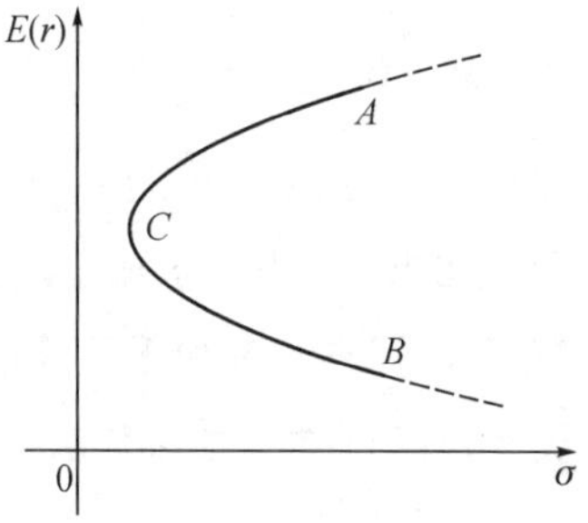

图 5-4　$\rho_{AB}=0$ 时的组合线

4. 不完全相关情况下的组合线

在不完全相关情况下，$0 < |\rho_{AB}| < 1$，方程(5-7)、(5-8) 不会有任何简化，由 $E(r_p)$ 与 σ_p 的参数方程确定的组合线是一条经过 A、B 两点的双曲线。组合线的弯曲程度决定于相关系数 ρ_{AB}。ρ_{AB} 越小，弯曲程度越大，随着 ρ_{AB} 的增大，弯曲程度将降低。当 $\rho_{AB}=1$ 时，弯曲程度最小，为直线 AB；当 $\rho_{AB}=-1$ 时，弯曲程度最大，呈折线；不相关是一种中间状态，比正完全相关弯曲程度大，比负完全相关弯曲程度小。图 5-5 描述了一般的情况。

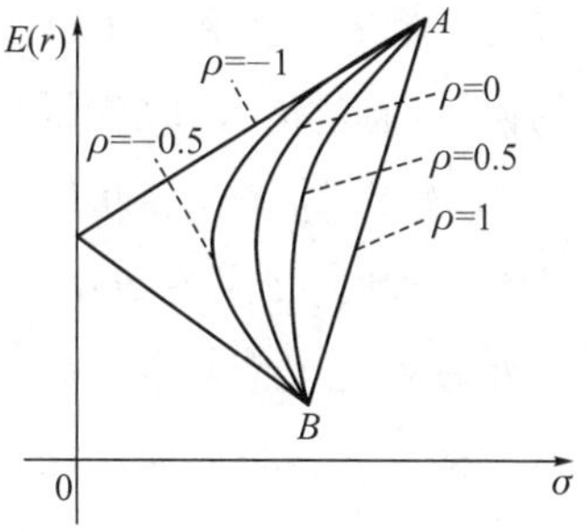

图 5-5　相关系数不同的证券组合

从组合线的形状来看，相关系数越小，在不卖空的情况下，证券组合可获得越小的风险，特别是负完全相关的情况下，可获得无风险组合。在不相关的情况下，虽然得不到一个无风险组合，但可得到一个组合，其风险小于 A、B 中任何单个证券的风险。当 A 与 B 的收益率不完全负相关时，组合线在 A、B 之间比不相关时更弯曲，因而能找到一些组合(不卖空)，使得风险小于 A 和 B 的风险，比如图 5-5 中 $\rho_{AB}=-0.5$ 的情形。但图中 $\rho_{AB}=0.5$ 时，则得不到一个不卖空的组合，使得风险小于单个证券的风险。可见不卖空的情况下，组合降低风险的程度由证券间的关联程度决定。

从整体上看，如不卖空，证券间的相关性越小，证券组合创造的潜在收益越大，即在同等风险的情况下，获得的证券组合的期望收益越大；或在相同的期望收益下，承担的风险越小。

5. 一类特殊情况：无风险证券与风险证券的组合线

若证券 A 、F 中有一个为无风险证券(如证券 F)，这里的无风险证券可理解为银行储蓄或政府债券，它的收益率恒定为 r_F，风险 $\sigma_F=0$。这时它们的组合线由如下方程确定：

$$E(r_p)=x_AE(r_A)+(1-x_A)E(r_F),\ \sigma_p=x_A\sigma_A$$

则：$E(r_p)=r_F+\dfrac{E(r_A)-r_F}{\sigma_A}\sigma_p$

它是一条由 F 向 A 无限延伸的射线，如图 5-6 所示。如果你在 A 与 F 之间取得一个位置，则你同时投资于风险证券 A 和无风险证券 F，此时，你是贷出人（购买无风险证券）；如果你取得组合线上 A 的东北方向上的位置，则是借入人，因为此时你卖出无风险证券 F 以筹集资金，进而投资于风险证券 A，借入越多，向组合线东北方向走得越远，你的风险和期望收益率也都随之增大。如果无风险的借入和贷出机会同时存在，你可以根据自己的偏好，通过借入和贷出获得组合线上的任何位置。

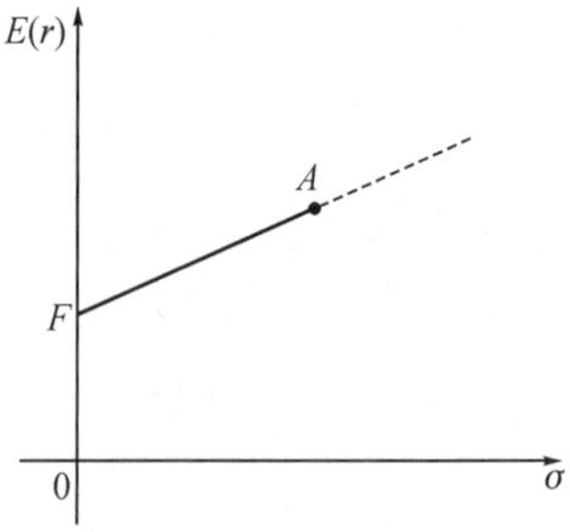

图 5-6　无风险证券与风险证券的组合线

[例 5-2]　以格力电器(000651)和通策医疗(600763)的组合为例说明两证券的结合线，时间区间为 2001 年 1 月至 2020 年 12 月，共 20 个观测值。格力电器和通策医疗的年期望收益率分别为 6.42%和 14.31%，标准差分别为0.507 2和0.551 4①。

格力电器和通策医疗的样本协方差矩阵为：

$$v=\begin{pmatrix}0.257\ 3 & 0.140\ 3\\ 0.140\ 3 & 0.304\ 0\end{pmatrix}$$

两者之间的相关系数为0.501 7，即两种证券正相关。

设组合中格力电器的比例为 $x=(0\%,\ 5\%,\ 10\%,\ \cdots,\ 100\%)$，相应的通策医疗的比例为 $1-x$，组合的期望收益率为：

$$(x,\ 1-x)\cdot\begin{pmatrix}\bar{r}_1\\ \bar{r}_2\end{pmatrix}=x\cdot\bar{r}_1+(1-x)\cdot\bar{r}_2=0.064\ 2\cdot x+0.143\ 1\cdot(1-x)$$

组合的标准差为：

$$\left[(x,\ 1-x)\cdot v\cdot\begin{pmatrix}x\\ 1-x\end{pmatrix}\right]^{1/2}=\left[(x,\ 1-x)\cdot\begin{pmatrix}0.257\ 3 & 0.140\ 3\\ 0.140\ 3 & 0.304\ 0\end{pmatrix}\cdot\begin{pmatrix}x\\ 1-x\end{pmatrix}\right]^{1/2}$$

① 数据处理软件：stats16。

表 5-3　　　　　　　　组合（x，$1-x$）的预期收益率、标准差

投资组合	预期收益率	标准差	投资组合	预期收益率	标准差
（0，1）	0.143 1	0.551 4	（0.55，0.45）	0.099 7	0.457 0
（0.05，0.95）	0.139 2	0.537 0	（0.6，0.4）	0.095 8	0.456 8
（0.1，0.9）	0.135 3	0.523 5	（0.65，0.35）	0.091 9	0.458 0
（0.15，0.85）	0.131 3	0.511 1	（0.7，0.3）	0.087 9	0.460 8
（0.2，0.8）	0.127 4	0.499 8	（0.75，0.25）	0.084 0	0.465 1
（0.25，0.75）	0.123 4	0.489 6	（0.8，0.2）	0.080 0	0.470 9
（0.3，0.7）	0.119 5	0.480 7	（0.85，0.15）	0.076 1	0.478 0
（0.35，0.65）	0.115 5	0.473 1	（0.9，0.1）	0.072 1	0.486 5
（0.4，0.6）	0.111 6	0.466 9	（0.95，0.15）	0.068 2	0.496 3
（0.45，0.55）	0.107 6	0.462 1	（1，0）	0.064 2	0.507 2
（0.5，0.5）	0.103 7	0.458 8			

由此可得，格力电器和通策医疗的组合线如图 5-7 所示。

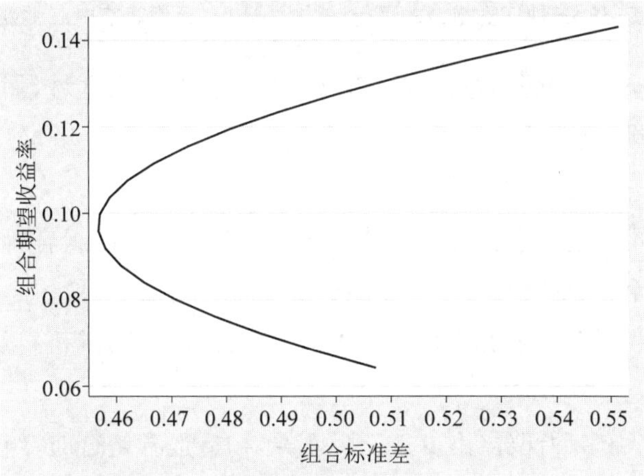

图 5-7　格力电器和通策医疗的组合线

三、多种证券组合的可行域

（一）三种证券组合的可行域

在允许卖空的情况下，如果只考虑投资于两种证券 A 和 B，投资者可以在 AB 的组合线上获得自己满意的任意位置，那么，组合线即为两证券组合的可行域。如果不允许卖空，则投资者只能在组合线上介于 A、B 之间（包括 A 和 B）获得一个组合，因而投资组合的可行域就是组合线上的AB曲线段。然而,在实际中,仅投资两种证券的情况十分少见,多种情况下是投资两种以上的证券。那么,此时,证券组合的可行域是什么呢？首先看三个证券的组合。

假设可供选择的证券有三种：A、B和C。三种证券组合的可行域实际上是两种证券组合后再与第三种证券的组合。如A、B和C的组合等同于A、B组合后再与C组合。这时,可能的投资组合不再局限于一条曲线上,而是坐标系中的一个区域,如图5-8所示。在不允许卖空的情况下,此区域是由组合线AB、BC、AC围成的区域,该区域称为不允许卖空时A、B和C三个证券组合的可行域,其中,每一个可得到的组合称为一个可行组合。

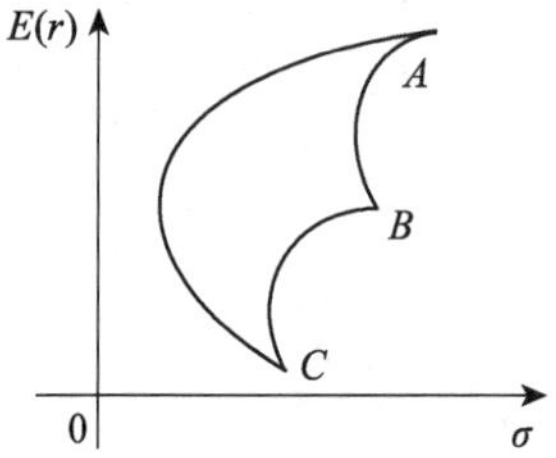

图5-8　不允许卖空时三种证券组合的可行域

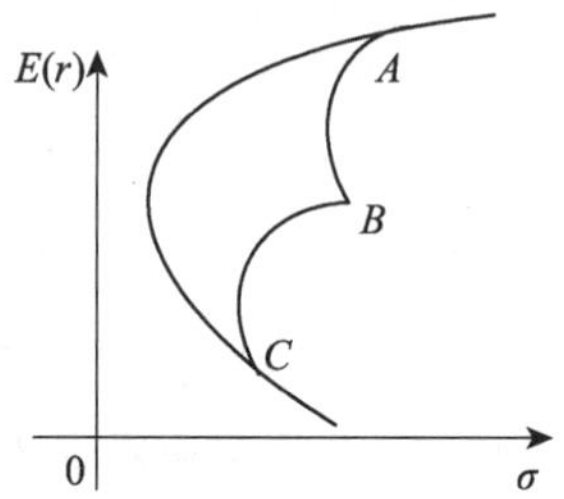

图5-9　允许卖空时三种证券组合的可行域

如果允许卖空,三种证券组合的可行域不再是一个有限区域,而是包含该有限区域的一个无限区域(见图5-9)。

（二）多种证券组合的可行域

将上述结论推广到任意证券组合的情况。如四个证券的组合等同于前三个证券组合后再与第四个证券的组合,其可行域仍为σ-E坐标系中的一个区域;同样,五个证券的组合等同于前四个证券组合后再与第五个证券组合,其可行域也为σ-E坐标系中的一个区域。

一般而言,当由多种证券(不少于三个证券)构造证券组合时,组合可行域是所有可得证券组合构成的σ-E坐标系中的一个区域,其形状如图5-10和图5-11所示。

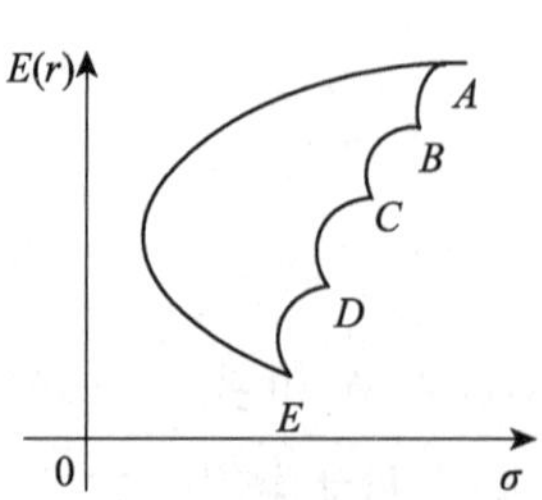

图5-10　不允许卖空时组合的可行域

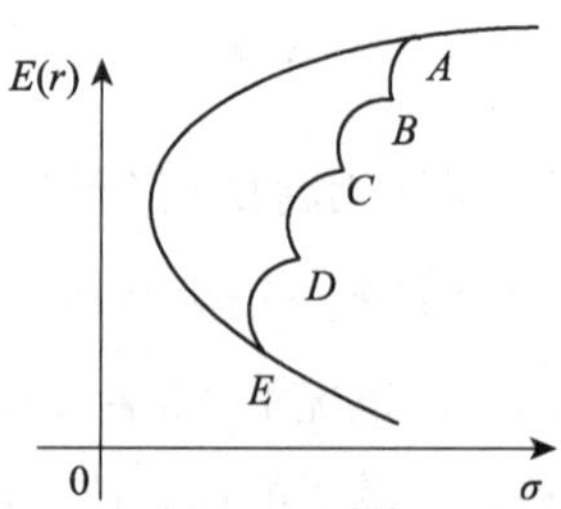

图5-11　允许卖空时组合的可行域

从理论上讲，可行域可用如下方程组求出：

$$\begin{cases} E(r_P)=\sum_{i=1}^{n} x_i E(r_i) \\ \sigma_p^2=\sum_{i=1}^{n} x_i^2\sigma_i^2+\sum_{1\leqslant i<j\leqslant n} x_i x_j \sigma_i \sigma_j \rho_{ij} \\ \sum_{i=1}^{n} x_i=1 \end{cases} \tag{5-15}$$

其中，第一个方程为证券组合的期望收益，第二个方程为证券组合的方差，第三个方程为权数的约束式。由此，可得出可行组合、可行域等基本概念。

1. 可行组合

可行组合是指满足上述方程组的所有组合，它对应于图 5-10 可行区域上的一点。

2. 证券组合可行域

可行域是指所有可行组合的集合，它填满了 $E(r_p)$ - σ_p 坐标系中的一个区域，此区域则由上述方程组确定，其基本形状为蛋壳形，如图 5-10 所示。

可行域的形状依赖于可供选择的单个证券的特征及收益率之间的相关性，同时也依赖于投资组合中权数以及权数的约束。

（三）可行域的类型

一般可行域有如下几种类型，如图 5-12 所示。

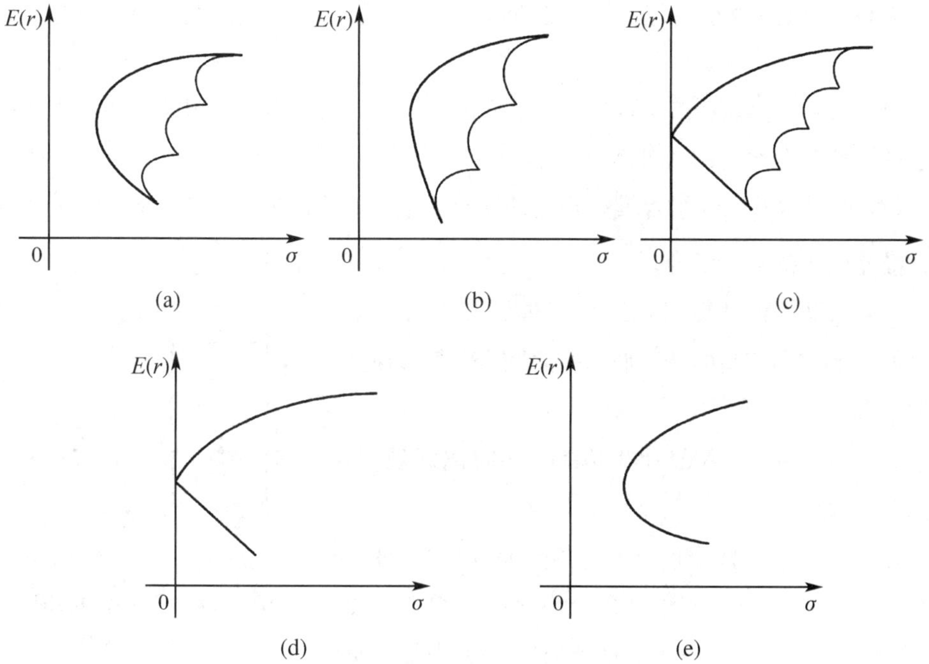

图 5-12　几种类型的可行域形状

图中，(a)、(b)、(c)的可行域为有限区域，它的根本原因在于"不允许卖空"的约束。(d)、(e)中的可行域则是无限区域，也就是权数除满足基本约束外，没有其他约束。(c)和(d)边界存在直线，说明有至少两个证券完全相关，此时，可以通过证券组合得到一个无风险收益率。

所有的可行域均有一个共同的特点：左边缘必然向外凸或呈线性，即不会出现凹陷，如图 5-13 所示。

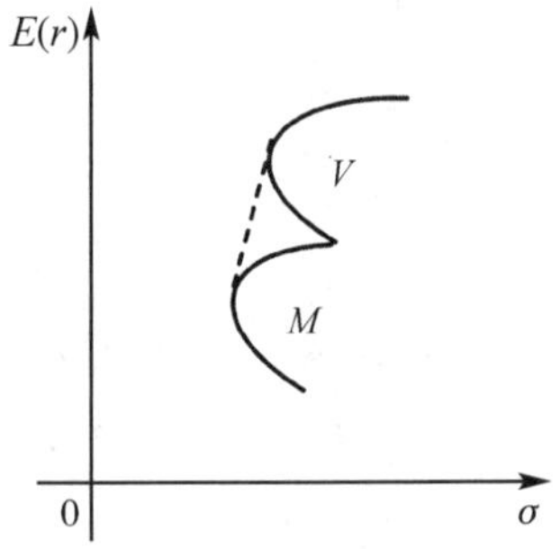

图 5-13　可行域外凸或线性

我们可以从两个方面来理解这种现象：第一，因为 M、V 均为可行组合，因此可将 M、V 看作两个证券，根据对两证券组合的分析，它们的组合线要么是直线，要么是向外弯曲的曲线，这样，M、V 的组合作为一个可行组合，必然向外凸出，不会出现凹陷。第二，从后面的有效边界角度分析，如果 M、V 为一个可行组合，其线性组合为直线 MV，其线上的各点显然优于凹陷部分，所以有效边界不会出现凹陷。

第四节　有效组合与有效边界

一、投资者的共同偏好

大多数投资者普遍喜好期望收益而厌恶风险，因而人们在投资决策时希望期望收益越大越好，风险越小越好。这种态度反映在证券组合的选择上，可由下述规则来描述：

(1) 如果两种证券组合具有相同的收益率标准差和不同的期望收益率，那么投资者选择期望收益率高的一种组合；

(2) 如果两种证券组合具有相同的期望收益率和不同的收益率标准差，那么就选择标准差较小的那种组合；

(3) 如果一种证券组合比另一种证券组合具有较小的标准差和较高的期望收益率，则投资者选择前一种组合。

这种选择规则，称之为投资者的共同偏好规则，如图 5-14 所示。

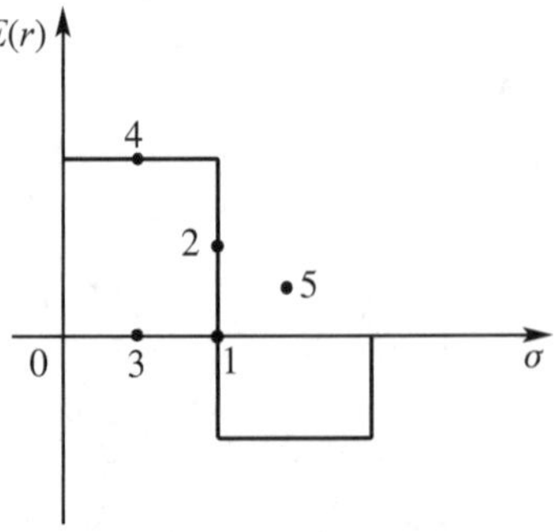

图 5-14　投资者的共同偏好规则

在图 5-14 中，按照投资者的共同偏好规则，证券组合 2、证券组合 3 及证券组合 4 均比证券组合 1 要好，事实上位于组合 1 左上方的所有可行组合都比组合 1 好,而位于组合 1 右下方的所有可行组合均比组合 1 坏。但该规则不能说明组合 1 与组合 5 谁好谁坏,因为,不同的投资者可能得到完全相反的回答,这是由不同投资者个人的偏好差异造成的,因而按投资者的共同偏好,不同的证券组合之间,有些可以区分出好坏,有些则不能。

二、有效证券组合与有效边界

(一) 有效证券组合

人们希望在所有可行的投资组合中进行选择,如果证券组合的特征由期望收益率和收益率标准差来表示,则投资者需在 E_p-σ_p 坐标系的可行域中寻找最有利的点,然而按投资者的共同偏好,可行域中有些组合是不能被区分好坏的,也就是说不可能在可行域中找到一点被所有投资者都认为是最有利的。按照共同偏好规则,排除那些被所有投资者都认为"坏"的组合,余下的便是按共同偏好不能区分好坏的组合,这些组合称为有效证券组合,而相应的那些被排除的"坏"的组合称为无效组合。

(二) 有效边界

从有效组合的定义看出,有效组合不止一个,描述在可行域的图形中,它是可行域的上边缘部分,我们称之为有效边界,如图 5-15 所示。对于可行域内部及下边缘上的任意可行组合,均可以在有效边界上找到一个比它好的有效组合。但有效边界上的不同组合,比如 B 和 C,按共同偏好规则则不能区分好坏。因而有效组合相当于有可能被某位投资者选作最佳组合的候选组合,不同投资者可以在有效边界上获得任何位置。比如甲投资者选择 B 点为最佳组合,乙投资者则认为 C 点是最佳投资组合,丙投资者则可能选择有效边界上的另外一点作为最佳组合等等,当然也不排除两位投资者持有效边界相同的看法,选择有效边界上同一点作为最佳组合。但如果作为一个理性投资者,且厌恶风险,则他决不会选择有效边界以外的点。

此外,A 点是一个特殊的位置,它是上边缘和下边缘的交汇点,这一点所代表的组合在所有可行组合中方差最小,因而被称作最小方差组合。图 5-15 中实粗线部分(AC)为有效边界。

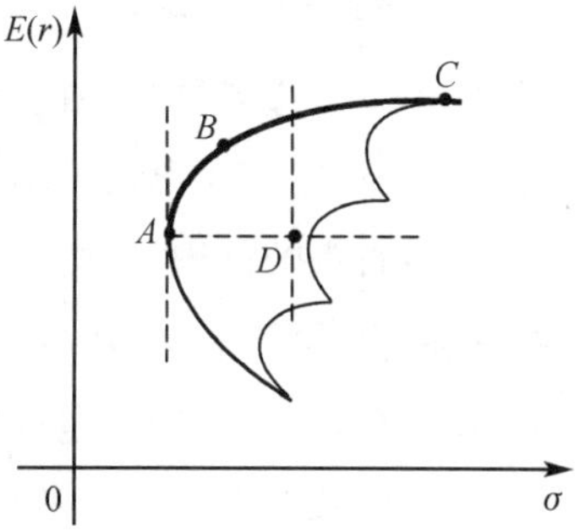

图 5-15　有效边界

(三) 有效边界的类型

图 5-16 是几种典型的有效边界。由于有效边界是可行域的一部分,因而,它一定是向外凸的(不会有凹陷),并允许有线性部分。

(四) 有效边界的性质

有效边界具有很多好的性质,这些性质的证明较为复杂,这里仅给出相应的结论。

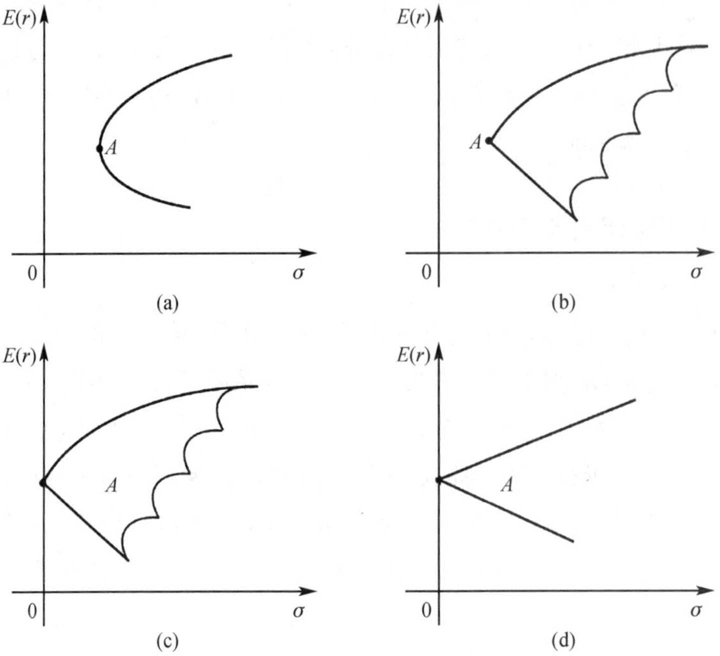

图 5-16 有效边界的类型

（1）两个有效组合的再组合还是有效组合。

（2）所有有效组合可视为最小方差组合与任意一个有效组合的组合，因而有效边界可视为两个有效组合的结合线。

这个性质告诉我们，在允许卖空的情况下，如果能够确定最小方差组合 MVP 及任意一个有效组合，即可以得到所有的有效组合。

（3）有效边界是一条抛物线。

三、有效证券组合与有效边界的确定——马科维茨均值方差模型的求解

确定有效边界的方法很多，但可以归纳为两类方法，一类方法为图解法，一类为解析法，它们最终都可以被归结为一个优化问题。运用图解法求解有效边界，有利于我们获得更直观的认识。这种方法基于这样一种思路，确定证券组合可行域的左边缘，左边缘的上部即为有效边界。左边缘上任何一点均对应于某个给定期望收益下的最小方差组合，因而左边缘也称为最小方差集合。

图解法只能在三种证券组合的情况下进行，对于一般的情况，解法上与之完全一样，只不过无法在图形上表示出来。再者，这种方法主要依赖数值计算，不能提供解析解，不利于对有效边界的性质进行揭示，在实际中应用比较复杂，这里省略。下面分两种情况介绍用数学分析法求解有效边界的方法。

(一) 允许卖空时模型的求解与有效边界的确定

允许卖空指的是对每种证券的权数没有非负的要求，此时，在马科维茨均值方差模型中，没有 $0 \leqslant x_i \leqslant 1$ 的约束条件，这种情况下，有效证券组合与有效边界的求解较为容易。在西方成熟的证券市场，一般是允许卖空交易的，我国证券市场的融资融券交易，实质上也是一种允许卖空的交易，因此，研究这种情况具有很大的实际意义。

根据第一类马科维茨均值方差模型，在允许卖空时，有：

$$\min \sigma_p^2 = \sum_{i=1}^{m} \sum_{j=1}^{m} x_i x_j \sigma_{ij}$$

$$\text{s.t.} \begin{cases} \sum_{i=1}^{m} x_i E(r_i) \geqslant E_p^* \\ \sum_{i=1}^{m} x_i = 1 \end{cases}, \quad i = 1, 2, \cdots, m \tag{5-16}$$

在得到每个证券的期望收益率、标准差及证券之间的协方差后，给出一个 E_p^*，应用数学规划的方法(现在可直接用 MATLAB 方法)可得出一组 x_i，并求出一个 σ_p，这样，可得到一个最优证券组合；给出不同的 E_p^*，可得出不同组 x_i，并求出不同 σ_p，这样，可得到不同最优证券组合，即证券组合可行域的左边缘，其左边缘上半部分即为有效边界。

[例 5-3]　有三种证券 A、B、C，其期望收益率、方差和协方差如表 5-4 所示。求该三个证券组合的有效边界。

表 5-4　　三种证券的期望收益率、方差和协方差

	$E(r)$	σ_{ii}	σ_{ij}
A	5%	$\sigma_{11} = 0.1$	$\sigma_{12} = -0.1$
B	7%	$\sigma_{22} = 0.4$	$\sigma_{13} = 0$
C	30%	$\sigma_{33} = 0.7$	$\sigma_{23} = 0.3$

解：给定不同的 E_p^* 值，应用模型(5-16)可得到不同的 x 值，进而可得到不同的 σ 值，从而可得出有效边界。

① $E_p = 0\%$，代入模型(5-16)，得：$x_1 = 0.789$，$x_2 = 0.447$，$x_3 = -0.236$。代入目标函数，得：$\sigma_p = 0.218$。

② $E_p = 5\%$，代入模型(5-16)，得：$x_1 = 0.717\,35$，$x_2 = 0.307\,5$，$x_3 = -0.024\,85$。代入目标函数，得：$\sigma_p = 0.202\,5$。

③ $E_p = 10\%$，可得到 $x_1 = 0.645\,7$，$x_2 = 0.0.168$，$x_3 = 0.186\,3$；$\sigma_p = 0.272\,7$。

这样，证券组合可行域的左边缘及有效边界如图5-17所示。

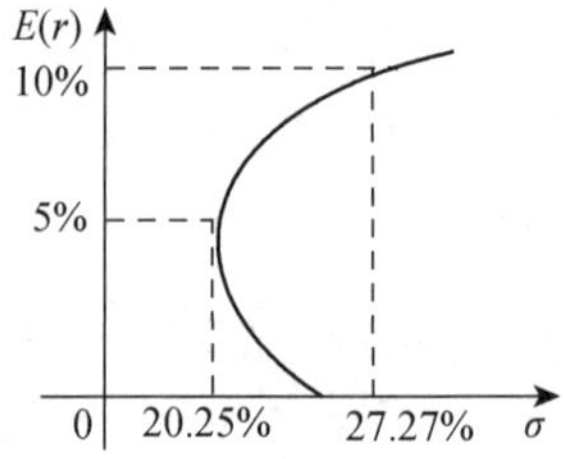

图 5-17 有效边界的求解实例

(二) 不允许卖空时模型的求解与有效边界的确定

若市场不允许卖空，即要求 $0 \leqslant x_i \leqslant 1$。由于法规的限制及一些人为因素，在实际市场中往往也要对投资某种证券的比例做出限制，因此，研究这种情况也具有很大的现实意义。

在不允许卖空情况下的马科维茨均值方差模型为：

$$\min \sigma_p^2 = \sum_{i=1}^{m} \sum_{j=1}^{m} x_i x_j \sigma_{ij}$$

$$\text{s.t}\begin{cases} \sum_{i=1}^{m} x_i E_i \geqslant E_p^* \\ \sum_{i=1}^{m} x_i = 1, \qquad i = 1, 2, \cdots, m \\ x_i \geqslant 0 \end{cases} \tag{5-17}$$

这是一个约束条件为线性、目标函数为二次型的二次规划模型。二次规划模型的求解在运筹学中已有成熟的方法，而且有现成的程序(MATLAB 程序)，只要将有关数据代入，即可很快求出最优解。

[例 5-4] 随机选择时限区间为 2003-2020 年，共 18 年的收益率数据。每只股票的代码(名称)、月收益率及风险(方差)、协方差矩阵如表 5-5、表 5-6 所示。

表 5-5 计算有效边界的 6 只股票代码、名称、风险及平均收益

代码	600660	600416	000858	600505	600900	000651
股票名称	福耀玻璃	湘电股份	五粮液	西昌电力	长江电力	格力电器
风险(方差)	0.612 3	0.579 6	0.389 8	0.227 3	0.089 9	0.267 2
平均收益	0.083 6	0.044 3	0.180 5	−0.018 8	0.062 5	0.104 9

表 5-6 计算有效边界的 6 只股票方差—协方差矩阵

	福耀玻璃	湘电股份	五粮液	西昌电力	长江电力	格力电器
福耀玻璃	0.612 3					
湘电股份	0.440 3	0.579 6				
五粮液	0.405 1	0.326 7	0.389 8			
西昌电力	0.246 6	0.230 4	0.195 9	0.227 3		
长江电力	0.129 8	0.097 1	0.084 7	0.047 6	0.089 9	
格力电器	0.257	0.185 5	0.180 9	0.144	0.091 8	0.267 2

根据表5-5和表5-6，平均收益最小的为−1.88%，最大的为18.05%，所以取期望收益率E_p^*从−1.88%开始，到18.05%为止，共200个点，这样得到E_p-σ_p坐标系上的一条曲线，进而得到有效边界。如图5-18所示。

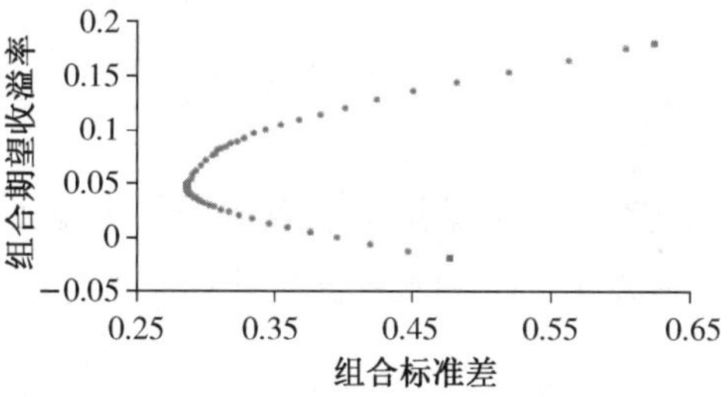

图5-18　有效边界的求解

第五节　最佳证券组合的选择与马科维茨模型的应用

一、投资者的个人偏好与期望效用函数无差异曲线

投资组合的可行域列出了所有可行的证券组合（包括各单一的证券），也就是说，它给出了所有可供选择的方案。接下来，投资者就要从这些方案中选取自己最满意的投资方案。如何选取自己最满意的投资方案呢？这涉及投资者的个人偏好，偏好不同，方案的选择也不同，因为对同一个证券组合，有的投资者认为是最满意的，而另一个投资者则认为不是最满意的。所以我们首先介绍投资者的个人偏好—效用分析与无差异曲线。

（一）效用与效用函数

1. 效用

效用是用于反映人们对财富的满意程度或精神感受，即“精神价值”，如你购买一件商品后的满意程度；一般用效用值表示。由于效用是一种“精神价值”，所以对同一件商品，不同的人，其感受不同，效用也不同；即使是同一人，在不同时间、不同环境对同一事物的感受、满意程度也不同。

2. 证券组合效用

证券组合效用是指投资者对某一证券组合收益的满意程度，它是衡量对不同证券组合偏好程度的一种基本尺度。

由于不同投资者具有不同的投资偏好，他们对同一证券组合的判断标准不一致，因此，在选择最优投资组合时，要研究证券组合的效用。

3. 效用函数

效用函数是指效用值随后果值变化的函数关系。证券组合的效用函数是指证券组合的效用与证券收益率之间的对应关系，一般用 $U(r)$ 表示。

效用函数有线性、二次型、指数型等多种形式，如 $U(r)=40r-20r^2$ 是二次型效用函数。

4. 期望效用函数

由于证券收益率的不确定性，证券组合的效用函数也是不确定的；这时有必要计算效用的期望值，用于度量效用的平均水平。其计算公式为：

$$E(U)=\sum_{i=1}^{n}p_iU(r_i) \tag{5-18}$$

其中，p_i 表示与收益率相对应的概率，r_i 表示收益率。

（二）投资者风险偏好与效用函数的基本类型

由于投资者对风险的态度不同，导致了效用函数有不同的类型。一般来说，效用函数有凸性、凹性和线性效用函数三种类型，对应投资者风险偏好、风险厌恶与风险中性三种类型。

1. 风险厌恶型投资者：凹性效用函数

图 5-19 是凹性效用函数的图形。这种效用函数的特点是：它的斜率随收益率的增加而变得越来越小，投资收益率的边际效用递减。收益率增加或减少相应比例，其效用增加数小于效用减少数。具有这种类型的投资者重视收益减少，不大重视收益增加，因此具有这种类型效用函数的投资者为风险厌恶型。

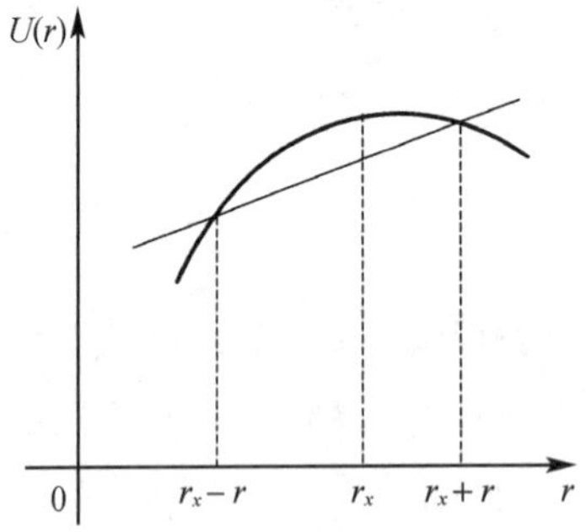

图 5-19　凹性效用函数

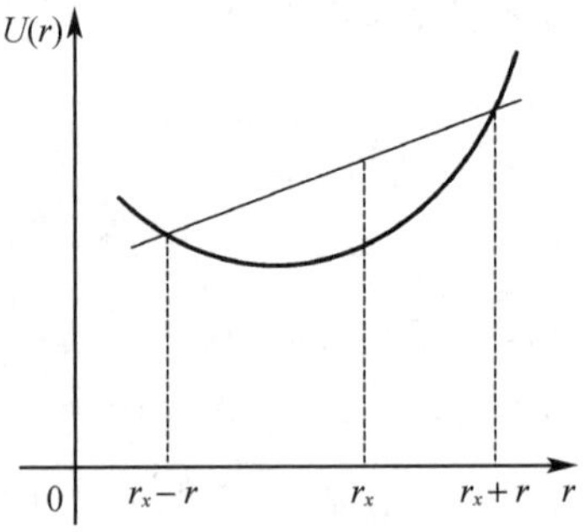

图 5-20　凸性效用函数

2. 风险偏好型投资者：凸性效用函数

图 5-20 是凸性效用函数的图形。这种效用函数的特点是：它的斜率随收益率的增加而增加，也就是说，收益率增加或减少相应比例，其效用增加数大于效用减少数。在这种情况下，收益的损失带来的效用减少小于收益增加带来的效用增加。具有这种类型效用函数的投资者为风险偏好型。

3. 风险中性投资者：线性效用函数

图 5-21 是线性效用函数的图形。这种效用函数的特点是投资收益率的边际效用为常数，效用函数的斜率为常数；收益率增加或减少相应比例，效用也增加或减少相应比例。具有这种类型效用函数的投资者为风险中性。

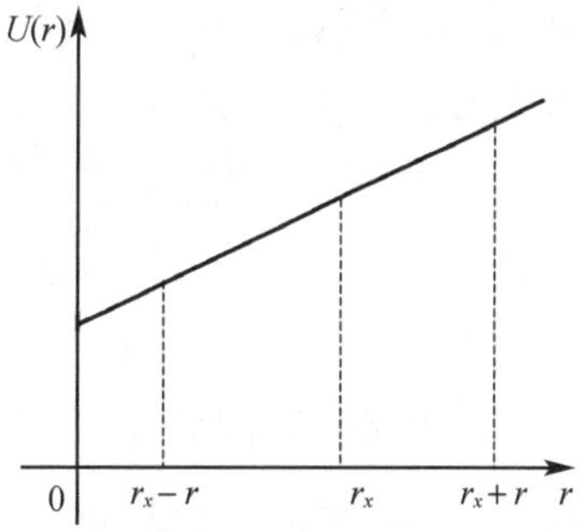

图 5-21　线性效用函数

（三）投资者效用的决定因素

投资者为什么会倾向于三种偏好中的一种，甚至在风险厌恶中也是高度厌恶，这决定于多种因素。决定一个投资者风险偏好的因素主要有：

（1）年龄和阅历：老年人往往比年轻人更厌恶风险。

（2）经济环境：在经济衰退时期失业风险高于经济增长时期，大部分人因此会更厌恶风险。

（3）个人心理：悲观者往往比乐观者更厌恶风险。

（4）失败经历：大部分人在经历一次挫折后会更加厌恶风险。

（5）家庭情况：有子女和父母的人，一般都比较厌恶风险。

（6）政策环境：一般而言，如果国家的福利比较好，对于风险失败后的救助力度比较大的话，国民风险厌恶程度较低。

（四）期望效用函数无差异曲线

1. 期望效用函数无差异曲线

从理论上讲，证券投资组合有无穷多个，因此，有可能找到一些证券组合，在一定效用函数的条件下，它们具有相同的期望效用值，这说明，对于相应的投资者，这些证券组合是没有区别的。如果将这些期望效用值相同的证券组合在 $E(r)-\sigma$ 坐标系中描出对应的点，并用平滑曲线将其连接起来，就可以得到期望效用无差异曲线，称为风险收益无差异曲线。如图 5-22 所示。

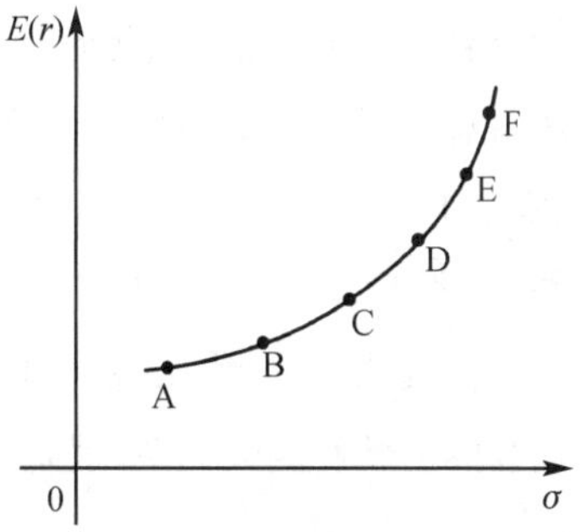

图 5-22　满意程度相同的证券或组合

在图 5-22 中，对于某个投资者来说，证券 A、B、C、D、E、F 的收益风险各异，但是给他带来的满足程度相同，因此这六个证券是无差异的，选择哪一个投资都一样。

用一条平滑曲线将证券 A、B、C、D、E、F 连接起来，就可近似看作一条无差异曲线。当这样的组合很多时，它们在平面上便形成严格意义上的无差异曲线。

由于期望效用值可以有多个，因此，投资者的无差异曲线也有许多条，如图 5-23

所示。当然，投资者会选择能提供最大效用值的无差异曲线作为投资目标。

在 $E(r)$-σ 坐标系中，一般越靠左上方，期望效用值越大；越靠右下方，期望效用值越小。

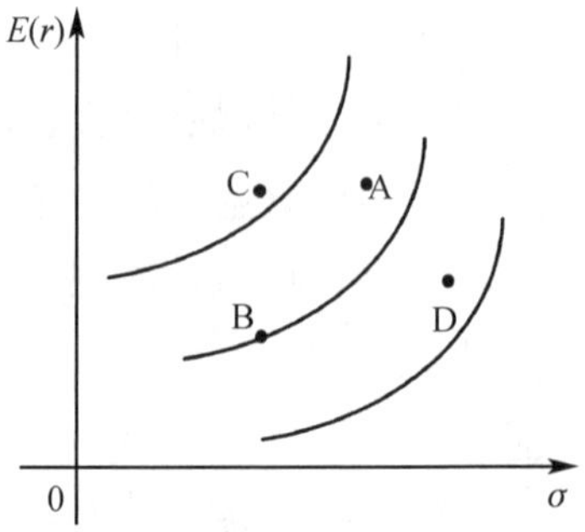

图 5-23　投资者的无差异曲线

2. 无差异曲线的特点

尽管偏好不同的投资者，他们无差异曲线的形状也不同，但对于所有追求收益又厌恶风险的投资者而言，他们的无差异曲线都具有以下相同的特点：

(1) 同一条无差异曲线上的所有证券组合，给投资者带来的满意程度均相同；

(2) 每个投资者的无差异曲线形成密布整个平面又互不相交的曲线簇；

(3) 越位于西北方向的无差异曲线上的投资组合，给投资者带来的满意程度就越高；

(4) 无差异曲线是由左至右向上弯曲的曲线；

(5) 无差异曲线向上弯曲的程度大小反映投资者承受风险的能力强弱，无差异曲线向上弯曲程度越大，投资者风险厌恶程度越高。

3. 无差异曲线的类型

由于投资者的偏好不同，他们会拥有不同的无差异曲线簇。图 5-24 是不同偏好投资者的无差异曲线。图(a)的投资者对风险毫不在意，只关心期望收益率；图(b)的投资者只关心风险，风险越小越好，对期望收益率毫不在意；图(c)和图(d)表明一般的风险态度，图(c)的投资者比图(d)的投资者相对保守一些，相同的风险状态下，前者对风险的增加要求更多的风险补偿，反映在无差异曲线上，前者的无差异曲线更陡峭一些，说明前者更厌恶风险；相对而言，后者更愿意冒风险。

需要指出的是，无差异曲线只是为了理论分析上的方便，在实际中很难确定无差异曲线的形状和函数关系，因此，此方法只是为了理论分析上的方便，在实际中较难利用。

二、最佳证券组合的选择

我们利用马科维茨模型，可以求得有效边界。有效边界上的任何一点所对应的证券组合，是在收益一定的条件下风险最小或在风险一定的条件下收益最大，而在有效边界以上区域内的点是不可能实现的证券组合，有效边界以下区域内的点是无效的证券组合。有效边界上的所有点，实际上是最优的证券组合，最优的证券组合仍有无穷多个。在这种情况下，投资者如何选择他认为的最满意的证券组合呢？这依赖于他的个人偏好。

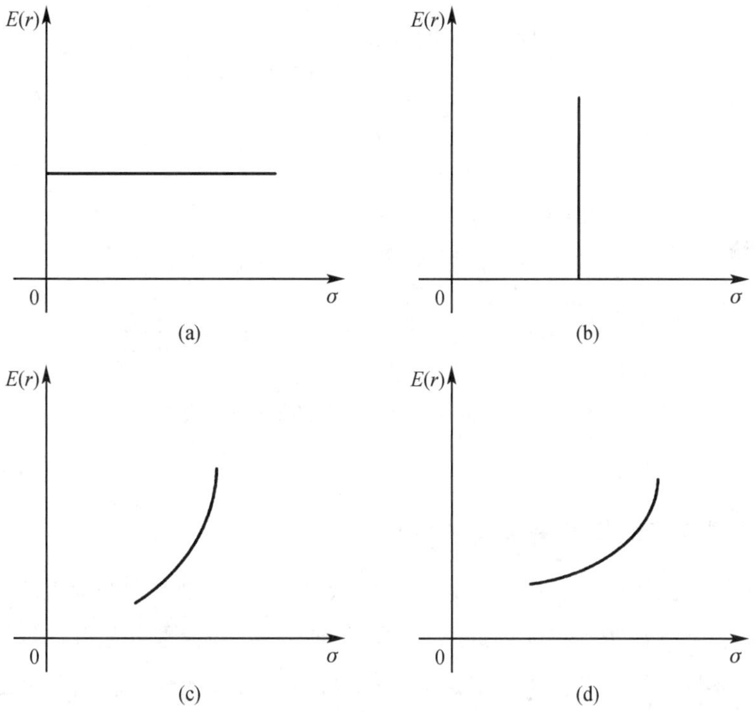

图 5-24　不同投资者的风险偏好

不同的投资者具有不同的个人偏好，投资者的个人偏好是通过他的无差异曲线来反映。无差异曲线位置越靠上，其满意程度越高，因而投资者需要在有效边界上找到一个具有下述特征的有效组合：相对于其他有效组合，该组合所在的无差异曲线的位置最高。这样的有效组合便是使他最满意的有效组合，它恰恰是无差异曲线簇与有效边界的切点所表示的组合。

如图 5-25 所示，B 点是所有可行组合中，该投资者获得最大满意程度的组合，有效边界上的其他组合都落在 B 点所处的无差异曲线的下方。求出 B 点后，即可得到 E_B、σ_B^2，代入数学分析法公式(5-17)中，可求出各证券的最优投资比例。

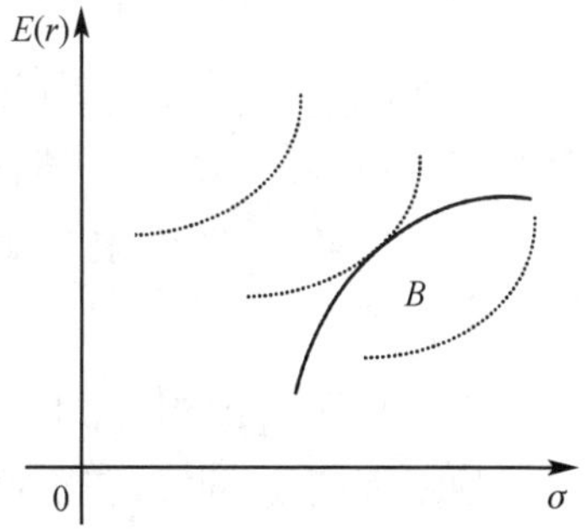

图 5-25　投资者的最佳证券组合调整

图 5-26 给出了风险偏好程度不同的投资者选择最佳资产组合的不同情况。风险厌恶程度越高的投资者，他的最佳资产组合靠近于最小方差组合点 B，风险厌恶程度越低的投资者，他的最佳资产组合靠近于点 A。这再次说明投资者会根据他的风险偏好选取最佳资产组合的事实。

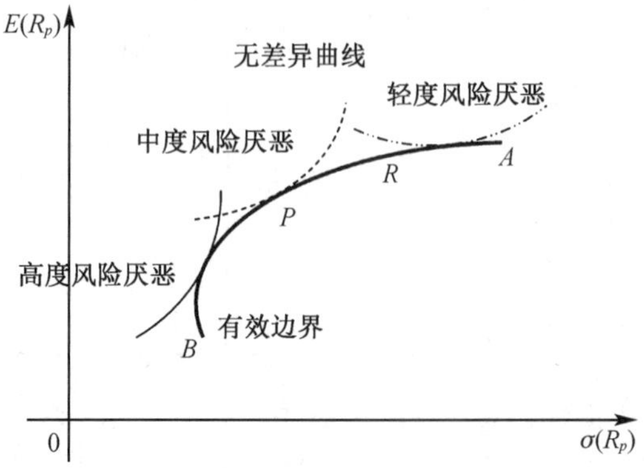

图 5-26　不同风险厌恶程度的最佳资产选择

三、马科维茨均值方差模型的应用

由于马科维茨均值方差模型计算较为复杂，应用时需要估计的数据较多，因此该模型主要应用于资金在各类证券资产（如股票、债券等）的合理分配上。马科维茨均值方差模型也称为资产配置模型。根据前面的讨论，马科维茨模型应用时可分为以下三步进行。

第一步，应用证券投资分析，选取若干备选证券，以便组成投资组合。

备选证券的选取主要应用证券的基本分析法和技术分析法。

第二步，估计各单个证券的期望收益率、方差，以及每一对证券之间的相关系数。

对期望收益、方差相关系数的估计，一般采用历史数据，通过统计技术来完成。在市场相对稳定的情况下，这种估计具有较好的精确性；在不稳定的情况下还需要投资者在对未来形势做出判断、分析的基础上对这些估计进行改进。

第三步，对给定的期望收益率水平计算最小方差组合。

当允许卖空时，对于给定的某期望收益率水平，求最小方差组合可通过数学分析法来完成；若要求每一给定期望收益率水平最小方差组合，实际只要对两个不同的期望收益率水平分别计算其最小方差组合即可，因为此时的最小方差集可由其上的两个组合进行再组合产生。

在不允许卖空的情况下，对于给定的某期望收益率水平，求最小方差组合可运用二次规划来完成；同样，若要求每一给定期望收益率水平最小方差组合，只要对两个不同的期望收益率水平分别计算其最小方差组合，然后，对这两个组合进行再组合即可。

马科维茨模型在应用时面临的最大困难是计算复杂，所以在实际中马科维茨模型并不应用于一般的资产分配问题，而是把它应用于不同资产类型上的分配问题，将每一类资产当作一种证券，这就好比在为数很少的几种证券上使用马科维茨模型，这时的计算量相对较小。对于更一般的资产分配(如各种普通股),则可使用后面的简化模型——因素模型——来完成。

四、马科维茨模型存在的问题

马科维茨投资组合理论,开创了证券组合投资的先河,具有划时代的作用;同时,也为后续研究奠定了理论基础。然而,该理论是在一系列假设条件下建立的,它与实际市场存在一定的距离,因此,在应用时一定要注意该模型存在的问题。

总的来说,该模型存在以下不足:

(1) 模型计算复杂。若一个证券组合包含 n 个证券,用马科维茨模型求解时需要计算 n 个预期回报、n 个方差和 $n(n-1)/2$ 个协方差。例如若有 100 个证券的组合,就需要预先计算 5 150 个估计值。不但如此,由于模型中有协方差矩阵,有时会出现病态的协方差矩阵,使计算无法进行。

(2) 模型是以有效市场为假设条件的,而此条件是相当苛刻的,即使相当成熟的证券市场也很难完全满足。

(3) 模型要求投资收益率服从正态或联合正态分布,但越来越多的研究表明,现实中的证券市场并不完全服从正态分布,此时,用投资收益率的方差计量风险是无意义的。

(4) 从心理学的角度,有关研究表明,损失与盈利对风险的贡献是不同的,投资者对损失与盈利具有明显不对称的看法;而方差计量风险是假定损失与盈利之间对称,所以用方差计量风险有违投资者对风险的真实感受。

(5) 模型没有说明风险的类型(如系统风险和非系统风险),也没有说明期望收益与风险之间的关系,因此,不利于投资者对风险的管理。

(6) 没有考虑交易费用、交易单位、税收等因素的影响。

对于上述问题,不少学者提出了相应的解决方案,如对于交易费用、交易单位、税收等因素,国内外学者提出了考虑交易费用、交易单位、税收后的投资组合模型(如胡国政、李楚霖:《考虑交易费用的证券组合投资的研究》,《预测》1998 年第 5 期);针对马科维茨模型计算的复杂性,夏普等提出的市场模型可简化模型的计算;对模型复杂的假设条件,在资本资产定价模型的基础上,罗斯提出了套利定价模型;针对方差计量风险存在的不足,更多的学者提出了自己的观点,如哈罗(Harlow)的下偏矩资源配置优化模型,Martin Yang 的最小最大规则资源配置优化模型以及以 VaR 为风险计量指标的资源配置优化模型等,这些模型的核心是通过对风险的不同计量,建立不同的资源配置优化模型,进而求得最优的资源配置方案,这方面的研究目前仍是金融界研究的热点问题之一。

本章小结

本章首先介绍了证券组合管理的含义与理论基础，介绍了传统证券组合的管理方法及现代证券组合理论的产生与发展；其次，介绍了马科维茨问题及马科维茨模型构造的基本原则与基本假设，构建了马科维茨均值方差模型，并介绍了模型求解的基本思路。之后，介绍了证券投资组合的可行域，特别是两种证券投资组合的可行域，分析了证券组合效应的基本原理。介绍了有效证券组合与有效边界的概念及其求解方法，即马科维茨均值方差模型的求解；介绍了投资者的个人偏好以及期望效用函数无差异曲线的含义与特征；用投资者期望效用函数无差异曲线簇与有效边界的切点选择其最佳证券组合。最后，给出了马科维茨均值方差模型应用的范围及应用步骤。

马科维茨均值方差模型是一类重要的资产配置模型，也是其他资产配置模型的基础，但其本身也存在一些问题，例如，模型假设条件苛刻、模型对投资风险的度量不尽合理、没有说明风险的类型等，这些问题的研究目前仍是金融界关注的热点。

关键词

证券组合(Portfolio)
组合风险(Risk of Portfolio)
马科维茨模型(Markowitz Model)
组合效应(Portfolio Effect)
有效边界(Efficient Frontier)
无差异曲线(Indifference Curve)
组合收益率(Yield of Portfolio)
相关系数(Correlation Coefficient)
可行域(Feasible Set)
有效组合(Efficient Portfolio)
风险偏好(Risk Appetite)
最佳证券组合(Optimal Portfolio)

思考与练习

一、思考题

1. 马科维茨均值方差模型构造的基本原则与基本假设是什么?

2. 什么是证券组合的可行域? 它有哪些特点?

3. 什么是有效组合? 它有哪些特点?

4. 什么是有效边界? 有效边界有哪些类型和特点?

5. 解释为什么多数投资者倾向于拥有一个分散的证券投资组合，而不是将所有财富放于单个资产上。使用一个可行集和有效集的图形解释你的回答。

6. 如何区分风险厌恶、风险偏好与风险中性投资者? 他们的无差异曲线各有何特点?

7. 什么是期望效用无差异曲线? 它有哪些类型和特点?

8. 最小方差资产组合是不是最佳资产组合? 为什么? 如果不是，两者又有何种关系?

9. 如何求出最佳证券组合?

10. 马科维茨均值方差模型应用中存在哪些问题?

二、计算题

1. 某投资者拥有一个两种证券的组合,两种证券的期望收益率、标准差及权数分别如下:

证券	期望收益率(%)	标准差(%)	权数
A	10	20	0.35
B	15	25	0.65

当相关系数分别为−1,−0.2,0,0.2,1 时,投资组合标准差是多少?

2. 给出以下三种资产期望收益向量和方差—协方差矩阵:

$$ER=\begin{bmatrix}10.1\\7.8\\5.0\end{bmatrix}\quad VC=\begin{bmatrix}210&60&0\\60&90&0\\0&0&0\end{bmatrix}$$

某投资者的风险组合中两个风险证券的投资比例各占 50%。

a. 三种证券中哪一种是无风险证券? 为什么?

b. 计算该投资者投资组合的期望收益率和标准差。

c. 如果无风险资产占该投资者的总投资组合的 25%,其总投资组合的期望收益率和标准差是多少?

3. 假设市场上有 A、B 两种证券,其预期收益率分别为 8%和 13%,标准差分别为 12%和 20%。在卖空约束下,当相关系数分别为−1、0、0.3、1 时,试计算最小方差组合的权重、组合收益率以及标准差。

4. 已知 A、B、C 三种资产的预期收益率、标准差和相关系数分别如下:

资产	预期收益率	标准差(%)	相关系数
A	14	6	$\rho_{AB}=0.5$
B	8	3	$\rho_{AC}=0.2$
C	20	15	$\rho_{BC}=0.4$

试求投资组合的有效边界,并在 E_p-σ_p 坐标系中画出图形。

5. 由证券 A、B、C、D 构成一个投资组合,每种证券的投资初始价值、期望的期末价值以及投资组合的初始市值比例如下:

证券	初始价值	期末价值(期望)	初始市值比例(%)
A	500	700	19.2
B	200	300	7.7
C	1000	1000	38.5
D	900	1500	34.6

计算每种证券的期望收益率,以及组合的期望收益率。

6. 股票 A 和股票 B 的期望收益率分别为 13%、5%,标准差分别为 10%、18%。某投资者购买了 300 000 元股票 A,卖空 10 000 元股票 B,并用所得资产购买更多的股票 A。已知这两只股票之间的相关系数为 0.25,则投资组合的期望收益率、标准差分别是多少?

7. 试证明当两种证券的相关系数为 1 时,投资组合的标准差等于组合中各证券标准差的加权平均值。

8. 三种证券 A、B、C 的标准差分别为 0.12、0.15、0.1,相关系数如下表所示:

	A	B	C
A	1	−1	0.2
B	−1	1	−0.2
C	0.2	−0.2	1

a. 如果一个组合由 20%的证券 A、80%的证券 C 组成,则组合的标准差是多少?

b. 如果一个组合由 40%的证券 A、20%的证券 B,以及 40%的证券 C 组成,组合的标准差是多少?

c. 设计一个包含证券 A 和证券 B 的投资组合,使得该组合的标准差为 0。

9. 某投资者拥有三种证券,每种证券的收益率以及对应概率如下表所示:

状态	证券 A	证券 B	证券 C	概率
1	−10	10	0	0.3
2	0	10	10	0.2
3	10	5	15	0.3
4	20	−10	5	0.2

如果投资者资金的 20%投资于证券 A,50%投资于证券 B,30%投资于证券 C,计算组合的期望收益率和标准差。

10. 已知证券 A、B 的期望收益率分别为 0.3 和 0.1,标准差分别为 0.7 和 0.4,两个证券的相关系数为 0.4。在分别存在允许卖空和限制卖空的条件下,投资组合能取得的最小方差分别是多少?

参考文献

[1] (美)埃德温·J.埃尔顿,马丁·J.格鲁伯.现代投资组合理论与投资分析[M].北京:机械工业出版社,2008.

[2] (美)菲利普·乔瑞.金融风险管理师手册(原书第二版)[M].北京:中国人民大学出版社,2004.

[3] (美)弗兰克·K.赖利,埃德加·A.诺顿.投资学[M].北京:机械工业出版社,2005.

[4] (美)哈利·M.马科维茨.资产组合选择和资本市场的均值[M].上海:上海三联书店,2006.

[5] (美)汉姆·列维.投资学[M].北京:北京大学出版社,2000.

[6] (美)罗伯特·A.斯特朗.投资组合管理[M].北京:清华大学出版社,2005.

[7] (美)小詹姆斯·L.法雷尔,沃尔特·J.雷哈特.投资组合管理理论及应用[M].北京:机械工业出版社,2000.

[8] 张亦春,郑振龙.金融市场学(第二版)[M].北京:高等教育出版社,2003.

[9] (美)兹维・博迪,亚历克斯・凯恩,艾伦・J.马科斯.投资学精要[M].北京：中国人民大学出版社,2007.

[10] 史健平.投资学[M].武汉：武汉大学出版社,2005.

[11] 查尔斯・P.琼斯.投资学原理与概念[M].北京：机械工业出版社,2016.

[12] Robet A. Strong.投资组合管理[M].北京：清华大学出版社,2005.

[13] 沈悦.投资学[M].西安：西安交通大学出版社,2008.

[14] 威廉・F.夏普,戈登・J.亚历山大,杰弗里・V.贝利.投资学[M].北京：中国人民大学出版社,1998.

[15] 张宗新.投资学(第四版)[M].上海：复旦大学出版社,2020.

[16] 李纪明等.投资学(第二版)[M].杭州：浙江大学出版社,2010.

[17] 斯科特・斯马特,劳伦斯・吉特曼,迈克尔・乔恩科.投资学基础(第 12 版)[M].北京：中国人民大学出版社,2018.

第六章　资本资产定价模型

引言

人们经常说，“风险与收益成正相关”，要想获得高的收益，必须承担高的风险；然而，在实际中，往往承担高的风险，却不一定获得高的收益。马科维茨均值方差模型的不足之一是没有说明期望收益与风险之间的关系，也没有说明风险的类型（如系统风险和非系统风险），因此，不利于投资者对风险的管理。事实上，投资者承担的风险可以分为系统风险和非系统风险两类，并非投资者承担的所有风险都能得到补偿，只有承担的系统风险才能得到补偿，而承担的非系统风险则不能得到补偿，也就是说，如果投资者承担的风险大部分是非系统风险，那么，他获得的收益不一定高。在马科维茨均值方差模型中，风险是由投资收益率的方差计量的，而方差计量的是总风险，总风险与期望收益之间并不一定存在正相关关系，只有系统风险与期望收益之间才存在正相关关系。那么，如何度量系统风险？如何描述系统风险与期望收益之间的关系？如何尽可能减少非系统风险？这是本章将要回答的主要问题。

本章主要内容如下：经典的资本资产定价模型，主要包括资本市场线、证券市场线；扩展的资本资产定价模型；特征线模型，主要包括资本资产定价模型下的特征方程与特征线、投资分散化效用；资本资产定价模型的应用与检验。并配有相应的案例。

第一节　经典资本资产定价模型

资本资产定价模型研究的是证券投资收益与风险之间的关系。资本资产定价模型的实质是解决当所有投资者都运用马科维茨均值方差模型选择有效组合，而且在相同的环境下，他们最终都投资于同一个有效组合时，如何测定组合中每个证券或证券组合的风险以及风险与期望收益之间的关系。

一、资本资产定价模型的假设条件

资本资产定价模型是建立在若干假设条件基础上的。这些假设条件主要有：

(1) 所有的投资者有相同的投资时期水平。

(2) 所有的投资者有完全相同的预期，即他们对证券的未来预期收益、风险及证券间的关联性具有完全相同的预期。

(3) 投资者都依据马科维茨均值方差模型选择证券，即投资者都以期望收益率评价证券组合的收益水平、依据方差(或标准差)评价证券组合的风险水平，并依据马科维茨均值方差模型选择最优证券组合。

(4) 资本市场没有摩擦。所谓"摩擦"，是指市场对资本和信息自由流动的阻碍。因此，该假设意味着：在分析问题的过程中，不考虑交易成本和对红利、股息及资本利得的征税；信息向市场中的每个人自由流动；任何证券的交易单位都是无限可分的；市场只有一个无风险借贷利率；在借贷和卖空上没有限制。

在上述假设中，前三项假设是对投资者的规范，最后一项假设是对现实市场的简化。

二、资本市场线

(一) 无风险证券对有效边界的影响

根据上一章对有效集和有效组合的分析，在引入无风险借贷的条件之后，有效集就变成了一条直线，如图 6-1 所示。也就是说，在考虑存在无风险证券的市场中，投资者在均值标准差平面上面对的证券组合可行域及有效边界不再是纯粹由风险证券构成的，而是包含了无风险证券在内的证券组合。其中，FT 为有效边界，FT 下方区域为证券组合的可行域。

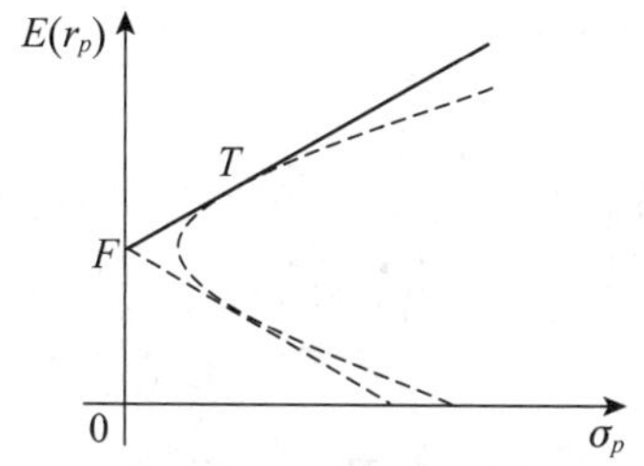

图 6-1　存在无风险证券时的有效边界与可行域

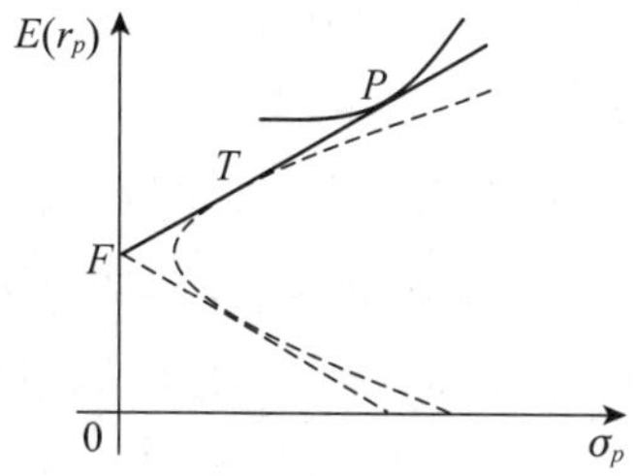

图 6-2　最优证券组合 P

(二) 切点证券组合 T 的特征与经济意义

1. 切点证券组合 T 的特征

切点证券组合是指直线 FT 与风险证券构成的可行域相切得到的证券组合，如图 6-1 中的证券组合 T。有效边界 FT 上的切点证券组合 T 具有以下三个重要的特征(见图6-2)：

(1) T 是有效组合中唯一一个不含无风险证券而仅由风险证券构成的组合；

(2) 有效边界 FT 上的任意证券组合(有效组合)，均可视为无风险证券 F 与 T 的再组合；

(3) 切点证券组合 T 完全由市场确定，与投资者的偏好无关。

2. 切点证券组合 T 的经济意义

(1) 所有投资者拥有完全相同的有效边界。由于一种证券或组合在均值标准差平面上的位置完全由该证券或组合的期望收益率和标准差所确定，并假定所有投资者对证券的收益、风险及证券间的关联性具有完全相同的预期，因此同一种证券或组合在均值标准差平面上的位置对不同的投资者来说是完全相同的。所有投资者在均值标准差平面上面对完全相同的证券组合可行域，进而面对完全相同的有效边界。也就是说，所有投资者拥有同一个证券组合可行域和有效边界。

(2) 投资者对风险部分的投资均可被视为对 T 的投资(见图 6-2)。每个投资者按照各自的偏好购买各种证券，其最终结果是每个投资者手中持有的全部风险证券所形成的风险证券组合在结构上恰好与切点证券组合 T 相同。这是因为，最优证券组合 P 位于 F 与 T 的组合线上，可视为无风险证券 F 与切点证券组合 T 的再组合。如果所选择的最优组合位于 F 与 T 之间，表明他同时买入无风险证券 F 和切点证券组合 T；如果所选择的最优组合位于 T 的右侧，表明他将卖空无风险证券 F，并将获得的资金与原有资金一起全部投资于风险证券组合 T 上。无论如何，每一个投资者的最优证券组合中所包含的对风险证券的投资部分都可在形式上归结为对同一个风险证券组合——切点证券组合 T 的投资。这就意味着，如果把投资者对自己所选择的最优证券组合的投资分为无风险投资和风险投资两部分的话，那么风险投资部分所形成的证券组合的结构与切点证券组合 T 的结构完全相同。所不同的仅是不同偏好投资者的风险投资金额(即对切点证券组合的投资资金规模)占全部投资金额的比例不同。这就是所谓的分离定理。

分离定理是指对任意投资者来讲，最优风险资产组合(这里的组合 T)的构成与其风险—收益偏好无关，仅仅取决于一个市场中风险资产的特征。

(3) 当市场处于均衡状态时，最优风险证券组合 T 就等于市场组合。所谓市场组合，是指由风险证券构成，并且其组成证券的投资比例与整个市场上风险证券的相对市值比例相同的证券组合。一般用 M 表示市场组合。

设市场上共有 n 种风险证券，分别记为证券 1、证券 2、……、证券 n，市场组合 M 中包含了这 n 种风险证券，并且风险证券 i 在市场组合 M 中的投资比例 x_i 为：

$$x_i = \frac{P_i Q_i}{\sum_{k=1}^{n} P_k Q_k} \tag{6-1}$$

其中，P_i 表示证券 i 的市场价格，Q_i 表示证券 i 的流通股数。市场组合 M 是对整个市场的定量描述。

在市场均衡状态下，最优风险组合 T 等于市场组合 M，这是因为：

第一，每个投资者手中持有的风险证券均以最优风险证券组合 T 的形式存在，所不同的仅是各自在 T 上投放的资金比例不同而已。当将全体投资者视为一个整体时，每个投资者手中持有的最优风险证券组合 T 在形式上合并为一个整体组合。这个整体组合在结构上与最优风险证券组合 T 相同，但在规模上等于全体投资者所持有的风险证券的总和。

第二，在均衡状态下，整个市场投资于无风险证券的净值必须为 0；而全体投资者所持有的风险证券的总和也就是市场上流通的全部风险证券的总和。这就意味着，全体投资者作为一个整体，其所持有的风险证券的总和所形成的整体组合在规模和结构上恰好等于市场组合 M。

综合以上两方面的分析，均衡状态下，最优风险证券组合 T 就等于市场组合 M。

（三）资本市场线方程

描述证券组合期望收益率与风险之间的关系式有两类，一类为有效证券组合的期望收益率与风险之间的关系式，一类为包含无效证券组合在内的期望收益率与风险之间的关系式，前一类称为资本市场线方程，后一类称为证券市场线方程。这里首先讨论资本市场线方程。

通过上面的讨论，我们知道：在资本资产定价模型假设下，当市场达到均衡时，市场组合 M 成为一个有效组合；所有有效组合都可被视为无风险证券 F 与市场组合 M 的再组合。而无风险证券 F 与市场组合 M 的再组合是一条连接 F 与 M 的射线，这条射线被称为资本市场线，如图 6-3 所示。

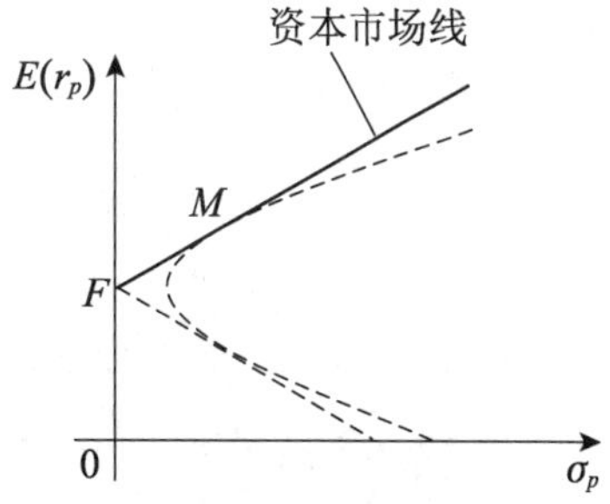

图 6-3　资本市场线

资本市场线揭示了有效组合的收益和风险之间的均衡关系。根据两点确定一线的公式，资本市场线方程可用下式描述：

$$E(r_P)=r_f+\left[\frac{E(r_M)-r_f}{\sigma_M}\right]\sigma_P \tag{6-2}$$

其中，$E(r_P)$ 和 σ_P 分别表示有效组合 P 的期望收益率和标准差；$E(r_M)$ 和 σ_M 分别表示市场组合 M 的期望收益率和标准差；r_f 表示无风险证券收益率。F 与 M 点的坐标分别为：$(0, r_f)$，$(\sigma_M, E(r_M))$。

资本市场线方程(6-2)对有效组合的期望收益率和风险之间的关系提供了十分

完整的阐述。有效组合的期望收益率由两部分构成：一部分是无风险利率 r_f，它实际上表示即期消费的价格，若不消费，在将来可多消费 r_f，从这个意义上讲，r_f 是对推迟消费的补偿，也称为资金的时间价值；另一部分则是 $\left[\frac{E(r_M)-r_f}{\sigma_M}\right]\sigma_P$，是对承担风险 σ_P 的补偿，通常称为风险溢价，它与承担的风险的大小成正比，其中的系数 $\left[\frac{E(r_M)-r_f}{\sigma_M}\right]$ 代表了对单位风险的补偿，通常称之为风险的价格。这里，风险是用有效组合的标准差描述的。

记 $r_e=\left[\frac{E(r_M)-r_f}{\sigma_M}\right]$，$r_f$、$r_e$ 与其他价格一样，依赖于供求关系（见图 6-4）。如果人们更倾向于即期消费，将减少未来的消费供给，从而提高 r_f；如果人们更厌恶风险，那么，多承担一份风险所要求的风险补偿就大，从而会提高风险价格 r_e。随着 r_f、r_e 在不同时期的变化，资本市场线也将变化，一条资本市场线描述的只是特定时期的有效组合期望收益与风险之间的关系。

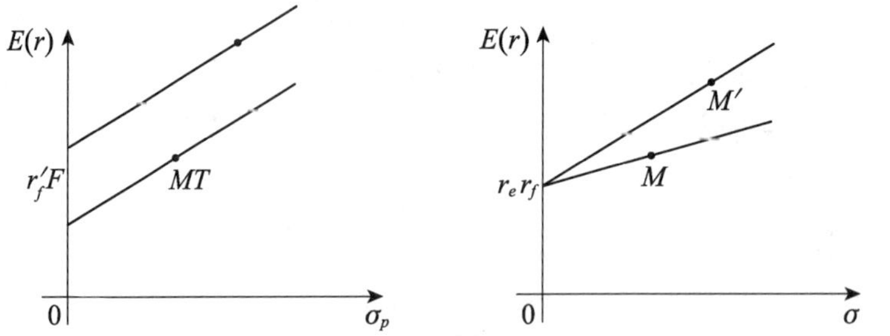

图 6-4　r_f、r_e 的变化对资本市场线的影响

［例 6-1］　设市场组合的期望收益率为 12%，标准差为 20%，无风险利率为 5%，一个有效组合的期望收益率为 15%，该组合的标准差是多少？

根据题意，$E(r_M)=12\%$，$\sigma_M=20\%$，$r_f=5\%$，$E(r_P)=15\%$。应用式(6-2)，有：

$$15\%=5\%+\left[\frac{12\%-4\%}{20\%}\right]\sigma_P$$

解之，得：$\sigma_P=25\%$。

三、证券市场线

资本市场线揭示的只是有效组合收益与风险均衡关系，而没有给出任意证券或组合的收益风险关系。证券市场线则揭示了任意证券或组合的收益风险关系（包括有效组合）。下面，我们首先建立任意单个证券的收益风险关系，之后将其推广到任意证券组合。

由资本市场线所反映的关系可以看出，在均衡状态下，市场对有效组合的风险（标准差）提供补偿。然而对于无效组合（或单个证券），我们并不能得到其期望收益与标准差之间的明确关系。事实上，它们之间也不存在一种明确的关系式，如有两种证券，风险大的证券，不一定收益大，产生这种现象的根本原因是系统风险与非系统风险的存在，只有系统风险能够得到市场的补偿，而非系统风险则与收益无关。对于有效组合而言，非系统风险已为 0。

（一）证券市场线与证券系统风险的测定

有效组合的风险（标准差）是由构成该有效组合的各单个成员证券的风险共同合成，因而市场对有效组合的风险补偿可视为市场对各单个成员证券的风险补偿的总和，或者说市场对有效组合的风险补偿可以按一定的比例分配给各单个成员证券。当然，这种分配应按各单个成员证券对有效组合风险贡献的大小来分配。不难理解，实现这种分配就意味着在单个证券的收益风险之间建立了某种关系。

首先看市场组合的方差：

$$\begin{aligned}\sigma_M^2 &= x_{1M}\rho_{1M}\sigma_1\sigma_M + x_{2M}\rho_{2M}\sigma_2\sigma_M + \cdots + x_{nM}\rho_{nM}\sigma_n\sigma_M \\ &= x_{1M}\sigma_{1M} + x_{2M}\sigma_{2M} + \cdots + x_{nM}\sigma_{nM} \\ &= \sum_{i=1}^{n} x_{iM}\sigma_{iM} \qquad (6\text{-}3)\end{aligned}$$

其中，x_{iM} 表示第 i 个成员证券在市场组合 M 中的投资比例；σ_{iM} 表示第 i 个成员证券与市场组合 M 之间的协方差。把市场组合的方差改写成式(6-3)的形式，使我们能够清晰地从中分离出单个成员证券对市场组合风险的贡献大小。

由式(6-3)看出，证券 i 对市场组合方差的贡献为 σ_{iM}，这样，用贡献率衡量为：

$$\beta_i = \frac{\sigma_{iM}}{\sigma_M^2} \qquad (6\text{-}4)$$

期望收益率 $[E(r_M) - r_f]$ 可被视为市场对市场组合 M 的风险（σ_M^2）补偿，该补偿按证券 i 对市场组合标准差的贡献进行分配，可得证券市场线方程：

$$E(r_i) - r_f = [E(r_M) - r_f]\beta_i \qquad (6\text{-}5)$$

其中，$[E(r_i) - r_f]$ 是市场对证券 i 的补偿。上述方程可改写为：

$$E(r_i) = r_f + [E(r_M) - r_f]\beta_i \qquad (6\text{-}6)$$

该方程表明：单个证券 i 的期望收益率与其对市场组合方差的贡献率 β_i 之间存在着线性关系，β_i 称为证券 i 的 β 系数（贝塔系数），是一种有别于方差的风险计量指标。

对于任何一个证券组合 P，由于：

$$r_p = x_1 r_1 + x_2 r_2 + \cdots + x_m r_m = \sum_{i=1}^{m} x_i r_i$$

则 $$E(r_P) = \sum_{i=1}^{m} x_i E(r_i) = \sum_{i=1}^{m} x_i [r_f + (E(r_M) - r_f)\beta_i]$$

化简后得证券组合 P 的证券市场线方程为：

$$E(r_P) = r_f + [E(r_M) - r_f]\beta_P \tag{6-7}$$

其中，$$\beta_P = \sum_{i=1}^{n} x_i \beta_i \tag{6-8}$$

这说明，证券组合的 β 值等于各证券 β 值的加权平均值。

可见，无论单个证券还是证券组合，均可将其 β 系数作为风险的合理测定，其期望收益与由 β 系数测定的系统风险之间存在线性关系。这个关系在均值标准差平面上是一条直线，这条直线被称为证券市场线（如图 6-5 所示）。

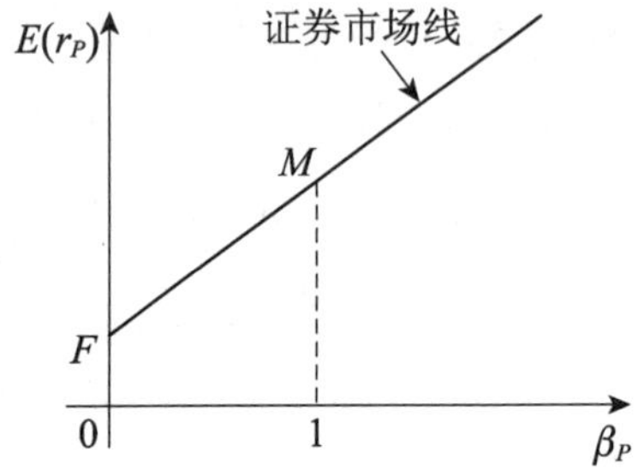

图 6-5 证券市场线

当 P 为市场组合 M 时，$\beta_P = \beta_M = 1$，因此，证券市场线经过点 $(1, E(r_M))$；当 P 为无风险证券时，β 系数为 0，期望收益率为无风险利率 r_f，因此证券市场线亦经过点 $(0, r_f)$。

证券市场线方程对任意证券或组合的期望收益率和风险之间的关系提供了完整的阐述。任意证券或组合的期望收益率由两部分构成：一部分是无风险利率 r_f，它是对推迟消费的补偿；另一部分是 $\beta_i[E(r_M) - r_f]$，是风险溢价，是对承担风险 β_i 的补偿，它与承担的风险大小成正比，其中系数 $[E(r_M) - r_f]$ 代表了对单位风险的补偿，也称之为风险的价格。这里，风险是用 β 系数描述的，它实际上计量的是单个证券的系统风险。

β 系数是反映证券或组合的收益水平对市场平均收益水平变化的敏感性，是衡量证券承担系统风险水平的指数。β 系数的绝对值越大（小），表明证券承担的系统风险越大（小）。

（二）证券市场线与等期望收益

任意证券或证券组合都将落在证券市场线上，但不同证券组合可能具有相同的 β 值，因而可能处在证券市场线的同一点，这是因为 β 系数反映的是系统风险，不同证券组合可能具有相同的系统风险而具有不同的总风险。

β 系数作为风险测定指标与期望收益率是一一对应的关系，具有相同 β 系数的证

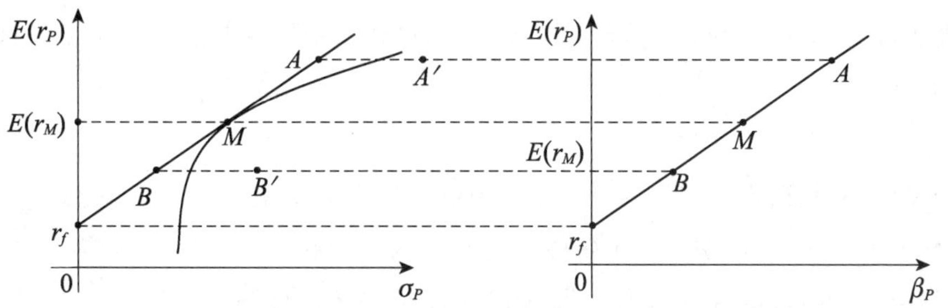

图 6-6　证券市场线与等期望收益线

券或证券组合在 $E(r_P)$-σ_P 坐标系中处于同一水平线上(等期望收益线),但在证券市场线则处于一点。例如,图 6-6 中的 A、B 两点,承担的风险仅为系统风险(A 点或 B 点为有效组合),A' 或 B' 点除分别与 A 点或 B 点承担相同的系统风险外,多承担的部分为非系统风险。

[例 6-2]　假设证券市场处于资本资产定价模型(CAPM)所描述的均衡状态。证券 A 和 B 的期望收益率分别为 6%和 12%,β 系数分别为 0.5 和 1.5。试计算 β 系数为 2 的证券 C 的期望收益率。

根据题意,$E(r_A)=6\%$,$E(r_B)=12\%$,$\beta_A=0.5$,$\beta_B=1.5$,$\beta_C=2$。应用(6-6)式,有:

$$6\%=r_f+[E(r_M)-r_f]\times 0.5$$

$$12\%=r_f+[E(r_M)-r_f]\times 1.5$$

解之,得:$r_f=3\%$,$E(r_M)=9\%$。

这样,β 系数为 2 的证券 C 的期望收益率为:

$$E(r_C)=r_f+[E(r_M)-r_f]\times 2=15\%$$

四、资本资产定价模型的扩展

虽然标准的资本资产定价模型奠定了现代资本市场均衡理论的基础,但它有一些严格的假设条件,与实际市场之间存在较大的差距,于是,20 世纪 70-80 年代,以莫顿(Merton)、埃尔顿(Elton)、格鲁伯(Gruber)、罗宾斯坦(Rubinstein)等人为代表的一大批金融学家,致力于寻找更接近实际的资产定价均衡理论,并推出了一系列衍生的资本资产定价模型,其中比较有代表性的模型有:

(一) 有税收情况下的 CAPM

埃尔顿和格鲁伯等人推出了有税收情况下的 CAPM 模型。在有税收情况下的均衡定价关系要用 $(\bar{r}_i, \beta_i, \delta_i)$($\delta_i$ 为第 i 种资产的股利收益率)三维空间上的一个平面来表示，而不是二维空间上的证券市场线。在有税收情况下的 CAPM 还表明，此时的均衡期望收益率有可能低于标准 CAPM 水平，这在一定程度上解释了标准 CAPM 与实际的差距。

（二）消费导向 CAPM

布里登、罗宾斯坦等人认为：人的经济行为追求的是生命期内消费效用最大，并非均值/方差准则，并证明在一定条件下资产均衡期望收益与人均消费增长率呈线性关系，但由于消费数据获取困难，此模型的实证研究比 CAPM 更为困难。

（三）“时际”CAPM

莫顿、卢卡斯、考克斯和罗斯等人推出了“时际”资产定价模型（Intertemporal CAPM）。莫顿首先研究了在投资机会集随机可变的情况下组合投资行为明显不同于机会集固定情况下的投资行为，投资者将设法冲低投资机会集向不利方向变化的风险。

通过将 CAPM 理论的分离定理推广到 3-基金、K-基金定理，莫顿等人得到了单状态变量和多状态变量可行集下的资产均衡定价模型。这些模型弥补了 CAPM 投资可行集不变的缺陷，有效解释了标准 CAPM 在实证检验中存在的一些问题。

但它仍沿用了标准 CAPM 的部分假设（如无税收、资产品种固定等），因而同样具有一些与标准 CAPM 类似的不足。

（四）流动性调整的 CAPM

经典的 CAPM 认为市场无摩擦，也就是说，证券市场不存在交易费用，但实际上，交易费用对投资者来说是非常重要的。资产流动性是指资产以公平的市场价格卖出的速度与难易程度，流动性的一部分就是交易费用。流动性一直被认为是影响资产价格的重要因素，Amihud 和 Mendelson 在这个方面做出了突出贡献。Acharya 和 Pedersen 在研究流动性风险的资产定价问题时，提出了流动性调整的 CAPM 并用流动性 Beta 计量流动性风险。

流动性调整的 CAPM 与传统的 CAPM 非常类似，资产的期望收益等于其相对流动性成本加上四个不同的 Beta 与风险价格的乘积。其中，第一个 Beta 与传统 CAPM 中的 Beta 一样，另外三个 Beta 则是基于流动性风险的。首先是资产流动性与市场流动性之间的相关效应；其次是资产期望收益率与市场流动性之间的相关效应；第三是资产流动性与市场期望收益率之间的相关效应。实证检验的结果表明流动性调整的 CAPM 对收益率的解释好于传统的 CAPM，说明流动性风险的确被定价了。

但实际中，人们往往不能持有有效证券，主要有以下几个原因：

（1）不能无限制地卖空任何证券，或者不能无限制地以卖空收益进行投资；

（2）证券投资收益率不一定服从正态分布，故用马科维茨均值方差模型求出的有效组合并不一定是真正的有效组合；

(3) 在实际交易中，应当考虑交易成本和相关税收以后的净收益最大，而这些费用对不同投资者是不同的，因此他们所面对的是不同的有效边界；

(4) 投资者可能拥有不可分的资本资产；

(5) 在实际操作时，投资者往往根据自己对某些资产的熟悉程度或投资者的心理态势进行投资，而较少涉足不熟悉的证券等。

第二节 特征线模型

一、证券与证券市场组合的关联性

我们知道在证券市场上，各种证券之间存在相关性，特别是在市场(市场指数，如上证综合指数)上涨时，大多数股票价格也上涨，在市场下跌时，多数股票价格也下跌，这种关联性是进行投资时必须考虑的关键因素之一。如果将市场组合看成一个证券，那么研究证券与市场组合之间的关联性，即是证券特征线模型。

对证券 i 与市场组合 M 收益率之间的关系可用下列回归模型描述：

$$r_i = a_i + b_i r_M + \varepsilon_i \tag{6-9}$$

其中，$E(\varepsilon_i)=0$，$\mathrm{cov}(r_M, \varepsilon_i)=0$。

上述两个条件是为了保证方程的唯一确定性，其含义是假定回归直线反映的收益率水平仅与市场组合收益率相关联。

这里假设证券收益率仅由两类事件决定，一类是宏观事件，它由市场组合 M 的收益率描述，b_i 反映了单个证券 i 受市场影响的程度；另一类是微观事件，它只对个别企业产生影响而不对市场组合的收益产生影响，这种影响使得证券收益偏离回归直线：$\hat{r}_i = a_i + b_i r_M$，而出现残差 ε_i，由于假设残差是由只对个别企业产生影响的微观事件引起的，因而对不同的证券 i，j，其残差之间一定不相关，即：$\mathrm{cov}(\varepsilon_i, \varepsilon_j)=0$。

根据式(6-9)，有：

$$\mathrm{cov}(r_i, r_M)=\mathrm{cov}(a_i + b_i r_M + \varepsilon_i, r_M)=b_i \mathrm{cov}(r_M, r_M)=b_i \sigma_M^2$$

即：$b_i = \beta_i = \dfrac{\mathrm{cov}(r_i, r_M)}{\sigma_M^2}$。

将(6-9)式两边求期望，得：$E(r_i)=a_i + \beta_i E(r_M)$。

常数项可由下式求出：

$$a_i = E(r_i) - \beta_i E(r_M) \tag{6-10}$$

这样，证券 i 与市场组合 M 收益率之间的关系可用下列回归模型描述：

$$r_i = a_i + \beta_i r_M + \varepsilon_i \tag{6-11}$$

此回归方程称为证券 i 的特征方程。而由市场收益率所决定的那部分收益率为：

$$\hat{r}_i = a_i + \beta_i r_M \tag{6-12}$$

称为证券 i 的特征线(见图 6-7)。它是对给定一组证券 i 与市场组合 M 收益率观测值 (r_{it}, r_{Mt}) 的一条最佳拟合线。

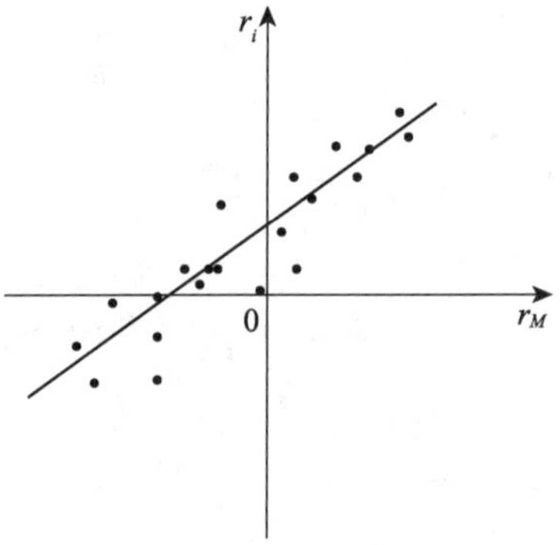

图 6-7　证券特征线

对于证券组合，其特征方程和特征线具有相同的形式。

对于任何一个证券组合 P，由于：

$$r_p = x_1 r_1 + x_2 r_2 + \cdots + x_m r_m = \sum_{i=1}^{m} x_i r_i$$

将(6-11)式代入上式，则：

$$r_p = \sum_{i=1}^{m} x_i a_i + \left(\sum_{i=1}^{m} x_i \beta_i\right) r_M + \sum_{i=1}^{m} x_i \varepsilon_i$$

记 $a_p = \sum_{i=1}^{m} x_i a_i$，$\beta_p = \sum_{i=1}^{m} x_i \beta_i$，$\varepsilon_p = \sum_{i=1}^{m} x_i \varepsilon_i$

证券组合的特征方程和特征线分别为：

特征方程：

$$r_P = a_P + \beta_P r_M + \varepsilon_P \tag{6-13}$$

特征线：

$$\hat{r}_P = a_P + \beta_P r_M \tag{6-14}$$

同样，由式(6-13)可得：

$$E(r_P) = a_P + \beta_P E(r_M)$$

则：

$$a_P = E(r_P) - \beta_P E(r_M) \tag{6-15}$$

可求出 a_P 和 β_P，得出证券组合的特征线。

[例 6-3]　利用 2021 年 6 月 18 日到 2021 年 8 月 20 日中信证券与中国石化的日收益率数据(数据来源于 CSMAR 数据库)，计算其 β 系数及特征线。

中信证券与中国石化的日收益率与上证综合指数收益率的散点分布如图 6-8 所示。

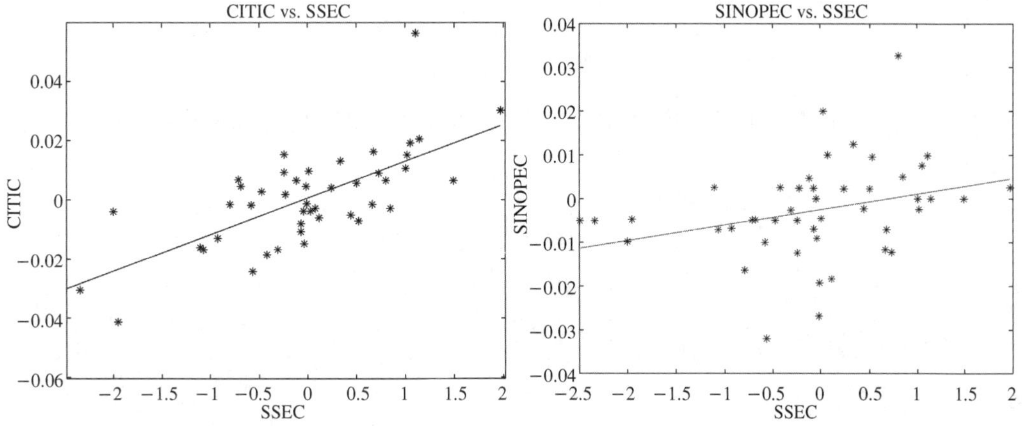

图 6-8　中信证券(左)与中国石化(右)日收益率与上证综合指数收益率散点分布

应用 MATLAB R2019b 计算得：

中信证券：

CITIC＝0.000 6＋0.012 4×SSEC

其中，$R^2=0.515\,1$，$F=46.745\,8$。

中国石化：

SINOPEC＝－0.002 5＋0.003 6×SSEC

其中，$R^2=0.093\,5$，$F=4.539\,4$。

根据计算，中信证券与中国石化的 β 系数分别为0.012 4和0.003 6，而且 F 值显著，说明中信证券与中国石化与上证综合指数之间存在线性关系，其特征线如上。

二、资本资产定价模型下的特征方程与特征线

（一）均衡状态下的特征方程与特征线

根据证券市场线模型，证券组合的期望收益率与其风险之间的关系为：

$$E(r_P)=r_f+[E(r_M)-r_f]\beta_P$$

代入式(6-15)，得：

$$\begin{aligned} a_P &= E(r_P)-\beta_P E(r_M)=r_f+[E(r_M)-r_f]\beta_P-\beta_P E(r_M) \\ &= r_f-r_f\beta_P \end{aligned} \tag{6-16}$$

将式(6-16)代入式(6-13)，可得在资本资产定价模型描述下的均衡状态时的特征方程为：

$$r_P-r_f=\beta_P(r_M-r_f)+\varepsilon_P$$

在均衡状态时的特征线为：

$$\bar{r}_P - r_f = \beta_P(r_M - r_f)$$

对于单个证券，在资本资产定价模型下的均衡状态时的特征方程与特征线分别为：

$$r_i - r_f = \beta_i(r_M - r_f) + \varepsilon_i$$
$$\bar{r}_i - r_f = \beta_i(r_M - r_f)$$

（二）非均衡状态下的特征方程与特征线

1. α 系数

资本资产定价模型的假设条件下，如果市场处在均衡状态，则证券的期望收益率满足资本资产定价模型，即：$E(r_i) = r_f + [E(r_M) - r_f]\beta_i$。但实际市场可能不是均衡状态，这时，便存在一种市场实际状态对价格的误定，误定程度可以用证券的 α 系数描述。

根据证券的特征方程，证券实际收益率的均值为：

$$\bar{r}_i = a_i + \beta_i E(r_M)$$

记实际收益率与均衡预期收益率的差为 α_i，则：

$$\begin{aligned}\alpha_i &= \bar{r}_i - E(r_i) = [a_i + \beta_i E(r_i)] - [r_f + (E(r_i) - r_f)\beta_i] \\ &= a_i - r_f + \beta_i r_f \end{aligned} \quad (6\text{-}17)$$

称 α_i 为证券 i 的 α 系数。

由此看出，系数 α_i 反映了市场中证券 i 的实际收益率与均衡状态时由 CAPM 确定的期望收益率之间的差异。α_i 被称为非市场相关收益，反映了市场价格被误定的程度。

(1) 若 $\alpha_i > 0$，市场对证券 i 收益率的预期高于均衡期望收益率，市场价格被低估；

(2) 若 $\alpha_i < 0$，市场对证券 i 收益率的预期低于均衡期望收益率，市场价格被高估。

2. 非均衡状态下的特征方程与特征线

根据(6-17)式，将 $a_i = \alpha_i + r_f - \beta_i r_f$ 代入式(6-11)，得：

$$r_i = r_f + \alpha_i + \beta_i(r_M - r_f) + \varepsilon_i$$

移项得资本资产定价模型下，非均衡状态时的特征方程为：

$$r_i - r_f = \alpha_i + \beta_i (r_M - r_f) + \varepsilon_i \tag{6-18}$$

在非均衡状态时的特征线为：

$$\bar{r}_i - r_f = \alpha_i + \beta_i (r_M - r_f) \tag{6-19}$$

将特征方程写成式(6-18)的形式，其好处是可以直接用历史数据同时对 α 系数和 β 系数进行估计，并利用 α 系数的正负及大小判断市场价格被误定的程度。

[例 6-4] 利用例 6-3 的数据，根据当时我国银行存款利率，设无风险收益率为 2.28%(年)，日无风险收益率为 0.006 25%(2.28%/365)，应用式(6-18)计算两证券在非均衡状态下的特征方程。

中信证券：

CITIC_RF = −0.003 6 + 0.012 4 × SSEC_RF

其中，R^2 = 0.515 1，F = 46.745 8。

即：$\alpha_1 = -0.003\ 6$；$\beta_1 = 0.012\ 4$(与例 6-3 一致)。

所以市场高估了中信证券。

中国石化：

SINOPEC_RF = −0.006 7 + 0.003 6 × SSEC_RF

其中，R^2 = 0.093 5；F = 4.539 4。

即：$\alpha_2 = -0.006\ 7$；$\beta_2 = 0.003\ 6$(与例 6-3 一致)。

所以市场也高估了中国石化。

其中，α_1，α_2，β_1，β_2 分别表示中信证券和中国石化的 α 系数和 β 系数。

三、证券风险的分解与投资分散化效用

(一) 系统风险与非系统风险

我们知道，证券的风险可分为系统风险与非系统风险两类。系统风险是与整体市场相关联的风险，是指对所有证券资产收益都会产生影响的因素造成的收益不稳定性。如市场风险、购买力风险、利率汇率风险等。

非系统风险是由个别资产本身的各种因素造成的收益不稳定性。这种风险基本上只与某个具体的证券相关联，与其他证券无关，也与整个市场无关。如破产风险、违约风险、经营风险等。

在资本资产定价模型中，只有系统风险才能得到期望收益的补偿，也就是说，对风险的定价实际上是对系统风险的定价，而非系统风险则因为得不到期望收益的补偿，所以没有价值。因此，人们在进行投资选择时，尽量通过分散化消除非系统风险。下面，我们首先描述系统风险与非系统风险，其次，分析投资分散化的实际效果。

（二）证券风险的分解

根据特征方程：

$$r_i = a_i + b_i r_M + \varepsilon_i，且 E(\varepsilon_i)=0，\operatorname{cov}(r_M, \varepsilon_i)=0，\operatorname{cov}(\varepsilon_i, \varepsilon_j)=0$$

求 r_i 的方差，得：

$$\sigma_i^2 = \beta_i^2 \sigma_M^2 + \sigma_{\varepsilon_i}^2 \tag{6-20}$$

其中，σ_i^2 为总风险，$\beta_i^2\sigma_M^2$ 为系统风险，$\sigma_{\varepsilon_i}^2$ 为非系统风险。

这样，将总风险 σ_i^2 分为两部分：

(1) 系统风险：$\beta_i^2\sigma_M^2$。

它反映了证券 i 与市场组合 M 的不确定性相关联的不确定性。市场不确定性推动了证券 i 沿特征线上下移动，β_i 表示证券 i 对市场推动力的响应程度，σ_M^2 表示市场推动力的大小。

(2) 非系统风险：$\sigma_{\varepsilon_i}^2$。

它反映了证券 i 自身个别因素造成的不确定性。表示证券 i 的收益率偏离特征线的程度。

对于证券组合，式(6-20)同样适应。

$$\sigma_P^2 = \beta_P^2 \sigma_M^2 + \sigma_{\varepsilon_P}^2 \tag{6-21}$$

其中，$\beta_P = \sum_{i=1}^{n} X_i \beta_i$，$\sigma_{\varepsilon_P}^2 = \sum_{i=1}^{n} X_i^2 \sigma_{\varepsilon_i}^2$ $(\operatorname{cov}(\varepsilon_i, \varepsilon_j)=0)$。$\sigma_P^2$ 为证券组合的总风险，$\beta_P^2\sigma_M^2$ 为证券组合的系统风险，$\sigma_{\varepsilon_P}^2$ 为证券组合的非系统风险。

（三）有效组合与无效组合的比较

我们知道，有效组合是无风险证券与市场组合的组合，其收益率可用下式表示：

$$r_P = x_f r_f + (1 - x_f) r_M \tag{6-22}$$

这是一个确定的关系，其中，$\beta_P = (1 - x_f)$。

有效组合的总风险为：

$$\sigma_P^2 = \beta_P^2 \sigma_M^2 = (1 - x_f)^2 \sigma_M^2 \tag{6-23}$$

可见，有效组合没有非系统风险，总风险全部为系统风险，因而在资本资产定价模型中，有效组合的总风险获得奖励，相当于对系统风险的奖励。

对于非有效组合，由于它不与市场组合之间存在确定的线性关系，因此，会有非系统风险，如式(6-21)所示。

从特征线上看，一个有效组合严格落在特征线上，而非有效组合则落在特征线的两边，对于有相同 β 系数的两个证券组合，它们具有相同的系统风险，但可能有不同的非系统风险，非系统风险越大的证券组合对特征线的偏离程度越大，如图 6-9 所示。

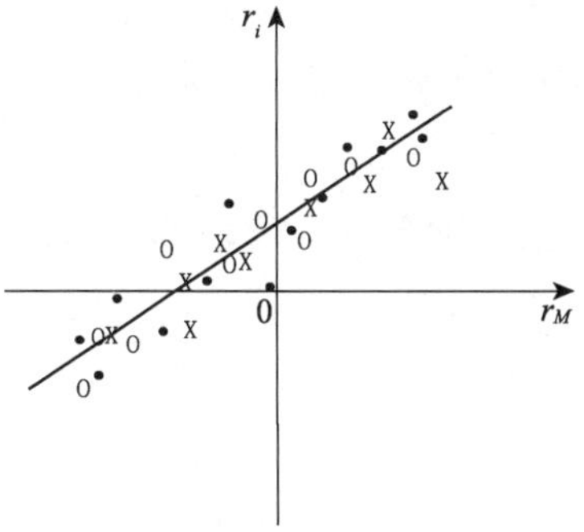

图 6-9　具有相同 β 系数的证券组合收益率的比较

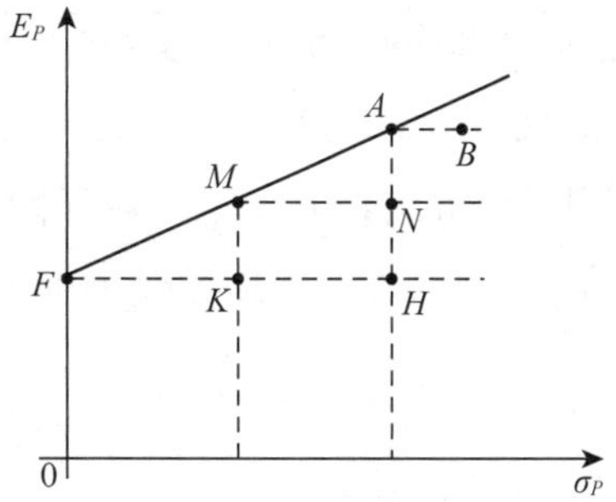

图 6-10　有效组合与无效组合在 $E_P-\sigma_P$ 坐标系中的相对位置

在 $E_P-\sigma_P$ 坐标系中，有效组合都落在了资本市场线上，而非有效组合则落在资本市场线的右端，且与资本市场线的距离越远，该非有效组合所承担的非系统风险越大。这种关系可用图 6-10 表示。

总结起来，在 $E_P-\sigma_P$ 坐标系中，处于同一水平线上的组合将有如下一些特征：

（1）具有相同的期望收益率；

（2）具有相同的 β 系数；

（3）具有相同的系统风险；

（4）具有相同的特征线；

（5）具有不同的非系统风险；

（6）具有不同的总风险；

（7）有效组合落在资本市场线上，且无非系统风险，收益率严格落在特征线上；

（8）无效组合落在资本市场线的右边，且有非系统风险，收益率落在特征线的两边。

（四）分散化投资的效用

我们知道，总风险可分为系统风险和非系统风险，承担系统风险可以得到期望收益上的奖励，但承担非系统风险则得不到这种补偿，因此，人们在进行投资决策时，总希望尽可能降低非系统风险。最理想的状态是投资有效组合，在资本市场线上获得一个位置，这相当于人们在以无风险利率借入或贷出，并将全部资金投资于市场组合，此时可以全部消除非系统风险。当然，这是一种理想的情况，在现实市场中，如果真的这样做了，将存在一系列的问题：

（1）投资者的资金规模不大，不可能达到完全分散；

（2）完全分散化投资可能给投资管理带来很大难度，同时，会大量增加成本。

可见，分散化投资降低非系统风险是需要成本的，人们是否值得将资金完全分散化，是要做出选择的。后面的分析告诉我们，投资者只要达到一定的分散程度，就可以将非系统风险降低到几乎可以忽略的程度，进一步分散化的边际效果已经很小，与其相应增加的代价相比是得不偿失的。

设某风险证券组合 P 含有 n 种风险证券，权数分别为 $x_1, x_2, \cdots, x_n$，每种证券的收益率 r_i 与市场组合收益率 r_M 的回归方程为：

$$r_i = a_i + \beta_i r_M + \varepsilon_i \quad (i = 1, 2, \cdots, n)$$

则证券组合 P 的风险为：

$$\sigma_p^2 = \beta_p^2 \sigma_M^2 + \sigma_{\varepsilon_p}^2 \tag{6-24}$$

σ_P^2 为证券组合的总风险，$\beta_P^2 \sigma_M^2$ 为证券组合的系统风险，$\sigma_{\varepsilon_p}^2$ 为证券组合的非系统风险。

其中，$\beta_p = \sum_{i=1}^{n} x_i \beta_i$，$\sigma_{\varepsilon_P}^2 = \sum_{i=1}^{n} x_i^2 \sigma_i^2 (\text{cov}(\varepsilon_i, \varepsilon_j) - 0)$。

组合 P 的分散化程度越高，意味着所包含的证券种数越多，每种证券的权数越小。不失一般性，设 $x_i = \frac{1}{n}$，则：

1. 分散化使系统风险平均化、正常化

当 $n \to \infty$ 时，$\beta_p = \sum_{i=1}^{n} x_i \beta_i = \frac{1}{n} \sum_{i=1}^{n} \beta_i$，$\beta_p$ 趋于平均值；在极端的情况下，完全分散化后市场组合的 β 系数等于 1，因而分散化使得 β 系数向 1 靠拢，从而系统风险逐步接近市场风险这一正常水平。可见分散化并不能用来消除系统风险，而只能使系统风险平均化、正常化。

2. 分散化将减少非系统风险

假设所有证券收益率与市场组合收益率回归方程的残差 ε_i 的方差有一个上界为 σ^2，那么：

$$\sigma_{\varepsilon_P}^2 = \sum_{i=1}^{n} x_i^2 \sigma_i^2 = \frac{1}{n} \left[\left(\sum_{i=1}^{n} \sigma_i^2 \right) / n \right] < \frac{1}{n} \sigma^2$$

当 $n \to \infty$ 时，$\sigma_{\varepsilon_P}^2 \to 0$，即当 n 增加到一定程度，即可使得 $\sigma_{\varepsilon_P}^2$ 足够小，使非系统风险降到可以忽略的地步。如图 6-11 所示。

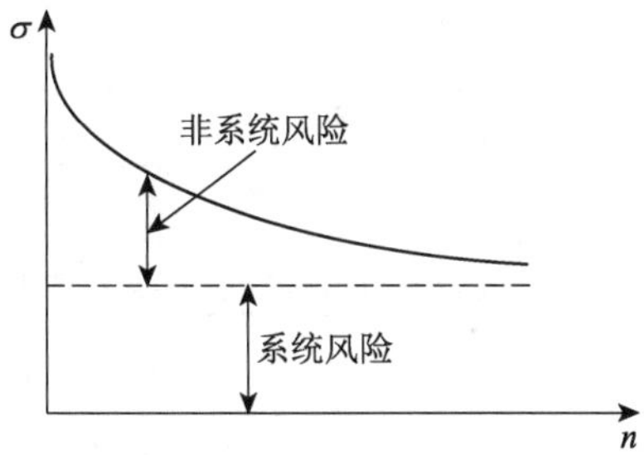

图 6-11　证券组合风险与投资证券数目的关系

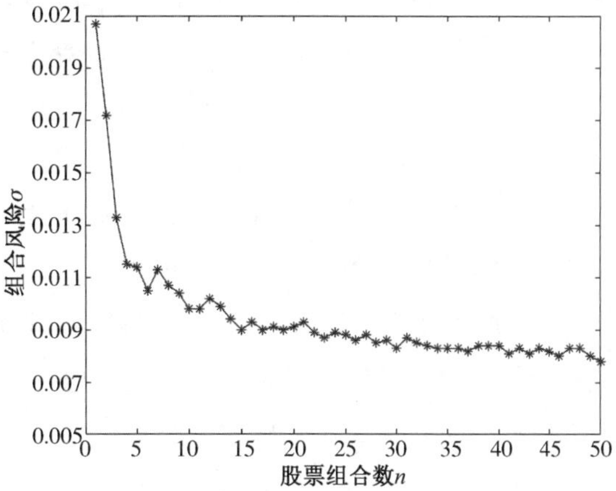

图 6-12　证券组合风险与证券规模的关系

［例 6-5］　图 6-12 是选取 2021 年 6 月 18 日到 2021 年 8 月 20 日在上海证券交易所上市的 67 种股票进行的组合(数据来源于 CSMAR 数据库)。由于“单一组合”(即 1 个“1 种证券的组合”、1 个“2 种证券的组合”……1 个“50 种证券的组合”)构造方法可能产生实证结论缺乏“稳定性和可靠性”的问题,故这里采用 Evens 和 Archer 的组合构造方法,即在 67 种股票中,用随机简单等权组合的方法,分别构建 30 个“1 种股票的组合”、30 个“2 种股票的组合”……30 个“50 种股票的组合”,计算各种组合的风险指标值及 50 种不同规模组合风险的平均值,代表组合的风险。具体做法如下:

(1) 对于 30 个“i 种股票的组合”($i=1, 2, \cdots, 50$),在构造第 j 个“i 种股票的组合”时,采用随机数函数(产生 1～67 的整数,随机排列),取前 i 个随机数(每个随机数代表一种股票编号),将其对应的股票收益率简单平均,作为“i 种股票的组合”收益率序列,以此序列按新风险指标求出第 j 个“i 种股票的组合”风险。

(2) j 取 1-30,得出 30 个“i 种股票组合”的风险序列,以此序列均值代表“i 种股票组合”的风险。

(3) 当 $i=1, 2, \cdots, 50$ 时,重复上述两步,可得出 50 种不同股票组合规模的风险值。以此风险值序列,研究组合规模与投资风险之间的关系。

由此可以看出,随着股票数的增加,投资风险在降低(非系统风险在减少),一般来说,当股票数增加到 8 到 10 只时,大多数非系统风险已消除,再增加股票数时,消除的非系统风险将减少,分散化的边际效果已经很小,与其相应增加的代价相比将是得不偿失的。

上述结论是否成立,完全取决于我们的假设是否正确,即不同证券的残方差是否互不相关。如果这种假设不成立,例如不同证券的残方差之间存在正相关,这样,在所投资的证券组合中将包含更多的正相关证券,则计算的组合方差比假设残方差不相关时要大，因而，实际的残方差可能位于图 6-11 中实线的上方；相反，如果不同证券的残方差之间存在负相关，那么，在所投资的证券组合中将包含更多的负相关证券，则计算的组合方差比假设残方差不相关时要小，从而，实际的残方差可能位于图 6-11 中实线的下方。

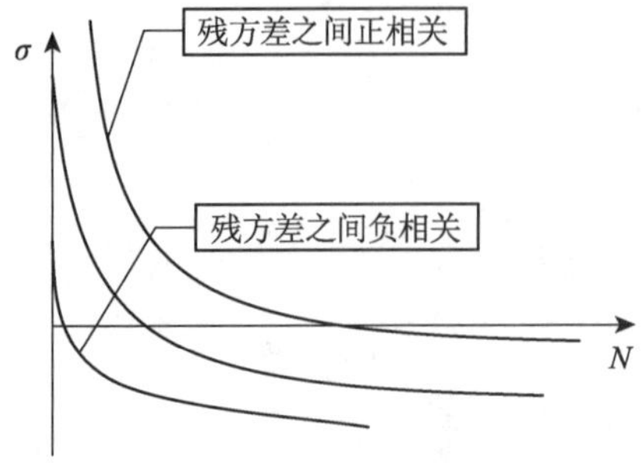

图 6-13 证券组合分散化对残方差的影响

总的来说，随着分散化，组合的残方差将逐步减小，这就是投资组合的分散化效应。

（五）分散化投资的应用

根据上面的分析，证券间的相关系数越小，整个投资组合的方差也就越低。自然而然，证券间的相关性变成了分散投资中的一个重点，因此，在进行组合投资时，寻找相关性不强的证券或证券组合是投资分析的重点。

寻找相关性不强的证券组合一般有以下三个途径：

1. 通过不同经济部门或工业类别进行组合投资

也就是投资于不同的行业，如金融、医药、房地产、能源等。表 6-1 显示的是几大行业之间的相关系数，其中金融服务行业和医药行业的相关系数最小（0.306 1），可以将这两个行业进行组合，能达到一定程度的分散化。

表 6-1 不同行业之间的相关系数矩阵

	房地产	基建	能源	医药	金融	信息	电信
房地产	1						
基建	0.829 8	1					
能源	0.721 6	0.722 1	1				
医药	0.330 0	0.375 4	0.360 8	1			
金融	0.862 6	0.797 0	0.793 8	0.306 1	1		
信息	0.443 6	0.459 7	0.524 1	0.718 9	0.418 6	1	
电信	0.485 2	0.533 4	0.568 3	0.678 1	0.481 7	0.858 5	1

数据来源：CSMAR 数据库，各行业指数均为上证行业指数，采用月度收益率，样本区间为 2009.01—2021.07。

2. 通过不同类别的证券进行组合投资

表 6-2 是 2015 年 4 月到 2020 年 6 月股票、债券、大宗商品指数月收益率的相关系数。从表 6-2 可以看出债券与股票的相关系数为负，股票、债券与大宗商品的相关系数也不高，因此将它们进行组合投资，能很好地达到分散化效果。

表 6-2　不同证券类别的相关系数矩阵

	股票	债券	大宗商品
股票	1		
债券	−0.081 9	1	
大宗商品	0.292 1	0.348 0	1

数据来源：CSMAR 数据库，采用月度数据，样本区间为 2015.04—2020.06。

3. 国际分散化投资

国际分散化也就是说跨地区、跨国家的分散化。如表 6-3 所示，各国的指数之间并不完全相关，且与中国股市的相关性较小，因此，投资者可以通过国际分散化，将投资分布于各个国家，这种投资风险显然要比单独投资于中国股市的风险低得多。国际分散化是投资组合分散化的一个有力途径。下面给出了 7 种经济体中主要指数的相关系数矩阵，这 7 种指数分别是：上证综指(SSECI)、道琼斯指数(DJIA)、俄罗斯 MOEX、法国 CAC40、德国 DAX30、日经 225 指数(N225)、香港恒生指数(HSI)。

表 6-3　不同国家之间的相关系数矩阵

	SSECI	DJIA	MOEX	CAC40	DAX30	N225	HSI
SSECI	1						
DJIA	0.422 2	1					
MOEX	0.202 1	0.523 4	1				
CAC40	0.346 3	0.768 5	0.578 4	1			
DAX30	0.384 6	0.758 0	0.580 2	0.883 0	1		
N225	0.390 6	0.686 8	0.437 8	0.680 2	0.705 3	1	
HSI	0.584 6	0.598 6	0.446 6	0.554 1	0.551 0	0.516 1	1

数据来源：英为才情。指数均为该国(地区)主要指数，采用月度收益率，样本区间为 2010.01—2021.08。

[例 6-6]　在投资分散化策略上，基金选股是最普遍的投资分散化行为。

华夏基金管理有限公司成立于 1998 年 4 月 9 日，是国内成立最早的基金管理公司之一。华夏基金定位于综合性、全能化的资产管理公司，服务范围覆盖多个资产类别、行业和地区。华夏回报混合 A(基金代码 002001，以下简称华夏 A)是华夏基金发行的一个混合型基金理财产品，属于开放式基金，于 2003 年 9 月 5 日成立。该基金的投资目标是尽量避免基金资产损失，追求每年较高的绝对回报。其投资的金融工具包括股票、债券以及证监会允许基金投资的其他金融工具。在股票方面，华夏 A 配置了 49.35%的资金在制造业，5.28%的资金在租赁和商务服务业，5.58%的资金在卫生和社会工作行业上，以较少份额投资于其他行业。截至 2021 年 6 月 30 日，华夏 A 配置前十大股票如表6-4所示。

表6-4　　华夏回报混合A主要资产的配置比例

股票代码	股票简称	占基金资产净值比(%)
000858	五粮液	9.15
600809	山西汾酒	8.75
002304	洋河股份	8.68
600519	贵州茅台	8.64
300015	爱尔眼科	5.58
601888	中国中免	5.26
000661	长春高新	4.78
300760	迈瑞医疗	4.04
300122	智飞生物	2.63
603613	国联股份	0.53
股票合计		58.04
债券代码	债券名称	占基金资产净值比(%)
210201	21国开01	6.06
160404	16农发04	3.02
180204	18国开04	2.91
200407	20农发07	2.71
010107	21国债(7)	2.45
债券合计		17.15

根据上面的资产配置，华夏A将资产分配在白酒、医疗等股票以及国开、农发等债券上，这种分散化使得基金能够有效地抵御风险。截至2021年9月7日，华夏A过去一年获得的净值增长率为5.55%，过去五年的净值增长率为94.86%。由此可见，基金通过分散投资在各种股票、债券上，在长期可以获得较高回报，这从实际上验证了投资分散化的作用。

第三节　资本资产定价模型的应用与检验

一、β系数的含义与估计

(一) β系数的含义

根据前面的讨论，β系数有以下几方面的含义。

(1) 反映了证券(证券组合)对市场组合方差的贡献率。即:

$$\beta_i = \frac{\sigma_{iM}}{\sigma_M^2}$$

并以此获得期望收益的奖励。

(2) 反映了证券(证券组合)的系统风险与市场组合风险(方差)的关系,即代表了证券(证券组合)的系统风险。

$$\text{系统风险} = \beta_P^2 \times \text{市场组合风险}$$

(3) β 系数作为证券特征线的斜率,刻画了证券实际收益率变化对市场组合收益率的敏感程度。

$$r_P = a_P + \beta_P r_M + \varepsilon_P$$

$\beta_P > 0$,证券组合的收益率变化与市场组合收益率同向,即证券的价格与市场整体行情(如指数)同涨同跌;$\beta_P < 0$,证券组合的收益率变化与市场组合收益率反向,即市场整体行情(如指数)上升,证券价格却下跌,市场整体行情(如指数)下跌,证券价格却上升。

$|\beta_P| > 1$,该证券组合为进取型,也就是说,市场收益率变化 1%,该证券组合的收益率变化将超过 1%,$|\beta_P|$ 越大,进取性越强;$|\beta_P| < 1$,该证券组合为保守型,也就是说,市场收益率变化 1%,该证券组合的收益率变化将小于 1%,$|\beta_P|$ 越小,投资者越保守。

(二) β 系数的估计

β 系数是由证券(证券组合)与市场组合收益率的协方差及与市场组合收益率的方差决定的,而市场中各种证券之间的相关关系是不断发生变化的,因而没有理由认为一个证券(证券组合)的 β 系数是不变的。我们真正想了解的是未来的 β 系数。只有当认为未来情况不会有大的变化时,才将现在的 β 系数用于将来。

1. 事后 β 系数的估计

所谓事后 β 系数,是指利用历史数据估计的 β 系数。其方法有两种:

以月 β 系数的估计为例,设本月前推 12 个月的某证券的实际收益率为:

r_{i1}, r_{i2}, …, r_{i12},市场组合的月收益率为 r_{M1}, r_{M2}, …, r_{M12}。

第一种方法为"定义法",即根据 β 系数的定义,应用公式 $\beta_i = \frac{\sigma_{iM}}{\sigma_M^2}$ 直接计算 β 系数。

第二种方法为回归分析法,这种方法又分为两种方法:

(1) 根据特征线 $r_i = a_i + b_i r_M + \varepsilon_i$,应用最小二乘法估计 β 系数;

(2) 根据特征线 $r_i = r_f + \alpha_i + \beta_i(r_M - r_f) + \varepsilon_i$，应用最小二乘法估计 β 系数。

第(2)种方法的好处是附带产生了 α 系数，为寻找被市场错误定价的证券提供依据。

2. 未来 β 系数的预测

我们关心的是未来 β 系数。根据估计的事后 β 系数，有以下几种方法预测未来的 β 系数。

第一种方法：以最近一期的事后 β 系数，作为未来一个时期 β 系数的预测值；即：

$$\beta_{i,\,t+1} = \hat{\beta}_{i,\,t}$$

这里采用移动取样方法计算的事后 β 系数较为合理。

第二种方法：以自相关分析法，求相邻时期 β 系数之间的关系，进而预测未来一个时期的 β 系数。

$$\beta_{i,\,t+1} = a_i + b_i\beta_{i,\,t} + \varepsilon_i$$

这里采用分段取样方法计算的事后 β 系数较为合理。

第三种方法：分析 β 系数的变化趋势，预测未来一个时期的 β 系数。

$$\beta_{i,\,t} = f(t)\text{（如 } \beta_{i,\,t} = a_i + b_i t\text{）}$$

第四种方法：利用横截面数据，用所有证券相邻时期 β 系数，确定相邻时期 β 系数之间的线性关系，进而预测未来一个时期的 β 系数。

$$\hat{\beta}_t = a + b\hat{\beta}_{t-1}, \quad \text{推出：} \quad \hat{\beta}_{t+1} = a + b\hat{\beta}_t$$

第五种方法：考虑公司特征对 β 系数的影响。如前一期公司规模、公司盈利的稳定性、财务杠杆、资产流动性等，可以建立诸如下列的关系式：

$$\beta_t = a_0 + a_1\beta_{t-1} + a_2 S_{t-1} + a_3 L_{t-1} + a_4 W_{t-1} + \cdots$$

经验表明，用后四种方法预测未来的 β 系数比用第一种方法预测的 β 系数要准确。

二、β 系数的应用

β 系数广泛应用于证券分析与投资决策，特别是基金的管理中。β 系数主要有如下几方面的应用。

(一) 测定可获得期望收益补偿的风险

β 系数测定的风险是能够带来收益上补偿的那部分风险，即系统风险。如果你希望通过承担较高的风险来获得较高的期望收益，那么，就应当选择 β 系数较大的证券，而不是总风险较大的证券。

（二）简化马科维茨均值方差模型的计算

在马科维茨均值方差模型中，最关键的是各证券收益率之间协方差矩阵的计算。如果证券组合由 n 个证券组成，则需要估计 $n(n-1)/2$ 协方差。如 $n=100$ 时，将需估计 $100\times99/2=4\,950$ 个协方差。许多机构可能要研究更多的证券。因此，需要简化协方差的计算。

根据证券特征线模型（夏普的市场模型），有：

$$r_i=a_i+\beta_i r_M+\varepsilon_i\text{，其中，}E(\varepsilon_i)=0\ \operatorname{cov}(r_M,\ \varepsilon_i)=0$$

$$\operatorname{cov}(r_i,\ r_M)=\operatorname{cov}(a_i+\beta_i r_M+\varepsilon_i,\ r_M)=\beta_i\operatorname{cov}(r_M,\ r_M)=\beta_i\sigma_M^2$$

$$E(r_i)=a_i+\beta_i E(r_M)$$

$$\beta_i=\frac{\operatorname{cov}(r_i,\ r_M)}{\sigma_M^2}$$

可用最小二乘法直接估计 α_i、β_i。估计方法为：

如市场指数是 S&P500，证券甲、乙对其收益率的回归方程分别为：

$\hat{r}_{甲}=10.2\%+1.3r_M$，$\hat{r}_{乙}=7.8\%+0.85r_M$

假设 $E(\varepsilon_i)=0$，$\operatorname{cov}(r_M,\ \varepsilon_i)=0$，$\operatorname{cov}(\varepsilon_i,\ \varepsilon_j)=0$

$$\sigma_i^2=\beta_i^2\sigma_M^2+\sigma_{\varepsilon_i}^2$$

$$\begin{aligned}\operatorname{cov}(r_i,\ r_j)&=\operatorname{cov}(\alpha_i+\beta_i r_M+\varepsilon_i,\alpha_j+\beta_j r_M+\varepsilon_j)\\&=\operatorname{cov}(\beta_i r_M,\ \beta_j r_M)=\beta_i\beta_j\sigma_M^2\end{aligned}$$

可见为了估计协方差，只要知道 β_i、σ_M^2 即可，要估计期望收益，只要知道 α_i、β_i 和 $E(r_M)$ 即可。如上例，设市场回报为 10%，预期标准差为 20%，则：

$E(r_{甲})=10.2\%+1.3\times10\%=23.2\%$

$E(r_{乙})=7.8\%+0.85\times10\%=16.3\%$

协方差为 $\operatorname{cov}(r_{甲},\ r_{乙})=1.3\times0.85\times(20\%)^2=4.42\%$

如果样本为 100 个证券，仅需估计 100 个 β 值和市场指数方差即可。一般地，证券组合中包含 n 个证券，需要计算：

<table>
<tr><td rowspan="5">市场模型</td><td>n 个 α_i 值</td><td rowspan="5">马科维茨均值方差模型</td><td>n 个预期回报</td></tr>
<tr><td>n 个 β_i 值</td><td>n 个方差</td></tr>
<tr><td>n 个 $\sigma_{\varepsilon_i}^2$</td><td>$n(n-1)/2$ 协方差</td></tr>
<tr><td>1 个市场指数回报</td><td></td></tr>
<tr><td>1 个市场指数方差</td><td></td></tr>
<tr><td>合计</td><td>$3n+2$ 个估计值</td><td></td><td>$n(n+3)/2$ 个估计值</td></tr>
</table>

可见应用 β 系数和市场模型，可大大简化马科维茨均值方差模型的计算。

（三）反映证券组合的特征

一个投资组合可以通过 β 系数来反映其与市场组合的差距及变化方向。特别是不同的基金公司，可能经营不同类型的证券，有的基金具有高风险特性，有的则具有低风险特性，这也是通过 β 系数来衡量的。在选择基金的时候，投资者应注意基金的 β 系数，以选择那些自己愿意承担的风险程度、经营绩效又好的基金，而不是盲目选择那些收益好的基金。而基金管理者会监视自己经营基金的 β 系数变化，及时调整投资组合结构。

（四）根据市场走势预测选择不同 β 系数的证券可获得额外收益

由于 β 系数反映了证券对市场变化的敏感性，当有很大把握预测到一个牛市的到来时，应该选择高 β 系数的证券，它将成倍地放大市场收益率，为你带来高额的收益；相反在一个熊市到来之际，应该调整投资结构以抵御市场风险，避免损失，办法是选择那些低 β 系数的证券，在投资组合中应尽可能加进一些负 β 系数的证券。

三、资本资产定价模型的应用

资本资产定价模型主要应用于资产估值、资金成本预算以及资产配置等方面。这里，就资本资产定价模型在资产估值和资产配置两方面的应用做简要介绍。

（一）资产估值

在资产估值方面，资本资产定价模型主要被用来判断证券是否被市场错误定价。

根据资本资产定价模型，每一证券的期望收益率应等于无风险利率加上该证券由 β 系数测定的风险溢价：

$$E(r_i)=r_F+[E(r_M)-r_F]\beta_i$$

另一方面，市场对证券在未来所产生的收入流(股息加期末价值)的预期值为：

$$E(r_i)=\frac{\text{股息和期末价格的期望值}-\text{期初价格}}{\text{期初价格}}$$

在均衡状态下，上述两个 $E(r_i)$ 的值相同。因此均衡期初价格应定为：

$$\text{均衡的期初价格}=\frac{E(\text{股息}+\text{期末价格})}{E(r_i)+1}$$

将现行的实际市场价格与均衡的期初价格进行比较。当实际价格低于均衡价格时，该证券是廉价证券，应该购买该证券；相反，则应卖出该证券。

例如，A 公司今年每股股息为 0.5 元，预期今后每股股息将以每年 10％的速度稳定增长。当前的无风险利率为 0.03，市场组合的风险溢价为 0.08，A 公司股票的 β 值为1.2。那么,A公司股票当前的合理价格 P_0 是多少?

首先,根据股票现金流估价模型中的不变增长模型得出A公司股票当前的合理价格 P_0 为:

$$P_0 = \frac{0.5}{k - 0.10}$$

其中,k 表示必要收益率(或风险调整贴现率)。

其次,根据证券市场线:

$$\begin{aligned} k &= E(r_i) = r_F + [E(r_m) - r_F]\beta_i \\ &= 0.03 + 0.08 \times 1.2 \\ &= 0.126 \end{aligned}$$

最后,得出A公司股票当前的合理价格:

$$P_0 = \frac{0.5}{k - 0.10} = \frac{0.5}{0.126 - 0.10} = 19.23(\text{元})$$

当A公司股票当前的价格为15元时,该证券为低估的证券,应考虑购买。

另外,用特征线模型和 α 系数,也可以搜寻市场中价格被误定的证券。

(二) 资产配置

资本资产定价模型在资产配置方面的一项重要应用是根据对市场走势的预测来选择不同 β 系数的证券或组合以获得较高收益或规避市场风险。

证券市场线表明,β 系数反映证券或组合对市场变化的敏感性。因此,当有很大把握预测牛市到来时,应选择那些高 β 系数的证券或组合。这些高 β 系数的证券将成倍地放大市场收益率,带来较高的收益。相反,在熊市到来之际,应选择那些低 β 系数的证券或组合,以减少因市场下跌而造成的损失。

四、资本资产定价模型的实证检验及有效性

资本资产定价模型表明:β 系数作为衡量系统风险的指标,其与收益水平是正相关的,即风险越大,收益越高。由于资本资产定价模型是建立在对现实市场简化的基础上,因而现实市场中的风险 β 与收益是否具有正相关关系、是否还有更合理的度量工具用以解释不同证券的收益差别,这就是所谓的资本资产定价模型的有效性问题。

(一) 检验的结论

大量学者对资本资产定价模型进行了检验,其结论可分为20世纪70年代之前与之后两个阶段。

20世纪70年代早期的实证检验结果概述如下:

(1) 已实现的收益率与用 β 来度量的系统风险之间存在着明显的正向关系,但平均的市场风险升水估计值一般要低于CAPM的预测水平。

(2) 风险与收益之间呈线性关系，没有证据证明风险与收益之间有明显的弯曲度。

(3) 试图区分系统风险和非系统风险效应的检验工作没有获得明确的结果，两类风险似乎都与证券收益率正相关。

总之，早期的实证检验并没有完全支持 CAPM，但是确实支持了以下的观点，即 β 是一个有用的风险衡量指标，高 β 值股票的定价倾向于使投资者获得相应较高的投资收益。

20 世纪 70 年代以后的检验结果为：

1977 年罗尔对先前的 CAPM 检验结果进行了批评。罗尔认为，虽然 CAPM 在原则上是可以检验的，但这一理论的正确检验几乎是不可能的，他认为只有一个与 CAPM 相关的假设可以得到检验，这就是位于马科维茨有效边界上的真正的市场组合，然而由于真正的市场组合必须包括所有的资产，而其中大部分资产的价值是观察不到的，因此，CAPM 根本无法检验。

20 世纪 80 年代以来，人们发现除 β 值外，其他一些因素，如上市公司市盈率、股利高低等，对证券收益也产生一些影响。如市盈率较低的证券组合、小公司股票、高股利收入的股票收益率高于根据 CAPM 计算的收益。这种现象称为异常现象，是 CAPM 无法解释的。

(二) 资本资产定价模型的有效性

资本资产定价模型的有效性是最近几十年来一直被广泛争论的焦点。资本资产定价模型的核心是证券的 β 值与期望收益之间存在正线性关系，β 值足以描述期望收益，但这一结论值得怀疑。

早期的研究支持了这一结论，β 系数与收益呈正相关，因而用 β 系数度量风险具有合理性；但最近几十年，越来越多的学者对此理论提出了怀疑。Fama 和 French 对美国三个主要证券交易所 62 年每天证券价格的数据进行研究后发现：1928-1968 年，β 值与收益之间成正相关关系，但在 1968-1990 年及 1928-1990 年这些时间段，两者并没有什么关系。最后他们得出结论：β 值不能描述过去 62 年平均的证券收益。

继 Fama 和 French 之后，罗尔和罗斯探讨了证券收益与 β 值之间的关系，他们指出：从理论上讲，当且仅当市场代理(如市场指数)准确地位于马科维茨均值方差有效边界上时，β 与期望收益之间的正相关关系才能得到满足。但由于估计市场指数代理的误差，要使市场指数准确地位于有效边界上是不可能的，因此罗尔和罗斯认为："由于精确度不能得到实证，因而 CAPM 模型在解释证券收益时是无实际价值的。"

本章小结

本章首先介绍了经典的资本资产定价模型，该模型包括资本市场线和证券市场线模型。介绍了 CAPM 模型的前提假设、市场组合及分离定理，介绍了证券及证券组合 β 系数的概念；探讨了资本资产定价模型的扩展，学习的过程中要注意 CML 和 SML 的联系和区别，深刻理解 CML 和 SML 所代表的含义。然后介绍了一般的特征线模型，资本资产定价模型下的特征方程与特征线以及 α 系数的概念，对组合的分散化效用进行了分析。最后对资本资产定价模型的应用与检验进行了探讨。β 值是本章中所介绍的具有较多应用的一个指标。理解 β 代表证券同整个证券市场的联动性关系，了解在实际的估值应用中 β 的用途。

关键词

有效集(Efficient Set)
市场组合(Market Portfolio)
分离定理(Separation Theorem)
资本资产定价模型(Capital Asset Pricing Model)
资本市场线(Capital Market Line)
证券市场线(Security Market Line)
贝塔系数(Beta Coefficient)
阿尔法系数(Alpha Coefficient)
单因素模型(Single Factor Model)
特征线(Characteristic Line)
特征方程(Characteristic Equation)
系统性风险(Systematic Risk)
非系统性风险(Unsystematic Risk)
投资分散化(Investment Diversification)

思考与练习

一、思考题

1. 资本资产定价模型有哪些假设？这些假设与实际情况相符吗？

2. 分离定理的含义是什么？不同风险偏好的投资者所持有资产组合中的最优风险资产组合是相同的吗？为什么？

3. 当市场处于均衡时，是否每项风险资产均会在最优风险资产组合中占有一定比例？为什么？

4. 如果只允许无风险贷出，而不允许无风险借入的话，有效集会是什么形状的呢？

5. 资本市场线和证券市场线的主要区别是什么？

6. 投资组合的贝塔系数和构成该组合的单个证券贝塔系数之间的关系是什么？

7. 为什么证券市场线是一条直线？

8. 如果某股票的期望收益—贝塔系数刚好落在证券市场线上，那么该股票是否已经被合理定价了？为什么？如果不在证券市场线上呢？

9. 投资组合的总风险可以分为哪几部分？投资者是否可以通过选择恰当的投资组合来分散其资产的全部风险？为什么？

10. 阿尔法系数的含义是什么？在证券投资中阿尔法系数有何作用？

二、计算题

1. 假定无风险利率为 6%，市场收益率为 10%。某只股票的贝塔值为 1.2，若该股票今天的市场价格为 10 元。预期该股票在年末的售价是多少元？

2. 下表是 A 公司股票的收益分布：

经济状况	经济状况发生的概率(%)	A 公司股票收益(%)
萧条	10	−4
衰退	20	4
正常	50	12
繁荣	20	20

假定无风险利率为 2%，市场组合的风险溢价为 4.2%。

(1) A 公司股票的期望收益是多少？

(2) A 公司股票的贝塔系数是多少？

3. 市场中有一只股票，其收益与市场组合收益的协方差为 0.06。假设市场组合收益的方差为 0.04，市场组合的风险溢价为 9.4%，无风险利率为 4%。

(1) 写出证券市场线的方程。

(2) 该公司股票的期望收益是多少？

4. 在一个只有两只股票的资本市场上，股票 A 的市值是股票 B 的两倍。股票 A 收益的标准差为 30%，股票 B 收益的标准差为 50%，两者收益的相关系数为 0.7。

(1) 市场组合的标准差是多少？

(2) 每种股票的贝塔系数是多少？

5. 假设你根据市场上的信息获得了关于证券市场和其中 3 家公司股票的如下信息：

证券名称	期望收益	收益的标准差	与市场组合的相关系数	贝塔系数
市场组合	0.15	0.10		
无风险资产	0.05			
股票 A	0.13	0.12	Ⅰ	0.90
股票 B	0.16	Ⅱ	0.40	1.10
股票 C	0.25	0.24	0.75	Ⅲ

如果资本资产定价模型成立，请计算：

(1) 求出表中Ⅰ、Ⅱ、Ⅲ处的未知数字。

(2) 在期望收益—贝塔系数平面内标出股票 A、股票 B 和股票 C 的位置，并简要评价此三家公司股票的投资价值。

6. 假设由两种证券组成市场组合，它们有如下的期望收益率、标准差和投资比例：

证券	期望收益率(%)	标准差(%)	比例
A	10	20	0.40
B	15	28	0.60

基于这些信息，并给定两种证券间的相关系数为 0.30，无风险收益率为 5%，写出资本市场线方程。

7. 给定市场组合的期望收益率为 10%，无风险收益率为 6%，证券 A 的 β 值为 0.85，证券 B 的 β 值为 1.20。

(1) 画出证券市场线。

(2) 证券市场线的方程是什么?

(3) 证券 A、B 的均衡期望收益率是多少?

(4) 在证券市场线上描出两种风险证券。

8. 设两种证券 A 和 B 组成市场组合。它们的投资比例和方差分别为 0.39、160 以及 0.61、340。两种证券的协方差为 190。计算两种证券的 β 值。

9. 设市场组合的期望收益率为 15%，无风险利率为 8%。一只股票的期望收益率为 17%，β 系数为 1.25。求该股票的 α 系数，并说明该股票是被高估还是被低估。

10. 一个投资者拥有三个证券组成的组合。组合中这些证券的 β 值和投资比例如下，求该投资组合的 β 值。

证券	β 值	比例
A	0.8	0.2
B	1.2	0.3
C	1.1	0.5

参考文献

[1] 王明涛.证券投资分析[M].上海：上海财经大学出版社，2012.

[2] William F. Sharpe，Gordon J. Alexander，Jeffery V. Bailey. 投资学[M].北京：清华大学出版社，2001.

[3] (美)兹维・博迪，亚历克斯・凯恩.投资学(第 10 版)[M].北京：机械工业出版社，2014.

[4] 张宗新.投资学(第四版)[M].上海：复旦大学出版社，2020.

[5] 李纪明等.投资学(第二版)[M].杭州：浙江大学出版社，2010.

[6] 查尔斯・P.琼斯.投资学原理与概念[M].北京：机械工业出版社，2016.

[7] 斯科特・斯马特，劳伦斯・吉特曼，迈克尔・乔恩科.投资学基础(第 12 版)[M].北京：中国人民大学出版社，2018.

[8] 万德咨询终端。

[9] CSMAR 数据库。

[10] 百度文库。

[11] 英为才情，https://cn.investing.com。

[12] 华夏基金，https://www.chinaamc.com。

第七章　因素模型与套利定价理论

引言

尽管马科维茨均值方差模型从理论上提供了一种选择最优证券组合的方法，但计算上的困难使其在实际中的应用受到限制。1963 年，夏普提出了单因素模型，为解决马科维茨均值方差模型应用于大规模市场时的计算量问题提供了行之有效的途径。后来单因素模型被推广到多因素模型。

因素模型的基础假设仍然是证券之间的相关性。但它认为证券之间的关联性是由于市场上的各种证券都受到一种或多种共同因素的影响造成的，也就是说，证券之间的关联性是通过共同对一种或多种因素变动的敏感性所产生。因素模型正是企图捕捉这些共同影响因素，用一种线性结构方程来描述这些因素对每种证券收益率的影响。在搞清楚证券收益率与各影响因素的关系后，由因素的预测值和方差，估计证券组合的预期收益率和风险，从而确定最优投资组合。

本章主要内容如下：因素模型，主要包括单因素模型、多因素模型；套利定价理论，主要包括套利定价基本理论、套利定价模型的应用与实证检验。并配有相应的案例。

第一节　因素模型

一、单因素模型

（一）单因素模型的提出

大量的分析和经验表明，股票收益之间的协方差一般是正的。因为相同的经济因素和劳动力价格的变化等带有全局性的因素会对几乎所有的公司都产生影响，而且尽管影响程度不同，但方向是一样的。因此，既然这些因素的影响差不多，可以将存在于公司外部影响所有公司股价的因素都看成是一个因素。因此，夏普提出实际影响的因素只有一个，即宏观经济因素。在此基础上，他提出了单因素模型。

单因素模型指证券之间的关联性是由一个因素对市场产生普遍性影响所引起的。如果市场中的所有证券收益受到且仅受到一种因素的影响，我们可以分析每种证券收益率对该因素变动的敏感性。这种敏感性可通过如下模型描述：

$$r_{it}=a_i+b_iF_t+\varepsilon_{it} \tag{7-1}$$

这一模型被称为单因素模型。其中：r_{it} 为证券 i 在 t 期的实际收益率；b_i 为证券 i 对因素 F 的敏感性；F_t 为 t 期的因素值；ε_{it} 为证券 i 在 t 期的残差项。

单因素可以是某一种对所有证券影响较大的因素，如 GDP、市场利率等。

假设 ε_{it} 中不含因素的影响，残差项与因素不相关，残差项之间亦不相关。这一假设有一定的合理性。首先，由于随机扰动项代表了因素中没有包含的影响收益的信息，这部分信息与因素变量是独立的，当然也是不相关的；再者，尽管在特定情况下随机扰动项会对证券收益产生影响，但总的看来，这种影响的整体效果为 0，因此随机扰动项期望值为 0 的假设也是合理的；最后，在单因素模型中，所有证券都受到且仅受到同一因素的影响，证券收益率之间只通过与共同因素的共同反应而相关，因此不同证券的随机扰动项没有包含证券之间相关性的信息，是不相关的。

（二）收益与风险的计量

由单因素模型可以得到证券的期望收益率、方差和协方差。

1. 期望收益率

$$E(r_i)=a_i+b_iE(F) \tag{7-2}$$

2. 方差

$$\sigma_i^2=b_i^2\cdot\sigma_F^2+\sigma^2(\varepsilon_i) \tag{7-3}$$

3. 协方差

$$\sigma_{ij}=b_ib_j\sigma_F^2 \tag{7-4}$$

单因素模型极大地简化了证券的期望收益率、方差及证券间协方差的计算。在完成这些计算后，可按照马科维茨模型确定有效边界，然后，投资者根据个人的无差异曲线，确定最优风险组合。

[例 7-1]　假设我国股票市场中某只股票的收益率只受到国民生产总值（GDP）增长率的影响，即模型中的因素 F 为国民生产总值的增长率 R_{GDP}。该股票季度收益率（r）的历史数据与同时期的国民生产总值增长率数据如表 7-1 所示。

表 7-1　　股票收益率与国民生产总值增长率时间序列数据

季度	股票收益率（r）	国民生产总值增长率（R_{GDP}）
1	0.143	0.057
2	0.192	0.064
3	0.156	0.07
4	0.130	0.029
5	0.092	0.051
6	0.173	0.079
7	0.071	0.035
8	0.110	0.042
9	0.153	0.080
10	0.098	0.053

利用表 7-1 中的历史数据，股票收益率对国民生产总值增长率做线性回归，得如下回归方程：

$$\hat{r} = \hat{a} + \hat{b} R_{GDP} = 0.004 + 2R_{GDP}$$

回归系数 $\hat{b}=2$ 就是股票收益率对国民生产总值增长率的敏感系数。如果我们能够通过其他方法预测到未来某一季度国民生产总值的增长率，就可以通过式(7-2)计算出该股票同期的预期收益率。

（三）因素模型与分散化

在因素模型下，证券或证券组合的总风险可分解为因素风险和非因素风险。投资分散化的结果是因素风险趋于平均化，非因素风险将不断减少而趋近 0。

根据单因素模型 $r_{Pt}=a_P+b_PF_t+\varepsilon_{Pt}$，证券组合的方差为：

$$\sigma_P^2 = b_P^2 \cdot \sigma_F^2 + \sigma^2(\varepsilon_P)$$

其中，$b_P=\sum_{i=1}^{n}x_ib_i$，$\sigma^2(\varepsilon_P)=\sum_{i=1}^{n}x_i^2\sigma^2(\varepsilon_i)$。$\sigma_P^2$ 为证券组合的总风险，$b_P^2\sigma_F^2$ 为证券组合的因素风险，$\sigma_{\varepsilon P}^2$ 为证券组合的非因素风险。

当一个组合更加分散时，每个 x_i 将变得更小，这使得 b_P 系数平均化、正常化，使得非因素风险不断减少而趋近 0。

（四）市场模型

式(7-1)是股票收益的单因素模型。实践中，常以代表市场整体情况的股票指数，如标普 500 指数来代替单因素模型中的宏观因素 F，这时的单因素模型被称为市场模型，或者指数模型。因为各种宏观影响因素对各个股票的影响最终会表现为整个股票市场的上升或下降，市场模型的方程可表示为：

$$r_{it}=a_i+\beta_i r_{It}+\varepsilon_{it} \tag{7-5}$$

式中，I 为市场指数，r_{It} 为市场指数 I 的收益率。

指数模型可以看作单因素模型的特例，是将单因素模型中的宏观因素具体为具有代表性的市场指数。它意味着，证券收益的不确定性来自微观风险和宏观风险，而其中，宏观风险具体是证券市场总体的风险，即系统性风险。

［例 7-2］ 选取上证综合指数与中国石化（代码 600028）2019 年 3 月—2021 年 8 月共 30 个月的月收益率数据（见表 7-2），应用市场模型进行回归分析。

表 7-2　　上证综合指数与中国石化月收益率数据

月度	指数收益率	中国石化收益率	月度	指数收益率	中国石化收益率
2019.3	0.050 9	−0.044 9	2 020.6	0.046 4	−0.009 7
2019.4	−0.004 0	−0.010 4	2 020.7	0.109 0	0.023 0
2019.5	−0.058 4	−0.044 0	2 020.8	0.025 9	0.007 5
2019.6	0.027 7	0.055 2	2 020.9	−0.052 3	−0.029 7
2019.7	−0.015 6	−0.036 5	2 020.10	0.002 0	0.015 3
2019.8	−0.015 8	−0.055 0	2 020.11	0.051 8	0.074 3
2019.9	0.006 6	0.032 1	2 020.12	0.023 9	−0.038 1
2019.10	0.008 2	−0.023 9	2 021.1	0.002 8	−0.019 8
2019.11	−0.019 5	0.018 3	2 021.2	0.007 4	0.141 7
2019.12	0.062 0	0.024 0	2 021.3	−0.019 1	−0.039 9
2020.1	−0.024 1	−0.033 3	2 021.4	0.001 4	−0.011 5
2020.2	−0.032 3	−0.068 9	2 021.5	0.048 9	0.032 7
2020.3	−0.045 1	−0.037 0	2 021.6	−0.006 7	0.015 8
2020.4	0.039 9	0.006 9	2 021.7	−0.053 9	−0.084 8
2020.5	−0.002 7	−0.071 7	2 021.8	0.043 1	0.067 6

回归结果如下：

$$r_{ZSH}=-0.009\,3+0.642\,6\times r_M$$

其中，回归结果的拟合优度 R^2 为 0.258 9，在 5% 置信水平下均显著，这说明上证综指月收益率能很好地解释中国石化月收益率。

二、多因素模型

（一）多因素模型的提出

通常，证券价格和收益率的变化不会仅仅受一个因素的影响。如股票价格，其影响因素很多，除了国民生产总值的增长率外，还有银行存款利率、汇率、国债价格等影响因素。当一个因素不足以解释证券的收益率以及证券间的关联性时，考虑增加模型中因素个数是一种可行的办法。

一般地，设证券收益率普遍受到若干个共同因素 $F_1, F_2, \cdots, F_K$ 的影响，可建立多因素模型来描述证券收益率对这 K 个因素的敏感性：

$$r_{it} = a_i + b_{i1}F_{1t} + \cdots + b_{iK}F_{Kt} + \varepsilon_{it} \tag{7-6}$$

式中，$F_{1t}, F_{2t}, \cdots, F_{Kt}$ 为 K 个因素在 t 期的预期值，$b_{i1}, b_{i2}, \cdots, b_{iK}$ 为证券 i 对这 K 个因素的灵敏性。同单因素模型一样，ε_{it} 为证券 i 在 t 期的残差项。

（二）收益与风险的计量

利用多因素模型，证券 i 的期望收益率可表述为：

$$E(r_i) = a_i + b_{i1}E(F_1) + \cdots + b_{iK}E(F_K) \tag{7-7}$$

其方差和协方差计算比单因素模型复杂。这时不仅要用到各因素的方差，还要用到因素间的协方差：

$$\sigma_i^2 = \sum_{j=1}^{K} b_{ij}^2 \sigma_{Fj}^2 + 2\sum_{s<t}^{K} b_{is} b_{it} \operatorname{cov}(F_s, F_t) + \sigma^2(\varepsilon_i) \tag{7-8}$$

$$\sigma_{ij} = \sum_{s=1}^{K} b_{is} b_{js} \sigma_{Fs}^2 + \sum_{s<t}^{K} (b_{is} b_{it} + b_{is} b_{jt}) \operatorname{cov}(F_s, F_t) \tag{7-9}$$

同单因素模型一样，一旦完成上述计算，便可以导出马科维茨模型中的有效边界，继而利用投资者的无差异曲线确定最优风险组合。

同样，证券或证券组合的总风险可分解为因素风险和非因素风险。投资分散化的结果是因素风险趋于平均化，非因素风险将不断减少而趋近 0。

［例 7-3］ 假设影响证券收益率的因素为国民生产总值增长率 R_{GDP} 和未预期到的通货膨胀率 UI，两因素相互独立。这时，两因素模型是：

$$r_i = \alpha_i + b_{i1}R_{GDP} + b_{i2}UI + \varepsilon_i$$

假定在股票持有期，两因素 R_{GDP} 和 UI 的波动率分别为 $\sigma_{GDP}^2 = 6\%$，$\sigma_{UI}^2 = 3\%$。

表 7-3　　　　b 系数和残差方差

i	b_{i1}	b_{i2}	$\sigma_{\varepsilon i}^2$
股票 1	0.5	1.2	0.03
股票 2	1.5	0.4	0.05
股票 3	2.0	0.3	0.04

根据表 7-3，三只股票的方差分别为：

$\sigma_1^2 = b_{11}^2\sigma_{GDP}^2 + b_{12}^2\sigma_{UI}^2 + \sigma_{\varepsilon 1}^2 = 0.5^2 \times 0.06 + 1.2^2 \times 0.03 + 0.03 = 0.088\ 2$

$\sigma_2^2 = b_{21}^2\sigma_{GDP}^2 + b_{22}^2\sigma_{UI}^2 + \sigma_{\varepsilon 2}^2 = 1.5^2 \times 0.06 + 0.4^2 \times 0.03 + 0.05 = 0.189\ 8$

$\sigma_3^2 = b_{31}^2\sigma_{GDP}^2 + b_{32}^2\sigma_{UI}^2 + \sigma_{\varepsilon 3}^2 = 2.0^2 \times 0.06 + 0.3^2 \times 0.03 + 0.04 = 0.282\ 7$

假设投资者以 0.4∶0.3∶0.3 的比例将资金投资于三只股票上，则组合 P 的 b 系数和残差方差分别为：

$$b_{P1} = \sum_{i=1}^{3} x_i b_{i1} = 0.4 \times 0.5 + 0.3 \times 1.5 + 0.3 \times 2.0 = 1.7$$

$$b_{P2} = \sum_{i=1}^{3} x_i b_{i2} = 0.4 \times 1.2 + 0.3 \times 0.4 + 0.3 \times 0.3 = 0.69$$

$$\sigma_{eP}^2 = \sum_{i=1}^{3} x_i^2 \sigma_{ei}^2 = 0.4^2 \times 0.03 + 0.3^2 \times 0.05 + 0.3^2 \times 0.04 = 0.012\ 9$$

组合 P 的方差为：

$$\sigma_P^2 = b_{P1}^2\sigma_{GDP}^2 + b_{P2}^2\sigma_{UI}^2 + \sigma_{\varepsilon P}^2 = 1.7^2 \times 0.06 + 0.69^2 \times 0.03 + 0.012\ 9 = 0.200\ 6$$

（三）因素模型与均衡

因素模型可以看成市场模型的推广。在均衡状态下的市场模型为 CAPM：

$$E(r_i) = r_F + [E(r_M) - r_F]\beta_i$$

对单因素模型有：

$$E(r_i) = a_i + b_i E(F)$$

它不一定是均衡的，但在一定条件下，它可以是均衡的。

令：$E(F) = E(r_M)$，$b_i = \beta_i$

$$E(r_i) = r_F + [E(r_M) - r_F]\beta_i = (1 - \beta_i) r_f + \beta_i E(r_M)$$

令 $a_i = (1 - \beta_i) r_f$

则单因素模型就变为 CAPM。

（四）影响因素的确定

在因素模型中，没有回答的问题是因素的个数以及何种因素应包括在模型中。罗斯在一篇文章中提出了以下几个因素：(1)工业产值增长率；(2)通货膨胀率；(3)长期与短期利率的差额；(4)低级与高级债券的差别。

另外，伯雷等的另一篇文章中提出 5 个因素，其中前三个因素与罗斯的后三个雷同，另外两个因素为社会总销售增长率和 S&P 500 指数收益率。

所罗门公司所用的 5 个因素为：(1)国民生产总值；(2)通货膨胀率；(3)利率；(4)石油价格变化率；(5)国防开支增长率。

这些因素的共同特征是：第一，包含一些总体活动指标（如国民生产总值、总销售等）；第二，通货膨胀率；第三，利率因素（差额或利率本身）。这些因素是否适合于中国证券市场，有待于进一步研究。

（五）常用的多因素模型

1. 两因素模型

注意到影响市场收益的系统性或宏观因素有许多来源，假设两个最重要的宏观经济风险——经济周期的不确定性和利率的波动。任意个股的收益都会受到宏观风险以及公司自身的风险的影响，因此可以采用如下这个两因素模型来描述某一段时间内股票 i 的收益率：

$$R_i = E(R_i) + \beta_{iGDP} GDP + \beta_{iIR} IR + \varepsilon_i \tag{7-10}$$

其中，GDP 用来衡量未预期到的 GDP 增长率，IR 用来衡量利率的变化。

2. 五因素模型（宏观经济模型）

Chen、Roll 和 Ross(1986)提出过五因素模型：

$$r_t = \alpha + \beta_{IP} IP_t + \beta_{DEI} DEI_t + \beta_{UI} UI_t + \beta_{UPR} UPR_t + \beta_{UTS} UTS_t + \varepsilon_t \tag{7-11}$$

其中影响股票收益的因素分别为工业生产增长率(IP)、预期通货膨胀率的改变(DEI)、未预期到的通货膨胀率(UI)、低级债券与国债之间的利差(UPR)以及长期国债和短期国库券的收益率之差(UTS)。

3. Fama 和 French 的五因素模型

在构建了三因素模型后，Fama 和 French 发现除了三因素所能解释的超额收益率之外，盈利能力因子、投资因子也能解释个股的超额收益率的一部分，2015 年，Fama 和 French 提出了五因素模型：

$$R_{it} - R_{Ft} = \alpha_i + \beta_i (R_{Mt} - R_{Ft}) + s_i SMB_t + h_i HML_t + r_i RMW_t + c_i CMA_t + \varepsilon_{it} \tag{7-12}$$

其中，R_{it} 是投资组合 i 在第 t 期的收益率，R_{Ft} 是无风险利率，R_{Mt} 是市值加权平均的市场组合收益率，则 $R_{Mt} - R_{Ft}$ 反映市场风险溢价，SMB_t 是市值因子，即小市值与大市值股票组合的收益率之差，HML_t 是账面市值比因子（价值因子），即高账面市值比与低账面市值比股票组合的收益率之差，RMW_t 是盈利能力因子(Profitability Factor)，即营业利润率高的股票组合与营业利润率低的股票组合收益率之差，CMA_t 是投资因子(Investment Factor)，即保守投资风格与激进投资风格的股票组合收益率之差。

第二节　套利定价理论

马科维茨均值方差模型和在此基础上发展起来的资本资产定价模型，给出了有效组合的确定方法和证券组合期望收益与系统风险的关系，解释了证券之所以具有不同的期望收益是因为它们具有不同的 β 系数。但是，这些理论和模型有很多严格而苛刻的条件，例如，投资者仅仅根据期望收益率和标准差选择投资组合，市场上的投资者都是理性的等等。而这些假设在实际的资本市场中是很难满足的，由此得出的结论受到实际投资者的质疑。1976 年，罗斯在因素模型的基础上，提出了套利定价理论(APT)，使资本资产定价理论有了突破性发展。与资本资产定价模型类似，套利定价理论讨论的也是证券期望收益和风险之间的关系，但所用的假设条件比资本资产定价模型要少得多。它的一个主要假设是，如果市场上存在不增加风险就能增加收益的机会，则每个投资者都会利用这个机会增加收益。这就是所谓的套利(Arbitrage)。套利定价理论认为，非均衡状态下套利机会的存在，使投资者进行无风险套利，最终导致套利机会的消失，市场达到均衡状态。

APT 的基本假设为：(1)市场处于竞争均衡状态；(2)投资者喜欢更多的财富而不是更少财富；(3)资产的回报可用因素模型表示。

一、套利定价理论

(一) 套利定价模型的提出

设证券 i 在时期 t 的收益率可以单因素或多因素模型确定。假设有 K 个因素，则因素模型的表达式为：

$$r_{it}=a_i+b_{i1}F_{it}+\cdots+b_{iK}F_{Kt}+\varepsilon_{it}$$

APT 要研究的问题是：如果所有的投资者对各种证券的期望收益和因素敏感性均有相同的估计，那么，在均衡状态下，各种证券取得不同收益的原因是什么？为此，我们要回答以下几个问题：

(1) 一个市场是否已达到了均衡状态？

(2) 如果市场没有达到均衡状态，投资者会如何行动？

(3) 投资者的行动会如何影响市场，最终使市场达到均衡？

(4) 在均衡状态下，证券的收益率是由什么决定的？

(二) 套利与套利组合

套利是指投资者利用同一种资产在不同市场上的不合理价格关系，或不同资产在同一市场上的不合理价格关系获取一定数量无风险收益的行为。

对于整个证券市场，这种套利机会还包括“相似”证券组合构成的“近似套利机会”，这种近似性可通过因素模型来描述。

因素模型表明，具有相同因素敏感性的证券或证券组合，应具有相同的期望收益率，否则将存在“近似套利机会”，投资者将利用此机会获取一定数量无风险收益，他们的行为最终将使套利机会消失。而投资者实现上述套利机会的手段是建立套利组合。

所谓套利组合就是“零投资组合”。“零投资组合”是指投资者不需要为这一投资组合投入任何额外的资金，它可以通过证券的买卖交易对证券结构调整来实现。根据无风险套利的特征，一个套利组合应该满足以下三个条件：

1. 不需要额外的资金，即组合中各证券的投资权数满足：

$$x_1 + x_2 + \cdots + x_n = 0 \tag{7-13}$$

2. 不承担因素风险，对任何因素的敏感性为 0：

$$x_1 b_{1i} + x_2 b_{2i} + \cdots + x_n b_{ni} = 0 \quad 对 \quad i = 1, 2, \cdots, K \text{ 成立} \tag{7-14}$$

3. 组合具有正的期望收益率：

$$E_1 x_1 + E_2 x_2 + \cdots + E_n x_n > 0 \tag{7-15}$$

应当注意的是，条件 1 中所说的组合中各证券的投资权数之和为 0，是指从旧的组合构造新的组合时投资资金的变动之和为 0，并非指原来意义上的组合。通过建立套利组合，投资者原有的组合转变为新的组合。在没有增加额外资金的情况下，新的组合增加了期望收益率。套利理论认为，当存在这种机会时，投资者会利用这种机会，使这种机会消失，市场达到均衡。

由于投资者建立的套利组合中各证券的投资权数实际上是投资者原来组合中相应证券权数的改变量。投资者建立套利组合后，其位置是重新建立了一个组合，新组合中各证券权数是旧组合中权数与套利组合权数之和。

［例 7-4］ 由三只股票组成的套利证券组合，假设它们的回报由单因素模型确定。各证券的期望收益及对单因素的敏感系数如表 7-4 所示。

表 7-4　　期望收益及 b 系数

i	E_i	b_i
股票 1	20%	4
股票 2	15%	2.5
股票 3	10%	3

仅考虑单因素模型，建立的套利组合为：

$x_1 + x_2 + x_3 = 0$

$4x_1 + 2.5x_2 + 3x_3 = 0$

设 $x_1 = 0.05$，则 $x_2 = 0.1$，$x_3 = -0.15$。

这个组合是否为套利组合，还要看该组合的期望回报是否为正：

$$\begin{aligned} E(r_1)x_1 + E(r_2)x_2 + E(r_3)x_3 &= 20\% \times 0.05 + 15\% \times 0.1 + 10\% \times (-0.15) \\ &= 1\% > 0 \end{aligned}$$

因此，该组合为套利组合。

设投资者原来拥有三种证券的总价值为 300 万元，且每种证券为 100 万元，即原有证券组合的权数为 $x_1 = x_2 = x_3 = \frac{1}{3}$，则套利组合为：

出售证券 3：$(-0.15) \times 300 = -45$ 万元（亏 $45 \times 10\% = 4.5$ 万元）。

购买证券 1：$0.05 \times 300 = 15$ 万元（赢 $15 \times 20\% = 3$ 万元）。

购买证券 2：$0.1 \times 300 = 30$ 万元（赢 $30 \times 15\% = 4.5$ 万元）。

构造套利组合后的总赢利为 3 万元；套利组合后，投资者的投资权重为：

证券 1：$\frac{1}{3} + 0.05 = 0.383$。证券 2：$\frac{1}{3} + 0.1 = 0.433$。证券 3：$\frac{1}{3} - 0.15 = 0.183$。

（三）套利定价方程

如果所有投资者对因素模型都有相同的估计，当市场存在套利机会时，每个投资者都会利用这一机会，这时套利组合中权数为正的证券，每个投资者都要买进，买压使其价格上升，进而导致其收益率下降；相反，套利组合中权数为负的证券，每个投资者都要卖出，卖压使其价格下降，进而导致其收益率上升。这一过程逐渐使套利机会消失。当不再存在套利机会时，市场达到均衡，这时套利组合的期望收益率［式(7-15)］将为 0。这样，根据式(7-13)、式(7-14)和式(7-15)，可写出如下的矩阵形式：

$$\begin{bmatrix} 1 & 1 & \cdots & 1 \\ b_{11} & b_{21} & \cdots & b_{n1} \\ b_{12} & b_{22} & \cdots & b_{n2} \\ \vdots & \vdots & \vdots & \vdots \\ b_{1K} & b_{2K} & \cdots & b_{nK} \\ E_1 & E_2 & \cdots & E_n \end{bmatrix} \begin{bmatrix} x_1 \\ x_2 \\ \vdots \\ x_n \end{bmatrix} = 0 \tag{7-16}$$

令 $I = [1 \quad 1 \quad \cdots \quad 1]$，$b_1 = [b_{11} \quad b_{21} \quad \cdots \quad b_{n1}]$，…，$b_K = [b_{1K} \quad b_{2K} \quad \cdots \quad b_{nK}]$，

$E=[E_1 \quad E_2 \quad \cdots \quad E_n]$, $X=[x_1 \quad x_2 \quad \cdots \quad x_n]$。

由于 $X \neq 0$，所以要使 $E \cdot X=0$[即式(7-16)中的最后一个方程是多余的]，必须使向量 E 与向量 I, $b_i(i=1, 2, \cdots, K)$ 线性相关，也就是说向量 E 可以由向量 I, b_i 线性表达。记系数分别为 λ_0, λ_1, λ_2, $\cdots$, λ_K，则有：

$$E_i=\lambda_0+\lambda_1 b_{i1}+\lambda_2 b_{i2}+\cdots+\lambda_K b_{iK} \tag{7-17}$$

这一方程称为资本资产套利定价方程。可见，在均衡状态下各证券的期望收益率完全由它所承担的因素风险所确定。承担相同因素风险的证券或组合应该具有相同的期望收益率。

若市场中存在无风险资产，其收益率为 r_f，则有 $\lambda_0=r_f$。

对于 λ_j 的确定，可以考虑一种证券组合，它只对因素 F_j 有单位敏感性，即 $b_j=1$，而对其他因素不敏感，即 $b_i=0\ (i\neq j)$。根据式(7-17)可知，该证券组合的期望收益率(记为 E_j) 为 λ_j+r_f，这样有：

$$\lambda_j=E_j-r_f \tag{7-18}$$

这表明 λ_j 实际上是对因素 j 有单位敏感性的证券组合期望溢出收益率，称 λ_j 为风险因素 F_j 的风险价格。记该证券组合的期望收益率为 δ_j，则有：$\lambda_j=\delta_j-r_f$，于是，式(7-17)的资本资产套利定价方程可写为：

$$E_i=r_f+(\delta_1-r_f)b_{i1}+(\delta_2-r_f)b_{i2}+\cdots+(r_K-r_f)b_{iK} \tag{7-19}$$

式(7-17)或式(7-18)叫作套利定价线或 APT 资产定价线。如果只有一个因子，式(7-17)则为一条直线。根据套利定价理论，任何具有一个因子的载荷和预期回报的资产，如果不在套利定价线上，那么投资者就存在构造套利证券组合的机会。

图 7-1 中，资产 U 表示资产价格被低估，此时预期回报比资产 A 高，投资者可购买 U 而出售 A，构成一个套利组合；同样资产 O 表示资产价格被高估，此时预期回报比资产 B 低，投资者可购买 B 而出售 O，构成一个套利组合。当然，也可以通过购买 U 而出售 O 构成一个套利组合。

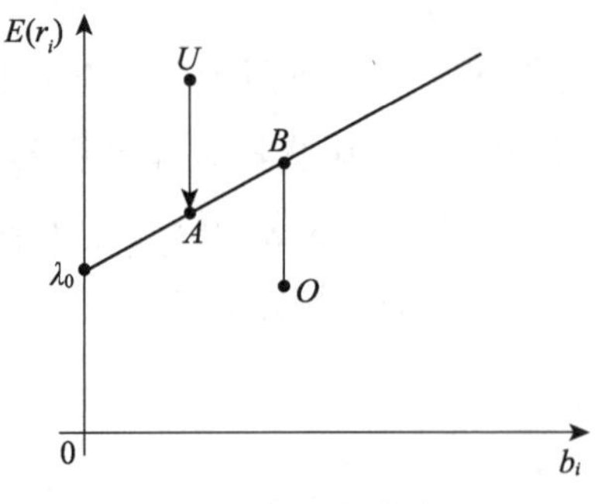

图 7-1 套利定价线

[例 7-5] 根据非均衡状态下的特征方程[式(6-18)]，计算出被市场高估或低估的股票(即 α 值小于 0 或大于 0 的股票)。通过做空被市场高估的股票，同时做多被市场低估的股票，在持有一段时间后，将该投资组合进行对冲，即可进行套利。例如，选取 2021.06.01—2021.09.10 共 73 个交易日的日收益率数据，选取两只股票分别为：云

南铜业(代码 000878)和康弘药业(代码 002773),选取这段时间中的一年期国债利率的日数据作为无风险利率,市场指数为上证综合指数。通过回归分析,计算出两只股票的特征方程为:

$$r_{YNTY}-r_f=0.2957+1.0317\times(r_{IDX}-r_f)$$

$$r_{KHYY}-r_f=-0.6016+0.8936\times(r_{IDX}-r_f)$$

第一个方程为云南铜业的特征方程,其 α 系数为 0.295 7>0,说明云南铜业被市场低估;第二个方程为康弘药业的特征方程,其 α 系数为−0.295 7<0,说明康弘药业被市场高估。可以通过卖出康弘药业股票,买入云南铜业股票,构造套利组合。

根据股价历史数据,在 2021 年 6 月 1 日,云南铜业的股价为 14.41 元/股,康弘药业的股价为 24.43 元/股;在 2021 年 9 月 1 日,云南铜业的股价为 17.13 元/股,康弘药业的股价为 19.16 元/股。可以进行如下套利交易:在 6 月 1 日借入 100 000 股康弘药业,卖出得到100 000×24.43=2 443 000元的资金,同时将这笔资金买入2 443 000÷14.41=169 535.05股(实质为169 500股)云南铜业股份,持有该组合到 9 月 10 日,卖出169 500股云南铜业的股份,得到169 500×17.13=2 903 535元的资金,同时买入100 000股康弘药业的股份,需支付100 000×19.16=1 916 000元,不考虑交易费用,对冲后投资者可以套利获得的收益为2 903 535−1 916 000+35.05×14.41=988 040.1元。

二、APT 与 CAPM 的比较

套利定价模型与资本资产定价模型都是研究资产预期收益率在市场均衡状态下如何决定证券价格问题的。它们之间存在着一定的联系,也有明显的区别。

(一) APT 与 CAPM 的假设条件不同

CAPM 假设条件较多。它假设投资者仅以收益率和标准差作为理性分析的基础,并认为证券收益率与市场证券组合的收益率相关。另外,CAPM 还假定市场是有效的,所有投资者有相同的预期,所以最终资产在市场均衡时被合理地定价。APT 假定证券收益率服从因素模型,从而有利于研究系统风险的内部结构。APT 不依赖于投资者的效用函数,没有要求投资者一定要按收益风险准则来选择投资方案,假使条件十分简单,只是讨论资产在市场上不存在无风险套利机会时如何定价。甚至 APT 模型对共同因素到底是什么,也没有明确指定。

(二) APT 与 CAPM 形成均衡状态的机理不同

CAPM 模型中,所有投资者面临不合理的定价时,行为是一致的,都会按相同的方法、准则改变投资策略、调整投资组合,但这种调整仍在原有的有效边界上进行,每位投资者只对自己的头寸做有限范围的调整,市场在所有投资者共同作用下最后又重新回到均衡状态。这种调整可能很轻微和有限，它涉及每个投资者。而 APT 模型，并没有强调所有的投资者都改变策略，且行为准则相同，它只是说明只要面临不合理的定价，一旦出现套利机会，每一位套利者都会尽可能大地构建套利头寸。因此，从理论上讲，只需要少数几位，甚至在理论上只需要一位套利者，就可以重建市场均衡。因此，套利理论比传统理论更真实地反映了实际市场运动情况。

（三）在一定的条件下，APT 与 CAPM 是一致的

1. 只有一个因子的情况

当只有一个因子时，根据式(7-19)的套利定价模型，有：

APT：$E(r_i)=r_f+(\delta_1-r_f)b_i$

根据资本资产定价模型，有：

CAPM：$E(r_i)=r_f+(E(r_M)-r_f)b_i$

如果 $\delta_1=E(r_M)$，$b_i=\beta_i$，则 APT 与 CAPM 是一致的。这种情况发生在因素模型正好是市场模型的时候。

一般情况下，$\delta_1\neq E(r_M)$，此时，b_i 与 β_i 之间是何种关系呢？

$$\mathrm{cov}(r_i,\ r_M)=\mathrm{cov}(a_i+b_iF+\varepsilon_i,\ r_M)=b_i\mathrm{cov}(F,\ r_M)+\mathrm{cov}(\varepsilon_i,\ r_M)$$

一般假设 $\mathrm{cov}(\varepsilon_i,\ r_M)=0$，则：

$$b_i=\frac{\mathrm{cov}(r_i,\ r_M)}{\mathrm{cov}(F,\ r_M)}=\frac{\mathrm{cov}(r_i,\ r_M)}{\sigma_M^2}\cdot\frac{\sigma_M^2}{\mathrm{cov}(F,\ r_M)}=\beta_i\cdot\frac{\sigma_M^2}{\mathrm{cov}(F,\ r_M)}$$

这样，$\beta_i=b_i\dfrac{\mathrm{cov}(F,\ r_M)}{\sigma_M^2}$

将上式代入 CAPM 中，得：

$$E(r_i)=r_f+\left[(E(r_M)-r_F)\cdot\frac{\mathrm{cov}(F,\ r_M)}{\sigma_M^2}\right]b_i$$

记 $\lambda_1=(E(r_M)-r_F)\cdot\dfrac{\mathrm{cov}(F,\ r_M)}{\sigma_M^2}$

如果 CAPM 成立，那么 λ_1 必然满足上式，λ_1 的符号与 $\mathrm{cov}(F,\ r_M)$ 相同，λ_1 越大，市场回报就越大。

2. 多因素的情况

如果 CAPM 成立，同时 APT 的多因素模型成立，类似地有：

$$\begin{aligned}\mathrm{cov}(r_i,\ r_M)=&\ b_{i1}\mathrm{cov}(F_1,\ r_M)+b_{i2}\mathrm{cov}(F_2,\ r_M)+\cdots\\&+b_{iK}\mathrm{cov}(F_K,\ r_M)+\mathrm{cov}(\varepsilon_i,\ r_M)\end{aligned}$$

一般假设 $\mathrm{cov}(\varepsilon_i, r_M)=0$，则：

$$\beta_i = b_{i1}\frac{\mathrm{cov}(F_1, r_M)}{\sigma_M^2} + b_{i2}\frac{\mathrm{cov}(F_2, r_M)}{\sigma_M^2} + \cdots + b_{iK}\frac{\mathrm{cov}(F_K, r_M)}{\sigma_M^2}$$

这样，

$$E(r_i) = r_f + \left[(E(r_M) - r_F)\cdot\frac{\mathrm{cov}(F_1, r_M)}{\sigma_M^2}\right]b_{i1} + \cdots + \left[(E(r_M) - r_F)\cdot\frac{\mathrm{cov}(F_K, r_M)}{\sigma_M^2}\right]b_{iK}$$

记 $\lambda_j = \left[(E(r_M) - r_F)\cdot\frac{\mathrm{cov}(F_K, r_M)}{\sigma_M^2}\right]$，上式即为 CAPM 成立下的 APT 多因素模型。

[例 7-6]　设风险资产与两因素 A、B 有关，且它们的期望回报率分别为 $E(F_A)=10\%$，$E(F_B)=12\%$，无风险利率为 4%，又已知资产对两因素的灵敏度 $b_1=0.5$，$b_2=0.75$。

由式(7.18)知：

$E(r)-r_f=b_1(E(F_A)-r_f)+b_2(E(F_B)-r_f)$

因此，该资产上的期望收益率为：

$E(r)=4\%+0.5\times(10\%-4\%)+0.75\times(12\%-4\%)=13\%$

三、套利定价模型的应用与实证检验

（一）套利定价模型的应用

同资本资产定价模型一样，套利定价模型应用的核心是寻找价格误定的证券。具体地表现为寻找套利机会并实施套利组合来获取超额收益。因此，首先确定哪些因素会对市场产生显著影响，估计出证券对各种因素的敏感性。在此基础上来判断是否存在套利机会，如果存在，就构造套利组合，达到获取超额收益的目的。

（二）套利定价模型的实证检验

由于 APT 是建立在多因素模型之上的，因此对 APT 的实证检验必须首先确定资产收益的因素模型。实际上，检验 APT 是对均衡理论和所选因素模型适用性的联合检验。在估计 APT 模型时可以使用两种方法，一种是使用统计技术，例如因素分析和主成分分析法，同时得出风险因素和资产对这些因素的敏感度。另一种是运用经济理论和金融市场的知识来指定适用的因素。

（三）对 APT 的评价

资本资产套利定价模型的优点是：它不依赖于投资者的效用函数，不要求市场组合均值/方差有效，不要求市场处于均衡状态，假设条件十分简单；同时认为系统风险受多个因素的影响，从而有利于研究系统风险的内部结构。

资本资产套利定价模型的局限是：模型结构不清楚，其实证检验非常困难和富有技巧性。国外的实证研究表明，一组包含5-7个宏观经济变量和市场指数的因素能较好地描述期望收益的40%-50%；APT模型比CAPM更能接受实证的检验，若APT遭拒绝，则CAPM也必然被拒绝，反之则不然。

本章小结

本章介绍了单因素模型、多因素模型等因素模型以及套利定价理论。

因素模型是一种回归模型，其基本思想是将资产收益率看作由自身特定因素和共同因素两部分决定，其中自身特定因素导致的收益波动可随着组合的充分分散而相互抵消，而对共同因素的敏感程度则可以通过回归模型的参数估计得到。因而，因素模型的实践意义更强。在实践中，我们将具有代表性的市场收益率作为共同因素的度量，即得到了单指数模型；将市场收益率、规模因素和价值因素共同作为共同因素的度量，即可得到Fama-French五因素模型。

在因素模型的基础上，本章介绍了套利定价理论。套利定价理论的核心思想是：如果市场存在不均衡的定价，那么通过买入和卖空证券，可以构建对风险因素敏感度为零且组合收益为正的无风险套利组合，即套利组合；此后，随着套利行为的不断进行，资产价格会逐渐向其均衡价格回归，套利机会消失，此时的资产价格即为市场的均衡价格。

在一定的条件下，资本资产套利定价模型(APT)与CAPM是一致的。套利定价模型应用的核心是寻找价格误定的证券，寻找套利机会；资本资产套利定价模型不依赖于投资者的效用函数，不要求市场组合均值/方差有效，假设条件十分简单；同时认为系统风险受多个因素的影响，从而有利于研究系统风险的内部结构。资本资产套利定价模型的局限是：模型结构不清楚，应用富有技巧性。

关键词

单因素模型(Simple Factor Model)	市场模型(Market Model)
多因素模型(Multi-factor Model)	三因素模型(Three-factor Model)
套利(Arbitrage)	套利定价理论(Arbitrage Pricing Theory)

思考与练习

一、思考题

1. 什么是单因素模型和指数模型？两者的区别和联系是什么？
2. 简述单因素模型期望收益与风险的计量。

3. Chen、Roll 和 Ross (1986)提出五因素模型,五个因素分别是什么?

4. FF 五因素模型是什么?

5. 套利定价理论的核心思想是什么?

6. 套利定价模型的假设条件是什么?

7. 什么是套利与套利组合?

8. 为了得到无风险的证券组合,如何消除系统性风险(因素风险)和非系统性风险(非因素风险)?

9. 试比较 APT 与 CAPM。

10. 试述套利定价模型的实证检验。

二、计算题

1. 假设市场中存在 A、B 两种股票,其收益率由一个单因素模型生成,风险收益特征如下:

	期望收益(%)	因素敏感性系数 b_i	特定企业标准差(%)
证券 A	13	0.8	30
证券 B	18	1.2	40

共同因素的标准差为 22%,无风险收益率为 8%。

(1) 求股票 A、B 收益率的标准差。

(2) 若分别以 0.3、0.45、0.25 的比例投资于股票 A、股票 B 和无风险证券,求资产组合的期望收益和标准差。

2. 股票 A、B 的指数模型估计结果如下:$r_A = 0.12 + 0.6r_I + \varepsilon_A$, $r_B = 0.04 + 1.4r_I + \varepsilon_B$, $\sigma_I = 0.26$, $\sigma(\varepsilon_A) = 0.20$, $\sigma(\varepsilon_B) = 0.10$, 求:

(1) 股票 A 和股票 B 收益的标准差。

(2) 股票 A 和股票 B 收益的协方差。

3. 假设影响证券收益率的因素为国民生产总值增长率 R_{GDP} 和未预期到的通货膨胀率 UI, 两因素相互独立,股票 A 收益的两因素模型是:$r_A = \alpha_A + b_{A1}R_{GDP} + b_{A2}UI + \varepsilon_A$。假定 R_{GDP} 和 UI 的波动率分别为 $\sigma_{GDP}^2 = 6\%$, $\sigma_{UI}^2 = 5\%$, 此外,股票 A 对两因素的敏感系数分别为 0.8 和 1.2,残差项的方差 $\sigma_{\varepsilon A}^2 = 0.04$, 求股票 A 收益的方差。

4. 考虑单因素 APT 模型。一个充分分散风险的资产组合的标准差为 20%,因素收益率的标准差为 17%,那么这个充分分散资产组合的因素敏感性系数是多少?

5. 某投资者拥有的组合具有下列特征(假设收益率由一个单因素模型生成):

证券	因素敏感性	比例	期望收益率(%)
A	2.0	0.20	20
B	3.5	0.40	10
C	0.5	0.40	5

该投资者决定通过增加证券 A 的持有比例 0.2 来创造一个套利组合。

(1) 求在该投资者的套利组合中其他两个证券的权数。

(2) 求该套利组合的期望收益率。

(3) 如果每个人都跟着该投资者的决定投资，对这 3 种证券价格会造成什么影响？

6. 假设证券市场有三种证券，它们的期望收益率和 β 系数如下：

证券	A	B	C
期望收益率	0.1	0.4	0.7
β 系数	1	2	3

试问：可以用上述三种证券构造套利组合吗？说明理由。

7. 某投资者拥有一个 3 种股票组成的投资组合，3 种股票的市值均为 500 万元，投资组合的总价值为 1 500 万元。假定这 3 种股票收益均符合单因素模型，其预期收益率分别为 16%、20%和 13%，其对该因素的敏感度分别是 0.9、3.1 和 1.9。请问该投资者能否修改其投资组合，以便在不增加系统风险的情况下提高预期收益率。

8. 设风险资产与两因素有关，两因素的期望回报率分别为 $E(F_1)=10\%$，$E(F_2)=15\%$，无风险利率为 5%，又已知资产对两因素的灵敏度 $b_1=0.5$，$b_2=0.8$。求该资产的期望收益率。

9. 设 F1 和 F2 是两个独立的经济指标，并设证券 A 和 B 关于这些指标的信息如下表所示，无风险利率为 4%，用 APT 模型求出两个指标的增长率。

	b_{i1}	b_{i2}	预期收益率(%)
证券 A	1.8	2.1	40
证券 B	2.0	−0.5	10

10. 假定市场中存在证券 A、B、C，这三种证券在期末有两种可能的价格情况，如下表所示，该市场存在套利机会吗？为什么？

证券名称	当前价格	预测期末价格 1	预测期末价格 2
A	70 元	60 元	90 元
B	60 元	55 元	85 元
C	80 元	65 元	100 元

参考文献

[1] (美)兹维·博迪，亚历克斯·凯恩.投资学(第 10 版)[M].北京：机械工业出版社，2014.
[2] 王明涛.证券投资分析[M].上海：上海财经大学出版社，2012.
[3] 曹志广，韩其恒.证券投资组合[M].上海：上海财经大学出版社，2005.
[4] (美)威廉·F.夏普，戈登·J.亚历山大，杰弗里·V.贝利.投资学[M].北京：中国人民大学出版社，1998.
[5] (美)埃德温·J.埃尔顿，马丁·J.格鲁伯.现代投资组合理论与投资分析[M].北京：机械工业出版社，2008.
[6] (美)杰克·弗朗西斯，罗杰·伊博森.投资学：全球视角[M].北京：中国人民大学出版

社，2006.

[7] 金德环.投资学[M].北京：高等教育出版社，2007.

[8] (美)罗伯特·A.斯特朗.投资组合管理[M].北京：清华大学出版社，2005.

[9] (美)斯蒂芬·A.罗斯，伦道夫·W.威斯特菲尔德，杰弗利·F.杰富.公司理财[M].北京：机械工业出版社，2007.

[10] (美)小詹姆斯·L.法雷尔，沃尔特·J.雷哈特.投资组合管理理论及应用[M].北京：机械工业出版社，2000.

[11] Fama E F, French K R. A Five-factor Asset Pricing Model[J]. Journal of Financial Economics, 2015.

第三篇
金融产品定价篇

第八章　债券定价分析
第九章　股票定价分析
第十章　期货和期权定价分析

第八章　债券定价分析

引言

债券属于有价证券，在债券的发行和流通中，都需要对债券的价格进行分析。因此，债券定价是投资学的重要内容。

影响债券定价的基本因素是未来现金流量产生的时间长短、决定未来利息大小的债券票面利率、未来现金流量折现所采用的折现率。具体的定价模型有现金流贴现模型。债券的定价方法，按付息特点分为零息债券定价、附息债券定价、等额摊还债券和永久债券定价等方法；按利率浮动的情况可以有浮动利率债券定价方法。债券的定价定理表示债券价格与各种收益率变动的关系。

表达债券收益常用的指标有当期收益率、到期收益率、即期收益率、远期收益率等。

利率的期限结构理论是把握收益的重要工具。

第一节　债券定价的影响因素

对债券进行定价，先要了解影响债券定价的基本因素。通过对这些基本因素的分析，可以对债券价格的决定有一个初步的认识。在这一基础上，进一步学习债券定价的公式和债券定价定理。在实际经济运行中，还可以看到一些信用评级机构在对不同的债券进行评级，并且评定的级别在某种程度上会成为人们判断合理债券价格的依据，因此也需要了解债券评级的内容。再进一步分析，债券价格的高低还会影响到人们持有债券的收益情况，并且在变动的市场环境下收益具有不确定性，所以债券收益的度量和风险种类也是人们在投资中必须掌握的内容。

影响债券定价的因素有很多。比如，投资债券要承担一定的风险，而不同债券的风险可能不同，一般来讲政府债券风险最小，公司债券的风险就要大一些，那么不同风险的债券其价格就会有差异。又如，债券有着不同的品种，以利息支付为例，有些债券按期付息，有些债券到期一次性支付利息，所以即使是同样期限的债券，价格也可能有差异。其实，这些因素只是表面现象，或者说，它们只是影响债券定价基本因素的表现。根据债券价格决定的基本原理，债券价格是其未来所有现金流量的现值之和，这样，未来现金流量产生的时间长短、决定未来利息多少的债券票面利率、未来现金流量折现所采用的折现率，就成为影响债券定价的基本因素。

一、未来现金流产生的时间

债券的价格首先与债券未来现金流量发生的时间有关。一张债券 1 年后可得本息 105 元，另一张债券 3 年后可得本息 105 元，它们的价格一般不同，因为两张债券的本息现金流产生的时间不同。这一因素涉及货币的时间价值。

货币的时间价值是财务分析的一个基础概念，它在固定收益证券定价中具有广泛的应用。货币的时间价值是指按照一定的利率水平，货币经历一定时间的投资与再投资所增加的价值。在经济生活中存在这样一种现象，现在的 1 元钱与 1 年后的 1 元钱价值不相等。想象一下，你可以获得10 000元奖金，可以要求马上拿或 1 年后再拿，你会选择哪一个？有理性的人会选择马上拿，因为拿到这笔钱后可以存入银行，如果按10%的年利率，一年以后你将得到11 000元。由此例可知，这10 000元经过一年的投资增加了1 000元，这就是货币的时间价值。由于不同时间的货币价值不相等，不同时间的货币无法进行直接比较，需要把它们换算到相同的时间点上，然后才能进行大小的比较与计算。如何准确地计算出货币的时间价值呢？我们首先需要明确两组概念：终值与现值，单利与复利。

终值是指现在的资金在未来某个时刻的价值，现值是指未来某个时刻的资金在现在的价值。单利与复利是利息的两种计价方式。按单利计息，是指无论时间多长，只按本金计算利息，即上期的利息不加入本金，计算下一期的利息。按复利计息，即利滚利，是指除本金外，要将前期所生的利息一并加入本金，再计算下一期利息。

（一）终值的计算

1. 单利终值的计算

采用单利计息，只考虑本金的利息，而不计利息的利息。单利的终值计算公式为：

$$FV = P \times (1 + y \times t) \tag{8-1}$$

其中，P 为本金，y 为利率，t 为持有年限。

［例 8-1］ A 企业将 10 000 元存入某银行，利率为 5%，单利计息，3 年后 A 企业

能得到的本利和为：

$FV = 10\,000 \times (1 + 3 \times 5\%) = 11\,500$(元)

在计算利息时，除非特别指明，给出的利率是指年利率。对不足1年的利息，通常以1年等于360天来折算。

2. 复利终值的计算

采用复利计息，要将每期收到的利息加入本金后再计利息，逐期滚算，俗称“利滚利”。复利的终值计算公式为：

$$FV = P \times (1 + y)^t \tag{8-2}$$

公式中各字母的含义与式(8-1)相同。

[例 8-2] A企业将10 000元存入某银行，利率为5%，复利计息，3年后A企业能得到的本利和为：

$FV = 10\,000 \times (1 + 5\%)^3 = 11\,576.25$(元)

值得注意的是，上例是一年付息1次的情况，如果是一年付息 m 次，则式(8-2)可修改为：

$$FV = P \times \left(1 + \frac{y}{m}\right)^{m \times n} \tag{8-3}$$

例8-2中，如果每半年计息一次，则投资者3年所得到的本利和为：

$FV = 10\,000 \times (1 + 5\% \div 2)^{2\times 3} = 11\,596.93$(元)

由以上可以看出，相同的本金、利率及期限下，付息次数越多，代表“利滚利”的效果越大，当每年付息次数趋向无穷时，式(8-3)等价于：

$$FV = P \times e^{yt} \tag{8-4}$$

式(8-4)表示当本金为 P、利率为 y、年限为 t、年付息次数趋向无穷时的终值公式。式(8-4)被称为连续复利终值公式。

3. 年金终值的计算

年金是指相同的时间间隔内陆续收到或付出相同金额的款项，如分期付款、分期偿还贷款、发放养老金等，都属于年金的收付形式。按照支付的时间划分，年金分为普通年金与预付年金两种，前者为每期期末支付，后者为每期期初支付。

(1) 普通年金的终值公式如下：

$$FV = A \times \frac{(1 + y)^n - 1}{y} \tag{8-5}$$

其中，A 为年金，y 为利率，n 为年金的期限。

［例 8-3］ 某投资者退休金 1 000 元/年，每年末付息一次，如果该投资者将每年得到的退休金以年利率 10%进行再投资，4 年后他将获得多少资金？

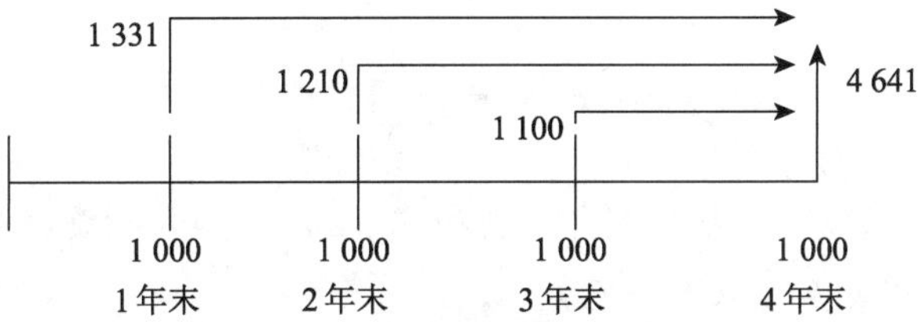

图 8-1　4 年期普通年金终值的计算

$$FV = 1\,000 \times \frac{(1+10\%)^4 - 1}{10\%} = 4\,641(\text{元})$$

(2) 预付年金的终值公式如下：

$$FV = A \times (1+y) \times \frac{(1+y)^n - 1}{y} \tag{8-6}$$

其中，各符号的含义与普通年金相同。

［例 8-4］ 某大学生今年刚从学校毕业，希望 5 年后能买一台电脑，于是每年年初将奖金 1 000 元存入银行。假设银行存款利率为 10%，1 年付息一次，则 5 年后购买电脑的基金是多少？

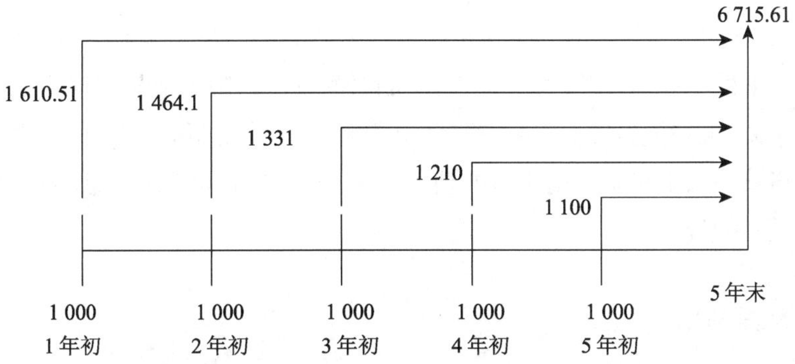

图 8-2　5 年预付年金的计算

$$FV = 1\,000 \times (1+10\%) \times \frac{(1+10\%)^5 - 1}{10\%} = 6\,715.61(\text{元})$$

(二) 现值的计算

1. 单利、复利现值的计算

我们已经知道了如何计算一笔投资的终值，下面来介绍现值的计算。求现值的过程与终值正好相反。根据单利、复利终值的计算公式(8-1)、(8-2)，可以得到单利、复利现值的计算公式分别为：

$$P = \frac{FV}{1 + i \times y} \tag{8-7}$$

$$P = \frac{FV}{(1 + y)^t} \tag{8-8}$$

[例 8-5]　某人拟在 5 年后获得本利和 10 000 元，假设投资报酬率为 10%，按照复利方式计算，他现在应投入多少元？

$P = \dfrac{10\ 000}{(1 + 10\%)^5} = 6\ 209.21$(元)

2. 普通年金现值的计算

普通年金的现值是一定时间内每期期末收付的等额款项的复利现值之和，其计算公式为：

$$PV = \frac{A}{y} \times [1 - (1 + y)^{-n}] \tag{8-9}$$

其中，PV 为年金的现值，A 为年金，y 为利率，n 为复利的期数。

[例 8-6]　某人打算租用一处住房 3 年，每年年底付租金 1 000 元，假设银行存款利率为 10%，该人应现在在银行存入多少钱以应付日后房租的开销？

这个问题可表述为：计算 $y = 10\%$、$n = 3$、$A = 1\ 000$ 的普通年金的现值，即

$P = 1\ 000 \times [1 - (1 + 10\%)^{-3}]/10\% = 2\ 486.85$(元)

对于预付年金，也可以通过一定的公式计算其现值，这里不再进一步介绍。

通过以上的分析与计算，可以知道，不同时间发生的现金流量的现值是不一样的。对于债券来说，未来债券发行人将支付的利息和本金就是不同时间发生的现金流量，而债券价格就是未来所有现金流量的现值之和。因此，债券未来利息和本金发生的时间将影响债券的价格。

二、票面利率

在决定债券的价格时，涉及债券未来现金流量的大小，而债券未来现金流量由债券面值和债券利息组成。在债券发行时直接规定债券面值，债券利息则是债券面值与债券票面利率的乘积。从这一角度看，债券票面利率(也就是债券名义利率)是决定债券价格的一个重要因素。

所谓名义利率，是指以名义货币表示的利率。比如，某债券面值 100 元，期限 1 年，债券票面利率 6%，则计算出的利息为 6 元。这里，债券票面利率 6%就是名义利率。之所以强调名义利率，是因为实际经济生活中还可能存在物价变化情况。在我们日常生活中，商品的价格往往发生变化，当大多数商品的价格都上升时(也就是常说的

通货膨胀)，货币的购买力就会下降。在此期间，我们称大部分商品价格上涨的幅度为通货膨胀率。在通货膨胀期间，尽管债券投资人可以按债券名义利率得到利息，但扣除通货膨胀因素后的实际利率会变低。

比如在通货膨胀率为5%时，一年以后105元的购买力和现在100元相当，若仍以上面债券为例，债券名义利率是6%，1年后到期本息为106元。但是，其中的105元相当于原来购买债券100元的购买力，超过原来购买力的只是1元，因此实际利率只有1/105=0.95%。

由此可见，实际利率是指物价水平不变，从而货币购买力不变条件下的利率。一般债券等固定收益产品的利率都是按名义利率支付利息，但如果在通货膨胀环境下，债券投资者收到的利息回报就会被通货膨胀侵蚀。如果用r表示实际利率，r_n表示名义利率，π表示通货膨胀率，则名义利率与实际利率存在着下述关系：

$$r=\frac{r_n-\pi}{1+\pi} \tag{8-10}$$

如果通货膨胀率比较低，分母中的π可以忽略不计，则上式可以简写为：

$$r=r_n-\pi \tag{8-11}$$

即实际利率等于名义利率减去通货膨胀率。当通货膨胀率大于零时，实际利率低于名义利率；当通货膨胀率小于零时，实际利率高于名义利率。

三、折现率

计算债券价格时，是将债券未来现金流量折算成现值，因此需要有一个折现率。折现率的高低会影响债券价格。

[例8-7]　设有某公司债券，面额100元，期限是5年，票面利率为5%，每年付息一次。若年折现率分别采用5%和6%，请计算其发行时的价格。

若用$P_{5\%}$和$P_{6\%}$分别表示债券年折现率采用5%和6%的价格，则有：

$$P_{5\%}=\sum_{t=1}^{5}\frac{100\times 5\%}{(1+5\%)^t}+\frac{100}{(1+5\%)^5}=100(\text{元})$$

$$P_{6\%}=\sum_{t=1}^{5}\frac{100\times 5\%}{(1+6\%)^t}+\frac{100}{(1+6\%)^5}=95.79(\text{元})$$

比较两个计算结果，可以看到，在其他条件相同的情况下，债券定价的折现率越低，债券价格就越高。

第二节 债券定价

前面已提及，债券定价的基本思路是将债券未来的现金流量折算成现值。因此，下面先阐述债券定价的基本模型，然后再根据不同类型的债券分别介绍定价公式。

一、现金流贴现模型(收入资本化模型)

实际上，任何金融产品的价格，在基本原理上，都可以认为是由其未来所能提供的预期收入以适当的折现率折现求得。这种方法就被称为收入资本化模型。对于债券定价而言，两个最重要的数据分别是各期现金流和折现率，现分别介绍如下：

（一）现金流的确定

确定债券价格的第一步是确定它的现金流量。对于一张不附带任何选择权利的债券(可称为无选择权债券)，其现金流量由两部分构成，一是各期的利息收入，二是到期日的面值收入。有些债券的利息是到期时一次支付，有些债券的利息是在债券期限内多次支付。如果是多次支付利息，通常的做法是一年支付一次或半年支付一次。因此，必须根据债券的利息支付特征来确定债券未来的现金流量。

假设有一张债券，期限 6 年，面值为 100 元，票面利率为 5%，每年支付一次利息，则该债券所产生的现金流量如图 8-3 所示。

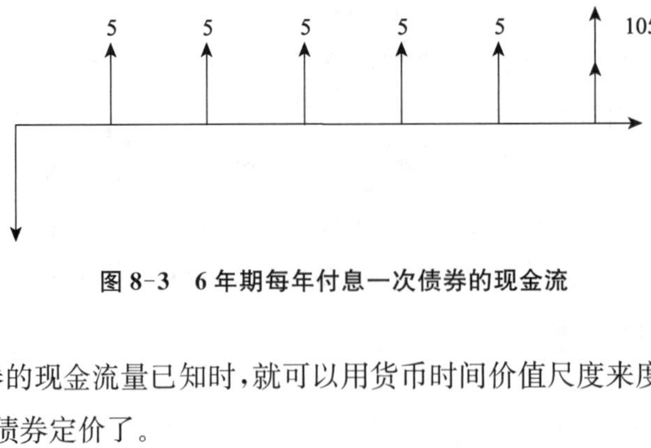

图 8-3 6 年期每年付息一次债券的现金流

当一张债券的现金流量已知时，就可以用货币时间价值尺度来度量债券的现在价值，从而就能给债券定价了。

（二）折现率的确定

投资者进行债券投资时所要求的折现率也可以被称为必要的到期收益率(简称必要收益率)。必要收益率通常是根据市场上同类可比债券(即具有同样信用等级和同样到期日的债券)的收益率来确定的。实际上，投资者在购买某种债券时，总是会将这种债券提供的收益与其他同类债券进行比较，要求得到同样的收益率。如果存在收益率的差异，市场上的供求力量会促使同类可比债券的收益率基本平衡。所以，在为债券定价时，一般就用同类可比债券的必要收益率作为折现率。

但是，对于信用等级不同的债券，必要收益率就会不同。信用等级越高，要求的必要收益率就会越低；反之，信用等级越低，要求的必要收益率就会越高。在债券市场上，国债的风险一般是最低的，所以就会用国债收益率代表无风险收益率，尽管国债实际上也会有一定风险。而无风险收益率是所有投资中至少应该达到的最低收益率，也正是这个原因，所以国债收益率才成了投资决策中一个非常基础的参考标准。有了国债收益率这个标准，其他债券品种，只要与国债在风险、现金流、信用、对利率的敏感性等方面进行比较后，就可以估算出应该加上多少溢价收益（风险报酬），并成为这种债券适用的折现率。

（三）价格的确定

有了债券的现金流和必要收益率，就有了给债券定价的必要数据，于是，债券的价格就等于债券未来所有现金流量的现值之和。不过，由于债券付息特征的差异，具体的债券定价公式将依据不同类型的债券而有所区别。

二、固定收益债券的定价方法

依据债券的付息特点，通常将债券分为零息债券和附息债券，前者只有一笔现金流，后者可以有多笔现金流。此外，还有一些具有某种特征的债券，如等额摊还债券、永久债券等。

（一）零息债券定价

零息债券是指以贴现方式发行，不附息票，而于到期日按面值一次性支付本利的债券。零息债券在债券市场上是一种较为常见的债券品种，这种债券通常不规定票面利率，不支付名义上的利息，不过发行时按低于票面金额的价格发行，到期时则按照票面金额兑付。所以，尽管零息债券不附有息票，但兑付价格与发行价格的差异，构成了实际上的利息，成为投资者的收益。

零息债券在其期限内不支付利息，故未来现金流的特征是只有一笔现金流，即债券投资者的收入流量是一次性的。在债券市场上，所谓的贴现债券是典型的零息债券。但有的时候，债券发行人也会发行一种有规定的票面利率而又到期一次还本付息的债券。比如，债券按面值 100 元的价格发行，期限 3 年，票面利率 4%，单利计息，到期一次还本付息。则这种债券只有到期时的一次性支付本息 112 元。在债券定价时，因为这种到期一次还本付息债券的现金流的特征与零息债券完全相同，所以定价方法也是一样的。

零息债券的定价原理仍然是价格为预期现金流的现值，由于零息债券未来只有一笔现金流，故只需考虑对这一笔现金流折现，基本的定价公式为：

$$P=\frac{M}{(1+y)^n} \tag{8-12}$$

其中，y 为折现率(可采用同类债券的到期收益率，即市场利率)，n 为债券期限(用年表示)，M 的含义则要分几种情况。如果债券投资者一直将债券持有至到期日，则 M 为债券面值；如果债券投资者在到期前将债券出售，则 M 为转让价格；如果债券属于一次还本付息债券，则 M 为债券的本利和。下面再通过例子说明。

[例 8-8] 某债券面额为 100 元，期限 2 年，市场利率 3%，到期按债券面额偿还，计算其价格。

$$P=\frac{100}{(1+3\%)^2}=94.26(\text{元})$$

[例 8-9] 某债券面额为 100 元，期限 3 年，票面利率 4.5%，市场利率 4%，到期一次还本付息(单利计息)，计算其价格。

$$P=\frac{100+100\times 4.5\%\times 3}{(1+4\%)^3}=100.90(\text{元})$$

(二) 附息债券定价

附息债券是指在债券到期前，按照债券的票面利率定期向投资者支付利息，并在债券到期时偿还本金的债券。附息债券是债券市场上最具代表性的债券，其期限通常超过一年，付息频率一般为半年一次或一年一次。按照票面利率浮动与否，附息债券可分为固定利率债券和浮动利率债券。固定利率债券是指在债券期限内票面利率不变的债券，浮动利率是指发行时规定债券利率随市场利率定期浮动的债券，换言之，每次付息时利率将按规定进行变动和调整。本章我们主要讨论固定利率债券，浮动利率债券的定价在原理上与固定利率债券相同。

附息债券与零息债券比较，特征是未来的现金流将不再是一次，而是有多次(前面图 8-3 所示的就是附息债券的现金流)，因此附息债券的定价公式比零息债券稍微复杂，形式如下：

$$P=\sum_{t=1}^{n}\frac{C}{(1+y)^t}+\frac{M}{(1+y)^n} \tag{8-13}$$

其中，y 为折现率(可采用同类债券的到期收益率，即市场利率)，C 为票面利息，n 为债券期限(用年表示)，M 为债券面值(如果债券投资者在到期前将债券出售，则 M 为转让价格)。

另外，式(8-13)可理解为针对的是一年付息一次的债券。如果债券是一年付息多次的，则定价公式更为复杂。比如，一张面值为 M 的附息债券，剩余附息次数为 n，一年附息的次数为 m，票面利息为 C，则每次支付的利息额为 C/m，如折现率为 y，则定价公式为：

$$P=\sum_{t=1}^{n}\frac{C/m}{(1+y/m)^{t}}+\frac{M}{(1+y/m)^{n}} \tag{8-14}$$

［例 8-10］ 一张面值为 500 元的 10 年期固定利率附息债券，票面利率为 10%，一年付息一次，市场利率为 12%，求该债券的价格。

$$P=\sum_{t=1}^{10}\frac{500\times10\%}{(1+12\%)^{t}}+\frac{500}{(1+12\%)^{10}}=443.50(\text{元})$$

［例 8-11］ 一张票面金额为 1 000 元的债券，票面利率为 8%，每半年付息一次，期限 3 年，若市场利率为 6%，求该债券的价格。

$$P=\sum_{t=1}^{6}\frac{1\,000\times8\%/2}{(1+6\%/2)^{t}}+\frac{1\,000}{(1+6\%/2)^{6}}=1\,054.17(\text{元})$$

从以上两例还可以看到：如果市场利率高于票面利率，债券的价格就会小于面值；如果市场利率低于票面利率，债券价格就会大于面值。

（三）等额摊还债券和永久债券的定价

零息债券与附息债券是债券市场上的主要品种，下面再介绍两种特殊形式债券的定价。

1. 等额摊还债券的定价

等额摊还债券与固定利率附息债券不同，它的本息和在债券期限内是平均偿还的，因此，等额摊还债券的价格等同于 n 期年金的现值。假设一张等额摊还债券的剩余偿还次数为 n，每年偿还本息的金额为 A，其现金流就如图 8-4 所示。

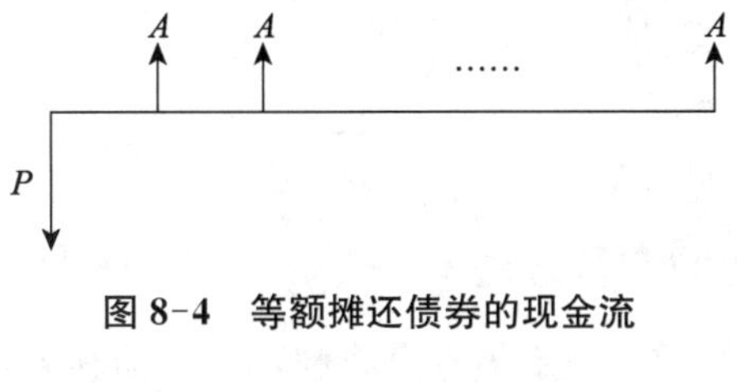

图 8-4　等额摊还债券的现金流

若市场收率为 y，则等额摊还债券的定价公式为：

$$P=\sum_{t=1}^{n}\frac{A}{(1+y)^{t}} \tag{8-15}$$

［例 8-12］ 一张期限为 10 年的等额摊还债券，每年等额偿还的金额为 100 元，市场利率为 8%，试计算其价格。

$$P=\sum_{t=1}^{10}\frac{100}{(1+8\%)^t}=671.01(\text{元})$$

2. 永久债券的定价

永久债券是指一种不规定本金返还期限，可以无限期地按期取得利息的债券。就期限而言，永久债券与股票的特点相近，发行人可以长期占用资金，不过永久债券的持有者不是股东，不能参与企业的经营管理和利润分配。从债务偿还地位来讲，当永久债券发行人发生债务危机时，一般债务偿还在先，永久债券偿还在后。永久债券的持有者除因发现公司破产或有重大财务事件外，一般不能要求公司偿还，而只能定期地获得利息收入。

基于上述特点，永久债券的偿还形式相当于一个永续年金，即未来永远要按期定额支付的年金。假设一张永久债券每年支付的利息额为 A，市场利率为 y，则永久债券的现金流将如图 8-5 所示，定价公式则为式(8-16)。

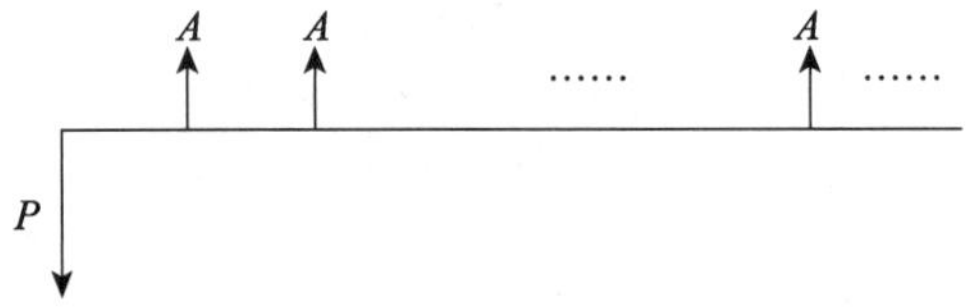

图 8-5　永久债券的现金流

$$P=\sum_{t=1}^{\infty}\frac{A}{(1+y)^t}=\frac{A}{y}\tag{8-16}$$

[例 8-13]　某一永久债券每年支付的利息为 10 元，市场利率为 5%，试计算此债券的价格。

$$P=\sum_{t=1}^{\infty}\frac{10}{(1+5\%)^t}=\frac{10}{5\%}=200(\text{元})$$

三、浮动利率债券的定价方法

浮动利率债券是指发行时规定债券息票利率随市场利率定期浮动的债券，也称浮息债。债券利率在偿还期内可以变动和调整，通常根据市场基准利率加上一定的利差来确定。故在对浮息债进行定价时首先面临的是要选择好基准利率。

对基准利率的选择主要考虑四个方面：一是基准利率要与债券市场的整体收益率水平具有较强的相关性；二是该利率应具有较好的稳定性；三是该基准利率应具有不可操纵性；四是基准利率的期限应该基本与该债券的付息周期相同。在我国，满足这四个方面的基准利率主要有一年期定期储蓄存款利率、上海银行间同业拆放利率

(SHIBOR)和银行间 7 天回购利率(R007)。

浮动利率债券的定价公式为：

$$p=\sum_{i=1}^{T}\frac{(R+r)M}{(1+R+S)^{i}}+\frac{M}{(1+R+S)^{T}} \tag{8-17}$$

式中，R 为基准利率，r 为固定利差，S 为贴现利差，M 为本金。

上述影响浮动利率债券定价的因素主要是基准利率 R 和贴现利差 S，而另外两个因素则是久期和距下一个付息日的时间。

债券久期是衡量债券利率风险的指标，反映利率水平变动对价格的影响程度，于是就有了与此对应的利率久期和利差久期。

利率久期是反映债券价格对基准利率 R 的敏感度。其表达公式为：

$$\begin{aligned}D_{R}&=\frac{\mathrm{d}P}{\mathrm{d}R}\times\frac{1}{P}\\&=\left[\sum_{i=1}^{T}\left\{\frac{M}{(1+R+S)}-\frac{i(R+r)M}{(1+R+S)^{i+1}}\right\}-\frac{TM}{(1+R+S)^{T+1}}\right]\times\frac{1}{P}\end{aligned} \tag{8-18}$$

利差久期是反映债券价格对贴现利差 S 的敏感度。其表达公式为：

$$D_{S}=-\frac{\mathrm{d}P}{\mathrm{d}S}\times\frac{1}{P}=\left[\sum_{i=1}^{T}\left\{\frac{i(R+r)+M}{(1+R+S)^{i+1}}\right\}+\frac{TM}{(1+R+S)^{T+1}}\right]\times\frac{1}{P} \tag{8-19}$$

浮动利率债券的利率久期要小于利差久期。

距下一个付息日的时间对浮动利率债券价格具有周期性影响。时间越长，价格波动越大；时间越短，价格波动越小。

四、债券定价定理

上面已经分析，债券价格与债券本身的票面利率、债券的折现率(即必要的到期收益率)、债券本息支付的时间有关。将这些关系归纳起来，总结其中的特性，就可以形成债券定价的定理。

1. 债券呈现平价、溢价或折价，取决于票面利率和到期收益率的大小

如果一种债券的票面利率和到期收益率一样，则债券的价格将等于票面金额，即平价。比如，一张面值为 100 元的 5 年期债券，每年付息一次，票面利率 4%，若折现的到期收益率也是 4%，则根据定价公式计算出的价格亦为 100 元。同理，如果一种债券的票面利率高于到期收益率，则债券的价格将高于票面金额，即溢价；如果一种债券的票面利率低于到期收益率，则债券的价格将低于票面金额，即折价。

2. 债券的价格与到期收益率成反比

如果一种债券的到期收益率下降,其价格就上涨;如果一种债券的到期收益率上升,其价格就下跌。比如,一张面值为 100 元的 3 年期债券,每年付息一次,票面利率 3.5%。当到期收益率为 5%时,价格为 95.92 元;当到期收益率为 4%时,价格为 98.61元。

3. 债券的价格会日益接近票面金额

如果债券的票面利率与到期收益率不等,债券的价格与面值就会不等,出现折价或溢价,但折价或溢价将随到期日的临近而减少,最后债券的价格将等于票面金额。

4. 债券折价或溢价减少的速度将随到期日临近而逐渐增加

因债券票面利率与到期收益率不等引起的债券折价或溢价,会随到期日临近而以一个不断增加的比率减少。比如,某债券期限 20 年期,票面利率 9%,每半年付息一次,市场折现的到期收益率一直为 12%。当剩余年限为 18 年和 16 年时,其价格分别为 780.68 元和 788.74 元,两年中折价减少了 8.06 元;当剩余年限为 4 年和 2 年时,其价格分别为 906.85 元和 948.02 元,两年中折价减少了 41.17 元。

5. 债券到期收益率下降使其价格上涨的幅度,高于收益率同幅度上升使其价格下跌的幅度

债券到期收益率的变化会引起其价格的反向变化,而债券到期收益率下降引起的其价格上涨的金额,在数量上会超过债券到期收益率以相同幅度上升所引起的其价格下跌的金额。比如,一张面值为 100 元的 3 年期债券,每年付息一次,票面利率 3.5%。当到期收益率为 5%时,价格为 95.92 元;当到期收益率下降为 4%时,价格上涨到 98.61元;当到期收益率上升为 6%时,价格下跌到 93.32 元。这里,到期收益率变化的幅度都是 1%,但收益率下降引起价格上涨 2.69 元,而收益率上升引起价格下跌 2.60元。

6. 债券的息票利率越低,债券的价格对市场利率的变化越敏感

如果一种债券的票面利率较低,则因到期收益率变动而引起的债券价格变动百分比会较大,即票面利率不同的两种债券,收益率变动一单位时,低票面利率债券的价格波动,会比高票面利率债券的价格波动更大。

第三节　债券投资收益

债券的收益是指债券能为债券持有人带来一定的收入。债券收益的实质是债权投资的报酬。在实际经济活动中,债券收益的存在形式包括利息收入和买卖债券的差额,前者是债券持有人在持有债券的期间按约定条件分期取得的利息或到期一次取得

的利息，后者是债券持有人卖出债券(或到期收回本金)与买入债券的价差收入。如果进一步分析这两种形式的收益，债券利息收入的数额在债券发行时已经规定了，而买卖债券的差额就不是确定的数额。原因在于，债券在市场上的转让价格要受到市场利率的影响，市场利率变化，债券价格也会相应波动。因此，债券持有人能否获得买卖债券的价差收入或价差收入的多少，要视市场情况而定。

考核债券收益情况需要用一些具体指标，如债息收益率、到期收益率、即期收益率、远期收益率等。

一、债息收益率

债息收益率是指债券每年支付的利息与债券价格的比值。它衡量了利息收入的大小，用公式表示为：

$$y = C/P \tag{8-20}$$

式中，y 为债息收益率，C 为年利息，P 为购买债券的价格。

[例 8-14]　某投资者购买了面值 1 000 元的债券，购买价格为 975 元，该债券每年支付的利息是 50 元，求该债券的债息收益率。

将上述数据代入式(8-20)，有：

$Y = 50 \div 975 = 5.13\%$

一般来说，当债券的价格越接近债券的面值时，债券的债息收益率就越接近债券的票面利率。不过，债券的债息收益率只是衡量一笔利息的收益情况，无法反映持有债券的总体收益。

二、到期收益率

到期收益率是指投资者购买债券后一直持有到期所能获得的报酬率，它的计算公式为：

$$P = \sum_{t=1}^{n} \frac{C}{(1+y)^t} + \frac{M}{(1+y)^n} \tag{8-21}$$

其中，P 为购买价格，C 为债券每期利息，n 为时期数，M 为面值。如果每年的付息次数多于一次，则求出的 y 若要转换成年利率，还要乘上每年的付息频率 m。

从式(8-21)可以看出，到期收益率就是使未来一系列现金流量等于购入价格的折现率。如果给定债券的到期收益率，可以直接按式(8-21)计算债券的价格。反过来，若已知债券价格，要计算债券到期收益率就稍有麻烦。

[例 8-15]　某债券票面利率为 5%，面额为 100 元，期限 3 年，成交价格为 96 元，

每年付息一次。若持有到期，求该债券的到期收益率。

将上述数据代入式(8-21)，有：

$$96=\sum_{t=1}^{3}\frac{100\times 5\%}{(1+y)^t}+\frac{100}{(1+y)^3}$$

为了求得 y，一般采用试错法，即采用不同的利率进行尝试，直到找出使现金流现值等于 96 元的利率为止。通过试错法，可以得到 $y=6.51\%$。

其实，在各种衡量债券收益的指标中，到期收益率是应用最广泛的指标。债券实际上是一系列现金流的组合，投资债券就是在初始时刻付出等于债券价格的本金，投资者未来会得到一系列现金流。因此，使得债券未来一系列现金流的贴现值等于债券现在价格的折现率，也就是投资者持有债券的到期收益率。下面再介绍两种具体债券的到期收益率。

1. 零息债券的到期收益率

零息债券与附息债券的区别，在于零息债券只有一笔现金流。因此，计算零息债券的到期收益率就比附息债券要简单，其公式如下：

$$y=\sqrt[n]{\frac{M}{P}}-1 \tag{8-22}$$

式中，y 为到期收益率，P 为零息债券的市场价格，M 为债券面值，n 为距离到期日的年数。

2. 半年支付一次利息债券的到期收益率

对于半年支付一次利息的债券，其到期收益率的计算方法是先按式(8-21)计算半年期的到期收益率，然后将半年期收益率乘以 2，即可得出半年支付一次利息债券的年到期收益率。这一过程也可以直接用下式表示：

$$P=\sum_{t=1}^{n}\frac{C\div 2}{(1+y\div 2)^t}+\frac{M}{(1+y\div 2)^n} \tag{8-23}$$

式中，P 为债券的购买价格，C 为债券的年利息，M 为债券面值，n 为距离到期日的年数乘以 2，y 为债券的年到期收益率。

三、赎回收益率和持有期收益率

1. 赎回收益率

对于可以赎回的债券，可以采用赎回收益率来衡量投资债券的收益情况。所谓赎回收益率，是指使得持有债券到第一个赎回日的现金流等于债券价格的折现率。采用的公式为：

$$P=\sum_{t=1}^{n}\frac{C}{(1+y)^{t}}+\frac{P_{c}}{(1+y)^{n}} \tag{8-24}$$

式中，P 为债券的购买价格，C 为债券每期利息，P_c 为赎回价格，n 为直到赎回日前的期数，y 为每期的赎回收益率。可以看出赎回收益率的计算方法和到期收益率一样，只不过债券的持有时间和到期偿还的金额不一样。前者是持有到第一赎回日，按预先确定的赎回价格偿还；后者是持有到债券的到期日，按债券的面值金额偿还。

［例 8-16］　有一面值为 1 000 元、10 年后到期的债券，半年付息一次，下一次付息在半年后。票面利率为 7%，市场价格为 950 元。假设在第五年时该债券可赎回，赎回价格为 980 元，求赎回收益率。

$$950=\sum_{i=1}^{10}\frac{35}{\left(1+\frac{y}{2}\right)^{i}}+\frac{980}{\left(1+\frac{y}{2}\right)^{10}}$$

通过上式可以求出半年期的赎回收益率为 3.95%，因此，该债券的年赎回收益率为 7.9%。

2. 持有期收益率

持有期收益率是指若债券持有人在债券到期之前把债券卖出，那么债券持有人在买入债券到卖出债券这一时间段内的收益率。所以，持有期收益率是衡量债券持有人在持有期内的收益情况。在计算方法上，持有期收益率与到期收益率是一样的，只需将式(8-21)中的 M 改为卖出价，并将 n 定义为买入与卖出之间的时期数。

由于采用试错法计算比较麻烦，若对计算精度要求不高，可以采用简便计算方法，公式为：

$$y=\left(C+\frac{P_{s}-P_{b}}{n}\right)\div P_{b} \tag{8-25}$$

式中，P_b 为债券的买入价格，P_s 为债券的卖出价格，C 为持有期内每期获得的利息收入，n 为持有的时期数，y 为持有期收益率。式(8-25)括号内第一部分为利息收入，第二部分为资本收入。利息收入必为正值，而资本收入根据买卖价格的不同可以为正值，也可以为负值，分别为资本利得与资本利失。

四、即期收益率

即期收益率更多地被称为即期利率，是指对于未来只有一笔现金流的债券，使其未来现金流的现值等于债券当前市场价格的折现率。其计算方法见式(8-26)。

$$y=\sqrt[n]{\frac{C+M}{P}}-1 \tag{8-26}$$

式中，y 为即期利率，C 为债券到期利息，M 为债券面值，P 为债券的市场价格，n 为债券剩余期限。

如果债券没有票面利率，贴现发行，则式(8-26)中的 C 为零即可。

［**例 8-17**］ 有一偿还期为 5 年的债券，面值 100 元，票面利率 4%，到期一次还本付息，现在的市场价格为 97.16 元，则其即期利率为：

$$y=\sqrt[5]{\frac{100\times 4\%\times 5+100}{97.16}}-1=4.31\%$$

由于零息债券的到期收益率也只对应于一笔现金流，所以，零息债券的到期收益率也就是其即期利率。

在债券市场上，即期利率通常不是一个能够直接观察到的市场变量，而是一个基于现金流折现法，并通过对市场数据进行分析而得到的利率。在现代金融分析中，人们运用各种先进的数学模型与计算方法，能够科学、准确地构造各种不同期限的即期利率，并将它作为金融分析与定价的基础。

五、远期收益率

远期收益率也更多地被称为远期利率，是指当前时刻双方约定好的未来某个日期开始的一段时间的借款利率。换言之，远期利率表示从将来某个时点开始，到将来另一个更远时点结束之间的收益率。通常情况下，远期利率针对的是将来两个时点之间只有一笔现金流的债券。从资金借贷角度看，远期利率是当前约定的未来借贷的均衡利率。

远期利率和即期利率之间的关系可以通过图 8-6 来表示。其中，S_1 表示当前时刻 1 年期的即期利率，S_2 表示当前时刻 2 年期的即期利率，$f_{1,2}$ 表示当前时刻约定好的 1 年之后期限为 1 年的远期利率。

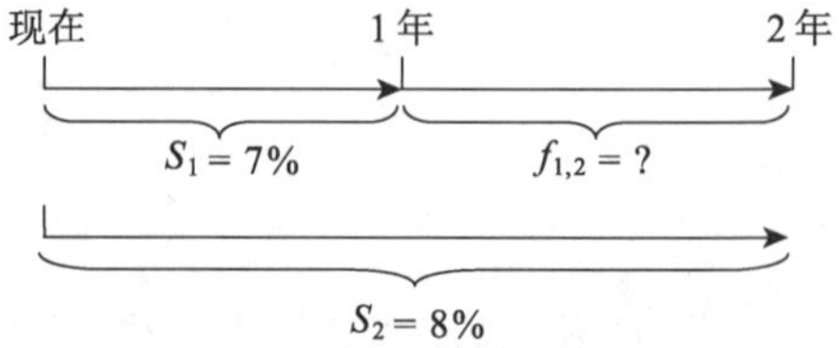

图 8-6 即期利率与远期利率的关系

假设 $S_1=7\%$，$S_2=8\%$。如果现在投资者有 1 元钱，准备投资两年，那么他可以选择两种投资策略。

第一种策略称为“到期策略”，按照两年期的即期利率进行投资，两年后的价值为 1.166 4 元，即：1 元 ×$(1+8\%)^2=1.166\ 4$ 元。

第二种策略称为“滚动投资”策略，先按照 1 年期的即期利率 $S_1=7\%$ 投资 1 年，将 1 年后的本利和再按照现在约定好的 1 年后的远期利率 $f_{1,2}$ 投资 1 年，两年后的本利和应该与第一种方案下两年后的本利和相等，即有：

$$(1+7\%)(1+f_{1,2})=(1+8\%)^2=1.166\ 4$$

因此可以得到远期利率 $f_{1,2}=9\%$。

在对远期利率下定义时通常强调远期利率是当前时刻双方就约定下来的。实际上，如果当前时刻债券市场上有两只零息债券分别为 n 年和 $(n+1)$ 年，则 n 年的即期利率 y_n 和 $(n+1)$ 年的即期利率 y_{n+1} 也就确定了，而此时对于 n 年后的一年期远期利率 $f_{n,n+1}$ 也就实质上约定了，即：

$$f_{n,n+1}=\frac{(1+y_{n+1})^{n+1}}{(1+y_n)^n}-1 \tag{8-27}$$

因此，远期利率和未来的即期利率是两个不同的概念。未来的即期利率是指未来时点上由市场决定的即期利率，只有到未来时点才可知，当前是不知道的，因此它是有风险的，它会随着市场的行情变化而变化。远期利率是当前时刻就已经确定下来的，是可以通过公式(8-27)推断出来的。由于市场利率是可能发生变化的，所以未来的即期利率不一定等于当前时刻约定的远期利率。下面再通过例子对远期利率和未来的即期利率之间的区别进行说明。

如某投资者以 10 万元的初始资金进行为期 2 年的投资，现在已知 1 年的即期利率为 7%，1 年后将本金和利息按照到时的即期利率(未来的即期利率)再投资一年。如果未来的即期利率上升到 9%，该投资者 2 年之后的本利和为 11.66 万元[10×(1+7%)(1+9%)]。如果未来的即期利率下降到 5%，该投资者 2 年之后的本利和为 11.24 万元[10×(1+7%)(1+5%)]。但是如果现在就约定一年以后的远期利率为 8%，那么无论一年以后的即期利率上升到 9%，还是下跌到 5%，投资者都会按照事先约定的 8%的利率获得收益，到期的本利总和为 11.56 万元[10×(1+7%)(1+8%)]。因此，未来的即期利率是可以变动的，而远期利率是现在双方就约定好的未来一段时间所使用的利率。一般来说，远期利率可以看成是未来即期利率的无偏估计，如果它们之间相差太大，就会有投机者进行交易，缩小利差。

六、总收益率

投资债券的收益由三部分构成：利息收入、资本利得(即买卖债券的差价)、利息的利息。当然，对于零息债券而言，不存在利息的利息，可以将其视为零。因此，计算债券的总收益率，就需要考虑这三方面的收益构成。式(8-28)是假设一年付息一次债券的总收益率公式：

$$y=\sqrt[n]{\frac{M+C\left[\frac{(1+r)^n-1}{r}\right]}{P}}-1 \tag{8-28}$$

式中，y 为投资债券的总收益率，P 为债券的购买价格，C 为债券的年利息，M 为债券面值(若中途卖出，则以卖出价计算)，n 为持有年数，r 为利息的再投资收益率。

显然，利息的再投资利率增加，总收益率也会增加。如果利息的再投资利率等于债券的到期收益率，则总收益率也等于到期收益率。

[例 8-18]　有一面值为 100 元的债券，每年付息一次，票面利率为 5%，期限 3 年。假设某投资者在市场上以 98 元的价格买入，2 年后该债券到期，投资者持有债券期间利息的再投资收益率为 6%，计算投资债券的总收益率。

$$y=\sqrt[2]{\frac{100+5\times\left[\frac{(1+6\%)^2-1}{6\%}\right]}{98}}-1=6.09\%$$

计算出的投资债券的总收益率为 6.09%。

第四节　利率期限结构

一、收益率曲线

(一) 收益率曲线的含义和形状

在每天的财经相关报纸上，都会刊登前一天不同剩余期限的国债买卖价格行情表。国债的剩余期限和发行期限是不一样的，发行期限是国债发行时就确定的债券还本期限，即从债券的起息日起至到期日止的时间。假如 2018 年记账式(一期)国债发行日为 2018 年 2 月 1 日，起息日为 2018 年 2 月 13 日，到期日是 2025 年 2 月 13 日，其发行期限是 7 年。剩余期限是当前时刻距债券到期日还剩余的时间。如当前时刻是 2019 年 2 月 13 日，2018 年记账式(一期)国债离债券到期日还有 6 年，则称 2019 年 2 月 13 日这一天 2018 年记账式(一期)国债的剩余期限是 6 年。

根据财经报纸上刊登的行情表，我们利用本章前面的知识可以计算出具体某一天不同剩余期限国债的到期收益率。

$$P=\sum_{t=1}^{n}\frac{i\times 100}{(1+y)^t}+\frac{100}{(1+y)^n} \tag{8-29}$$

其中，i 表示债券的票面利率，且假设面值为 100 元。

[例 8-19]　假设 2018 年记账式(一期)国债的票面利率为 3.95%，每年 2 月 13 日付息一次，2019 年 2 月 13 日的银行间债券市场的价格为 107.4170 元，剩余期限为 6 年，试计算到期收益率。

按照公式(8-29)，有：

$$107.4170=\sum_{t=1}^{6}\frac{3.95\%\times 100}{(1+y)^t}+\frac{100}{(1+y)^6}$$

可以得到 2019 年 2 月 13 日 2018 年记账式(一期)国债的到期收益率 y 为 2.60%。

同样道理,我们还可以计算出 2019 年 2 月 13 日这一天其他不同剩余期限国债的到期收益率。如果以 2019 年 2 月 13 日这一天各国债的剩余期限为横坐标,各国债的到期收益率为纵坐标,就可以画出 2019 年 2 月 13 日这一天不同国债的剩余期限与到期收益率之间的关系,即这一天的国债到期收益率曲线。当然,在其他交易日,也可以同样画出债券的到期收益率曲线。因此,一组信用质量相同但期限不同的债券的到期收益率和剩余期限的关系用图形描画出来的曲线,就是收益率曲线。

在债券市场上,收益率曲线有不同的形状,归纳起来,可以有如图 8-7 中的四种情形:向上倾斜的收益率曲线、向下倾斜的收益率曲线、水平的收益率曲线、隆起的收益率曲线。向上倾斜收益率曲线的含义是:债券的剩余期限越长,其到期收益率越高。向下倾斜收益率曲线的含义是:债券的剩余期限越长,其到期收益率越低。水平收益率曲线的含义是:无论债券剩余期限长短如何,各种剩余期限的债券的到期收益率完全一样。隆起收益率曲线的含义是:随着债券剩余期限长度的增加,债券到期收益率先上升后降低。

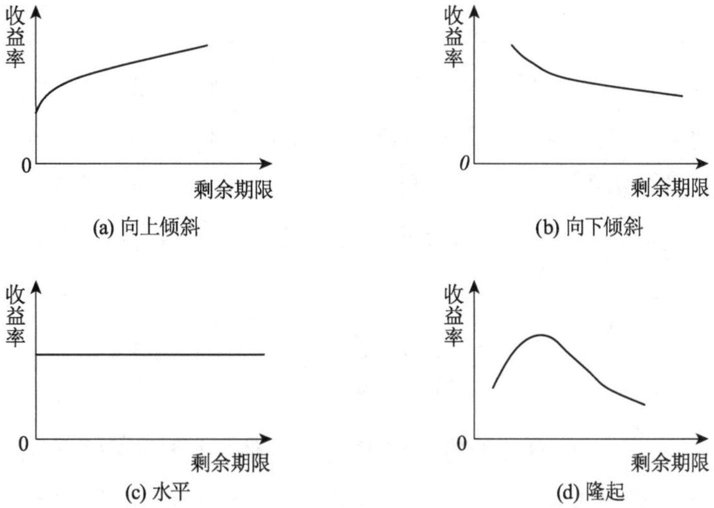

图 8-7　收益率曲线的四种情况

(二) 利率期限结构及估计

利率期限结构和收益率曲线其实是同一个问题的不同表述。利率期限结构研究的是其他因素相同、期限不同债券的收益率和到期期限之间的关系,因此,收益率曲线可以看作是利率期限结构的图形表示。不过，在债券投资领域，利率期限结构一般特指不同期限零息债券的到期收益率曲线，即针对的是即期利率。既然利率期限结构更多指不同期限零息债券的到期收益率曲线，那么从理论上讲，要画出利率期限结构，需要到债券市场上找到各种不同剩余期限的零息债券，并一一计算出它们的到期收益率。但是，市场上的零息债券一般很少，存在较多的恰恰是各种不同剩余期限的附息债券，于是，往往无法直接得到能够显示不同剩余期限零息债券的到期收益率的利率期限结构。

不过，我们可以利用附息债券采用间接的办法来求得。如本章前述，债券价格等于其未来一系列现金流量的现值之和，因此可以将附息债券“拆开来”进行贴现。这种将附息债券“拆开来”贴现的定价方法称为息票剥离法，即将附息债券剥离成若干个零息债券，附息债券的价值就等于剥离后的若干个零息债券的价值之和。例如一张 5 年期的附息国债，面值 100 元，票面利率为 4%，每年付息一次。我们可以将这张 5 年期的附息国债拆成 5 张零息债券的组合，这 5 张零息债券的面值和期限如表 8-1 所示。

表 8-1　　附息债券转换成多张零息债券

期限(年)	1	2	3	4	5
面值(元)	4	4	4	4	104

如果市场是有效率的，这 5 张零息债券的价值之和应该等于原附息债券的价值，否则就会出现套利。公式(8-30)表示，期限为 n 期的附息债券(假设面值为 100 元、票面利率为 i)的价值(公式的左端)可拆为 n 只零息债券的价值之和(公式的右端)，其中 y_1、y_2、…、y_n 分别表示剩余期限是 1 期、2 期至 n 期的零息债券的到期收益率。

$$P=\frac{100\times i}{1+y_1}+\frac{100\times i}{(1+y_2)^2}+\cdots+\frac{100\times i+100}{(1+y_n)^n} \tag{8-30}$$

由于公式(8-30)中附息债券的价格 P 可以在债券行情表中找到，附息债券的票面利率是已知的，若想求出 y_1，y_2，…，y_n，一般先要找到一只短期的零息债券和 n 只不同剩余期限的中长期附息债券，然后将附息债券按照表 8-1 进行息票剥离，并建立如下例的 n 个方程，通过解方程组得到。下面通过一个简单的例子来说明求解过程。

[例 8-20]　假设市场上存在一只零息国债和 4 只附息国债，这 5 只国债的剩余期限、每年付息次数、票面利率和价格如表 8-2 所示。

表 8-2　　5 只国债的基本情况

剩余期限(年)	票面利率	每年付息次数	价格(元)
1	0%	0	96.50
2	5%	1	100.02
3	6%	1	101.05
4	6.5%	1	102.00
5	7%	1	103.60

将 4 只附息国债进行息票剥离，并结合零息国债，可以得到如下的方程组：

$$\begin{cases} 96.5=\dfrac{100}{1+y_1} \\ 100.02=\dfrac{100\times 5\%}{1+y_1}+\dfrac{100\times 5\%+100}{(1+y_2)^2} \\ 101.05=\dfrac{100\times 6\%}{1+y_1}+\dfrac{100\times 6\%}{(1+y_2)^2}+\dfrac{100\times 6\%+100}{(1+y_3)^3} \\ 102=\dfrac{100\times 6.5\%}{1+y_1}+\dfrac{100\times 6.5\%}{(1+y_2)^2}+\dfrac{100\times 6.5\%}{(1+y_3)^3}+\dfrac{100\times 6.5\%+100}{(1+y_4)^4} \\ 103.6=\dfrac{100\times 7\%}{1+y_1}+\dfrac{100\times 7\%}{(1+y_2)^2}+\dfrac{100\times 7\%}{(1+y_3)^3}+\dfrac{100\times 7\%}{(1+y_4)^4}+\dfrac{100\times 7\%+100}{(1+y_5)^5} \end{cases}$$

根据方程组中的第一个等式，可以得到 y_1 为 3.63%，将 y_1 代入方程组中的第二个等式，就可以得到 y_2 为 5.02%；将 y_1 和 y_2 代入方程组中的第三个等式，就可以得到 y_3 为 5.67%；同理可以得到 y_4 为 6.00%，y_5 为 6.25%。因此，利率期限结构如图 8-8 所示。

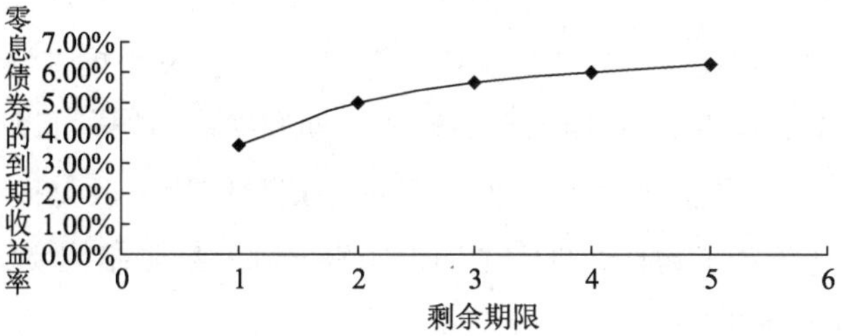

图 8-8　利率期限结构

二、利率期限结构理论

利率期限结构描述的是不同剩余期限的零息债券的到期收益率，其形状如图 8-7

所示，可以分为向上倾斜型、向下倾斜型、水平型和隆起型四种。那么，为什么利率期限结构会呈现这些形态呢？常见的有三种理论解释：无偏预期理论、流动性偏好理论和市场分割理论。

（一）无偏预期理论

无偏预期理论又称纯预期理论，它认为远期利率是人们对未来即期利率的普遍预期，如果人们预期未来的即期利率相对于现在的即期利率会上涨，则利率期限结构是向上倾斜的；如果人们预期未来的即期利率相对于现在的即期利率会下跌，则利率期限结构是向下倾斜的。

根据前述对即期利率和远期利率的分析，若 S_1 为当前时刻 1 年期的即期利率，S_2 为当前时刻 2 年期的即期利率，$f_{1,2}$ 为当前时刻约定好的 1 年之后期限为 1 年的远期利率。我们可以得到即期利率和远期利率之间的关系为：

$$(1+S_1)(1+f_{1,2})=(1+S_2)^2 \tag{8-31}$$

根据无偏预期理论，远期利率 $f_{1,2}$ 是人们对未来即期利率的普遍预期 $E(S_{1,2})$。如果人们预期未来即期利率上升，即 $E(S_{1,2})=f_{1,2}>S_1$，那么根据公式(8-31)，必然有 $S_2>S_1$，即利率期限结构呈向上倾斜的形状；如果人们预期未来即期利率下降，即 $E(S_{1,2})=f_{1,2}<S_1$，那么根据公式(8-31)，必然有 $S_2<S_1$，即利率期限结构呈向下倾斜的形状；如果人们预期未来即期利率不变，即 $E(S_{1,2})=f_{1,2}=S_1$，那么根据公式(8-31)，必然有 $S_2=S_1$，即利率期限结构呈水平形状。用无偏预期理论能很好地解释利率期限结构的这三种形状，但很难解释利率期限结构呈现的隆起形状。同时一些学者的研究发现，现实中的利率期限结构一般以向上倾斜居多，而按照无偏预期理论很难给以解释。

（二）流动性偏好理论

流动性偏好理论认为投资者一般偏好流动性好的短期债券，而不喜欢流动性差的长期债券，所以，如果想让投资者投资长期债券，必须给投资者提供比短期债券更高的利率。在流动性偏好理论下，长期利率一般比短期利率高，这样可以弥补长期债券流动性差的风险。因此，在流动性偏好理论下，利率期限结构一般是向上倾斜的。流动性偏好理论很好地解释了为什么现实中向上倾斜的利率期限结构要偏多。

（三）市场分割理论

市场分割理论认为由于法律制度、文化心理、投资偏好的不同，投资者一般会比较固定地投资于某个期限的债券，这就形成了以期限为划分标识的细分市场。即短期债券和长期债券分属于不同的市场，其利率水平完全受各自市场资金的供求关系影响，彼此之间互不影响。即使投资于其他期限的债券收益率可能会更高，市场上的投资者也不会转而投资于其他期限的市场。

因此当短期债券市场资金供求双方决定的均衡利率低于长期债券市场资金供求双方决定的均衡利率，利率期限结构就呈现向上倾斜的形状；当短期债券市场资金供求双方决定的均衡利率高于长期债券市场资金供求双方决定的均衡利率，利率期限结构就呈现向下倾斜的形状；当短期债券市场资金供求双方决定的均衡利率等于长期债券市场资金供求双方决定的均衡利率，利率期限结构就呈现水平的形状；当中期债券市场资金供求双方决定的均衡利率均高于短期和长期债券市场资金供求双方决定的均衡利率，利率期限结构就呈现隆起的形状。因此按照市场分割理论可以解释任何形状的利率期限结构。

三种利率期限结构理论在解释市场利率期限结构的实际情况时，是相互补充而不是相互排斥的关系。在实际操作中用得最多的是无偏预期理论。

本章小结

本章主要介绍了债券的定价理论。债券的价格等于预期现金流的现值，根据这一原理，影响债券定价的基本因素包括：未来现金流量产生的时间长短、决定未来利息大小的债券票面利率、未来现金流量折现所采用的折现率。其中，债券未来现金流量要考虑债券的付息特点和持有时间，而折现率一般用同类可比债券的必要收益率。

依据债券的付息特点，通常将债券分为零息债券和附息债券，前者未来只有一笔现金流，后者未来可能有多笔现金流，因此涉及利率再投资问题。由于债券的价格与债券本身的票面利率、债券的折现率（到期收益率）、债券本息支付的时间有关系。将这些关系归纳起来，可以得到如下特性：第一，债券呈现平价、溢价或折价，取决于票面利率和到期收益率的大小。第二，债券的价格与到期收益率成反比。第三，债券的价格会日益接近票面金额。第四，债券折价或溢价减少的速度将随到期日临近而逐渐增加。第五，债券到期收益率下降使其价格上涨的幅度，高于收益率同幅度上升使其价格下跌的幅度。第六，债券的息票利率越低，债券的价格对市场利率的变化越敏感。

债券的收益是指债券能为债券持有人带来一定的收入，考核债券收益情况需要用一些具体指标，如当期收益率、到期收益率等。

关键词

债券定价（Bond Pricing）	时间价值（Time Value）
终值（Future Value）	现值（Present Value）
票面利率（Face Interest Rate）	零息债券（Zero-Coupon Bonds）
附息债券（Coupon Bonds）	信用评级（Credit Ratings）
当期收益率（Current Yield）	到期收益率（Yield-to-Maturity）
赎回收益率（Yield-to-Call）	即期利率（Spot Interest Rate）

远期利率(Forward Interest Rate)　　总收益率(Total Returns)

收益率曲线(Yield Curve)

思考与练习

一、思考题

1. 影响债券定价的因素主要有哪些?

2. 债券定价采用什么基本模型?

3. 零息债券与附息债券的定价公式有什么不同?

4. 说明债券定价定理。

5. 为什么要进行债券的信用评级?

6. 债券收益率的度量可以采用哪些指标?

7. 市场利率变动对债券价格变化有什么影响?

8. 试述期限结构理论。

9. 什么是收益率曲线? 有哪些形状?

10. 什么是久期? 有哪些种类?

二、计算题

1. 设债券的票面金额为100元,票面利率为6%,期限5年,市场利率为5%。如果债券每半年付息一次,价格是多少? 如果债券每年付息一次,价格又是多少?

2. 有一附息债券,一年付息一次,期限3年,票面金额为1 000元,票面利率为4%,债券发行价为990元。该债券的当期收益率和到期收益率分别是多少?

3. 一张期限为10年的等额摊还债券,市场利率为5%,如果其价格为1 158.26元,那么每年末等额偿还的金额应该为多少元?

4. 某债券的票面金额为1 000元,票面利率为6%,期限5年,市场利率为6%,每年付息一次,如果市场利率上升1%,那么债券价格会怎样变化? 变化多少?

5. 假设市场上有若干只国债,这些国债的剩余期限、票面利率和价格如下表所示:

剩余期限(年)	票面利率	每年付息次数	价格(元)
1	0%	0	98.00
2	5%	1	101.00
3	6%	1	102.00
4	6.5%	1	102.00
5	7%	1	103.00

(1) 依据表中给出的数据,计算出不同期限的即期利率;

(2) 绘制出利率期限结构;

(3) 针对利率期限结构的形状,用无偏预期理论加以解释。

6. 沿用第5题的数据,如果无偏预期理论成立,计算1年之后两年期的即期利率的期望值。

7. 某债券的票面金额为 1 000 元，票面利率为 6.5%，期限 3 年，市场利率为 6%，每年付息一次，试计算剩余期限从 3 年到 2 年时的债券价格的变化率。

8. 考虑票面金额 1 000 元、票面利率为 8%、期限为 5 年的每年付息一次的债券。现有两种情况，到期收益率为 7%时，上升 1 个百分点所引起的债券价格变化率为多少？到期收益率为 8%时，上升 1 个百分点所引起的债券价格变化率为多少？哪种情况下债券价格变化率大？

参考文献

[1] [美]兹维·博迪等著，汪昌云等译. 投资学（原书第 10 版）[M]. 北京：机械工业出版社，2018.

[2] 上海财经大学金融学院《投资学教程》编写组. 投资学教程[M]. 上海：上海财经大学出版社，2014.

[3] 金德环. 投资银行学（第三版）[M]. 上海：格致出版社，上海人民出版社，2018.

[4] [美]弗兰克·J.法博齐. 固定收益证券手册（第六版）[M]. 北京：中国人民大学出版社，2005.

第九章　股票定价分析

引言

投资者买卖股票时总希望在股票价格被低估时买入，在股票价格被高估时卖出。何为高估？何为低估？为此，首先得确定股票的公平市场价格，以公平价格作为基准，再将股票的现时市场价格与其比较。如果股价低于估计的公平市场价格，则买入目标股票；如果股价高于估计的公平市场价格，则卖出目标股票，从而获利。

股票定价就是判断股票的市场价格和公平市场价格，确定股票公平市场价格的过程就是股票定价的分析过程。合理的股票定价分析过程需要基于决策科学的分析框架。也就是说，需要综合利用所有信息、所有可能的方法以及所有可能的定价模型来判断股票价格。

理论上，股票定价模型可以分为绝对定价模型（Absolute Valuation Model）和相对定价模型（Relative Valuation Model）。绝对定价模型建立在现金流贴现的基本思想上，认为股票的内在价值等于预期未来现金流量的现值之和。按照对现金流的不同理解，绝对定价模型可以分为股利贴现模型（Discount Dividend Model）、股权自由现金流量模型（Free Cash Flow to Equity Model）等。相对定价模型建立在“一价定理”的基础上，即相似的公司应该有相似的价值。按照比较基准的不同，相对价值模型可以分为市盈率（Price to Earnings Ratio）模型、市净率（Price to Book Value Ratio）模型和市销率（Price to Sales Ratio）模型等。

为了合理应用股票定价模型，需要深刻理解这些模型各自的优缺点及适用条件。本章第二节重点介绍了股利贴现模型和股权现金流量模型的具体应用，第三节重点介绍了三种相对定价模型的具体应用。

第一节 股票定价分析概述

一、基本概念的界定

（一）公平市场价格与现时市场价格

公平市场价格是指在法制健全、信息完全、投资者理性等完善市场上，具有理性预期的双方自愿进行资产交换或债务清偿的金额。公平市场价格通常作为股票价格分析框架中的基准价格。

市场价格是指股票市场中股票买卖的成交价格，不同时间的市场价格通常是不同的。

显然，股票的市场价格和股票的公平市场价格是完全不同的两个概念，一般情况下，股票市场价格与股票公平市场价格不同。股票价格分析最为重要的目的就是将股票市场价格与股票公平市场价格对比，买低卖高，获取收益。股票市场价格和股票公平市场价格出现差异可能有以下几个原因：

（1）由于信息不对称，投资者对于公司的未来存在不同的预期，加之非理性因素的存在，使得市场价格偏离公平市场价格。

（2）由于市场不完善，一些不法投资者或机构凭借其资金和信息优势操纵股价，使得股价出现异常波动，从而偏离公平市场价格。

（二）少数股权价格与控股股权价格

根据股东持有公司的股权比例和董事会席位的不同，上市公司有控股股东和中小股东之分。控股股东在董事会中占有较多的席位，对公司发展战略的制定、兼并重组的实施等企业重大事务决策的影响很大，能够根据自己的意愿决定企业的经营发展战略，从而增加企业的价值，因此控制权往往是存在溢价的。

但是，普通投资者由于持有股票数量较少，并不能实际地影响企业的经营发展，也就不能主动地对公司进行价值创造。如果把企业比作一辆汽车，那么控股股东就是这辆汽车的司机，而普通投资者只是车上的乘客。作为乘客的普通投资者，只有选择上下车的权力，没有操纵汽车方向盘的权力。

在股票市场上，每天交易的公司股票数量仅仅占上市公司股票总数的一小部分。因此，股价反映的只是少数股权的交易价格。控股股权的价格和少数股权的价格是存在显著差异的，最好的例子就是在控制权转让交易中，企业的股票价格往往会飙升，这其实反映的是一种控制权溢价。

本章的股票价格分析指的是少数股权价格分析，即假定拟投资公司是可持续经营的，且现有的经营管理不会发生重大变化。

（三）优先股股票价格与普通股股票价格

公司发行的股票有优先股和普通股之分。由于普通股持有者和优先股持有者的权限不同，二者在估值方面也存在很大的差异。

持有优先股意味着得到发行公司支付固定股利的承诺。股利的发放通常按季度进行，并且期限是无限的。所以从本质上讲，优先股是一种永久年金(Perpetuity)，其价值等于股利年金除以优先股的必要收益率。同时，优先股与债券一样，也是在特定的日期支付固定数额的利息，但是其不同之处在于优先股发行人并没有债券发行人到期偿还本金的义务，而且公司只有在偿付债券利息后才支付优先股股利。

由于优先股股利的不确定性高于债券，投资者对优先股要求的回报率要高于对债券的预期收益率。本章介绍的股票定价主要是针对普通股，对于优先股的讨论通常在“固定收益证券”课程中进行。

二、股票定价分析的基本思想

（一）股票绝对定价模型的基本思想

绝对定价模型是建立在现金流贴现的基本思想上的。现金流量折现的基本原则是增量现金流量原则和时间价值原则。它认为股票的公平市场价值等于预期未来现金流量的现值之和。股票绝对定价模型可以用以下公式表示：

$$P=\frac{C_1}{(1+r)}+\frac{C_2}{(1+r)^2}+\frac{C_3}{(1+r)^3}+\cdots+\frac{C_n}{(1+r)^n}+\cdots$$

$$=\sum_{i=1}^{\infty}\frac{C_i}{(1+r)^i} \tag{9-1}$$

式(9-1)中，P 为估计的股票公平市场价格，C_n 为股票第 n 期发放的股利或股权现金流量，r 为投资者要求的回报率或股权资本成本。

投资者要求的回报率是现金流量风险的函数，风险越大，投资者要求的回报率越高。在实际应用中，投资者要求的回报率通常按照无风险收益率加上股票的风险溢价来估算。无风险利率可以通过观察债券市场的国债价格数据获得，股票的风险溢价可以用风险类似资产的风险溢价替代。

实际应用中，投资者要求的回报率通常用股票预期收益率替代，借助资本资产定价模型来估计，其计算公式如下：

$$r_i=r_f+\beta_i\times(r_M-r_f) \tag{9-2}$$

［例9-1］ 已知10年期国债的收益率为4%，上证综指的收益率为20%，ABC公

司的 β 系数为 1.25，则理论上该股票投资者要求的回报率为：

$$r = 4\% + 1.25 \times (20\% - 4\%) = 24\%$$

根据现金流量的不同输入指标，股票的绝对定价模型可以进一步分为股利贴现模型、股权自由现金流量模型和剩余收益模型等。根据对现金流量的不同增长预期，股票的绝对定价模型又可以分为零增长模型、常数增长模型和多元增长模型。

（二）股票相对定价模型的基本思想

股票的相对定价模型建立在“一价定理”的基础上，即相似的公司应该有相似的价值。它有两个重要的假设前提：一是存在一个支配企业市场价值的关键变量，如净资产、净利润、销售收入等；二是能找到一个具有公平市场价格的可比公司，且市场价值与关键变量的比值，即乘数，在两家公司之间是可比的。

股票相对定价模型应用的基本做法是：首先，确定一个影响企业股票价格的关键变量；其次，寻找一个或一组可比较的类似企业，计算该可比企业的乘数或该组可比企业的平均值；最后，用目标公司的关键变量乘以该乘数，得到目标公司的公平市场价格。

按照比较基准的不同，相对价值模型可以分为市盈率（Price to Earnings Ratio）模型、市净率（Price to Book Value Ratio）模型、市销率（Price to Sales Ratio）模型等。

三、绝对定价模型与相对定价模型的比较

绝对定价模型体现了我们对价值的定义，即价值是预期现金流量的现值之和，因此具有理论上的合理性。而且，它在销售收入和费用变动的假设上也具有很强的灵活性，表现为现金流量增长率在整个期间内可以不断变化。但是，绝对定价模型存在的问题在于它高度依赖两个重要的参数的估值，即现金流量增长率和贴现率。从绝对估价的基本模型可以看出，无论是对于未来现金流量，还是投资者要求回报率的计算，均带有一定的主观性，估值结果容易受到诸多主观假设约束条件的影响。这两个参数的微小变动都将对估计出的价值产生重要影响，因此运用绝对定价模型，有可能得出大大高于或低于当前股票价格的估计值。

与绝对估价模型相比，相对估价模型在实践中得到了更为广泛的应用，这主要有以下几个原因：第一，这种以乘数和可比公司股价为基础的估价方法，与现金流贴现方法比较起来，少了很多假设约束，并且计算方便。第二，与现金流贴现方法相比，相对估价法更容易被客户理解。第三，对于一些公司，比如高科技公司，用现金流贴现方法可能无法估计其市场价值，或者估计结果难以解释市场价格，但是相对估价法则可以避免这一不足。

但是，相对估价模型也遭到了一些学者的批评，其问题主要表现在以下两个方面：

第一,相对估价模型使用的是会计盈余而不是现金流量。会计盈余作为一个会计指标,会受到不同企业采用的不同会计政策、会计方法等因素的影响,从而使得不同企业间的会计盈余缺乏可比性,而且多数企业倾向于盈余管理,因此会计盈余的真实性本身值得怀疑。第二,相对估价模型的估计建立在一年的基础上,并没有考虑到将来的变化,本年度盈余在数量上相似的公司可能以后的成长性完全不同,因而给予它们相似的估价是不合理的。

从以上的分析可以看出,绝对估价模型和相对估价模型,一个有着理论上的严密逻辑性,一个有着实用方便的特点。其实二者可以在实践中统一起来,也就是在运用相对估价模型估价时,考虑到公司未来的现金流情况,根据不同企业的特征,充分考虑到不同企业的会计方法、盈余增长和资本结构等方面的差异,选择不同的乘数,对公司进行更可靠的估价。

第二节　股票定价的绝对模型

一、股利贴现模型

股利贴现模型是绝对定价模型中最为基本也是最为重要的一种模型。它假定投资者投资于标的股票是为了获得公司未来发放的股利现金流,其基本模型如下:

$$P=\frac{D_1}{(1+r)}+\frac{D}{(1+r)^2}+\frac{D_3}{(1+r)^3}+\cdots+\frac{D_n}{(1+r)^n}+\cdots=\sum_{i=1}^{\infty}\frac{D_i}{(1+r)^i} \tag{9-3}$$

式(9-3)中,P 为估计的股票公平市场价格,D_n 为股票第 n 期发放的股利,r 为股票投资者要求的回报率。

根据对未来股利增长的不同假设,股利贴现模型可以分为零增长模型、常数增长模型和多元增长模型。

(一) 零增长模型

零增长模型(Zero-growth Model)假设公司每年发放相同数量的股利,即 $D_i=D(i=1,\ 2,\ 3,\ \cdots)$,将其代入式(9-3),可得:

$$\begin{aligned}P&=\frac{D}{(1+r)}+\frac{D}{(1+r)^2}+\frac{D}{(1+r)^3}+\cdots+\frac{D}{(1+r)^n}+\cdots\\&=D\left(\frac{1}{(1+r)}+\frac{1}{(1+r)^2}+\frac{1}{(1+r)^3}+\cdots\right)=\frac{D}{r}\end{aligned} \tag{9-4}$$

[例 9-2] 已知 ABC 公司今年每股发放股利 4.8 元,预期以后每年都保持这个股

利水平。该股票的预期收益率为24%。股票当前市场价格为22元,投资者应该买入ABC公司的股票吗?

$$P=\frac{D}{r}=\frac{4.8}{0.24}=20<22$$

故投资者不应该买入ABC公司的股票。

(二) 常数增长模型

常数增长模型(Constant-growth Model)又称为戈登模型(Gordon Model),它假设公司股利每年按照固定的增长率 g 增长,即:

$$D_i=D_{i-1}\times(1+g)=D_0\times(1+g)^i \quad (i=1,\ 2,\ 3,\ \cdots)$$

将上式代入式(9-3),可得:

$$P=\sum_{i=1}^{\infty}\frac{D_0(1+g)^i}{(1+r)^i}=D_0\left[\sum_{i=1}^{\infty}\frac{(1+g)^i}{(1+r)^i}\right]$$

当 $r>g$ 时,有:

$$P=D_0\left[\sum_{i=1}^{\infty}\frac{(1+g)^i}{(1+r)^i}\right]=D_0\left(\frac{1+g}{r-g}\right)=\frac{D_1}{r-g} \tag{9-5}$$

当 $g=0$ 时,式(9-5)与式(9-4)完全相同。实际上,零增长模型是常数增长模型的一个特例。

在运用戈登模型进行估值时,需要解决的一个问题就是股利增长率的估算。假定公司本期和上期的派息比例为 b_1 和 b_0,当期和上期净利润为 R_1 和 R_0,当期和上期的股利为 D_1 和 D_0,股利增长率为 g,则:

$$\begin{aligned}g&=\frac{D_1-D_0}{D_0}=\frac{R_1\times b_1-R_0\times b_0}{R_0\times b_0}\\&=\frac{ROE_1\times Equity_0\times b_1-ROE_0\times Equity_{-1}\times b_0}{ROE_0\times Equity_{-1}\times b_0}\end{aligned} \tag{9-6}$$

式中,ROE_1 和 ROE_0 分别为本期和上期的净资产收益率,$Equity_0$ 和 $Equity_{-1}$ 分别为上期和上上期的净资产。由于公司进入稳定经营阶段,所以我们假定公司的股利政策不变即派息比例恒等于常数 b,净资产收益率稳定在 ROE,且公司不打算发行股票等进行外部融资。这样式(9-6)可以写成:

$$\begin{aligned}g&=\frac{ROE_1\times Equity_0\times b_1-ROE_0\times Equity_{-1}\times b_0}{ROE_0\times Equity_{-1}\times b_0}\\&=\frac{Equity_0-Equity_{-1}}{Equity_{-1}}=\frac{R_0(1-b)}{Equity_{-1}}\\&=ROE(1-b)\end{aligned} \tag{9-7}$$

[例 9-3] 已知ABC公司已经进入平稳的经营阶段,净资产收益率维持在20%,该公司今年刚刚派放了4.8元/股的现金股利。根据公司计划,今后每年将净利润的60%派放现金股息,且不再发行股票进行外部融资。贴现率为24%。请为该股票估价。

$$g = ROE(1-b) = 0.2 \times 0.4 = 0.08$$

$$P = \frac{4.8 \times (1+0.08)}{0.24-0.08} = 32.4(\text{元})$$

(三)多元增长模型

对于处于稳定的经营环境之中的企业而言,常数增长模型可以比较好地估计其股票价格。但是,吸引投资者的往往是处于不稳定增长期的企业,对于这些企业来说,股利的发放不可能一直不变。

微观经济学中竞争均衡理论认为,在完善的市场中,任何企业都不可能永远获得超额利润。当行业存在超额利润时,会吸引更多的企业进入这个行业,供给的增加带来价格水平的降低,进而导致利润水平的降低。当行业利润水平低于平均水平时,现有的企业会退出这个行业,供给减少带来价格水平上升,导致利润水平提高。可以说,绝大多数企业经过异常增长后都会进入一个稳定发展期。

根据竞争均衡理论的思想,可以将预测时间划分为两个时期:第一个时期称为详细预测期或预测期,在此期间企业的发展是不平稳的,所以对每年的股利进行详细预测。一般来说,处于高速成长期的公司需要大量的现金支出,倾向于发放较少的现金股利。第二个时期称为永续期或后续期,在这个阶段公司进入一个稳定发展时期,股利增长率维持在一个常数水平。判断企业进入稳定状态的主要标志有两个:(1)具有稳定的销售增长率,它大约等于宏观经济的名义增长率;(2)具有稳定的投资回报率,大约等于企业的资本成本。实务中的详细预测期通常为5-7年,一般不超过10年。

如果一家公司首先经历一个高增长(或低增长)阶段,然后达到一个稳定增长状态,这就是所谓的二阶段增长模型(Two-stage Discount Model);如果一家公司首先经历一个高增长(或低增长)阶段,然后增速逐渐下降(或上升,也称为转换阶段),最后达到一个稳定增长状态,这就是所谓的三阶段模型(Three-stage Discount Model)。假设贴现率为 r,永续期的股利增长率保持在常数 g,则二阶段模型可以用式(9-8)来表示:

$$P = \frac{D_0(1+g_1)}{(1+r)} + \frac{D_1(1+g_2)}{(1+r)^2} + \frac{D_2(1+g_3)}{(1+r)^3} + \cdots + \frac{D_{t-1}(1+g_t)}{(1+r)^t} + \frac{D_t(1+g)}{(1+r)^t(r-g)} \tag{9-8}$$

式中,非稳定期的股利增长率分别为 g_1, g_2, …, g_t。

如果假设 $g_1=g_2=\cdots=g_{t-1}=g_t=g'$,则式(9-8)可进一步简化为:

$$P=\sum_{i=1}^{t}\frac{D_0(1+g')^i}{(1+r)^i}+\frac{D_0(1+g')^t(1+g)}{(1+r)^t(r-g)} \tag{9-9}$$

三阶段模型可以用式(9-10)来表示:

$$\begin{aligned}P=&\frac{D_0(1+g_1)}{(1+r)}+\frac{D_1(1+g_2)}{(1+r)^2}+\frac{D_2(1+g_3)}{(1+r)^3}+\cdots+\frac{D_{t-1}(1+g_t)}{(1+r)^t}+\\&\frac{D_t(1+g_{t+1})}{(1+r)^{t+1}}+\frac{D_{t+1}(1+g_{t+2})}{(1+r)^{t+2}}+\frac{D_{t+2}(1+g_{t+3})}{(1+r)^{t+3}}+\cdots+\\&\frac{D_{t+n-1}(1+g_{t+n})}{(1+r)^{t+n}}+\frac{D_{t+n}(1+g)}{(1+r)^{t+n}(r-g)}\end{aligned} \tag{9-10}$$

式中,非稳定期的股利增长率分别为 g_1, g_2, …, g_t, g_{t+1}, …, g_{t+n}。其中 g_1, g_2, …, g_t 为增长(降低)阶段股利增长率,g_{t+1}, …, g_{t+n} 为降低(增长)阶段股利增长率。

如果假定 g_1, g_2, …, $g_t=g'$, g_{t+1}, …, $g_{t+n}=g''$,且 $g'\neq g''\neq g$,则式(9-10)可进一步简化为:

$$\begin{aligned}P=&\sum_{i=1}^{t}\frac{D_0(1+g')^i}{(1+r)^i}+\sum_{i=1}^{n}\frac{D_0(1+g')^t(1+g'')^i}{(1+r)^{t+i}}+\\&\frac{D_0(1+g')^t(1+g'')^n(1+g)}{(1+r)^{t+n}(r-g)}\end{aligned} \tag{9-11}$$

[例 9-4] ABC 公司正处于高速成长阶段,2017 年净资产收益率高达 60%,2018 年到 2019 年都维持这一盈利水平,为了充分利用高速增长机遇,董事会决定 2018 年到 2019 年仅将上年度净利润的 10%用于发放现金股利,其他资金用来扩大再生产。2020 年及之后,更多的厂商进入公司所处的行业,竞争的加剧使得产品价格下降,净资产收益率将下降到 20%,并在以后保持这个水平,现金股利派发比例相应提高到 60%的水平。公司 2018 年刚刚派发了 0.48 元每股的现金股利。股票的贴现率为 24%,不考虑外部融资。请为 ABC 股票估价。

要为处于高速成长阶段的 ABC 公司股票估价,需要计算出每个阶段的每股净利润以及每股股利。

2017 年每股净利润:0.48÷0.1=4.8(元)

2018 年每股净利润:4.8+4.8×(1−0.1)×0.6=7.392(元)

2019 年每股股利:7.392×0.1=0.739 2(元)

2019 年每股净利润：7.392＋7.392×(1－0.1)×0.6＝11.384(元)

2020 年每股股利：11.384×0.1＝1.138 4(元)

2020 年每股净利润：11.384＋11.384×(1－0.1)×0.6＝17.531(元)

2021 年每股股利：17.531×0.6＝10.519(元)

2021 年每股净利润：17.531×(0.2÷0.6)＋17.531×(1－0.6)×0.2＝7.246(元)

2022 年每股股利：7.246×0.6＝4.348(元)

之后公司的每股股利以 0.2×(1－0.6)＝8％的速度递增，故股票价格为：

$$P=\frac{0.739\,2}{1+0.24}+\frac{1.138\,4}{(1+0.24)^2}+\frac{10.519}{(1+0.24)^3}+\frac{4.348}{(1+0.24)^3(0.24-0.08)}$$

$$=21.107(\text{元})$$

［例 9-5］ 假定尽管 2016 年有更多厂商进入公司所处行业，但是由于进入到规模化生产需要一定的时间，预计 2021—2022 年价格下降幅度有限，公司的净资产收益率还可以维持在 50％的高位，派放的现金股利比例为上一年度净利润的 30％。2018 年及之后，由于大量增加的产品供应，价格大幅下跌，预计公司的净资产收益率水平下降到 20％，并在以后年度保持不变，相应的现金股利发放比例提高到 60％。其他条件如例 9-4，请为该股票估价。

2017 年每股净利润：0.48÷0.1＝4.8(元)

2018 年每股净利润：4.8＋4.8×(1－0.1)×0.6＝7.392(元)

2019 年每股股利：7.392×0.1＝0.7392(元)

2019 年每股净利润：7.392＋7.392×(1－0.1)×0.6＝11.384(元)

2020 年每股股利：11.384×0.1＝1.1384(元)

2020 年每股净利润：11.384＋11.384×(1－0.1)×0.6＝17.531(元)

2021 年每股股利：17.531×0.3＝5.259(元)

2021 年每股净利润：17.531×(0.5÷0.6)＋17.531×(1－0.3)×0.5＝20.745(元)

2022 年每股股利：20.745×0.3＝6.224(元)

2022 年每股净利润：20.745＋20.745×(1－0.3)×0.5＝28.006(元)

2023 年每股股利：28.006×0.6＝16.803(元)

2023 年每股净利润：28.006×(0.2÷0.5)＋28.006×(1－0.6)×0.2＝13.443(元)

2024 年每股股利：13.443×0.6＝8.066(元)

之后，公司的每股股利以 0.2×(1－0.6)＝8％的速度递增，故股票价格为：

$$P=\frac{0.739\,2}{1+0.24}+\frac{1.138\,4}{(1+0.24)^2}+\frac{5.259}{(1+0.24)^3}+\frac{6.224}{(1+0.24)^4}+\frac{16.803}{(1+0.24)^5}$$

$$+\frac{8.066}{(1+0.24)^5(0.24-0.08)}=29.655(\text{元})$$

二、股权现金流量模型

由于股利贴现模型除了受到企业经营状况的影响之外，还受到企业股利政策的制约，而且企业的股利政策受到多种因素的影响而较难预测。实务中，通常运用股权现金流替代股利现金流来进行股票的定价分析。

股权现金流量(Free Cash Flow to Equity)是指公司自由现金流量(Free Cash Flow to Firm)扣除与付息债务(债权人)相联系的现金流量之后，可以自由向股东发放的现金流量。公司自由现金流量是指满足了企业经营营运资本变动和资本投资需要之后，可以用来自由向公司债权人和股东发放的现金流量。下面我们给出了计算股权现金流量的详细步骤。这里我们先对计算过程中用到的几个基本概念进行简单说明(具体可参考财务管理专业教材)。经营营运资本指的是经营流动资产与经营流动负债的差额。经营流动资产包括生产经营必须持有的现金及其等价物(又称为经营现金)、应收账款及存货等科目。经营流动负债包括应付账款、不需要付息的其他短期债务等。资本投资是指用于购置各种长期资产(如长期股权投资、固定资产、无形资产等)的支出，减去无息长期负债的增加额。经营营运资本的变动和资本投资构成企业的总投资。①

1. 计算没有经营营运资本变动和资本投资时，可向投资者(包括债券投资者和股权投资者)分配的现金流量(即经营现金毛流量)。

经营现金毛流量＝税后经营利润＋折旧与摊销

税后经营利润＝(销售收入－销售成本－管理及销售费用－折旧与摊销)×(1－所得税率)②

2. 计算经营营运资本的变动和资本投资。③

经营营运资本＝经营流动资产－经营流动负债

经营营运资本的变动＝本期经营营运资本－上期经营营运资本

资本投资＝(本期经营长期资产－上期经营长期资产)－(本期无息长期负债－上期无息长期负债)

---

① 资产及负债可以划分为经营类和金融类。经营资产(或负债)是指直接用于生产经营活动的资产和负债如应收(付)账款，划分经营资产(或负债)的主要标志是有无利息，如果能取得利息，则为金融资产(负债)。

② 这里之所以不考虑资产减值损失、公允价值变动及营业外收支等非经常损益类科目，主要是因为这些科目通常不具有可持续性。

③ 这里的资产类科目均指其账面原值，未经过资产减值准备(如坏账准备、存货跌价准备、固定资产减值准备及无形资产减值准备等)及累计折旧等备减科目的调整。由于资产负债表中这些科目是按扣除备减科目后的账面净额填列(如固定资产净额为固定资产扣除累计折旧及固定资产减值准备后的数值)，所以直接运用资产负债表的数据计算经营营运资本变动及资本投资时还需进行备减科目的调整。

3. 计算自由现金流量。

自由现金流量＝经营现金毛流量－经营营运资本的变动－资本支出
＝(销售收入－销售成本－管理及销售费用－折旧与摊销)×
(1－所得税率)＋折旧与摊销－(本期经营营运资本
－上期经营营运资本)－(本期经营长期资产－上期经营长期资产
－无息长期负债的增加)

4. 计算股权现金流量。

股权现金流量＝自由现金流量－债权人现金流量
＝自由现金流量－税后利息支出－偿还债务本金＋新借债务

得到股权现金流量后，将其代入现金流量折现模型，便得到估算的股票价格。股权现金流量模型也分为零增长模型、常数增长模型、多元增长模型等，具体形式与股利贴现模型一样，只是这里用来贴现的不再是股利，而是股权现金流量。以下是股权现金流量贴现模型的一般形式：

$$P=\sum_{i=1}^{\infty}\frac{FCFE_i}{(1+r)^i} \tag{9-12}$$

式中，$FCFE$ 指的是股权现金流量，r 指的是股权资本成本。

为了便于读者更好地理解以上计算过程，下面给出具体计算实例。

[例 9-6] 表 9-1 和表 9-2 分别是 ABC 公司 2020 年的资产负债表及利润表。

表 9-1　ABC 公司 2020 年资产负债表　单位：万元

项目	2020 年	2019 年
货币资金	40	20
其中：经营现金	20	10
其他流动资产	570	500
其中：经营流动资产	500	430
固定资产(原值)	700	600
累计折旧	170	120
固定资产净值	530	480
其他长期资产	290	300
其中：经营长期资产	260	270
长期资产合计	820	780
资产总计	1 430	1 300

（续表）

项目	2020 年	2019 年
流动负债	400	350
其中：经营流动负债	80	70
长期负债	525	510
其中：无息长期负债	180	100
股本	400	400
未分配利润	105	40
负债及股东权益合计	1 430	1 300

注：假定所有资产类科目本期均未计提减值准备。

表 9-2　　ABC 公司 2020 年利润表　　单位：万元

项目	本期数
一、营业收入	1 280
减：营业成本	900
营业和管理费用(不含折旧和摊销)	120
折旧费用	50
摊销费用	10
财务费用	20
加：投资收益	0
二、营业利润	180
加：营业外收入	0
减：营业外支出	0
三、利润总额	180
减：所得税费用(25%)	45
四、净利润	135
每股收益(元)	1.35

注：假定财务费用全部为利息费用。

问题：

1. 请根据以上提供的数据，计算 ABC 公司 2020 年度的自由现金流量、股权现金流量。

2. 由于 ABC 公司处于稳定发展阶段，预计以后每年股权现金流量以 10%的速度增长，公司股权投资成本为 15%，请为 ABC 股票估价。

税后经营利润 $=(1\,280-900-120-50-10)\times(1-25\%)=150$(万元)

经营现金毛流量 $=150+50+10=210$(万元)

经营营运成本的变动 $=(20+500-80)-(10+430-70)=70$(万元)

资本投资 $=(260-270)-(180-100)=-90$(万元)

自由现金流量 $=210-70-(-90)=230$(万元)

股权现金流量 $=230-20\times(1-25\%)+[(400-80+525-180)-(350-70+510-100)]=190$(万元)

每股股权现金流量 $=190\div100=1.9$(元)

$$P=\frac{1.9\times1.1}{15\%-10\%}=41.8(\text{元})$$

实务中,对于多元增长股权现金流量模型,通常首先要根据一定的规则(如销售百分比法)及目标资本结构、股利政策等预测公司未来的资产负债表、利润表甚至现金流量表,再根据这些预测的财务报表计算自由现金流量或股权现金流量,进行股票定价分析。为了简便,这里不介绍预测财务报表的具体内容,读者可自行参考相关书籍。

第三节 股票定价的相对模型

一、市盈率模型

(一) 基本模型

每股股价与每股净利润的比值称为市盈率。如果每股净利为本期数据,则为本期市盈率。如果每股净利为预期每股净利,则为预期市盈率(或称为内在市盈率)。

$$PE_0=\frac{P}{EPS_0} \tag{9-13}$$

$$PE_1=\frac{P}{EPS_1} \tag{9-14}$$

式中,EPS_0 和 PE_0 分别为本期每股净利和本期市盈率,EPS_1 和 PE_1 分别为预期每股净利和预期市盈率。

市盈率模型假定支配公司股价的因素是每股净利润,即股票市价是每股净利润的一定倍数,且同类企业具有相似的市盈率。故目标企业的市价可以用每股净利乘以可比企业的市盈率计算。这里隐含了一个假设,即可比企业的市盈率水平是公平的,为了减少利用单一可比企业市盈率进行错误估价的风险,通常选择一组可比企业,用其平均市盈率为公司股票估价。

目标企业股价＝可比企业平均市盈率×目标企业每股净利

（二）模型驱动因素

明确了市盈率的基本模型，接下来最重要的工作就是为目标企业寻找一个或一组可比企业。为了正确地寻找可比企业，就必须明确驱动市盈率模型的重要因素。

根据常数股利增长模型①，股票的公平市场价格为：

$$P_0=\frac{D_1}{r-g} \tag{9-15}$$

式中，D_1 为未来第一期的每股股利，r 为股权资本成本，g 为股利永续增长率。假定 EPS_0 为本期每股净利润，股利支付率恒为 b。本期市盈率 PE_0 为②：

$$PE_0=\frac{P_0}{EPS_0}=\frac{D_1\div EPS_0}{r-g}=\frac{[EPS_0\times b\times(1+g)]\div EPS_0}{r-g}=\frac{b\times(1+g)}{r-g} \tag{9-16}$$

式(9-16)表明，影响市盈率的主要因素是股利支付率、股利增长率和股权投资成本，这三个因素类似的企业，才会有类似的市盈率。其中股利增长率可以看成企业成长性的代理变量，是影响市盈率最为重要的因素。

实际中，寻找以上三个因素类似的可比上市公司往往非常困难，经常找不到足够的可比企业，解决的办法之一就是选择用修正的市盈率估价。

修正的市盈率＝实际市盈率÷(预期净利润增长率×100)

（三）优缺点

1. 市盈率模型的优点。首先，投资者投资股票，买的是公司的未来盈利。市盈率模型将股价与公司盈利直接联系起来，有着简单实用的特点。其次，运用市盈率模型对股票进行估价时，必须综合考虑公司的成长性(股利增长率)、风险补偿水平(股权投资成本)及公司股利政策(股利支付率)的影响，市盈率模型具有较高的综合性。

2. 市盈率模型在运用时也存在一定的问题。首先，如果公司盈利为负，则市盈率模型失效。如面临极大经营压力而存在资产清算风险的企业。其次，除了企业特征以外，市盈率水平受到大盘走势的影响。通常，强周期行业的企业的市盈率波动性较大(见图 9-1)。由于系统性风险往往不容易预测，故运用市盈率模型进行估价时受到一定的制约。最后，公司净利润容易被企业操纵，所以运用市盈率模型进行估价时，要充

---

① 也可以用多元增长模型进行推导，得出的基本结论都不会改变，只不过模型的形式更加复杂。市净率模型、市销率模型同。

② 用预期市盈率模型进行推导，得出的基本结论不会改变。市净率模型、市销率模型同。

分验证企业盈利的真实性和可持续性。

图 9-1　2011-2012 年全部 A 股及有色金属冶炼市盈率变化

二、市净率模型

（一）基本模型

每股股价与每股净资产的比值称为市净率。如果每股净资产为本期数据，则为本期市净率。如果每股净资产为预期每股净资产，则为预期市净率（或称为内在市净率）。

$$PB_0 = \frac{P}{BPS_0} \tag{9-17}$$

$$PB_1 = \frac{P}{BPS_1} \tag{9-18}$$

式中，BPS_0 和 PB_0 分别为本期每股净资产和本期市净率，BPS_1 和 PB_1 分别为预期每股净资产和预期市净率。

市净率模型假定支配公司股价的因素是每股净资产，即股票市价是每股净资产的一定倍数，且同类企业具有相似的市净率。故目标企业的市价可以用每股净资产乘以可比企业的市净率计算。其实，这里隐含了一个假设，即可比企业的市净率水平是公平的。同市盈率模型一样，为了减少利用单一可比企业市净率进行错误估价的风险，通常选择一组可比企业，用其平均市净率为公司股票估价。

目标企业股价＝可比企业平均市净率×目标企业每股净资产

（二）模型驱动因素

明确了市净率的基本模型，接下来最重要的工作就是为目标企业寻找一个或一组可比企业。为了正确地寻找可比企业，就必须明确驱动市净率模型的重要因素。

根据常数股利增长模型，股票的公平市场价格为：

$$P_0 = \frac{D_1}{r-g} \tag{9-19}$$

式中，D_1 为未来第一期的每股股利，r 为股权资本成本，g 为股利永续增长率。假定 BPS_0 为本期每股净资产，股利支付率恒为 b。本期市净率 PB_0 为：

$$PB_0 = \frac{P_0}{BPS_0} = \frac{D_1 \div BPS_0}{r-g} = \frac{[EPS_0 \times b \times (1+g)] \div BPS_0}{r-g}$$
$$= \frac{ROE_0 \times b \times (1+g)}{r-g} \tag{9-20}$$

式中，ROE_0 表示本期的净资产收益率。

式(9-20)表明，影响市净率的主要因素是股利支付率、股利增长率、净资产收益率和股权投资成本，这四个因素类似的企业，才会有类似的市净率。其中净资产收益率可以看成企业盈利性的代理变量，是影响市净率最为重要的因素。

同市盈率模型一样，寻找以上四个因素类似的可比上市公司往往非常困难，经常找不到或找不到足够的可比企业，解决的办法之一是选择用修正的市净率估价。

$$修正的市净率 = 实际市净率 \div (预期净资产收益率 \times 100)$$

（三）优缺点

运用市净率模型的优点主要有以下几个方面。首先，对于极易通过资产重置来复制盈利的企业，市净率能很好地反映其价值。其次，对于亏损的企业，同样可以市净率模型进行估值。最后，净资产较净利润更为稳定，不容易出现大的波动。

市净率模型的运用同样存在一些缺点。首先，尽管净资产不像净利润那样容易受到人为操纵，但是净资产受到各家公司会计政策的影响，因此企业的净资产缺乏可比性。其次，对于垄断性行业或者高科技行业，由于很难通过资产重置的方法获得相应的盈利，所以市净率的比较没有实际意义。

三、市净率模型

（一）基本模型

每股股价与每股销售收入的比值称为市销率，也常称为收入乘数。如果每股销售收入为本期数据，则为本期收入乘数。如果每股销售收入为预期每股销售收入，则为预期收入乘数(或称为内在收入乘数)。

$$PS_0 = \frac{P}{SPS_0} \tag{9-21}$$

$$PS_1 = \frac{P}{SPS_1} \tag{9-22}$$

式中，SPS_0 和 PS_0 分别为本期每股销售收入和本期收入乘数，SPS_1 和 PS_1 分别为预期每股销售收入和预期收入乘数。

收入乘数模型假定支配公司股价的因素是每股销售收入，即股票市价是每股销售收入的一定倍数，且同类企业具有相似的收入乘数。故目标企业的市价可以用每股销售收入乘以可比企业的收入乘数计算。这里隐含了一个假设，即可比企业的收入乘数估值水平是公平的，为了避免利用单一可比企业收入乘数进行错误估价的风险，通常选择一组可比企业，用其平均收入乘数为公司股票估价。

目标企业股价＝可比企业平均收入乘数×目标企业每股销售收入

（二）模型驱动因素

我们同样可以根据常数股利增长模型找出收入乘数模型的驱动因素，以此来确定与目标企业对应的可比企业。

根据常数股利增长模型，股票的公平市场价格为：

$$P_0 = \frac{D_1}{r-g} \tag{9-23}$$

式中，D_1 为未来第一期的每股股利，r 为股权资本成本，g 为股利永续增长率。假定 SPS_0 为本期每股销售收入，股利支付率恒为 b。本期收入乘数 PS_0 为：

$$\begin{aligned} PS_0 &= \frac{P_0}{SPS_0} = \frac{D_1 \div SPS_0}{r-g} = \frac{[EPS_0 \times b \times (1+g)] \div SPS_0}{r-g} \\ &= \frac{NPM_0 \times b \times (1+g)}{r-g} \end{aligned} \tag{9-24}$$

式中，NPM_0 为本期的销售净利率。

式(9-24)表明，影响收入乘数的主要因素是股利支付率、股利增长率、销售净利率和股权投资成本，这四个因素类似的企业，才会有类似的收入乘数。其中销售净利率是影响收入乘数最为重要的因素。实际中，投资者通常选择用修正的收入乘数进行估价，以克服找不到足够的在以上四个因素方面类似的可比公司的困难。

修正的收入乘数＝实际收入乘数÷(预期销售净利率×100)

（三）优缺点

收入乘数模型的优点是：首先，企业的销售收入处于利润表的最顶端，相对于净利润更不容易被操纵，且企业销售收入对企业价格政策、经营战略等的变化较为敏感，能较好地反映企业价值的变化。其次，当企业亏损或资不抵债时，收入乘数仍然适用。

收入乘数模型的主要缺点是没有反映企业成本的变化，而成本控制能力是决定企业价值一个非常重要的因素。另外，强周期行业的企业销售收入波动较大，从而有着像市盈率模型一样的缺点，即收入乘数容易受到系统性风险的影响。

四、其他模型

相对定价模型种类繁多，凡是可以用来估计股票价格的模型都可以放在这类模型中。例如，对于初创期的公司，公司经营没有任何现金流收入，当然谈不上计算公司的市盈率、市净率等。风险投资基金投资时为了计算投入资金应该获得的股权比例，可以根据预期公司股票将来可能的市场价值进行决策，即采用"市梦率"估算公司股票价值。

五、相对定价模型的应用

相对定价模型是通过一系列指标（如市盈率、市净率等）来计算股票的价值。为了正确运用这一方法，我们要对各个指标进行比较与分析，还要了解这些指标的影响因素，以及这些指标之间存在差异的原因。具体来说，在运用相对定价模型时，第一步要比较公司的估值指标与市场整体、所在行业或同行业内其他公司的对应指标，考察公司估值指标的相对水平。目的在于理解这些指标之间的逻辑关系。在第二步中，我们要试图去解释这种关系。要做到这一点，我们必须知道每个具体估值指标的决定因素是什么，然后将该股票的这些指标与市场整体、行业和其他股票的对应指标进行比较。

[例 9-7]　表 9-3 给出了在上海证券交易所挂牌的化学制药行业上市公司 2020 年 12 月 13 日的估值情况，请根据下表分别运用市盈率模型、市净率模型及收入乘数模型为现代药业估值。已知现代药业 2020 年 12 月 13 日的收盘价为 11.51 元，请问哪种估价模型估价效果最好，为什么？怎样对其他估价模型进行修正？

表 9-3　　化学制药行业上市公司 2020 年 12 月 13 日收盘价及 2020 年年度主要财务指标预测值

单位：元

证券简称	收盘价	每股盈余	每股净资产	每股销售收入	每股销售收入增长率(%)	净资产收益率(%)	销售净利率(%)
海正药业	13.98	0.42	5.74	7.15	16.32	8.06	5.87
浙江制药	18.83	1.90	10.78	9.88	6.46	18.34	19.23
天药股份	4.68	0.19	3.24	2.95	13.09	5.90	6.44
华海药业	10.27	0.57	3.32	3.72	11.35	17.53	15.32
双鹤药业	20.17	1.06	8.25	13.52	21.13	12.75	7.84
中恒集团	8.49	0.68	2.34	1.50	42.78	29.22	45.33

（续表）

证券简称	收盘价	每股盈余	每股净资产	每股销售收入	每股销售收入增长率(%)	净资产收益率(%)	销售净利率(%)
三精制药	7.55	0.52	3.63	6.66	7.19	14.40	7.81
恒瑞医药	28.34	0.88	4.22	4.50	22.41	21.35	19.56
平均数					17.59	15.94	15.93
现代制药		0.52	3.23	7.01	17.66	15.85	7.42

首先，根据表 9-3 提供的数据，我们可以计算每只股票的预期市盈率、预期市净率、预期收入乘数及它们的平均数，如表 9-4 所示。

表 9-4　　化学制药行业上市公司主要指标

证券简称	预期市盈率	预期市净率	预期收入乘数
海正药业	33.29	2.44	1.96
浙江制药	9.91	1.75	1.91
天药股份	24.63	1.44	1.59
华海药业	18.02	3.09	2.76
双鹤药业	19.03	2.44	1.49
中恒集团	12.49	3.63	5.66
三精制药	14.52	2.08	1.13
恒瑞医药	32.20	6.72	6.30
平均	20.51	2.95	2.85

预期市盈率模型：$20.51 \times 0.52 = 10.67$（元）

预期市净率模型：$2.95 \times 3.23 = 9.53$（元）

预期收入乘数模型：$2.85 \times 7.01 = 19.98$（元）

为什么预期市盈率模型的估价效果最好？这是因为现代药业每股销售收入的增长率（17.66%）与行业平均每股销售收入的增长率（17.59%）较为接近，而销售净利率相差较大（现代药业为 7.42%，行业平均为 15.93%）。另外，医药行业由于科技含量较高，净资产的绝对大小不一定能完全反映其盈利能力的强弱（这可以从行业内净资产收益率较大的差异看出），所以相对于市净率模型，市盈率模型更适合于医药行业的估值。

理论上，我们可以对市盈率模型、市净率模型和收入乘数模型进行修正，从而得到更为准确的估值。

修正的市盈率模型：$(20.51 \div 17.59) \times 17.66 \times 0.52 = 10.71$（元）

修正的市净率模型：(2.95÷15.94)×15.85×3.23＝9.47(元)

修正的收入乘数模型：(2.85÷15.93)×7.42×7.01＝9.31(元)

由上面的计算结果可以看出修正的收入乘数模型的确更好地预测了股票的价格，但是，修正的市净率模型预测的结果与原先相比，反而更差了。这主要是因为，我们对模型的修正仅限于水平值(或均值)的修正，没有考虑到行业内的差异结构等其他因素。在医药行业，净资产收益率的差异较大，所以对模型进行简单的均值修正未必能取得较好的效果。

这个例题告诉我们，在运用具体的估值模型进行定价分析时，事先对目标公司及可比公司和所处行业进行认真研究是非常重要的，只有真正理解了行业以及企业的商业模式(包括业务模式、盈利模式等)，才能灵活地运用理论模型进行估值，而不仅限于数字上的游戏。

本章小结

本章首先界定了股票定价分析中容易混淆的几个基本概念，在这个基础上，阐述了股票定价分析中绝对定价模型和相对定价模型的基本思想，这些基本思想是非常重要的，后面章节都可以看作是它们的具体应用。接下来，我们讲解了股利贴现模型和股权现金流量模型的具体应用。股利贴现模型包括零增长模型、常数增长模型和多元增长模型等。由于企业的股利政策通常较难预测，所以实务中大多运用股权现金流模型进行绝对估值。基本做法是，根据对企业经营环境、产品市场及其商业模式等的分析，设定一定的预测准则(如销售百分比法)，并对公司未来的财务报表进行预测，然后根据预测好的财务报表计算公司的股权现金流量，对其进行贴现求和，便得到理论上的公平市场价格。

尽管绝对定价模型具有严密的理论逻辑性，但由于涉及过多的预测及假设，运用起来较为复杂。在股票市场上，投资者(特别是普通投资者)更多采用的是相对定价模型，具体可分为市盈率模型、市净率模型和市销率模型等。由于投资者投资股票本质上买的是公司的未来盈利，所以市盈率模型在实务中最受欢迎。但是，市盈率模型、市净率模型及市销率模型之间有着内在的一致性，并不矛盾，表现为市盈率乘以净资产收益率为市净率，市盈率乘以销售净利率为收入乘数。

关键词

绝对定价模型(Absolute Valuation Model)　相对定价模型(Relative Valuation Model)

股利贴现模型(Discount Dividend Model)　企业自由现金流量(Free Cash Flow to Firm)

股权自由现金流量(Free Cash Flow to Equity)　市盈率(Price to Earnings Ratio)

市净率(Price to Book Value Ratio)　市销率(Price to Sales)

思考与练习

一、思考题

1. 为什么现时市场价格会偏离公平市场价格？当现时市场价格与公平市场价格出现差异时，我们怎样进行投资决策？

2. 一般情况下，股票市场上交易形成的股票价格代表的是少数股权价格还是控股股权价格？为什么二者会出现差异？

3. 绝对定价模型的基本思想是什么？具体可以分为哪几类？

4. 相对定价模型的基本思想是什么？具体可以分为哪几类？

5. 进行股票绝对定价分析的基本步骤是怎样的？

6. 进行股票相对定价分析的基本步骤是怎样的？

7. 什么叫自由现金流量和股权现金流量？它们各自是怎样计算的？

8. 请比较市盈率模型、市净率模型和收入乘数模型之间的优缺点及适用条件。

9. 宏观经济系统达到竞争均衡时，公司市场价值与绝对定价的关系是怎样的？

10. 在微观经济学一般竞争均衡框架下，市场达到均衡时企业的经济利润等于零，这时，企业的市场价值是多少？

二、计算题

1. 已知某公司今年每10股刚刚发放股利4元，预期以后每年以10%的速度递增，假定10年期国债的收益率为5%，上证综指的收益率为20%，ABC公司的β系数为1.2。目前公司的股价为35元，请问，是否应该买入？

2. 已知国债的收益率为5%，上证综指的收益率为10%，ABC公司的β系数为1.5，则理论上该股票投资者要求的回报率为多少？

3. 由于受金融危机的影响，某出口型公司业务受到较大的影响，2015年净资产收益率仅为5%，预期2016年和2017年都将维持这一盈利水平，由于公司盈利能力较低，董事会决定2016-2017年将上年度净利润的80%用于发放现金股利。2019年及之后，随着全球经济的复苏，外需的增长使得公司盈利水平提高到先前的20%的水平，并进入稳定发展阶段，每年股利发放比例为上一年度的50%。公司2016年刚刚派发了每股0.48元的现金股利。股票的贴现率为20%，不考虑外部融资。请为该公司股票估价。

4. 已知股票A、B基本信息，如下表所示：

项　　目	股票A	股票B
股东权益收益率	14%	12%
预期每股盈利(元)	2.00	1.65
预期每股股息(元)	1.00	1.00
当前股票价格(元)	27.00	25.00
投资者要求的回报率	10%	10%

请计算：

(1) 两只股票的派息比率。

(2) 它们的股息增长率。

(3) 选择合适的模型为两只股票估价。

综合考虑上述条件，你将投资于哪只股票？

5. 某公司2020年的资产负债表及利润表分别如下：

某公司2020年资产负债表　　单位：万元

项目	年末余额	年初余额
货币资金	20	40
其中：经营现金	10	20
其他流动资产	500	570
其中：经营流动资产	430	500
固定资产(原值)	600	700
累计折旧	120	170
固定资产净值	480	530
其他长期资产	300	290
其中：经营长期资产	270	260
长期资产合计	780	820
资产总计	1 300	1 430
流动负债	350	400
其中：经营流动负债	70	80
长期负债	510	525
其中：无息长期负债	100	180
股本	400	400
未分配利润	40	105
负债及股东权益合计	1 300	1 430

注：假定所有资产类科目本期均未计提减值准备。

某公司2020年利润表　　单位：万元

项目	本期数
一、营业收入	1 280
减：营业成本	900
营业和管理费用(不含折旧和摊销)	120
折旧费用	50
摊销费用	10
财务费用	20
加：投资收益	0

(续表)

项目	本期数
二、营业利润	180
加：营业外收入	0
减：营业外支出	0
三、利润总额	180
减：所得税费用(20%)	36
四、净利润	144
每股收益(元)	1.44

注：假定财务费用全部为利息费用。

请根据以上数据，计算该公司2020年度的自由现金流量、股权现金流量。

6. 某公司2020年的销售收入为2 000万元，净利润为250万元，留存收益比例为50%，2021年的增长率为3%。该公司的β为1.5，国库券利率为4%，市场平均风险股票的收益率为10%，则该公司的本期收入乘数为多少？

7. 某企业本年度末的长期借款为800万元，短期借款为450万元，本年的总借款利息为100万元，预计未来年度末长期借款为900万元，短期借款350万元，预计年度总借款利息120万元，所得税率为40%，则预计年度债权人现金流量为多少？

8. 某企业本年净利为20万元，流通在外的普通股股数为20万股，分配股利每股0.5元，资本成本为10%，该企业净利润和股利的增长率都是8%，则企业的预期市盈率为多少？

9. A公司是一家零售企业，公司2021年每股营业收入是4.30元，每股收益为0.18元，当年按每股0.09元派发现金股利。预期利润和股利的长期增长率为6%，该公司当年的股权成本为9.21%。B公司同属于零售业，是与A公司在净利率、股利支付率、增长率和股权成本等方面类似的公司，B公司当年的每股营业收入是3.20元。请为B公司的股票定价。

10. 下表给出了在上海证券交易所挂牌的化学制药行业上市公司2021年12月31日的估值情况，请根据下表分别运用市盈率模型、市净率模型及收入乘数模型为海正药业估值。已知海正药业2021年12月31日的收盘价为13.98元，请问哪种估价模型的估价效果最好，为什么？

化学制药行业上市公司2021年12月31日收盘价及2021年年度主要财务指标预测值

单位：元

证券简称	收盘价	每股盈余	每股净资产	每股销售收入	每股收益增长率(%)	净资产收益率(%)	销售净利率(%)
浙江药业	16.75	1.09	9.1	4.27	45.71	12.64	9.69
国药现代	10.27	0.48	8.11	6.2	−12.41	6.85	5.89
天药股份	4.58	0.05	2.72	3.41	43.23	1.62	2.9
华海药业	21.56	0.34	4.24	4.49	−47.57	7.43	7.23
华润双鹤	12.6	0.9	9.5	8.76	−6.91	9.78	10.67
中恒集团	3.83	0.09	1.91	0.91	−45.67	6.4	5.48

（续表）

证券简称	收盘价	每股盈余	每股净资产	每股销售收入	每股收益增长率(%)	净资产收益率(%)	销售净利率(%)
人民同泰	6.72	0.48	3.79	16.06	90.89	13.26	2.97
恒瑞医药	50.55	0.99	5.68	4.06	−28.41	13.96	17.31
平均数					4.86	8.99	7.77
海正药业	13.85	0.43	5.75	10.11	16.71	7.49	4.21

参考文献

[1] 金德环.投资学[M].北京：高等教育出版社，2007.

[2] 金德环.投资银行学教程[M].上海：上海人民出版社，2009.

[3] 中国注册会计师协会.财务成本管理[M].北京：经济科学出版社，2009.

[4] 马忠.公司财务管理：理论与案例[M].北京：机械工业出版社，2008.

[5] 王安兴.投资学[M].北京：中国财政经济出版社，2017.

第十章　期货和期权定价分析

引言

天宝公司的财务总监王先生正在为近期市场上的黄金价格出现剧烈波动而犯愁。该公司是一家主营黄金饰品加工和销售的公司。公司下属的加工厂每年都要花费大量资金用于收购黄金原料，然后加工成饰品出售。加工厂在送上来的财务报告中提到由于黄金的收购价格出现剧烈波动，因此无法确定成本，这导致公司的可实现利润存在很大的风险。王先生听说可以通过交易黄金期货合约来锁定将来要购买的黄金价格，从而可以对冲风险。但是他又担心将来如果黄金价格下跌，那么采用期货合约反而会增加亏损。正在举棋不定时，他听说除了期货合约外，还可以采用期权交易来锁定未来的价格。那么期货合约和期权合约是怎么定义的？这两种合约有什么相似和不同之处？这两种合约包括哪些类型？这些类型的合约将如何定价，又是怎么交易的？这正是本章要探讨的主要内容。

第一节　远期与期货市场的交易机制及定价

一、远期与期货合约

本书在第一章中已经概括介绍了金融远期与金融期货合约。这两者都是交易双方在今天达成的在将来约定的时间以约定的价格买入或卖出特定数量的金融资产的协议。远期合约和期货合约的区别在于远期合约不是标准化的合约，不在交易所内交易，是在场外交易市场(又称柜台交易，Over the Counter，OTC)进行交易的。在签订远期合约时，签约的双方首先需要找到有交易意愿的对手，双方还需要在交易产品质量、交易数量、交割时间、交割价格、交割地点等方面达成一致，导致签订远期合约的成本很高。同时，由于远期合约是特定的交易双方之间的合约，在远期合约到期时，无法保证合约一定能够得到履行，存在交易对手违约风险。与此相反，期货合约是标准化的远期合约。期货合约由交易所制定并在期货交易所集中交易。期货合约的条款一般包括期货标的物的质量等级、规模、交割日期、交割地点与交割方式等。与远期合约相比，期货合约的标准化虽然降低了合约的灵活性，但是增加了市场流动性，降低了交易成本。此外，期货交易所通过期货交易的保证金制度极大降低了违约风险。

远期和期货合约的标的物又称标的资产（Underlying Assets）或基础资产。除了金融资产外，常见的标的资产还有黄金、原油、铜、大豆、小麦、咖啡等商品，以及外汇、债券、股票等金融资产，还可以包括股票指数、商品指数、利率等金融或宏观变量。

具体来说，商品期货分为金属期货、能源化工期货、农产品期货和其他商品期货（例如天气期货、污染物排放权期货、商品价格指数期货）。以下是部分期货品种：

（1）谷物和油籽期货：小麦、玉米、大豆、豆粕、豆油、棕榈油、油菜籽、菜籽油、籼稻、粗米、大麦、燕麦、红小豆等。

（2）金属期货：黄金、银、白金、铜、铝、铅、锌、镍、钯金、锡、螺纹钢、线材等。

（3）能源化工期货：原油、天然气、柴油、汽油、燃料油、PVC、塑料等。

（4）牲畜期货：活牛、活猪、猪腩、牛腩等。

（5）食品和纤维期货：糖、棉花、天然橡胶、胶合板、木材、可可、咖啡、橙汁、小豆、羊毛、生丝等。

（6）其他：商品价格指数、大豆压榨套利指数等。

金融期货分为股指期货、利率期货、外汇期货等类型，其种类更加丰富。股指期货的标的物是股票指数，目前国内有关于沪深300、中证500以及上证50等股票指数的期货产品在交易。外汇期货的标的物是外汇，如美元、欧元、英镑、日元、澳元、加元等。利率期货是指标的资产价格依赖于利率水平的期货合约，如长期国债期货、短期国债期货和欧洲美元期货等。

由于期货合约在场内交易，较为规范，因此以下介绍主要以期货市场为主。

二、中国期货市场与主要的期货产品

我国目前的期货交易所有大连商品交易所、郑州商品交易所、上海期货交易所以及中国金融期货交易所等。交易的商品期货主要分为三大类：农产品期货、金属期货和能源化工期货。农产品期货标的物为农产品，包括玉米、大豆、小麦、豆粕、豆油、棉花等。金属期货标的物为金属，分为有色金属（铜、铝、锌等）、黑色金属（螺纹钢、线材等）和贵金属（金、银、钯等）三类。能源化工期货标的物为能源化工产品，包括原油、燃料油、PVC、聚乙烯、PTA等。

表 10-1 是大连商品交易所的玉米期货合约。该合约中约定：合约的标的资产是黄玉米，合约规模是 10 吨/手，报价单位是元/吨，最小变动价位是 1 元/吨等。

表 10-1 大连商品交易所玉米期货合约

交易品种	黄玉米
交易单位	10 吨/手
报价单位	元(人民币)/吨
最小变动价位	1 元/吨
涨跌停板幅度	上一交易日结算价的 4%
合约月份	1,3,5,7,9,11 月
交易时间	每周一至周五上午 9:00—11:30,下午 13:30—15:00
最后交易日	合约月份第 10 个交易日
最后交割日	最后交易日后第 3 个交易日
交割等级	大连商品交易所玉米交割质量标准(FC/DCE D001-2015),具体内容见附件
交割地点	大连商品交易所玉米指定交割仓库
最低交易保证金	合约价值的 5%
交割方式	实物交割
交易代码	C
上市交易所	大连商品交易所

数据来源：大连商品交易所。

表 10-2 是中国金融期货交易所的沪深 300 股指期货合约。合约的标的资产是沪深 300 股票指数，合约规模为一手，沪深 300 指数一点等于 300 元，一手合约价值等于沪深 300 指数点×300 元等。另外，沪深 300 指数是根据 300 只成分股票计算出来的，理论上可以对 300 只股票进行实物交割，但是这样操作会很麻烦，也会有较高的交易成本，所以沪深 300 指数期货是以现金进行交割的。

表 10-2 沪深 300 指数期货合约

合约标的	沪深 300 指数
合约乘数	每点 300 元
报价单位	指数点
最小变动价位	0.2 点
合约月份	当月、下月及随后两个季月
交易时间	上午 9:30—11:30,下午 13:00—15:00
价格限制	上一交易日结算价的±10%

（续表）

最低交易保证金	最低为合约价值的 8%
最后交易日	合约到期月份的第三个周五，遇法定节假日，则顺延
交割日期	同最后交易日
交割方式	现金交割
交易代码	IF
上市交易所	中国金融期货交易所

数据来源：中国金融期货交易所。

三、期货交易机制与交易流程

（一）期货交易机制

期货交易在交易所内进行，交易所制定了严格的交易、结算、风险管理、仓单管理等方面的市场规则，主要有保证金、当日无负债结算、涨跌停板、熔断机制、持仓限额和大户持仓报告、强行减仓、套期保值审批等交易管理制度。

1. 保证金制度。保证金制度是指在期货交易中，任何交易者必须按照其买卖期货合约价值的一定比例缴纳资金，用于结算和履约保证。

我国的期货交易所可以收受以下有价证券充抵保证金：(1)经期货交易所认定的标准仓单。(2)可流通的国债。(3)中国证监会认定的其他有价证券。但期货交易的相关亏损、费用、货款和税金等款项，应当以货币资金支付，不得以有价证券充抵的金额支付。

当保证金不足时，期货公司会发出追加保证金通知，客户可以选择在规定时间补充保证金或自行平仓，否则合约会由期货公司或交易所强行平仓。强行平仓的有关费用和发生的损失由合约的持有者承担。

2. 当日无负债结算制度。在每日交易结束后，交易所按当日结算价结算所有合约的盈亏、交易保证金、手续费、税金等费用，对应收取、应付的款项同时划转，相应增加或减少会员的结算准备金。

3. 涨跌停板制度。涨跌停板制度又称每日价格最大波动限制制度，即指期货合约在一个交易日中的交易价格波动不得高于或者低于规定的涨跌幅度，超过该涨跌幅度的报价将被视为无效报价，不能成交。涨跌停板一般是以合约上一交易日的结算价为基准确定的。

4. 熔断机制。熔断机制是指在股票指数期货交易中，当价格波幅触及所规定的点数时，交易随之停止一段时间，或交易可以继续进行，但价格波动幅度不能超过规定点数之外的一种交易机制。

5. 持仓限额和大户报告制度。为防止期货市场风险过度集中于少数投资者,期货价格被少数投资者操纵,期货交易所对会员及客户持仓实行限制制度。超过限额,交易所可规定强行平仓或提高保证金比例。大户报告制度是指当交易所会员或客户某品种某合约持仓达到交易所规定的持仓报告标准的,会员或客户应向交易所书面报告。

6. 强行减仓制度。强行减仓制度是指交易所将当日以涨跌停板价申报的未成交平仓报单,以当日涨跌停板价与该合约将持仓盈利客户(包括非期货公司会员)按持仓比例自动撮合成交。

7. 套期保值审批制度。指现货相关企业根据其参与现货市场交易情况,向期货交易所申请套期保值额度。提出申请并经过交易所批准的套期保值者,将不受持仓限制制度所规定的持仓限量的限制。

(二) 期货交易流程

不同国家和交易所的交易流程存在较大差别。通常,一个完整的期货交易流程应包括开户、下单、竞价、结算和交割五个环节。在国内期货交易所,基本的交易流程如下:

1. 开户。期货公司在接受客户开户申请时,必须向投资客户提供《期货交易风险说明书》,并与客户签署《期货经纪合同》。期货公司要为每个客户单独开立专门账户,设置交易编码。客户在与期货公司签署期货经纪合同后,要按规定缴纳开户保证金。

2. 下单。下单是指客户在每笔交易前通过期货公司下达交易指令。交易指令的内容一般包括客户名称、客户编码与账户、期货交易的合约代码、编码、交易方向(买、卖)、开仓/平仓方向、手数、指定价格、交易指令类型等要素。

建立期货头寸称为开仓;开立一个与初始交易相反的头寸,对冲期货合约称为平仓。期货合约在到期日将进行交割,如果投资者不打算交割,则可以在合约最后交易日前平仓。实际上,绝大多数合约都是在期货交割前平仓的。

[例 10-1] 考虑 RB0912 期货合约。它是上海期货交易所统一制定的、规定于 2019 年 12 月份在指定的交割仓库交割螺纹钢的标准化合约,每手合约规模为 10 万吨。

期货合约的买方(又称为多头)如果将合约持有到期(2019 年 12 月 15 日下午 3 点整),那么他有义务买入 10 吨螺纹钢,否则被视为违约;而该合约的卖方(又称为空头)如果将合约持有到期,则有义务卖出 10 吨螺纹钢,否则被视为违约。

如果一方不打算进行交割,则可以在合约到期前进行反向操作来避免这种义务。例如多头在到期前将该合约卖出,空头在到期前将该合约买入。

如果该合约价格上涨,则多头盈利,而空头亏损;相反,如果该合约价格下跌,则空头盈利，而多头亏损。假设 RB0912 从 4 500 元/吨涨到 5 000 元/吨。多头盈利 5 000 元(500×10)，而空头亏损 5 000 元。如果 RB0912 从4 500元/吨跌到4 000元/吨，则多头亏损5 000元，而空头盈利5 000元。

从上面的例子我们可以观察到，期货交易如果从收益角度来看，是一种多头与空头之间的零和博弈，合约交易双方的总利润为零。

3. 竞价。国内期货交易所均采用计算机撮合成交方式，开盘价通过集合竞价产生，开盘后计算机交易系统按照“价格优先、时间优先”的原则进行撮合。当买入价大于或等于卖出价，则自动撮合成交。撮合成交价等于买入价、卖出价和前一成交价三者居中者。即：当买入价大于或等于卖出价，且卖出价大于或等于前一成交价时，最新成交价为卖出价；当买入价大于或等于前一成交价，且前一成交价大于或等于卖出价时，最新成交价为前一成交价；当前一成交价大于或等于买入价，且买入价大于或等于卖出价时，最新成交价为买入价。

4. 结算。指期货交易所根据结算价格对交易双方的交易盈亏状况进行的资金清算和划转。期货交易所以会员为单位进行统一结算。会员单位在接到期货交易所结算结果后，再以客户为单位进行结算，并将结算结果按照与客户约定的方式及时通知客户。

5. 交割。指交易双方通过期货交易所，完成该期货合约对应标的物所有权转移，了结未平仓合约的过程。通过交割，期货、现货两个市场得以实现相互联动，期货价格最终与现货价格趋于一致。

期货交割分为实物交割和现金交割两种方式。商品期货通常采用实物交割方式，金融期货通常采用现金交割方式。期货交割时结算的价格称为交割结算价。为避免市场操纵，交割结算价通常是期货合约一段时间的平均价。

在实物交割中，不是所有商品都能参与交割，只有符合交易所合约质量标准的商品才能参与交割。商品期货投资者要参与交割，必须将货物按照规定程序运入指定交割仓库，经过验货、检疫等程序，将符合质量标准的商品生成交易所认可的标准仓单(一种特殊的提货单)。商品期货交割实际是标准仓单的交割。

农产品的交割是通过经批准的仓库所开出的收据来实现的。金融期货的交割可以通过电子转账来完成。而对于指数期货，需要用现金结算来完成。实际上期货交易很少发生实物交割。合约双方经常在合约到期前持有相反的期货头寸进行平仓以现金核算。

期货交易的基本特征可以总结为以下几个方面。

1. 合约标准化。期货合约和交易规则使标的物和交易方式标准化(投资者可以在期货交易所和相关媒体查询到各个品种的期货合约和规则)。通常，对于商品期货，除了期货合约外，还有更为详细的标的物交割质量标准。

2. 交易集中化。所有的期货交易必须是在期货交易所内集中进行的。

3. 交割率低。大多数合约在到期前被对冲抵消，交割量占交易量的比重很小，一般小于1%。

4. 双向交易与对冲机制。可以买入开仓与卖出开仓。如果交易者的交易目的不是最终交割，应该在合约到期前将仓位对冲，如多头买入、空头卖出，从而对冲合约，避免了交割的义务。

5. 杠杆效应。如果保证金比率是10%，则投资者用1 000元就能交易价值10 000元的合约。杠杆率等于保证金比率的倒数，即10%的保证金意味着10倍的杠杆。该合约的价格每变动1%，则该投资者的收益就会变动10%。杠杆越高，收益或者亏损就越大。

6. 逐日盯市。每日期货交易所统一组织期货交易的结算，如果投资者的账户保证金不足，会被要求追加保证金，否则会被强行平仓。这是期货交易所控制期货市场风险的一种手段。

四、期货交易类型

根据期货投资者的交易目的，我们可以将期货交易分为套期保值交易、套利交易和投机交易。

套期保值交易是以规避现货价格风险为目的的期货交易行为，进行套期保值的机构主要是现货的生产商、加工商或者中间商等。对现货的生产商，其套期保值交易行为，是在期货市场上卖出与将来需要生产出售的现货商品品种、数量尽可能相同的期货合约，通过期货卖出行为锁定将来出售现货的价格。对现货的购买商，其套期保值交易行为，是在期货市场上买进与将来需要的现货商品品种、数量尽可能相同的期货合约，通过期货买入行为锁定将来购买现货的价格。由于期货市场的交易行为与将来的需要方向一致，这样，无论将来现货市场价格如何变化，套期保值者可以实现自己希望的价格，从而达到锁定现货价格、规避价格风险的目的。

[**例10-2**] 2021年8月，引言中提到的天宝公司，计划在2021年12月购入500千克黄金。假设12月份的黄金期货价格是373元/克，合约的交易单位是1 000克/手，则该公司可以买入500手该合约。这样不论12月份黄金现货价格如何变动，该公司可以保证以373元的价格购入黄金。

我们后面会学到，现货与期货之间的价格具有一定的关系，如果这些价格发生了偏离，投资者可以利用这个机会进行套利。套利交易就是利用期货与现货之间的价格差(称为基差)或者不同期货合约之间的价差的波动来获利。主要包括期现套利、跨期套利、跨市套利、跨商品套利四种。套利交易通常至少做两笔交易，其中至少一笔交易是期货交易，通过这些交易可以对冲掉风险，从而获得无风险的稳定回报。

投机交易是指投资者预判市场变化，根据自己的判断做出以获利为目的的期货交易行为。期货价格往往因受到多种因素的影响而剧烈波动，如果投资者能够先低价买进，后高价卖出或者先高价卖出，后低价买进，则能够获取价差收益。

投机交易与套利交易的不同在于，套利交易主要关注不同市场、不同品种、不同期限期货价格及现货价格变化的相互关系，根据彼此之间的相互关系分别做期货交易和其他交易，套利交易理论上可以获得无风险的收益。而投机交易通常不存在另外的资产(或负债)与期货交易对应，投机交易的收益无法确保。

五、远期与期货的定价

远期合约的签订通常不需要保证金，也不需要每天结算。与远期合约不同，期货合约采用保证金制度和逐日结算制度，需要每日结算盈亏，根据盈亏情况，投资者需要补足或者可以提取保证金账户的资金。

因为期货合约保证金账户每天的资金随着市场行情变化，导致投资者可以获得或者需要支付这部分资金的利息。而签订远期合约，则没有这种现象。因此，远期价格与期货价格一般来说是不相等的。不过，由于期货合约的期限通常都很短，在多数情况下，期货价格与远期价格差异不大，在做简单分析时，我们通常假设期货价格等于远期价格。

(一) 期货价格的构成

期货价格一般由现货价格、期货交易成本、期货标的物流通费用、市场投资的机会成本等因素构成。

1. 现货价格。现货价格是期货价格的基础。现货市场与期货市场在同一市场环境内，会受到相同的经济因素的影响和制约，因而一般情况下，同一品种的期货价格走势与现货价格走势一致；期货交易的交割制度，保证了随着期货合约到期日的临近，期货价格收敛于现货价格。

2. 期货交易成本。期货交易成本是在期货交易过程中发生和形成的交易者必须支付的费用，主要包括交易手续费和保证金利息。交易手续费是期货交易者在交易时支付给期货公司和交易所的期货交易费用。保证金利息是从期货交易开始到结束的全部时间内缴付保证金所占用资金而应付的利息。

3. 期货标的物流通费用。在期货市场上，绝大多数期货交易是通过对冲平仓方式完成的，一般与标的物的流通费用不直接发生关系。但是，总有一部分期货交易是围绕实物进行的。期货标的物流通费用包括运杂费和保管费等。

4. 市场投资的机会成本。投资者既可以在期货市场交易，也可以在其他市场投资。众多投资者在不同市场竞争的结果，使得期货价格受市场平均投资机会成本的影响。

（二）影响期货价格的因素

1. 供求关系。商品期货交易的价格变化受市场供求关系的影响最大。一般的价格趋势为：当供大于求时，期货价格下跌；反之，期货价格上升。虽然其他因素在期货价格上涨或下跌过程中对期货价格短期波动有一定的影响，但影响期货价格的主要因素只能是供求关系。

2. 经济周期。期货市场的价格变动还受经济周期的影响。在经济周期衰退、复苏、过热和滞胀的不同阶段，期货的价格常常有着不同的表现形式和特征。由于期货市场是与国际市场紧密相联的开放市场，因此，期货市场价格波动不仅受国内经济波动周期的影响，而且还受世界经济景气状况的影响。

在经济周期阶段可由一些主要经济指标值的高低来判断，如 GDP 增长率、失业率、价格指数和汇率等。这些都是期货交易者应密切关注的。

3. 金融因素。期货交易与金融市场有着紧密的联系。利率的高低、汇率的变动都直接影响期货价格的变动。在世界经济发展过程中，各国的通货膨胀、汇率以及利率的上下波动，已成为经济生活中的普遍现象，对期货市场产生了日益明显的影响。

4. 其他因素。主要有五方面：(1)政治及政策因素。期货市场价格对国际国内政治气候、相关政策的变化十分敏感。(2)社会因素。社会因素是指公众的观念、社会心理趋势、传播媒介对商品价格的影响。(3)自然因素。自然条件因素主要是气候条件、地理变化和自然灾害等。具体来讲，包括地震、洪涝、干旱、严寒、虫灾、台风等方面的因素。(4)季节性因素。许多期货商品尤其是农产品有明显的季节性，价格亦随季节变化而波动。(5)投机与心理因素。当人们对市场信心十足时，即使没有什么利好消息，价格也可能上涨；反之，当人们对市场失去信心时，即使没有什么利空因素，价格也会下跌。

（三）期货—现货平价关系式

一个有效的市场上不应该存在持久的套利机会。如果存在，那么聪明的投资者都会利用这样的套利机会去赚取无风险的收益，从而使得该机会很快就会消失。根据这个假设，我们可以很方便地确定期货的价格。若记 F_0 为 0 时刻的期货价格，S_0 为 0 时刻的现货价格，期货合约到期时间为 T，r 为期限为 T 的无风险利率，忽略期货交易成本和商品存储成本，则期货价格为：

$$F_0 = S_0 (1+r)^T \tag{10-1}$$

该等式又称期货—现货平价关系式。

可以证明，在期货价格、现货价格、市场利率满足式(10-1)的条件下，市场不存在套利机会。

[例 10-3] 假设黄金的现货价格是 350 元/克，1 年期的无风险利率是 5%，假设市场无摩擦(无交易手续费、无税费、借贷资金的利率一样等)，求一年期的黄金期货价格。

解：根据式(10-1)，一年期的黄金期货价格应该为：

$F_0 = S_0 (1+r)^T = 350 \times 1.05^1 = 367.5$

即一年期的黄金期货价格应该为 367.5 元/克。

如果期货价格不等于 367.5 元，会发生什么情况？现假设期货价格过低，如 360 元，则投资者可以买入期货合约，同时借入黄金并卖出(即卖空黄金)，并将卖空现货所得的 350 元购买无风险资产，1 年后可得 367.5 元，从中拿出 360 元进行期货交割，即买入黄金，并偿还当初借入的黄金。这样投资者可获得 367.5－360＝7.5 元的收益。又假设期货价格过高，如 380 元，则投资者可以卖出期货合约，同时以无风险利率借入 350 元购入黄金并持有 1 年，一年后可将持有的黄金进行期货交割，得 380 元，同时需偿还当时借入的资金本息共计 350×1.05＝367.5 元，这样可获利 380－367.5＝12.5 元。由此可见，在市场不存在套利的情况下，期货的价格必由期货—现货平价关系式，即式(10-1)所决定。

需要注意的是，式(10-1)仅适用于在期货合约存续期间，标的资产即现货不产生任何收益或不需要任何支出的情况。在实际中，经常会出现标的资产产生收益，如股票或债券会发放股息或利息；或者标的资产有现金支出，如商品现货有仓储成本等。在这种情况下，需要将现货的收益或者支出考虑在内，期货的价格需要有相应调整。

第二节　期权市场的交易机制及定价

本书第一章已经介绍了金融期权的概念，在这一节中将介绍期权市场交易机制和期权定价。期权和期货都是金融衍生品市场上重要的投资工具，但是期权和期货具有本质区别。期权给予其持有人在将来行使某项投资活动的权利，但是持有人可以放弃行使这项权利。与之相反，在远期及期货合约中，合约的双方都有义务履行合约。相对应地，交易者在买卖远期及期货合约时，不用支付任何费用(保证金要求除外)，但是交易者在购买期权时，必须支付相应的费用。

一、期权市场的运作

(一) 期权的种类

期权有两种基本类型：看涨期权和看跌期权。看涨期权(Call Option，又称认购期权)给予持有人在将来约定时刻以约定价格买入某项资产的权利，看跌期权(Put Option，又称认沽期权)给予持有人在将来约定时刻以约定价格卖出某项资产的权利。期权合约中标明的日期称为到期日(Expiration Date)或满期日(Maturity Date)，期权合约中标明的价格称为执行价格(Exercise Price)或敲定价格(Strike Price)。

按执行日期的不同，期权可分为美式期权(American Options)和欧式期权(European Options)。注意这些名称与期权交易的地理位置毫无关系。对于美式期权，可在到期日之前的任何交易日行权，而对于欧式期权，只能在到期日当天行权。目前大多数交易所交易的期权都为美式期权。此外，还有介于美式和欧式期权之间的百慕大式期权，对于这类期权，可在到期日前所规定的一系列交易日行权。

按交易场所的不同，期权又可分为场内期权和场外期权。场内期权是指在交易所进行交易的期权合约，它是一种标准化的期权合约，其交易数量、执行价格、到期日以及履约时间等均由交易所统一规定。场内期权通常在证券交易所、期权交易所、期货交易所等挂牌交易。场外期权是指在非集中性的交易场所进行的非标准化的金融期权合约的交易，又称"柜台期权"，交易一般由交易双方共同达成。显而易见，场外期权比场内期权有更高的违约风险。

(二) 期权的标的资产

期权合约常见的标的资产包括股票、外汇、股票指数、债券以及期货等。我们一般把标的资产为股票的期权称为股票期权。以此类推，还有股票指数期权、外汇期权、利率期权、期货期权等。本小节主要讨论股票期权，在研究其他类期权的性质时，只需把股票换成相应的标的资产即可。

值得注意的是，期权的标的资产不仅可以是基本的证券产品，如股票、债券等，也可以是金融衍生品。如期货期权的标的资产是期货，它给予期权持有人在将来的给定时刻以给定价格买卖某项期货合约的权利。甚至还有期权的期权(复合期权)，给予期权持有人在将来的给定时刻以约定价格买入或卖出某个期权的权利。显然，这些期权产品的特性分析比普通期权要更为复杂，但有些性质可以从普通期权的性质中推导出来。

(三) 股票期权的条款

目前我国证券市场上没有以个股为标的资产的期权。① 因此这里以美国的期权市场为例介绍股票期权的条款。在美国市场上交易的股票期权大多为美式期权，每个期权合约可买入或卖出 100 股对应的股票。合约的细节条款，如到期日、执行价格以

---

① 在 2005 年股改开始后，为配合股改，证交所曾经发行过权证类产品。但随着股改结束，权证产品也逐渐退出市场。目前在上海证券交易所、深圳证券交易所和中国金融期货交易所有基于交易所基金(ETF)产品和股票指数的期权，见"股票期权交易简介"中的介绍。

及如何处理派息或拆股等都由交易所在合约中约定。

1. 到期日

每一期权合约具有有效的行使期限，如果超过这一期限，期权合约即失效。一般来说，期权的行使期限为1至3、6、9个月不等。①场外交易期权的到期日根据买卖双方的需要量身定制，但场内交易的期权按月划分到期日。更确切地说，交易所规定的到期日为到期月的第三个星期五之后的星期六，期权的最后交易日为到期月的第三个星期五。

2. 执行价格（敲定价格）

期权的执行价格是指在行使期权时，用以买卖标的资产的价格。对于执行价格，在期权合约中都有明确的规定，通常是由交易所以标的资产的价格为基准，加以适当增减而给出，故同一标的的期权可以有若干个不同执行价格。每种期权有多少个执行价格，取决于该标的资产的价格波动情况。投资者在买卖期权时，选择执行价格的一般原则是：选择在标的资产价格附近的执行价格，这类期权往往交易比较活跃，流动性较好。

3. 派息及拆股处理

当股票派息时，对场内交易的期权执行价格一般不会做任何调整，但对大额现金股息或有例外，而场外交易的期权执行价格则会减去股息金额。当股票拆分时，场内交易的期权要做出调整。例如当原先的1股拆分为3股时，假设拆分不影响公司的经营，我们预期股价下降为原先的1/3，相应的期权执行价格也应调整为原先价格的1/3，而每份期权合约对应的股票数量则应调整为原先的3倍。这些调整可保证期权持有人的头寸不会因拆股而改变。

（四）期权的其他术语

期权的内含价值（Intrinsic Value），是指假设期权可被立即执行时的利润与0之间的最大值。对于看涨期权来说，内含价值为 $\max(S-K, 0)$，其中 S 是标的资产价格，K 是执行价格；对于看跌期权来说，内含价值为 $\max(K-S, 0)$。期权的内含价值不可能小于0，因为在看涨期权的执行价格高于标的资产市价时或看跌期权的执行价格低于标的资产市价时，期权的持有人可以选择不去执行期权。

根据期权执行价格与标的资产价格之间的关系，可将期权分为3类。假设可以立即行权，实值期权（In The Money）可获得正收益，平值期权（At The Money）的收益为0，而虚值期权（Out Of The Money）的收益为负。以看涨期权为例，实值期权的执行价格低于市场价格，平值期权的执行价格等于市场价格，虚值期权的执行价格高于市

---

① 美国市场中目前也有交易期限更长的股票期权，称之为LEAPS（长期权益预期证券，Long Term Equity Anticipation Securities）。LEAPS的期限可长达39个月。

场价格。显而易见,一个实值美式期权的价格至少等于其内含价值,因为持有人总可以选择马上行权来实现其内含价值。

期权的时间价值(Time Value)是指期权到期前,期权的价格超过其内含价值的部分。我们在市场上实际观察到的期权价格为其内含价值和时间价值之和。在到期日,期权不再有时间价值,此时期权的价格应等于其内含价值。

一般来说,平值期权的时间价值最大,交易通常也最活跃。期权处于平值时,期权向实值还是虚值转化的方向难以确定,转为实值则买方盈利,转为虚值则卖方盈利,故投机性最强,时间价值最大。

出售期权的一方往往被称为期权的承约人(Writing Options)。当承约人手中并无相应的标的资产而出售期权时,被称为出售裸露期权(Writing Naked Options)。相反,当承约人手中有相应的标的资产而出售期权时,被称为出售备保期权(Writing Covered Call or Protective Put)。显然,出售裸露期权的违约风险更大。

(五) 雇员期权与认股权证

通常在场内的股票期权交易都是独立进行的,与股票的发行公司无关。期权交易不会引起股票数量的变化。但雇员期权与认股权证的情况有所不同,它们是由发行股票的公司所发行的期权。当雇员期权或认股权证的持有人行权时,公司将通过发行新的股票来满足行权要求。因此雇员期权或认股权证的行权将会增加总股本,并摊薄现有的股价。

权证通常伴随着其他融资行为而发行。例如当公司发行股票时,为了使新发行的股票对投资者更有吸引力,公司可选择发行附属的认股权证。这些权证的行使期限可以比标准的期权更长。这些认股权证一旦被发行,即独立于股票而交易。例如我国在进行股权分置改革时,大多数公司为了补偿流通股股东,在支付对价股份的同时,也给予流通股股东相应的认股权证。这些认股权证随后可在交易所内交易。

雇员期权通常是公司为了激励管理层,而发给高管的看涨期权。雇员期权在发放时一般为平值或虚值期权,并且有较长的锁定期,在锁定期内不能行权。过了锁定期后,如果公司股价上涨,雇员期权的持有人则可以通过行权来获取收益。这样,通过发行雇员期权,公司可以保证管理层的动机与股东利益保持一致,从而最大化地实现公司的收益。

(六) 股票期权交易简介

目前全球最大的股票期权交易场所为芝加哥期权交易所(Chicago Board Options Exchange, CBOE)。欧洲最大的期权交易所是欧洲期货与期权交易所(Eurex),其前身为德意志期货交易所(DTB)与瑞士期权与金融期货交易所(Swiss Options & Financial Futures Exchange, SOFFEX)。我国香港以及台湾地区都有股票期权交易。

上海证券交易所、深圳证券交易所和中国金融期货交易所目前有基于股指 ETF 和股指的期权交易，但没有个股的期权产品。上交所目前有基于上证 50ETF 和沪深 300ETF 的期权产品，深交所有基于沪深 300ETF 的期权产品，而中金所有基于沪深 300 指数的期权。

大多数期权交易所采用做市商制度来促进交易的进行。做市商同时提供买入价与卖出价。做市商必须承诺以买入价来买入期权，以卖出价来卖出期权。在报出买入价与卖出价的时候，做市商并不知道询价方是要买入还是要卖出期权，因此卖出价一定会高于买入价，两者的差额就是买卖价差(Bid-ask Spread)。交易所可设定买卖价差的上限。做市商的存在可确保所报买入价和卖出价的买卖指令在没有延迟的情况下立即执行，因此增加了市场的流动性。做市商本身则可以从买卖价差中盈利。①

期权的履约有以下三种情况：

(1) 买卖双方都可以通过对冲的方式履约。所谓对冲，即做相反方向的交易，如买入期权的投资者可以通过卖出相同期权来实现对冲；同样，期权的承约人也可以通过购买相同期权来实现对冲。实际操作过程中绝大多数合约在到期之前已被对冲平仓。

(2) 买方也可以通过将期权转换为相应的标的资产合约的方式履约(在期权合约规定的执行价格水平获得一个相应的标的资产头寸)。

(3) 期权到期不用，自动失效。如果期权是虚值，期权买方就不会行使期权，直到期权到期任其失效。这样，期权买方最多损失所付的期权费用。

期权交易充满了风险，一旦市场朝着合约相反的方向发展，就可能给投资者带来巨大损失。在美国市场上，与期货交易不同，当投资者在购买期限小于 9 个月的看涨与看跌期权时，必须付清全部费用。因为这些期权已含有很高的杠杆比率，以保证金方式买入期权将会把杠杆比率推高到无法接受的水平。对于期限长于 9 个月的期权，投资者在支付保证金的情况下，可以至多借入期权价格的 25%的资金来买入期权。当投资者卖出期权时，则必须在保证金账户中保持一定的资金以确保承约人不会违约。此外，所有的期权交易都必须通过期权结算公司(Options Clearing Corporation, OCC)的会员来进行。期权结算公司的职能就是确保出售期权的一方按照期权合约的规定来履行义务，并且会记录所有交易的状况进行备案。如果经纪人公司本身不是期权结算公司的会员，那么该经纪人必须通过期权结算公司的会员来结清交易。作为会员，必须满足资本金的最低限额要求，且必须提供特殊资金。当有任一会员未履行合约义务时，特殊资金将可以起到作用。

---

① 当然，他们也面临着风险，做市商通常会采用一些方法来对冲风险。

以上所讨论的是场内交易的情况。自20世纪80年代初以来,期权场外交易市场已变得日益重要,目前这一市场规模已经超过了场内市场。场外市场的期权品种十分广泛,如外汇期权及利率期权等都十分流行。场外市场能够迅速发展的一个原因是金融机构能够在这一市场上为客户提供"量身定制"的期权产品,从而更好地满足客户的需求。很多在场外市场交易的是非标准化的期权产品,这些产品被称为奇异期权(Exotic Options)。场外市场的最大缺点是期权的承约方可能会违约。市场参与者可采用若干方法来避免这一风险的发生。

二、股票期权的特征

(一)影响期权价格的因素

一般而言,股票期权的价格会受到以下6个因素的影响:

(1)当前的股票价格:S_0。

(2)执行价格:K。

(3)期权的存续期限:T。

(4)股票价格的波动率:σ。

(5)无风险利率:r。

(6)期权存续期限内发放的股息。

以下我们来讨论这些因素各自单独发生变化时对期权价格的影响。需要强调的是,所有这些讨论都建立在其他因素保持不变的假设前提下。

1. 股票价格和执行价格

如果看涨期权在期权的存续期限内被行使,则意味着股票价格高于期权的执行价格(没有人会在股价低于执行价格时行权),此时期权的收益为股票价格与执行价格的差额。因此,看涨期权的价格会随着股价的上升(下降)而上升(下降),而随着执行价格的上升(下降)而下降(上升)。由于看跌期权的收益等于执行价格与股价的差额,因此,股价和执行价格对看跌期权的影响正好和对看涨期权的影响相反,即期权价格随着股价的上升(下降)而下降(上升),而随着执行价格的上升(下降)而上升(下降)。

2. 期权的存续期限

期权期限对美式期权价格的影响是显而易见的:当期限增加时,美式期权(不论是看涨还是看跌期权)的价格都会增加。为了证明此点,只需考虑两个其他条件都相同、只是期限不同的美式期权。当较短期限的美式期权行权时,较长期限的美式期权也总可以行权。除此之外,较长期限的美式期权给予了投资者更长的行权选择期。因此,较长期限的美式期权的价格要高于较短期限的美式期权。

存续期限对欧式期权的影响要复杂一些。一般而言,欧式期权的价格会随着期限的增加而增加，但在某些情况下例外。我们考虑一个极端例子：假设有两个对应于同一股票的欧式看跌期权，这两个期权的其他条件都一样，只是一个期权的期限为1个月，另一个期权的期限为3个月。假设1个月后，股价下跌到接近于0的水平，由于此时较短期限的期权可以马上行权，因此这个期权的价格应该接近于执行价格。由于股价不可能小于0并可能会反弹，因此在这种情况下，较长期限的期权价格可能会低于较短期限的期权价格。

3. 股价的波动率

波动率用来衡量股价变动的不确定性。当波动率增加时，股价向上或向下变动的幅度将会增加，这对期权持有者并非坏事。例如，对看涨期权持有者而言，当股价向上变动时，他可以从中获得更大的收益；而当股价向下变动时，他的损失是有限的：最大损失是已经支付的期权费用。看跌期权的情况也类似，持有者可以从股价下跌中额外受益，而不必担心股价上升所要承担的额外风险。因此波动率的增加会导致看涨和看跌期权的价格都增加。

4. 无风险利率

无风险利率对期权价格有双重影响。假设利率上升，那么一方面投资者对股票的期望收益率也会上升；另一方面，期权持有人在将来所收到的期权收益的贴现值会随着贴现率的增加而减少。这两种效应的净效应为：利率上升会导致看涨期权价格上涨，看跌期权价格下跌。

5. 股息发放额

发放股息将使股票在除息日价格下降，这对看涨期权是个坏消息，而对看跌期权是个好消息。因此，看涨期权的价格和预期的股息发放额成反向关系，而看跌期权的价格和预期的股息发放额成正向关系。

表10-3概括列出了当以上一个因素发生改变，而其他因素保持不变时期权价格的变动情况。

表10-3 某因素变动而其他因素保持不变时，期权价格随该因素变动的情况

因素	欧式看涨	欧式看跌	美式看涨	美式看跌
股价	+	−	+	−
执行价格	−	+	−	+
存续期限	?	?	+	+
波动率	+	+	+	+
无风险利率	+	−	+	−
股息发放额	−	+	−	+

注：+表示变量值增加会引起期权价格增加；−表示变量值增加会引起期权价格下降；? 表示两者关系不确定。

（二）期权价格的上下限

我们现在讨论期权价格的上限和下限。所有这些讨论都基于无套利的假设。如果期权价格超过上限或低于下限，那么套利者很容易会找到套利的机会，最终使得期权价格回到这一合理的区间内。另外，为简单起见，我们还假设下列条件成立：

(1) 作为标的资产的股票在期权存续期内未发放股息。

(2) 没有交易费用。

(3) 投资者可以相同的利率借入或贷出资金。

(4) 所有的交易盈利都面临单一税率。

我们还将使用如下符号：

S_0：当前股票价格

K：期权执行价格

T：期权存续期

S_T：期权到期日的股价

r：以连续复利计的无风险利率

C：美式看涨期权的价格

P：美式看跌期权的价格

c：欧式看涨期权的价格

p：欧式看跌期权的价格

1. 期权价格的上限

首先考虑看涨期权。不论是欧式看涨还是美式看涨期权，它们都给予持有人在执行价格买入股票的权利，不论发生什么情况，期权的价格总不会超过股价。因此，股票价格是期权价格的上限，即：

$$c \leqslant S_0,\ C \leqslant S_0 \tag{10-2}$$

如果以上不等式不成立，那么套利者可通过购买股票并同时卖出期权来套利。

欧式和美式看跌期权都给予持有人在某一执行价格卖出股票的权利。不论股价多么低，期权的价格不会高于执行价格，因此：

$$p \leqslant K,\ P \leqslant K \tag{10-3}$$

实际上，对欧式期权，我们还能推出更准确的上限。这是因为欧式期权只能在到期日行权，因此在到期日，期权的价格不会高于执行价格，也就意味着在当前时刻 0，期权的价格不会高于执行价格的贴现值，即：

$$p \leqslant K\mathrm{e}^{-rT} \tag{10-4}$$

假设上述不等式不成立，那么套利者可通过卖出一个期权，并同时将所得资金以无风险利率进行投资（如买入国债）来获取无风险的套利收益。

2. 期权价格的下限

考虑以下两个投资组合：

组合 1：1 份欧式看涨期权，加上金额为 Ke^{-rT} 的现金，现值为 $c+Ke^{-rT}$

组合 2：1 股股票，现值为 S_0

在组合 1 中，我们把现金以无风险利率进行投资，因此在期权到期的 T 时刻，现金数额为 K。 在 T 时刻，假设 $S_T \geqslant K$，此时期权将被行权，组合 1 的价值为 S_T，与组合 2 相同；假设 $S_T \leqslant K$，此时我们将放弃行权，期权价值为 0，组合 1 的价值为 K，高于组合 2 的价值。换而言之，在 T 时刻，不论在何种情况下，组合 1 的价值总不低于组合 2 的价值。因此，在无套利的条件下，组合 1 在当前时刻的贴现值也应不低于组合 2 的现值，即：

$$c+Ke^{-rT} \geqslant S_0$$

或

$$c \geqslant S_0 - Ke^{rT}$$

此外，考虑到期权价格不可能小于 0，因此，欧式看涨期权的下限可写为：

$$c \geqslant \max(S_0 - Ke^{-rT},\ 0) \tag{10-5}$$

用类似方法，我们可以构造以下组合来推导出欧式看跌期权的下限：

组合 3：1 份欧式看跌期权加上 1 股股票，现值为 $p+S_0$

组合 4：金额为 Ke^{-rT} 的现金

可以证明，在 T 时刻，不论发生什么情况，组合 3 的价值总不低于组合 4 的价值，在无套利的条件下，组合 3 的现值也应不低于组合 4 的现值，即：

$$p+S_0 \geqslant Ke^{-rT}$$

结合期权价格不可能小于 0 的条件，我们推导出欧式看跌期权的下限：

$$p \geqslant \max(Ke^{-rT} - S_0,\ 0) \tag{10-6}$$

思考：美式期权的价格下限和欧式期权一样吗，还是有所不同？

3. 看跌—看涨期权平价关系式(Put-call Parity)

在其他条件都相同（同一标的资产、同一执行价格、同一存续期）的情况下，欧式看涨与看跌期权间存在着重要的关系，称为看跌—看涨期权平价关系式。这一关系式也可从无套利的条件推导出来，考虑如下两个投资组合：

组合 5：1 份欧式看涨期权加上数额为 Ke^{-rT} 的现金，现值为 $c+Ke^{-rT}$

组合 6：1 份欧式看跌期权加上 1 股股票，现值为 $p+S_0$

将现金投资于收益率等于无风险利率的资产。在期权到期日 T，现金价值为 K。假设股价高于执行价格，即 $S_T>K$，那么组合 5 中，看涨期权的价值为 S_T-K，组合 5 的总价值为 S_T。在组合 6 中，看跌期权的价值为 0，组合 6 的总价值也为 S_T。如果股价低于执行价格，即 $S_T\leqslant K$，那么组合 5 中，看涨期权价值为 0，组合 5 的总价值为 K。此时对组合 6 而言，看跌期权的价值为 $K-S_T$，组合 6 的总价值为 K，仍然与组合 5 相同。

以上分析表明，在到期日 T，无论股价高于还是低于执行价格，组合 5 和组合 6 的价值都相等。根据无套利条件，它们在今天的贴现值也应该相等，即：

$$c+Ke^{-rT}=p+S_0 \tag{10-7}$$

这个关系式即为看跌—看涨期权平价关系式，它表明了在无套利条件下，看涨期权与看跌期权的价格必须要满足的一个关系，如果看涨期权与看跌期权的价格不满足此平价式，那么即存在套利条件，套利行为会很快将它们的价格拉回至这一均衡关系。

三、期权定价模型简要介绍

（一）期权定价的原理

期权定价是金融数学领域最复杂的问题之一。费希尔·布莱克(Fisher Black)和迈伦·斯科尔斯(Myron Scholes)在 1973 年发表的论文中介绍了第一个完整的期权定价模型(以下称布莱克—斯科尔斯模型)。同一年，罗伯特·莫顿(Robert Merton)也独立发表了类似的期权定价公式。因此现在一般把期权定价理论模型的贡献归功于他们三人。布莱克—斯科尔斯期权定价模型的发表和芝加哥期权交易所正式挂牌交易标准化期权合约几乎是同一时期。这一定价模型迅速被市场所接受。现在，几乎所有从事期权交易的经纪人都会利用根据这一模型开发的计算机程序来对交易估价。这项工作对金融创新和各种新兴金融产品的面世起到了重大的推动作用。为此，对期权定价理论的完善和推广做出了巨大贡献的舒尔斯和莫顿在 1997 年一起荣获了诺贝尔经济学奖。①

布莱克—斯科尔斯模型是基于无风险套利理论推导出来的。我们之前已经提到过套利的概念。套利是指投资者同时进入两种或两种以上的交易来锁定无风险盈利的行为。在市场均衡的条件下，具有同样收益的资产的价格应该是相同的。如果有时候由于某种原因使得这些资产的价格出现差异，那么就出现了无风险套利的机会，而

① 不幸的是，布莱克已于 1995 年去世。否则毫无疑问，他也会一起获得这份殊荣。

这种套利的机会很快被聪明的投资者所发现和利用，通过买低卖高来锁定利润。这种不断的买卖交易使得原来被低估的资产的价格会上涨（投机者低价买入），原来被高估的资产的价格会下跌（投机者高价卖出），交易的结果最终会使得市场价格重新回到均衡状态。现代期权定价理论就是以无风险套利原理为基础而建立起来的。假如我们可以设计一个证券资产组合，使得它的价值（收益）与另外一个证券资产组合的价值（收益）相等。那么，根据无风险套利理论，这两种证券资产组合应该以同样的价格出售，从而可以帮助我们确定在价格均衡状态下的期权的合理价格。

布莱克—斯科尔斯模型的推导要用到随机微积分的数学知识。囿于篇幅限制，我们在这里只能简单地介绍这一模型的结果而略去推导过程。另一方面，期权定价领域中还有一个有用且很常见的工具是二叉树（Binomial Tree）方法。这一方法假设股价在给定的时间内，具有一定的概率向上变动，也具有一定的概率向下移动。当这一给定时间趋向于无穷小时，可证明股价将服从对数正态分布，而这正是布莱克—斯科尔斯模型中关于股票价格分布的假设，可视作二叉树模型步长趋向无穷小时的极限形式。我们先介绍二叉树模型，随后介绍布莱克-斯科尔斯模型。

（二）二叉树模型

1. 单期二叉树模型

单期二叉树模型也称单阶段模型，是对资产价格变动的一种抽象，即假设股票价格在期权有效期 $[0, T]$ 内仅变动一次，当期权到期时股票价格呈现出两种状态：要么以一定比率上升，要么以一定比率下降。

［例 10-4］　一份看涨期权，执行价格为 100，期限为 3 个月。作为标的资产的股票期初价格为 100。假设股票在期权到期时的两个价格状态分别为：要么按 1.1 的比率上涨至 110，要么按 0.9 的比率下降至 90。根据股票的价格状态，期权到期时的价值分别是 10 和 0。上述情况可用图 10-1 来表示。

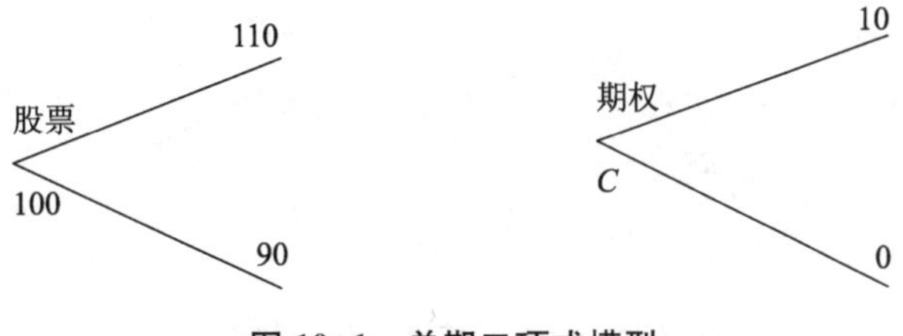

图 10-1　单期二项式模型

我们发现在这种情况下，可以用一种简单的方法来对期权定价，定价过程中唯一需要的假设是不存在套利机会。我们可以构造一个股票和期权的组合，并使得这个组合在期权到期时，不论股价上升，还是股价下跌，它的价值都保持不变。换而言之，这个组合是无风险的，无风险资产的收益率必然等于无风险利率（如果不等的话，请读者考虑存在什么样的套利机会),这样我们就可以求出这一组合的现值,并进而求出期权的价格。具体如下:假设这一组合由 Δ 单位的股票多头及一份看涨期权的空头所组成,组合的当前价值可表述为 $100\Delta - f$(假设期权的价格为 f,f 正是我们所要求的期权价格)。3 个月后,如果股价上涨,组合的价值为 $110\Delta - 10$,如果股价下跌,组合的价值为 90Δ。要使得这两个值相等,则有:

$110\Delta - 10 = 90\Delta$

求得:

$\Delta = 0.5$

期权到期时,不论股价上升还是下跌,这一组合的价值都为 45。

假设无风险利率为年率 5%,组合在今天的贴现值为:

$45e^{-0.05\times 0.25} = 44.44$

因此期权在今天的价格为:

$f = 0.5 \times 100 - 44.44 = 5.56$

假如期权价格高于 5.56 元,构造组合的费用就会低于 44.44 元,此时组合的收益率将会高于无风险利率,套利者可买入这一组合来获取无风险的套利收益;相反,假如期权的价格低于 5.56 元,构造组合的费用会高于 44.44 元,套利者可卖空这一组合来获取无风险的套利收益。

将以上例子推广到一般情况。令股票的初始价格为 S_0,对应的期权价格为 f,假定期权的期限为 T,以连续复利计的无风险利率为 r。在期权有效期内,股票价格或者会由 S_0 上涨至 uS_0,或者会由 S_0 下跌至 dS_0,其中 $u > 1$,$d < 1$。股价上涨和下跌时对应的期权价格分别为 f_u 和 f_d。股票与期权的变动情况如图 10-2 所示。

图 10-2 单期二项式模型一般形式

考虑一个由 Δ 份股票的多头及一份期权的空头所构成的组合。我们可以让 Δ 取到某个值,使得此时的组合的价值不论在股价上涨还是下跌时都保持不变,即让

$$\Delta u S_0 - f_u = \Delta d S_0 - f_d$$

求得

$$\Delta=\frac{f_u-f_d}{(u-d)S_0}$$

这时组合是无风险的，在无套利的条件下，其收益率必然等于无风险利率。组合的贴现值为：

$$(uS_0\Delta-f_u)e^{-rT}$$

将求得的 Δ 值代入上式并整理后得：

$$f=e^{-rT}[pf_u+(1-p)f_d] \tag{10-8}$$

其中

$$p=\frac{e^{rT}-d}{u-d} \tag{10-9}$$

上述公式并没有涉及股票价格实际上涨或下跌的概率。例如，当股价上涨概率为0.5和股价上涨概率为0.9时所计算出的期权价格都是一样的。这一点似乎与直觉不符，我们会很自然地认为当股价上涨概率增大时，看涨期权的价格也会增加，但事实并非如此。

理解这一现象的关键在于，我们必须认识到，期权的定价是相对的，即期权价格是由股价的变动所确定。股价上涨及下跌的概率已经包含在期权定价之内，因此我们无须再次考虑股价上涨及下跌的概率。这里的 p 可理解为股票在一个“风险中性”的世界中(注意并非是现实世界)上涨的概率。$pf_u+(1-p)f_d$ 可理解为期权在“风险中性的世界”中的期望值，即 $E^Q[f]$。这里的上标 Q 表示这个期望值是在风险中性的世界中计算得出。此期望值用无风险利率贴现到今天的现值即为期权在今天的价格。

2. 多期二叉树模型

单期二叉树模型过于简单，在实际中并无太大作用。在现实世界中，股价可以在多个时间点发生变化。为了能够在实际中运用二叉树模型，我们有必要把以上单期的分析推广到多期的情况。

先看两期的二叉树模型。假设股票价格在期权有效期 $[0, T]$ 内仅变动两次，即 $N=2$。设初始股票价格为 S_0，在二叉树的每一步，股价或者上涨为 u 倍，或者下跌为 d 倍。初始期权价值为 f，股价上涨一次后的期权价值为 f_u，以此类推，见图10-3。假设无风险利率为 r，每一步的步长为 Δt。

可用逆推法求解两期二叉树。我们先看期权到期的三个节点，对应的期权价格分别为 f_{uu}、f_{ud} 和 f_{dd}。运用单期二叉树的公式，我们可求得 f_u 和 f_d：

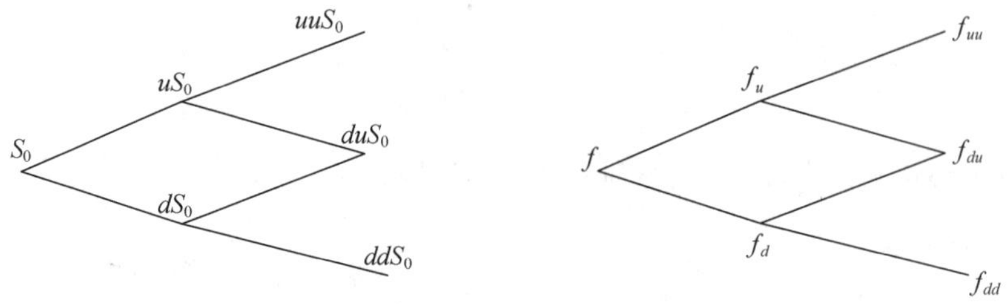

图 10-3　两期二项式模型一般形式

$$f_u = e^{-r\Delta t}[p f_{uu} + (1-p) f_{ud}]$$

$$f_d = e^{-r\Delta t}[p f_{ud} + (1-p) f_{dd}]$$

其中

$$p = \frac{e^{r\Delta t} - d}{u - d}$$

再次运用单期二项式公式，可得期权的初始价格

$$f = e^{-r\Delta t}[p f_u + (1-p) f_d] \tag{10-10}$$

更进一步，我们同样可用逆推法处理更多期的二叉树模型。假设股票价格在期权有效期[0，T]内变动 N 次，每次的步长为 Δt，每次上升或下降的比例都相等。我们可从最后的节点出发，从后往前依次求出每个节点的期权价格，最后求出期权在今天的初始价格。在实际应用中，期权的期限通常会被分割为 30 期或更多的期数，在每一个时间期内，股价的变动由一个单期二叉树来表达。假设有 30 个时间期，那么总共有 31 个最终的股票价格，股票的所有可能变化路径数总计为 2^{30} 次，即大约 10 亿种。可见在实际运用中，二叉树模型的计算量是非常大的。

（三）布莱克—斯科尔斯期权定价模型

1. 布莱克—斯科尔斯模型简介

二叉树模型假设股价是离散变动的（股价变动只能取有限个值），而布莱克—斯科尔斯模型则是建立在股价连续变动的假设上。① 在此条件下，运用无套利原理，我们可以构造期权和股票的投资组合，使得该投资组合是无风险的。无风险组合的收益率应该等于无风险利率，基于这一条件，我们可推导出期权价格必须满足的一个偏微分方程。解此偏微分方程，就得到了著名的布莱克—斯科尔斯模型。

① 更确切地说，我们假设股价遵循对数正态分布，即股价以自然数为底的对数遵循正态分布。

由于篇幅限制，在这里我们略过布莱克—斯科尔斯模型的具体推导过程。另外值得注意的是，除了没有套利之外，基础的布莱克—斯科尔斯模型还需要另外一些假设条件，如允许卖空、无交易费用和税收等、所有证券可无限分割、股票在期权期限内、不支付股息等。在满足这些假设条件的基础上，布莱克—斯科尔斯模型得出的欧式看涨期权的价格如下：

$$c = S_0 N(d_1) - K\mathrm{e}^{-rT} N(d_2) \tag{10-11}$$

其中，$d_1 = \dfrac{\ln\left(\dfrac{S_0}{K}\right) + \left(r + \dfrac{1}{2}\sigma^2\right)T}{\sigma\sqrt{T}}$，$d_2 = d_1 - \sigma\sqrt{T}$，$N(\cdot)$ 为标准正态分布的分布函数。c 为欧式看涨期权的当前价格，S_0 是当前股价，T 为期权期限，K 为执行价格，r 为无风险利率，σ 为股价波动率。

这就是著名的布莱克—斯科尔斯欧式看涨期权定价公式。为了便于理解，我们可以把上式改写为：

$$c = \mathrm{e}^{-rT}[S_0 N(d_1)\mathrm{e}^{rT} - KN(d_2)] \tag{10-12}$$

我们可把 $N(d_2)$ 理解为期权被行使的概率，期权被行使时，持有人将支出 K，因此 $KN(d_2)$ 是持有人在期权被行使时预期的支出，而 $S_0 N(d_1)\mathrm{e}^{rT}$ 是期权被行使时的预期收入，两者之差的贴现值即期权在当前的价格。

对于欧式看跌期权，我们可利用看涨—看跌期权平价关系式，得出欧式看跌期权的布莱克—斯科尔斯公式如下：

$$p = K\mathrm{e}^{-rT} N(-d_2) - S_0 N(-d_1) \tag{10-13}$$

［例 10-5］　计算基于无股息支付股票的欧式看跌期权价格，其中执行价格为 \$50，现价为 \$50，有效期 3 个月，无风险年收益率为 10%，波动率为每年 30%。

解：在本题中 $S_0 = 50$，$k = 50$，$r = 0.1$，$\sigma = 0.3$，$T = 0.25$

$$d_1 = \frac{\ln(50/50) + (0.1 + 0.09/2) \times 0.25}{0.3\sqrt{0.25}} = 0.241\,7$$

$$d_2 = d_1 - 0.3\sqrt{0.25} = 0.091\,7$$

欧式看跌期权的价格是：

$$p = 50N(-0.0.091\,7)\mathrm{e}^{-0.1\times 0.25} - 50N(-0.241\,7)$$
$$= 50 \times 0.463\,4\mathrm{e}^{-0.1\times 0.25} - 50 \times 0.404\,5 = 2.37$$

本章小结

本章主要介绍了远期、期货和期权合约的概念、交易机制和定价理论。这三者都是常见的金融衍生品。按交易目的，可将金融衍生品交易分为套期保值、套利和投机三类。

本章第一节首先介绍了远期和期货合约的概念。远期和期货合约的持有人承诺在未来约定的时间以约定的价格买入或者卖出约定的标的资产。远期合约是在场外交易的非标准化合约，而期货合约是在交易所内交易的标准化合约。远期和期货合约的标的资产包括金属、能源化工、农产品等商品和股票指数、外汇、利率等金融产品和宏观变量。远期和期货合约的定价可以通过无套利原理推导，即期货—现货平价关系式。期权又称为选择权，是在期货的基础上产生的一种衍生性金融工具。从其本质上讲，期权实质上是在金融领域中将权利和义务分开进行定价，使得权利的受让人在规定时间内对于是否进行交易有自己的选择权，而为了得到这个权利，期权持有人必须支付一定的费用，这一点和期货不同。在期权的交易中，购买期权的一方称作买方，而出售期权的一方则称为卖方；买方即是权利的受让人，而卖方则是必须履行买方行使的权利的义务人。

本章第二节首先引入期权的概念，并介绍了期权市场运作机制；其次分析了期权的特征，讨论了哪些因素会影响期权价格及期权价格变动的上下限，并在此基础上推导出重要的看涨—看跌期权平价关系式；最后简要介绍了期权的定价模型，包括离散化条件下的二叉树定价模型和连续化条件下的布莱克—斯科尔斯期权定价模型。

通过本章学习，可对金融衍生品期权有个初步、基本的了解，为后续课程的学习或者金融市场期权的实际运用奠定基础。

关键词

远期合约(Forwards Contract)　期货合约(Futures Contract)
商品期货(Commodity Futures)　金融期货(Financial Futures)
交易流程(Transaction Process)　投机(Speculate)
套利(Arbitrage)　基差(Basis)
价差(Spread)　期权合约(Options Contract)
看涨期权(Call Options)　看跌期权(Put Option)
欧式期权(European Options)　美式期权(American Options)
期权定价(Option Pricing)　二叉树(Binomial Tree)
布莱克—斯科尔斯公式(Black-Scholes Formula)

思考与练习

一、思考题

1. 期货合约和远期合约的区别是什么？期货合约和期权合约的区别是什么？

2. 套期保值、投机和套利三种交易策略中所构建的投资组合有什么不同？三种交易策略的风险分别有哪些？

3. 当日无负债结算制度在期货市场具有什么样的作用？

4. 期货价格和现货价格之间具有怎样的联系？

5. 卖空资产和卖空期货合约的现金流有何区别？

6. 期权有哪些基本的种类？各有什么功能和用处？

7. 期权合约包含的基本要素有哪些？期权的基本功能有哪些？

8. 请说明为什么欧式期权总是不如有相同标的物、相同执行价格、相同到期日的美式期权值钱。

9. 期权定价的基本原理是什么？期权定价的基本假设条件有哪些？你如何看待现实中的情况？

10. 二叉树期权定价的基本原理是什么？它与布莱克—斯科尔斯定价公式的联系如何？

二、计算题

1. 现在是 4 月份，某空调厂预计在当年 7 月份需要 50 吨阴极铜作为原料，当时铜的现货价格为 53 000 元/吨。为了防止铜价上涨，决定在上海期货交易所进行铜套期保值期货交易，当天 7 月份铜期货价格为 53 300 元/吨。假设保证金比例为 8%。

(1) 在 4 月份，该空调厂应该如何在期货市场交易？需要交纳多少保证金？

(2) 假设到了 7 月 1 日，铜价大幅上涨。现货铜价为 56 000 元/吨，7 月份铜期货价格为 56 050 元/吨。该空调厂在现货市场购进 50 吨铜，同时将期货合约平仓，则该空调厂的盈亏情况如何？铜原料的实际购入成本是多少？

2. 期货合约的当日无负债结算制度是期货市场的一个重要特征。假设在 5 月 12 日，你以 2 970.00元的价格买进一份沪深 300 股指期货合约。合约乘数是 300，因此总价为 300×2 970=891 000元。你持有该头寸直到 5 月 20 日，以2 838.80元的价格卖出。保证金比例为 12%。假设在交易开始时按规定存入保证金，并在此期间从未提取过。请列出该期间保证金账户的贷记情况。此期间的清算价格如下：

时期	结算价格(元)
5 月 12 日	2 932.00
5 月 13 日	2 993.60
5 月 14 日	2 965.60
5 月 17 日	2 771.00
5 月 18 日	2 870.60
5 月 19 日	2 869.20
5 月 20 日	2 838.80

3. 原油现货价格为 45 美元/桶，1 年期的借款利率和贷款利率分别为 5%与 8%，不考虑交易费用和仓储费用，请问一年期的原油期货价格在什么范围内不存在套利机会？

4. 某银行向客户推出黄金租赁业务，即客户可以向银行借入黄金并在约定期限内归还。1 年期的黄金租赁费为2%(租赁费以黄金支付,即借入1克黄金,1年后需还1.02克黄金)。当前黄金现货价格为300元/克,1年期的无风险利率为10%(一年复利一次)。试计算黄金租赁的实际成本是多少?

5. 股票现价为40元,已知在一个月后股价为42或38,无风险年利率为8%(连续复利),执行价格为$39的1月期欧式看涨期权的价值为多少?

6. 股票现价为50元,已知6个月后将为45或55,无风险年利率为10%(连续复利),执行价格为50元,6个月后到期的欧式看跌期权的价值为多少?

7. 股票现价为100,假设在今后每6个月内,股价上涨10%或下跌10%。无风险年利率为8%(连续复利)。试问执行价格为100元的1年期欧式看涨期权的价值为多少?

8. 股票的现价为25元,已知2个月后,股价会变为23元或27元。无风险年利率为10%(连续复利)。设S_T为2个月后的股票价格。试问收益为S_T^2的衍生证券在今天的价格应该是多少?

9. 计算以下无股息股票上欧式看跌期权的价格,其中股票价格为60元,执行价格为58元,无风险利率为每年5%(连续复利),波动率为每年30%,期限为6个月。

10. 考虑无股息股票上的欧式期权,股票价格为30元,执行价格为29元,无风险利率为每年5%(连续复利),波动率为每年25%,期权期限为4个月。

(1) 如果是看涨期权,价格是多少?

(2) 如果是看跌期权,价格是多少?

(3) 验证看跌—看涨期权平价关系式是否成立。

参考文献

[1] 菲利普·乔瑞.金融风险管理师手册(原书第二版)[M].北京:中国人民大学出版社,2004.

[2] 埃德温·J.埃尔顿,马丁·J.格鲁伯.现代投资组合理论与投资分析[M].北京:机械工业出版社,2008.

[3] 光大期货有限公司编.股指期货和黄金期货交易手册[M].上海:复旦大学出版社,2008.

[4] 约翰·赫尔.期权、期货及其他衍生产品(原书第10版)[M].王勇,索吾林,译.北京:机械工业出版社,2018.

[5] 金德环.投资学[M].北京:高等教育出版社,2007.

[6] 查尔斯·P.琼斯.投资学分析与管理(原书第十版)[M].北京:机械工业出版社,2008.

[7] 弗兰克·K.赖利,埃德加·A.诺顿.投资学[M].北京:机械工业出版社,2005.

[8] 哈利·M.马科维茨.资产组合选择和资本市场的均值[M].上海:上海三联书店,2006.

[9] 期货从业人员资格考试辅导丛书编委会.期货基础知识[M].上海:立信会计出版社,2009.

[10] 谢作渺,林嵩,雷静.零起点期货投资[M].北京:清华大学出版社,2009.

[11] 徐洪才.期货投资学[M].北京:首都经济贸易大学出版社,2008.

[12] 吴冲锋,王海成,吴文锋.金融工程研究[M].上海:上海交通大学出版社,2000.

[13] 武玫,李卫东,王哲晗.期货投资入门与技巧[M].北京:经济管理出版社,2006.

[14] 杨锁柱，王晋生.期货理论与实务[M].北京：经济科学出版社，2004.

[15] 张惠茹，李海东.金融期货[M].北京：科学出版社，2005.

[16] 郑振龙.金融工程(第二版)[M].北京：高等教育出版社，2003.

[17] 中国期货业协会.期货市场教程[M].北京：中国财政经济出版社，2009.

[18] 朱国华，褚玦海.期货投资学——理论与实务[M].上海：上海财经大学出版社，2006.

[19] Black F，M Scholes. The Pricing of Options and Corporate Liabilities[J]. Journal of Political Economy，1973(8)：637-659.

[20] Merton R C. Theory of Rational Option Pricing[J]. Bell Journal of Economics and Management Science，1973(4)：141-183.

第四篇
综合应用篇

第十一章　资产配置

第十二章　股票投资分析

第十三章　债券投资分析

第十四章　证券投资基金投资分析

第十五章　套利投资策略

第十六章　期权投资策略

第十七章　股票量化投资策略

第十八章　套期保值策略

第十一章　资产配置

引言

在中国证券市场从“资金推动型”逐渐向“价值投资型”过渡的转变中，无论机构投资者还是个人投资者，都更趋向于通过理性分析合理配置资产，用多元化投资方式化解股市的非系统性风险。“不要把鸡蛋放在同一个篮子里”就是资产配置最好的通俗诠释。马科维茨分散投资模型为资产配置提供了理论基础，之后许多其他资产配置模型也纷纷发展起来，进一步夯实了资产配置的理论。

第一节　资产配置的含义

一、资产配置的意义

资产配置是指将一个投资组合分为不同资产种类的过程。资产种类主要有两种：一种是实物资产，如房地产、艺术品等；另一种是金融资产，如股票、债券、基金等。资产分配的目的在于通过分散投资降低风险。由于各种资产往往有着截然不同的性质，历史统计也显示，在相同的市场条件下它们并不总是同时反应或同方向反应，因此当某些资产的价值下降时，另外一些却在上升。如果将投资分散到收益变化方式有区别的资产中去，可以部分或全部填平在某些资产上的亏损，从而减少整个投资组合的波动性，使资产组合的收益趋于稳定。

对于许多投资者而言，资产配置不仅仅意味着对收益、标准差和相关性进行数学的最优化运算，还具有更深远的意义。资产配置综合了不同类别资产的主要特征，在此基础上形成投资组合，相对于每个组成部分，该投资组合都具有更好的风险/收益特征。此外，资产配置也是不断进行认知和平衡的权衡过程，其中在投资者的时间跨度、资本保值目标和预期的收益来源方面的权衡尤其重要。

同时,资产配置也需设定最小化和最大化权衡因素,以确保选择足够多的资产类别而不是过分集中于某类资产。

最后,资产配置要实现多种类别资产与特定投资品种的分散投资,从而将投资组合的期望风险特征与投资者自身的风险承受水平相匹配。资产配置通过分散投资寻求在一段足够长的时间内提供更高的回报与更低的风险,并对投资者承担无法分散的波动性予以适当补偿,而并非利用有限的资产类别去迎合市场的变化。

二、资产配置的过程

从目标的投资需求看,资产配置的目标在于以资产类别的历史表现与投资者的风险偏好为基础,决定不同资产类别在投资组合中的比重,从而降低投资风险,提高投资收益,消除投资者对收益所承担的不必要的额外风险。资产配置的过程如图 11-1 所示。

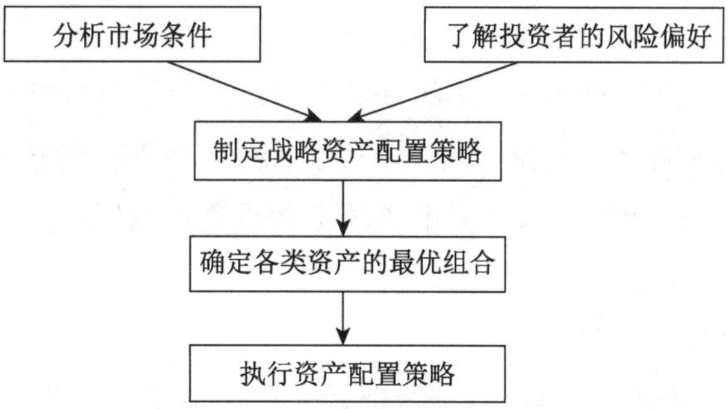

图 11-1 资产配置的过程

(一) 分析市场条件

进行资产配置决策的第一步是要对整个市场的状况进行分析,了解当前的市场条件,从而做出适合市场状况的资产配置决策。对市场的分析包括对国际经济形势、国内经济状况和发展动向、当前宏观经济政策、通胀水平、利率变化、所处经济周期以及监管和税收等限制性因素进行分析。另外,要分析各资产类别在当前市场条件下的风险—收益特征,以及相互之间的关系。不同资产在不同的经济周期阶段和市场条件下的表现存在很大差异,只有理解资产的这些特征,才能构造出一个令人满意的资产组合。投资者需要确定这些资产在持有期内或计划范围的预期回报率。

(二) 了解投资者的风险偏好

投资者的风险偏好对资产配置决策有很大的影响。资产配置中一条最重要的规则就是在投资者的风险承受范围之内运作。影响投资者风险偏好的因素主要有年龄、投资期限、资产负债情况、财务变动情况、流动性需求等。例如,人们财富增加时,承担风险的能力增强,而财富水平下降时,则风险厌恶度增强;投资者越接近于年老阶段,资产配置越保守;投资者流动性需求越高,越需要将资产配置于流动性较好的资产中,以便能够及时变现。表 11-1 为不同情况的投资者资产配置的例子。

表 11-1　　不同投资者的资产配置偏好

资产类别	保守型			激进型		
	职业生涯的早期	职业生涯的后期	退休期	职业生涯的早期	职业生涯的后期	退休期
现金(%)	10	10	10	10	10	10
债券(%)	20	30	40	0	10	10
大市值股票(%)	40	40	40	30	40	50
小市值股票(%)	15	10	5	30	20	15
外国股票(%)	15	10	5	30	20	15

(三) 制定战略资产配置策略

在对市场和投资者需求充分了解的基础上,投资者便可以制定一个在较长时期内的资产配置策略,即战略资产配置策略。一般来说,战略资产配置策略一旦制定,便不会轻易更改,因而在较长时期内,只要市场环境和投资者偏好不发生根本性的变化,投资者都会在这一策略下进行资产配置。

(四) 确定战术资产配置

在制定了战略资产配置策略以后,投资者便在这一策略所设定的框架下确定战术资产配置,即对市场中具体的资产类别(如普通股票、优先股、国债、企业债等)进行分析和挑选,找出具有投资价值的资产,并赋予所选择的各种资产相应的权重,确定最优的资产组合边界,实现在既定风险水平下获得最大预期收益的目标。

(五) 执行资产配置策略

在完成了上述各项资产配置策略后,就要严格按照计划执行,并且在执行过程中根据实际状况不断修正和完善资产配置策略。

第二节　资产配置模型

一、马科维茨分散投资模型及其改进

资产配置优化是指找到一个具有如下特征的资产投资组合的过程,即在既定的风险水平下,能够产生最高可能预期收益,或者对于一个给定的收益水平具有最低可能

的风险度。

现代组合理论(Modern Portfolio Theory, MPT)是在新古典投资理论基础上发展起来的,是资产配置的理论基础。现代投资组合理论起源于马科维茨(Markowitz, 1952)提出的均值—方差分析方法。马科维茨模型是在资产配置的实践领域里常用的,它的目的是在给定投资者的风险收益偏好和各种证券组合的预期收益与风险之后,确定投资者的最优的风险收益组合关系,进而确定投资组合构成,也即市场有 n 种资产,资金如何分配于这 n 种资产上才能够得到使投资者满意的最优证券组合。

(一) 马科维茨分散投资模型

马科维茨理论是建立在下面五个假设基础上的:

(1) 呈现在投资者面前的每一项投资是在一段时期内的预期收益的概率分析,即投资者用预期收益的概率分布来描述一项投资;

(2) 投资者的目标是单期效应最大化,而且他们的效用函数呈现边际效用递减的特点;

(3) 投资者以投资预期收益的波动性来估计投资的风险;

(4) 投资者仅依靠预期的投资风险和收益来做出投资决定,所以他们的效用函数只是预期风险和收益的函数;

(5) 在给定预期风险水平后,投资者偏好更高的预期收益,另一方面,在给定预期收益后,投资者偏好更低的风险。

如果用期望均值 r_i 表示投资者对证券 i 未来收益的估计,用方差 σ_i^2 或标准差 σ_i 表示证券 i 未来收益的风险,那么,均值—方差模型是根据投资者期望得到的目标收益,寻找风险最小的组合来确定最优的资产配置策略。

(二) 马科维茨分散投资模型的缺陷与改进

1. 马科维茨分散投资模型的缺陷

马科维茨分散投资模型的理论与方法奠定了均值—方差分析框架,开创了对金融风险进行定量测度与防范的先河,是后续许多其他理论研究的基础。但马科维茨的投资组合理论在实践中存在以下明显的缺陷:

(1) 组合的权重可能集中在少数资产上;

(2) 前沿组合权重对参数的变化非常敏感,因此,参数的估计误差,尤其是期望收益估计的误差,可能带来组合权重的巨大变化;

(3) 组合在样本外的表现不理想。

2. 马科维茨分散投资模型的改进

(1) 风险用 VaR 或 CVaR 来替代

马科维茨的分散投资模型中使用波动性来衡量风险,在实践中,波动性可能并不是一个很好的衡量风险的指标，许多金融机构使用 VaR 和 CVaR 来衡量风险。因此，对马科维茨的分散投资模型的一个很自然的改进就是将 VaR 或 CVaR 替代波动性，在目标收益一定的情形下，寻求 VaR 或 CVaR 最小的组合进行资产配置。

与传统风险度量的手段不同，VaR 模型完全是基于统计分析的风险度量技术。从统计的角度看，VaR 实际上是投资组合回报分布的一个百分位数。它的一种较为通俗易懂的定义是：在未来一定时间内，在给定的条件下，任何一种金融工具和品种的市场价格的潜在最大损失。其中，“未来一定时间”可以是任一时间段，如一天、五个月等。“给定的条件”可以是经济条件、市场条件、上市公司及所处行业、信誉条件和概率条件等。概率条件是 VaR 中的一个基本条件，也是最普遍使用的条件。如“时间为 40 天，置信水平为 95%(概率)，所持股票组合的 VaR 为－2 000 元”。其含义就是：40 天后该股票组合有 95%的把握，其最大损失不会超过 2 000 元。其中，置信水平即发生最大损失的概率，随着概率的增加，最大损失额度会随即增加。

VaR 作为一种风险计量工具，已经得到广泛的运用，但是 VaR 存在重大的缺陷。例如，在 VaR 的计算上有许多种方法，如方差—协方差方法、蒙特卡洛模拟方法、历史模拟方法，运用各种方法的计算结果相差甚大。它不满足一致性公理、缺乏次可加性。

为了克服 VaR 的不足，Rockafeller 和 Uryasev (2000)首次提出基于条件风险价值(CVaR)的风险测量理论。CVaR 满足一致性和次可加性，并且具有凸性，而且容易计算。条件风险价值 CVaR(Conditional Value-at-Risk)也称平均超额损失(Mean Excess Loss)，CVaR 给出了损失额超过 VaR 部分的期望值。例如，给定置信水平 $\alpha=99\%$，CVaR 就是那些超过 99%VaR 的损失的平均值，所以 CVaR 不会小于 VaR。相比 VaR，CVaR 更能体现投资组合的潜在风险，且在投资组合优化决策时，以 CVaR 作为优化目标，可以采用线性规划的方法进行求解，求解的过程中还可以得到投资组合的 VaR 值。

(2) 其他分散投资模型

针对马科维茨分散投资模型的缺陷，许多新的分散投资策略开始发展起来。归结起来主要从以下几个方面进行改进：

① 直接应用最简单、最常用的方法进行分散投资，无须对资产的收益和协方差矩阵进行估计。常见的方法是等权重方法(即 N 个资产的权重各为 $1/N$) 和市值权重法(以资产市值的占比为权重)。

② 应用贝叶斯方法对收益和协方差进行估计，缓解资产的收益和协方差矩阵估计的误差问题。

③ 对组合权重施加不同的约束条件，比如，权重最少不低于某个比例、权重最高不超过某个比例等。

④ 根据协方差矩阵而忽略资产收益来选择资产组合，从而避免期望收益估计的误差对组合权重的影响。

⑤ 引入投资者看法，结合资产定价理论对收益和协方差进行估计。

⑥ 引入 VaR、CVaR、下半方差、绝对离差等风险指标，代替方差进行最优化组合选择。

⑦ 引入投资者的非理性，从行为金融角度发展出行为投资组合理论(Behavioral Portfolio Theory, BPT)。

下面我们简单介绍其中一些相对简单的分散投资策略。

(1) 等风险(Equally-weighted Risk Contributions, ERC)组合。等风险组合策略也是一种忽略资产期望收益，仅利用资产收益的协方差矩阵对马科维茨组合理论做出修正的策略(Maillard et al., 2010)。其基本思想是选择最优的组合权重，使得各资产的风险对组合总风险的贡献相同。

考虑 N 个风险资产，组合权重记为 $W=(w_1, w_2, \cdots, w_N)'$，资产收益的协方差矩阵记为 V，则组合的标准差为 $\sigma(W)=\sqrt{W'VW}$，资产的边际风险贡献定义如下：

$$\frac{\partial\sigma(W)}{\partial W}=\frac{VW}{\sigma(p)} \tag{11-1}$$

记 $\partial_{W_i}\sigma(p)$ 为向量 $\dfrac{VW}{\sigma(p)}$ 中的第 i 个分量，则 $\partial_{W_i}\sigma(p)$ 表示了第 i 个资产对组合风险的边际贡献。

显然组合的标准差也可以写为：

$$\sigma(W)=W'\frac{\partial\sigma(W)}{\partial W}=\sum_{i=1}^{N} w_i\partial_{w_i}\sigma(W) \tag{11-2}$$

定义 $\sigma_i(W)=w_i\partial_{w_i}\sigma(W)$，因此，可以将 $\sigma_i(W)$ 定义为组合中资产 i 对组合风险的贡献。

等风险组合就是使得以下等式成立的组合：

$$\sigma_i(W)=\sigma_j(W),\ \forall i,\ j$$

在实际应用中，寻找等风险组合可以转化为以下优化问题：

$$\min_W\sum_{i=1}^{N}\sum_{j}^{N}\left(w_i\ (VW)_i-w_j\ (VW)_j\right)^2 \tag{11-3}$$

$$\text{s.t.}\quad W'1_N=1$$

$$0\leqslant W\leqslant 1$$

其中，$(VW)_i$ 表示向量 VW 中的第 i 个分量，1_N 表示长度为 N 的全部是 1 的列向量。注意这里我们施加了不允许卖空的限制。

对于上述优化问题通常需要通过数值方法求解。有时候上述优化问题难以得到数值解，这时候我们可以求解以下等价的优化问题：

$$\min_{Y} Y'VY \tag{11-4}$$

$$\text{s.t.} \quad \sum_{i=1}^{N} \ln(y_i) \geqslant c$$

$$Y \geqslant 0$$

其中，$Y=(y_1, y_2, \cdots, y_N)'$，$c$ 为任意的常数。

可以证明以上两个优化问题是等价的。将优化解 Y^* 归一化后与前面优化问题的最优解 W^* 是一致的，即 $\dfrac{Y^*}{Y^{*\prime} 1_N}=W^*$

(2) 最大分散(Maximun-diversification, MD)组合。最大分散组合(Choueifaty and Coignard, 2008)权重是以下优化问题的解：

$$\max_{W} \frac{W'\sigma}{\sqrt{W'VW}} \tag{11-5}$$

$$\text{s.t.} \quad W' 1_N = 1$$

$$0 \leqslant W \leqslant 1$$

其中，$\sigma=(\sigma_1, \sigma_2, \cdots, \sigma_N)'$，$\sigma_i$ 为资产 i 的波动性。注意这里我们也施加了不允许卖空的限制。

(3) 最小方差(Minimum-variance, MV)组合。同样考虑卖空限制，最小方差组合权重是以下优化问题的解：

$$\min_{W} W'VW \tag{11-6}$$

$$\text{s.t.} \quad W' 1_N = 1$$

$$0 \leqslant W \leqslant 1$$

最小组合只与协方差矩阵有关，与预期收益无关，这样就避免了期望收益估计带来的误差。

除了上面介绍的几种分散投资的模型，还有许多在业界享有盛誉的模型，比如 Black-Litterman 模型等。

二、Black-Litterman 模型

Black 和 Litterman 1990 年在高盛的内部刊物上发表了 Black-Litterman 资产配

置模型(BL 模型),后来在《固定收益杂志》(Journal of Fixed Income)和《金融分析师杂志》(Financial Analysts Journal)公开发表了 BL 模型。Black 和 Litterman 提出的 BL 模型融合了市场均衡期望收益和投资者关于资产期望收益的主观判断,解决了马科维茨资产配置模型中权重过度集中、对参数变化敏感等难题。在一定假设条件下,投资者的最优资产组合应当为市场组合。因此,市场组合所对应的期望收益可以通过投资者面临的组合优化问题反向求解得到。市场达到均衡时资产的期望收益 Π(减去无风险利率之后)为:

$$\Pi = \gamma V W_m \tag{11-7}$$

其中,V 为资产收益的协方差矩阵,γ 为投资者的风险厌恶系数,W_m 为市场组合的权重向量。

对于 γ,可以通过市场组合(比如,可以使用指数)历史数据的夏普比率(Sharpe Ratio)和波动率来估计:

$$\gamma = \frac{SR_m}{\sigma_m} \tag{11-8}$$

其中,SR_m 为市场组合的夏普比率,σ_m 为市场组合的标准差。

我们以 1990/12/19—2019/11/22 期间上证综合指数为例来估计我国市场投资者的平均风险厌恶系数。指数的年化收益率约为 10.99%,为避免涨跌停板制度的影响(目前普通股票的 10%涨跌幅限制制度是 1996 年 12 月 16 日以后开始实行的),我们使用 1997 年以后的月数据估计上证综合指数的年化波动率约为 26.71%,如果 1990/12/19—2019/11/22 期间的无风险利率以 3%计,则得出投资者的平均风险厌恶系数约为 1.1。用历史数据估计出资产收益的协方差矩阵 V 和当前市场组合的权重 W_m,则可以估计出当前资产市场均衡隐含的期望收益 Π,对资产期望收益的估计误差要低于对资产收益的估计误差,通常假定其协方差矩阵为 τV, $0 < \tau < 1$。

在 BL 模型中,投资者关于资产期望收益的看法用观点矩阵 P 和投资者看法 Q 来表示。我们以 5 只股票为例来说明观点矩阵 P 和投资者看法 Q。比如投资者有以下三个看法(更一般地有 K 个看法):认为第一只股票的期望收益为 8%(扣除了无风险利率);认为第二只股票的期望收益为 5%(扣除了无风险利率);认为第三只股票的期望收益比第四只股票的期望收益高出 2%。其中,前两个看法为绝对看法,第三个看法为相对看法。则:

$$P = \begin{pmatrix} 1 & 0 & 0 & 0 & 0 \\ 0 & 1 & 0 & 0 & 0 \\ 0 & 0 & 1 & -1 & 0 \end{pmatrix}, \quad Q = \begin{pmatrix} 0.08 \\ 0.05 \\ 0.02 \end{pmatrix}$$

投资者的看法 Q 的不确定程度用协方差矩阵 Ω 来表示，并假定矩阵 Ω 的非主对角线元素全部为 0，即不同观点的误差不相关。

$$\Omega=\begin{pmatrix}\omega_1 & 0 & 0\\ 0 & \omega_2 & 0\\ 0 & 0 & \omega_3\end{pmatrix}$$

基于观点矩阵 P，市场先验的看法为 $P\Pi$，投资者的看法为 Q。融合市场均衡隐含的资产期望收益和投资者的看法，得到资产的后验期望收益估计为：

$$E[R]=[(\tau V)^{-1}+P'\Omega^{-1}P]^{-1}[(\tau V)^{-1}\Pi+P'\Omega^{-1}Q] \tag{11-9}$$

其相应的协方差矩阵为：

$$[(\tau V)^{-1}+P'\Omega^{-1}P]^{-1} \tag{11-10}$$

将更新后的后验资产期望收益 $E[R]$ 代替优化问题的期望收益，则投资者面临以下资产配置的优化问题：

$$\max_{W} E\,[R]'W-0.5\gamma W'VW \tag{11-11}$$

$$\text{s.t.}\quad 1'W=1$$

$$a\leqslant W\leqslant b$$

求解以上优化问题，就可以得到投资者的最优资产配置权重。但这里需要事先确定参数 τ 和 Ω。这是一个比较艰难的问题，BL 模型本身并没有明确给出确定参数的方法。这里我们介绍 Idzorek(2005)和 Jay(2014)的方法，并假定 Ω 的非零主对角元素与以下矩阵的主对角元素相同：

$$\tau diag\left(\frac{1-C}{C}\right)PVP'$$

$diag\left(\frac{1-C}{C}\right)$ 表示主对角元素为 $\frac{1-C}{C}$、其他元素为 0 的矩阵。

这样巧妙地将 τ 对期望收益的后验估计值 $E[R]$ 的影响消除，这里 C 是投资者对 K 个观点的置信程度，$C=(C_1, C_2, \cdots, C_K)'$，其中，$0\leqslant C_i\leqslant 1$，$i=1, 2, \cdots, K$ 分别表示投资者对各个观点的置信度。

继续前面的例子，假定投资者对看法 1 的置信度为 60%，对看法 2 的置信度为 80%，对看法 3 的置信度为 50%，则 $C=(0.6, 0.8, 0.5)'$。由于消除了 τ 对期望收益的修正值的影响，Ω 可以表示为：

$$\Omega=\begin{pmatrix}\frac{1-0.6}{0.6}p_1Vp_{1'} & 0 & 0\\ 0 & \frac{1-0.8}{0.8}p_2Vp_{2'} & 0\\ 0 & 0 & \frac{1-0.5}{0.5}p_3Vp_{3'}\end{pmatrix} \tag{11-12}$$

其中，p_1、p_2、p_3 分别表示矩阵 P 中的第一行、第二行和第三行向量。

融合市场均衡隐含的资产期望收益和投资者的看法，得到资产的后验期望收益估计为：

$$E[R]=[V^{-1}+P'\Omega^{-1}P]^{-1}[V^{-1}\Pi+P'\Omega^{-1}Q] \tag{11-13}$$

其相应的协方差矩阵为：

$$[V^{-1}+P'\Omega^{-1}P]^{-1} \tag{11-14}$$

进一步假定例子中的 5 只股票收益率（扣除无风险利率）的标准差分别为 0.1、0.15、0.20、0.25 和 0.30，并且相互之间的相关系数均为 0.5。5 只股票组成的市场组合权重为 $W_m=(0.3,\ 0.25,\ 0.2,\ 0.2,\ 0.05)'$，假定投资者的平均风险厌恶系数 $\gamma=1$。则

$$V=\begin{pmatrix}0.0100 & 0.0075 & 0.0100 & 0.0125 & 0.0150\\ 0.0075 & 0.0225 & 0.0150 & 0.0188 & 0.0225\\ 0.0100 & 0.0150 & 0.0400 & 0.0250 & 0.0300\\ 0.0125 & 0.0188 & 0.0250 & 0.0625 & 0.0375\\ 0.0150 & 0.0225 & 0.0300 & 0.0375 & 0.0900\end{pmatrix}$$

$$\Pi=\gamma VW_m=\begin{pmatrix}0.0101\\ 0.0158\\ 0.0213\\ 0.0278\\ 0.0281\end{pmatrix}$$

$$\Omega=\begin{pmatrix}\frac{1-0.6}{0.6}p_1Vp_{1'} & 0 & 0\\ 0 & \frac{1-0.8}{0.8}p_2Vp_{2'} & 0\\ 0 & 0 & \frac{1-0.5}{0.5}p_3Vp_{3'}\end{pmatrix}=\begin{pmatrix}0.0067 & 0 & 0\\ 0 & 0.0056 & 0\\ 0 & 0 & 0.0525\end{pmatrix}$$

$$E[R]=[V^{-1}+P'\Omega^{-1}P]^{-1}[V^{-1}\Pi+P'\Omega^{-1}Q]=\begin{pmatrix}0.052\ 1\\0.049\ 1\\0.070\ 7\\0.069\ 5\\0.091\ 5\end{pmatrix}$$

融合了投资者和市场的看法后，资产的期望收益估计 $E[R]$ 与市场隐含的期望收益估计 Π 有了明显差异。即便投资者对第五只股票的收益没有任何看法，但由于协方差矩阵的影响，后验的期望收益估计也发生了改变。如果上述优化问题是无约束条件的（没有权重之和等于 1、卖空限制和权重上下界约束等），则最优的配置权重为：$W^*=(\gamma V)^{-1}E[R]$。

继续上面的例子，得到优化问题无约束情形下的最优解为：

$$W^*=\begin{pmatrix}4.478\ 1\\0.401\ 3\\0.557\ 9\\-0.157\ 9\\0.050\ 0\end{pmatrix}$$

可以发现与市场组合相比，股票 5 的权重并没有发生改变，仍然保持 5%，即如果上述优化问题是无约束的，则投资者的最优资产配置与市场组合相比，仅在那些有观点表达的股票上发生改变。但如果存在约束条件，则这一结论不再成立。

加入 $1'W=1$ 和限制卖空的约束后得到最优的资产配置为：

$$W^*=\begin{pmatrix}0.162\ 8\\0.000\ 0\\0.404\ 3\\0.040\ 0\\0.393\ 0\end{pmatrix}$$

第三节　资产配置案例

接下来，我们仅考虑 ERC、MD 和 MV 组合在实际投资组合中的应用。考虑到国内市场普通投资者能够实际购买到的资产类别，我们选择以下 11 个 ETF 作为备选的资产类别：沪深 300ETF(510300)、中证 500ETF(510500)、中小板 ETF(159902)、创业板ETF(159915)、标普500ETF(513500)、纳指ETF(513100)、恒生指数(恒生ETF,513600)、恒生中国企业指数(H股ETF,510900)、黄金ETF(518880)、德国DAX30ETF(513030)和原油(美原油期货连续合约),选取了2010年6月—2016年9月的月度数据。各类资产月收益率的历史平均收益和波动性,以及资产收益之间的历史相关系数分别如图11-2和图11-3所示。表11-2给出了不同配置模型的权重。

表11-2　　不同配置模型的权重

	ERC	MD	MV
沪深300	0.067	0.123 3	0.030 2
中证500	0.053 2	0.000 0	0.000 0
中小板	0.056 7	0.000 0	0.000 0
创业板	0.052 7	0.100 3	0.021 1
标普500	0.138 5	0.017 4	0.654 7
纳指	0.114 9	0.000 0	0.000 0
恒生指数	0.081 1	0.000 0	0.000 0
恒生中国企业	0.062 2	0.000 0	0.000 0
黄金	0.190 4	0.371 6	0.294
德国DAX30	0.105 7	0.254 3	0.000 0
原油	0.077 6	0.133 2	0.000 0

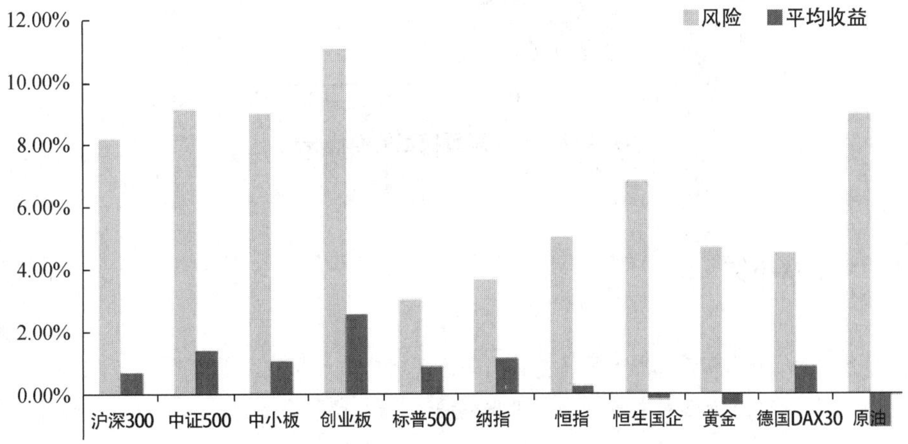

图11-2　历史平均收益和风险

	沪深 300	中证 500	中小板	创业板	标普 500	纳斯达克	恒生指数	恒生中国	黄金	德国 DAX30	原油
沪深 300	1										
中证 500	0.82	1									
中小板	0.70	0.96	1								
创业板	0.59	0.87	0.92	1							
标普 500 指数	0.25	0.31	0.32	0.31	1						
纳斯达克综合指数	0.25	0.37	0.38	0.38	0.93	1					
恒生指数	0.55	0.52	0.45	0.41	0.59	0.56	1				
恒生中国企业指数	0.76	0.63	0.51	0.45	0.49	0.43	0.90	1			
黄金	−0.05	−0.05	−0.06	−0.13	−0.02	−0.04	0.15	0.08	1		
德国 DAX30 指数	0.28	0.40	0.44	0.41	0.71	0.74	0.52	0.40	−0.06	1	
原油	0.03	0.16	0.14	0.21	0.24	0.21	0.34	0.30	0.20	0.01	1

图 11-3　历史相关系数

图 11-4 给出了等风险组合、最大分散组合、最小方差组合和等权重组合的累计净值曲线。为保持组合的权重不变，我们在每个月月底将权重调整到与表 11-2 一致的水平，对于等权重组合，则每个月月底将每只 ETF 的权重重新调整到 1/11。从图 11-4的结果来看：最小方差组合表现得比较稳定，当然这只是样本内检验的结果。注意，这里我们也没有考虑组合调整时涉及的交易成本。

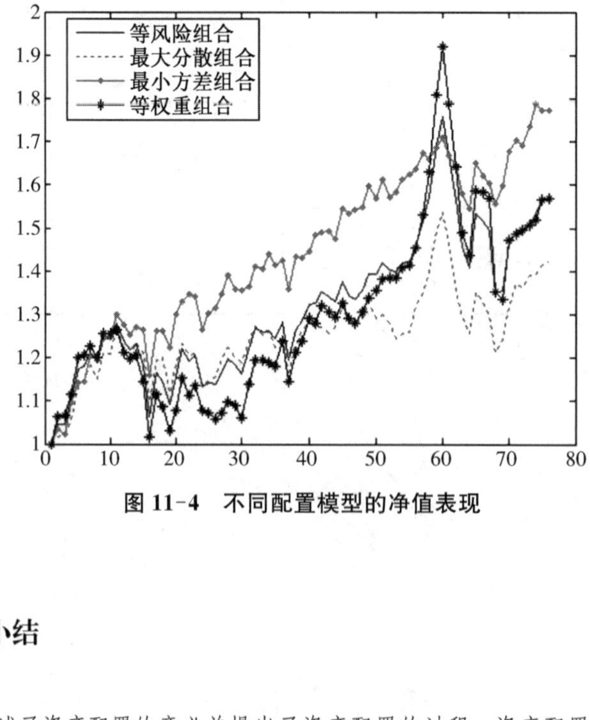

图 11-4　不同配置模型的净值表现

本章小结

本章第一节阐述了资产配置的意义并提出了资产配置的过程。资产配置是一门艺术，投资者需要不断地对投资品种的特性进行认知和平衡，通过分散投资将投资组合的期望风险特征与投资者自身的风险承受水平相匹配。第二节讨论了马科维茨分散投资模型的缺陷和不足及其改进，也介绍了其他几种分散投资模型，并重点介绍了 Black-Litterman 模型的基本原理。第三节通过案例形式实证分析了不同配置模型在我国证券市场上常见的 ETF 中的配置效果。

关键词

资产配置(Asset Allocation)　战略资产配置(Strategic Asset Allocation)
战术资产配置(Tactical Asset Allocation)　Black-Litterman 模型(Black-Litterman Model)

思考与练习

1. 什么是资产配置?
2. 简述资产配置的过程。
3. 简述马科维茨分散投资模型的缺点及改进。
4. 分散投资模型有哪些?
5. Black-Litterman 模型与马科维茨分散投资模型的差异主要体现在什么地方?
6. 目前我国证券市场上存在一些跟踪原油价格的 ETF,但这些 ETF 大多通过原油期货实现跟踪原油现货价格,这种方式构建的 ETF 是否适合作为长期资产配置的品种?

参考文献

[1] 金德环.投资学[M].北京:高等教育出版社,2008.
[2] 戴维·达斯特.资产配置的艺术[M].李康,译.上海:上海人民出版社,2005.
[3] 兹维·博迪等.投资学[M].北京:机械工业出版社,2012.
[4] 马君潞,李学峰.投资学[M].北京:科学出版社,2011.
[5] 曹志广.金融计算与编程——基于 MATLAB 的应用(第二版)[M]. 上海:上海财经大学出版社,2017.
[6] 胡金娥,杨万荣.我国证券投资基金绩效评估的实证研究[J].北京理工大学学报,2009.
[7] Maillard S, Roncalli T, Teiletche J. The properties of equally-weighted risk contribution portfolios[J]. Journal of Portfolio Management, 2010(36): 60-70.
[8] Choueifaty Y, Coignard Y. Toward maximum diversification[J]. Journal of Portfolio Management, 2008(35): 40-51.
[9] Faber M. A quantitative approach to tactical asset allocation [J]. Journal of Wealth Management, 2007(9): 69-79.
[10] Rockafeller R T, Uryasev S. Optimization of Conditional Value-at-Risk[J]. Journal of Risk, 2000(2): 21-41.
[11] Black F, Litterman R. Asset allocation: combining investors views with market equilibrium[J]. Fixed Income Research, Goldman, Sachs & Company, 1990.
[12] Black F, Litterman R. Global portfolio optimization [J]. Journal of Fixed Income, 1991

(1)：7-18.

[13] Black F，Litterman R. Global portfolio optimization[J]. Financial Analysts Journal，1992(48)：28-43.

[14] Idzorek Thomas. A step-by-step guide to the Black-Litterman model，incorporating user-specified confidence levels. working paper，2005. Jay Walters. The Black-Litterman model in detail. working paper，2014.

第十二章　股票投资分析

引言

股票市场是资本市场最重要的组成部分之一。对目前的中国投资者而言，股票是最主要的投资工具。本章将对股票投资中的主要问题，比如哪些因素影响了股票价值和价格、股票投资的风险和收益，以及股票市场与经济波动的关系进行研究。

分析股票市场与经济波动的关系可以从宏观到中观，再到微观层次，自上而下地进行。在宏观层次主要是分析影响股市涨跌的宏观经济因素，中观层次的分析主要是行业分析，微观层次的分析则以公司估值分析为主。本章主要是从宏观层次的分析，到中观层次的分析，再到微观层次的分析，构成股票投资分析的完整过程。最后，本章还对股票投资分析的常用方法——技术分析法——进行了介绍。

第一节　股票价值与价格的影响因素分析

一、基本概念的界定

（一）会计价值与市场价值

会计价值是指公司资产、负债和所有者权益的账面价值。市场价值是指买卖双方基于各自不同预期，在公平的市场环境下，自愿进行交易的价格。以 A 股上市公司完美世界为例，2021 年 11 月 2 日总资产账面价值 167.2 亿元，总负债账面价值 55.39 亿元，所有者权益账面价值 111.81 亿元，2021 年 11 月 2 日完美世界 A 股股价为 16.95 元/股，总股本 19.4 亿股，即完美世界 2021 年 11 月 2 日的市场价值为 328.8 亿元，无论是与其资产账面价值还是与所有者权益账面价值都相去甚远，所以会计价值与市场价值存在明显的差异，主要原因有：

1. 会计计价遵循历史成本计价原则，而市场价格反映的是投资者对未来的预期。

会计的主要职能是提供信息服务和契约控制，这决定了会计信息需要客观性的支撑，而历史成本计价可以重复验证，具有客观性。市场价值由于涉及对于未来的主观评估，缺乏客观性。

2. 会计上总资产的价值是单项资产价值的简单加总，并不是企业的整体价值。

投资者决定买入或卖出公司股票，是基于公司未来产生的现金流，这个现金流并不是靠出售企业单项资产获得，而是来源于资产的整体运用，与资产之间的结合方式有着密切的联系，这也解释了为什么有着相似资产的公司却有着不同的市场价值。本章内容侧重对市场价值的评估与分析。

（二）企业价值与股权价值

通常听到的A企业以100亿元收购B企业，往往给人的错觉是B企业的价值就是100亿元。其实，100亿元只是A企业用来购买B企业价格中的一部分，是A企业为取得B企业股东的全部股份所支付的对价。A企业收购B企业，收购的是B企业的全部资产，企业总资产来源于股权融资和债权融资。在进行企业收购的时候，企业除了要向被收购企业的股东支付一笔现金(或发行等价的股票)以外，还要以书面契约的形式承担企业的债务。如果B企业的资产负债率为60%，则B企业拥有150亿元的债务。A企业为收购B企业所支付的价格不是100亿元，而是250亿元。100亿元现在支付，150亿元以后支付。可见，企业价值和股权价值是完全不同的两个概念，企业价值为股权价值与债权价值之和。

二、影响股票价值的客观基本面因素

影响股票价值的影响因素很多，基本上可分为宏观、中观和微观三类，即宏观因素、行业和区域因素、公司因素。

（一）宏观因素

主要包括对股市及个股可能产生影响的社会、政治、经济、军事、文化等方面的因素。宏观经济因素是影响市场股票价格的共同因素，包括经济增长、经济景气循环、利率、财政收支、货币供应量、物价和国际收支等。

银行存款利率及债券市场利率水平，在影响股票价格的各种经济因素中是最敏感的因素，利率水平与股票价格成反比关系。

国家总体经济状况与社会政治局势的稳定性因素也是重点影响因素之一，如通货膨胀，既有刺激股价上扬的作用，也有压抑股价的作用。

国家政策因素是指足以影响股票价格变动的国内外重大活动以及政府的政策、措施、法令等重大事件，政府的社会经济发展计划、经济政策的变化、新颁布法令和管理条例等均会影响股价的变动。

（二）行业和区域因素

主要是指行业发展前景和区域经济发展状况对股票价格的影响。内容包括行业生命周期、行业地位、行业前景、行业动向及子行业方面的情况等对股票价格的影响。

（三）公司因素

公司因素相对来说更为重要，上市公司经营状况的好坏对股票价格的影响较大，特别是上市公司的经营管理水平、财务状况、科技开发能力、行业内的竞争实力和竞争地位等从各个不同的方面影响着股票价格。

三、影响股票价格的心理预期因素

事实上，根据传统金融学计算出的股票价值（即公平市场价格）与现时市场价格总有差距，运用其在实际操作时的效果也不明显。而股市心理学者认为，投资者的心理预期对股票价格的影响更为明显。

凯恩斯认为，在一个现实的充满不确定性的市场经济体系中，投资者进行投资决策，只能依据预期做出判断。随着社会分工的迅速发展和市场经济的空前壮大，人们的各种经济决策对于预期的依赖程度不断增强，以至于人们所拥有的各类资产，不论是机器设备或其他耐用品等物质资产，还是货币、债券和股票等金融资产，都成了现在与未来的联结物。对于一笔资产，首先要考虑如何在它的各种用途之间做出安排，以何种形式持有，以及各种资产之间的分配比例等，以避免各种可能的损失和获得可能的最大收益。这样，预期就成为形成投资决策的决定性心理因素。因此，对预期的理解无论在描述个体行为、解释宏观经济波动还是在研究证券市场投资等方面都是十分必要的。

证券市场上所有的投资行为决策，实质上都包含着对未来不确定性结果的预期。在证券投资过程中，心理预期对股票价格的影响最为明显。投资者做出的多数决策都涉及对未来不确定性、风险和收益的一定预期。某一证券市场投资者现在购买股票，以期望将来获得丰厚的股息和资本投资预期收益；国家在调整一项宏观经济政策时，决策者往往分析其实施效应和是否达到预期的目标。上市公司所在行业发展前景看好、上市公司的财务状况和经营状况平稳上升、科技开发能力提高等，综合作用于投资者心理，则投资者对该股票价格的心理预期自然会提高。

综上所述，由于投资者的心理预期与股市的客观因素相互作用，外部经济政策与环境、行业景气状况及公司经营业绩好坏等诸多方面因素都必须通过投资者作用于其心理预期，并最终反映在投资决策和投资行为上。股市或股票价格的走势实质上是投资者心理预期在股市中的综合反映，股票价格与投资者心理预期之间存在着相互作用、密不可分的关系。

第二节 股票基本面分析

一、股票投资的宏观经济分析

宏观经济分析是对整体经济与证券市场关系的分析。股票市场活动是处于一定的宏观经济形势中的市场经济活动，股票市场的参与主体及其行为、股票市场的运行状况，都会受到宏观经济形势的深刻影响。

影响股票的宏观经济因素主要有国际经济情况、宏观经济周期、货币政策、财政政策、利率、通货膨胀率等。

（一）宏观经济周期对股市的影响

股票市场是整个国民经济的重要组成部分，股市的运行和发展植根于宏观经济环境，同时股市的活动又会对宏观经济产生影响。因此，股市运行与宏观经济运行应当基本一致。股市的涨跌从根本上来说，是上市公司经营业绩变化的反映。上市公司的业绩良好，可以增加公司的红利分配，从根本上促进公司股价的上涨。而上市公司的业绩不仅与其本身的经营水平有关，也取决于公司的外部环境，即取决于宏观经济的运行状况。因此，股市经常被看作国民经济的“晴雨表”。

宏观经济运行是一个动态的过程。在这一过程中，一些经济变量会以周期性的方式变动，使得经济发展过程也呈现出一定的周期性，这被经济学家称为“经济周期”。不同的经济学家对经济周期给出了不同的定义，大多数人所接受的定义是美国经济学家密契尔（Wesley C. Mitchell）给出的，他认为：经济周期是以商业经济为主的国家总体经济活动的一种波动，一个周期是由很多经济活动差不多同时扩张，继之以普遍的衰退、收缩与复苏所组成的，这种变动同时出现。

宏观经济运行的周期性变化，是带动股市“牛熊”周期性转换的根本原因。对于投资者来说，需要关注的是，当宏观经济处于经济周期的不同阶段时，不同行业的业绩可能会有很大的差异。这是因为，有些行业对经济周期很敏感，有些则不那么敏感。一般来说，需求弹性较小的行业对周期的敏感程度较低，需求弹性较大的行业对周期的敏感程度较高。比如关于衣食住行等与人们基本生活需求有关的行业的需求弹性较小，它们对经济周期的敏感程度较低；而与旅游、娱乐等高档消费品有关的行业的需求弹性较大，对经济周期的敏感程度较高，此外提供生产设备的行业，即生产设备的制造行业对经济周期也很敏感。因为当经济景气时，生产不断扩大，对生产设备的需求也大量增加；当经济衰退时，市场疲弱，生产停滞，对设备的需求也会大减。但是由于各个国家的经济发展水平不同，相同的行业在不同国家的需求弹性可能会不同。例如，汽车在发展中国家属于奢侈品，因此需求弹性较大；而在发达国家，汽车却属于生活必需品，因此需求弹性就比较小。

当宏观经济从繁荣步入萧条或衰退时，那些对经济周期敏感程度较低的行业受影响较小，这些行业的公司股票价格的变化相对会较小。而那些对经济周期敏感程度较高的行业会受较大的影响，这些行业的公司股票价格的变化会大得多。当宏观经济从衰退开始走向复苏时，那些对经济周期敏感程度较高的行业会有更好的发展前景，这些行业的公司股票价格可能会有一个持续的增长。那些在经济从繁荣转向衰退时期受影响较小的行业，在经济从衰退走向复苏和景气阶段一般也只会有相对较小幅度的增长，其公司股价的变化也会相对较小。

（二）货币政策对股市的影响

为了解决市场失灵带来的宏观经济失衡问题，市场经济国家的政府往往运用宏观经济政策对经济进行管理。宏观经济政策包括财政政策、货币政策、产业政策等。这些政策的实施会对整个社会投资、消费、资金、行业发展等产生重要影响，从而对股票市场参与主体的经济行为产生重大作用，进而对股票市场本身产生影响。

1. 货币政策的主要内容

货币政策是指货币当局为实现既定的经济目标，运用各种工具调节货币供应量和利率，进而影响宏观经济的运行状态的各类方针和措施的总和。货币政策由信贷政策、利率政策、汇率政策构成。货币政策的功能在于通过对货币供应量的调节，对总供给和总需求施加影响。

货币政策可以分为均衡货币政策、扩张性货币政策和紧缩性货币政策。均衡货币政策是保持货币供应量与经济发展对货币的需求量的大体平衡，以实现总供给与总需求的基本平衡。紧缩性政策是通过提高利率，紧缩信贷规模来减少货币供应量，以抑制总需求的增长。扩张性货币政策是通过降低利率、扩大信贷以增加货币供应量，刺激社会总需求增长。

实施货币政策所运用的工具有：调整法定存款准备金率、变更再贴现率和公开市场业务。

2. 货币政策影响股票市场的途径

货币政策的主要内容在于调节货币供应量和利率水平，因此对股票市场的影响较为直接和迅速。

（1）货币供应量变化的影响。货币供应量的变化会对股票市场产生直接和间接的影响。货币供应量变化对股票市场的直接影响表现在，它改变了市场上原有的资金与证券的比例，引发了证券价格的波动。当货币供给充足时，会增加股票市场买盘，使股票行情上升；当货币供给减少时，股票买盘相对减少，股票行情因此下跌。

货币供应量变化对股票市场的间接影响表现在，它所引起的通货膨胀水平的变动，会对各种证券价格产生持续性影响。但在通货膨胀的不同阶段，证券价格特别是股票价格运行方向是不同的。例如，在通胀初期，股票价格可能上涨。因为通胀使货币购买力下降，物价上涨，从而刺激人们购物保值，企业因此可以将产品以较高的价格卖出，获得超额利润，致使股价上扬；而且在通胀条件下，人们也会购股保值，使股票需求增加，股价因此上扬。但在通胀持续一段时间后，一旦货币供应量增加过猛，导致物价急剧上涨，股价反而会下降，因为物价上涨使公司成本也快速提高，一时难以完全向市场转嫁，公司利润因此下降，拖累了股票价格；并且物价上涨，利率也会上涨，股价会与利率反向变动。当发生严重通货膨胀时，投资者为使资金保值，可能撤出股市转而投资房地产或黄金市场，股价因此可能大幅下降。

(2) 公开市场操作的影响。公开市场操作是指中央银行在证券市场上公开买卖各种政府债券，以调节货币供应量的活动。根据经济形势的变化，如果中央银行认为有必要放松银根，则在证券市场上买进债券；如果中央银行认为没有必要放松银根，则在证券市场上抛售债券。当中央银行在公开市场上买进证券时，对证券的需求增加，促使证券价格上涨；反之，卖出证券时，证券的供给增加，会引起证券价格下跌。

3. 货币政策与股市涨跌的关系

货币政策主要是通过调控货币供应量的途径影响股票市场的涨跌的。一般来说，紧缩性货币政策会导致股票市场价格下跌，扩张性货币政策会促使股票市场价格上涨。

(1) 紧缩性货币政策与股市涨跌的关系。在经济过度扩张、社会需求过度膨胀、社会总需求大于社会总供给时，政府常常运用紧缩性货币政策。紧缩性货币政策的实施常常表现为：提高法定准备金率、再贴现率、利率，紧缩国家贷款规模和专业银行的贷款额度，在证券市场上出售公债等。这些措施的实施，一方面会减少社会货币供应总量，抑制股票市场投资需求的膨胀，另一方面由于利率上升，企业筹资成本增加，利润率下降，证券投资成本和投资风险增大，公司债券和股票价格下跌。同时，利率上升，会使部分投资者从股票市场上撤出资金，转向储蓄。此外，政府在证券市场上出售公债，直接增大了公债的供给量，股票市场因投资需求下降，供给增加，可能会造成股票价格下跌。

(2) 扩张性货币政策与股市涨跌的关系。在经济衰退时期，社会总需求小于社会总供给时，政府常常运用扩张性货币政策调节宏观经济。扩张性货币政策的实施常常表现为：降低法定准备金率、再贴现率、利率，放松对贷款规模、贷款总额和贷款总额度的控制，在证券市场上回购公债等。此时，一方面会增加货币供应量，刺激股票市场需求的增长；另一方面由于货币供应量增加，利率下降，企业筹资成本降低，企业利润上升，证券投资成本和投资风险降低，证券市场价格逐步上升。同时，利率下降会使部分货币持有者由储蓄转为证券投资。此外，政府在证券市场上公开回购公债，直接增大了公债的购买需求，进一步刺激证券投资的需求，从而导致股票市场价格上升。

(3) 货币政策分析的几个要点。在现实经济中，紧缩性或扩张性货币政策的运用，往往取决于政府对经济形势的认识和把握。在运用货币政策工具时，并非要动用所有的政策工具。在不同时期，每一种货币政策工具对证券市场的影响度也不尽相同。此外，还需注意两个问题：一是由于货币供应量的变化一般领先于股票价格的变化，当货币供应量增长过快时，可能产生较高的通货膨胀率，此时，证券投资者对过高的通货膨胀率的恐惧心理加强，反而导致证券市场的价格下跌。二是如果证券市场信息正确预期货币政策的未来变化，那么，股票市场已经预先反映了货币政策的实际变化。如果货币政策的出台不是预期的，这种非预期的货币政策对股价有着显著的影响。

4. 利率对股市的影响

在宏观经济的相关变量中，利率和通货膨胀率这两个因素对股票市场带来的影响最直接、最明显。

一般而言，利率与证券市场表现为负相关。根据现值理论，证券价格主要取决于股票预期收益和当时市场利率两个因素，并与预期收益成正比，与无风险利率成反比。

(1) 利率上升对证券市场的影响。利率上升，公司融资成本增加，利润率下降，股票价格自然下跌，使投资者不能对其业绩形成一个良好的预期，从而公司债券和股票价格将下跌。利率上升，吸引部分资金从证券市场特别是从股市转向储蓄，导致证券需求下降，证券价格下跌。

(2) 利率下调对证券市场的影响。调低银行利率有可能使证券投资的收益率高于银行存款利率，从而抬高证券的投资价值，吸引投资者从银行抽出资金投入证券市场，以获取最大收益。因此，调低利率，通过游资释放的刺激，使大量资金进入证券市场，从而形成一轮新上升行情；利率的降低也意味着银根的放松，使企业借款规模扩大和借款成本下降，从而降低上市公司的经营成本，提高收益，负债水平较高的企业得益更为明显。

5. 通货膨胀率对股市的影响

(1) 通货膨胀率对股市的双重影响。一方面，通货膨胀对整个国民经济的影响是弊大于利的。在通货膨胀的情况下，经济稳定增长受到威胁，企业利润变得不稳定，投资趋于茫然，投资者心态受到严重影响，政府采取的反通货膨胀政策，如紧缩的货币、财政政策，会使股票市场上的货币供给减少。在通货膨胀情况下，企业经理和投资者不能很明确地知道眼前盈利究竟是多少,很难预料将来的盈利水平,企业利润变得不稳定,使新投资停滞不前,这会使股价上升缺少实质性的支撑。

另一方面,由于通货膨胀主要是因为货币供应量过多造成的,货币供应量增多,开始时一般能刺激生产,增加公司利润,从而增加可分派股息,进而会使股票更具吸引力,引起股价上涨。在通胀后期,如果人们预期通货膨胀即将结束,通货膨胀使企业的产品销售价格高于工资和其他成本的增幅,通货膨胀便有可能促进投资和企业盈利的增加,这又会使股价上升。

一般来说,通货膨胀与通货紧缩都会对经济的长期发展带来不良影响。证券市场是反映国民经济运行的晴雨表,从理论上来说证券市场的运行方向与国民经济的发展主流应该是一致的,无论是通货膨胀还是通货紧缩,对证券市场都会带来影响。

(2) 通货膨胀与股票投资。温和、稳定的通货膨胀对证券价格上扬有推动作用。这种类型的通货膨胀通常被理解为一种积极的经济政策结果,旨在调整某些商品的价格并以此推动经济的增长。在这种情况下,某些行业、产业和上市公司因受到政策的支持,其商品价格明显上调,销售收入也随之提高,促使其证券价格上涨。但是,严重的通胀则是非常危险的,政府不能长期容忍通货膨胀的存在,又必然会运用宏观经济政策抑制通胀,其结果是置企业于紧缩的宏观经济形势中,这又势必在短期中导致企业利润下降,资金进一步离开资本市场,股票市场的价格又会形成新一轮的下跌。

(三) 财政政策对股市的影响

1. 财政政策的主要内容

财政政策是指一国政府为实现一定的宏观经济目标而调整财政收支规模和收支平衡的指导原则及相应的措施。它由财政收入、财政支出、预算平衡、国家债务等方面的政策构成。财政政策的功能在于,通过调整政府财政支出、税收和借债水平,对个人和企业的经济行为和国民经济的发展方向予以引导,通过对经济发展过程中的某些失衡状态的调节,协调各地区、各行业、各部门以及各阶层之间的利益关系;通过对人们的经济行为和宏观经济运行的制约或促进,实现对国民经济发展水平的控制;通过调整总支出水平,实现国民经济的稳定发展。

财政政策可以分为扩张性财政政策、紧缩性财政政策以及均衡性财政政策三种类型。政策手段包括改变政府购买水平、改变政府转移支付水平、改变税率三种。

扩张性财政政策的目的在于,当经济增长持续放缓、失业增加时,通过增加政府购买、增加政府转移支付、降低税率以刺激社会总需求,解决失业与衰退问题。紧缩性财政政策的目的在于,当经济增长强劲、价格水平持续上涨时,通过降低政府购买水平,降低转移支付水平,提高税率,以减少总需求,抑制经济过热。均衡性财政政策的目的则在于,通过财政的分配活动,保持财政收支基本平衡,从而对社会总需求不产生扩张或紧缩的影响。

财政政策运用的主要工具，包括国家预算、国家税收、公债、财政补贴、政府开支、转移支付制度等内容。

2. 财政政策影响股票市场的途径

不同的财政政策，对股票市场会产生不同的影响。在实施扩张性财政政策时，政府购买的增加将增加政府的投资，由此增加社会总需求，带动相关产业的发展，并对整个国民经济产生连锁影响，使公司利润增加，居民收入增长；政府转移支付水平的提高，则会使部分受益者收入提高，也会使一些公司间接受益；税率的调整、税收的减少则会直接增加企业的利润水平。从总体上看，扩张性财政政策会通过企业利润的增加，促使股票市场行情上扬。反之，紧缩性财政政策的实施，在使过热的经济得到抑制的同时，也会使股票市场行情趋于下降。

(1) 国家预算的影响。国家预算是政府的基本财政计划，它对社会经济的影响体现在两方面：一方面，国家预算收支规模和平衡状态，对社会总供给与总需求的平衡会产生影响，在社会其他需求旺盛的情况下，国家预算结余政策有减少社会总需求的功能，赤字财政有扩大社会总需求的功能；另一方面，国家预算的支出方向，具有调节社会总供求的结构以及国家预算的确定和矫正现有经济结构、构造未来经济结构的功能。

(2) 国家税收的影响。国家税收是国家财政收入的一种主要形式，是国家强制参与国家经济收入再分配的重要形式之一。税收的设置、税率的确定，一方面可以控制社会税负的水平，调节与制约国民经济各部门的发展；另一方面税收调节着个人收入的差距，影响投资需求数量和结构的变化。此外，对股票市场交易税率的调整，对股票投资获取收益的税收，会直接影响证券市场的发展。

(3) 国家公债的影响。国家公债既是一种证券投资的工具，又是国家以有偿信用原则筹集资金的一种方式。对公债发行规模、发行对象、偿还期限、公债利率和公债贴现率的调控，以及公开市场业务的管理，可以发挥公债调节货币流通和社会资金供求量的作用。此外，国家对发行公债所筹集的资金的合理运用，可以起到调节社会经济结构、促进经济结构合理化的作用。

(4) 转移支付的影响。转移支付是中央与地方、地方各级政府之间，以及国家与事业单位之间资金管理权限划分的一种根本制度。通过转移支付，中央财政将集中的部分财政资金按一定办法和标准拨付给地方财政，以调节中央政府与地方政府之间的财力，以及调整地区之间财政不平衡的格局。

(5) 财政补贴的影响。财政补贴是国家为实现既定的控制目标，将一部分财政资金无偿拨付给某些企业和居民的一种再分配措施。我国财政补贴的主要形式有：价格补贴、企业亏损补贴、财政补贴、财政贴息、外贸出口补贴等形式。财政补贴的运用，可以调整社会产业结构，扶持在市场经济发展中不具优势但又对经济发展起制约作用的产业的发展。

3. 财政政策与股市涨跌的关系

(1) 短期财政政策与股市涨跌的关系。短期财政政策的目标一般是促进经济稳定增长，主要是通过发挥财政政策的“相机抉择”功能，调节宏观经济的运行，进而影响股票市场运行的。

在社会总供给大于社会总需求时，社会总需求相对不足。一方面可以单纯使用扩张性财政政策，可以减少税收，特别是降低对证券投资的税率；可以减少国债的发行，或运用短期国债的回购，增大证券投资的需求量，刺激证券市场价格上升。另一方面也可以运用“松”“紧”结合的财政政策，通过一边增加财政赤字、扩大财政开支，刺激总需求的增长，一边提高税率，扩大税收，抑制微观经济主体的供给。“松”“紧”结合的财政政策出现支出总效应大于税收总效应时，也会推进股票市场价格的上扬。

在社会总供给小于社会总需求时，社会总供给相对不足。一方面可以单纯使用“紧”的财政政策，扩大税收，压缩政府开支，减少财政赤字，增大国债的公开发行规模，压缩社会总需求规模，促进股票市场价格回落。另一方面也可以运用“松”“紧”结合的财政政策，一边压缩财政支出、减少财政赤字，增大国债的发行，缩小社会总需求；一边扩大税收减免范围，减少税收，刺激微观经济主体，增加社会供给。“松”“紧”结合的财政政策出现压缩财政支出总效应大于税收减少总效应时，也会促进股票市场价格的下跌。

(2) 中长期财政政策与股市涨跌的关系。中长期财政政策的目标一般是促进社会资源配置、收入公平分配，主要是通过发挥财政政策“自动稳定器”的功能，调节宏观经济运行进而影响股票市场运行的。

中长期财政政策可以调节社会经济产业结构，确定财政补贴对象，引导社会投资方向的选择；可以通过合理确定公债的品种、规模，将部分社会资金纳入国家预算，通过政府财政支出的安排，支持国家重点发展的产业，并配合其他经济政策为经济持续增长创造均衡条件。中长期财政政策会对股票市场的参与主体产生长期的作用，进而影响股票市场的涨跌。

二、国际宏观经济对中国股市的影响

国际金融市场的剧烈动荡会通过各种途径影响中国股市，目前主要途径有：QFII和QDII制度的影响、汇率和国际贸易的影响、国际金融危机的影响。

（一）汇率和国际贸易对中国股市的影响

汇率对股市的影响是多方面的。一般而言，一国经济的开放程度越高，股市的国际化程度也越高，股市受汇率的影响也越大。

当汇率用直接标价法即单位外币的本币表示时，一般而言，汇率上升，本币贬值，会提高本国产品的竞争力，增加出口型企业的收益，从而使得相关企业的股票和债券价格上升。相反，进口企业的成本将增加，利润减少，相关企业的股票和债券价格下降。同时，本币贬值将导致资本流出，使本国股市的需求减少，市场价格下跌。

此外，汇率上升会提高本币表示的进口商品价格，抬高国内物价水平，引起通货膨胀。通货膨胀也会引起股市涨跌。

国际贸易对中国股市的影响：改革开放以来，中国的国民经济对外依存度逐渐提高，国际经济的动荡会导致出口增幅下降、外商直接投资下降，从而影响经济增长率，失业率随之上升。宏观经济环境的恶化会导致上市公司业绩下降和投资者信心下降，最终使股市价格下跌。特别是，外向型的上市公司和外贸行业上市公司的业绩受国际贸易影响最大，其股价最容易受国际贸易顺差波动的影响。

（二）国际金融危机对中国股市的影响

自20世纪70年代以来，国际贸易的快速发展和金融全球化将各个国家和地区的实体经济紧密联系在一起。然而伴随金融全球化，国际金融动荡也明显加剧。进入20世纪90年代以来，金融危机频繁爆发。1998年的亚洲金融危机和2007年的美国次贷危机更是引发了全球性的金融危机，对中国的股市也造成相当大的影响。

在亚洲金融危机期间，一方面由于我国资本和金融项目尚未开放，并采取严格的汇率管制制度，尽管出口受到影响，但贸易依存度不高，对国民经济影响较小；另一方面由于股票市场自身规模小、流动性不足、金融工具单一等体制上的缺陷，中国股票市场与境外市场的联动机制基本无效，因此影响较小。

但是，在2001年中国全面加入WTO之后，随着股市、汇市等资本市场体制的改革和完善，以及银行业、资本项目等的逐步开放，中国股市与境外市场之间的联系更加紧密，联动效应更加明显。本次次贷引发的全球金融危机对中国股市造成了以下两个方面的影响。

1. 间接的传导在贸易领域发生

由于出口在中国经济中占有重要地位，是拉动国内经济增长的重要引擎，此次危机导致的全球经济衰退和需求下降，可能导致中国出口形势恶化和增速大幅下降，并进一步通过影响就业、消费、投资等方面对国内实体经济产生全面的负面影响，这种负面影响将具体表现为企业的盈利能力下降。作为宏观经济“晴雨表”的股票市场必将在一定程度上反映宏观经济层面所发生的变化，造成股市价格下降。其影响机制可由

图 12-1 表示。

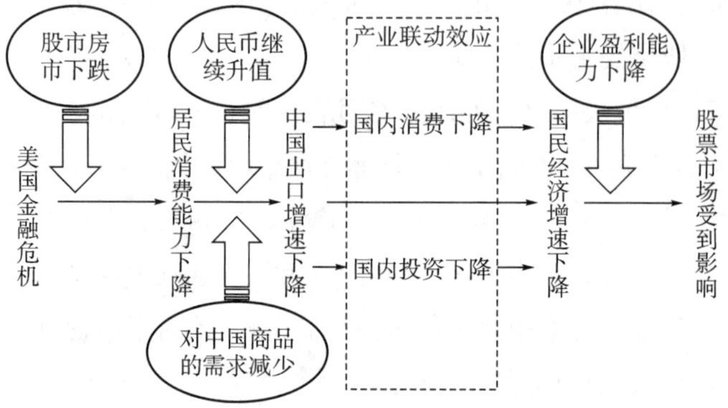

图 12-1 美国次贷危机影响中国股市的贸易传导机制①

2. 直接的传导在金融领域发生

一方面是对外投资风险加大，QDII 基金境外投资普遍亏损。另一方面是次贷危机造成了大量国际游资流入中国股市，造成了股市价格上升。其传导机制如图 12-2 所示。

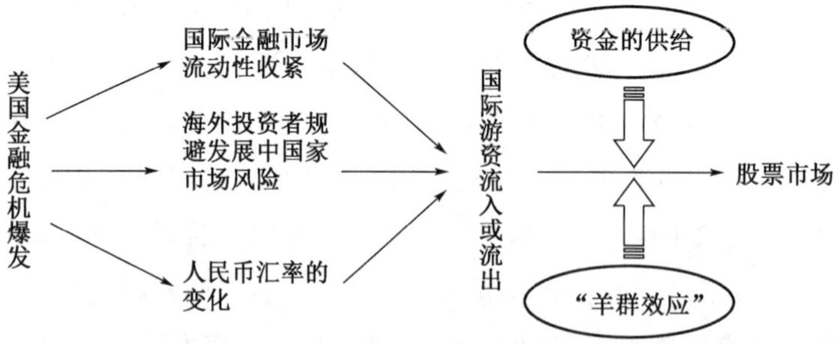

图 12-2 美国次贷危机影响中国股市的资本流动传导机制②

（三）境内外股票互通机制

沪港通是指上海证券交易所和香港联合交易所允许两地投资者通过当地证券公司买卖规定范围内的对方交易所上市的股票，是沪港股票市场交易互联互通机制，由中国证监会在 2014 年 4 月 10 日正式批复，股票交易于 2014 年 11 月 17 日开始。深港通，是指深圳证券交易所和香港联合交易所有限公司建立技术连接，使内地和香港投资者可交易对方交易所上市的股票，于 2016 年 12 月 5 日正式启动。沪伦通是指上海证券交易所与伦敦证券交易所互联互通的机制。符合条件的两地上市公司，可以发

① 林海.美国金融危机对中国股市的影响及对策研究[D].江西财经大学，2009.

② 林海.美国金融危机对中国股市的影响及对策研究[D].江西财经大学，2009.

行存托凭证并在对方市场上市交易，于 2019 年 6 月 17 日正式启动。

与其他市场的互联互通使得境外资金可以通过该渠道购买国内股票，在 QFII 制度的基础上扩展了对外的开放程度，有利于推动人民币资产的国际化，便于人民币在境内外有序流动。同时境外资金的流入，也可以使得国内上市公司更受国际市场认可。

三、中观分析——行业分析

所谓行业，是指生产相类似产品或密切联系产品、或提供类似劳务或密切相关劳务的企业群体。就生产企业而言，通常对行业的判断有两个标准：一是产品与生产的相似性；二是在生产过程中所运用技术的一致性。

行业分析作为中观层次的分析，是股票投资分析中一个十分重要的方面。行业发展一方面与宏观经济因素密切相关，另一方面又有其自身的规律。行业分析的主要任务是对影响行业盈利能力的各种经济因素的确认。行业内的竞争强度总体上决定了一个行业中的公司能否创造出超常的利润；行业中提供相同或相似产品企业的竞争程度决定了产品或服务的价格；行业的成长性决定了企业成长或扩张的方式与绩效；行业内企业的数量及其规模决定了行业的集中度，从而影响了企业的盈利水平与竞争方式；行业内各企业产品或服务的差异程度和替代成本，决定了同一行业内企业之间避免正面竞争的可能性等。

（一）行业分类

行业的划分方法从某种意义上说，取决于行业研究的角度和根据不同的研究角度所确定的分类标志。对股票投资分析者来说，下面两类分类法有较为重要的意义。

1. 管理型行业分类法

管理型行业分类标准用于政府部门对国民经济进行宏观统计和管理。目前，国内外主要的管理型行业分类标准有：联合国国际标准产业分类 ISIC（International Standard Industrial Classification）、北美行业分类系统 NAICS（North American Industry Classification System）、中国国家统计局国民经济行业分类标准和中国证监会《上市公司行业分类指引》。其中，ISIC 是由联合国制定和发布的，是世界范围内最权威的管理型行业分类标准，已成为国际统计数据对比和交流的工具。NAICS 是美国、加拿大和墨西哥在原美国标准产业分类 SIC 基础上借鉴联合国 ISIC 建立起来的，已成为北美三国行业分类的国家标准。中国《国民经济行业分类》国家标准于 2002 年 10 月正式实施，是国家统计局在参考联合国 ISIC 等行业分类标准的基础上，根据中国国情制定的，目的是对国民经济进行产业分类。这种分类法一般是根据企业所从事的主要活动的性质和内容来划分行业的。中国证监会《上市公司行业分类指引》是以国家统计局标准为主要依据，借鉴联合国 ISIC 等制定的。由于《上市公司行业分类指引》是以国家统计局分类标准为主要基础，同时参考了国外主要的管理型分类标准，因此事实上仍属于政府管理型。

2. 投资型行业分类法

投资型行业分类标准的目的是为投资者评价上市公司投资价值、进行证券投资活动提供方便。中国目前还没有权威的投资型行业分类标准，国际上的权威标准主要有两个，即 GICS 和 FTSE。全球行业分类标准 GICS (Global Industry Classification Standard)是由摩根士丹利资本和标准普尔联合发布的，用于对全球上市公司进行行业分类，以满足投资者投资研究和资产管理工作的需要。伦敦金融时报指数系列(FTSE Indcx)是欧洲最权威的系列指数，其行业分类标准也已被广泛接受为一全球性标准，是伦敦证交所、欧洲第二交易所、香港恒生指数、美国罗素指数(Russell Index)等所执行的。

杨朝军、郭鹏飞和焦涛(2004)的研究结果表明，在世界现有权威行业分类标准中，GISC 最适合作为制定中国投资型行业分类标准的基本依据。对中国上市公司进行行业分类的实证分析结果表明：GISC 更能明确区分不同行业所具有的不同投资价值，更能反映当前股票市场上投资者的行业投资理念。

(二) 行业与经济周期分析

在国民经济发展中，行业的兴衰常常与经济周期有明显的相关性。根据行业发展状况以及与经济周期变化相关的程度，可以把行业分为以下类型：

1. 增长型行业

这种行业受经济周期的影响程度小，其预期赢利增长率明显高于其他行业的平均水平，不论经济是否已进入衰退时期，增长型行业都能保持一定的发展速度。当然对不同的国家来说，增长型行业的内容存在着一定的差异。例如，美国 90 年代的增长型行业，包括生物基因工程、网络工程、计算机软件开发工程等，而我国目前的增长型行业主要是生物制药、移动通信业、计算机产业等。

2. 防守型行业

这类行业受经济周期变化的影响较小，一般保持匀速发展的状态，如食品业、公用事业等。

3. 周期型行业

这类行业的业绩随着经济周期的变化而变化。它又有两种类型，一种是与经济周期同向变化的行业，在经济繁荣期间，它们的业绩普遍好于其他行业的平均水平，当经济转入衰退时期时，它们的业绩普遍差于其他行业的平均水平；另一种是与经济周期反向变动的行业，例如金矿业 、宝石开采业，在经济衰退期间，投资者为求保值，黄金、宝石的市场购买量反而增大，从而使这类行业的业绩呈现与经济周期相反的变化状况。

（三）行业生命周期分析

1. 行业的生命周期

行业的兴衰呈现出此起彼伏的特点，每一行业的发展，常常要经历由萌芽到成长到兴旺再到衰退的演变过程。这个过程就是行业的生命周期发展过程，它一般分为四个阶段：

(1) 初创阶段。其主要特征是行业刚刚诞生或初创不久，行业进入者为数极少，一般仅限于对产业进行开拓的公司。由于创业阶段开发研究所需费用高，产业市场小，企业大多无利可言，企业亏损较为常见，行业的开拓者一般有很高的经营风险。

(2) 成长阶段。这是行业稳定发展的阶段，在这一时期，新行业的产品市场需求量逐渐上升，市场前景良好，原来生存下来的生产经营商的利润开始形成，利润水平逐渐提高，从而吸引了大量的企业的加入。新行业的产品结构逐渐发生了变化，单一的产品、低质高价的产品逐渐被系列化、物美价廉的产品取代，企业之间的竞争日趋激烈，那些资本技术实力雄厚、经营管理水平高的企业，通过提高劳动生产率，降低成本、扩大生产规模，加强新产品的开发和市场推广等手段，逐渐扩大其产品的市场占有率，兼并或不断淘汰竞争能力不强的企业。

(3) 成熟阶段。这是行业发展规模大，但发展速度逐渐下降的阶段。在这一阶段，新的企业难以再进入该行业，在竞争中生存下来的厂商数量有限，它们垄断了市场，行业中每一个厂商均占有一定的市场份额，由于竞争手段相似，竞争能力相当，市场份额的分配格局变化不大，市场风险有所降低，行业一定程度的垄断使行业的利润保持较高的水平。

(4) 衰退阶段。由于新的行业逐渐兴起，新产品和替代品开始出现，并不断扩大市场的占有份额。原行业的企业生产、销售量和利润水平逐步下降，不少企业由于利润低，开始转入其他行业，还有不少企业因亏损有停业的可能。原行业逐步萎缩，有的行业因经营困难而消失。

2. 行业生命周期与股票投资

行业周期发展与股票投资的关系，行业生命周期的变更规律，行业在不同阶段的特点，决定了股票投资者在选择投资对象时，应注意以下问题：

在行业的初创阶段，一方面由于行业能否最终形成尚难以预测，行业的开拓者投资风险极高；另一方面即使今后行业形成，但初创阶段的企业能否生存下来难以判断。因此，对初创阶段行业的股票投资存在着高风险、低收益或无收益的危险。

在行业的发展阶段，竞争激烈，但行业平均利润水平较高。对发展阶段的行业进行的证券投资，具有高风险、高收益的特征。这对那些富有冒险精神的投资者来说有一定的吸引力。

在行业的成熟阶段，由于市场竞争势均力敌，企业经营风险有所降低。行业利润水平较为稳定，对已处于成熟阶段行业的股票投资，具有低风险、低收益的特征。这对那些较为保守的投资者来说，有一定的吸引力。

在行业的衰退阶段，由于市场萧条，行业利润水平下降，难以转行的企业之间竞争加剧，生存发展较为困难，对已步入衰退期的行业进行股票投资，一般具有低收益、高风险的特征。大多数投资者总是回避对这类行业的投资。

（四）行业的地区因素分析

地理位置对公司的发展也是至关重要的。在生产性企业，主要表现在生产成本降低，甚至产品质量的可信度；在商业经营性企业中主要表现为业务量的大小、进货渠道的多寡和商誉等。

在中国，由于政策导向，不同地区的企业发展出现并将继续出现相当大的不平衡局面。深圳、珠海和上海浦东的发展速度大大领先于内地，总体上说，这些地区内的企业发展速度也会领先于内地的相关企业。因此这些地区的企业发行的股票往往更具吸引力。位于这些区位的股票，在股票投资中称之为区域板块（板块即由于某种题材而产生出某些概念，具有相同或类似题材或概念的证券群体形成一个板块）。区位板块主要是以行政区划来划分板块归属的，中国股票市场上具有代表性的区位板块有：本地股板块（指上海和深圳本地股票）、江浙板块、西部开发板块、东北板块等。

（五）行业分析与行业配置

行业投资要建立在全面综合分析行业的基础上，除了以上各类分析外，还应注意以下几个方面的问题。

1. 行业投资选择必须与投资目的相结合

对特定的投资者来说，由于投资资金来源、投资资金可使用时间的长短、投资人风险的承受能力存在着较大差异，投资者的目标确定存在着差异，投资选择的行业标准可能不同。

2. 充分考虑行业发展的历史，重视对行业发展趋势的预测

应充分考虑行业的历史业绩和行业技术特征。投资者应广泛收集有关行业销售、盈利、股息分配、资本结构、技术发展、有关政策、与行业相关的证券价格变动的历史资料，为行业变化趋势预测做好准备。

四、微观分析——公司分析

在对影响股票价格变动的宏观经济因素和行业因素进行分析，并了解了一般的专

业预测技术以后，后续工作就是公司分析，这也是证券投资基本分析的核心部分。只有充分掌握公司的详细信息，才能对该股票的投资决策做出正确判断。公司分析主要包括公司基本因素分析、公司财务报表分析与预测以及公司估值。将这些分析结果进行汇总，与目前的公司股票市价进行比较，以此判断该公司股价是被高估还是被低估，并进行相应的投资决策和操作。

（一）公司基本因素分析

公司基本因素分析其实就是公司发展前景分析，通过对一系列影响公司成长的因素进行分析，判断公司未来的发展前景以及风险。其分析的重点包括公司的行业地位、产品、经营管理能力、成长性等。

1. 公司行业地位分析

行业地位分析的目的是找出当前公司在所处行业的竞争地位。判断一家上市公司在行业内竞争地位的标准往往取决于以下三个方面：能否领导行业内其他公司、能否影响产品的定价、是否具有竞争优势。衡量公司行业竞争地位的主要指标有行业综合排名、产品的市场占有率等。

2. 公司产品分析

产品是公司竞争力的核心内容。一家生产能够持久且具有市场竞争力、受消费者欢迎的产品的公司，往往是行业内最具竞争力的公司。因此对公司产品的分析是公司分析中不可或缺的部分。公司产品分析通常包括以下几个方面：产品的比较优势、产品的市场占有情况、新产品和新技术研发能力以及产品品牌战略。

3. 公司经营管理能力分析

公司经营管理水平的高低，直接影响公司的盈利能力，对公司股票价格有非常重要的影响。对上市公司经营管理能力的分析内容包括多个方面，其中比较重要的有：公司管理层素质与能力分析、公司管理风格与经营理念分析、公司从业人员素质与能力分析以及公司法人治理结构分析。

(1) 公司管理层素质与能力分析。在公司里，管理人员不仅担负着对公司生产经营活动进行计划、组织、指挥、控制等管理职能，而且担负着公司对外形象的建立与维护。

(2) 公司从业人员素质与能力分析。公司是一个团队，公司的业绩、对外的声誉是众多公司从业人员共同努力的结果。因此公司从业人员的素质与能力是公司经营管理绩效水平高低的直接影响因素。公司从业人员必须具备的素质与能力包括较强的专业技术能力、对公司足够的忠诚度、责任感、团队合作精神与业务创新能力。

(3) 公司管理风格及经营理念分析。管理风格是公司在管理过程中所一贯坚持的原则、目标以及方式的总称。一般而言，公司的管理风格和经营理念有两种模式：

稳健型和创新型。稳健型公司的特点是在管理风格和经营理念上以稳健经营为原则和核心，一般不会轻易改变已经形成的管理模式和经营模式。创新型公司的特点则是在管理风格和经营理念上以创新为核心，公司在经营管理活动中开拓能力较强。创新型公司依靠开拓创新，可能在行业中率先崛起，获得超常的发展速度，但是创新并不意味企业的发展路径一定能够通往成功，有时候一些冒进式的发展战略可能会加速公司的失败。

(4) 公司法人治理结构分析。公司法人治理结构在狭义上是指有关公司董事会的功能、结构和股东权利等方面的制度安排；广义上则是指有关公司控制权和剩余索取权分配的一整套法律、文化和制度安排，包括人力资源管理、收益分配和激励机制、财务制度、内部制度和管理等。良好的公司法人治理结构是公司实现其战略目标及实施战术的基本前提，也是公司经营管理能力的重要体现。

4. 公司成长性分析

公司成长性分析是投资者投资决策中必须包含的内容，直接影响投资者投资收益水平，对公司成长性分析通常包括公司经营战略分析、公司扩张能力分析两个方面。

(1) 公司经营战略分析。经营战略是公司面对激烈的市场变化与严峻的竞争挑战，为求得长期生存与不断发展而进行的总体性谋划。公司的经营战略应该是具有全局性、长远性和纲领性的特征，它应该从宏观上规定公司的成长方向、成长速度以及实现方式。

(2) 公司扩张能力分析。公司规模的扩张是处于成长期公司的主要特征之一。公司扩张能力分析包括对公司扩张路径特征的分析和对公司扩张潜力的分析。通常我们可以从以下两个方面来分析公司扩张能力，进而了解公司的整体成长性。

第一，公司规模扩张的推动力。公司规模扩张的推动力可以来源于内生推动力或者外生推动力。外生推动力包括市场需求拉动等因素。内生推动力包括技术进步、产品创新、竞争驱使等。

第二，公司规模扩张的潜力。投资者可以通过历史数据的比较来辨别具有较大扩张潜力的公司。通过纵向比较历年公司的销售、利润、资产规模的数据，可以了解公司的发展趋势；通过横向比较公司与同行业其他企业的销售、利润、资产规模等数据，可以了解公司的行业地位变化以及相对扩展速度；通过分析公司产品的市场前景、盈利能力、公司的研发能力以及公司财务状况、筹资能力，可以了解公司未来继续保持或加快发展速度的基础条件是否充分。

(二) 公司财务报表分析

财务报表分析方法是指在财务报表分析、判断与评价过程中能够普遍适用的分析手段、技巧和技术。其中最常用的分析方法有比较分析法、结构分析法、趋势分析法、比率分析法以及综合分析法。

1. 比较分析法

比较分析法，是指对两个或多个有关的、可比的绝对数或相对数的数据资料进行对比，发现指标之间的数量差异，以暴露矛盾、发现问题的一种最基本的分析方法。在财务报表分析中，投资者可以对上市公司的各种重要指标进行对比分析，以评估其经营管理状况，辨明企业的优势与不足，找出生产经营中存在的问题，为进一步分析其原因、解决问题、进行投资做出决策。

在运用比较分析法进行财务报表分析中，一般进行以下三种形式的比较：实际指标与计划指标之间的比较；本期指标与前期指标的对比；本企业指标与同类企业的可比指标之间的比较。对实际指标与计划指标的比较可以帮助投资者了解企业项目的进展；对本期指标与前期指标的比较可以帮助投资者了解公司经营管理状况的变化趋势；对本企业指标与同类企业的可比指标的比较可以帮助投资者了解企业之间的差异。

相对于其他分析方法，比较分析法具有方法简单、计算方便、应用广泛的优点。但是投资者在使用比较分析法时也应该注意比较指标之间的可比性问题。投资者在进行经济指标比较时，应在计量、计价标准、时间单位、指标内容、计算方法等方面保持一致的口径。

2. 结构分析法

结构分析法，是指分析企业某项经济指标的局部与总体之间的关系，比如固定资产占总资产的比重。结构分析法是基于比较分析法之上的。简单的比较分析不足以让投资者了解企业的全貌，尤其是对财务数据的绝对值进行比较分析时。在比较分析的基础上，通过结构分析有助于投资者了解企业资源结构的分配，为投资者的投资决策提供参考。

在财务报表分析中，一般选择某些关键项目，比如资产、营业收入作为总体，计算其子项目在总体中所占的比率，然后采取比较分析法进行纵向或者横向对比分析。

相对于比较分析法，结构分析法能帮助投资者进一步了解企业的经营管理变化趋势以及同类企业之间的细微差别。不过需要说明的是，在运用结构分析法进行横向比较时，即在企业之间进行比较，需要谨慎使用。比如说固定资产比率，固定资产在总资产中所占的比例，在不同产业之间具有较大的差异。有一些结构化指标，即使是同行业企业之间，也可能有较大的差异，比如说未分配利润在所有者权益中的比率，处于成长时期的企业与成熟企业之间也会出现较大的差异。这些都需要辩证对待。

3. 趋势分析法

趋势分析法，是指将公司连续两期或多期报表合并在一起，编制比较财务报表，对某些指标在不同时期的增减变化方向及幅度做出分析，以揭示该指标的发展变化趋势。趋势分析法对于长期投资者来说，有助于了解公司的长期变化趋势，对投资决策有非常重要的影响。

趋势分析法一般采取两种计算方式：定基比率和发展比率。定基比率是确定某一年为基准数值，其他各年数值取其占基准数值的比率。发展比率是取各年数值与上一期数值的比率，即采用环比计算方法。

投资者采用趋势分析法时，通常需要3年以上的财务报表，并且获得时间越长，通过趋势分析法对公司财务状况和财务能力的了解会越多。

4. 比率分析法

比率分析法，是指计算两个指标间的相对数来说明其间的相互关系的一种方法。比率分析法可以将分析对比的数值变成相对数进行比较，而且可以将一些不可比的指标转为可比指标。相对其他分析方法而言，比率分析法是其他分析方法的基础。

比率分析法可以有以下几种形式：相关比率、构成比率以及动态比率。相关比率是根据经济活动中客观存在的相互联系、相互依存的关系，将两个性质不同而又相关的指标加以对比与计算的比率，比如销售利润率、成本费用利润率等。构成比率是对那些有许多子项目构成的经济指标，计算其各自组成部分在总体指标中所占比例，比如固定资产比率。动态比率是将不同时期的同类经济指标进行对比与计算，比如主营业务增长率。

5. 综合分析法

综合分析方法，是指将所有有关指标按其内在联系结合起来，通过计算衡量相关指标影响程度的大小。综合分析方法能全面反映公司整体财务状况以及经营成果，对公司进行总体评价。

综合分析方法主要有两个分析方法：杜邦财务分析体系和沃尔比重评分法。杜邦分析法将企业财务活动及财务指标看作一个系统，对系统内相互依存、相互作用的各种因素进行综合分析。沃尔比重评分法则是选定流动比率、产权比率、固定资产比率、存货周转率、应收账款周转率、固定资产周转率、主权资本周转率7个指标，通过线性关系结合在一起，并且赋予各个指标相应的分值，通过与标准比率进行比较，确定各项指标的得分以及总体指标的累计得分，从而对公司的财务状况、信用水平做出评价。

（三）公司估值

公司估值与股票估值不同。公司估值是对公司所有资产进行估价，既包括公司股权价值，也包括公司的债权价值。公司总资产的形成来源于股权融资和债权融资，公司可以通过发行普通股、优先股、可转债、其他债务等形式筹集资金。因此，从数量上看，公司价值是普通股价值、优先股价值、可转债价值、其他债务价值等的加总。股票估值则是对公司所有者权益进行估值，是公司价值扣除公司债务价值、优先股股权价值，并且考虑可转债投资是否转换为股权投资之后，普通股股东拥有的公司价值。

对公司进行估值的方法主要有：自由现金流贴现模型、股利贴现模型以及相对估价模型。对这几个模型在第九章中都有比较详细的阐述。

第三节　技术分析

一、技术分析的概念

股票市场的价格是复杂多变的，投资者在这个市场进行投资时都要有一套方法来制定或选择投资策略。技术分析就是股票投资分析中的一种常用的分析方法。第三章中已对技术分析的概念做了解释。

技术分析首先是制作图表，进行分析，再做判断。

二、常见的技术分析方法

（一）道氏理论

道氏理论是所有市场技术研究的鼻祖。道氏理论的创始人是美国人查尔斯·亨利·道，他与爱德华·琼斯创立了著名的道琼斯平均指数。

道氏理论的主要原理包括：(1)市场价格平均指数可以解释和反映市场的大部分行为；(2)市场波动具有某种趋势；(3)主要趋势有三个阶段(以上升趋势为例：累积阶段、上涨阶段、市场价格达到顶峰后出现的又一个累积期)；(4)两种平均价格指数必须相互加强；(5)趋势必须得到交易量的确认；(6)一个趋势形成后将持续，直到趋势出现明显的反转信号。

道氏理论的应用及应注意的问题：道氏理论从来就不是用来指出应该买卖哪只股票，而是在相关收盘价的基础上确定该股票市场的主要趋势，因此，道氏理论对大势的判断有较大的作用，但对每日每时都在发生的小波动则无能为力。道氏理论甚至对次要趋势的判断作用也不大，同时，可操作性比较差。

（二）技术分析方法

在价、量历史资料基础上进行的统计、数学计算、绘制图表方法是技术分析方法的主要手段。技术分析方法的分类为：指标类、切线类、形态类、K线类、波浪类。

1. 指标类。常见的指标有：相对强弱指标(RSI)、随机指标(KD)、趋向指标(DMI)、平滑异同移动平均线(MACD)、能量潮(OBV)、心理线(PSY)、乖离率(BIAS)等。

2. 切线类。常见的切线有：趋势线、支撑线和压力线、轨道线、黄金分割线、百分比线、速度线和甘氏线等。

3. 形态类。常见的形态有：反转突破形态——头肩形、多重顶底形和圆弧形、V形反转等，平衡整理形态——三角形态、矩形形态、旗形和楔形、喇叭形和菱形。

4. K线类。运用K线的若干天组合在一起来推测多空双方力量的对比，进行市场行情的走势推断。

5. 波浪类。把股价的上下变动和不同时期的持续上涨、下跌看成波浪的上下起伏，股票的价格运动遵循循环波浪起伏的规律。

在技术分析时应注意以下问题：(1)技术分析必须与基本分析相结合起来使用；(2)多种技术分析方法综合使用；(3)理论分析与实践相结合。

（三）图形分析的主要内容

1. K线理论

K线理论发源于日本，是最古老的技术分析方法，1750年日本人就开始利用阴阳烛来分析大米期货，后因其细腻独到的标画方式而被引入股市及期货市场。目前，这种图表分析法在我国以至整个东南亚地区均尤为流行。由于用这种方法绘制出来的图表形状颇似一根根蜡烛，加上这些蜡烛有黑白之分，因而也叫阴阳线图表。通过K线图，我们能够把每日或某一周期的市况表现完全记录下来。

(1) 绘制方法：首先找出当日或某一周期的开市和收市价，把这两个价位连接成一个狭长的长方柱体；然后再找到该日或某一周期的最高和最低价，垂直地与长方柱体连成一条直线。假如当日或某一周期的收市价较开市价为高(即低开高收)，便以红色来表示，或是在柱体上留白，这种柱体就称之为“阳线”。如果当日或某一周期的收市价较开市价为低(即高开低收)，则以蓝色表示，又或是在柱体上涂黑色，这柱体就是“阴线”了。

(2) 优点：能够全面观察到市场的真正变化。从K线图中，既可看到股价(或大市)的趋势，同时也可以了解每日市况的波动情形。

(3) 缺点：阴线与阳线的变化繁多，对初学者来说，在掌握和分析方面会有相当的困难，不及柱线图那样简单明了。

(4) K线图的应用：K线图所表达的含义较为敏感。应用K线图，似乎较易于掌握短期之内价格的波动，也易于判断多空双方(买力与卖力)的强弱状态，以此作为进出场交易的参考。

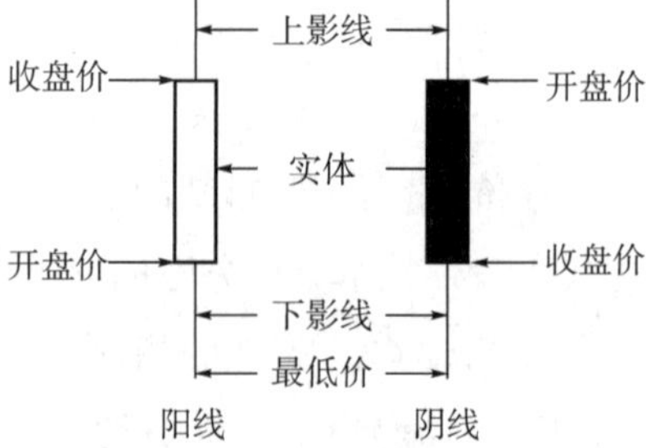

图12-3　K线的结构

运用K线进行分析时，不论是一根、两根，还是三根或多根，都是对多空双方争斗做出的一个表述，它们所组成的组合分析所得到的结论都是相对的，而不是绝对的。在具体的投资活动中不能成为依据，只能提供参考。

2. 切线理论

既然技术分析的假设依据是市场的价格沿趋势移动，那么在投资过程中就应该遵循“顺势而为”的原则。“势”是指趋势。

(1) 趋势线。趋势是指股票价格波动的方向。尽管价格变化有一定的方向，但要准确判断未来的走势是比较困难的，可以根据历史的变化情况，利用趋势原理来预测未来的走势。

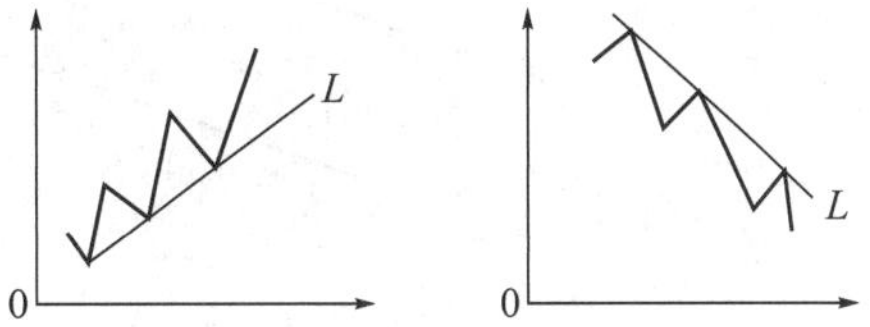

图 12-4　趋势线

趋势一般有三个方向：上升、下降和水平。

当然，在趋势分析中，按照道氏理论可划分为三种类型：主要趋势、次要趋势和短暂趋势。它们三种类型之间的区别是时间的长短和波动幅度的大小。

(2) 支撑线和压力线。支撑与压力是价格沿着某个方向波动时支持或阻碍价格上升或下降的两股动力，也是技术分析中的两个重要的概念。

所谓支撑线，又称为抵抗线，是指当股票价格跌到某个价位附近时，股价停止下跌，甚至还有可能回升，这是因为多方在此买入造成的。支撑线起阻止股价继续下跌的作用。这个起着阻止股价继续下跌的价格就是支撑线所在的位置。

所谓压力线，又称为阻力线，是指当股价上涨到某一价值附近时，股价会停止上涨，甚至回落，这是因为空方在此抛售造成的。压力线起阻止股价继续上升的作用。这个起着阻止股价继续上升的价位就是压力线所在的位置。

支撑线和压力线的作用是阻止或暂时阻止股价朝一个方向继续运动。这样，就可以分析股价要创新低或新高，就需要突破支撑线和压力线。实际上，支撑线和压力线是投资者的心理线。支撑线和压力线在一定条件下可以互相转化，而转化的重要依据就是市场股价的突破。

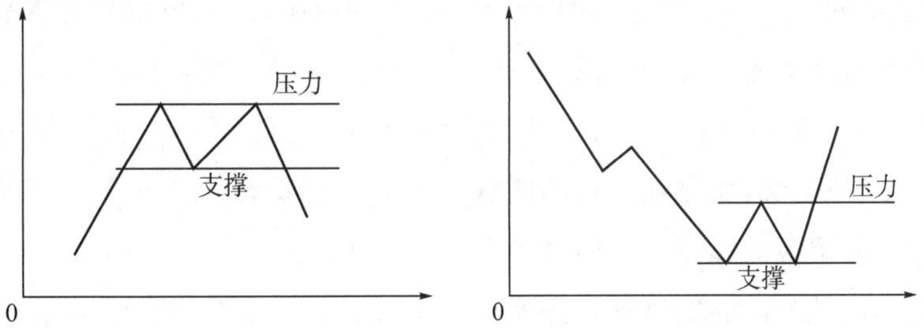

图 12-5　支撑线和压力线

(3) 轨道线。轨道线是指股价在支撑线和压力线之间平行运动所形成的区域范围,是股票价格运行的区间。如果轨道发生弯曲或转换,则说明股价形成突破。轨道线一般有三个方向:上升、下降和水平。它与趋势线伴随,是相互合作的一对。

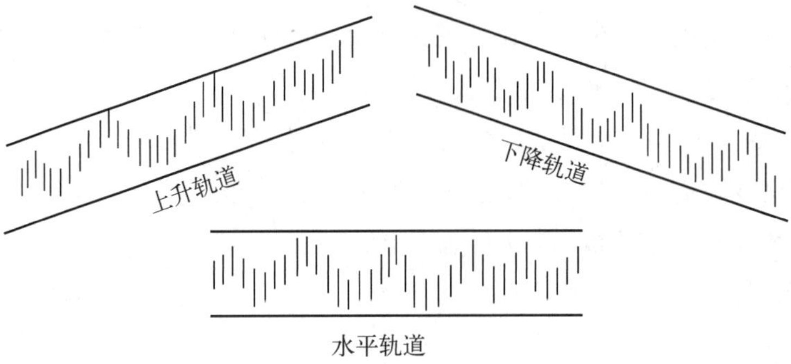

图 12-6 股价轨道线

(4) 黄金分割线和百分比线。黄金分割线和百分比线是两类重要的水平直线压力位的点。

黄金分割线的值点是依据 0.618 黄金分割率原理计算得出的点位。这些数字点为 0.191、0.382、0.618、0.809、1.191、1.382、1.618、1.809、2.191、2.382、2.618 等。

而百分比线则是考虑人们的心理因素和一些整数位的分界点。例如,1/8、1/4、3/8、1/2、5/8、3/4、7/8、1、1/3、2/3 等。在这些数字中 1/2、1/3、2/3 是三条主要的线,也叫人们的心理倾向线。1/2 又是人们常说的二分法。

(5) 应用切线理论应该注意的问题。切线为判断股价变化提供了一定的参考,但市场的变化是千变万化的,不能用简单的几条直线来约束我们的思维,否则就会成为投资决策失败的诱因。

3. 形态理论

K 线理论论述了一些有关股价变化的运动方向的分析方法。而在 K 线组合的图形中,会形成不同的形态。根据 K 线组合所形成的形态,一般可以分为保持平衡的持续整理形态和打破平衡的突破形态。

(1) 保持平衡的持续整理形态。股价在运行过程中,经过一段时间的快速变动后,将不再继续原趋势,而是在一定的区域内上下窄幅波动,等待时机成熟后再继续前进。这种运行所留下的形态称为整理形态。

证券市场比较公认的整理形态主要有三角形、矩形、旗形和楔形形态。

(2) 打破平衡的突破形态。打破平衡的突破形态,又叫反转突破形态。它是描述股价对趋势方向的反转所形成的形态。

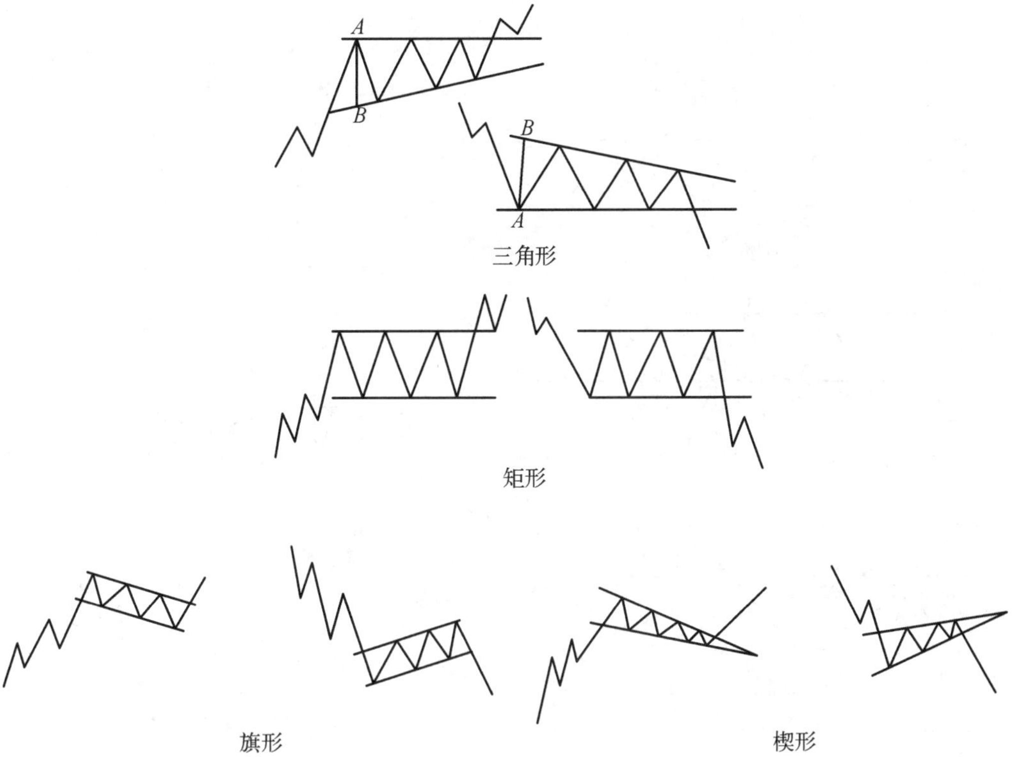

图 12-7　整理形态

证券市场比较公认的反转突破形态主要有头肩形态、双头和双底形态、圆弧顶和圆弧底形态、喇叭形形态和 V 形反转形态。

(3) 缺口理论。缺口，又称为跳空，是指证券价格在快速大幅波动中没有留下任何交易的一段真空区域。缺口的出现往往伴随着向某个方向运动的一种较强动力。缺口的宽度表示这种运动的强弱程度。

缺口一经形成，就成为日后较强的支撑或阻力区域。

4. 波浪理论

波浪理论是美国人艾略特(R. N. Elliott)首先提出的。该理论以周期为基础，将周期分为时间长短不同的各种周期，并且在一个大周期之内可能存在小的周期，而小的周期又可分为更小的周期。

每个周期无论时间的长短，都按一个模式进行，这个模式就是 8 个过程，即每个周期都由上升(或下降)的 5 个过程和下降(或上升)的 3 个过程组成。这个过程结束后，才能说这个周期已经结束，将进入新的周期。这就是波浪理论最核心的内容。

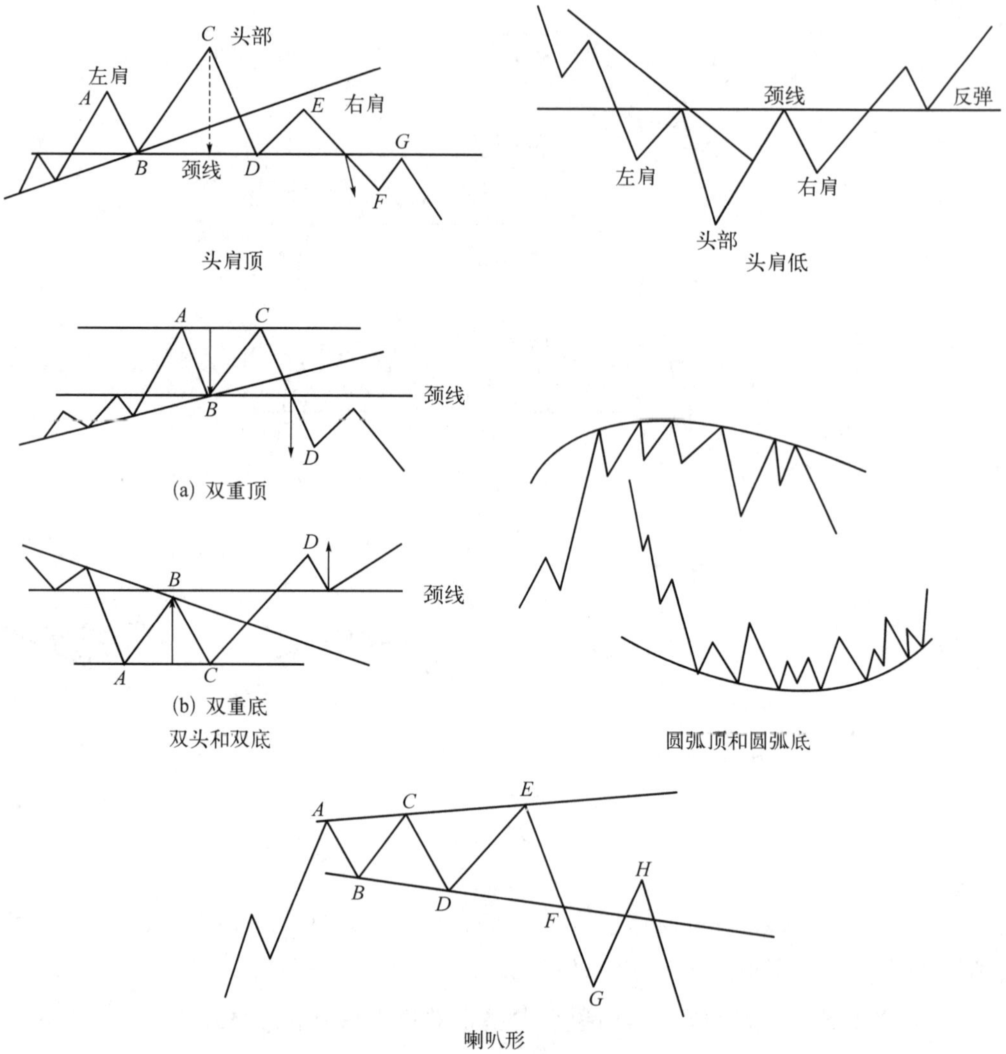

图 12-8 突破形态

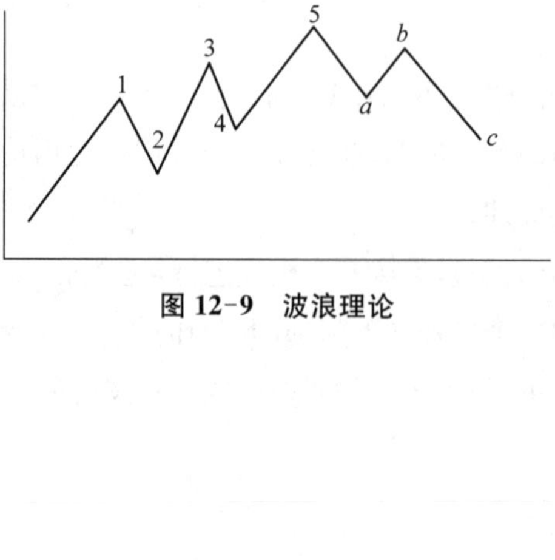

图 12-9 波浪理论

本章小结

本章主要从宏观、中观和微观层次对影响股市涨跌的因素进行分析。在宏观层次主要分析宏观经济因素对股市的影响，在中观层次分析了行业因素对股市的影响，在微观层次则分析了公司估值方法。

从宏观经济因素来说，国际经济因素、宏观经济周期、货币政策、财政政策、利率、通货膨胀等因素都会通过各种途径对股市的涨跌产生影响。同时，股市的涨跌也会成为宏观经济波动的现行指标。在本章中，对各宏观经济因素影响股市涨跌的途径，以及宏观经济因素的波动与股市涨跌之间的关系进行理论上的分析。

从行业分析的角度来说，主要是对影响行业盈利能力的各种经济因素的确认，从行业的角度对股票的投资价值进行区分和比较。行业分析主要包括：行业分类标准的选择，行业市场结构分析，行业生命周期分析，行业经济周期分析，行业地区因素分析等。

公司分析的重点包括公司基本因素分析、公司财务报表分析和公司估值。公司估值是对公司所有资产进行估价，既包括公司的股权价值，也包括公司的债权价值。对公司进行估值的方法包括自由现金流贴现模型、股利贴现模型、相对估价模型。

技术分析是股票投资的常用分析方法之一。本章对技术分析的概念和常见的分析理论与方法进行了介绍。

关键词

亚洲金融危机(Asian Financial Crisis)　次贷危机(Subprime Crisis)
货币政策(Monetary Policy)　公开市场操作(Open Market Operations)
财政政策(Fiscal Policy)　通货膨胀(Inflation)
行业集中度(Industrial Concentration)　生命周期(Life Cycle)
公司分析(Corporation Analysis)　定价模型(Valuation Model)
自由现金流贴现模型 DFCF　技术分析(Technical Analysis)
合格境外机构投资者 QFII(Qualified Foreign Institutional Investors)
合格境内机构投资者 QDII(Qualified Domestic Institutional Investors)

思考与练习

一、思考题

1. 我国利率的调整对上市公司有什么影响？
2. 财政政策和货币政策如何对股票市场施加影响？
3. 通货膨胀对股票市场有什么影响？

4. 据相关研究机构对上市公司宣布实施股权激励计划对股价影响的研究结论显示，在上市公司宣布实施股权激励计划后，实施股权激励计划公司的股价涨幅显著高于行业价格指数涨幅。试解释这一现象。

5. 2003 年到 2004 年期间，恰逢国际社会对中国政府施加巨大的人民币升值压力，此时，对于一些 A+H 上市公司，H 股价格大幅上升，但是 A 股价格并没有出现较大的升幅。试从股利贴现模型解释这一现象。

6. 什么是周期性行业？周期性行业的股票有哪些特征？

7. 公司的财务分析方法有哪些？不同方法的侧重有何差异？

8. 沪港通、深港通等制度对国内的股票市场有何影响？

9. 股票技术分析方法有哪些？各适用于什么特定场景？

10. 影响股票市场的因素有很多，请结合你最感兴趣的一点谈谈你的理解。

二、计算题

1. 公司 A 在期初的自由现金流量为 500 万元，公司加权资本成本为 10%，试对公司 A 进行估价。

a. 如果公司 A 今后的自由现金流量都稳定在 500 万元。

b. 如果公司 A 今后的自由现金流量平稳保持 5%的增长。

c. 如果公司 A 今后的自由现金流量在随后的 5 年每年保持 10%的平稳增长，从第 6 年开始现金流量保持稳定。

2. 上市公司 A 在 2021 年的息税前营业利润为 532 万元，低于上年同期 628 万元。预计公司在今后 5 年逐步复苏，收益增长率略高于稳定增长率。2021 年的公司财务杠杆比率仍然远远高于合理水平，因此随着公司进入稳定阶段，与其负债比率会逐渐降低。

(1) 2021 年的数据：2021 年息税前营业利润为 532 万元；2021 年资本性支出为 310 万元；2021 年折旧与摊销为 207 万元；2021 年销售收入为 7 230 万元；营业流动资产占销售收入的比例为 25%；平均所得税税率为 36%；无风险利率为 7.5%；市场组合预期收益率为 13%。

(2) 预测期数据。预测期长度为 5 年；息税前营业利润的预期增长率为 8%；公司的 beta 系数为 1.25；税前债务成本为 9.5%；负债比率为 50%；销售收入、资本性支出以及折旧都以 8%的速度增长。

(3) 稳定增长阶段的数据。销售收入、息税前营业利润的增长率为 5%，资本支出和营业流动资产与销售同步增长，资本支出与折旧摊销相互抵消。公司 beta 系数为 1，债务税前成本降为 8.5%，负债比率为 25%。

要求：

(1) 根据上述数据完成下表。

年度	1	2	3	4	5	6
销售收入						
息税前营业利润						
－息税前营业利润所得税						

(续表)

年度	1	2	3	4	5	6
息税后营业利润						
一(资本性支出一折旧)						
营业流动资产						
一营业流动资产增加额						
企业实体自由现金流量						

(2) 试利用自由现金流模型计算公司价值。

3. 某股票的市场价格为50元,期望收益率为14%,无风险收益率为6%,市场风险溢价为8%。如果这只股票与市场组合的协方差加倍(其他变量保持不变),该股票的市场价格是多少?(假定该股票预期会支付固定红利)

4. 某公司在上一年支付的每股股利为2.1元,预计股利每年增长率为6%,该公司股票的必要收益率为12%,当前股票的市价为38元,上一年的每股收益为3.6元,通过简单的计算,你觉得目前投资该公司的股票是否明智?

参考文献

[1] Inselbag I, H Kaufold. Two DSF approaches and valuing companies under alternative financing strategies[J]. Journal of Applied Corporate Finance, 1997(10): 115-122.

[2] Damodaran A. Corporate finance: Theory and Practice, 2d ed[M]. New York: John Wiley & Sons, 2001.

[3] Jacobs B I, K N Levy. On the value of "Value"[J]. Financial Analysts Journal, 1998(44): 47-62.

[4] 杜金岷,朱小明.股票市场与货币政策的传导[J].金融科学,2001(3).

[5] 杨朝军,郭鹏飞,焦涛.中国上市公司行业分类标准的理论与实证研究[J].科学学与科学技术管理,2004(1).

[6] 赵峰华,余艳.利率调整对股市运行影响的分析[J].经济问题探索,2000(1).

[7] 宗国英.利率、税率和通货膨胀率的变动对我国资本市场的影响[J].经济问题探索,2003(11).

[8] 贝政新.证券投资通论[M].上海:复旦大学出版社,2004.

[9] 韩德宗,朱晋.证券投资学教程[M].北京:中国物价出版社,2002.

[10] 李鸿昌.证券投资学[M].郑州:郑州大学出版社,1999.

[11] 刘少波.证券投资学[M].广州:暨南大学出版社,2003.

[12] 汪少华.应用投资学导论[M].北京:经济科学出版社,2004.

[13] 朱宝宪.投资学[M].北京:清华大学出版社,2002.

[14] 斯蒂芬·H.佩因曼.财务报表分析与证券定价[M].刘力,陆正飞译.北京:中国财政经济出版社,2005.

[15] Aswath Damodaran.投资估价(上、下)[M].林谦译.北京：清华大学出版社，2004.
[16] 中国证券业协会.证券投资分析[M].北京：中国财政经济出版社，2006.
[17] 王明涛.证券投资分析[M].上海：上海财经大学出版社，2004.
[18] 林海.美国金融危机对中国股市的影响及对策研究[D].南昌：江西财经大学，2009.
[19] 乔纳森·迈尔斯.股市心理学：向恐惧、贪婪和市场的非理性宣战[M].北京：中信出版社，2004.

第十三章　债券投资分析

引言

经过第八章的介绍，相信读者对债券定价的理论和方法已有所掌握。但是，对于一个优秀的债券投资者来说，定价只是第一步，如果想在不断变化的市场中赚取合理的收益，还需要管理债券投资的风险。利率风险是债券投资面临的最主要风险。投资者往往需要考虑利率变动对债券组合价值的影响，并通过债券组合管理来对冲利率风险。假设某公司目前拥有一笔资金 10 万元，5 年之后将投入一个项目。为了不闲置这笔资金，该公司准备投入债券市场，投资期限为 5 年，期望收益率为 6%。该公司经研究发现市场有若干个债券价格被低估，值得购买；但是这些债券的剩余期限不恰好为 5 年。如果 5 年之后的市场利率发生变化，到时出售债券所获得的本金和利息可能无法保证该公司预计的 6%的收益率。但是通过构造合适的债券组合，使得债券组合的持有期满足一定的条件，5 年后该公司可大体获得 6%的年收益率，这就是债券组合管理中的一种方法——免疫法。本章首先对债券投资的风险做一总体分析，然后学习怎样用久期和凸性来衡量债券的利率风险。此外，债券的信用风险和评级也是影响债券价格和收益的重要因素，本章将讨论债券评级的方法和依据以及如何管理信用风险。最后介绍债券组合管理的相关概念和实例分析。

第一节　债券投资风险分析

一、债券投资风险的种类

债券投资的风险是指债券投资收益的不确定性。在实际经济活动中，人们其实更多的是将风险和损失联系在一起的。债券投资收益包括利息收入、资本利得和利息的再投资收益。因此,本息是否能及时、足额偿付,债券价格是否剧烈波动从而导致收益减少,将体现出债券投资的风险。从风险形成的原因看,债券投资的风险有多种,包括利率风险、通货膨胀风险、信用风险、再投资风险、提前赎回风险、收益率曲线风险、流动性风险、汇率风险、政治风险等。

利率风险(又称市场风险)是指市场利率变动可能给债券投资者带来的买卖价差收益(资本利得)的损失。通货膨胀风险(又称购买力风险)是指发生通货膨胀后债券投资者的收益按购买力衡量其价值可能受到的损失。信用风险(又称违约风险)是指债券发行人不能按时支付债券利息和偿还本金而可能给债券投资者造成的损失。再投资风险是指附息债券的利息再投资收益因市场利率发生不利变化而可能受到的损失。提前赎回风险是指债券发行人提前赎回债券而给投资者可能带来的不利影响。

收益率曲线风险是指收益率曲线变化而给债券投资者调整债券投资组合可能造成的损失。流动性风险是指债券流动性差而可能给债券投资者带来的损失。汇率风险是指因汇率变化而使投资于国外债券的收益可能减少。政治风险是指国家法律或政府管理政策变化而使投资债券的收益减少。

二、利率风险的影响因素

在债券投资中,利率风险是主要的风险之一。利率风险源于市场利率的变动,债券价格与市场利率呈反向变动:当市场利率上升时,债券价格将下降;而当市场利率下降时,债券价格会上升。如果债券投资者买入债券后准备一直持有至期满,且没有利息的再投资问题,就不必关心到期之前市场上债券价格的变化。但对于那些准备在到期之前就要出售债券的投资者来说,市场利率上升就意味着资本利得的减少甚至亏损。而对于持有附息债券的投资者来说,其投资债券的总收益,还会受到利息再投资的影响,此时,市场利率上升反而可以使再投资收益增加,市场利率下降则使再投资收益减少。

另外,我们还可以结合第八章讨论的影响债券价格的因素,进一步分析市场利率变化引起的债券价格波动。影响债券价格的因素包括债券本身因素和市场因素。债券本身因素有两个:一是未来现金流量产生的时间长短,可归纳为到期时间;二是决定未来利息大小的债券票面利率。市场因素有一个,为未来现金流量折现所采用的贴现率,即到期收益率。分析三个因素影响债券价格的波动,可以得到以下结论:

第一,债券到期时间越长,价格波动越大。比如,当到期收益率由5%上升到7%时,票面利率为6%、期限为5年的每年付息一次的债券,其价格下降8.08%;票面利率同样为6%、期限只有2年的每年付息一次的债券,价格下降仅3.60%。

第二,债券的票面利率越低,价格波动越大。比如,对于每年付息一次的5年期债券，当到期收益率由 5%上升到 7%时，票面利率为 2%的债券价格下降 8.63%，而票面利率为 6%的债券价格下降 8.08%。

第三，债券交易时的到期收益率(初始收益率)越低，价格波动越大。比如，票面利率为 6%、期限为 5 年的每年付息一次的债券，在到期收益率从 4%开始上升到 5%时，价格下降 4.20%；而在到期收益率从 6%开始上升到 7%时，价格下降 4.10%。

从以上分析中可以看到，不同的债券在市场利率变化时，价格变动程度是不一样的，也即利率风险的大小不同。

第二节　久期和凸性

一、久期

(一) 久期的含义

对于零息债券来说，投资者收回现金流的时间是确定的，即债券到期日。但对于付息债券来说，由于有部分现金流是在债券到期前以利息的方式支付的，因此要确切描述投资者收回现金流的时间并不容易。我们需要一种测度债券产生现金流的平均期限的方法，更重要的是，该指标也可以用来测量债券对利率变化的敏感性。这就是我们要介绍的久期(Duration)。

费雷德里克·麦考利在 1938 年将久期(简称麦考利久期，Macaulay's Duration)定义为债券现金流的加权平均年限，公式如下：

$$D_{mac}=\sum_{t=1}^{n}t\times\frac{CF_t}{P\ (1+y)^t}=\sum_{t=1}^{n}t\times\frac{PVCF_t}{P}=\sum_{t=1}^{n}t\times\omega_t \tag{13-1}$$

其中，t 为第 t 次现金流所发生的时间(付息的时间)，n 为付息次数，CF_t 为第 t 次现金流的金额，P 为债券价格(等于每次现金流现值 $PVCF_t$ 之和)，y 为到期收益率，$PVCF_t$ 为第 t 次现金流的现值，ω_t 为权重。

久期有两个层面的含义。第一层含义通过公式(13-1)可以看到，是债券现金流所发生时间的加权平均，也即债券现金流的平均回收期。久期越短，表示债券现金流的回收期越短；久期越长，表示债券现金流的回收期越长。

第二层含义是从风险角度提出的，是债券价格对利率变动的敏感性大小。债券久期越长，表示债券价格对利率变动的敏感性越大，即利率变动 1 个百分点会引起债券价格发生较大的变动；相反债券久期越短，表示债券价格对利率变动的敏感性越小，即利率变动 1 个百分点所引起债券价格的变动较小。正因为如此，久期是衡量债券利率风险的一项有效工具，关于久期在管理利率风险方面的作用，会在后文中做详细的介绍。

（二）不同债券品种的久期

按照公式(13-1)，我们可以计算出不同债券品种的久期。

1. 附息债券的久期

[例 13-1] 设有一只剩余期限还有 4 年的附息债券，面值 100 元，票面利率为 5%，每年付息一次，到期收益率也是 5%，试计算该债券的久期。

根据题意，可以知道该债券的现金流量，如图 13-1 所示。

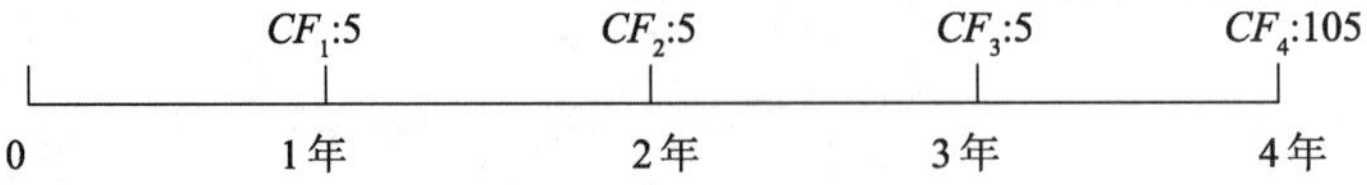

图 13-1 现金流量

将各期现金流量以现值表示，可得图 13-2。

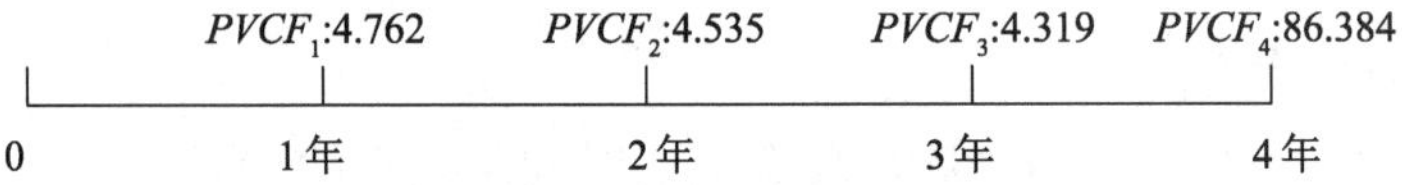

图 13-2 现金流量现值

其中，各期现金流量现值的计算如下：

$$PVCF_1=\frac{CF_1}{(1+y)^1}=\frac{5}{(1+5\%)^1}=4.762$$

$$PVCF_2=\frac{CF_2}{(1+y)^2}=\frac{5}{(1+5\%)^2}=4.535$$

$$PVCF_3=\frac{CF_3}{(1+y)^3}=\frac{5}{(1+5\%)^3}=4.319$$

$$PVCF_4=\frac{CF_4}{(1+y)^4}=\frac{105}{(1+5\%)^4}=86.384$$

因为到期收益率与票面利率相同，所以债券的价格亦为 100 元。于是根据各期现金流的现值可以计算出久期的权重，见表 13-1。

表 13-1　　久期权重的计算

现金流发生的时间（t）	权重（ω_t）
1 年	$\omega_1=\frac{PVCF_1}{\sum PVCF_t}=\frac{4.762}{100}=4.762\%$
2 年	$\omega_2=\frac{PVCF_2}{\sum PVCF_t}=\frac{4.535}{100}=4.535\%$

（续表）

现金流发生的时间（t）	权重（ω_t）
3 年	$\omega_3=\frac{PVCF_3}{\sum PVCF_t}=\frac{4.319}{100}=4.319\%$
4 年	$\omega_4=\frac{PVCF_4}{\sum PVCF_t}=\frac{86.384}{100}=86.384\%$

因此，久期为：

$$D_{mac}=4.762\%\times 1+4.535\%\times 2+4.319\%\times 3+86.384\%\times 4=3.723$$

计算出来的久期为 3.723 年，小于剩余期限 4 年。可见对付息债券而言，投资者收回现金流的平均等待时间要短于债券的期限。

2. 零息债券的久期

［例 13-2］ 设有一零息债券，4 年后到期，面值为 100 元，到期收益率为 5%，则该债券的久期是多少？

该零息债券不支付利息，其现金流只有 4 年后一次性的面值 100 元。假设这笔现金流的现值为 $PVCF_4$，它也是该零息债券现在的价格，即 $\sum PVCF_t$。所以零息债券的久期可以按公式(13-1)计算如下：

$$D_{mac}=\frac{0}{\sum PVCF_t}\times 1+\frac{0}{\sum PVCF_t}\times 2+\frac{0}{\sum PVCF_t}\times 3+\frac{PVCF_4}{\sum PVCF_t}\times 4$$
$$=\frac{PVCF_4}{PVCF_4}\times 4=4$$

从计算结果可知，零息债券的久期等于其剩余期限。这符合一般认知，因为零息债券在到期前不提供任何现金流，所以投资者收回现金流的时间等于债券的期限。

3. 永续债券的久期

永续债券每年均会支付固定利息，但却永远不偿还本金。尽管永久债券的到期日是无穷大，但是其久期仍然可以求得，计算公式为：

$$D_{mac}=1+\frac{1}{y} \tag{13-2}$$

其中，y 表示债券的到期收益率。

（三）修正久期

久期的种类包括麦考利久期和修正久期等。对麦考利久期的概念已经做了介绍，下面再介绍修正久期。

修正久期是由麦考利久期衍生而来的，是实际应用中经常使用的久期形式，其定义式为：

$$D_{mod}=\frac{D_{mac}}{1+y} \tag{13-3}$$

其中，D_{mod} 表示修正久期。

修正久期具有重要的经济含义，它可以反映债券价格对收益率变动的敏感程度，见式(13-4)：

$$\frac{\Delta P}{P}\approx -D_{mod}\times\Delta y \tag{13-4}$$

根据公式(13-4)，债券价格的变化率大约等于负的债券修正久期乘以利率的变化。例如，债券的收益率变动一个百分点，从5%变为6%，债券的价格会变动 $-D_{mod}$ 个百分点。由于修正久期 D_{mod} 为正，而在公式(13-4)中有一个负号，表明债券价格的变动与收益率的变动呈反向关系：收益率向上变动，债券价格向下变动；收益率向下变动，债券价格向上变动。

[例13-3] 沿用例13-1中的剩余期限为4年的附息债券，面值100元，票面利率5%，每年付息一次，到期收益率为5%。假设中央银行加息，使得该债券的到期收益率上升了0.10%，则此债券的价格变动比例是多少？同时变动金额是多少？

第一步，计算修正久期。例13-1中已经计算出债券的麦考利久期 D_{mac} 为3.723，那么修正久期 D_{mod} 为3.546[即3.723/(1+5%)]。

第二步，根据公式(13-4)计算债券价格变动比例，为－0.35%(即－3.546×0.10%)。

第三步，计算债券价格变动金额。例13-1中已经知道债券的价格为100元，因此债券价格的变动金额为－0.35元。

我们可以验证一下当债券的收益率变成5.1%时，按照债券定价公式计算出来的债券的实际价格：

$$P=\frac{5}{(1+5.1\%)^{1}}+\frac{5}{(1+5.1\%)^{2}}+\frac{5}{(1+5.1\%)^{3}}+\frac{105}{(1+5.1\%)^{4}}=99.65(\text{元})$$

债券价格变动幅度为－0.35%，变动金额为－0.35元，按照公式(13-4)计算出来的结果和按照债券定价公式计算出来的结果一致。

不过，如果债券到期收益率不是变化0.10%，而是变化比较大，比如变化2%，即债券的到期收益率为7%，那么按照久期计算出来的结果和按照债券定价公式计算出来的结果就有一定差额。仍然采用例13-3的数据，按照久期的测算方法，债券价格的变动幅度为－7.09%(即－3.546×2%)，变动金额为－7.09元。而按照债券定价公式,可以得到债券的价格为 93.23 元,债券价格的变动幅度为－6.77%,变动金额为－6.77 元。两者的结果有一定的偏差。

按照债券定价公式计算出来的债券价格是实际的价格,而用公式(13-4)计算出来的债券价格是近似的价格。随着收益率变动幅度增加,两者之间的差异会逐渐增大。因此,用久期来测算债券价格的变动,比较适合收益率变动幅度比较小的情形;收益率变动幅度越大,测算的误差也就越大。

(四) 久期的特性

久期的性质可以概括为以下几点:

第一,零息债券的久期等于其剩余期限。

第二,附息债券的久期小于其剩余期限,除非附息债券到期前只剩下最后一次现金流,这种情形同零息债券,即等于其剩余期限。

第三,其他条件不变时,债券的到期日越远,久期也随之增加,但增加的幅度会递减。

第四,其他条件不变时,票面利率越高,久期越短。当债券的票面利率越高,代表每期固定支付的利息越多,投资者收回投资成本的速度越快,即久期越短,反之则久期越长。

第五,其他条件不变时,到期收益率越高,久期越短。比如两只票面利率相同的附息债券,当到期收益率较高时,其未来现金流折算的现值(即投资成本)要小,于是收回投资成本的速度也更快,即久期越短。

二、凸性

久期有一个局限性,即随着收益率变动幅度的增加,用久期来测算债券价格变化的精确度在减小。其中的原因在于,用久期来反映债券价格与收益率之间的关系,是假设债券价格与收益率呈现线性关系。但实际上,债券价格与收益率的关系是凸向原点的弧线,如图 13-3 所示。原来债券的价格为 P^*,收益率为 y^*;如果收益率上升至 y_1,按照久期的估算,债券价格将下跌至 P_1,而事实上债券的价格只跌至 P'_1;反之,如果收益率下跌至 y_2,按照久期的估算,债券的价格只上涨至 P_2,而事实上债券的价格会上涨至 P'_2。即当利率上涨时,用久期估算出来的债券价格下跌幅度会大于债券实际下跌的幅度;当利率下跌时,用久期估算出来的债券价格上涨的幅度会小于实际上涨的幅度。之所以出现这样的结果,原因在于债券价格与利率的关系并不是线性的,而是凸向原点的弧线形状。债券价格与利率之间的这种关系,称为债券的凸性。

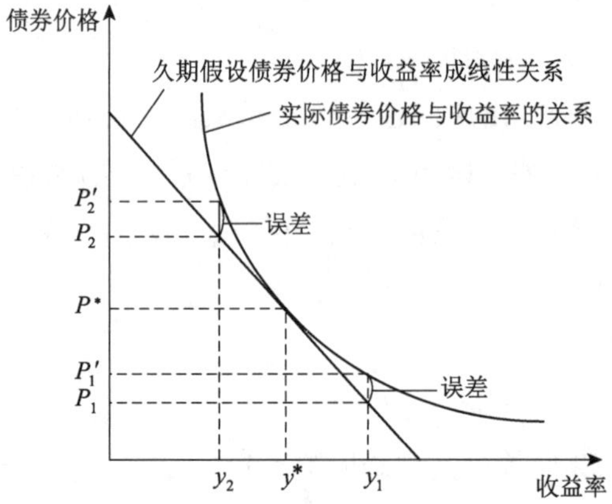

图 13-3　债券凸性示意

凸性系数是债券价格对收益率的二阶导数除以 2 倍的债券价格，具体计算方法见式(13-5)：

$$C=\frac{1}{2P}\frac{\mathrm{d}^2P}{\mathrm{d}y^2}=\frac{1}{2P(1+y)^2}\sum_{t=1}^{n}\frac{t(t+1)C_t}{(1+y)^t} \tag{13-5}$$

其中，C 为凸性系数，P 为债券价格，y 为到期收益率，C_t 为每期的现金流，n 为债券的期数。

如果将债券的价格变动用泰勒级数展开，可以得到债券价格绝对值的变动和债券价格变动的百分比，见公式(13-6)和(13－7)：

$$\mathrm{d}P=\frac{\partial P}{\partial y}\times \mathrm{d}y+\frac{1}{2}\times\frac{\partial^2P}{\partial y^2}\times(\mathrm{d}y)^2+\text{误差项} \tag{13-6}$$

$$\frac{\mathrm{d}P}{P}=\frac{\partial P}{\partial y}\times\frac{1}{P}\mathrm{d}y+\frac{1}{2}\times\frac{\partial^2P}{\partial y^2}\times\frac{1}{P}\times(\mathrm{d}y)^2+\text{误差项} \tag{13-7}$$

在公式(13-7)中，右边第一项显示了上面讲的修正久期，第二项显示了凸性。该公式还可以用下列文字表述为：

债券价格变动的百分比＝－修正久期×收益率变动＋凸性系数×收益率变动^2
＋误差项
≈－修正久期×收益率变动＋凸性系数×收益率变动^2

从以上公式可以看到，久期与债券价格相对于收益率的一阶导数成正比，即与图 13-3 中曲线的斜率有关，因此称为一阶利率风险；凸性与债券价格相对于收益率的二阶导数成正比，即与图 13-3 中曲线的凸度有关，因此称为二阶利率风险。当收益率(利率)变动较小时，债券价格的变动近似线性，只需要考虑久期(一阶利率风险)即可；

当收益率(利率)变动较大时,除了考虑久期(一阶利率风险),还需要考虑凸性(二阶利率风险),才能得到较准确的结果。

[例 13-4]　沿用例 13-3 中的剩余期限为 4 年的附息债券,面额 100 元,票面利率 5%,每年付息一次,到期收益率为 5%。根据这些数据,我们可以计算出:债券价格为 100 元,修正久期为 3.546 年,凸性系数为 8.237。

那么如果债券收益率上升 2%,债券价格的变动比例为:

$$\frac{\mathrm{d}P}{P}=-3.546\times 2\%+8.237\times 2\%^2=-6.76\%$$

如果债券收益率下降 2%,债券价格的变动比例为:

$$\frac{\mathrm{d}P}{P}=-3.546\times(-2\%)+8.237\times(-2\%)^2=7.42\%$$

从这里也可以看出,考虑了凸性后,弥补了仅按照久期测算方法的误差。如债券收益率上升 2%时债券价格的变动比例为-6.76%,而按照债券定价公式计算的债券价格变动幅度为-6.77%,两者非常接近。但若只根据久期测算,债券价格的变动幅度为-7.09%,误差较大。

另外还可以看到,同样幅度的收益率上升所带来的债券价格下跌幅度要比同样幅度的收益率下降所带来的债券价格上升幅度要小,这和图 13-3 所描述的债券价格变化一致。

第三节　债券的信用风险与评级

一、信用风险的含义

尽管债券通常会对投资者承诺固定的现金流,但该现金流并非没有风险,除非投资者可以确认发行人不会违约。在一般情况下,由于有国家信用作背书,因此可将政府发行的国债视为无风险债券。但由于公司发行债券的支付取决于公司的最终财务状况,因此公司债的实际支付存在不确定性。

债券的违约风险,通常称为信用风险(Credit Risk),是指由于发行人违约所导致的持有人应得的债券利息和本金没有得到及时足额偿付的风险。广义上说,信用风险还包括由于债券评级下调所导致的债券价格下跌的风险。

二、债券评级分析

(一) 债券评级的含义

债券评级是衡量债券信用风险的依据,是由专门的评级机构对不同债券的还本付息的可靠程度做出的评判。因此，债券评级实质上是信用评级，评判结果通常以信用等级来表示。信用等级越高，说明债券的风险越小，安全性越强；反之，信用等级越低，债券的风险就越大，安全性越差。绝大多数品种的公司债券都存在一定程度的信用风险，投资者必须分析信用风险的高低，并以此作为评价及投资决策的依据。由于投资者自行收集信息所花费的成本比较高，况且并非每个投资者均具备分析风险的能力，因此需要专业机构提供债券信用的信息，于是诞生了信用评级机构。债券评级的目的是把债券的信用程度以评定等级的形式告知于众，让投资者了解各种债券的信用风险程度，然后由投资者自己选择是否投资该债券。当然，债券评级对于债券发行人和证券管理机构也有一定的作用，有助于债券发行的市场定位，可以成为债券市场管理的参考依据。

由于债券评级是对债券的违约风险进行评定，因此一切具有偿还不确定性的债券都是评级的对象。需要指出的是，债券评级与债券发行者的资信评价不同。债券评级是对债券本身的评价，当然在对债券进行评价时要分析发行人的偿还能力，但最终评价的是债券本身。例如，一家公司同时发行两种债券，一种有财产抵押或第三者担保，另一种没有，则有抵押债券的评定结果要高于无抵押债券。债券评级级别作为反映信用风险的指标，会直接影响债券的利率与债券发行人的负债成本。如果评级等级较低，投资者要求的违约风险补偿就会比较高，这样会提高债券发行人的负债成本；而评级等级较高，投资者要求的违约风险补偿相对比较低，则可降低债券发行人的负债成本。

债券评级是由专门的评级机构进行的。国际上著名的评级公司有标准普尔、穆迪和惠誉，这些机构提供商业公司的财务信息，并对大型公司和市政债券进行评级。国际上主权国家的债券也存在违约风险，特别是在新兴市场和发展中国家更是如此。[①]所以，这些机构也会对主权债务的违约风险进行评级。我国目前主要的评级机构有大公国际、中诚信、上海远东资信评估、联合资信以及上海新世纪等。虽然现在对于公司债券发行上市取消了信用评级的强制要求，但由于债券市场投资者中金融机构占九成左右，尤其对于各家银行而言，债券和主体评级都要看，没有评级的话银行无法投资。因此债券评级目前仍是债券是否可以顺利发行的重要条件。

（二）影响债券评级的重要因素

债券评级机构主要依据债券发行公司的一些财务指标水平和趋势的分析，对其所发行的债券信用状况进行评级。评级所选用的关键财务指标有以下几个：

1. 偿债能力比率(Coverage Ratios)：公司收入与固定成本之间的比率。例如，利

---

① 主权国家以本国货币发行的债券一般被认为没有违约风险，因为主权国家有铸币权。但是主权国家以外国货币发行的债券存在违约风险。

润对利息的倍数比率是息税前收入与应付利息的比率。固定费用偿付比率是收益对所有固定现金债务的比率。其中,所有固定现金债务包括租赁和偿债基金①的支付。低水平或下降的偿债能力比率意味着可能会有现金流困难。

2. 杠杆比率(Leverage Ratio):债务与资本总额的比率。过高的杠杆比率表明负债过多,标志着公司将无力获取足够的收益以保证债券的安全性。

3. 流动性比率(Liquidity Ratio):最常见的两种流动性比率是流动比率(流动资产和流动负债的比值)以及速动比率(剔除存货后的流动资产与流动负债的比值)。这些比值反映了公司最具流动性的资产对负债进行偿还的能力。

4. 盈利比率(Profitability Ratio):有关资产或者权益回报率的度量指标。盈利比率是一家公司整体财务指标的指示器,其中资产收益率(息税前收入与总资产的比值)是最常见的盈利比率。具有较高资产收益率的公司,在相同投资额的情况下能提供更高的期望收益,因此能够提升公司在资本市场上的价值。

5. 现金流负债比率(Cash Flow Debt Ratio):总现金流与未偿付债务的比值。

表 13-2 是标准普尔公司为划分公司的信用等级②定期计算出来的某些比率的中值。当然,不同行业的比率标准可能不同,分析师对不同比率的重视程度也不尽相同。但从表中可以看到比率随着公司信用等级增加而改善的趋势。从历史数据来看,仅有约1%的初始发行等级评为 AA 或更高级别的行业债券能够保持 15 年,这个比例在 BBB 级债券中约为 7.5%,在 B 级债券中约为 40%。不同信用等级债券的信用风险显著不同。

表 13-2　　长期债券的财务比率和违约风险等级

	三年期中值						
	AAA	AA	A	BBB	BB	B	CCC
EBIT 利息保障倍数	23.8	19.5	8.0	4.7	2.5	1.2	0.4
EBITDA 利息保障倍数	25.5	24.6	10.2	6.5	3.5	1.9	0.9
营运资金/总负债(%)	203.3	79.9	48.0	35.9	22.4	11.5	5.0
自由营运现金流/总负债(%)	127.6	44.5	25.0	17.3	8.3	2.8	−2.1
总负债/EBITDA 倍数	0.4	0.9	1.6	2.2	3.5	5.3	7.9
资本收益率(%)	27.6	27.0	17.5	13.4	11.3	8.7	3.2
总负债/(总负债+权益)(%)	12.4	28.3	37.5	42.5	53.7	75.9	113.5

注:表中的 EBITDA 指利息支付、税收支付、折旧和摊销前的利润。

资料来源:《投资学》(原书第 10 版)第 14 章,博迪等著,汪昌云、张永骥译,机械工业出版社 2018 年版。

---

① 债券到期时必须按面值予以偿付,而该偿付将造成发行人庞大的现金支出。为确保该支付不会导致现金流危机,有的公司建立偿债基金,将债务负担分散至若干年内。偿债基金可用来在公开市场上回购或以特定价格赎回部分未偿付的债务。

② 评级公司评定不同级别的标准在后面有介绍。

爱德华·奥尔特曼(Edward Altman)提出了基于财务比率的预测违约风险的 Z 分数模型(Z-score Model)。该方法基于公司的财务指标进行打分,分数超过临界点,则认为该公司具有良好信用,低于临界点,则表明未来有重大违约和破产风险。

奥尔特曼通过分析历史数据,发现下式最能区分安全和不安全的公司:

$$Z=3.1\times\frac{EBIT}{\text{资产总额}}+1.0\times\frac{\text{销售额}}{\text{资产总额}}+0.42\times\frac{\text{股东权益}}{\text{负债总额}}+0.85\times\frac{\text{留存收益}}{\text{资产总额}}+0.72\times\frac{\text{营运资本}}{\text{资产总额}}\tag{13-8}$$

其中,$EBIT$ = 息税前利润。Z 值在 1.23 以下,表明破产风险较大,1.23-2.90 是灰色区域,2.90 以上的公司被认为是安全的。

(三) 债券评级的流程与级别

1. 债券评级的流程

债券评级的程序主要包括如下步骤:

(1) 由债券发行人或其代理人向债券评级机构提出申请,并根据评级机构的要求提供详细的书面材料。

(2) 评级机构与债券发行人沟通,就书面材料中值得进一步调查的问题和其他有关情况提出询问。

(3) 评级机构对债券发行人各方面情况进行分析。

(4) 在调查研究的基础上,评级机构通过投票评定等级,并与债券发行人联系,征求其对评级的意见。

(5) 评级机构评定债券的信用级别后,通过适当渠道向相关方告知。

(6) 评级机构根据债券发行人经营和财务等方面的变化,定期调整债券等级。

债券评级属于一个较为复杂的专业领域,对于不同的债券,所采取的评级方法可能不尽相同。

2. 债券评定级别

不同的债券评级机构,会有其自定的债券评定级别,但通常是用 A、B、C 等表示级别的高低,而且还可以叠加字母做进一步的划分。表 8-1 是标准普尔公司的债券评定级别,一共有 10 个等级,最高级为 AAA 级,最低级是 D 级,前 4 个等级为投资级债券,BB 级及其以下被认为是投机级债券。

表 13-3　　标准普尔公司各等级定义

等级符号	符号意义	说明
AAA	最高级	安全性最高,还本付息能力最强
AA	高级	安全性较高,还本付息能力较强

（续表）

等级符号	符号意义	说明
A	中高级	安全性良好，还本付息强，但对经济和环境的不利影响更为敏感
BBB	中级	安全性中等，目前安全性、收益性没有问题，但不景气时有可能影响本息安全
BB	中低级	从还本付息和承担的义务来看，此类债券被认为具有明显的投机性。BB表示投机程度最低，CC表示投机程度最高。虽然这些债券目前也许安全，但一旦处于不利条件之中，将具有更大的不确定性和风险，部分债券可能会出现违约
B	半投机性	
CCC	投机性	
CC	低端投机性	
C	充分投机性	此等级债券作为收入债券保留，没有利息收入
D	最低等级	处于违约之中，利息支付或本金偿还仍在拖欠

资料来源：《投资学》（原书第10版）第14章，博迪等著，汪昌云、张永骥译，机械工业出版社2018年版。

三、信用违约互换与担保债务凭证

（一）信用违约互换

信用违约互换（Credit Default Swap，CDS）实际上是对债券或是贷款违约风险的保险。CDS的买入方定期向卖出方支付一定费用，直到CDS到期或者违约事件发生。当违约事件发生后，CDS的买入方有权按面值将债券卖给卖出方。例如，在2012年7月，5年期的德国政府CDS的年费用是0.75％，这意味着CDS的购买者需要为100美元面值的债券每年支付给卖方0.75美元的费用。卖方依据合约获得这些年支付额，但是在债券违约时必须赔偿买方。

CDS最初的设想是让债权人为违约风险购买保护。通过购买CDS，债券持有人可以把不安全的债券转换为安全的债券。例如，持有BB级债券的投资者实际上可以通过购买CDS将债券的信用级别提高到AAA级。这也可以说明CDS合约的定价机制，如果BB级的公司债券通过CDS保险后等同于AAA级的债券，那么CDS的费用大致应等于AAA级债券与BB级债券的利差。

虽然CDS产生的初衷是为了对冲信用风险，但和其他衍生品一样，在出现后不久，投资者就意识到可以用其来投机赚钱。例如在2011年初，有投资者预见到了西班牙糟糕的财务状况会导致债务危机，因此大量卖空西班牙的债券并同时买入CDS合约。在接下来的18个月内，随着欧债危机的爆发，西班牙债券价格一路下滑，而CDS的价格飙升，投机者赚得盆满钵满。

（二）担保债务凭证

担保债务凭证（Collateralized Debt Obligation，CDO），出现在最近20年，是债券市场重置信用风险和债务凭证资产证券化的主要机制。在CDO出现之前，商业银行普遍以传统的存贷款业务为主，发放的贷款周期长、流动性差，且有信用风险。为了解决这些问题，银行可以把一系列贷款打包在一起构成一个资产池，以这些贷款的利息和本金等现金流为支持产生一系列的证券，也就是所谓的份额(Tranche)，并将这些份额在市场上出售。为了实现资产和债务的剥离，银行一般会成立一个合法的独立主体，这一主体被称为特殊投资载体(Special Investment Vehicle, SIV)。银行随后把所持有的债权类资产(如按揭贷款和信用卡债权等)出售给 SIV，由 SIV 将这些资产经过分割后形成不同份额，再向市场出售。由于 SIV 独立于银行，银行可通过以上操作来避免可能遇到的监管问题。

每一份额都拥有不同程度的对未偿还贷款池的求偿权，并且每一份额都可作为独立证券单独出售。当未偿还贷款池中的贷款支付利息或本金时，这些现金流将依据每一份额的优先权进行偿付。这表明每一份额都有不同的信用风险头寸。

表 13-4 展示了一个典型的 CDO 优先权安排。高级份额的安全性最高，其投资者享有整个资产池中债权面值的 80%的相应收益，且对回款有第一求偿权。即使资产池的 20%发生违约，高级份额仍然会被全部偿还。一旦高级份额得到偿付，其余较低等级(如夹层 1 到夹层 n)会依次得到偿付。而第一损失/残值份额是违约风险最高的，一般不向市场发售，由 SIV 自持。通过份额分级，可以将高等级份额隔离于信用风险之外。理论上来说，即使资产池全由垃圾债券组成，也可以从中设立一只 AAA 级的债券。

表 13-4　　　　担保债务凭证各份额划分

		优先—次级结构	典型条款
		高级	70%-90%的名义本金，票面利率接近于 AA—AAA 级别债券
		夹层 1	5%-25%的本金，投资级别
银行	SIV	……	
		夹层 n	5%-25%的本金，高质量的垃圾债
		第一损失/残值	<5%的本金，无评级，票面利率有 20%的信用利差

资料来源：《投资学》(原书第 10 版)第 14 章，博迪等著，汪昌云、张永骥译，机械工业出版社 2018 年版。

在 2007 年美国的次贷危机发生前，CDO 的出现受到了市场的欢迎。CDO 的一大优势是可以满足不同投资者的需求。对安全性要求较高的投资者可选择购买高级份额，而想追求高收益的投资者则可购买级别较低的份额。对银行来说，通过 CDO 可以将期限长、流动性差的贷款类资产快速变现，并将相关联的信用风险从银行资产负债表中剥离。

CDO 在 2007-2009 年的金融危机中对投资者来说是一个灾难。当时美国市场上的 CDO 对应的资产池大多是由发放给个人的次级住房按揭贷款(这些人凭其信用条件,通常是无法申请到常规贷款的,因此称为次级贷款)衍生的。当住房价格在 2007 年开始下跌时,贷款逾期和房屋没收拍卖猛增,这类证券的投资者遭受了巨大损失,即使是高等级份额也未能幸免。因此,在次贷危机后,金融机构和监管层对信用衍生品在整个危机发生过程中所扮演的角色进行了反省,并提出了更为严格的监管和交易措施。

第四节　债券组合管理

债券组合管理大致可以分为两类:消极的债券组合管理和积极的债券组合管理。投资者是选择消极的债券组合管理策略还是积极的债券组合管理策略,主要取决于投资者对债券市场有效性的判断。

有效债券市场是指债券的当前价格能够充分反映所有有关的、可得信息的债券市场。如果债券市场是有效的,投资者将找不到价格被错估的债券,也不必去预测市场利率的变化,所以任何“积极”的主动交易都不会获得超额的收益,反而会增加无谓的交易成本。消极的债券组合管理的目的不是战胜市场,而是控制债券组合的风险,并且获得与承担的风险相适应的回报率。常见的消极的债券组合管理包括免疫组合和指数化投资。

一、消极的债券组合管理

(一) 免疫组合

市场利率变动对债券投资收益有两个方面的影响:一是影响债券的市场价格;二是影响债券利息的再投资收益。两方面的影响是反方向的,即在市场利率上升时,债券价格下跌,而利息再投资收益增加;相反,在市场利率下降时,债券价格上涨,而利息再投资收益减少。由此启发思考,是否可以利用利率变动的双向影响,使债券投资的收益免受利率变动的影响。这样,构造免疫组合方法就被提出了。

免疫组合的策略是对债券久期概念的应用,通过构造债券组合,使得债券组合的久期和债务的久期相等,这样利率变动对投资者的债权与债务的影响正好可以相互抵消,从而可以对冲利率风险。免疫组合的策略又可以分为单期免疫组合策略和多期免疫组合策略。

1. 单期免疫组合

如果未来的债务只有一期,即只需要支付一笔确定的现金流,那么投资者构造的免疫组合就被称为单期免疫组合;如果未来的债务是一系列的现金流支出,那么投资者构造的免疫策略就被称为多期免疫策略。下面以一个例子来说明如何实现单期免疫策略。

[例 13-5] 设某公司在 2020 年 8 月 25 日拥有一笔资金 10 万元,5 年后将投入一项目。为了不闲置这笔资金,该公司准备购买债券,期望收益率是 6%。该公司发现市场上有两只债券符合收益率的要求,这两个债券都是每年付息一次的附息债券,基本资料如表 13-5 所示。

表 13-5　　债券基本资料

债券	票面利率	到期日	面额	价格	到期收益率	修正久期
甲	5%	2023.8.25	100	97.327	6%	2.696
乙	7%	2027.8.25	100	105.582	6%	5.475

若 5 年内到期收益率(市场利率)不发生任何变化,持有这两只债券中的任何一只,该公司都可以回收 13.38 万元 $[10\times(1+6\%)^5]$。但是 5 年内如果利率发生变化,持有甲债券会面临再投资风险(甲债券 3 年后到期,还要投资 2 年);持有乙债券则会面临价格波动的风险,因为需要在乙债券到期之前出售。虽然这两个债券的到期收益率都符合该公司的需求,但是如果持有期间到期收益率发生变动,那么只持有任何一只债券都是有风险的。这种情况下,就可以采用单期免疫策略,构造这两只债券的组合,使得组合的久期等于 5 年,正好和该公司的债务的期限一致。

假设持有甲债券的权重为 ω_1,持有乙债券的权重为 ω_2,那么有:

$$\begin{cases}\omega_1+\omega_2=1\\ \omega_1\times 2.696+\omega_2\times 5.475=5\end{cases} \tag{13-9}$$

解得 $\omega_1=0.170\,9$, $\omega_2=0.829\,1$。即投资甲债券17 090元,投资乙债券82 910元;相当于持有甲债券 175.6 张(17 090/97.327),持有乙债券 785.2 张(82 910/105.582)。① 在这种情况下,该公司的债券组合和债务的总久期是 0(5—5),即债券组合和债务所受利率的影响能相互抵消。

2. 多期免疫组合

多期免疫的方法是让构建债券组合的久期和未来一系列负债的久期满足相应条件,使得不论利率如何变化,债券组合和未来一系列负债所受利率的影响能相互抵消。为了达到这一目的,一般可以有两种方法加以实现。第一种方法是将每次负债产生的现金流视作一个单期的负债,然后利用上述单期免疫策略对每次负债分别构建债券组

① 在现实中存在最小交易单位限制,此时实际交易的债券数量可按照理论值进行四舍五入。在此例中,假设最小交易单位为 1 张,则应购买甲债券 176 张,应购买乙债券 785 张。

合，使得各债券组合的久期和现值与各期负债的久期和现值相等。第二种方法是直接构建债券组合，使得债券组合的久期与负债现金流的久期加权平均值相等。

［例 13-6］ 设某公司在 3 年、4 年和 5 年后需要支付三笔资金，第一笔资金的现值是 100 万元，第二笔资金的现值是 50 万元，第三笔资金的现值是 70 万元。试进行多期免疫。

按照第一种方法，为了对这三笔负债进行免疫，该公司需要投资三个债券组合，其中：第一个债券组合的现值为 100 万元，久期为 3 年；第二个债券组合的现值为 50 万元，久期为 4 年；第三个债券组合的现值为 70 万元，久期为 5 年。

按照第二种方法，该公司需要设计一个债券组合，该组合的现值为：

$$100 + 50 + 70 = 220(\text{万元})$$

组合的久期为：

$$\frac{100 \times 3 + 50 \times 4 + 70 \times 5}{100 + 50 + 70} = 3.86(\text{年})$$

3. 免疫组合策略的限制

免疫组合策略要达到预期的效果，需要满足三点假设：第一，利率的变动幅度较小；第二，收益率曲线是平行移动的，即长短期利率变动幅度一致；第三，债券没有提前赎回或违约的风险。

然而，现实中利率有时会发生较大变动；当利率发生变动时，长短期利率的变动幅度很可能会不同；债券可能会违约，债券也可能有强制赎回条款。这些约束都会导致免疫组合策略的效果有时并不理想。

此外，用免疫组合策略构造了债券组合后，还需要适时调整。因为随着时间的推移和市场条件的变化，原先的债券组合的久期会发生改变，不再和债务的期限相匹配，免疫效果会下降。同时，免疫组合策略是建立在久期基础上的，而久期测算的精确程度与利率变化的大小有关。利率变化不是很大的时候，久期测算比较精确，而利率变化比较大时，就需要考虑凸性的影响，也就是说利率变化很大时免疫效果会比较差。因此，投资者需要根据实际情况，对构建的债券组合进行不断调整。当然调整会产生交易成本，投资者需要对此进行权衡。

（二）指数化投资

指数化投资是指债券投资者构造一个债券组合来拟合市场上存在的某种债券指数的业绩，以使得该债券组合的风险回报与相比较的债券市场指数的风险回报状况相当。指数化投资策略对于债券指数基金和股票指数基金都是非常重要的。虽然债券市场指数和股票市场指数的编制方法相似，但是由于债券市场指数自身的一些特点，指数化投资策略在股票市场和债券市场上操作会存在一定差异。

首先，一般来说股票指数中样本股票通常比较稳定，不会轻易发生变动。但是债券指数中样本债券的剩余期限一般有最低期限的要求，随着时间的推移，有些债券的剩余期限会逐渐小于最低期限要求，因此会被剔除掉，同时补充进新的债券。如果债券指数基金要完全复制债券市场指数，就需要不断地跟随样本债券变化来进行替换，这样会加大管理工作的难度，也增加了交易成本。

其次，由于债券相对股票的数量更多，而且有些债券交易并不活跃，因此要完全复制债券市场指数，其困难要比复制股票指数大得多。

基于上述原因，债券指数基金进行指数化操作时要完全复制指数是不现实的。因此，实践中往往会采用非完全复制方法，这种方法并不强调要逐个债券进行匹配，而是要使构造的债券投资组合与目标债券指数在某种特征方面尽可能匹配。

表 13-6 列出了一种近似复制债券指数的办法，称为分格方法。

表 13-6　　某指数所包含债券的分类情况

债券剩余期限	政府债券(%)	金融债券(%)	公司债券(%)	国际债券(%)
1—5 年	7	3	0	0
5—10 年	0	10	0	10
10　15 年	13	2	15	10
15—20 年	0	10	10	0
20 年以上	5	0	0	5

该方法首先将债券市场按照不同的标准进行分类，如表 13-6 按照债券发行主体(4 类)和剩余期限(5 个阶段)进行分类，当然也可以按照其他方式进行分类，如信用等级、票面利率等。在确定了分类标准后，同一单元格中的债券被近似看成是无差异的。然后，在市场上选择一个要复制的参考指数，计算出该指数所包含的债券在各单元格中的比重，如表 13-6 所示。最后，债券投资者建立一个债券组合，使得组合中各单元格中的比重与指数所包含的债券在各单元格中的比较一致。这样，就认为该债券投资者构造的债券组合与参考的债券指数在某些重要特征上保持了一致。这样做的好处在于用少量的样本大体复制了参考的债券指数，减少了完全复制所带来的困难，操作性强。

二、积极的债券组合管理

消极的债券组合管理是建立在市场完全有效的前提下。但有时候投资者认为债券市场并非完全有效，最多也是弱有效的，甚至是无效的。在不完全有效的市场上，信息无法及时、准确地反映到债券的价格上。这种情况下，市场会存在两种失灵：第一，存在被错误定价的债券;第二,利率的走势可被预测。如果市场上存在被错误定价的债券,投资者可以买入价格被低估的债券,卖出价格被高估的债券,以获取超额收益。如果投资者有能力预测利率的未来变化情况,那么投资者可以选择债券买卖的时机,以谋得超额收益率。这样的投资策略称为积极的债券组合管理。

采用积极的债券组合管理策略的投资者一般认为,自己的分析能力和见解优于市场上的其他人。他们试图识别错误定价的债券,确信能够预测利率的总体走势,这样通过积极的债券组合管理可以获得超额回报。积极的债券组合管理一般可以分为以下三种:收益率结构分析、骑乘收益率曲线和债券互换。

（一）收益率结构分析

投资者持有债券的收益率,通常是取决于债券的期初价格、期末价格和票面利率。对于一张债券来说,票面利率是给定的,债券的期初价格和期末价格取决于期初和期末市场的收益率结构,因此债券的投资收益取决于持有期内收益率结构的变动。由于期初的收益率结构是已知的,一旦能对期末的收益率结构进行预测,就能测算出持有某只债券的回报率。

如果有若干债券可供投资,投资者在对未来收益率结构进行预测后,就可以测算出各债券在持有期的回报率,从而选择持有期回报率比较大的债券进行投资。

下面以一个例子来说明持有期内总回报是如何计算的。

[例 13-7] 一张票面利率为 5%的债券,面值 100 元,每年付息一次,剩余期限为 10 年,当前售价为 92.64 元。根据计算,可以知道该债券 10 年期的到期收益率为 6%。如果投资者买入该债券后打算持有 5 年,并在 5 年之后出售,并且该投资者预期 5 年之后的到期收益率会下降至 4%,则该投资者持有该债券 5 年的总收益为多少?

表 13-7　剩余期限和到期收益率变动对债券价格的影响

剩余期限 到期收益率	10 年	9 年	……	5 年	……
2%	126.95	124.49		114.14	
3%	117.06	115.57		109.16	
4%	108.11	107.44		104.45	
5%	100.00	100.00		100.00	
6%	92.64	93.20		95.79	
7%	85.95	86.97		91.80	
8%	79.87	81.26		88.02	

时间因素的影响

收益率变化的影响

持有期债券的总回报包括三个部分：债券价格的变动、持有期间的利息收入以及利息的再投资收益。债券价格的变动又可以分解为受到时间推移（剩余期限）的变动和受到期收益率变动两部分。

表 13-7 中，当剩余期限为 10 年、到期收益率为 6%时，债券的价格为 92.64 元；过了 5 年之后，剩余期限为 5 年、到期收益率变为 4%时，债券的价格为 104.45 元。如果 5 年之后的到期收益率没有发生变化，还是 6%，仅仅是由于到期日临近，那么债券的价格应该是 95.79 元。因此，可以将债券价格从 92.64 元到 104.45 元的变动进行分解，时间因素的影响为 3.15 元（95.79－92.64），到期收益率变动影响为 8.66 元（104.45－95.79）。5 年时间内利息收入为 25 元（5×5）。当计算每年利息的再投资收益时，理论上需要知道收到利息那个时刻的利率，即需要对每年年末的到期收益率进行预测，这样比较烦琐，往往需要估计平均而言的利息再投资收益（假设为 5%），那么投资者的利息再投资收益为 2.63 元 $\left(\sum_{t=1}^{5} 5 \times (1+r)^{t-1} - 25\right)$。最后，债券的总回报可以表示为：

$$
\begin{aligned}
\text{债券的持有期的总回报} &= \text{时间因素的影响} + \text{到期收益率变动的影响} + \\
&\quad \text{利息支付} + \text{利息的再投资收益} \\
&= 3.15 + 8.66 + 25 + 2.63 \\
&= 39.44 \qquad (13\text{-}10)
\end{aligned}
$$

只要债券不提前赎回，公式（13-10）中第一项和第三项是确定的，不确定的主要是第二项和第四项。第二项受到期末到期收益率的影响，第四项受到期初至期末之间到期收益率的影响。所以要准确地对债券持有期间的到期收益进行估计，需要对未来到期收益率及收益率的变动进行预测。

如果投资者认为其有能力对到期收益率及其变动进行预测，那么就可以根据其预测的情况，选择是否投资及选择何种债券进行投资来获取超额收益。对到期收益率及其变动进行预测，又称为对利率水平进行预测，所以债券收益率结构分析又称为水平分析。

（二）骑乘收益率曲线

采用骑乘收益率曲线的策略有两个前提：第一，期初收益率曲线向上倾斜；第二，投资期间收益率曲线保持不变。如果满足这两个前提，投资者会购买比他所期望的期限更长一点的债券，然后在到期日之前出售，获得一定的资本利得。

［例 13-8］　某投资者准备投资国库券，投资期限为 90 天。目前一张面额为 100 元的 90 天期的国库券价格为 98.75 元，贴现率为 5%［即 98.75＝100×（1－5%×90÷360）］。同时，市场上 180 天期的国库券价格是 97 元，折现率为 6%［即 97＝100×

(1－6%×180÷360)]。投资者应如何选择?

如果投资者确定,未来3个月收益率曲线形状保持不变,那么按照骑乘收益率曲线策略,购买180天期的国库券并持有90天出售,比简单地购买90天国库券并持有到期会获得更高的回报。

如果投资者购买90天期的国库券,并持有到期,年化回报率为:

$$\frac{100-98.75}{98.75}\times\frac{360}{90}=5.06\%$$

如果投资者购买180天期的国库券,持有90天后出售,只要收益率曲线不发生变化,到时出售的价格也为98.75元(因为此时该国库券剩余期限还有90天,折现率仍然是5%),年化回报率为:

$$\frac{98.75-97}{97}\times\frac{360}{90}=7.21\%$$

从两种选择来看,采用骑乘收益率曲线方法的年化回报率要高。但是如果持有期间收益率曲线发生变化,采用骑乘收益率曲线方法比简单地买入适当期限短期债券的风险更大。因为简单地买入适当期限短期债券并持有到期的终值(面值)是确定的,而收益率曲线策略由于在未到期前就要出售,会面临债券价格变动的可能。同时由于骑乘收益率曲线方法必须要进行两次交易(先买后卖),而简单地买入适当期限短期债券只需要一次交易(买入),因此前者的交易成本也比较大。

(三) 债券互换

债券互换的策略大体而言就是将预期收益率较低的债券转换成预期收益率较高的债券。下面介绍五种具体的债券互换方法。

1. 替代互换

替代互换是指将债券组合中的债券转换为市场上同质但收益率更高的债券。这里的同质债券主要是指两种债券在票面利率、到期日、风险等级、赎回特征等方面基本相同。采用替代互换的原因在于债券投资者认为市场对这两种同质债券的定价存在错误,或者说两种债券的收益率差异不合理。

比如某债券投资者持有一只10年期AA级金融债,票面利率3.5%,按照目前的市价计算,到期收益率为4%。如果市场上同时还有一种10年期的AA级金融债,按照目前的市价计算,到期收益率为4.1%。于是该债券投资者将其目前持有的第一种债券替换成同等金额的第二种债券,同时赚取0.1%的收益。

2. 跨市场利差互换

跨市场利差互换是指利用两类市场(如国债市场与公司债券市场)收益率差额的不合理,从一个收益率低的市场转移到收益率高的市场以获取额外收益。这种方法是在对市场正常收益率差额预测与现实市场实际收益率差额比较的基础上进行的。同时，债券投资者相信利差实际值与预测值不一致只是暂时的情况，随着时间的推移这种偏离现象会逐渐消失。

比如某债券投资者持有一只10年期AA级金融债，到期收益率为4%。同时他发现市场上有一只5年期的国债，到期收益率是3%。如果投资者认为1%的利差太小了，将来还会进一步扩大，那么跨市场利差互换的做法就是将10年期的AA级金融债转换成5年期的国债。因为预计利差扩大后，10年期AA级金融债到期收益率上升，即未来的价格会下跌；5年期国债的到期收益率下降，即未来的价格会上升。投资者通过这样的跨市场利差互换，获得超额收益。

跨市场利差互换与替代互换的区别主要在于，替代互换是同类债券之间的互换，跨市场利差互换是不同类债券之间的互换。

3. 利率预测互换

利率预测互换是指债券投资者根据对市场利率变动的判断，来调整手中所持有债券的久期，以获得更高的收益或避免更大的损失。前面已经述及：利率上升，债券价格下跌，久期越长的债券其价格下跌幅度越大；利率下降，债券价格上升，久期越长的债券其价格上升幅度越大。因此，如果投资者预测利率将会上升，那么就应该将久期长的债券转换成久期短的债券，避免更大的损失；如果投资者预测利率将会下降，那么就应该将久期短的债券转换成久期长的债券，获得更大的收益。当然，利率预测互换成功的前提是对利率走势的预测准确度，若预测失误，投资者操作完全相反，损失更大。

4. 纯追求高收益互换

纯追求高收益互换是指债券投资者并不是由于发现了定价错误的债券，而是纯粹持有收益率更高的债券以获得更高的回报率。比如，市场上利率期限结构是向上倾斜的，意味着长期债券的收益率要高于短期债券的收益率，那么投资者就将短期债券转换成长期债券。如果市场上利率期限结构是向下倾斜的，意味着短期债券的收益率要高于长期债券的收益率，那么投资者就将长期债券转换成短期债券。纯追求高收益互换面临着很大的利率风险，如果在其投资期间，利率期限结构发生变动，可能会遭受更大的损失。如刚开始时利率期限结构是向上倾斜的，投资者将短期债券转换成长期债券；而在持有期间，长短期利率都上涨，根据久期的性质，当利率上涨时，长期债券的价格比短期债券的价格会下跌更多，因此投资者采用这一互换策略可能面临更大的损失。

5. 税收互换

税收互换是一种利用税收政策的互换操作，以获得纳税方面的好处。这种税收方面的好处包括减少应纳税款的数额，或者推迟交税时间，这样可以利用资金的时间价值赚取投资收益。税收互换的操作要结合各个国家对债券收税的具体制度，包括对利息收益课税和对资本利得课税。

本章小结

本章第一节首先介绍了债券投资面临的各类风险，包括利率风险、通货膨胀风险、信用风险、再投资风险、提前赎回风险、收益率曲线风险、流动性风险、汇率风险、政治风险等，其中利率风险和信用风险是对债券收益影响较大的两类风险。第二节介绍了久期和凸性等利率风险指标的含义、计算方法和应用。久期是债券现金流的加权平均年限。从风险角度看，久期是债券价格对利率变动敏感性的大小。久期的种类包括麦考利久期和修正久期等。久期是债券价格变动受收益率变动影响的线性近似，随着收益率变动幅度的增加，用久期来测算债券价格变化的误差会增大。此时加入凸性系数，可有效改进债券价格变动受收益率变动影响的估算准确性。最后本章第三节对债券组合管理进行介绍。债券组合管理大致可以分为两类：消极的债券组合管理和积极的债券组合管理。投资者是选择消极的债券组合管理策略还是积极的债券组合管理策略，主要取决于投资者对债券市场有效性的判断。消极债券组合管理的目的不是战胜市场，而是控制债券组合的风险，并且获得与承担的风险相适应的回报率。常见的消极债券组合管理包括：免疫组合和指数化投资。采用积极债券组合管理策略的投资者，通常要试图识别错误定价的债券，并确信能够预测利率的总体走势，这样可以获得超额回报。积极的债券组合管理一般可以分为收益率结构分析、骑乘收益率曲线和债券互换等。

关键词

到期收益率(Yield to Maturity)　利率风险(Interest Rate Risk)
信用风险(Credit Risk)　久期(Duration)
修正久期(Modified Duration)　凸性(Convexity)
信用违约互换(Credit Default Swap)　担保债券凭证(Collateralized Debt Obligation)
免疫策略(Immunization Strategy)　骑乘收益率曲线(Riding the Yield Curve)
债券互换(Bond Swap)　消极型组合管理(Passive Portfolio Management)
积极型组合管理(Active Portfolio Management)

思考与练习

一、思考题

1. 什么是当期收益率和到期收益率？两者有什么区别？
2. 债券投资有哪些风险？其中最主要的风险是什么？
3. 什么是久期？有哪些种类？
4. 说明久期的特性。

5. 什么是凸性？凸性和久期有什么不同？

6. 影响债券评级的重要因素有哪些？

7. 什么是信用违约互换和债务担保凭证？

8. 采用消极债券组合管理策略和积极债券组合管理策略的依据是什么？

9. 说明消极债券组合管理策略的方法。

10. 说明积极债券组合管理策略的方法。

二、计算题

1. 假设市场上有若干只国债，这些国债的剩余期限、票面利率和价格如下表所示：

剩余期限(年)	票面利率	每年付息次数	价格(元)
1	0%	0	98.00
2	5%	1	101.00
3	6%	1	102.00
4	6.5%	1	102.00
5	7%	1	103.00

(1) 依据表中给出的数据，计算出不同期限的即期利率；

(2) 绘制出利率期限结构。

2. 沿用第1题的数据，进行如下计算：

(1) 计算出这5只债券的久期；

(2) 计算出这5只债券的凸性系数；

(3) 如果这5只债券的到期收益率都上升1%，只考虑久期，这5只债券的价格变动多少？如果既考虑久期又考虑凸性系数，这5只债券的价格变动多少？

3. 某债券的剩余期限是3年，到期收益率为6%，每年付息一次，票面利率是6%，其久期是多少？如果到期收益率是10%，则久期又是多少？

4. 假设一只债券的票面利率为10%，到期收益率为8%。如果到期收益率保持不变，那么在1年内，债券的价格是会升高、降低还是保持不变？为什么？

5. 假设投资者有1年的投资期限，试图在3只债券之间进行选择。三只债券都无违约风险，剩余期限都是10年，面值均为1 000元。第一只债券是零息债券；第二只债券的票面利率为8%，每年付息一次；第三只债券的票面利率为10%，每年付息一次。

(1) 如果三只债券都是8%的到期收益率，它们的价格分别是多少？

(2) 如果投资者预期下一年的到期收益率仍为8%，则三只债券在下一年的价格是多少？

(3) 假设投资者预期下一年三只债券的到期收益率为7%，则它们在下一年的价格是多少？

6. 一只30年期、票面利率为8%、半年付息一次的债券5年后可按1 100元的价格赎回。此债券现在以7%的到期收益率出售(每半年3.5%)。

(1) 赎回收益率是多少？

(2) 如果赎回价格为1 050元，则赎回收益率是多少？

(3) 如果赎回价格仍为 1 100 元,但可以在 2 年后而不是 5 年后赎回,则赎回收益率是多少?

7. 1 年期零息债券的到期收益率为 5%,2 年期的是 6%。票面利率是 12%(每年付息)的 2 年期付息债券的到期收益率是 5.8%。对投资银行而言存在什么套利机会?该套利行为的利润是多少?

8. 养老金公司向受益人支付终身年金。如果一家公司永久地参与这项业务,养老金债务可近似视为终身年金。假设你来管理这一年金,每年向受益人支付 2 亿美元,一直持续下去。所有债券的到期收益率均为 16%。

(1) 如果 5 年期票面利率为 12%(每年支付一次)的债券的久期是 4 年,而 20 年期且票面利率为 6%(每年支付一次)的债券久期是 11 年。要使你的债务完全融资且免疫,则每种债券持有量应为多少(以市价计算)?

(2) 你持有的 20 年期付息债券的面值是多少?

9. 某 30 年期限的债券,票面利率为 7%,每年付息一次。今天的出售价格为 867.42 元。某 20 年期限的债券,票面利率是 6.5%,也是每年付息一次,今天的出售价格为 879.50 元。债券市场分析师预测 5 年后,25 年期债券将以到期收益率 8%的价格出售,而 15 年期债券将以到期收益率 7.5%的价格出售。因为收益率曲线向上倾斜,分析师认为利息可投资于 6%的短期债券。5 年后哪种债券可提供较高的期望收益率?

10. 某公司有一笔闲置资金 10 万元,想在债券市场上投资 5 年。目前市场上所有期限的利率水平均为 5%,但未来可能会发生变动。为了免受利率波动的影响,该公司拟用下表中的两只债券构造免疫组合。请问,两只债券各购买多少,才能达到免疫?

债券名称	剩余期限	票面利率	年付息次数	面值
债券 A	7	6%	1	100
债券 B	3	5%	1	100

参考文献

[1] 金德环.投资学[M].北京:高等教育出版社,2007.

[2] 谢剑平.固定收益证券[M].北京:中国人民大学出版社,2004.

[3] 威廉·F·夏普.投资学[M].赵锡军等译.北京:中国人民大学出版社,2002.

[4] 俞乔.固定收益证券定价理论[M].上海:复旦大学出版社,2004.

[5] 约翰·赫尔.期权、期货及其他衍生产品(原书第 10 版)[M].王勇,索吾林,译.北京:机械工业出版社,2018.

[6] 兹维·博迪,亚历克斯·凯恩,艾伦·J·马库斯.投资学(原书第 10 版)[M].北京:机械工业出版社,2017.

第十四章　证券投资基金投资分析

引言

根据组合选择理论，在收益相同的条件下，充分分散化的证券投资组合承担的风险较小；在风险相同的条件下，充分分散化的证券投资组合所获得的收益较大。在市场竞争的环境中，分散化能够消除证券投资组合中证券的个别风险，最终所产生的结果是市场不会为个别风险而支付投资者风险溢价。

因此，理性的投资者应该将投资组合分散化。不过，构建分散化证券组合有一定的技术门槛，普通投资者很难在低成本的条件下做到最佳投资组合，因此，投资者需要一种低成本的分散化投资产品，证券投资基金就是代表性的分散化投资产品。

理性的投资者应该将全部资产构成的投资组合分散化，这意味着投资者不仅需要将证券投资分散化，而且，证券投资的分散化还应该有助于所有资产构成的投资组合分散化。因此，投资者对于投资分散化的需求具有多样性。证券市场中有种类众多的公募基金，适合多种类型的证券投资者。

对于关注证券投资的投资者而言，股票收益较高、风险较大，债券风险较低、收益较低。如果投资者希望获得收益稳健、风险适中的投资机会，那么证券投资基金是一种合适的产品。而在基金投资决策时需要了解基金的投资成本、投资收益、基金类型等信息，从而能够合理地对基金进行评价。

第一节　证券投资基金基础

一、证券投资基金

证券投资基金是以集资的方式集合资金用于证券投资。集资的方式主要是向投资者发行基金证券，将募集的资金投资于股票、债券等有价证券。

《中华人民共和国证券投资基金法》是规范证券投资基金的基本法律。

（一）证券投资基金的利益相关者

证券投资基金的利益相关者有基金管理人、基金托管人和基金份额持有人。

基金管理人是指依法募集基金，办理或者委托经国务院证券监督管理机构认定的其他机构代为办理基金份额的发售、申购、赎回和登记事宜，办理基金备案手续，对所管理的不同基金财产分别管理、分别记账，进行证券投资，进行基金会计核算并编制基金财务会计报告，编制中期和年度基金报告等事项的机构。

基金托管人是指按照基金合同的约定，根据基金管理人的投资指令办理清算、交割及与基金托管业务有关的信息披露等事项的机构。为了安全保管基金财产，基金托管人按照规定开设基金财产的资金账户和证券账户；对所托管的不同基金财产分别设置账户，确保基金财产的完整与独立；保存基金托管业务活动的记录、账册、报表和其他相关资料。

基金份额持有人即基金的投资者。

基金管理人、基金托管人和基金份额持有人的权利与义务在基金合同中约定，利益相关者的权利和义务受《证券投资基金法》《信托法》《证券法》和其他有关法律、行政法规的规定规范。

（二）证券投资基金发起人的法律地位

根据《证券投资基金法》的规定，基金管理人由依法设立的公司或者合伙企业担任。公司型基金设立的依据是公司法，合伙型基金设立的依据是合伙企业法。

因为依据的法律不同，公司型基金、合伙型基金之间存在显著差异。公司型基金是有限责任公司，股东承担有限责任，需要缴纳企业所得税，股东为其红利收入缴纳个人所得税；合伙型基金不是独立的法律主体，对投资收益不缴税，一般合伙人承担无限责任，获得投资收益时缴纳个人所得税。

发行证券投资基金，分别有核准制和注册制两种模式。核准制是指基金设立不仅要符合法律规定，而且必须经基金主管部门审查同意。在注册制下，如果基金设立符合法律规定，负责审查的基金主管部门不得拒绝基金的设立。日本、英国采取核准制。美国采取注册制。

在中国发行证券投资基金，实行审核制和注册制。如果发起人向不特定的社会公众投资者发起设立基金，则需要向中国证监会申请核准。核准后，发起人通过中介机构间接出售基金给投资者，这种基金方式称为公募发行或公开发行，发行成功的基金称为公募基金。反之，如果发起人向特定的投资者发起设立基金，则仅仅需要向中国证券投资基金业协会依法办理非公开募集基金的登记、备案手续。这种基金方式称为私募发行或不公开发行，发行成功的基金称为私募基金。

二、证券投资基金的发行

（一）公募基金的发行

公募基金的发行实行审核制，发行需要经历申请注册、发行审核、产品募集、备案审核、公告成立五个阶段。

1. 申请注册。基金管理人需要向证监会提交基金合同、托管协议、招募说明书草案、申请报告、法律意见书等材料。

2. 发行审核。证监会在收到基金管理人提交的注册申请材料后6个月内进行审核，做出注册或者不予注册的决定。

3. 产品募集。基金管理人需要在证监会批准发行之日起6个月内开始募集，并在募集开始后的3个月内完成募集。

4. 备案审核。基金募集完毕后，基金管理人需要向证监会申请基金备案。在备案阶段，证监会主要审核的是基金募集规模是否达到了相应的标准，比如，封闭式基金实际募集资金要达到预设规模的80%，开放式基金实际募集资金要超过准予注册的最低标准。为此，管理人需要向证监会提交产品募集规模的验资报告，待证监会审核通过后即完成备案。

5. 公告成立。基金管理人应在收到证监会备案确认文书的次日进行公告。其中，对于封闭式基金，在契约规定期限内投资者不得申购与赎回，因此在该期限内基金规模保持不变。开放式基金则相反，在契约规定期限内投资者可以申购与赎回，基金规模可能发生变化。

（二）私募基金的发行

私募基金的发行实行备案制。为了发行私募基金产品，首先需要设立投资企业或公司，并且在基金业协会登记备案。

发行一只私募基金，首先要有一个“私募基金管理人”，根据《证券投资基金法》的规定，基金管理人由依法设立的公司或者合伙企业担任。按照证监会和基金业协会的解释，私募基金管理人适用同样的标准。自然人不能登记成为私募基金管理人，所以首先要设立一个公司或合伙企业来担任私募基金管理人。在我国，大部分私募基金管理人是公司制的，只有少部分采取有限合伙制。

根据《证券投资基金法》《私募投资基金监督管理暂行办法》和《私募投资基金管理人登记和基金备案办法(试行)》的规定，私募基金管理机构应当履行登记手续，否则不得从事私募投资基金管理业务活动。私募行业由证监会监管，由证监会委托基金业协会负责登记备案。私募基金管理人进行登记备案所需要上报的材料包括：基金管理人基本信息、高级管理人员及其他从业人员基本信息、股东或合伙人基本信息、管理基金信息等。

根据《私募投资基金监督管理暂行办法》和《私募投资基金管理人登记和基金备案办法(试行)》的规定,私募基金管理人应当在私募基金募集完毕后 20 个工作日内,通过私募基金登记备案系统进行备案,并根据私募基金的主要投资方向注明基金类别,填报基金名称、资本规模、投资者、基金合同等信息。备案材料完备且符合要求的,基金业协会应当自收齐备案材料之日起 20 个工作日内,通过网站公示该私募基金的基本情况。

三、证券投资基金的发行价格与费用

基金管理人必须在基金招募说明书和基金契约中清楚地定义所有的收费内容,必须详细说明收费方式、交易价格的计算方法,主要包括基金发行价格、基金面值、基金发行手续费等。

基金发行价格是指基金受益凭证或基金股份在发行市场上向投资者出售的价格,也称认购价格,基金的发行价格主要由基金面值和基金发行手续费决定。基金面值是指基金受益凭证或基金股份所标明的价值,它表明持有者的基金单位份额以及参与分配的比例关系,并不代表基金的实际价值。基金发行手续费是指基金的发起和招募费用以及可能的基金销售费,其中,基金的发起和招募费用是指基金在成立过程中所发生的包括登记、印刷和人员等方面的开支,基金销售费是指基金营销费用。

封闭式基金的发行价格通常为基金面值加上发行手续费。比如开元、安信、金泰等基金的发行价格都是在面值 1 元的基础上加上发行手续费 0.01 元所形成的,为 1.01 元/份。但也有一些基金是按面值出售,即平价发行。

开放式基金的投资者需要交纳认购费。认购费的支付分两种模式,即前端收费(Front Load)模式和后端收费(Backward Load)模式。前者是指在认购基金时即支付认购费用;后者是指在认购基金时无须支付任何费用,在赎回时才支付认购费用,认购价格为基金份额面值。

在前端收费的情况下,开放式基金的认购价格为基金份额面值加上一定比例的认购费。认购费的计算有两种方法:金额费率法和净额费率法。

1. 金额费率法

金额费率法是按认购金额的一定比例计算认购费用。认购金额扣除认购费用后得到净认购金额,净认购金额除以基金份额面值后得到投资者认购的份额数。认购份数=净认购额/基金份额面值,其中,净认购金额=认购金额-认购费用,认购费用=

认购金额×认购费率。

[例 14-1] 某基金管理公司旗下成长基金认购费率为 1%,基金份额面值为 1 元,该基金采用金额费率法来确定认购费用和认购份额,如果认购费率为 1%,投资者张先生以 50 000 元认购该基金,则认购费用=50 000×1%=500(元),净认购金额=50 000-500=49 500(元),于是,认购份数=49 500÷1=49 500(份)。

2. 净额费率法

净额费率法是按净认购金额的一定比例计算认购费用。认购份数=净认购额/基金份额面值,其中,净认购金额=认购金额/(1+认购费率),认购费用=净认购金额×认购费率。

如果例 14-1 中某基金管理公司旗下成长基金不是采用金额费率法而是采用净额费率法来确定认购费用和认购份额,则净认购金额=50 000/(1+1%)=49 504.95(元),认购费用=49 504.95×1%=495.05(元)。于是,认购份数=49 504.95÷1=49 504.95(份)。

第二节　证券投资基金的收益与风险

一、证券投资基金的成本

证券投资基金的成本包括基金持有人的成本和基金运作成本两大类。基金持有人的成本是指基金持有人在投资于证券投资基金时所支付的费用,包括封闭式基金的佣金,开放式基金的认购费、申购费和赎回费等。基金运作成本是指证券投资基金在运作过程中所支付的一系列费用,包括基金管理费、基金托管费以及其他一些费用。对于所有成本,必须在基金契约中明确定义。

(一) 基金管理费

基金管理费是支付给基金管理人的报酬,一般按照基金资产净值的一定比例从基金资产中提取。管理费的费率高低与基金规模和风险有关。一般而言,基金规模越大,管理费率越低;风险越大,管理费率越高。

在我国,基金管理费是按前一日基金资产净值的一定比例逐日计提,每日计提的管理费=前一日基金资产净值×管理费提取比例/365。其中,基金资产净值是指每一基金单位代表的基金资产的净值,单位基金资产净值=(总资产-总负债)/基金单位总数。总资产是指基金拥有的所有资产(包括股票、债券、银行存款和其他有价证券等)按照公允价格计算的资产总额。

[例 14-2] 基金管理公司旗下成长基金 2018 年 12 月 31 日基金资产净值为

69.22 亿元，基金管理费按前一日基金资产净值的 1.5%年费率计提，则 2019 年 1 月 1 日这一天计提的管理费为 6 922 000 000×1.5%/365＝284 466(元)。

（二）基金托管费

基金托管费是指基金托管人托管基金资产所收取的费用，通常按照基金资产净值的一定比例提取。基金托管费收取的比例与基金规模、类型有一定关系。通常基金规模越大，基金托管费的费率越低。

在我国，基金托管费是按前一日基金资产净值的一定比例逐日计提，每日计提的托管费＝前一日基金资产净值×托管费提取比例/365。

［例 14-3］ 某基金管理公司旗下成长基金 2018 年 12 月 31 日基金资产净值为 69.22 亿元，基金托管费按前一日基金资产净值的 0.25%年费率计提，则 2019 年 1 月 1 日这一天计提的托管费为 6 922 000 000×0.25%/365＝47 411(元)。

（三）基金交易费

基金交易费是指基金在进行证券买卖交易时所发生的相关费用。基金交易费在核算时并不直接计入费用类科目，而是反映在相对应的证券投资成本中。目前，我国基金的交易费主要包括印花税、交易佣金、过户费、经手费、证管费。

（四）其他费用

在基金的设立和运作过程中还会发生一些其他的费用，包括审计费、律师费、上市费、信息披露费、召开年会费等，这些费用作为基金营运成本，占基金净资产的比率较小。

比如，某基金管理公司旗下成长基金 2019 年上半年的费用状况如表 14-1 所示。

表 14-1　　基金 2019 年上半年费用状况　　单位：万元

项　目	金　额
管理人报酬	6 994.39
托管费	1 165.73
交易费用	3 018.58
卖出回购金融资产支出	0.9
其他费用	19.28
费用统计	11 198.88

资料来源：某基金管理公司旗下成长基金 2019 年中报。

从表 14-1 中可以看出，2019 年上半年某基金管理公司旗下成长基金的运作费用中，管理费和托管费占了很大的比重，其次为交易费用，而利息支出及其他费用所占比重较小。

二、证券投资基金的收益

基金的收益是指基金在运作过程中产生的超过本金部分的价值，它主要来源于基金投资所得到的银行存款利息、债券利息、股息、红利、资本利得等。

（一）银行存款利息

无论是封闭式基金还是开放式基金，都必须保留一定数额的现金。封闭式基金保留现金是为了寻求更好的投资机会或者作为遭遇投资风险时的应急之需；开放式基金比封闭式基金更加注意资产的流动性，在投资组合中会保留更大比例的现金，以满足投资者随时赎回基金份额的要求。一般来说，基金都会将这部分现金存入银行，从而获得银行存款利息收入，不过这部分收益只占基金收益很小的一部分。

（二）债券利息

债券利息是基金投资于不同种类的债券如国债、地方政府债券、企业债券、金融债券等而定期获得的利息。债券利息收入是构成基金投资回报的不可或缺的组成部分。

（三）股息

股息是指基金通过购买优先股而获得的利润分配收入。优先股股息通常是按一定的比例事先确定的，这是股息与红利的主要区别。

（四）红利

红利是指基金通过购买普通股而获得的利润分配收入。

红利主要有两种形式，即现金红利和股票红利。股票红利虽然属于基金收益，但它通过改变股东权益结构来实现收益分配而不涉及现金分派，所以不直接计入基金收入类科目，而通过在除息日根据红股比例对股票进行估值来体现。现金股息则在除息日直接计入基金收益。

（五）资本利得

资本利得是指基金买卖有价证券而获得的价差收益。股票基金的主要投资对象就是在二级市场上流通的股票，因此资本利得是股票基金收益的主要来源。股票市场瞬息万变，价格也是经常大起大落。基金管理人通过对市场总体走势和个股走势的判断，力求低价买入高价卖出，从而获得资本利得；当然，如果判断失误，高买低卖，就会带来损失。

（六）其他收入

其他收入是指运用基金资产而带来的成本或费用的节约额，如基金因大额交易而从券商处得到的交易佣金优惠、发行费结余、新股手续费返还等杂项收入。这部分收入通常数额很小。

从表 14-2 中可以看出，2019 年上半年某基金管理公司旗下成长基金的收入中，占最大比重的是公允价值变动收益，主要是交易性金融资产股票、债券投资收入。其次为投资收益、利息收入，其他收入合计也占了一小部分。

表 14-2　　某基金管理公司旗下成长基金 2019 年上半年收入状况　　单位：万元

收入项目	金　额
利息收入	2 798.42
投资收益	44 313.64
公允价值变动收益	346 058.48
其他收入	355.69
收入总计	393 526.23

资料来源：某基金管理公司旗下成长基金 2019 年中报。

三、证券投资基金的风险

（一）市场风险

证券投资基金投资于证券市场，虽然基金的分散化投资理念能在一定程度上消除来自个别公司的非系统性风险，但无法消除市场的系统性风险。也就是说，政策风险、经济周期风险、利率风险、购买力风险、产业风险、信用风险、上市公司经营风险、流动性风险、国际竞争风险等，是证券投资基金的主要风险。

（二）管理风险

基金管理人的职业操守、投资管理水平、管理手段和管理技术存在差异，从而影响证券投资基金的收益。

（三）技术风险

当计算机、通信系统、交易网络等技术保障系统或信息网络支持出现异常情况时，可能导致基金日常的申购或赎回无法按正常时限完成、注册登记系统瘫痪、核算系统无法按正常时限显示基金净值、基金的投资交易指令无法及时传输等风险。

（四）巨额赎回风险

这是开放式基金所特有的风险。若因市场剧烈波动或其他原因而连续出现巨额赎回，并导致基金管理人出现现金支付困难时，基金投资者申请赎回基金份额，可能会遇到部分顺延赎回或暂停赎回等风险。

（五）其他风险

自然灾害、战争等不可抗力可能导致基金资产价值的不确定。证券市场、基金管理人及基金销售代理人可能因不可抗力无法正常工作，使得基金的申购和赎回不能按正常时限完成。

第三节 证券投资基金的评价与选择

一、单因子评价模型

(一) 夏普指数

夏普(Sharpe)指数由诺贝尔经济学奖得主威廉·夏普于1966年在CAPM理论的基础上提出,用来衡量投资组合的业绩表现,其数学表达如式(14-1)所示:

$$S_p = \frac{R_p - R_f}{\sigma_p} \tag{14-1}$$

其中,S_p 为投资组合 p 的夏普指数,R_p 为投资组合 p 在考察期内的平均收益率,R_f 为考察期内市场平均无风险收益率,σ_p 为投资组合 p 在投资考察期内收益率的标准差。

S_p 可以理解为某投资组合在单位风险条件下的收益率超过无风险收益率的程度,也可以理解为,每多承受一份风险,可以获得超过无风险收益率多少的投资收益。如果 $S_p > 0$,则说明投资组合在该考察期内的收益要好于无风险收益率,若以国债利率或银行储蓄利率作为无风险收益率,那说明投资该组合要好于购买国债或银行存款;S_p 越大,说明该组合在单位风险下可获得的收益越高。反之,则不应该投资该组合,因为该组合收益比银行存款的收益还小。

夏普比率把系统风险、非系统风险和组合收益统一起来,计算简单,使用广泛。但在使用时需要注意的是:(1)夏普比率本身的大小没有实际意义,只有比较多个组合的夏普比率时,其大小才有意义;(2)实际操作中,可以无风险利率进行借贷,夏普比率的有效性还要以此为前提;(3)夏普比率在计算时,没有考虑各组合之间的相关性;(4)夏普比率是根据组合的历史数据计算而来的,反映的是其历史业绩,所以使用时不能只根据这一项进行决策;(5)历史区间的选择,直接影响夏普比率的计算结果,而选择历史数据区间的依据并没有有效的理论支撑。

(二) 詹森指数

詹森(Jansen)指数是另一个评价投资组合的指标,由美国经济学家迈克尔·詹森于1968年提出。该指标同样是基于CAPM理论提出的,通过投资组合的实际收益与其承受风险对应的预期收益之间的差额来评价该组合,可以用来衡量投资组合的超额收益。

詹森指数的数学表达式如式(14-2)所示:

$$R_p - R_f = \alpha_p + \beta_m (R_m - R_f) \tag{14-2}$$

其中，α_p 为詹森指数，R_p 为投资组合在考察期内的平均收益率，R_f 为考察期内平均无风险收益率，R_m 为市场组合收益率，β_m 为投资组合的系数。

若 $\alpha_p > 0$，则说明投资组合的收益要大于市场组合的收益，数值越大，表明收益越高；反之，则说明该组合收益不如市场组合收益。如果把大盘指数作为市场组合，那么 $\alpha_p < 0$ 说明在考察期内该组合没有跑赢大盘。

对于主动管理的投资组合或基金，追求的应是远超市场组合的收益率，所以詹森指数最大化也是主动型基金经理的目标之一。另外需要注意的是，詹森指数是反映投资组合收益率和市场组合收益率之间高低的，所以在使用该指数选择或评价基金时，应更加关注其正负，而不是关注实际大小。

（三）特雷诺指数

特雷诺（Treynor）指数是评价投资组合业绩的三大指数之一，衡量的是单位系统风险下所获得的超额收益，由特雷诺在1965年提出。与夏普指数中风险指数不同的是，特雷诺指数中的风险指的是投资组合的系统性风险，而不是全部风险。其数学表达式如式（14-3）所示：

$$T_p = \frac{R_p - R_f}{\beta_p} \tag{14-3}$$

其中，T_p 为特雷诺指数，R_p 为投资组合在考察期内的平均收益率，R_f 为考察期内平均无风险收益率，β_p 表示投资组合的系统性风险。

特雷诺指数没有把投资组合的所有风险考虑进去，所以在使用该指数进行投资组合的选择或评价时，应注意并不是所有的非系统性风险都可以通过有效的证券投资组合完全消除。

二、多因子评价模型

在CAPM理论的基础上发展起来的单因子模型，数学表达式非常简单，计算方便、容易理解。但是随着市场变得越来越丰富，越来越复杂，在某些情况下，市场中出现的现象无法用单因子模型来解释。学者们认为证券资产的价格是受多方面的因素影响的，用某一单因子来衡量证券资产的收益率并不能满足投资决策的需要。在此背景下，学者们开始探索适用于新形势下的多因子业绩评价理论，其中包括Fama-French三因子模型、Carhart四因子模型、Fama-French五因子模型。Fama-French三因子和五因子模型见第七章有关内容。这里仅以Carhart四因子模型进行介绍。

在进行股票投资的过程中，有一个重要的因素不能忽略，那就是股票的“动量效应”，也被称为“惯性效应”。在物理学中，惯性是对物体保持原有运动状态的一种描述，就像篮球失去推力后仍会向前滚动一段距离一样，在股票投资中，股票收益也有保持原有上涨或下跌趋势的惯性。股市中出现动量效应的原因是多样的，比如投资者信息的不完全或滞后、反应不足等。通过买入过去收益率高的股票、卖出过去收益率低的股票获利，就形成了动量投资策略。

在进行投资组合的评价或选择时，把股票的动量效应考虑到模型中，可以增加模型的解释力度。Carhart(1997)在 Fama-French 三因子模型的基础上，引入了动量因子，构造了四因子模型，该模型的数学表达式如式(14-4)所示。

$$r_{it}=\alpha_{iT}+b_{iT}RMRF_t+s_{iT}SMB_t+h_{iT}HML_t+p_{iT}PR1YR_t+e_{it} \quad (14\text{-}4)$$

其中，r_{it} 为组合相对于无风险收益率的超额收益率；α_{iT} 为组合的超额收益率；$RMRF_t$ 为超额收益因子；$PR1YR_t$ 为组合的动量因子，由高收益水平组合的平均收益率与低收益水平股票平均收益率之差来表示；e_{it} 为残差值。

Carhart 使用 1963 年 7 月至 1993 年 12 月之间的股票组合，对比了 CAPM、F-F 三因子模型、Carhart 四因子模型的表现，发现 SMB、HML、$PR1YR$ 均有相对较高的方差和相互之间具有低相关性，这说明四因子模型可以解释相当长时间序列内的变化；低相关性意味着多重共线性对四因子模型并没有实质性的影响。另外，CAPM、三因子模型和四因子模型平均定价误差分别为 0.35、0.31 和 0.14，说明相比 CAPM、三因子模型来说，四因子模型在解释平均股票收益率时，具有更好的表现力。

Carhart 四因子模型中，α_{iT} 的值为正，说明投资组合的收益跑赢了市场平均水平，α_{iT} 的值为负，则说明投资组合的收益跑输了市场平均水平；b_{iT} 的值为正，说明投资组合的收益与市场平均收益呈正相关关系，b_{iT} 的值为负，则说明两者呈负相关关系；s_{iT} 的值为正，说明该投资组合更加偏好投资小盘股，s_{iT} 的值为负，则说明更加偏好大盘股；h_{iT} 的值为正，说明投资组合倾向于投资价值股，h_{iT} 的值为负，则说明更加倾向于投资成长股；p_{iT} 的值为正，说明前期表现较好的股票在投资组合中占比较高，p_{iT} 的值为负，则说明前期表现较差的股票在投资组合中的占比较高。

根据各模型的对比和文献调研的结果，得出本文选择 Carhart 四因子模型作为基金业绩评价的原因是：

(1) 模型兼顾了投资过程中的动量效应，可以从行为金融学的角度来解释投资行为；

(2) 模型中各因子回归的显著性要优于其他模型，并且有较低的定价误差；

(3) 模型可以有效地判断出投资收益的来源，同时适用于基金组合和单只基金。

第四节　几类主要证券投资基金投资分析

一、ETF 基金投资分析

(一) ETF 概述

交易型开放式指数基金，通常又被称为交易所交易基金(Exchange Traded Fund, ETF)，是一种在交易所上市交易的、基金份额可变的开放式基金，基金资产由一篮子股票构成，等同于指数。

目前国内推出的 ETF 也是指数基金，典型的 ETF 有 50ETF、180ETF、300ETF、380ETF、500ETF 等。还有治理 ETF、央企 ETF、责任 ETF、商品 ETF、小康 ETF 等各种主题的指数基金，以及超大 ETF、中盘 ETF、中小 ETF、价值 ETF、周期 ETF、龙头 ETF 等各种风格的指数基金，另外还有各种行业指数基金，如芯片 ETF、军工 ETF、券商 ETF、新能源车 ETF、银行 ETF、生物医药 ETF、科技 ETF 等。

上海证券交易所推出的上证 50ETF，是上海证券交易所推出的第一只 ETF。上海证券交易所将上证 50 指数授权给华夏基金使用，华夏基金管理公司成为中国第一个 ETF 的管理人。

华夏上证 50ETF 产品将采用完全复制法，紧密跟踪上证 50 指数，组合中的股票种类和上证 50 指数包含的成分股相同，股票数量比例和该指数成分股构成权重一致，追求跟踪偏离度和跟踪误差最小化，在上证所上市交易后，其申购与赎回也将通过上证所系统进行。

整个 ETF 的运作，包括公开募集现金认购、公开募集股票认购、上市交易、申购和赎回、套利、投资组合管理、会计和估值、信息披露以及客户服务 9 个环节。

因此，投资者买卖一只 ETF，就等同于买卖了它所跟踪的指数，可取得与该指数基本一致的收益。通常采用完全被动式的管理方法，以拟合某一指数为目标，兼具股票和指数基金的特色。

ETF 采用被动式管理，基金跟踪指数，根据指数成分变化来调整投资组合，投资者完全了解基金的投资组合，投资组合透明，可以做到几乎随时根据组合中股票行情计算基金净值。ETF 基金不主动调整投资组合，管理费及交易成本低。

ETF 跟踪指数，不可避免地存在跟踪误差。股指期货的基础资产是股票指数，通常股票指数无法交易，投资者仅仅可以交易指数基金或 ETF 基金。因此，ETF 基金是与股指期货基础资产高度相关的资产，可以用股指期货作为套期保值工具。

(二) ETF 的申购与赎回

ETF 可以像开放式基金一样进行申购、赎回。投资者申购 ETF，需要用指定的一篮子指数成分股向基金管理公司换取固定数量的 ETF 基金份额;投资者赎回 ETF,则是用固定数量的 ETF 基金份额向基金管理公司换取一篮子指数成分股。一篮子指数成分股就是 ETF 的投资组合,由 ETF 投资的股票构成。

ETF 的申购、赎回其实是股票与基金份额的交换。开放式基金的申购与赎回是用现金与基金份额的交换。申购时,开放式基金投资者用现金换基金份额,赎回时投资者用基金份额换现金。ETF 的申购增加基金份额,ETF 的赎回减少基金份额。

相对于开放式基金,ETF 的申购与赎回有一个巨大的好处,即 ETF 指数基金可以保持满仓状态,ETF 跟踪指数效果最好。开放式基金为了应付可能的赎回而需要保留一部分现金,以致基金跟踪指数效果产生偏差。

我国 ETF 的最小申购和赎回单位一般为 50 万份或 100 万份。例如,华夏基金上证 50ETF 的申购、赎回的基本单位是 100 万份基金份额,如果基金净值为 1 的话,那么就需要 100 万元人民币。当然,基金管理人有权更改最小申购和赎回单位,但需要在更改前至少 3 个工作日发布更改公告,更改公告必须在至少一种中国证监会指定的媒体发布。

申购 ETF 基金需要一笔不小的资金,才能同时买入一定数量的一篮子成分股。一个申购的基本单位通常需要数十万元甚至上百万元。这个申购的门槛对大多数投资者而言实在是太高,于是诞生了 ETF 联接基金。ETF 联接基金将其绝大部分基金财产投资于跟踪同一标的指数的 ETF 基金,也就是说是投资于 ETF 基金的基金。ETF 联接基金持有目标 ETF 的市值,不得低于该联接基金资产净值的 90%。常见的华夏上证 50ETF 联接 A 就属于这一种。

普通投资者如果希望投资 ETF 基金,可以在二级市场买卖 ETF 基金份额。通常一份基金份额 1 元左右,资金量小的投资者可以承受。

（三）ETF 的交易

ETF 份额可以在证券交易所直接交易,交易流程和股票的交易是类似的,交易成交的价格为 ETF 份额的市场价格。与普通的封闭式基金相同,ETF 的交易价格往往与基金当时的净值不一致。

二级市场上 ETF 的交易可以是投机交易、对冲交易和套利交易。投机交易即赌 ETF 价格走势、贱买贵卖赚取价差。例如,可以做日内波段交易,也可以做趋势交易。对冲交易即与股指期货或其他产品做多空组合,管理资产价格风险。这时需要制定套保策略,对冲被套保资产的价格风险。

ETF 二级市场交易价格与其净值存在偏差。此外,ETF 收取管理费、付出交易成本以及分派股息红利,也会造成两者间一定的偏差。当这种偏差较大时,投资者就可以利用申购赎回机制进行套利交易。如果 ETF 的市场交易价格大幅高于基金份额净值时，投资者可在股票市场买入组合证券，用此组合证券申购 ETF 基金份额，同时，将基金份额在二级市场卖出，从而赚取扣除交易成本后的差额。相反，当 ETF 市场交易价格大幅低于净值时，投资者可以买入 ETF 份额，然后在一级市场赎回，换取一篮子股票，将股票在股票市场卖出，赚取差价。

因为存在 ETF 套利机制，ETF 市场交易价始终与指数的偏差不会很大。

二、FOF 基金投资分析

（一）FOF 概述

FOF(Fund of Funds)统称基金中的基金，是一种专门投资于其他证券投资基金的基金。FOF 以基金为投资标的，并通过持有其他证券投资基金而间接持有股票、债券等有价证券。FOF 基金特别适合于养老基金，FOF 产品主要是养老基金。

股票型 FOF 将 80%以上的基金资产投资于股票型基金份额(包括股票指数)；债券型 FOF 将 80%以上的基金资产投资于债券型基金份额(包括债券指数基金)；货币型 FOF 将 80%以上的基金资产投资于货币市场基金，且剩余基金资产的投资范围和要求应当与货币市场基金一致；混合型 FOF 是指投资于股票型基金份额、债券型基金份额、货币市场基金份额以及其他基金份额，且不符合股票型基金中基金、债券型基金中基金、货币型基金中基金等相关要求的；其余的 FOF 称为其他类型 FOF，即 FOF 将 80%以上的基金资产投资于其他某一类型的基金，如 FOF 将 80%以上的基金资产投资于商品期货基金份额的，称为商品期货基金中基金。

基金中基金可以投资 QDII 基金份额、香港互认基金份额，但不能投资分级基金份额、股指期货、国债期货和股票期权等。基金中基金应在投资章节明确列出所要投资的各类标的及比例限制。由于 FOF 投资标的是基金，FOF 产品的投资较分散，个别证券的风险对 FOF 总风险的贡献相对较小。

（二）FOF 的申购与赎回

由于 FOF 是投资基金的基金，FOF 的申购、赎回与被投资基金的申购、赎回挂钩。若占 FOF 相当比例的被投资基金暂停申购、赎回，FOF 也可暂停申购、赎回。若 FOF 投资范围中明确不包含 QDII，基金合同中应约定，不迟于接受赎回申请后 T+7 日支付赎回款项；若投资范围包含 QDII，则不迟于接受赎回申请后 T+10 日支付赎回款项。

（三）典型的 FOF 产品

由于 FOF 主要是养老基金，典型的 FOF 是目标日期基金(Target Date Fund)和目标风险型基金(Target Risk Fund)。

目标日期基金通常会在产品名称中设定一个“目标日期”(通常代表预计的退休年

份），随着所设定目标日期的临近，逐步降低权益类资产的配置比例，增加非权益类资产的配置比例。因此，目标日期基金在成立初期会呈现偏股型基金的特征，即具有较高比例的权益类资产，投资目标偏重于追求投资增值和成长性；随后将随着目标日期的临近，逐步降低权益类资产的配置比例，逐渐转变为一只平衡型基金，最后转变为债券型基金，投资目标也逐渐从投资增值向偏重当期收益转变，基金的风险在此过程中也逐步降低。目标日期基金定位于为投资者提供一站式的个人养老投资解决方案，近年来在养老投资领域扮演了重要的角色。

其资产配置会随着投资者年龄的增长而不断变化，离退休日期越近的基金对低风险债券的配置比例越高，而离退休日较远的基金持有的股票资产比例也较高。因此在先前博取超额收益的同时保证近退休人员的稳定收益，广受养老资产投资者的欢迎。

目标风险型基金又被称为生活方式基金（Life-Style Fund），其投资目标是在不同时间保持资产组合的风险恒定。根据风险等级不同，目标风险基金通常可分为激进型、稳健型和保守型。

目标风险型基金假设投资者会在生命周期的不同阶段，根据需要自主将资金分散投资于相应风险水平的基金。基金在成立之初便预先设定了投资风格，采用长期固定的资产配置比例。投资者可以在自身风险所允许的范围内，选择风格相符的目标风险型基金。

三、分级基金投资分析

（一）分级基金概述

分级基金是指通过基金合同约定基金的收益分配方式，将基金份额的收益分配给预期收益不同的子份额。分级基金产品结构如图 14-1 所示。基金份额称为母基金或基础份额，子份额称为 A 类份额和 B 类份额，其中 A 类份额和 B 类份额的基金份额配比始终保持约定的比率不变。流行的子份额收益分配原则规定，A 类份额获得按照基金合同约定的年收益率，基金收益首先分配给 A 类份额，剩余的收益归 B 类份额。分级基金中三类基金份额的净值关系如下：基础份额净值＝A 类份额参考净值×A 类份额所占比例＋B 类份额参考净值×B 类份额所占比例。

根据基金合同的约定，分级基金的基础份额和子份额之间可以通过分拆、合并进行配对转换。开放式分级基金的交易所场内份额可以进行配对转换，即进行分拆和合并。分拆是指分级基金份额持有人将其持有的交易所场内母基金份额按约定比例分拆成两类子基金份额；合并是指基金份额持有人将其持有的两类子基金份额按照约定比例合并成交易所场内母基金份额。全部或者部分类别份额在交易所上市交易或者申赎。

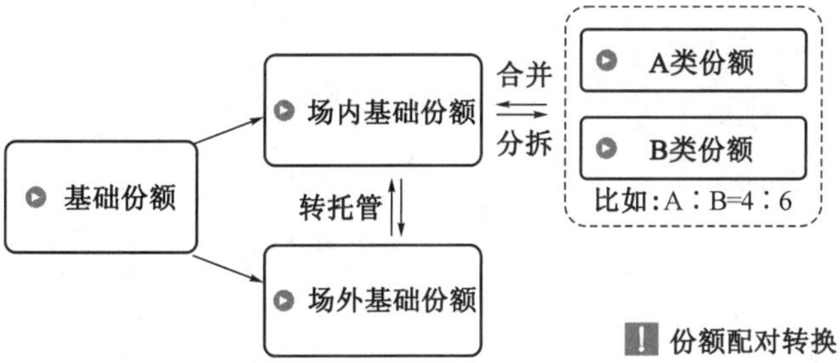

图 14-1　分级基金产品结构示意

（二）分级基金的申购与赎回

分级基金的投资者参与分级基金相关业务，包括买卖、认购、申赎、分拆合并等。场内申购赎回开放式分级基金的母基金份额可以通过交易所场内进行申购赎回。分级基金的子份额不能单独申购赎回。投资者可在交易时间内使用证券账户通过具有基金销售业务资格的证券公司进行母基金份额的申购、赎回申报。基金管理人或者其委托的登记结算机构负责基金份额申赎结果的确认。

（三）分级基金的交易

二级市场交易分级基金份额上市后，投资者可在交易时间使用证券账户通过任意证券公司买卖基金基础份额、A 类份额和 B 类份额，交易过程与买卖股票相同，以交易系统撮合价成交。

A 类份额的价格类似于固定收益证券，按照契约规定，A 类份额存在最大值。A 类份额受市场利率影响，利率变化导致 A 类份额价格变化。大部分 A 类份额约定收益率一般为“中国人民银行颁布的金融机构一年期定期存款利率＋$n\%$”，n 为 3、3.5、4、5 等。因此，如中国人民银行调整金融机构存款基准利率，A 类份额价值也将出现变化。

B 类份额净值类似于一个基金份额的看涨期权，行权价就是 A 类份额的最大值。当基金基础份额净值较低时 B 类份额净值趋于零，随着基金基础份额净值增加，B 类份额净值也增加，其净值和价格的波动幅度一般要大于基金基础份额所跟踪的指数。

本章小结

根据投资组合理论，理性的投资者应该将投资组合分散化，而证券投资基金为投资者提供了低成本分散化投资的便利。本章介绍了证券投资基金的基础概念、证券投资基金的发行价格与费用、证券投资基金的收益与风险，以及评价与选择证券投资基金的方法，最后介绍了 ETF、FOF 和分级基金的投资分析。

关键词

证券投资基金(Securities Investment Funds)

基金绩效评估(Fund Performance Evaluation)

ETF、FOF

分级基金(Tiered Funds)

思考与练习

一、思考题

1. 证券投资基金的定义是什么?
2. 公募基金和私募基金有何区别?
3. 基金的公募发行和私募发行有何区别?
4. 证券投资基金的成本包括哪几类?
5. 基金收益分配的方式包括哪几种?
6. 有哪些基金绩效评估方法?每个方法的特点是什么?
7. 投资者为什么倾向于选择证券投资基金?
8. 市场对证券投资基金的需求与对保险产品、养老金的需求有何差异?
9. 证券投资基金是否可以替代投资者的保险需求?
10. 解释 ETF、FOF 和分级基金的异同。

二、计算题

1. 假设某基金在 2019 年 5 月 5 日的份额净值为 1.45 元,2019 年 9 月 23 日的份额净值为 1.79 元,其间基金曾在 2019 年 6 月 18 日每 10 份派息 2.15 元,那么这一阶段该基金的收益率是多少?

2. 某封闭基金某一时刻的市价为 1.04 元,单位资产净值为 1.46 元,那么这只基金该时刻的折价率是多少?

3. 2019 年 7 月 10 日,张先生以 10 000 元申购某基金管理公司旗下成长基金。该基金申购费率为 1.8%,当日收盘后基金份额净值为 1.51 元。请采用金额费率法计算申购费用和申购份数。

4. 2019 年 6 月 15 日,张先生申请赎回某基金管理公司旗下成长基金 10 000 份,该基金赎回费率为 0.5%,当日收盘后基金份额净值为 1.31 元。请采用金额费率法计算赎回费用和赎回金额。

5. 某基金管理公司旗下成长基金 2019 年 3 月 31 日基金资产净值为 94.38 亿元,基金管理费按前一日基金资产净值的 1.5%年费率计提,请计算 2019 年 4 月 1 日这一天应计提的管理费。

参考文献

[1] 中华人民共和国证券投资基金法.

[2] 中国证监会证券基金机构监管部.基金中基金(FOF)审核指引,2019-6-3.

[3] 中国证券投资基金业协会.目标日期基金介绍和分析.声音(Voice of AMAC),第 16 期,总第 98

期，2018-7-26.

[4] 中国证券投资基金业协会.关于养老目标基金系列化发展的分析.声音(Voice of AMAC)，第23期，总第127期，2019-9-11.

[5] 深圳证券交易所分级基金业务管理指引(交易所网站).

[6] 上海证券交易所分级基金业务管理指引(交易所网站).

[7] 博迪等.投资学[M].北京：机械工业出版社，2017.

第十五章　套利投资策略

引言

套利行为是金融市场中非常常见的投资策略，也是市场有效性的重要保证。本章重点对金融市场中套利的概念和基本分类进行了阐述。并对常见的套利策略，如股指期货跨期套利、跨品种套利、跨市场套利、配对交易、ETF套利、可转债套利、期权套利等进行了较为详细的说明。最后利用长期资本管理公司的案例来说明套利活动的风险。

第一节　套利的基本概念与分类

一、金融理论中的套利

套利（Arbitrage）是金融学中一个非常重要的概念，在《新帕尔格雷夫经济学大辞典》中的定义是："套利机会是这样的一个投资策略，即保证在某些偶然情况下获取正报酬而没有负报酬的可能性，也无需有净投资。"

在金融理论中，套利是指利用若干市场的价差来获取利润的行为。理论上，两种未来现金流分布相同的资产，当前的价格应该是相同的，这个被称为"一价定律"。当两种相同的资产价格不同、"一价定律"被违背时，便会出现套利机会。套利者就会利用套利行为来获取价差的利润。套利行为通常包括一组相互对应、买卖方向相反的交易，比如，买入价格比较低的资产，卖出价格比较高的资产。

套利机会分为第一类套利机会和第二类套利机会。

第一类套利机会是指投资者能够在期初投资为零，即投资时没有付出任何费用，通常是仅仅通过卖空一些资产并同时购买另一些资产，而期末收益大于零，即期末得到一些正的收益。

第二类套利机会则是指另一种投资机会，投资者能够在期初投资为负，即在上述的投资中没有将卖空的收益全部用于购买另一些资产，而期末收益非负，即期末平仓无须任何支出。

套利行为是否能够成功主要取决于市场本身的完备性。当市场流动性很强时，即在资本市场上人们能够自由买卖资产时，只要存在套利机会，就可以进行套利。套利行为会使价格比较低的产品价格升高，价格比较高的产品价格降低，价差消失，从而产生一个均衡价格。因此套利行为的成功会很快消除套利机会。

不存在第一种套利机会的资产价格就被称为“无套利价格”。而在金融市场上对很多产品是根据无套利的原则进行定价的，当一个金融产品可以用其他的产品进行复制，并且用来复制的产品价格都知道的情况下，就可以对这个产品进行定价。如果某个市场不存在套利机会，该市场即为达到套利均衡的无套利机会市场。套利均衡是市场达到一般经济均衡的先决条件。

二、金融实践中的套利

在金融市场实践中，套利也是一个常见的交易策略。不过与理论上不同的是：理论上的套利交易是不存在损失可能的交易，或至少交易组合中的一端能绝对获利的交易，有一类套利交易是能以低成本获取无风险利润的交易操作。而在实践中，由于交易成本等一系列成本的存在，套利一般并不是利用一个单一的均衡价格，而是一个无套利的区间。实践中大多数套利都是“统计套利”，即交易获利的概率大于损失的概率。因此，在实践中套利交易的风险始终存在，比如由于证券流动性问题造成的成交价格劣于预期成本（“滑点”），更严重的风险还包括经济基本面急剧变化或者金融市场本身的剧烈变化导致原有的比价规律不复存在，造成套利的失败。

除了同种资产的“一价定律”带来的套利机会外，在金融市场中由于存在着期货、期权、互换等衍生金融工具，可以通过这些衍生金融工具构造与现货市场上相应的证券风险一致或者相近的资产，形成“一价定律”，从而产生套利机会。

可以总结如下，当以下三个条件中有一个或多个被满足时，都可以出现套利机会。

(1) 违背了“一价定律”，同种资产在不同市场上价格不同。

(2) 具有相同或相近价值的两种资产定价差异过大。例如相似的农作物品种，如小麦和燕麦；原料与成品，如大豆与豆粕、原油与燃料油。

(3) 一种已知未来价格的资产当前的价格与其根据无风险利率折现的价格差距过大。对于存在仓储费用的资产，如农产品，还需考虑仓储成本。

同种资产在不同市场的不同价格由于套利行为的存在而趋向一致。随着信息技术的进步带来交易效率的提高，两地或多地上市的股票、大宗商品和外汇在全球各大交易所的价格都趋向相同，而且价格趋同速度越快，市场的有效性越高。当不存在交易限制且交易成本较低时，套利者会在低价市场买入，高价市场卖出，使得同种资产在不同市场的价差无法长期存在。

例如，假设甲乙两国可以自由交易大豆，且甲国大豆价格加上运输成本及关税后仍低于乙国大豆价格。那么乙国商人将进口甲国大豆，在本国销售套利，同时甲国商人也会购买本国大豆，运往乙国销售。乙国商人需要兑换甲国货币以购买甲国大豆，而甲国商人需要卖出其在乙国销售大豆换取的乙国货币。两国商人都将增加甲国货币的需求和乙国货币的供给，这导致甲国货币相对于乙国货币升值，并使以甲国货币标价的甲国大豆价格走高，乙国大豆价格走低，直到套利机会消失。类似的针对全球各种商品、货币及其金融衍生品的套利交易使得各种货币的汇率与其购买力平价趋向一致。

但在现实生活中，对于商品贸易存在着各种关税、进出口配额、运费、交易成本及其他费用，限制了部分套利活动，使同种商品在不同国家具有不同的定价。各国不同的金融政策，比如资本账户交易的限制、外汇制度限制等的存在，也限制了部分金融资产的套利活动，使得部分金融资产在不同国家仍然存在着价差。

三、套利风险

套利交易虽然理论上比单边交易风险低，但事实上仍然是具有相当风险的投资活动，并不是理论意义上的无风险投资。比如大部分价差套利交易风险一般很低，但仍存在出现剧烈价格变动导致价差反向大幅扩大，特别是在金融危机等极端事件时期这种现象尤为明显。价格剧烈波动时也容易出现保证金不足的情况，导致套利交易无法完成。

常见的套利风险包括：敞口风险、流动性风险、套利失效风险、交易对手风险等。

1. 敞口风险

套利交易组合经常由两笔以上、交易方向相反的头寸组成。当这几笔头寸无法严格同时成交时，存在套利组合部分成交而部分暴露于价格波动的可能，及平仓时无法确保成交与获利的可能。

2. 流动性风险

套利交易通常依赖于同时完成套利资产组合的交易，当交易的资产失去流动性，则无法完成交易。特别是在资产价格剧烈波动时期，资产的流动性可能迅速消失，使得套利者无法完成平仓交易或者无法完成部分资产的平仓而造成敞口风险。

此外价差的非预期变动还会造成资金的流动性风险。例如在常见的正向套利中，套利者在价差偏离“正常值”时建立套利组合，预期价差回归“正常值”时套利。但如果资产组合相关性违背预期，没有恢复正常的价差关系，甚至进一步偏离“正常值”时，这时候由于套利组合的浮亏造成保证金不足，套利者可能面临资金流动性不足的风险。

历史上很多套利者在价差回归“正常值”之前，会因为保证金用尽且无法追加保证金而提前止损平仓，即使价差最终回归“正常值”，套利者还是以亏损告终。

3. 套利失效风险

套利交易的另一个风险来自同时买卖的对象价格关系失效。套利交易所依赖的是套利资产之间存在的价格关联性，比如正向套利者卖空价格被高估的资产，买入价格被低估的资产，预期未来资产价差缩小来获利。但套利者的判断可能发生失误，资产组合的价格关联性会因为市场波动而失效，特别是在金融危机时各种资产价格的关联关系有可能被打破，由此给套利交易带来了风险。

4. 交易对手风险

交易对手风险，即交易对手违约。套利交易牵涉到未来的资金交割，因此具有交易对手违约、无法支付资金的风险。由于交易对手可能具有关联性，因此交易对手风险很容易传染，特别是在金融危机时，众多交易对手违约，通过杠杆将风险放大。

四、常见的套利类型

1. 商品价差套利

现实生活中的商品价差套利，通常利用商品及商品期货等衍生品的价差进行，被称为商品的期现套利。由于期货价格收敛于现货，因此期现套利是利用“一价定律”进行套利的例子，属于风险较低的套利策略；或者利用同种标的但是交割时间不同的商品衍生品的价差来套利交易，比如商品的跨期套利；或者利用不同标的，但是有关联的商品衍生品的价差来套利交易，比如商品的跨品种套利。

2. 两地上市企业股票套利

两地上市企业通常是指同一家企业在不同国家或地区同时上市。两地上市股票的套利是典型的利用“一价定律”套利的例子。如果全球金融市场是有效的，同一个企业在两地的股价变动应高度一致，价格偏差可以带来套利机会，套利者可以在一个市场上做空被高估的股价，在另一个市场上做多被低估的股价，期待两者价差回归正常范围。

对于同一经济体内两地上市的情况（比如在纽约证券交易所和美国交易所两市同时上市），股价的价差回归较为有效，套利成功的概率较高。但是在计算机交易普及后，不同交易所股票价差达到可获利区间的机会已经越来越少，而且机会存在的时间非常短。只有使用计算机程序的自动化套利，才有获利的可能。如今两地上市的股票价差套利已经转变为大型机构交易系统通信速度与算法执行速度的“军备竞赛”。

对于在两国或者地区两地上市的情况却不相同。由于不同国家和地区金融制度的差异以及两地股市交易制度的差异，两地上市企业的股价间经常存在显著的偏差，而且这个偏差可能长期存在。套利者的头寸可能需保有较长时间，才能获得盈利，有时价差会进一步扩大，甚至迫使套利者追加保证金或放弃持仓。

3. 汇率套利

在外汇市场中，汇率的价差存在会产生套利机会。汇率套利或者称为“套汇”，是指在外汇交易中利用不同市场、不同货币种类、不同交割期限在汇率上的差别，实施外汇低买高卖的策略。

例如，假设伦敦交易所的汇率(扣除交易成本)为1美元兑换100日元，东京交易所的汇率为1美元兑换83日元。套利者可以在东京卖出日元、买入美元，在伦敦卖出美元、买入日元，例如用1 000日元在东京兑换12美元，再将此12美元在伦敦兑换1 200日元，获取200日元的利润。

4. ETF套利

交易所交易基金(ETF)同时拥有一级申赎市场和二级交易市场，允许投资者在基金持有的相应股票篮子及基金份额本身之间相互转换。当基金二级市场价格(加上交易成本)高于其代表的一篮子股票净值时，套利者可以购入一篮子股票(等于基金净值)，将其申购为ETF基金并在二级市场售出，这种套利被称为正向套利。当一篮子股票定价(即基金净值)高于对应基金二级市场价格(加上交易成本)时，套利者即可做相反操作，即从二级市场买入基金份额，然后在一级市场赎回，转换为一篮子股票，最后在股票市场上卖出一篮子股票，这种套利被称为反向套利。ETF套利使ETF基金的二级市场价格始终与其对应的一篮子股票价格(即基金净值)的变动保持一致。

5. 可转换债券套利

可转换债券是一种具有债券性和期权性的公司债券。首先它是一种债券，具有面值、利率、期限等一系列要素，其次在一定条件下，它可以转换成发债公司的普通股票，可以被视为附带股票看涨期权的公司债券。

可转换债券的价格与以下三个因素相关：

(1) 利率。与普通债权相同，当市场利率升高时，可转换债券的债券价格部分下降，而股票看涨期权部分价格升高，两者总价值一般下降。

(2) 股票价格。当该公司股票价格看涨时，可转换债券价格将提高。

(3) 信用评级。当发行可转换债券的公司信用评级下降时，其与无风险金融产品的信用利差将上升，因此债券价格下降，而股票看涨期权部分价格提高。

可转换债券的套利者会基于以上因素，结合可转换债券的定价模型，计算可转换债券价格的理论“正常值”。

在可转换债券价格低于理论“正常值”时，买入可转换债券，并选择以上三个因素中的两个进行对冲，通过第三个因素的风险暴露来获取利润。例如做空固定收益的债券或利率期货(对冲利率风险)并买入信用违约互换(对冲企业信用评级下降风险)。

通过这一组合对冲后，剩余的风险暴露是股票价格，也就是相当于套利者以较低的价格买入了该公司股票的看涨期权。当公司股价上涨时，可以推动可转换债券价格的看涨期权部分上涨，因此获利。

6. 衍生品套利

由于各大机构投资者的交易技术大幅度提高，基于同种资产价差的套利机会已经大大减少，因此很多机构投资者（如对冲基金等），更多地选择性质相近的债券、股票和期货及其衍生品，捕捉其价差大幅偏离“正常值”的机会进行套利。例如，股指期货等金融衍生品可以与商品期货进行类似的跨期套利、跨品种套利。

当然，价差大幅偏离“正常值”可能也意味着某种衍生品出现风险升水或原有价格相关性消失，这样的套利并不是无风险套利，但对冲基金仍希望有机会获得扣除交易成本及风险升水之后的利润。

7. 期权套利

期权套利是一个较为复杂的策略，它牵涉到同时买卖不同看涨期权、看跌期权、期货以及现货来构造一个组合，并赚取差价。期权价格的失衡通常来自市场波动增加、交易量变化，期权套利很大程度上取决于标的资产或标的资产波动率的合理定价。

同一到期日和行权价的看涨和看跌期权的理论价格满足如下平价公式：

$$c + K\mathrm{e}^{-rT} = p + S_0 \tag{15-1}$$

其中，c 和 p 表示看涨和看跌期权价格，K 为行权价，S_0 为当前标的价格，r 表示无风险利率，T 为剩余期限长度。如果我们把同一到期日和行权价的看涨期权和看跌期权看作一组期权，每一组期权均对应一个合成现货，那么市场上将出现若干合成现货和一个实际在交易的现货，当它们的价格不一致时将出现套利机会，这种机会便是基于期权平价公式的套利。

此外，可以对期权的波动率做预测，比如构建一个跨式组合（买入看涨期权，同时买入看跌期权），当市场波动率上涨时，这个组合便能从波动率的变化上获得盈利。实践中，常构造一个 Delta 中性的组合，这样标的价格涨跌对组合的整体影响非常小，而组合价值的主要变动来自市场波动率的变化，通过预测波动率的变化，就可以赚取期权组合收益，这样的策略称之为期权的波动率套利。

8. 其他统计套利

统计套利交易是指，将套利建立在对历史数据进行统计分析的基础之上，估计相关变量的概率分布，并结合基本面数据进行分析以指导套利交易。因此跨期套利、跨品种套利、ETF 套利等依赖于资产相关关系的套利都可以称为统计套利。与期现套利等无风险套利或者小风险套利策略相比，统计套利增加了风险，由此可获得的套利机会将比无风险套利更多。

除了以上这些统计套利外，其他主要的统计套利策略还有市场中性套利和配对交易。

市场中性套利(Market Neutral Arbitrage)也称为市场中性策略，该策略是指同时构建多头和空头头寸以对冲市场风险，在市场不论上涨或者下跌的环境下均能获得稳定收益的一种投资策略，市场中性策略主要依据统计套利的量化分析。

市场中性策略的方法主要有两种：

(1) 阿尔法套利：做多具有正阿尔法值的证券产品，做空指数期货，实现回避系统性风险下的超越市场指数的阿尔法收益。

(2) 贝塔套利：期指市场上做空，在股票市场上构建拟合期指标的指数的成分股，赚取其中的价差，这是一种被动型的套利。

对于市场中性策略将在第十七章中详细介绍。

配对交易(Pairs Trading)，是指通过发掘具有较高相关性的两种资产出现异常的价差来交易。例如，当一只股票(比如微软)的表现优于另一只股票(比如谷歌)时，表现较差的股票可能会随着投资者搜寻低估值股票的活动提高股价，从而缩小与高估值股票的价差，反过来表现较优的股票也可能因为高估价格的回归，或者获利者平仓卖出而股价降低，也会缩小与低估值股票的价差。配对交易即是套利者通过做空高估值资产、做多低估值资产，等待两者价差缩小后平仓获利了结。由于有大量的股票参与到统计套利策略中，所以投资组合的资金周转率非常高，而且配对交易投资者去捕捉的可获利价差有时也只出现在转瞬之间，所以这种策略通常也是以计算机程序自动化交易的方式实施的。

第二节　套利策略及案例

本节主要对常见的套利策略进行案例解析，以对套利的原理、风险等进行深入了解。

一、股指期货跨期套利案例

(一) 套利原理

股指期货的跨期套利，是指基于相同标的指数、不同交割月份的股指期货合约间的价差变化进行的统计套利交易。当合约间价差(这里价差等于第一腿合约价格减去第二腿合约价格)过高或过低时，相应地卖出或买入价差(卖出价差，即卖出第一腿合约的同时买入第二腿合约；买入价差，即买入第一腿合约的同时卖出第二腿合约)，等价差回归均衡价差后，再平仓从而获利。

依据不同交割月份合约间价差未来走势的判断，股指期货的跨期套利策略主要包括三种：

1. 牛市(多头)跨期套利策略。即判断远期合约相对于近期合约被低估，价差将扩大，套利操作为买入远期合约，同时卖出近期合约，等待价差扩大后反向平仓获利。

2. 熊市(空头)跨期套利策略。即判断近期合约相对于远期合约被低估，价差将缩小，套利操作为买入近期合约，同时卖出远期合约，等待价差缩小后反向平仓获利。

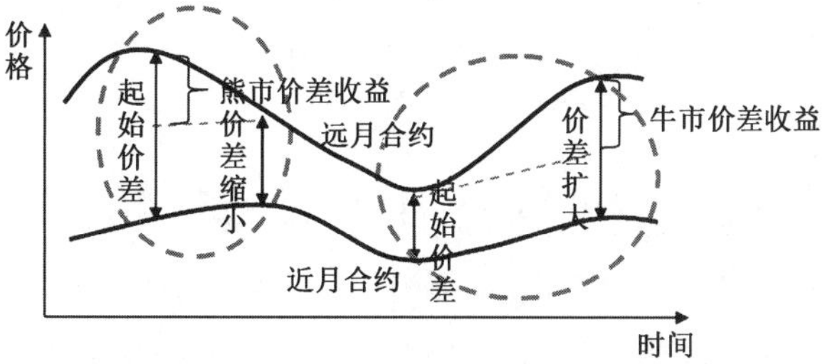

资料来源：中信证券数量化投资分析系统。

图 15-1　跨期套利策略

3. 蝶式跨期套利策略。蝶式跨期套利策略是上述多头和空头策略的组合，即两个方向相反、共享中间交割月份的跨期套利组合，通常是在三个不同交割月份合约间的买卖操作。按照价差变化方向的不同，当判断蝶式价差未来会扩大时，将买入近月和远月合约、同时卖出居中合约的操作称为正向蝶式跨期套利；当判断蝶式价差未来会缩小时，将卖出近月和远月合约、同时买入居中合约的操作称为反向蝶式跨期套利，其中，居中月份合约的数量等于近月合约和远月合约数量之和。蝶式跨期套利相当于“套利的套利”，研究的是“价差的价差”变化。一般认为蝶式跨期套利的价差波动比一般的跨期套利的价差波动更小，因此风险更低。但是蝶式套利的主要问题是由于涉及合约较多，因此交易成本比一般跨期套利高，而且更容易造成敞口风险。

（二）套利案例

基于期货价格到期收敛于现货的原理及期现平价关系，两个相同标的、不同期限的股指期货合约间应该存在稳定的、可量化的价差关系。那么，当两合约间的价差偏离“均衡价差”一定程度后，会有向均值回复的趋势。考虑到套利价差这一均值回复和区间震荡的特性，我们利用移动均值回归模型来描述套利价差，并用一个例子说明股指期货跨期套利策略的操作原理。

在这里，我们利用滞后一段时间的价差移动均值作为“均衡价差”，认为价差将向该均值回复。以均衡价差上下若干倍的标准差作为开仓标准和止损标准，当价差偏离超过若干个标准差后策略开仓(价差正向偏离时卖出远月合约,买入近月合约;价差负向偏离时买入远月合约,卖出近月合约),而偏离更多时则止损。假设两股指期货合约间的跨期价差序列为 $\{S\}$,分别计算向前时间跨度为 N 的价差移动均值 μ 和价差标准差 σ,则 i 时刻价差移动均值与标准差的估计为:

$$\widetilde{\mu}_i = \frac{\sum_{j=i-N}^{i} S_j}{N} \tag{15-2}$$

$$\widetilde{\sigma}_i = \sqrt{\frac{\sum_{j=i-N}^{i} (S_j - \widetilde{\mu}_i)^2}{N}} \tag{15-3}$$

把移动均值 $\widetilde{\mu}_i$ 作为 i 时刻均衡价差,设置 a 倍的标准差 $a \cdot \widetilde{\sigma}_i$ 为套利上界阈值,b 倍的标准差 $b \cdot \widetilde{\sigma}_i$ 为套利下界阈值,理论上当价差偏离"均衡价差"上下界即 $\widetilde{\mu}_i + a \cdot \widetilde{\sigma}_i$ 与 $\widetilde{\mu}_i - b \cdot \widetilde{\sigma}_i$ 时启动套利策略。但是在套利实践中,价差的噪音无处不在,瞬时价差偏离上下界时有发生。但这种偶然的噪音并不能立刻构成套利条件,因为即使是程序化交易,也可能无法瞬时产生反应并完成交易。所以,通常需要观测一段时间,确认价差偏离上下界是"有效的",才能开始执行套利。这里设定价差持续时间 T 作为观察时间,把 T 时长的平均价格 $\widetilde{\mu}_i$ 而不是瞬时价差作为判断条件。以上 T、a、b 是常数,T 越小,可以表明套利系统的反应速度越快,如果采用人工方式来进行套利,则 T 需要足够长,以保证人工操作时可以及时反应。

套利策略可以描述为以下几种情况:

1. 当 i 时刻跨期价差向前 T 分钟平均价差 $\mu_i > \widetilde{\mu}_i + a \cdot \widetilde{\sigma}_i$ 时,价差突破套利区间上界,此时认为价差偏大,则以最近 1 分钟价格卖出远月合约、买入近月合约以做空价差,开仓实施套利,即熊市跨期套利策略。

2. 经过 Δt,当跨期价差向前 T 分钟平均价差 $\mu_{i+\Delta t} \leqslant \widetilde{\mu}_{i+\Delta t}$ 时,价差回归均衡价差,则以最近 1 分钟价格买入远月合约、卖出近月合约以平仓了结;若跨期价差相对于均衡价差偏离更多,则止损,熊市跨期套利策略结束。

3. 当 i 时刻跨期价差向前 T 分钟平均价差 $\mu_i < \widetilde{\mu}_i - b \cdot \widetilde{\sigma}_i$ 时,价差突破套利区间下界,此时认为价差偏小,则以最近 1 分钟价格卖出近月合约、买入远月合约以做多价差,开仓实施套利,即牛市跨期套利策略。

4. 经过 Δt,当跨期价差向前 T 分钟平均价差 $\mu_{i+\Delta t} \geqslant \widetilde{\mu}_{i+\Delta t}$ 时,价差回归均衡价差,则以最近 1 分钟价格买入近月合约、卖出远月合约以平仓了结;若跨期价差相对于均衡价差偏离更多,则止损,牛市跨期套利策略结束。

在不同市场环境下跨期价差的分布特点不同,适用的跨期套利上下阈值也不同,

a 与 b 越大，价差波动区间越大，开仓条件越苛刻，套利次数减少，但单次套利的获利空间增大；反之 a 与 b 越小，虽然增加了套利实施的次数，但交易成本也随之增加，单次套利收益空间缩小。蝶式跨期套利的分析方法与上述类似，但分析对象变成三个合约间“价差的价差”，此时需要同时对到期月份不同的三个合约进行交易。

策略　熊市跨期套利

2015 年 10 月 30 日 10:54，沪深 300 期指次月合约—当月合约的跨期价差为－3.21%，跌破当日套利区间下阈值－2.01%，此时判断价差偏大，未来负价差将收窄，则通过买入 IF1512 合约、同时卖出相同数量的 IF1511 合约建立牛市跨期套利头寸。到 2015 年 10 月 30 日 11:03，沪深 300 期指次月—当月跨期价差收窄至－1.55%，回归当日均衡价差－1.55%，投资者通过卖出全部 IF1512 合约并买入相同数量 IF1511 合约平仓了结。假设投资者资金总额为 1 000 万元，交易成本取双边万分之一，保证金比率为 40%，若开仓时买 4 张 IF1512 合约及卖出 4 张 IF1511 合约，本次跨期套利收益为：

$$\begin{aligned}总盈亏 &= 300\times 4\times[54-(3\,250+3\,356+3\,308+3\,360)\times 0.01\%]\\ &= 63\,207(元)\end{aligned}$$

由此可得，通过各买卖 4 手沪深 300 期指合约进行熊市跨期套利，经过 9 分钟获得套利总收益 63 207 元，单次套利收益率为 0.63%，本次交易保证金占总资金的比率在 16%左右变动，不存在爆仓风险。

策略　反向蝶式跨期套利

2015 年 10 月 20 日 10：38，沪深 300 期指蝶式跨期价差为 0.81%，高于当日套利区间上阈值 0.79%，此时投资者判断价差偏大，通过卖出一张 IF1511 合约、一张 IF1603 合约，同时买入两张 IF1512 合约，建立反向蝶式跨期套利仓位。到 2015 年 10 月 20 日 11:08，沪深 300 期指蝶式跨期价差减小至－0.11%，小于当日均衡价差0.41%，投资者通过买入一张 IF1511 合约、一张 IF1603 合约并卖出两张 IF1512 合约平仓了结，假设投资者资金总额为 1 000 万元，交易成本取双边万分之一，保证金比率为 40%，若开仓时买入 2 张 IF1512 合约及卖出 1 张 IF1511 合约、1 张 IF1603 合约，则本次反向蝶式跨期套利收益为：

$$\begin{aligned}总盈亏 = 300\times[&34.4-(3\,785.2+3\,700+2\times 3\,727.2+3\,778.4+3\,691.2+\\ &2\times 3\,736.6)\times 0.01\%]=9\,423\end{aligned}$$

由此可得,通过沪深300期指合约反向蝶式跨期套利,经过30分钟可获得套利总收益9 423元,单次套利收益率为0.09%。

二、跨品种套利案例

(一)套利原理

现以中国证券市场的三个代表性的股价指数(沪深300指数、上证50指数、中证500指数)为例。从三大指数的基本特征来看,三大指数的编制方法具有相似性,又具有各自的特点,市场走势特征有所不同。三大指数的股指期货沪深300指数期货(IF)、上证50指数期货(IH)和中证500指数期货(IC)属于性质接近的衍生品,满足跨品种套利的基本条件。因此我们利用这三者之间的套利来说明跨品种套利的基本原理。

从三大指数的编制方法来看,沪深300指数是跨市场指数,在沪深两市的覆盖率高,成分股权重比较分散,成分股行业分布相对均衡,抗行业周期性波动较强。上证50指数的成分股均为沪市的蓝筹大盘股,所有成分股都包含在沪深300指数之内,且占沪深300指数成分股的比重超过40%。而中证500指数的成分股是沪深两市中除去沪深300指数标的后日均总市值排名前500的股票,偏重于股票的成长性,与沪深300指数及上证50指数的成分股完全不重合。

从三大指数的市场实际走势来看,整体而言沪深300指数及上证50指数走势的相关性极强,无论是长周期还是短周期,在上涨阶段或下行阶段或是震荡阶段,沪深300指数及上证50指数走势的相关性均在95%以上。而中证500指数与其他两大指数的相关性较弱。具体按市场阶段性分类来看,沪深300指数及中证500指数的相关性在市场处于上涨阶段时相对较强,相关系数至78%;在市场处于下跌阶段时,中证500指数及其他两大指数的相关性较弱;在市场处于震荡阶段时,沪深300指数及上证50指数的相关性更强,走势相关性达99%以上。三大指数走势相关性如表15-1所示。

表15-1　　沪深300指数、上证50指数和中证500指数的相关性

	2007-2017年 相关系数	上涨期 相关系数	下跌期 相关系数	震荡期 相关系数
沪深300& 上证50指数	96.925 8%	97.747 1%	95.760 1%	99.216 4%
沪深300& 中证500指数	72.66%	78.518 4%	60.170 6%	73.620 3%
上证50& 中证500指数	55.703 4%	64.601 3%	37.207 5%	66.193 2%

数据来源:兴业期货研发部,Wind。

首先，沪深300指数及上证50指数成分股存在差异性，上证50指数成分股结构较为单一，沪市金融大盘股占比超60%，行业集中，而沪深300指数是跨市场指数，深市公司占比约30%，行业分布均衡，与上证50指数存在结构性差异。

从IF及IH期指的整体趋势上来看，在2015年牛市末端，IC-IH、IC-IF、IF-IH主力合约之间的价差有所扩大，显示出当时市场对中小盘股的追捧；在股灾大跌后，三大期指之间的价差逐渐收窄。IC-IF及IC-IH的价差呈现下降趋势，IF-IH价差与市场整体行情较为一致。跨品种套利价差走势如图15-2所示。

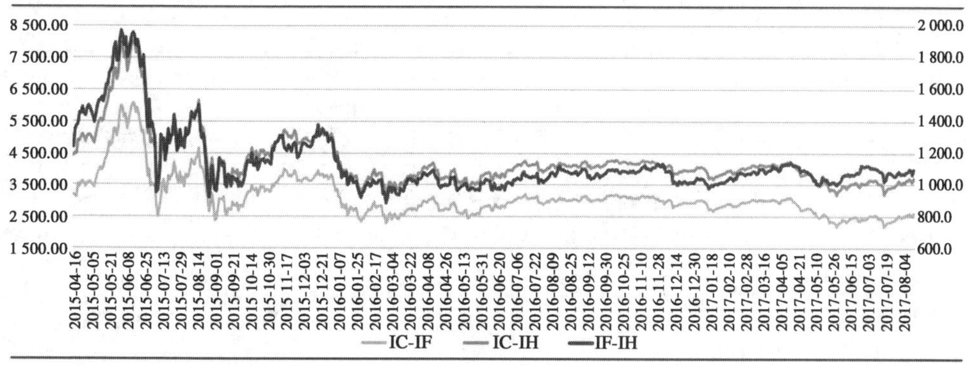

数据来源：兴证期货研发部，Wind。

图15-2　跨品种套利价差走势

（二）IF及IH对冲策略

首先分析IF及IH股指期货合约之间存在跨品种组合的策略机会。这里以2016年7月之后的一年为例，说明IF和IH套利策略的执行。2016年7月之前的市场保持宽幅震荡，IF-IH价差基本保持区间震荡。根据期间275天统计的结果来看，IF-IH主力连续合约的价差均值为1 065.2点，最大值为1 141.2点，最小值为976.0点，比较利于套利交易的执行。

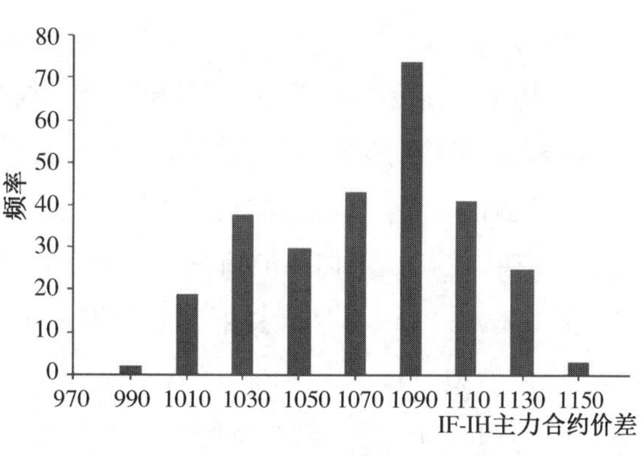

图15-3　IF-IH主力合约价差分布

根据市值匹配原则，IF及IH跨品种策略多空仓位的比例应保持2∶3。由于目前IH及IF合约的最低保证金为20%，设跨品种组合的保证金比例为40%，即半仓操作。选择流动性较好的主力合约进行操作，自2016年7月中旬（1608合约转为主力合约）起开始建仓1608合约，做多2手IF1608，同时做空 3 手 IH1608 合约，并在每月合约到期前一天按照该日结算价进行展仓，根据每日结算价来计算组合收益率。

图 15-4 显示一年的套利回测中，虽然多 IF 空 IH 组合的套利收益率与上证综指同为区间震荡走势，但两者走势存在较大差异，相关系数仅为－0.06％。考虑到沪深 300 指数较上证 50 指数行情的较大差异之一取决于沪深 300 指数所包含的深市股份，因此通过与沪深两市的走势强弱对比，在趋势上，当深市与沪市表现相近或深强沪弱（即深成指与沪综指之间的涨幅非负）时，多 IF 空 IH 组合可获得正向收益，当沪强深弱时，多 IH 空 IF 组合表现更优。

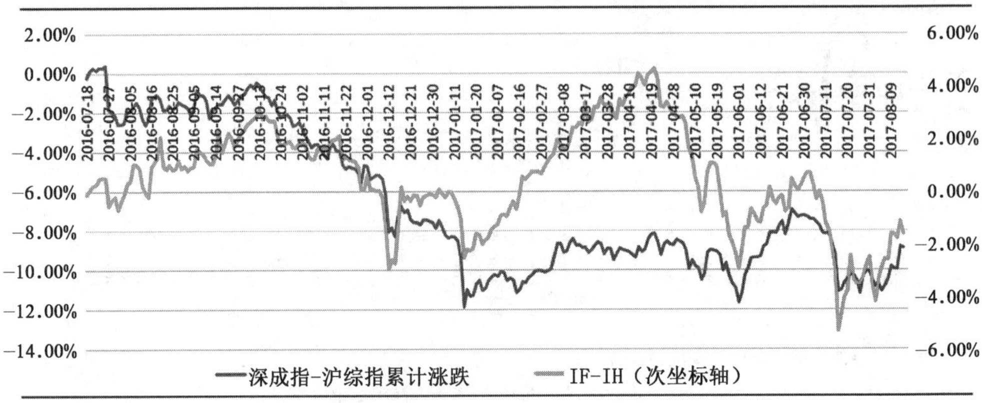

数据来源：兴证期货研发部，Wind。

图 15-4 IF 及 IH 套利收益率

另外，相对而言 IF 期指合约比同期 IH 合约贴水幅度更大，选择做多 IH、做空 IF 时可赚取贴水修复的收益，而做多 IF、做空 IH 时需考虑贴水修复的成本，因此进行跨品种组合时需要考虑当时的基差贴水情况。

三、跨市场套利案例

（一）套利原理

应用上海期货交易所（SHFE）和伦敦金属交易所（LME）两个交易所上市的铜期货进行套利以说明跨市场套利策略。

本策略涉及两个期货品种：上期所沪铜合约（代码：CU）、伦敦金属交易所伦敦铜合约（代码：CA）。上期所沪铜合约交割标准品符合国标 GB/T467－2010 中 1 号标准铜（Cu-CATH－2）规定，其中主成分铜加银含量不小于 99.95％；替代品符合国标 GB/T467－2010 中 A 级铜（Cu-CATH－1）规定，或符合 BSEN1978：1998 中 A 级铜（Cu-CATH－1）规定。其中替代品的标准与伦敦金属交易所的伦铜合约的交割品级基本一致。因此两者基本可以被认为是同种商品。

（二）线性回归策略

以交易日前N个(本回测中，优化N取85)交易日的沪铜和伦铜的日收盘价数据做出线性回归模型，沪铜CU价格作为自变量，伦铜CA价格作为因变量。第一种情况下，若将当天沪铜日收盘价代入模型后得到的对伦铜价格的预测大于实际的伦铜价格，则认为沪铜进入强势期，如果仓位为空，则以当日收盘价做多沪铜、做空伦铜，如果持有伦铜多头和沪铜空头仓位，则先以日收盘价平仓，然后再以日收盘价反向开仓，如果持有沪铜多头和伦铜空头仓位，则继续持有；第二种情况下，若将当前沪铜日收盘价代入模型后得到的对伦铜价格的预测小于实际的伦铜价格，则认为伦铜进入强势期，具体操作与第一种情况相反。

策略利用2010年9月1日到2015年9月1日的沪铜和伦铜的数据进行回测。

策略的主要参数设定如下：

交易成本：沪铜按成交金额的万分之0.6计(平仓免收)。伦铜按成交金额的万分之3计(单边)。

保证金比率：沪铜最低保证金比率为8%；伦铜最低保证金比率为10%。保证金都按合约价值测算。资金成本：两市各占用50%的资金用于支付保证金，按等权重规模开仓。

收益率计算方式：单利计算。

策略累积收益率如图15-5和表15-2所示。

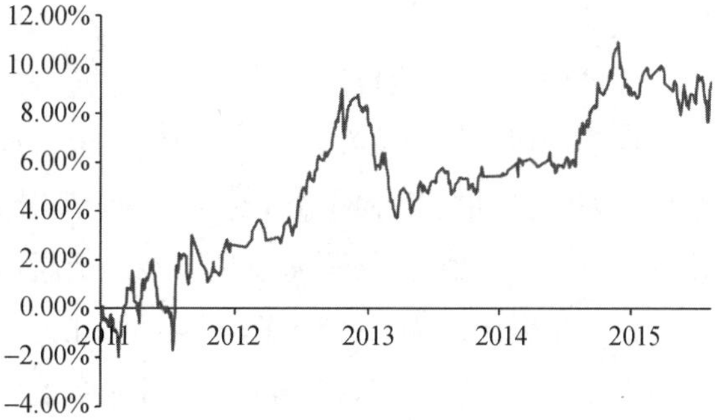

数据来源：广发证券发展研究中心，Wind。

图15-5 策略累积收益率曲线

表15-2 线性回归策略交易数据统计

累积收益率	9.30%
年化收益率	2.00%
平均收益率	0.02%
交易总次数	613
平均交易周期	1.8天
收益率标准差	0.0023
信息比	0.75
获胜次数	326
失败次数	287

（续表）

胜率	53.18%
平均盈利率	0.18%
平均亏损率	−0.17%
盈亏比(绝对值)	1.05
最大回撤率	−4.86%
单次最大盈利	0.8%
单次最大亏损	−0.85%
最大连胜次数	14
最大连亏次数	11

数据来源：广发证券发展研究中心。

通过以上结果看出，线性回归策略获得了正收益率，但是回撤较大，波动性也较大。

（三）一阶差分反转策略

根据均值回复的特性，可以利用数学中函数一阶导数正负交替时出现极大值和极小值原理，对比价求一阶差分，若当日一阶差分为正并且上一日一阶差分为负，则预示出现比价的极小值点，接下来比价可能会走高，即沪铜合约会较为强势，在下一交易日以日收盘价做多沪铜、做空伦铜；若当日一阶差分为负并且上一日一阶差分为正，则预示出现比价的极大值点，接下来比价可能会走低，即沪铜合约会较为弱势，在下一交易日以日收盘价做多沪铜、做空伦铜；若上述两种情况均不出现，则在下一交易日继续持有当日的两市合约头寸不变。

策略仍然利用 2010 年 9 月 1 日到 2015 年 9 月 1 日的沪铜和伦铜的数据进行回测。两者的价差按照北京时间 CU 的日收盘价及同一绝对时刻 CA 的价格来计算。

策略累积收益率如图 15-6 和表 15-3 所示。

数据来源：广发证券发展研究中心，Wind。

图 15-6 策略累积收益率

表 15-3 一阶差分反转策略交易数据统计

累积收益率	24.76%
年化收益率	4.95%
平均收益率	0.03%
交易总次数	809
平均交易周期	1.4 天
收益率标准差	0.0035
信息比	1.55
获胜次数	427
失败次数	382
胜率	52.78%
平均盈利率	0.27%
平均亏损率	−0.23%
盈亏比(绝对值)	1.14
最大回撤率	−8.42%
单次最大盈利	1.74%
单次最大亏损	−1.8%

数据来源：广发证券发展研究中心，Wind。

通过以上结果可以看出，将一阶差分反转策略应用于沪铜和伦铜的比价得到的收益率情况与均线突破策略类似，收益率较为稳定，胜率较高，凸显出跨市场套利的低风险性和稳定性。

四、其他统计套利(配对交易)案例

当两个目标公司受相似的宏观因素和市场因素影响时，其股票价格往往具有长期稳定的关系。配对交易通过跟踪具有长期稳定关系的两类资产(股票、期货、基金等)，利用两者之间短期的异常偏离，分别持有相对高估资产的空头和相对低估资产的多头，当短期偏离再度恢复到长期均衡关系时平仓获利。

下面举例说明，图 15-7 为招商银行(600036.SH，左轴)和交通银行(601328.SH，右轴)自 2010 年 9 月到 2013 年 4 月的收盘价序列，两者呈现高度的相关性(相关系数 0.9)。通过 OLS 得到价格序列间的回归关系：

$$Y(\text{招商银行}) = \beta \cdot X(\text{交通银行}) + \alpha + \varepsilon \tag{15-4}$$

其中，$\beta = 0.53$，$\alpha = 9.65$，ε 为随机变量。

当 X、Y 具有稳定关系时，ε 具有均值回复的性质，如图 15-7 和表 15-4 所示，当 ε 偏离均值达 2 倍标准差时可以按比例 1∶β 做空相对高估的 Y（招商银行），做多相对低估的 X（交通银行），当配对从短期的偏离向稳定的关系回归，即 ε 向均值附近回复时平仓获利，ε 变动值即为获利部分。

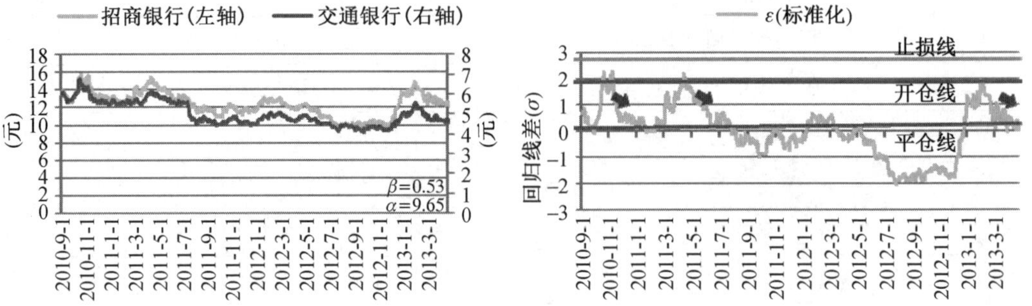

资料来源：Wind，中金公司研究部。

图 15-7　招商银行和交通银行股价走势和套利操作示意

表 15-4　　模拟交易获利表

日期	招商银行	交通银行	ε	ε（标准化）
2010-11-03	15.26	6.21	2.29	2.045
2011-01-20	12.52	5.43	−0.03	−0.027

资料来源：Wind，中金公司研究部。

在 2010 年 11 月 3 日，残差项大于两倍标准差时通过多空组合开仓 1 个单位。在 2011 年 1 月 20 日，残差回归到均值以下时平仓，获利为 $2.29-(-0.03)=2.32$，其中来自做空招商银行的部分为 $15.26-12.52=2.74$，来自做多交通银行的部分为 $0.53\times(5.43-6.21)=-0.41$（亏损），以上忽略了交易费率和融资融券成本。

从上面的例子可以看出，残差项具有均值回复性是统计套利的前提。鉴于个股股价一般是非平稳时间序列，1987 年 Engle 和 Granger 提出了协整理论，为残差项建模提供了有效途径。所谓协整，就是虽然两个时间序列本身是非平稳的，但是它们的线性组合却可能是平稳的，换言之，两个时间序列构成的线性方程残差项是平稳的。如果两组时间序列满足协整关系，那么长期来看它们存在均衡关系，任何对均衡位的偏离都会促使残差向均值回归。

协整关系的检验包括确定配对间的线性关系和残差平稳性检验两个步骤。首先采用对历史股价的线性回归，确定配对间的 β 并计算相应的残差序列。其次对相关系数超过某一阈值的配对分别进行单位根检验，确定它们是否满足非平稳且同阶协整。如果满足，就可以通过 Engle-Granger 的方法进行检验。

当价差大于残差的一定倍率时，发出建仓信号，空手一个单位股票 A，多手 β 单位股票 B。当价差回落到均值时反向操作结束头寸。当价差小于残差的一定负倍率时，操作相反。其中交易信号如建仓线、平仓线、止损线等参数的值将直接影响到成交信号的数量和策略收益。实战模拟中更需考虑交易费用、交易杠杆、资金成本和风险控制指标等。

图 15-8 是以招商银行和交通银行的一段时间的历史价格序列计算的回归残差的偏离趋势均值的示意图。

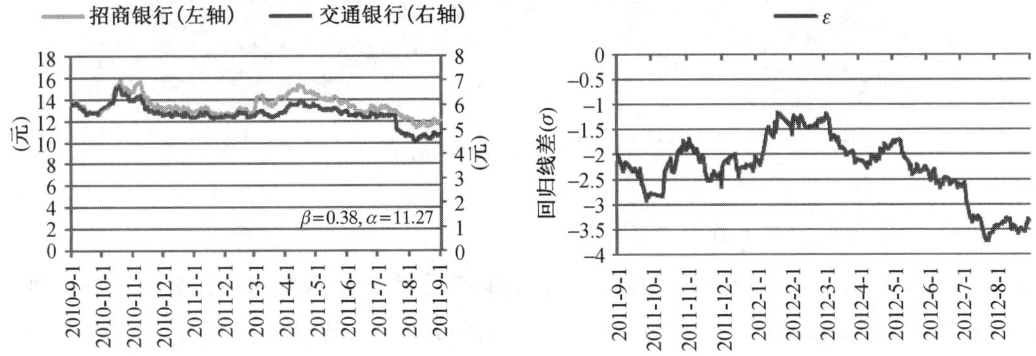

资料来源：Thomson Reuters，中金公司研究部。

图 15-8 招商银行和交通银行价格序列和回归残差偏离趋势

五、ETF 套利案例

(一) ETF 的交易规则

ETF 属于开放式基金的一种，它结合了封闭式基金和开放式基金的运作特点，投资者既可以向基金管理公司申购或赎回基金份额，同时，又可以像封闭式基金一样在二级市场上按市场价格买卖 ETF 份额，不过，申购赎回必须以一篮子股票换取基金份额或者以基金份额换回一篮子股票。由于同时存在二级市场交易和申购赎回机制，投资者可以在 ETF 市场价格与基金单位净值之间存在差价时进行套利交易。套利机制的存在，使得 ETF 避免了封闭式基金普遍存在的折价问题。

ETF 交易规则如图 15-9 所示。

(1) 当日申购的基金份额，同日可以卖出，但不得赎回；

(2) 当日买入的基金份额，同日可以赎回，但不得卖出；

(3) 当日赎回的证券，同日可以卖出，但不得用于申购；

(4) 当日买入的证券，同日可以用于申购，但不得卖出。

投资者在二级市场上买卖 ETF 依据的是 ETF 的市场价格，而投资者在一级市场

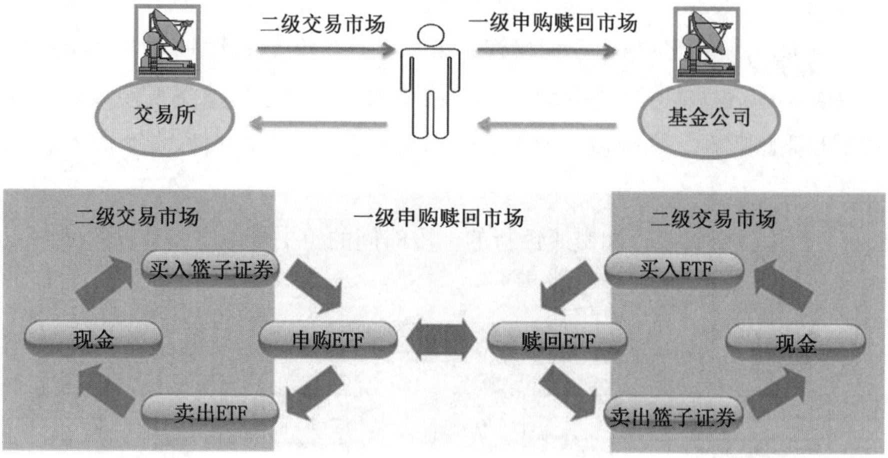

图 15-9 ETF 交易规则示意

上申赎 ETF 依据的是净值(NAV)。

NAV 是指单位 ETF 基金份额所代表的证券投资组合(包括现金部分)的价值,即以基金净资产除以基金份额总数。而基金净值随时发生着变化,交易所会公布基金的参考净值(IOPV)作为基金申赎净值的参考。

IOPV(Indicative Optimized Portfolio Value)是 ETF 的参考性基金单位净值,计算方法是由证券交易所根据基金管理人每日提供的申购赎回清单,按照清单内一篮子股票的最新成交价格计算。IOPV 值每 15 秒计算并公告一次,作为对 ETF 基金单位净值的估计。

基金份额参考净值(IOPV)=(申购赎回清单中必须用现金替代的金额+申购赎回清单中可以用现金替代成分证券的数量与最新成交价相乘之和+申购赎回清单中禁止用现金替代成分证券的数量与最新成交价相乘之和+申购赎回清单中的预估现金部分)/最小申购赎回单位对应的基金份额。结果以四舍五入的方法保留小数点后 3 位。

(二) ETF 瞬时套利

从理论上来讲,净值=市值,但是由于这两个市场中供求关系不同,使得净值≠市值,从而为套利提供了前提。当 ETF 的净值和二级市场计划出现偏差并且大于套利所需成本时,投资者就可以低价在市场上买进 ETF 基金(或一篮子成分股),赎回(或申购)一篮子成分股(或 ETF 基金),同时以高价卖出,赚取价差,完成套利过程。这个被称为 ETF 的瞬时套利,ETF 的净值和市值见图 15-10。

ETF 套利主要有以下三种常见模式:

1. 瞬时套利:瞬间利用 ETF 价格与净值之间的差价进行套利。

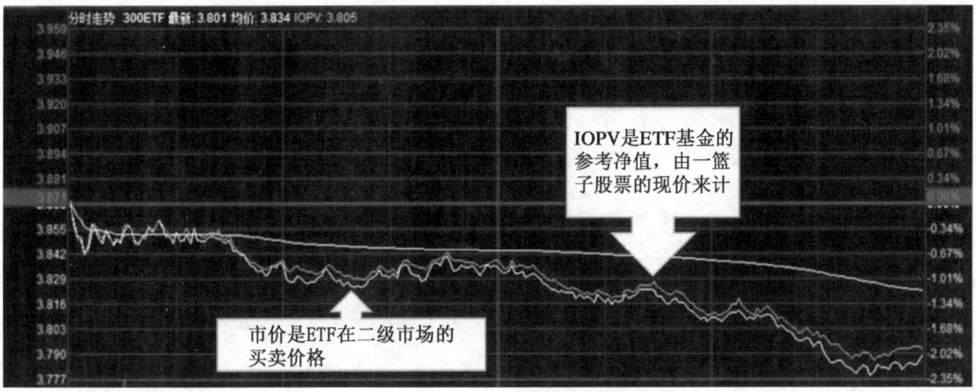

图 15-10　ETF 的净值和市值

2. 延时套利：通过对指数波动的判断，利用 ETF 申购赎回中的 T+0 机制，实现 T+0 交易。

3. 事件套利：由于特殊事件，造成指数中的个股停牌，而且 ETF 的申购赎回机制使投资者可以回避这些个股由于停牌而产生的流动性障碍，从中获得额外收入。

这里主要介绍瞬时套利。其主要有两种基本模式：折价套利和溢价套利。

(1) 折价套利(见图 15-11)。当 T 日 ETF 市价低于净值(折价)时：

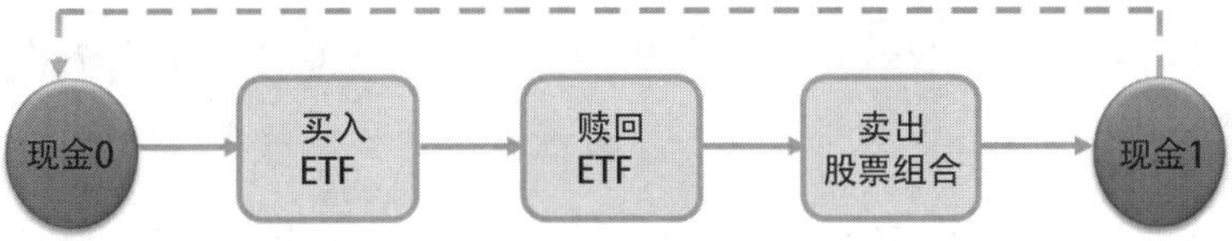

图 15-11　ETF 折价套利

交易成本＝买入 *ETF* 的成交金额＋费用－
　　　　赎回的必须替代金额＋赎回费用±预估现金差额

实际收益＝卖出一篮子股票的成交金额－费用(含印花税)－
　　　　交易成本±实际现金差额与预估现金差额的差值(*T* 日无法知道)

(2) 溢价套利(见图 15-12)。当 T 日 ETF 市价高于净值(溢价)时：

图 15-12　ETF 溢价套利

$$交易成本 = 买入一篮子股票的成交金额 + 费用(无印花税) + 申购现金替代金额 + 申购费用 \pm 预估现金差额$$

$$实际收益 = 卖出 ETF 的成交金额 - 费用 - 交易成本 \pm 替代退补款金额(T 日无法知道) \pm 实际现金差额与预估现金差额的差值(T 日无法知道)$$

(3) 瞬时套利的风险。瞬时套利的部分风险在于套利时无法预知的实际现金差额与预估现金差额的差值。这部分现金的产生是由于 ETF 申赎规则。ETF 每天会公布申购赎回清单,里面有一篮子股票组成及现金差异部分。现金差异的产生主要是由于申购赎回清单一篮子股票里的成分股股数经过计算取整,与实际股数有一定差异,所以需要用一些现金来补平。

预估现金差额和实际现金差额均是现金差异部分。不同的是,预估现金差额是对未来一日现金差异的估计值,实际现金差额是当日现金差异的实际值。

预估现金差额的计算公式为:

$$T 日预估现金差额 = T - 1 日最小申购赎回单位的基金资产净值 - (申购赎回清单中必须用现金替代的固定替代金额 + 申购赎回清单中可以用现金替代成分证券的数量与 T - 1 日经除权调整的收盘价乘积之和 + 申购赎回清单中禁止用现金替代成分证券的数量与 T - 1 日经除权调整的收盘价乘积之和)$$

实际现金差额的计算和预估现金差额类似,只不过预估现金用的是前日收盘价,现金差额用的是当日收盘价。

溢价套利时还有部分风险来自申购股票篮子可能产生的替代退补款金额,这是由于 ETF 申购时可以以现金代替股票篮子中的部分证券(分为现金替代和固定替代),这部分股票由基金管理人代为购买,而实际产生的购买成本在申购时是未知的。

此外,瞬时套利的风险还在于 ETF 二级市场的流动性和篮子股票流动性,特别是 ETF 的二级市场流动性较差时,可能会造成比较大的冲击成本。

六、可转换债券套利

(一) 套利原理

可转换债券中的转换平价是假设可转债立即转股能够获得的股票的价值,是可转债的价格基准。转债价格大于转换平价称为可转债溢价,转债价格小于转换平价称为可转债折价。转股权是美式期权,因为包含了期权的时间价值,因此理论上可转债价格应该高于转换平价，即可转债天然存在溢价。但在实际交易中，可转债价格偶尔会小于转换平价，出现可转债折价现象，会出现套利机会：理论上可以买入转债，同时卖空股票，锁定收益。

可转债相对于转换平价的折溢价程度一般用转股溢价率来衡量，公式如下：

$$转股溢价率 = (转债价格 - 转换平价)/转换平价$$

可转债折价，即转股溢价率为负值。

可转债在转股期和非转股期的折价表现可能不同。在转股期内，由于转债价格波动，可能会出现折价的情况，但一般折价幅度较小，负转股溢价率程度较低，持续时间较短，收敛迅速。而未进入转股期时，可转债折价时有发生，一般折价幅度较大，负转股溢价率程度较高，持续时间较长，可以形成套利机会。

（二）套利案例

1. 套利回测框架

未进入转股期的可转债出现较大折价时，随着可转债进入转股期，折价会迅速收敛，因此可以进行折价套利。由于可转债未进入转股期，不能立即转股，为了锁定折价收益，在买入可转债的同时，融券卖空股票，等到可转债进入转股期时，可转债转股后归还股票，实现套利。

回测设置如下：

(1) 样本：2006 年 1 月 1 日至 2018 年 10 月 9 日的所有未进入转股期的可转债。

(2) 买卖操作：若转股溢价率<λ(用于回测的参数)，则买入该可转债，同时融券卖出正股，持有至转股期第一天，可转债转股后归还融券股票。

(3) 参数设置：假设融券利率为 10.6%，资金成本比率为 5%，融券保证金比例为 50%，手续费率为 0.08%，转债交易手续费为 0.1%。

(4) 收益计算：

$$买卖收益 = 股票价格 \times 股票数量 - 转债价格 \times 转债数量$$

$$融券保证金 = 股票价格 \times 股票数量 \times 融券保证金比例$$

$$融券利息 = 股票价格 \times 股票数量 \times 融券利率 \times 时间$$

$$套利成本 = 转债价格 \times 转债数量 + 融券保证金 + 融券利息 + 资金成本 + 手续费$$

$$折价套利收益率 = (买卖收益 - 融券利息 - 资金成本 - 手续费)/套利成本$$

以万信转债(见图 15-13)为例。2018 年 2 月 27 日开始，万信转债持续折价，转股溢价率持续为负值，甚至达到了－16%的水平。2018 年 6 月 25 日，万信转债进入转股期，转股溢价率收敛到 0 附近。因此如果提前买入万信转债，卖空正股万达信息，可以获得可转债折价收益。

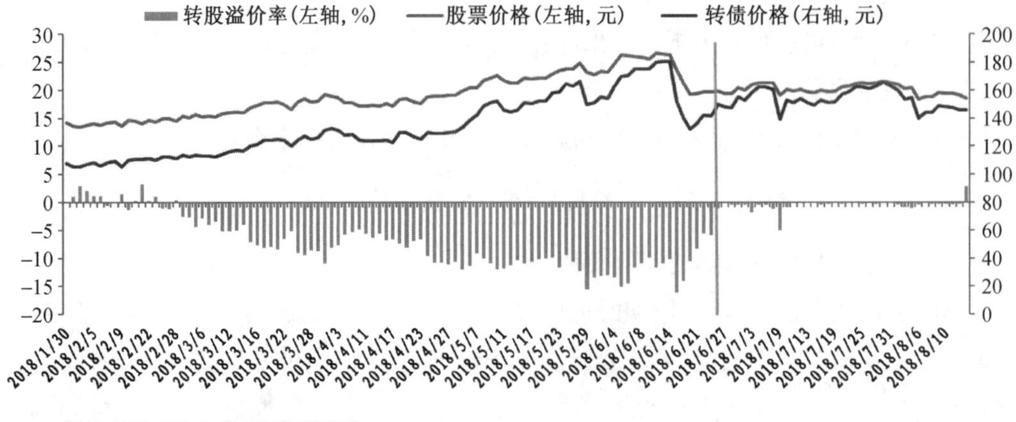

数据来源：Wind,东吴证券研究所。

图 15-13 万信转债折价案例

2018 年 6 月 15 日,万信转债出现较大折价,其转股溢价率为−16.10%,当可转债到达转股期时转股溢价率会收敛,因此对万信转债进行折价套利：以 152.01 元买入 1 手万信转债,同时融券卖空 77 股万达信息(假设可以卖 77 股股票),万达信息价格为 23.68 元。持仓至转股期第一天(2018/6/25),万信转债转股后获得 77 股万达信息,偿还融券股票。

根据上述公式,买入可转债卖出股票的收益为 303.26 元,融券利息为 5.37 元,资金成本为 3.38 元,手续费为 2.98 元,套利收益为 291.53 元,套利成本为 2 443.51 元,因此,可转债折价套利收益率为 11.93%。

表 15-5 万信转债折价套利收益

	转债价格	股票价格	转股价	转股比例	转股溢价率
2018/6/15	152.01	23.68	13.07	7.65	−16.10%
2018/6/25	144.99	19.76	13.07	7.65	−5.91%
买卖收益	23.68×77−152.01×10			303.26	
融券利息	23.68×77×10.6%×10/360			5.37	
资金成本	(152.01×10+23.68×77×50%)×5%×10/360			3.38	
手续费	23.68×77×0.08%+152.01×10×0.1%			2.98	
套利收益	303.26−5.37−3.38−2.98			291.53	
套利成本	152.01×10+23.68×77×50%+5.37+3.38+2.98			2 443.51	
套利收益率	291.53/2 443.51			11.93%	

数据来源：Wind,东吴证券研究所。

2. 套利回测结果

首先来看不同λ水平下,可转债折价套利的收益情况。如图15-14所示,当λ远大于0时,可转债折价套利策略出现亏损,此时大部分可转债不是折价状态,不应该进行折价套利;当λ小于1%时,可转债折价套利策略开始出现正的平均收益,并且λ水平负值越高,可转债折价套利策略的平均收益越高,并且策略的胜率也越高。当λ=－6%时,折价套利策略的胜率达到了100%,即转股溢价率<－6%时,折价套利策略都能够实现盈利。

虽然转股溢价率越负,平价收益率越高,但转股溢价率达到较大负值的次数也相应地越少,折价套利策略的整体收益也会相应减少,因此需要对策略的整体收益进行衡量。

如图15-14所示,纵轴为套利次数×收益率(中位数),由于每次套利的持有期不同,收益率不能直接平均,为了衡量套利策略的整体收益,假设每次套利都能够实现收益率中位数的水平。从图15-14可以看出,当λ=－3%时,可转债折价套利的整体收益最高,策略的胜率也达到了85.82%,有较大的盈利概率。

由于在买入转债、卖空股票时基本上锁定了收益,将每次收益均摊到持有期,从而给出不同λ水平下转债折价套利的收益曲线。从图15-14可以看出,当λ=－3%时,可转债折价套利的收益最高,从2006年至2018年10月9日实现了1 295.29%的收益,年化收益率达到了104.39%。

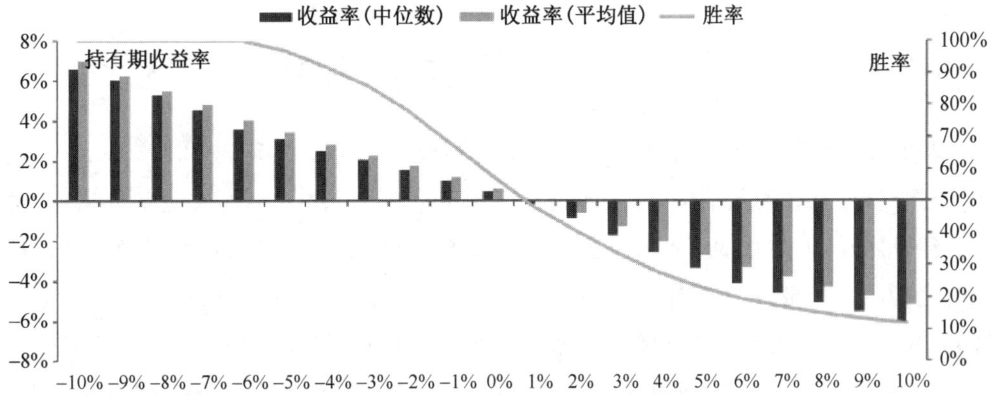

数据来源:Wind,东吴证券研究所。

图15-14 不同λ水平下可转债折价套利收益(非转股期)

七、长期资本管理公司(LTCM)的案例

长期资本管理公司(LTCM)是华尔街的一个传奇,与量子基金(Quantum Fund)、老虎基金(Tiger Fund)、欧米茄基金(Omega Fund)并列国际四大对冲基金,公司从创

立到最后清盘，总共只有六年，但完整走过了诞生、崛起和陨落的全过程。

20 世纪 70 年代中期以来，布雷顿森林体系破裂，各国推行金融自由化政策，利率管制放松，金融创新活跃。1972 年外汇期货推出，1975 年利率期货由芝加哥期货交易所推出，并迅速发展，利率、汇率等金融资产的价格波动性增强，套利交易等数量化的交易方式迅速兴起。1977 年，著名交易员约翰·麦利威瑟(John Meriwether)在所罗门公司建立了套利部门，主要从事债券套利活动。到了 20 世纪 80 年代，随着大量金融创新工具的涌现和各国金融管制的放松，对冲基金开始兴盛起来，声名鹊起，规模扩大，业务拓展。

1991 年，麦利威瑟从所罗门兄弟公司辞职。1994 年 2 月，麦利威瑟东山再起，创办了长期资本管理公司(LTCM)。成立之初，公司总共拥有 11 位合伙人、30 多位交易员和其他员工，共募集资金 12.5 亿美元。公司核心人物除了他在所罗门兄弟套利团队的精英成员，还包括两个特别的合伙人，一个是迈伦·斯科尔斯(Myron Scholes)，另一个是罗伯特·默顿(Robert Merton)。这两位与费希尔·布莱克(Fischer Black)一起，建立了期权定价公式 B-S 模型，并因此获得诺贝尔经济学奖，是数量金融方面的天才人物。此外还包括美国前财政部副部长及联储副主席戴维·马林斯(David Mullins)、前所罗门兄弟债券交易部主管罗森菲尔德(Eric Rosenfeld)，公司团队可谓梦之队。

长期资本管理公司的盈利模式就是套利。通过运用金融学的基本理论和海量的历史数据，长期资本管理公司能够发现不同证券之间的关系及其变动规律。当不同证券之间的价差达到不合理的地步时，长期资本管理公司就买入定价偏低的、卖出定价偏高的，待到价差回复到合理水平时获利出货。

1994-1996 年，长期资本管理公司的投资回报率分别为 28.5%、42.8%、40.8%，远远超过了普通基金的回报率，在华尔街声名鹊起。1997 年，亚洲爆发金融危机，金融机构经营困难，但是长期资本管理公司仍然获得了 17.1%的投资回报率。净资产也从成立之初的 12.5 亿美元上升为 1997 年底的 77.68 亿美元，净增长 6.214 倍，1997 年年底公司以 1994 年投资 1 美元派 2.82 美元红利的高回报退还了原始投资人 27 亿美元的资金，只保留 48 亿美元继续操作，但公司并未减少任何头寸，仅提高杠杆比率而已。1997 年年底公司总计向各金融机构借贷了将近 1 250 亿美元，财务杠杆比例高达 26 倍。更为严重的问题是，他们签订了数以千计的金融衍生工具合约，这些合约又在华尔街几乎每一家银行层层扩散，加上这些合约所涉及的总金额达到 1.25 万亿美元，杠杆比例高达 300 倍。然而长期资本管理公司虽然每月公布基金净值，但是基金投资标的从不公之于世，是最高机密。华尔街长期以来一直忽略了长期资本管理公司飞速增长的资产总额和财务杠杆比例。而且长期资本管理公司缺乏“透明度”，美林证券曾表示直到1998年9月21日，他们才对公司的持仓规模和利用财务杠杆的程度有了一个比较完整的了解。在争夺服务费的过程中，华尔街的银行和金融机构对于长期资本管理公司的整体融资规模和财务杠杆不甚了解，对于事情的全貌缺乏清晰认知，这也为后来危机的爆发埋下了伏笔。

长期资本管理公司的商业模式就是套利，其经常使用的两个投资策略，一个是收敛交易(Convergence Trading)，还有一个是动态对冲(Dynamic Heading)。收敛交易又被称作相对价值套利(Relative Value Hedging)，是指对交易证券建立一个相反并且相互抵消的头寸，两种交易证券的价差如果按预期方向变化，那么获得的利润将会十分可观。动态对冲是指对冲过程中不断地调整手中的对冲头寸以使其与整个投资组合风险相匹配，从而使对冲者总的风险相对固定。"相对价值套利"的一个重要特点就是极高的杠杆率。

套利虽然会给套利者带来可观的利润，但也伴随着一个"问题"，即套利提高了市场效率，但同时更加深了接下来套利的难度。金融市场的环境越来越好、效率越来越高，带来的改观就是市场异常的情况变得更加难以捕获，而且转瞬即逝。随着套利行业竞争变得激烈，套利的方式、模型都很容易受到新的方式的竞争，最终导致套利利润的减少。

当时几乎所有的华尔街投资银行都已逐步进入对冲套利领域，大多数还设立了专门的套利部门，长期资本管理公司的操作方式迅速被竞争对手所模仿，利差套利空间一旦出现，会马上被吞噬干净，长期资本管理公司自身盈利压力加大，LTCM只能将杠杆率继续放大，并且不得不一步步进入风险更大的领域，比如股票套利以及新兴市场投资，这不可避免地会增加风险。

LTCM在日常的经营操作中利用数学建模寻找价格偏离产生的套利空间，并通过对冲机制来规避潜在的风险。在发生危机之前，LTCM主要的投资组合包括抛售德国政府债券，大量增持意大利、丹麦、希腊等国的政府债券。这样做是因为欧元区的启动会使得加入欧盟的各个国家之间政府利息差逐渐减少，增持意大利、丹麦、希腊等国的政府债券可以从中增加利息收入。这一投资组合在1996年可谓是大获成功，为LTCM带来了不菲的利润。

1997年的东南亚金融危机后，LTCM发现美国国内的高风险公司债券与国库券的息差一直在扩大，甚至达到有史以来的高点，在长期资本管理公司等对冲基金看来，这个不正常现象是再一次获利的良好机会，长期资本管理公司认为这两者之间的息差一定会缩小。1998年初，LTCM认为日元利息过低，俄罗斯国债利率较高，美国债券价格已经居于高位，随着欧元即将推出，欧洲各国债券的利息差距必然会收缩。因此，长期资本管理基金借入日元，转购俄罗斯债券，卖出美国债券；购入价格较低的意大利、希腊等国的债券，同时卖出价格较高的德国债券。为了进行这些活动，基金运用金融衍生工具的杠杆效应，频繁调动资金。LTCM一直在实践这种策略和套利模型，并屡次取得成功，也是完全按照市场中性策略进行操作，根据历史经验，这是低风险的。但是1998年8月作为石油出口大国的俄罗斯，受到国际原油价格下跌的影响，国内经济水平恶化，同时伴随着政局的动荡，俄政府采取了非常行动，宣布停止国债交易，政府停止国债的偿付，将1999年底将要到期的国债全部调整为3—5年期的债券，对于国外投资者的贷款逾期90天偿付。同时，俄罗斯突然宣布实行大区间浮动汇率制（1美元兑换6.0—9.0卢布），进而直接导致卢布剧烈贬值，引发国际间信用风险，造成国际间金融市场动荡。投资者避险欲望增强，纷纷抛出高风险的美国公司债券和南欧各国债券，将手中俄罗斯市场的债券，连同新兴市场国家的债券一起抛售，迅速撤离了新兴国家的债券市场，转而持有安全性高的美国国库券和德国国债，这使得低风险债券与高风险债券之间的息差，不但没有缩小，反而不断扩大，使长期资本管理公司预期的利差缩小不但没有发生反而扩大，如意大利和德国的利差大幅扩大，LTCM套利策略损失非常惨重。

受到新兴市场债券价格暴跌的影响，美国道琼斯指数大跌514点，美股发生灾难式大跌。俄罗斯政策引发的突如其来的世界金融市场的剧烈波动，让LTCM和其他的金融行业管理者措手不及，完全超出了LTCM的预期，也成为危机必然发生的一个导火索。金融市场的异常波动使得LTCM原有的数据模型已经不再适合当时的经济环境，其数学计量模型在这样的情况下已经不再适用，因此LTCM遭受的巨额损失远远超过模型估算的损失，模型中的隐含假设也不再适用。连锁反应发生，从1998年5月到9月全线溃败，这短短150天时间里，长期资本管理公司亏损43亿美元，其净值下降90%，自有资金仅剩5亿美元，已经走向破产边缘。在美联储出面组织下，以美林、高盛等为首的14家大银行组成银团，注资36.65亿美元购买了长期资本管理公司90%的股权，共同接管了该公司。

本章小结

本章对金融市场中常见的套利策略，即股指期货跨期套利、跨品种套利、跨市场套利、配对交易、ETF套利、可转债套利等进行了案例说明。对套利策略的逻辑、执行细节、收益和风险都进行了比较详细的说明。通过本章的学习，可以较为系统地了解当前金融市场中的主要套利策略。

关键词

股指期货(Stock Index Futures)　　商品期货(Commodity Futures)

跨期套利(Inter-period Arbitrage)
跨品种套利(Cross-species Arbitrage)
跨市场套利(Cross-market Arbitrage)
配对交易(Pairs Trading)
ETF 套利(ETF Arbitrage)
可转债套利(Convertible Bond Arbitrage)

思考与练习

1. 简要说明股指期货跨期套利的原理。
2. 进行国内期指的跨品种套利,需要注意哪些事项?
3. 对投资标的进行配对交易的前提是什么?
4. 简述 ETF 折价套利的原理。
5. 为何在转股期之后市场上有些可转债的折溢价依然存在?
6. 从长期资本管理公司破产的案例中,可以总结出什么样的经验?
7. 一般执行套利策略的风险有哪些?
8. 试举例说明期权波动率套利。
9. ETF 瞬时套利的风险点有哪些?
10. 简述套利策略的类别,举某个策略谈谈你的看法。

参考文献

[1] Bolgun, Evren, Kurun, Engin, Guven, Serhat. Dynamic Pairs Trading Strategy For The Companies Listed In The Istanbul Stock Exchange. 2009.

[2] Robert Jarrow, Melvyn Teo, Yiu Kuen Tse, Mitch Warachka. Statistical Arbitrage and Market Efficiency: Enhanced Theory, Robust Tests and Further Applications.

[3] 韩广哲,陈守东.统计套利模型研究——基于上证 50 指数成分股的检验[J]. 数理统计与管理,2007(5).

[4] 王伟峰, 刘阳. 股指期货的跨期套利研究——模拟股指市场实证[J].金融研究,2007(12).

[5] 中信证券—股指期货专题研究: 跨期价差分析与跨期套利研究.

[6] 兴证期货—股指期货专题研究之跨品种对冲策略.

[7] 广发证券—FICC 业务系列报告之三: 商品期货跨市场套利解决方案.

[8] 中金公司—配对交易的盈利区间: 统计套利.

[9] 东吴证券—可转债研究系列六: 发现价格异动捕捉转债套利机会.

[10] 中信建投证券—策略动态报告: 以史为鉴评桥水基金爆仓传言.

第十六章　期权投资策略

引言

近几年随着利率市场化进程的不断推进，银行间存贷款业务的竞争日趋激烈，存贷款利差日益缩小。为了开拓利润增长点，各个银行都竞相推出新产品以吸引客户。一家银行最近推出了一种保本债券。这类债券的本金没有任何风险，可以保证投资者在债券到期后收回本金。除此之外，该债券的收益可以和股票指数、大宗商品或其他风险资产的收益挂钩。如果所挂钩的风险资产表现较好，投资者可获得相应的收益。那么银行如何对这类债券进行定价，又如何规避对应的风险呢？另外，近年来越来越多的公司在资本市场上发行可转债。这类债券一方面和普通债券一样，定期发放利息，到期偿还本金；另一方面，也允许持有人在满足一定条件的情况下，将所持有的债券转换成对应的普通股。为什么公司要发行可转债？和持有普通债券相比，可转债的持有人面临的风险和收益有何不同？可转债应该如何定价？在这一章内，我们将讨论将期权与其他资产相结合的交易策略，包括期权与零息债券、期权与标的资产以及同一标的资产上的两个或更多期权等。其次，与股票相比，期权面临着更大的投资风险，我们随后讨论如何度量与管理期权头寸的各类特定风险。最后，以可转债为例，本章还将讨论如何对期权与其他资产的投资组合进行定价。

第一节　期权交易策略

一、包含单一期权的交易策略

我们在第十章已经介绍过，期权有两种基本类型：看涨期权和看跌期权。两种类型和买卖方向组合起来就有四种基本交易策略：看涨期权多头(Long Call)，看跌期权多头(Long Put),看涨期权空头(Short Call)以及看跌期权空头(Short Put)。

(一) 看涨期权多头与看涨期权空头

在以下讨论中,我们假设期权的标的资产为股票,看涨期权的价格为 C,看跌期权的价格为 P,期权的执行价格为 K,期权到期时的股票价格为 S,所讨论的盈利均指期权到期时的盈利。

看涨期权多头指的是买入看涨期权,与之相反,看涨期权空头是指卖出看涨期权,也可称为看涨期权承约(Writing a Call Option)。从图 16-1(a)中我们可以看出:看涨期权多头在股票价格 $S=K+C$ 处利润为 0;当 $S>K+C$ 时,期权持有者享有利润 $S-K-C$;当 $S<K$ 时期权持有者将会放弃期权的执行,遭受的损失为期权费 C。从图 16-1(b)可看出看涨期权空头的收益图正好是看涨期权多头的收益图的镜像。这种对称可通过期权交易(忽略交易成本)为零和游戏的事实来解释,即期权交易赢者的利润正好是输家的损失。看涨期权多头预期股票价格会上升,同时又担心预测会失败,因而购买看涨期权。而看涨期权空方则认为股票价格至多在较小范围波动或者仅是轻微上升(不会超过所得到的期权费),其出售看涨期权的目的是为了赚取期权费。

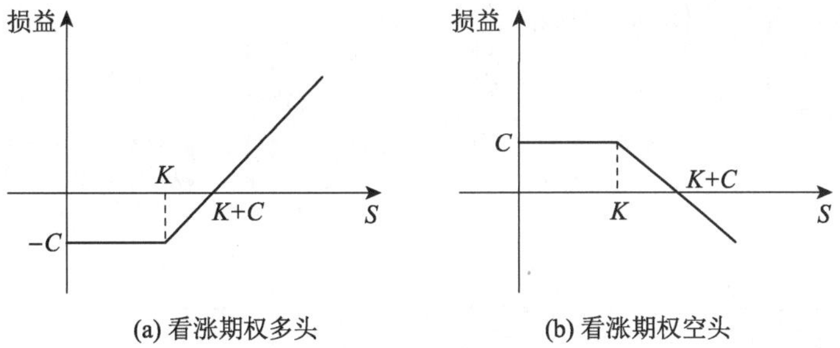

图 16-1 看涨期权多头与看涨期权空头

(二) 看跌期权多头与看跌期权空头

类似的,看跌期权多头是指买入看跌期权,而看跌期权空头是指卖出看跌期权。从图 16-2(a)中我们容易发现看跌期权多头的损益情况。在股票价格 $S=K-P$ 处,期权持有者利润为 0,处于盈亏平衡;当 $S<K-P$ 时期权持有者享有利润 $K-S-P$;当 $S>K$ 时期权持有者遭受的损失为期权费 P。看跌期权空头的损益情况如图 16-2(b)所示,正好与看跌期权多头相反,其最大收益不超过期权费 P。看跌期权多头预期股票价格会下跌,而空头方则认为股票价格不会下跌或仅略微下跌(下跌幅度不会超过期权费 P),因而出售看跌期权以获得期权费。

二、单一期权与股票的组合策略

我们可以通过构造包含期权与股票的投资组合来满足不同的投资需求。例如,假

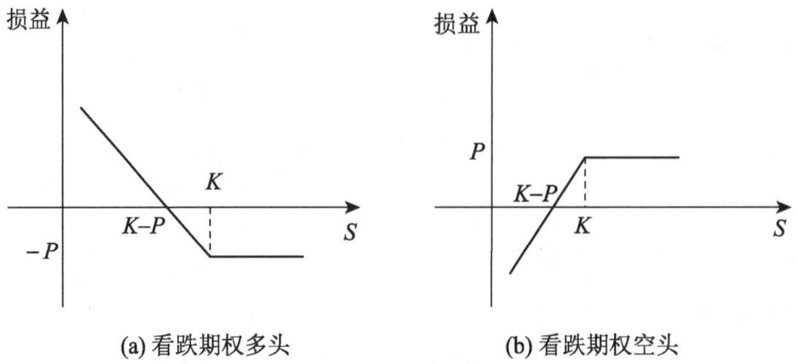

图 16-2　看跌期权多头与看跌期权空头

设投资者看好一个股票，欲买入该股票，但又担心自己判断失误，股价下跌而导致损失。此时他可以通过买入股票，并同时买入看跌期权来止损。股票多头提供了从股价升值中获得利润的机会，而看跌期权则限定了价格下跌带来的损失。即使股价下跌，也只是至多损失了有限的期权费。在这里看跌期权起到了类似保险的作用，因此这一交易策略又被称为保护性看跌期权(Protective Put)。股价和期权的损益情况如图16-3(a)所示，组合的总体损益如图16-3(b)所示。

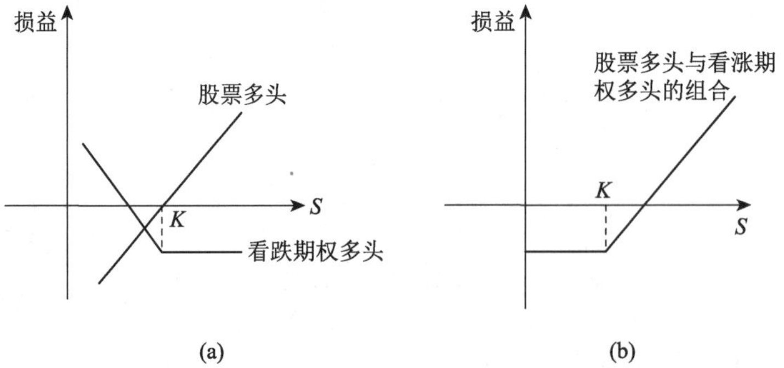

图 16-3　股票多头与看跌期权多头

与之相类似，假设投资者预计股价会下跌，欲卖出股票，但又担心判断失误，股价上涨带来损失，此时可通过卖出股票及买入看涨期权来限定损失。这样的股票空头与看涨期权多头的组合可在股价下跌时带来收益，而在股价上涨时至多损失看涨期权的费用。除此之外，还有股票多头与看涨期权空头的组合，又称之为备保看涨期权承约(Writing a Covered Call)，这里的股票多头起到了“掩护”看涨期权空头的作用，使其免遭股票价格急剧上涨带来的损失。还有一种交易策略和保护性看跌期权正好相反，即持有股票空头与看跌期权空头(这种策略满足什么投资需求?)。这几种交易策略的损益图形请读者作为练习自行给出。

三、单一期权与零息债券的组合策略

在引言中我们提到了保本债券。该债券的诱人之处是投资者能够在本金无虞的情况下，建立对风险资产的头寸。投资者能够享受到风险资产增值所带来的收益，而可能发生的最坏情况是失去赚取债券期限内初始投资的利息机会。

[例 16-1][①]　假设 3 年期的连续复利利率为 6%。这表明 3 年后的 1 000 元在今天的现值为 $1\,000e^{-6\%\times 3}=835.27$(元)。1 000 元与 835.27 元的差额是 164.73 元。假设一个股票组合现在的价值是 1 000 元，股息率为 1.5%，再假设我们可以按低于 164.73 元的价格买入以这个股票组合为标的、执行价格为 1 000 元的 3 年期欧式看涨期权(由布莱克—斯科尔斯期权定价公式可以计算出当波动率为 15%时，该期权的价格为 163.94 元)。一家银行可以向客户提供包含以下价值为 1 000 元的产品：

(1) 面值为 1 000 元的 3 年期零息债券；

(2) 此股票组合上的 3 年期平值欧式看涨期权。

如果股票组合的价值在 3 年后增长，例如增长到 1 500 元，那么投资者可获得 1 500 元(这是因为零息债券的收益是 1 000 元，正好等于期权的执行价格)。如果 3 年后股票组合的价值小于 1 000 元，则期权将没有价值，投资者可获得在零息债券上的收益，即 1 000 元的本金。

在该例中，银行的收益为 164.73－163.94＝0.79(元)。注意银行相当于从市场上以 835.27 元的价格买入 3 年期面值为 1 000 元的零息债券以及以 163.94 元的价格买入该股票组合 3 年期的平值欧式看涨期权，然后以 1 000 元的价格将这两个产品的组合卖给客户，银行所赚取的是无风险的差价。

在市场上有很多与例 16-1 所述类似的产品，例如收益和原油或者黄金等大宗商品的价格挂钩的保本理财产品等。如果投资者认为未来资产价格将会下跌，那么他可以购买由零息债券与看跌期权组成的保本债券，在到期时的收益是 1 000 元加上看跌期权的收益。

从个人投资者的角度看，保本债券是否合算呢？当推出保本债券时，银行总是要首先考虑自己的盈利，因此在例 16-1 中，零息债券加上看涨期权的费用不会高于 1 000 元。此外，尽管银行违约的可能性很小，但投资者仍要承担银行可能无法支付保本债券收益的风险(在 2008 年当雷曼兄弟公司倒闭时，有些投资者在雷曼发行的保本债券上遭受了此类损失)。因此，在某些情况下，更好的做法是投资者不通过银行，而是自己购买标的资产的期权和零息债券。但在多数情况下，个人投资者将面临更大的

---

①　本章中期权交易策略的例题改编自《期权、期货及其他衍生产品》(原书第 10 版)，约翰·赫尔著，王勇、索吾林译，机械工业出版社 2018 年版。

交易成本，而且在债券上能获得的利息可能更低。因此银行有可能在保证自己盈利的情况下，仍可能给投资者带来更好的收益。

现在从银行的角度讨论保本债券。例 16-1 所提到的保本债券的可行性依赖于利率水平和股票组合的波动率。如果利率是 3%而不是 6%，那么银行仅有 $1\,000-1\,000\times e^{-0.03\times3}=86.07$(元)的资金购买看涨期权。如果利率是 6%，但波动率变为 25%而不是 15%，那么期权的价格将是 220 元。在这两种情况下，例 16-1 的产品都无法使银行盈利。但是，银行仍然可以构造可以有盈利的 3 年期产品。例如，银行可以提高期权的执行价格，使得比如只有股票组合价格增长达到 15%以上的投资者才会获利；可以将投资者的收益封顶；可以使投资者的收益依赖于股票组合的平均价格(而不是满期时的价格)；可以确定一个使得期权失效的股票组合的价格水平等。在本章的后面部分将会讨论这里涉及的一些衍生产品及交易策略(例如对期权加封顶对应于本章后面讨论的牛市差价期权策略)。

当利率较低时，银行常常可以通过延长保本债券的期限来获得更大的盈利。在例 16-1 中，如果其他条件都不变，而利率是 3%，则银行可用来购买期权的资金为 $1\,000-1\,000\times e^{-0.03\times20}=451.19$(元)，20 年期限的平值欧式看涨期权的价格大约为 269 元。显然这时银行的盈利空间要大得多。

四、包含多个期权的交易策略

(一) 差价(Spread，又称价差)

期权差价交易是指在买入一种期权的同时卖空同类型期权(例如同时买入和卖出看涨期权，或者同时买入和卖出看跌期权)，但各期权的执行价格不同或期限不同的交易行为。差价交易组合中若各期权只有执行价格不同而到期日一样，称为垂直差价交易策略。若组合中各期权只是到期日不同而执行价格都一样，称为水平差价交易策略，又称为时间差价交易或日历差价交易。若组合中各期权有到期日和执行价格都不一样的，称为对角差价交易。以下重点介绍常见的牛市或熊市差价交易和日历差价交易。

1. 牛市差价(Bull Spread)

牛市差价交易是垂直差价交易中的一种类型，即买入一种类型期权的同时，再卖出同一股票的同类型但执行价格不同的期权的交易行为。牛市差价的投资者认为股票价格将会上涨，因此买进较低执行价格的看涨期权并同时卖出较高执行价格的看涨期权的投资组合。图 16-4 描述了牛市差价交易的损益情况。该策略对持有者的潜在最大风险是支付的期权费；潜在的最大利润是高执行价格减低执行价格减净支付的期权费。其盈亏平衡点为较低的执行价格加净支付的期权费。

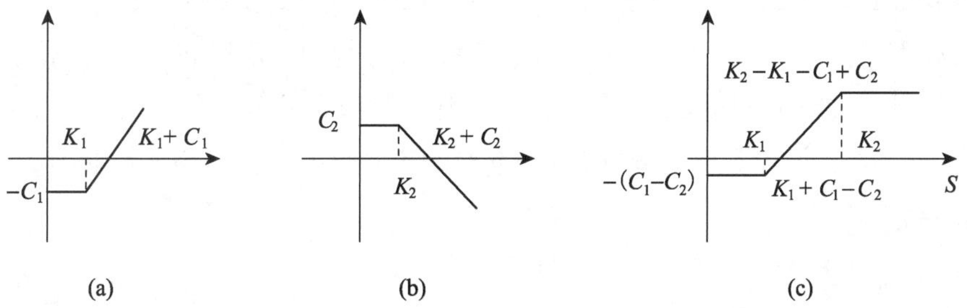

图 16-4　牛市差价交易

对看涨期权而言，若执行价格较低，则期权费较高；反之，若执行价格较高，则期权费较低。所以在牛市差价交易中，投资者所付出的期权费必多于其收取的期权费，从而发生期权费的净支出。同时，对看涨期权而言，若市场价格高于执行价格，期权将被执行；若市场价格低于执行价格，期权将被放弃。因此，在牛市看涨期权差价中，若市场价格等于或低于较低执行价格时，买进的期权和卖出的期权均将被放弃，故投资者在这种情况下发生的期权费净支出，将成为其从事这一差价交易的最大损失。相反，若市场价格等于或高于较高的执行价格时，则投资者将可获得最大利润。这是因为当市场价格高于较高执行价格时，投资者虽然可在执行其买进的期权中获得利润，但他同时又因对手方行使其卖出的期权而发生相应亏损。所以若市场价格在涨至较高执行价格之后继续上涨，投资者从这种上涨中增加的利润将正好被这种上涨所造成的支付给对手方的费用所抵消。

由此可见，在牛市差价交易中，投资者的最大利润与最大损失都是有限的且是已知的。如果我们以 MP 表示最大利润，ML 表示最大损失，BP 表示盈亏平衡点，S_T 表示股票在到期日的市场价格，K_1 表示较低执行价格，K_2 表示较高执行价格，C_1 和 C_2 分别表示较低协定价格和较高协定价格期权的期权费。则(1)投资者可能获得的最大利润为两个执行价格之差减去两个期权费之差，即当 $S_T > K_2$ 时，有 $MP=(K_2-K_1)-(C_1-C_2)$。(2)投资者可能受到的最大损失为两个期权费之差，即当 $S_T \leqslant K_1$ 时，$ML=C_1-C_2$。(3)盈亏平衡点的价格为较低执行价格加上两个期权费之差，即 $BP=K_1+(C_1-C_2)$。表 16-1 给出了不同股价水平下的牛市差价的收益。

表 16-1　　牛市差价的盈利

股票价格范围	看涨期权长头寸盈利	看涨期权短头寸盈利	整体盈利
$S_T \leqslant K_1$	$-C_1$	$+C_2$	$-(C_1-C_2)$
$K_1 \leqslant S_T \leqslant K_2$	$S_T-K_1-C_1$	$+C_2$	$S_T-K_1-(C_1-C_2)$
$S_T > K_2$	$S_T-K_1-C_1$	$K_2-S_T+C_2$	$K_2-K_1-(C_2-C_1)$

牛市差价限制了投资者的收益，但同时也控制了损失的幅度。这一策略可表述为：投资者拥有一份执行价格为 K_1 的看涨期权，同时通过卖出执行价格为 $K_2(K_2>K_1)$ 的看涨期权而放弃了股票上升时的潜在盈利。作为对放弃潜在盈利的补偿，投资者获得了执行价格为 K_2 的期权的价格收入。在市场上有三种不同类型的牛市差价：

(1) 两份看涨期权最初均为虚值期权；

(2) 一份看涨期权最初为实值期权，另一份看涨期权为虚值期权；

(3) 两份看涨期权最初均为实值期权。

第一种牛市差价最为激进，这一策略的成本很低，但收到高收益的概率也很小。当我们从类型(1)变为类型(2)或类型(3)时，牛市差价逐渐趋于保守。

［例 16-2］ 假设当前股价为 35 元。某投资者以 2 元的价格买入一份 3 个月期限、执行价格为 40 元的欧式看涨期权，同时以 1 元的价格卖出了一份 3 个月期限、执行价格为 45 元的欧式看涨期权。如果 3 个月后，股价高于 45 元，则该策略的盈利为 4 元；如果股价低于 40 元，则该策略亏损 1 元；如果股价介于 40 元到 45 元之间，则盈利为股票价格与 40 元之差再减去 1 元。很显然，该例属于类型(1)的牛市差价。

牛市差价也可以通过买入较低执行价格的欧式看跌期权和卖出较高执行价格的欧式看跌期权构造而成。与采用看涨期权构造需要支付初始投资不同的是，用看跌期权构造牛市差价会给投资者在最初时带来一个正的现金流，但将来的收益为负或 0。

2. 熊市差价(Bear Spread)

进行牛市差价交易的投资者希望股票价格上升。与此相反，熊市差价交易的投资者则希望股价下跌。熊市差价交易可通过买入较高执行价格的看跌期权并同时卖出较低执行价格的看跌期权来构造。较高执行价格的看跌期权的费用要高于较低执行价格的看跌期权的费用，因此熊市差价交易在构造时会有现金流的支出。当股价低于较低执行价格时，投资者可获盈利，当股价高于较高执行价格时，两个期权都不会被行使，此时投资者的亏损为两个期权费用之差。表 16-2 给出了不同股价水平下的熊市差价的收益。请读者自行绘制熊市差价的损益图。

表 16-2　　　　熊市差价的盈利

股票价格范围	看跌期权长头寸盈利	看跌期权短头寸盈利	整体盈利
$S_T \leqslant K_1$	$K_2-S_T-P_2$	$S_T-K_1+P_1$	$K_2-K_1-(P_2-P_1)$
$K_1 \leqslant S_T \leqslant K_2$	$K_2-S_T-P_2$	$+P_1$	$K_2-S_T-(P_2-P_1)$
$S_T>K_2$	$-P_2$	$+P_1$	$-(P_2-P_1)$

[例 16-3]　投资者以 3 元的价格买入 3 个月期限、执行价格为 45 元的欧式看跌期权，并以 1 元的价格卖出了 3 个月期限、执行价格为 40 元的欧式看跌期权。3 个月期满后，如果股价高于 45 元，则该熊市差价的亏损为 2 元；如果股价低于 40 元，则盈利 3 元；如果股价介于 40 元与 45 元之间，则盈利为 45 元与股价之差再减去 2 元的初始投资。

与牛市差价类似，熊市差价限定了盈利的上限，同时也控制了损失幅度。熊市差价也可以用看涨期权来构造：投资者可以买入一份具有较高执行价格的看涨期权并同时卖出一份具有较低执行价格的看涨期权。这样构造的熊市差价在最初会有正的现金流，但未来的收益为负或 0。

3. 日历差价交易

所谓日历差价交易(Calendar Spread)，也称时间差价(Time Spread)，属于水平差价交易，是指投资者买入期限较长的期权(以下简称远期期权)，同时又卖出期限较短的期权(以下简称近期期权)，以获取差价收益的交易策略。从理论上说，日历差价之所以能获利，主要是因为远期期权与近期期权有着不同的时间价值衰减速度。在正常情况下，近期期权的时间价值要比远期期权的时间价值衰减得更快。之所以如此，是因为期权的时间价值是期权剩余期限的非线性函数。随着到期日逐渐临近，期权的时间价值将以越来越快的速度衰减。如第十章所述，期权费或期权价格由两部分组成：内含价值和时间价值。在水平差价中，投资者买入的期权与卖出的期权有着相同的标的物和相同的执行价格，因此它们的内含价值必然相同。然而投资者买入的期权为远期期权，而卖出的是近期期权，远期期权显然比近期期权有着更高的时间价值。所以在内含价值相等的条件下，远期期权的期权费必高于近期期权的期权费。于是投资者建立水平差价头寸时，将有现金流的净支出。但由于近期期权的时间价值衰减得较快，而远期期权的时间价值衰减得较慢，因而在近期期权到期时，两者的期权费之差将大于期初时的期权费之差。于是投资者若此时予以平仓，则其所得的期权费净收入将大于其建仓时发生的期权费净支出，水平差价的盈利就来源于此。水平差价适用于投资者预期标的资产的市场价格比较稳定的场合。建立水平差价时，一般以买卖平值期权为最好，即执行价格等于股票市场价格的期权。这种期权的内含价值为 0，故期权费仅反映其时间价值，且与其他期权相比，平值期权的时间价值最大。若股票市场价格如预期般稳定，则在近期期权到期时，其仍为平值期权，买方将放弃权利。此时远期期权尚有一定的剩余期限，故仍有一定的时间价值。投资者可继续持有该期权，以期在市场价格发生有利变动时从中获取收益，也可于当时将该期权出售。如果投资者在近期期权到期时将远期期权出售，则因远期期权的时间价值衰减得较慢，他所得的期权费净收入将补偿其建立仓位时发生的期权费净支出而有余。

图 16-5 描述了近期期权到期时刻的多头日历差价交易策略的收益。

（二）组合交易

在以上所述的各种差价策略中，投资者所买进的期权与卖出的期权都属于同一类型期权，即要么都是看涨期权，要么都是看跌期权。下面我们要介绍投资者将看涨期权与看跌期权混合操作的组合交易(Combinations)策略。所谓组合交易策略，是指投资者同时买入或卖出看涨期权和看跌期权。如为同时买入，则称为买入组合；如为同时卖出，则称为卖出组合。根据投资者所买入或卖出的看涨与看跌期权的执行价格是否相同，组合策略又可分为等量同价跨式组合、不等量同价跨式组合与异价跨式组合等。所谓等量同价跨式组合，是指投资者同时买入或卖出相同数量的期限与执行价格都相同的看涨期权或看跌期权；不等量同价跨式组合则是同时买入或卖出不同数量但期限与执行价格都相同的看涨期权或看跌期权；而所谓异价跨式组合，则是指投资者同时买入或卖出到期日相同但执行价格不同的看涨期权与看跌期权。以下主要介绍等量同价跨式和不等量同价跨式组合。

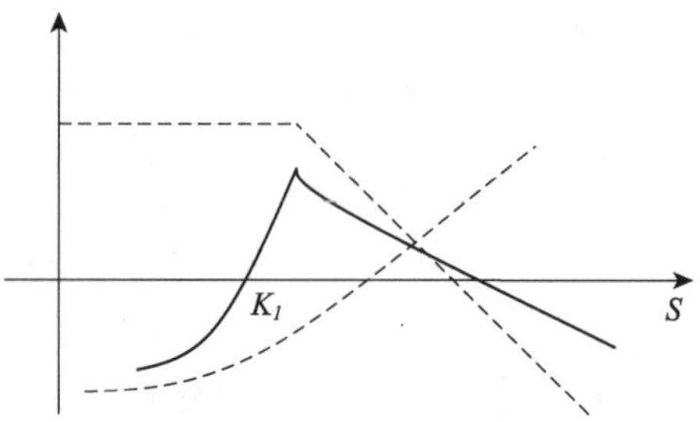

图 16-5 多头日历差价交易

1. 等量同价跨式组合

等量同价跨式(Straddle)是各种组合策略中最常用的一种策略。等量买入同价跨式，是指投资者同时买入相同标的物、相同期限和执行价格的看涨期权与看跌期权，而且所买入的看涨期权和看跌期权的数量是相等的。投资者之所以构造这一交易，是因为他预期股票价格将有大幅变动，但又不能确定变动的方向。建立这一交易后，若股价的变动达到或超过一定的幅度(不论上涨还是下跌)，该投资者可获取利润；若股价变动达不到一定幅度，投资者将损失最初的期权费。可见，投资者在这一交易中是否获利，并不取决于他对未来股价方向的预测是否准确，而是取决于他对未来股价变动幅度的预测是否准确。

图 16-6 所示的是等量买进同价跨式的盈亏图形。图 16-6(b)中与横轴相交的 $K-C-P$ 处表示股票价格下跌时的盈亏平衡点。而 $K+C+P$ 表示股票价格上涨时的盈亏平衡点。很显然，在等量买进同价跨式交易中，股价的波动幅度越大(无论是上涨还是下跌)，则投资者获利越多。从理论上说，股价波动幅度是无限的，因而投资者在这一交易中获利的空间也将是无限的。① 相反，股价波动幅度越小，投资者获利越少。在这种交易中，投资者可能受到的损失是可控的。这种交易的最大损失，是投资

① 严格来讲，股票价格不可能低于 0，因此向下波动是有限的，而向上波动理论上是无限的。

者在建立这一交易时所支付的期权费总额，最大损失将发生于期权到期时股票的价格正好等于期权的执行价格的场合。

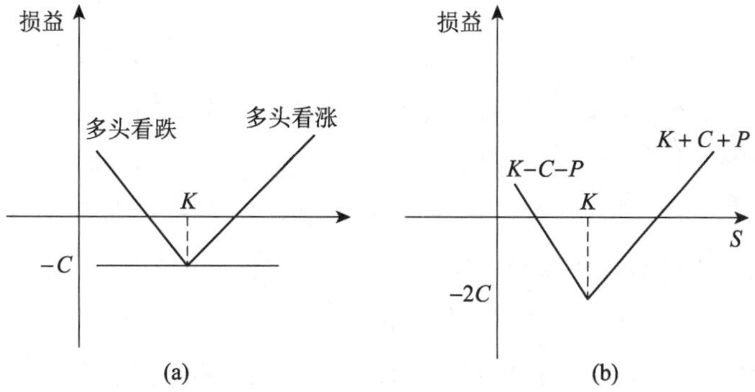

图 16-6　多头等量同价跨式

［**例 16-4**］　假设某公司成为被收购的对象，或者公司卷入了某个法律诉讼，而法律诉讼的结果即将公布。以上两种情况均会造成该公司股票价格大幅波动。这时你应该进行组合交易吗？

看起来此时组合交易是个好的选择。但是，如果你的看法与市场上多数人的看法一致，那么这些看法将会反映在期权价格上。这时该股票上的期权价格要远远高于相似的但预期价格没有大幅波动的其他股票的期权价格。此时，只有当股价的变动超出市场预期时组合交易才能获利。总的来说，如果市场是有效的，那么市场价格已经反映了投资者的观点，要从某种投资策略中获利，你必须同市场其他大多数投资者持有不同的观点，同时你的观点还必须是正确的。

2. 不等量同价跨式组合

不等量同价跨式组合，是指投资者所买入或卖出的看涨期权与看跌期权数量不同。这种不同不外乎以下两种情况：一种情况是投资者买入的看涨期权多于看跌期权，另一种情况是投资者买入的看跌期权多于看涨期权。前一种情况可称为“看涨组合”(Strap)，而后一种情况可称为“看跌组合”(Strip)。从理论上说，无论是看涨组合还是看跌组合，都既可以买入又可以卖出。所以不等量同价组合可分为四种不同的策略，即买入看涨组合(Long Strap)、卖出看涨组合(Short Strap)、买入看跌组合(Long Strip)和卖出看跌组合(Short Strip)。然而从实践中看，因卖出同价组合适用于投资者预期股票市场价格比较稳定的场合，故在一般情况下，等量卖出与不等量卖出没有多大差别。因此不等量同价组合主要是指不等量买入同价组合，即买入看涨组合与买入看跌组合。

所谓买入看涨组合，是指投资者同时买入相同标的物、相同期限和执行价格的看涨期权和看跌期权，但买入的看涨期权多于买入的看跌期权。投资者之所以建立这样的交易，是因为他预期股票市场价格将大幅度上涨或大幅度下跌，但大幅度上涨的可能性较大，大幅度下跌的可能性较小。

图 16-7 所示的是看涨组合多头（即买入看涨组合）的盈亏图形。组合中有两份看涨期权和一份看跌期权。图中(a)和(b)是看涨期权的盈亏图，图(c)是看跌期权的盈亏图，图(d)是它们的整体盈亏。我们可清楚地看到，在买入看涨组合中，若股票价格正好等于期权的执行价格，则投资者将受到最大损失。这一损失就是投资者买入看涨期权和看跌期权所付出的期权费总额。此例中最大损失为 $2C+P$。而若市场价格发生大幅度的变动，如上涨至 $K+C+P/2$ 以上或跌至 $K-2C-P$ 以下，则无论是大幅度上涨还是下跌，投资者都可获取利润。但是由于投资者买进较多的看涨期权而买进较少的看跌期权，因此图 16-7(d)中执行价格 K 右边的射线离 K 点较近且较陡峭，而左边的射线离 K 较远且较平缓。这说明若股票价格上涨，投资者可较快地进入获利区间，且在市场价格涨幅达到一定程度时，可获取较大的利润。

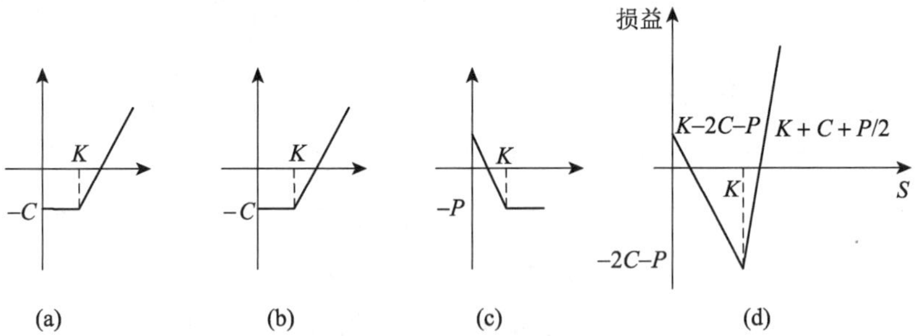

图 16-7　看涨组合多头

第二节　各类特定风险的度量与管理

一、问题的引入

在以下讨论中，我们将采用一家金融机构以250 000元的价格卖出100 000份无股息股票上的欧式看涨期权作为例子。

［例 16-5］　假设现在股票价格为 39 元，欧式看涨期权执行价格为 40 元，无风险利率为每年 4%，股票价格的波动率为每年 20%，期权的期限为 6 个月。上述条件可用常见符号表述成：

$$S=39,\ K=40,\ r=4\%,\ \sigma=20\%,\ T=0.5$$

由布莱克—斯科尔斯公式计算可知，给定上述条件，买入 1 份股票的欧式看涨期权价格为 2.10 元，因此100 000份股票的欧式看涨期权价格为210 000元。这家金融机构可以从这笔交易中获得 40 000 元的利润，但它面临对冲风险的问题。

（一）裸露头寸与带保头寸

金融机构可采取的最简单的策略是不采取任何对冲措施，这种做法称为持有裸露头寸（Naked Position）。假设在期权到期时，股票的价格低于 40 元，那么这种策略的收益会很好，在整个交易中金融机构将会获得净利润40 000元。但是如果在期权到期时，股票价格高于 40 元，那么对手方会要求行权，此时金融机构可能会面临收益减少甚至亏损。例如，如果在 6 个月后，股价上涨到 50 元，此时如果对手方要求行权的话，金融机构将不得不以 50 元的价格从市场上买入100 000股，并以 40 元每股的价格卖给对手方，这样在整笔交易中，金融机构非但没有赚到钱，甚至还亏损了60 000元。

金融机构可采取的另一种策略是带保头寸（Covered Position）。在这种策略中，金融机构在卖出期权的同时买入100 000份股票。如果期权被行使，那么这100 000份股票正好可以用来交割给对手方，这种情况下这种策略当然很好。但是如果在期权到期时股价下跌，则可能会导致很大的损失。例如，假设在 6 个月后，股价下跌到 20 元，那么金融机构将在股票上亏损190 000元，这个金额远远大于金融机构在卖出期权上获得的40 000元收益。

由此可见，裸露头寸和带保头寸都不是很好的对冲交易策略，两者均存在着很大的风险。

（二）止损交易策略

金融机构还有一种选择是所谓的止损交易策略（Stop-loss Strategy）。为了贯彻这种策略，在前述例子中，在卖出期权后，金融机构需要时刻关注股价变动，在股价刚高于 40 元时马上买入100 000份股票，在股价刚低于 40 元时，则需要马上卖出100 000份股票。这样理论上可以保证金融机构总是可以对冲期权的风险。

考虑到金融机构每次买卖股票都需要支付一定的交易费用，假如股价频繁在 40 元上下波动，那么在整个期限内金融机构所支付的交易费用可能会远远高于卖出期权所得的40 000元收益。此外，每次买入与卖出股票的价格总存在一定的价差，这个也是止损策略需要考虑的交易成本。因此尽管止损策略理论上很完美，但在现实中并不是一个有效的对冲策略。

二、希腊值

在现实中，多数金融机构并不会采用上述的这些交易策略，交易员实际采用的对冲策略更为复杂，涉及期权特定风险测度的统计量，例如 Delta、Gamma 以及 Vega 等。这些统计量统称为希腊值（Greek Letters），它们量化了期权头寸的不同风险。我们接下来对这些希腊值予以分别讨论。

由 Black-Scholes-Merton 欧式期权定价公式 $c = S_0 N(d_1) - K e^{-rT} N(d_2)$ 可知，期权价格 c 决定于五个因素，即股票价格 S_0、执行价格 K、无风险利率 r、期权期限 T 和股票价格波动率 σ。执行价格事先已确定，因而还有四个变量发生变化可能影响期权价格。实际中人们定义相关指标来度量当一个变量变动而其他变量不变时期权价格的变化情况。

（一）Delta（Δ）

1. Delta 的定义

Delta 度量的是当股票价格变动 1 个单位引起的期权价格的变动，用公式表示，即为：

$$\Delta = \frac{\partial c}{\partial S} \tag{16-1}$$

其中，∂ 代表求偏导数。

2. Delta 对冲策略

Delta 是期权价格敏感性中最重要的指标，因为期权交易者最关心的一个问题可能是股票价格变化时期权价格会发生怎样的变化。比如，如果股价上涨了 10 元，那么当 Δ 值为 0.5 时，根据公式(16-1)可知期权价格大约会上涨 5 元。可以证明，看涨期权的 $\Delta = N(d_1)$，而看跌期权的 $\Delta = N(d_1) - 1$。① 这意味着当股价上涨时看涨期权的价格随之上涨，而看跌期权的价格则会下跌。另外，对于 Delta 的一个重要解释为，Delta 代表了对应的股票给期权保值时的套期保值率（又称套头比）。

在例 16-5 中，通过计算可知，该欧式看涨期权的 $\Delta = 0.513$。这意味着金融机构在卖出100 000份期权的同时，需买入51 300份股票来对冲风险。期权头寸所对应的盈利（亏损）可由股票头寸上的亏损（盈利）来抵消。例如，当股价上涨 1 元时，期权价格会上涨 0.513 元（即卖出100 000份期权会亏损51 300元），这正好可以通过持有51 300份股票抵消。这样的对冲策略称为 Delta 对冲策略，也称为 Delta 中性（Delta Neutral）策略。

应当认识到，从公式(16-1)可见，Delta 的值会随着股价的变动而发生变化。这意味着 Delta 对冲只对股价的小幅变动有效，当股价发生大幅变动时，用 Delta 来描述期权价格的变动未必准确。此外，由于 Delta 会随股价而变动，投资者的 Delta 对冲状态（或 Delta 中性状态）只能维持在一段较短的时间内，所以 Delta 对冲策略的股票头寸需要不断调整。在例 16-5 中，假设过了一个月后股价上涨到 43 元，此时 Delta 的

① 在已知看涨期权 Δ 的情况下，看跌期权的 Δ 可以根据看跌—看涨期权平价关系式推导。

值为0.775。这时金融机构为了保持Delta中立，需要再买入77 500－51 300＝26 200股股票。总体来说，Delta对冲策略是一个“追涨杀跌”的策略，即随着股价上涨，Delta的值会变大，因此金融机构需要买入额外股票来保持Delta中立；当股价下跌时，Delta的值会变小，因此这时金融机构需抛出部分股票。

3. 投资组合的Delta

以某股票为标的资产的期权或其他衍生产品投资组合的Delta为：

$$\frac{\partial \Pi}{\partial S}$$

其中，Π为投资组合的价值。

投资组合的Delta值可以从构成该投资组合的各个期权的Delta来计算。假设投资组合由n个期权构成，其中第i个期权($1 \leqslant i \leqslant n$)的数量为$w_i$，则投资组合的Delta为：

$$\Delta_P = \sum_{i}^{n} w_i \Delta_i \tag{16-2}$$

其中，Δ_i是第i个期权的Delta。当根据该等式计算出来的投资组合的Delta为0时，我们称该投资组合为Delta中性。

[例16-6]　假设某金融机构持有以下3个关于某股票的期权头寸：

(1) 100 000份看涨期权的多头，执行价格为55元，期限为3个月，每份期权的Delta为0.533。

(2) 200 000份看涨期权的空头，执行价格为56元，期限为5个月，每份期权的Delta为0.468。

(3) 50 000份看跌期权的空头，执行价格为56元，期限为2个月，每份期权的Delta为－0.508。

整个投资组合的Delta为：

$$100\ 000 \times 0.533 - 200\ 000 \times 0.468 - 50\ 000 \times (-0.508) = -14\ 900$$

金融机构可买入14 900股股票，这样可使投资组合的Delta变为0，即Delta中性。

(二) Theta(Θ)

Theta(Θ)是指有效时间变化一个单位(通常为减少一个单位如一天)而引起的衍生的投资组合价值的变化，即组合价值变化与时间变化的比率，用公式来表述，即：

$$\Theta = \frac{\partial \Pi}{\partial t} \tag{16-3}$$

由于时间不可逆，因此Theta的值总是负的，意味着随着到期日的临近，组合的时间价值逐渐下降。因此一般情况下距离到期日远的组合较之到期日近的组合，其时间价值更大。

作为对冲参数，Theta 与 Delta 完全不同。这是因为未来股票的价格有很大的不确定性，但时间走向完全没有不确定性。通过对冲来消除投资组合关于股价变动的风险很有意义，但对冲投资组合对于时间的变化就毫无意义。尽管如此，Theta 仍然是一个有用的指标，它可以用来衡量投资组合的价值是如何随着时间变化而变动的。

（三）Gamma（Γ）

Gamma 是一个与 Delta 密切相关的敏感性指标，它表示股票的市场价格变动对期权 Delta 的影响程度。由于 Delta 是期权对标的物价格的一阶导数，而 Gamma 又是 Delta 对标的物价格的一阶导数，所以 Gamma 是期权价格对标的物价格的二阶偏导数：

$$\Gamma=\frac{\partial^2\Pi}{\partial S^2} \tag{16-4}$$

当 Gamma 很小时，Delta 变化缓慢，这时为保证 Delta 中性，并不需要做太频繁的调整。但是当 Gamma 很大（不论是正值还是负值）时，Delta 对股价的变动就会很敏感，股价一个微小的变化就可能导致 Delta 有很大的变化，此时为保证 Delta 中性，交易员需要注意观察股价的变动，时刻准备着调整股票和期权的头寸。

从公式（16-4）可知，股票的 Gamma 总是为 0，因此不能用来改变组合的 Gamma。要改变组合的 Gamma，必须要采用价格与股价呈非线性关系的产品，例如期权等。

假设一个 Delta 中性的投资组合的 Gamma 为 Γ，而某期权的 Gamma 为 Γ_T。如果决定将 w_T 数量的期权加入组合中，则组合的 Gamma 将变为：

$$w_T\Gamma_T+\Gamma \tag{16-5}$$

因此要使组合保持 Gamma 中性，期权的加入数量应该为 $w_T=-\Gamma/\Gamma_T$。值得注意的是，引入新的期权会导致组合的 Delta 不再是中性，因此还需要调整股票的头寸以使得组合仍然保持 Delta 中性。

［例 16-7］ 假设某组合为 Delta 中性，而 Gamma 为－3 000。某期权的 Delta 和 Gamma 分别为 0.62 和 1.50。为使得该组合达到 Gamma 中性，应该加入 2 000$\left(\frac{3000}{1.5}\right)$ 份期权。注意此时组合的 Delta 从 0 变成了 2 000×0.62＝1 240。因此为保证新组合仍然是 Delta 中性，需要卖出 1 240 份股票。

（四）Vega（υ）

在 Black-Scholes-Merton 期权定价公式中，我们将股价的波动率设为一个保持不变的常数。但在现实中，股价的波动率往往随时间而变化，这意味着期权的价格除了随着股价与期限的变化而变化，同时也会随着波动率的变化而变化。波动率变化对期权价格变化的影响程度可以用 Vega 来表示。

$$\upsilon = \frac{\partial \Pi}{\partial \sigma} \tag{16-6}$$

如果一个交易组合的 Vega 值很大(正值或负值)，说明此交易组合的价值对股价波动率的细微变化非常敏感，如果一个交易组合的 Vega 值接近于 0 时，则说明股价波动率对交易组合的价值的影响非常小。

和 Gamma 值一样，股票的 Vega 值为 0。因此通过改变股票的头寸并不能改变交易组合的 Vega，需要通过改变 Vega 不为 0 的产品，如期权的持有头寸，来改变组合的 Vega，这一点和 Gamma 类似。假设要使一个组合同时达到 Gamma 和 Vega 中性，则需要至少引入两个不同的期权才行。这两个期权引入的同时会导致组合的 Delta 值发生变化，因此当 Gamma 和 Vega 都为 0 时，最后还要改变股票的头寸使得组合保持 Delta 中性。

[例 16-8]　考虑一个已达到 Delta 中性的交易组合，其 Gamma 为 $-5\,000$，Vega 为 $-8\,000$。有两个期权可交易，相关信息如表 16-3 所示。

表 16-3　　组合及期权的希腊值

	Delta	Gamma	Vega
组合	0	−5 000	−8 000
期权 1	0.6	0.5	2.0
期权 2	0.5	0.8	1.2

为了保证组合 Gamma 和 Vega 中性，需要将期权 1 和期权 2 同时加入组合中。若用 w_1 和 w_2 来表示期权 1 和期权 2 的头寸，我们需要：

$-5\,000 + 0.5\,w_1 + 0.8\,w_2 = 0$

和

$-8\,000 + 2.0\,w_1 + 1.2\,w_2 = 0$

求解上述方程，可得 $w_1 = 400$，$w_2 = 6\,000$。因此应在组合中分别加入 400 份期权 1 和 6 000 份期权 2，这样可使组合的 Gamma 和 Vega 都达到中性。注意此时组合的 Delta 变为 $400 \times 0.6 + 6\,000 \times 0.5 = 3\,240$。因此为保持组合的 Delta 中性，在加入期权 1 和期权 2 后，还需要卖出 3 240 份股票。

(五) Rho(ρ)

最后，我们介绍衍生品组合对于利率变化的敏感性，该指标通常用 Rho 表示，用公式来表示则为：

$$\rho = \frac{\partial \Pi}{\partial S} \tag{16-7}$$

ρ 表示利率水平变动一个单位(通常是 1%)时期权或期权组合价值的变化。可以证明,在期权价格可以用 Black-Scholes-Merton 公式表述的情况下,看涨期权的 Rho 总是为正,而看跌期权的 Rho 总是为负。这意味着利率增加将导致看涨期权的价格上涨,看跌期权的价格下跌。

(六) 对冲的现实性

到目前为止,我们已经介绍了用以测度期权价格对特定风险变动的敏感性指标,这些指标被称为希腊值,包括 Delta、Theta、Gamma、Vega 和 Rho 等。除了时间变动的风险(即 Theta 值)无法对冲外,在一个理想世界中,金融机构总是希望所持有的交易组合的其他所有希腊值均为 0,这样意味着将所有风险都对冲掉。但在现实生活中这是不可能做到的。在管理依赖于某个单一资产(如某个股票)的交易组合时,为了确保交易组合的 Delta 为 0 或接近于 0,交易员通常会每天重新调整一下期权或股票的头寸。但由于在市场上很难找到价格合理并且适量的期权或其他衍生产品,保证 Gamma 或 Vega 为 0 就不是那么容易做到的,交易员往往要寻求合适的机会来对冲 Gamma 和 Vega 风险。

另外还有一点需注意的是,当期权刚刚卖出时,一般是平值的或接近平值,此时期权的 Gamma 和 Vega 会很大。但随着时间的流逝,当股票价格发生变动时,期权会变成实值或虚值期权,此时期权的 Gamma 和 Vega 会很小,从而降低了对冲这两类风险的重要性。对交易员来说,最怕遇见的是那些将到期的平值期权,这样的期权仍会保有较大的 Gamma 和 Vega 值,从而为对冲这两类风险带来困难。

第三节　可转换公司债券定价

一、可转换公司债券介绍

可转换公司债券(Convertible Corporate Bond),简称可转债,是指债券持有人(投资者)有权按照发行时约定的价格与其他条件将持有的债券转换成债券发行公司的普通股票的一种特殊债券。其本质上是一种债券,债券持有人可根据市场情况选择持有债券,定期收取利息以及到期收回本金,或者在适当的时间将持有的债券转换成公司的普通股票以期获得股票分红以及在出售股票时获取资本利得。由于可转债赋予持有人选择转股的权利,并且可转债往往还附加持有人可将债券在满足一定条件下回售给发行人,或者发行人可以在满足一定条件下提前赎回债券等条款,因此可转债是一种兼具债券性质与期权性质的复合型债券。对于公司而言，通过发行可转债，可以以较低的利息发行债券来筹集资金，而且在特定的条件下可以强制提前赎回债券。对于投资者而言，投资可转债既可以在股价上涨时选择转股，从而享受股价上涨带来的额外收益；又可以在股价低迷时选择继续持有债券，或是在满足一定条件的情况下将债券回售给发行人，避免了资金损失。由于可转债有转股的权利，因此其票面利率比同等条件下的普通债券要低得多。我们可以理解为可转债的投资者购买了一份不具备转股权利的普通债券，然后用债券的利息收入购买了转股的期权。因此可转债的价格可分解为两部分，一部分是债券的价格，另外一部分是转股期权的价格。

历史上，第一只可转债是由美国的 Rome, Watertown and Ogdensburg Railroad 公司于 1874 年发行的。该只可转债的到期时间长达 30 年，票面利率为 7%。我国的第一只可转债是由中国宝安集团于 1992 年 11 月 19 日发行的"宝安转债(125009)"，融资 5 亿元。根据证监会网站数据统计，在 2017 年之前，我国可转债的融资规模并不大：2009—2016 年可转债的平均融资规模只有 312.49 亿元，最高的 2013 年也只有 551.31 亿元。但在 2017 年之后，尤其是 2019 年之后，我国可转债的融资规模快速上升，2020 年更是达到了创纪录的 2 428.5 亿元，远超配股的筹资规模，成为上市公司最重要的再融资工具之一。

以下我们先介绍可转债的基本特征与主要条款，然后介绍可转债定价的理论分析，最后通过若干个可转债定价的实际案例，探讨理论定价模型与市场实际定价的差异，并分析产生差异的原因。通过本小节的学习，希望读者能够对可转债定价有一个初步了解，并能进一步理解与掌握期权定价方法在市场实务中的运用。

二、可转换债券的基本特征与主要条款

（一）基本特征

1. 债权性

可转债最基本的特性就是债权性，和一般的债券相类似，可转债在发行的时候也会规定面值、期限、利息以及支付方式等债券的基本性质，投资者可以定期收取利息及到期收回本金。可转债的票面利率一般情况下要低于同等条件下的不可转换的普通债券的票面利率。可转债的发行人根据债券发行公司的信用情况、当期的市场利率以及转股条款等确定一个票面利率，同时约定付息频率，和普通债券类似，一般是每半年或者每年支付一次利息。

2. 股权性

在可转债持有人行使转股权利前，可转债就是普通的债券。在行使转股权之后，可转债就变成了一定数量的普通股票，失去了债券的特性而纯粹以股票的形式存在。

此时与股票一样,投资者如果继续持有,除了获取股价上涨带来的收益外,还可获得参与分红的权利,以及以股东的身份参与公司股东大会和行使投票权的权利。

3. 可转换性

可转债最明显的特征就是内含的可转换性。投资者可以在事先约定的期限内以事先约定的价格将债券转换成一定数量的公司的普通股票。一般来说,可转债在发行时会规定一个锁定期,在锁定期内不得转股。自锁定期结束到债券到期为止,债券持有人可自行选择是否转股。如果债券持有人没有选择转股,则其将继续以债券的形式存在直至到期。

(二) 可转债的主要条款

1. 票面利率与面值

和一般债券类似,可转债在发行时会规定债券的票面利率和面值。一般来说票面利率将低于同等条件下的不具备转股权利的普通债券。发行方将根据公司的信用等级、市场利率、转股条款以及其他相关条件等确定可转债的票面利率。利息支付周期一般为每年一次或两次,在最后一期除了支付利息外还应偿付债券本金。

2. 债券期限与转股期限

可转债除了规定债券通常的期限外,还会约定一个转股期限。转股期限是指可转债可转换成股票的期限,一般要短于债券期限。按照现行的《上市公司证券发行管理办法》的规定,可转债持有人至少要在发行日起 6 个月后才能行使转股的权利。在实际市场运作中,发行方可以规定更长期限的锁定期,在锁定期内持有人是不能行使转股权利的。

3. 转股价格

转股价格是可转债最重要的条款之一,该条款规定了投资者将持有人的可转债转换成股票时需要支付的价格。与之相关的是转换比例,即单位面值的可转债可转换成股票的数量。转换价格与转换比例之间的关系可以用公式表示为:

$$\text{转换价格}=\frac{\text{可转债面值}}{\text{转换比例}} \tag{16-8}$$

4. 赎回条款与回售条款

赎回条款是指在可转债的转换期限内,当公司股票价格在规定数量的交易日内高于转股价格达到一定比例时,公司有权按照事先确定的价格将发行在外的尚未转换的可转债提前赎回。此条款有利于发行方,规定了持有人收益的上限,会降低可转债的价值。

回售条款则正相反,是指在可转债的转换期限内,当公司股票价格在规定数量的交易日内低于转股价格达到一定比例时,持有人有权按照事先确定的价格将持有的债券回售给发行方。此条款类似于给予持有人一个看跌期权，会增加可转债的价值。

5. 修正条款

修正条款主要是指当公司由于送股、拆股、配股、并股、定向增发等行为导致公司流通股票数量发生变化进而引起股价变动时，公司可以相应修改转股价格的条款。除此之外，公司也可以在发行时约定当股价上涨或下跌达到某一水平时，对转股价做出相应向上或向下修正。

三、可转债定价的理论分析

根据前述讨论，可转债的价值可分解为债券部分与期权部分。其中债券部分的定价和普通债券的定价一样，可用债券未来现金流贴现来计算。期权定价部分又可分为三个不同期权的定价，分别是转股期权、赎回期权和回售期权的定价。可转债的价值可看作债券价值加上转股期权价值和回售期权价值，再减去赎回期权价值，即：

$$\text{可转债价值} = \text{债券价值} + \text{转股期权价值} - \text{赎回期权价值} + \text{回售期权价值} \tag{16-9}$$

注意，赎回期权由于有利于发行人，会降低可转债价值，因此需要减去。

（一）债券定价

在第八章中我们介绍了债券定价的一般方法，即将债券的未来现金流（利息和本金）按合适的贴现率贴现到现在，所得结果应该就是债券的现值。用公式可表述为：

$$PV = \sum_{t=1}^{T} \frac{I_t}{(1+r)^t} + \frac{FV}{(1+r)^T} \tag{16-10}$$

其中，PV 是债券的现值，I_t 是债券在 t 时刻收到的利息，FV 是债券到期时的面值，r 代表贴现率，T 是债券的期限。这部分内容在之前章节中已有详细介绍，这里不再赘述。

（二）期权定价

对于可转债转股期权，可借鉴二叉树模型、布莱克—斯科尔斯期权定价公式或其他期权定价方法来定价。以布莱克—斯科尔斯期权定价公式为例，在第十章内我们曾对该公式做了简要介绍。一般来说，假设当前股价为 S_0，执行价格为 K，期权期限为 T，无风险利率为 r，股价的波动率为 σ，则欧式看涨期权的价格为：

$$c = S_0 N(d_1) - K\mathrm{e}^{-rT} N(d_2) \tag{16-11}$$

其中，$d_1 = \dfrac{\ln\left(\dfrac{S_0}{K}\right) + \left(r + \dfrac{1}{2}\sigma^2\right)T}{\sigma\sqrt{T}}$，$d_2 = d_1 - \sigma\sqrt{T}$，$N()$ 为标准正态分布的分

布函数。

通过直接观测市场数据以及一些计算可得到上述参数的值，将其代入公式(16-11)，即可得到可转债转股期权部分的价值。

赎回期权本质上可视为可转债持有人向发行人卖出了一份看涨期权。假设没有赎回期权存在，当股价上涨到超过约定的价格时，转股期权的价值也将持续上涨，但由于有赎回期权的存在，持有人获得的最高收益将会封顶。与之相对应，回售期权可视为发行人向持有人卖出了一份看跌期权，假设没有回售期权的存在，当股价下跌到约定价格以下时，转股期权的价值将持续下跌，但由于有回售期权的存在，持有人的最低收益得到了保障。理论上只要知道相应参数，赎回期权和回售期权的价值也可以用期权定价方法，例如布莱克—斯科尔斯期权定价公式来确定。

以上讨论都是基于欧式期权所进行，但实际交易的可转债所附带的转股期权、赎回期权以及回售期权都是可以在到期前行权的，更偏向于美式期权，因此似乎基于欧式期权的定价理论可能并不完全适用。但实际上，虽然可转债内含的期权都是美式期权，但国内可转债在发行时规定公司有权根据股利政策调整转股价格，这造成了实质上的无股利看涨期权。对无股利美式看涨期权而言，提前行权永远不是最优策略。换言之，可将无股利美式看涨期权视为欧式期权对待。由此，采用欧式期权的定价公式来对可转债的转股期权定价是近似成立的。当然，采用布莱克—斯科尔斯公式也存在一定局限性，例如该公式中假设股价波动率保持不变，无风险利率也是固定不变的常数，且不存在交易费用以及可以做空股票等，这些与实际情况有一定出入，在应用时需根据具体情况加以调整。

四、可转债定价案例分析①

(一) 航天信息公司概况

本案例以航天信息股份有限公司发行的可转债为例进行分析。航天信息股份有限公司是一家由知名航空企业和研究机构共同发起，成立于 2001 年 11 月 1 日，办公地址位于北京，在国内电子信息行业名列前茅的企业。该公司于 2003 年 7 月 11 日上市，截止到 2021 年 3 月 31 日，总资产为 243.17 亿元，实际流通 A 股总股数为 18.53 亿股。

公司主营业务包括三大版块：金税及企业市场业务、金融科技及服务业务、物联网技术及应用业务。在金税及企业市场业务方面，公司主要产品涉及多个税务领域，包括税务管理系统和电子发票系统等综合性解决方案。在金融科技及服务业务方面，

---

① 该案例主要借鉴黄鑫(2019)所研究的可转债定价案例分析。

公司主要为银行提供加密芯片支持以及芯片银行卡的设计。在物联网技术及应用业务方面，主要包括一系列国家系统工程和其他信息服务相关产品。

从以上业务分类可以看出，航天信息不仅包括产品业务和服务业务，也包括运营类业务。公司经过多年的不懈努力，得到了包括政府和企业在内的众多客户的认可，凭借高质量的产品和专业的服务，在计算机服务领域内已成为行业的领军者。

综上所述，选择航天信息的可转债定价分析具有较强代表性。从航天信息的主营业务可以看出，所属的行业为信息服务，经过十几年的发展，公司规模不断壮大，具有较强的抵御风险能力。其次，航天信息的运营也是多元化、多层次的，不仅有产品类的业务，也包括服务类和运营类的业务，从这个角度来看并不是单一的业务具有较强的抗风险能力和多元化的盈利来源。同时由于公司的特性和行业发展势头，航天信息将得以保持稳健的发展势头，从案例分析角度来说，所挑选的案例非特殊行业，不会造成论证上的较大偏差。同时航天信息已经于2003年在上海证券交易所上市，数据公开可得，具备分析的基础。航信转债无论是发行条款的设计还是募集的资金规模，都很有代表性，具有较强的普适性。

（二）航信转债发行情况

表16-4列出了航信转债基本的发行信息。

表16-4　　航信转债发行概况

债券名称	航天信息股份有限公司可转换公司债券
债券简称	航信转债
债券代码	110031
债券类型	可转换公司债
债券面值(元)	100
债券年限(年)	6
到期日	2021-06-12
上市日	2015-06-30
计息方式	递进利率
利率说明	第1年0.2%，第2年0.5%，第3年1.0%，第4年1.5%，第5年1.5%，第6年1.6%
付息方式	每年付息一次
起息日期	2015-06-12
付息日期	每年6月12日
年付息次数	1

（续表）

发行价格(元)	100
发行规模(亿元)	24

数据来源：航信转债发行公告。

除此之外，航信转债的基本条款如下：

1. 初始转股价格：86.61 元/股

该价格依据可转债募集说明书公告前 20 个交易日公司股票交易均价和前一交易日公司股票交易均价二者之间的较高者确定。在发行之后，如果公司发生派送红股、转增股本、增发新股或配股、派送现金股利等情况（不包括因可转债转股而增加的股本），将相应调整转股价格。自发行结束之日起六个月后的第一个交易日起至可转债到期日止，为可转债转股期。

2. 赎回条款

（1）到期赎回。根据航信转债的发行公告，若本次发行到期仍有未赎回的可转债，则在期满后 5 个交易日内，公司有权利将以票面面值的 107%（含最后一年利息）的价格向投资者赎回全部的可转债。

（2）有条件赎回。转股期内，如果公司股票在任何连续 30 个交易日中至少有 20 个交易日的收盘价格不低于转股价格的 130%（含 130%）时，公司有权决定按照面值加当期应计利息的价格赎回全部或部分未转股的可转债。

3. 回售条款

公司股票在最后两个计息年度任何连续 30 个交易日的收盘价格低于当期转股价格的 70%时，投资者有权将其持有的可转债全部或部分按债券面值加当期应计利息的价格回售给发行人。最后两个计息年度可转债持有人在每年回售条件首次满足后可按上述约定条件行使回售权一次，若在首次满足回售条件而可转债持有人未在公司届时公告的回售申报期内申报并实施回售的，在该计息年度不应再行使回售权。可转债持有人不能多次行使部分回售权。

从航信转债的发行情况和条款设计来看，其发行期限、发行规模、票面利率以及条款设计都和市场上大部分可转债类似，有较好的代表性。从数据分析角度来看，航信转债上市起已满三年，数据选取上较为丰富，能够很好地满足定价分析的需要。

（三）航信转债价值计算

1. 债券价值计算

根据发行公告信息，航信转债期限为 6 年，每年利息分别为 0.2%、0.5%、1.0%、1.5%、1.5%与 1.6%。债券面值为 100 元。为了估算合适的贴现率，可选取与航信转债所属行业相近、信用等级相同、上市时间与期限类似的债券。这里选取 2015 年 4 月

30 日上市的“15 国海 01”债券，发行期限为 5 年，票面利率为 4.6%，通过计算可得其到期收益率为 4.062%，将该到期收益率作为计算航信转债所需的贴现率。由式(16-10)，航信转债债券部分价值为：

$$
\begin{aligned}
PV &= \sum_{t=1}^{T} \frac{I_t}{(1+r)^t} + \frac{FV}{(1+r)^T} \\
&= \frac{0.2}{1.040\,62^1} + \frac{0.5}{1.040\,62^2} + \frac{1.0}{1.040\,62^3} \\
&\quad + \frac{1.5}{1.040\,62^4} + \frac{1.5}{1.040\,62^5} + \frac{1.6}{1.040\,62^6} + \frac{100}{1.040\,62^6} = 84.059\,0(\text{元})
\end{aligned}
$$

因此，航信转债在刚发行时，即 2015 年 6 月 12 日的债券部分价值为 84.059 0 元。

2. 航信转债期权部分价值计算

(1) 转股期权价值计算。由式(16-11)的布莱克—斯科尔斯看涨期权定价公式可知，要计算期权价格，只需要知道如下参数：S_0，上市当天的航天信息股票价格；K，航信转债的转股价格；r，对应于期权到期期限的无风险利率；σ，股票价格的波动率；T，期权的到期期限。其中，S_0、K 和 T 可以直接观察得到，接下来讨论无风险利率和波动率这两个参数值的选取。

对于无风险利率，可选取上市日期和期限都类似的国债的收益率来近似代替。此处选取的国债品种为“15 国债 11”，上市日期为 2015 年 6 月 3 日，发行期限为 5 年，票面利率为 3.1%，计算所得以连续复利计的到期收益率为 2.882%。将该利率作为对应的无风险利率。

股价波动率可由股价历史收益率的标准差来估算。假设选取过去 n 天的收盘价数据，计算每日收益率，则每日波动率的估计值为：

$$
\sigma_{day} = \sqrt{\frac{1}{n-1}\sum_{t=1}^{n}(r_t - \bar{r})^2} \tag{16-12}
$$

假设 1 年有 252 个交易日，则年化波动率的估计值为：

$$
\sigma_{year} = \sigma_{day} \times \sqrt{252} \tag{16-13}
$$

航信转债的上市日期为 2015 年 6 月 30 日，为剔除时期太短造成的偶然性波动，这里选取 2013 年 1 月 4 日至 2015 年 6 月 30 日共计 602 个交易日的数据来计算日度收益率，计算结果 $\sigma_{day}=0.038\,7$，故此估算的年化波动率为 $0.038\,7\times\sqrt{252}=0.613\,5$。

通过查询交易数据和发行公告可知，在 2015 年 6 月 30 日航天信息股票价格为 $S_0=64.71$ 元，转股价格为 $K=86.61$ 元，期权到 2021 年 6 月 12 日到期，$T=5.953\,4$ 年。结合刚才估算得到的 r 和 σ，将这些参数代入式(16-11)，可得转股期权价值为

33.547 2 元。

除了转股期权外，航信转债还授予了发行人提前赎回以及持有人回售债券的权利。这两者的期权价值也需予以考虑。

(2) 赎回期权价值。当发行人提出提前赎回的要求时，持有人可选择将债券以约定的价格卖给发行人，或者也可以选择将债券转成股票，视两者孰优而定。提前赎回条款本质上是持有人向发行人出售了看涨期权，因此也可以用期权定价公式来计算。

查询发行公告可知，当股价在任何连续 30 个交易日中至少有 20 个交易日的收盘价格不低于转股价格的 130%时触发提前赎回条款，即期权的执行价格 $K=$转股价$\times 1.30$，可转债发行时的转股价格为 86.61 元，相应地，$K=112.59$ 元。结合其他参数，可得赎回期权价值为 11.324 3 元。

(3) 回售期权价值。回售期权本质上是发行人给予持有人的一个看跌期权。从投资者的角度看，此条款是一个最低收益的保障。从发行方的角度看，显然是不愿意持有人回售的，因为回售会给公司带来额外的现金流支出，影响公司的正常运营。因此回售条款会促使公司努力提升业绩，稳定股价，对公司也是一种压力和督促。

由发行公告可知，当公司股价在最后两个计息年度内任何连续 30 个交易日的收盘价格低于当期转股价格的 70%时将触发回售条款。可转债发行时的转股价格为 86.61 元，相应地，$K=86.61\times 0.70=60.627$(元)。结合其他参数，可得回售期权价值为 38.742 1 元。

至此，我们计算了转股期权、赎回期权以及回售期权的价值。考虑到债券面值为 100 元，而转股价格为 86.61 元，航信转债期权部分的总价值应为：

$$
\begin{aligned}
C &= (\text{转股期权} + \text{回售期权} - \text{赎回期权}) \times \frac{100}{86.61} \\
&= (33.547\,2 + 38.742\,1 - 11.324\,3) \times 1.154\,6 \\
&= 70.390\,3 \text{ 元}
\end{aligned}
$$

该结果结合债券价值，可知航信转债在 2015 年 6 月 30 日这天的理论价值应该为 $84.059\,0+70.390\,3=154.449\,3$(元)，而实际当天的收盘价为 145.309 6 元。和理论价值相比，实际价格的折价率为-5.92%。

有若干因素会导致理论价值与实际价格存在偏差。首先，布莱克—斯科尔斯公式的成立需要满足若干假设条件，而在实际中这些条件未必都能满足，例如股价的波动率未必是常数。在这些条件不满足的情况下采用布莱克—斯科尔斯公式计算会导致结果有所偏差。其次，模型参数的估计会有偏差，特别是股价波动率的估算，如采用不同样本长度，可能会导致结果不同。最后，实际的交易价格还受到其他因素的影响，如供求关系、交易成本等。这些因素都会使实际价格和理论价格有所偏离。在实践中，为了降低对特定模型的依赖，除了布莱克-斯科尔斯公式外，还可采用二叉树模型、蒙特卡洛模拟等方法来对期权定价，并将由不同方法得到的期权价格做比较，这样可将不同模型的影响降到最低，得到一个稳健的定价结果。

本章小结

本章主要介绍了与期权的投资和交易策略有关的内容。本章第一节介绍了期权与其他资产以及不同期权之间的组合交易策略。金融机构可用期权和其他资产构造各类结构化投资产品，如保本债券等。期权和股票结合，可以用来提供对股票的保障，如保护性看跌期权，而在持有股票的同时又卖出看涨期权，则可用股票为卖出的看涨期权提供保护，称为备保看涨期权承约。期权的差价交易是指买入一种期权同时卖空同类型期权的交易策略，常见的差价交易策略有牛市差价、熊市差价、日历差价等。期权的组合交易是指同时买入和卖出不同类型的期权，常见的组合交易有等量同价组合和不等量同价组合等。

期权价格受到多个因素的影响，分析期权价格对这些因素的敏感性有助于管理期权的风险。期权对特定风险的测度指标称为希腊值，常见的希腊值有 Delta、Theta、Gamma、Vega 和 Rho 等。除了 Gamma 外，其余希腊值分别衡量了股价、到期期限、波动率以及无风险利率变动时对期权价格的影响，而 Gamma 反映了当 Delta 发生变动时所导致的期权价格的变动。若投资组合的某一希腊值为 0，则称该投资组合是该希腊值的中性组合。

可转债是指债券持有人有权按照发行时约定的价格与其他条件将持有的债券转换成债券发行公司的普通股票的一种特殊债券。可转债可视为普通债券与期权的投资组合，因此可转债的定价涉及债券与期权的定价。可转债除了转股条款外，经常伴有提前赎回条款和回售条款，这两个条款也可视为期权，可用期权定价公式来定价。转股条款和回售条款是发行人给予持有人的看涨与看跌期权，而提前赎回条款是持有人给予发行人的看涨期权。可转债的总价值应等于债券价值加上转股期权价值加上回售期权价值，再减去提前赎回期权的价值。存在多种因素可能导致理论价格与实际价格出现偏差。

关键词

期权交易策略(Option Trading Strategies)

看涨期权承约(Writing a Covered Call)

保护性看跌期权(Protective Put)

差价(Spread)

牛市差价(Bull Spread)

熊市差价(Bear Spread)

日历差价(Calendar Spread)

组合交易(Combinations)

等量同价组合(Straddle)

看涨组合(Strap)

看跌组合(Strip)

希腊值(Greek Letters)

可转换债券(Convertible Bonds)

思考与练习

一、思考题

1. 什么是保护性看跌期权？什么样的看涨期权头寸能等价于保护性看跌期权？

2. 解释熊市差价的两种构造方法。

3. 对投资者而言，在什么情况下适合于采用日历差价交易策略？

4. 某投资者相信股价会有大幅度变动，但不确定变动方向。试举出该投资者可以采取的四种交易策略，并解释这些策略的不同之处。

5. 试说明为何如果其他条件保持不变，当利率升高时，银行有更多资金可用于购买保本债券中的期权部分。

6. 解释如何实现对一个卖出的虚值看涨期权按止损策略进行对冲。为什么这种策略的效果并不好？

7. 一个看涨期权的 Delta 为 0.7 的含义是什么？如果某资产组合的 Delta 很大，持有该组合有什么风险？

8. 期权头寸的 Gamma 是什么含义？某个头寸的 Delta 为 0，而 Gamma 是一个很大的负值，该头寸的风险是什么？

9. 可转债和一般债券有何不同？为什么可转债的票面利率要低于同等条件下的不可转换的债券？

10. 解释可转债的转股条款、提前赎回条款以及回售条款对债券持有人的意义。

二、计算题

1. 假设执行价格为 30 元和 35 元的看跌期权价格分别为 4 元和 7 元。如何利用这些期权来构造牛市差价和熊市差价？用表格来说明这些差价的盈利和收益。

2. 假设一份执行价格为 60 元的看涨期权的价格为 6 元，一份具有相同执行价格与期限的看跌期权的价格为 4 元。制作一个表格来说明等量同价组合策略的盈利。当期权到期时，股价在什么范围内会导致该交易策略的亏损？

3. 假设当前股票指数是 1 000 点，股息率是每年 1.5%，波动率是 20%，无风险利率为 5%。某银行计划向投资者提供面值为 1 000 元的保本债券，且收益和股票指数收益挂钩。试问保本债券的期限需要多长，银行才能有利可图？

4. 某金融机构持有以下有关英镑的场外交易期权组合：

期权类型	头寸	Delta	Gamma	Vega
看涨	−1 000	0.50	2.2	1.8
看涨	−500	0.80	0.6	0.2
看跌	−2 000	−0.40	1.3	0.7
看跌	−500	0.70	1.8	1.4

现考虑在期权组合中加入交易所内交易的一种期权，该期权的 Delta 为 0.6，Gamma 为 1.5，Vega 为 0.8。

(1) 需加入什么样的英镑期权和英镑的头寸可使得组合的 Gamma 与 Delta 为中性？

(2) 可否只加入这一种期权，使得组合的 Gamma 与 Vega 同时达到中性？

5. 考虑第 4 题中的情况，现有另外一个交易的英镑期权，Delta 为 0.1，Gamma 为 0.5，Vega 为 0.6。试计算如何在组合中加入这两个期权与英镑的不同头寸，使得组合的 Delta、Gamma 与 Vega 均为中性。

6. 在某银行提供的投资产品中，有一种产品可向投资者提供保证收益等于 0 与市场指数收益的 40%的最大值，期限 1 年。某投资者决定将 100 000 元投资于这种产品。假设无风险利率为 8%，指数股息收益率为 3%，波动率为 25%。这一产品对投资者而言合理吗？

7. 看涨期权的 Delta 等于 $N(d_1)$。考虑一个 1 年期的欧式平值看涨期权，股价为 30 元，无风险利率为 5%，波动率为 25%。

(1) 试计算该期权的 Delta 值。

(2) 当股价变为 31 元时，通过计算期权价格的变化来验证 Delta 对冲的有效性。

(3) 当股价大幅变动，例如从 30 元变为 40 元时，说明为什么必须要调整股票头寸以保证 Delta 对冲的有效性。

8. 某银行持有的美元/欧元汇率期权头寸的 Delta 为30 000，Gamma 为－80 000。

(1) 说明如何理解这些数字。

(2) 假设目前汇率为 0.90 美元/欧元，为了使头寸为 Delta 中性，该银行可买入或卖出多少数量的欧元？

(3) 假设在一段时间后，汇率变为 0.93，估算新的 Delta。此时为了保持 Delta 中性，银行还要进行什么样的操作？

9. 某公司决定发行 3 年期的可转债，面值为 100 元，票面利率为 2%，每年付息一次。在发行满 6 个月后，每份可转债可以 50 元每股的价格转为股票。假设当前股票价格为 45 元，无风险利率为每年 5%，股价波动率为每年 30%。该可转债无提前赎回和回售条款。

(1) 求该可转债的债券的价值。

(2) 求该可转债转股期权的价值，并得出该可转债的合理定价。

10. 在第 9 题中考虑加入提前赎回和回售条款，在可转债发行公告中规定，当任意连续 30 个交易日中有 20 个交易日股票的收盘价不低于转股价格 150%(含 150%)时，公司有权决定按照面值加当期应计利息的价格赎回全部或部分未转股的可转债。此外，当公司股票在最后两个计息年度任何连续 30 个交易日的收盘价格低于当期转股价格的 70%时，投资者有权将其持有的可转债全部或部分按债券面值加当期应计利息的价格回售给发行人。

(1) 求提前赎回期权的价值。

(2) 求回售期权的价值。

(3) 考虑提前赎回和回售期权后，可转债现在的合理定价应该是多少？

参考文献

[1] 黄鑫.基于 Black-Scholes 模型的中国可转债定价研究[D].苏州：苏州大学，2019.

[2] 赖其男，姚长辉，王志诚.关于我国可转债定价的实证研究[J].金融研究，2005(48)：105-121.

[3] (加拿大)约翰·赫尔.期权、期货及其他衍生产品(原书第 10 版)[M].王勇，索吾林，译.北京：机械工业出版社，2018.

[4] 郑振龙，林海.中国可转换债券定价研究[J].厦门大学学报：哲学社会科学版，2004(81)：93-99.

[5] Bharadwaj A, J B Wiggins. Box Spread and Put-Call Parity Tests for the S&P Index LEAP Markets[J]. Journal of Derivatives, 2001(8): 62-71.

[6] Black F, M Scholes. The pricing of options and corporate liabilities[J]. Journal of Political Economy, 1973(81): 637-659.

[7] Chaput J S, L H Ederington. Option Spread and Combination Trading[J]. Journal of Derivatives, 2003(10): 70-88.

[8] Merton R C. Theory of rational option pricing[J]. Bell Journal of Economics and Management Science, 1973(4): 141-183.

[9] Passarelli D. Trading Option Greeks: How Time, Volatility, and Other Factors Drive Profits, 2nd edn. Hoboken, NJ: Wiley, 2012.

第十七章　股票量化投资策略

引言

量化投资就是利用计算机并采用一定的数学、统计模型去实现投资理念、投资策略的过程。量化投资主要依靠数据和模型寻找投资标的和投资策略。量化投资技术可以在一定程度上抑制投资者的主观过度投资行为，使得策略在执行过程中更加稳定，具有很好的可预期性。

在量化投资模型领域，依据建模的不同策略，可以将股票量化投资策略大体分为以下几类：量化选股模型、量化择时模型、套利类交易策略和算法交易策略等。对于套利类的策略，已经在本书第十五章进行了详细阐述，而算法交易类策略主要聚焦于交易指令的执行方面。本章的主要内容是对当前市场中应用最为广泛的广义量化选股策略，如多因子选股、市场中性、指数增强策略和量化择时策略进行介绍。

第一节　多因子选股策略

多因子选股作为量化投资领域的经典模型，在海内外各类投资机构中均被广泛研究和应用。多因子选股主要探讨的是利用历史数据，通过选取某些可能影响股价波动的因素去选择股票，买入并持有一段时间，然后分析收益率、回撤率等相关数据，最终确定哪些因素能够显著影响股价，利用这些因素进行投资可以在相同风险条件下获取更高的收益，或者在同等收益水平条件下，更好地控制风险，即能获得超越市场平均水平或者基准的表现，即 Alpha。

一、多因子模型的概念

多因子模型中最有市场影响的是 Rosenberge(1974)提出的 Barra 模型。Barra 模型的本质是针对不同国家和地区的市场，有不同细节上的调整。它的目的是归因和风险分析。Barra 发行了针对中国市场的模型：Barra China Equity Model（CNE5）。

当前主流的多因子模型研究集中在基本面多因子的研究上。基本面多因子模型最基本的假设是：具有类似"属性"的股票，在市场上应该有相似的收益率。这些类似的属性可以是相同的行业、相似的交易属性（如交易价格、交易量、市值大小、波动率等）、相似的财务属性、相似的估值属性（PB、PE、PS、PCF 等）。

多因子模型识别这些共同的基本面因子，并且估计收益率对这些因子的敏感性，得出股票或者组合的预期收益率，最后通过风险模型，根据投资者的收益—风险偏好挑选合适的股票并进行权重分配。

然而，在多因子模型中，因子之间往往相互联系、互相影响，如果能够找到更好的因子而舍弃不重要的因子，将使模型具有更好的解释能力，同时也降低了无效因子的干扰。为了使投资组合模型保持稳定的结果，进而从多因子中提取出有效的资产组合，很多学者将规则化方法在投资组合模型上进行了改进，也就是在多因子模型上对因子权重施加了一个惩罚函数进行约束。

二、多因子模型的风险预测

对于一个包含 N 只股票和 K 个因子的系统，多因子模型本质上是将对于 N 只股票的收益—风险预测转变成对 K 个因子的收益—风险预测。

多因子模型并不是一个因果关系模型，所谓的因子只是在统计上与收益率存在相关关系，是试图解释收益风险的维度，多因子模型并不关心它们是否存在因果关系。

影响股票收益的因子按照逻辑可以分成三种类型：

1. 市场风险

所有的股票都会受到市场整体供需的影响而呈现出同涨同跌的现象，即牛市和熊市。这是所有类别风险中波及面最广、影响最大的风险。

2. 行业风险

从事相同或者相似业务公司的股票，由于受到共同产业景气周期影响，或者共同的产业政策冲击，抑或是其他宏观环境的影响，在市场上也会表现出较高的相关性。

3. 风格风险

风格风险是指剔除市场风险和行业风险后，股票市场表现为在一定时期内呈现出很强烈的风格特征，比如小市值股票表现更优的小市值风格，前期收益低的股票近期收益更高的反转风格，成长性高的股票表现更好的成长风格，或者是低估值股票表现更好的低估值风格等。

主要风格因子可分成十二大类：估值因子、成长因子、财务质量因子、杠杆因子、规模因子、动量因子、波动率因子、换手率因子、改进的动量因子、分析师情绪因子、股东因子和技术因子。

三、多因子模型的构建

多因子模型构建的流程如图 17-1 所示。

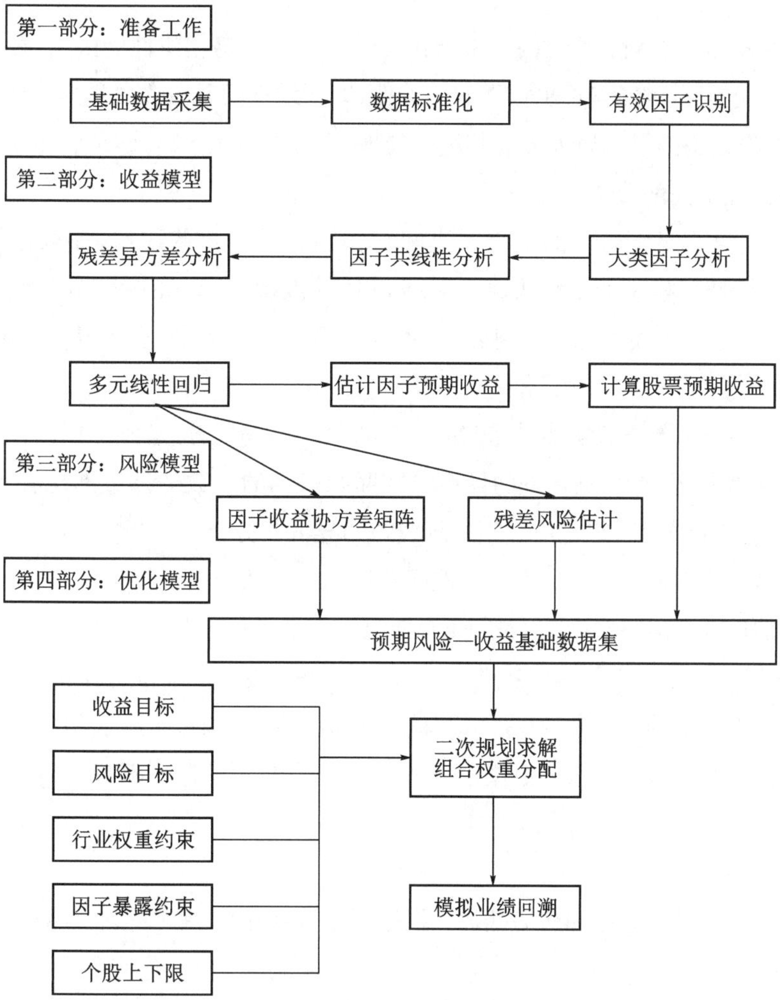

资料来源：华泰证券研究所。

图 17-1　多因子模型构建的流程

多因子模型的构建主要分为四个步骤：

1. 准备工作

（1）基础数据采集：首先确定原始因子集合，然后按照原始因子集合逐个进行因子原始数据的采集和计算工作。

(2) 数据标准化：由于原始数据的量纲不一致，为保证数据之间的可比性和可叠加性，要对原始数据进行标准化、去量纲的工作。

(3) 识别有效因子：原始因子集合是在逻辑上被认为与股票收益率存在关联性的因素，实证中并不是每个原始因子和股票收益率都存在相关性，因此需要对原始因子进行有效性检验，排除与收益率相关性不高的因子。

2. 收益模型

(1) 大类因子分析：大类因子是指在逻辑上具有一定相似性的因子，在实证中这些因子之间也很有可能表现出很强的相关性，即共线性问题。为尽量多地保留有用信息，需要首先根据因子所属大类对其进行处理，比如进行因子合成，或者尽量挑选效果显著且相关性不高的因子集合进行保留。

(2) 因子共线性分析：如果因子之间存在明显的多重共线性，那么进行多元线性回归时，会使得模型的估计失真或者难以估计准确，所以在进行多元线性回归之前需要进行因子共线性分析，剔除相对不重要但是会对模型造成共线性干扰的因子。

(3) 残差异方差分析：如果回归的残差项具有不同的方差，则称回归模型存在异方差。如果存在异方差，则传统的最小二乘回归得到的参数估计量不是有效估计量，所以在进行多元线性回归之前必须进行残差的异方差分析。

(4) 多元线性回归：通过多元线性回归计算每一期的因子收益。

(5) 估计因子预期收益：由于因子每期收益或多或少存在不稳定性，为保证模型的稳定性，需要对因子历史收益序列进行分析，给出下一期因子收益的合理预期值。因为很多因子存在明确的经济含义和投资逻辑，所以对因子收益的方向(±号)需要进行约束。

(6) 计算股票预期收益：根据因子收益和每个股票的因子载荷计算出个股的预期收益率。

3. 风险模型

(1) 计算因子收益率协方差矩阵：根据因子收益率的历史序列，计算出因子的协方差矩阵。

(2) 残差风险估计：计算出个股的残差风险。

4. 优化模型

(1) 确定组合的收益目标：可以是两种，一种是确定目标收益，然后最小化风险；另外一种是确定风险目标，然后最大化收益。

(2) 确定组合的风险目标：与4(1)一起联合确定。

(3) 行业权重约束：根据风险目标确定行业风险的暴露。如果组合存在基准组合，则需要根据基准组合在各个行业的权重分布，确定行业偏离约束。

（4）因子暴露约束：多因子模型本身是一个追求宽度的模型，所以为避免在某些因子上暴露过大导致风险过高，需要对因子暴露进行一定的约束。

（5）个股上下限约束：因为卖空约束以及避免在个股上暴露过高的风险，所以需要对个股权重的上下限进行约束。

（6）通过二次规划求解组合权重分配：根据上面获取的个股预期风险—收益数据集以及确定的约束条件，采用二次规划的方式，计算组合中的个股权重。

（7）模拟业绩回溯：根据每期确定的组合成分股及权重分配，对模型进行模拟业绩回溯。

四、多因子选股策略案例

本例子借鉴Barra模型的方法，对A股市场的风险因子进行识别。鉴于中国市场的具体情况，主要考虑部分宏观因子、基本面因子和部分技术因子，从中选取了29个可能对投资组合收益率和风险有影响的因子进行降维处理，再进行回归分析，用加权最小二乘法估计回归方程的系数（即因子收益或因子报酬），在下一期的回归方程中保持系数不变，求出因变量（即证券的收益）。

按照最新财报数据，采用等权复合因子的方法进行降维，生成未来一个月的股票配置建议，三十只股票的行业分布中，所占比重最大的行业是有色金属，其次是医药保健、公用事业、房地产、信息技术、黑色金属、汽车汽配以及建筑建材。

1. 数据集

行情数据：总股本（日数据）、流通股本（日数据）、日成交额、日收盘价、周收盘价、月收盘价、上证综指（日数据、周数据、月数据）。并取复权股价对数收益率作为回归的因变量。

时间周期：2000年1月至2010年7月。

财务数据：总资产、总负债、所有者权益、营业收入、营业利润，以上皆为季度数据。采用年报或一季报数据（4月底出）代表5、6、7、8月数据，采用中报数据（8月底出）代表9、10月数据。采用三季报数据（10月底出）代表11、12月以及下年1、2、3、4月数据。

时间周期：1999年12月至2010年6月。

选股股票范围：每个月沪深300指数成分股。

2. 因子选取

有效因子应该满足两个条件：一是在逻辑上应该和收益率存在一定的相关性；二是在实证中确实和收益率存在比较明显的相关性。本例将根据经济学的常识，以表17-1中29个变量作为因子构造的基础数据。

表 17-1　　因子选取

序号	分类	因素	计算方法
1	Beta	历史 Beta(每月)	Camp 的 Beta(每月,期间：36 个月)
2		历史 Beta(每周)	Camp 的 Beta(每月,期间：52 个月)
3	企业规模	现价总额(对数值)	现价总额(总股数×股价)的对数值
4		流通现价总额(对数值)	流通现价总额(流通股数×股价)的对数值
5		总资产(对数值)	总资产的对数值
6	相对低估性	营业利润回报	前期营业利润/现价总额
7		销售额(业务收入)回报	前期业务收入/现价总额
8		B/P	前期所有者权益/现价总额
9	流动性	买卖循环率(一个月)	前期自己的资本/现价总额
10		每日交易额的变动性	过去 120 天的日交易额的标准偏差
11		买卖资金的变化(25 日/6 个月)	过去 25 天的日平均买卖资金/过去 6 个月的日平均买卖资金
12		买卖资金的变化(75 日/12 个月)	过去 75 天的日平均买卖资金/过去 12 个月的日平均买卖资金
13	投资成果	股价变动的平均偏离(25 日)	(25 日变动平均股价－前一天股价)/25 天变动平均股价
14		股价变动的平均偏离(75 日)	(75 日变动平均股价－前一天股价)/75 天变动平均股价
15		历史 Alpha(月)	每只股票的 Return 和股价指数的回归切片(周,期间：36 个月)
16		历史 Alpha(周)	每只股票的 Return 和股价指数的回归切片(周,期间：52 周)
17		Specific Return(1 个月)	Cross-section 回归分析(Beta,Size,Value)的残差 Return(1 个月)
18		Total Risk(月)	每只股票的 Return 的标准偏差(期间：36 个月)
19		Total Risk(周)	每只股票的 Return 的标准偏差(期间：52 周)
20		Residual Risk(月)	每只股票的 Return 和股价指数的回归分析的残差项的标准偏差(月,期间：36 个月)
21		Residual Risk(周)	每只股票的 Return 和股价指数的回归分析的残差项的标准偏差(周,期间：52 周)
22	杠杆性	负债比率(账面价值)	负债/自己的资本
23		负债比率(盯市价值)	负债/现价总额

（续表）

序号	分类	因素	计算方法
24	成长性	销售额（业务收入）增长度	过去5期业务收入回归后得到的平均每期增长额/过去5期平均总资产
25		总资产的增长度	过去5期总资产回归后得到的平均每期增长额/过去5期平均总资产
26		销售额（业务收入）营业利润率	营业利润/业务收入
27		销售额（业务收入）营业利润 Trend	对[营业利润/业务收入]的过去5期的回归分析的回归系数
28		总资产营业利润率	营业利润/总资产
29		总资产营业利润率 Trend	对[营业利润/总资产]的过去5期的回归分析的回归系数

3. 实证流程

（1）利用过去三年的数据，通过计算获得表17-1中的29个变量。

（2）变量极值的处理。极值很容易严重扭曲分析结果，因此去极值的处理步骤是必要的。

（3）描述性变量的标准化。在将描述性变量组合成风险指数前，必须标准化每一个描述性变量，否则所有组合无意义，因为每一描述性变量所衡量的单位均不同。通常以均值取零、标准差取1的正态标准化处理之，其公式为：标准化后向量=（原向量－均值）/标准差。取固定时间窗口（36个月或12个季度），用时间窗口长度的数据向后滚动作标准化。

（4）风险指数的形成与因子暴露的取得。为了消除共线性以及使得模型更具有逻辑性，利用将几个描述性变量合成一个风险指数的方法来构造风险指数。这里采用算术平均来合成风险指数。

（5）风险因子的选择。即对因子进行降维处理。有三种可选的降维方法，即等权复合因子降维、逐步回归降维和主成分分析降维。逐步回归直接剔除不显著的因子，主成分分析是将原来因子组合成少数的几个新因子，新因子可以解释因变量的大部分波动情况。

（6）以选出的显著指标和股票收益作回归分析，估计因子报酬。

利用横截面回归模型估计因子报酬时，每项资产回报的方差一般不相同，这就产生了异质性问题。为了解决此问题，通常采用广义最小二乘法。根据Grinold和Kahn与Barra公司的一些研究显示，以市值平方根为对角元的对角阵逆矩阵作为特有报酬逆矩阵的替代是适当的。将估计获得的因子报酬代入下一期的回归式中，做出下一期股票收益的预测。按照股票预期收益排序后选择收益较高的股票构造股票组合。

4. 实证结果

估计出下一期的股票收益后，将股票收益降序排列，选出收益最好的前三十只股票(10%)。考虑到财务数据的完整性，以 2007 年 10 月 31 日为基期，每个月换一次仓，每个月的第一个交易日持有的是最新选出的三十只股票，等权重配。按照此选股策略可得到一个累计收益率。沪深 300 指数的累计收益率也以 2007 年 10 月 31 日为基期，以便于比较。用等权复合因子、主成分分析和逐步回归三种降维方法得到的结果如图 17-2 所示。

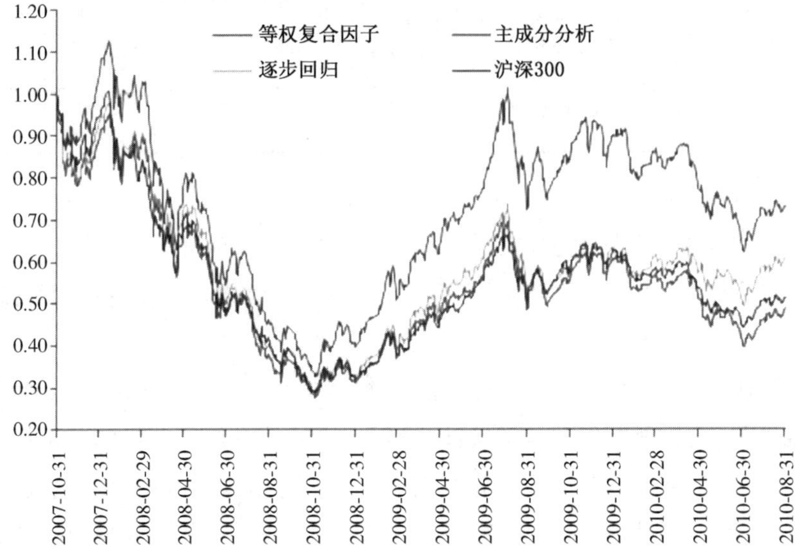

资料来源：国信证券经济研究所，Wind 资讯。

图 17-2 多因素模型实证走势

具体比较结果如表 17-2 所示。总的来说，等权复合因子降维，要好于主成分分析和逐步回归降维的效果。三种降维方法中，主成分分析没有跑赢基准，其他两种方法都有效地跑赢了基准。等权复合因子的年化收益率最高，超越基准 10.91%，风险调整后的收益(夏普比率)也最高。综合来说，等权复合因子的降维方法是最优的，在实践中推荐使用等权复合因子的降维方法来处理多因素模型。

表 17-2 多因素模型实证结果比较

(2007.11.1—2010.8.31)	等权复合因子	主成分分析	逐步回归	沪深 300
净值	0.735	0.483	0.619	0.512
标准差	41.1%	40.49%	40.2%	37.68%
日收益率	−0.044%	−0.105%	−0.069%	−0.096%

(续表)

(2007.11.1—2010.8.31)	等权复合因子	主成分分析	逐步回归	沪深 300
年化收益率	−10.49%	−23.07%	−15.86%	−21.4%
Sharpe	−0.255	−0.570	−0.394	−0.568

资料来源：国信证券经济研究所，Wind 资讯。

第二节 市场中性策略

一、市场中性的含义

“市场中性”(Market Neutral)是指投资组合在系统风险上没有暴露或者具有较低的风险暴露；海外对冲基金中“市场中性”策略一般是指“股票市场中性”(Equity Market Neutral)策略。

一个简单的“市场中性”投资组合必须包含两个部分：一部分为“多头”组合，另一部分为“空头”组合，且“多头”组合和“空头”组合具有一致或者相近的市值敞口或者贝塔敞口。一个严格的“市场中性”投资组合还需“多头”和“空头”组合在行业和风格因子权重上保持一致或者接近。

市场中性策略能否获利取决于“多头”组合能否跑赢“空头”组合。在市场行情上涨时，“多头”和“空头”组合通常会同时上涨，但只要“多头”组合的涨幅大于“空头”组合的涨幅，市场中性策略即可以获利；反之，在市场行情下跌时，只要“多头”组合的跌幅小于“空头”组合的跌幅，市场中性策略即可以获利。

这样的扩展有利于在实际投资策略中针对各种风险进行对冲，以至于对冲掉市场指数风险后还能获得非系统性风险收益。市场并不是充分有效的，非系统性风险收益会一直存在。非系统性风险收益可能来源于信息不对称，也可能来源于投资者不同的信息判断标准，从而产生不同的收益预期。

二、不同对冲策略的市场中性特征

(一) 多空策略

对冲基金使用最为普遍的策略是多空策略，其占比约为 20%- 30%，这一策略在有关文献中也被称为股票策略或股票对冲。

多空策略最大的特点就是使用卖空手段。由于做空资产收益可能为正，也可能为负，因此多空策略并不必然保证投资收益更高，它只是拓宽了原有投资组合的有效边界。多空策略充分利用了组合资产中的负面信息做空相关资产，这是产生超额收益的根本原因，也是多空策略的优势所在。

（二）130/30 策略

130/30 策略本质上属于多空策略，它泛指一系列相似策略，包括 110/10、120/20、140/40、150/50 策略，其中 130/30 形式最为普遍。所谓 130/30 策略，是指做空 30％的资产头寸，同时做多 130％的资产头寸。130/30 策略与多空策略的不同点在于，130/30 策略卖空后所得的现金再次用于购买股票资产。根据美国法律 T 规则要求，多空总风险暴露资产不得超过账户初始资产的 2 倍，因此这类策略的比例上限是 150/50。

（三）全球宏观策略

全球宏观策略对冲基金诞生于 20 世纪 80 年代。目前，全球宏观投资策略的做法存在较大差异，各有特点。就其共性而言，主要是使用杠杆在不同国家和地区捕捉趋势、市场偏差、结构变化等带来的交易机会，关注宏观经济的不均衡。当市场与均衡出现极度偏离时，它们会展开反向交易。全球宏观对冲基金具体投资标的会涉及债券、股票、外汇、商品期货等。全球宏观策略的不同点在于投资的视野更为宽广，或者说投资地域范围更大，其关注的投资标的与不同国家宏观经济形势紧密相关，通常会在一个国家或地区做多某类资产，而在另一国家或地区做空相关资产，从而实现全球范围内资产风险的对冲。

（四）新兴市场策略

新兴市场策略是以投资地域来标识的，它包括在新兴市场中采取的多空策略、全球宏观、固定收益、事件驱动等策略。一般来说，新兴市场国家资本市场的系统性风险较大，流动性较差，交易成本更高，对境外资本有一定限制，市场有效性更弱，其股票对信息反应可能更不充分，因此更可能存在个股超额收益率较大的机会。新兴市场策略并没有在对冲投资策略上做更多拓展，它主要把做多资产的地域范围限制在新兴市场国家，同时，做空其他成熟市场国家的相应资产，从而获得全球范围的市场中性投资策略收益。

（五）配对交易

配对交易遵循三条原则：第一，选择价格走势大致相同的股票；第二，当这样的股票价格发生较大偏离时，做空价格走势更高的股票，做多价格走势更低的股票；第三，持有多空头寸直到价格相同或者达到止损操作点。价格走势的趋同一般可以由统计模型来判断。因此，这一策略在实践中通常假定历史上价格走势比较接近的股票未来走势会继续同步，如果走势短期内出现偏离，均值回复规律就发生作用。然而上述假定未必成立，尤其是当市场、政策、体制出现重大变化时，因此对于配对交易需要设定比较严格的止损原则。

（六）统计套利

统计套利可以被当作配对交易的延伸，有时也把配对交易当作统计套利的特例。从统计模型上看，统计套利可以是简单的加权移动平均模型，也可以是因素分析模型，还可以是时间序列波动率模型等。统计套利通常在大量股票上同时不间断地展开，从而达到大样本下的投资胜率。统计套利者坚信历史规律或者说模型规则可以在未来继续有效，而这也是被大量诟病和怀疑的关键。统计套利通过模型的预判，在走势相似的股票上展开多空资产的投资，两者相互抵消其市场风险，实现市场中性的目的。

三、市场中性策略案例：Alpha 套利策略

（一）Alpha 套利策略的概念

Alpha 套利称阿尔法策略，是指指数期货与具有正阿尔法值的证券产品之间进行反向对冲套利，也就是做多具有正阿尔法值的证券产品，做空指数期货，实现回避系统性风险下的超越市场指数的阿尔法收益。其原理是将资产收益分为两部分：一部分是因承受系统性风险所享有的贝塔收益，另一部分是因承受非系统性风险所享有的阿尔法收益。通过寻求具有超额收益阿尔法的证券，并利用做空股指期货将这些证券的系统性风险抵消掉，从而获得超额的阿尔法收益。选择具有超额收益阿尔法的证券是进行阿尔法套利交易的前提。

本策略建立在以下两点假设下：

（1）股指期货的价格与现货的价格的相关性为 1，即 Beta=1；

（2）根据选股模型构建的股票组合在一定时间内 Alpha 和 Beta 均较为稳定。

本策略首先通过选股模型构建股票池，通过使 Alpha 收益率达到某一阈值，同时 Beta 波动最小化，得到最优权重比例并构建股票组合。再以沪深 300 指数期货合约对冲股票组合的市场风险，从而获得稳定的超额收益 Alpha。

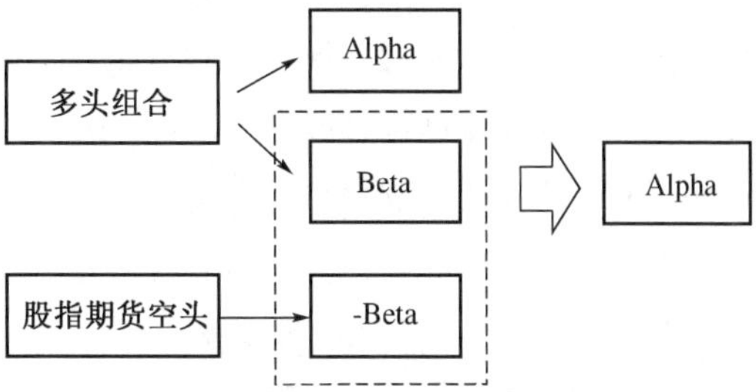

图 17-3　策略示意

选股模型采用 Alpha 选股和多因素选股两种模型。Alpha 选股模型是基于历史数据，根据市场指数模型，通过计算得到股票 Alpha，选择股票池中 Alpha 排名靠前的股票构建股票组合。多因素选股模型根据风险暴露和单位风险因子报酬对股票进行选择，这里参照上一节中多因子选股的框架，选择了 29 种因素等权重加权后得到的预期报酬排名靠前的股票组成股票组合。虽然 Alpha 选股模型的选股逻辑更加直接，但是市场指数模型忽略了很多因素，Alpha 收益来源不确定，虽然对冲了市场风险，但 Alpha 可能不稳定。而运用多因素

选股模型能够更加充分地解释超额收益的来源，由于因素单位风险报酬和股票的风险暴露比较稳定，对冲市场指数后能获得更加稳定的 Alpha 收益。

Alpha 套利流程简图如下：

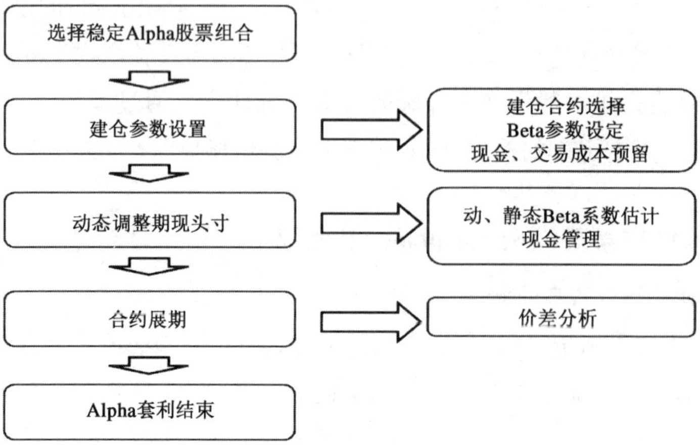

图 17-4 Alpha 套利流程

（二）选股条件

运用指数模型计算沪深 300 成分股的 Alpha，选择 Alpha 最高的若干只股票构成组合。参照上一节的多因子选股的案例，选取七类 29 个可能对投资组合收益率和风险有影响的因子，将以上 29 种风险因子通过等权重降维法构建 7 个等权复合因子：Beta、企业规模、相对低估性、流动性、投资成果、杠杆性以及成长性因子。

对构建股票组合时的沪深 300 成分股进行加权最小二乘法回归分析，得到单位风险溢酬，作为下一期的预期单位风险溢酬，同时将当时的风险暴露作为下一期风险暴露预期值，通过计算得到股票下一期的预期收益，按照股票预期收益排序后，选择收益较高的股票构造股票组合。

（三）参数设置

1. 对构建的股票组合附权重

为了获得稳定的 Beta 组合，根据样本的 Beta 估计波动率，并使得 Alpha 达到某一阈值，以确定上一部分中所选股票最优权重，以此权重构建股票组合。

2. 建仓期货合约选择

沪深 300 指数期货有当月、下月以及随后两个季月合约四个合约。从 Alpha 套利的产品规模来看，1 亿元的资金规模，对应的期货合约数量约为 50 手。选择当月合约作为对冲的期货合约，在每月第三个星期五即交割日前倒数第 3 天换成次月合约。

3. 确定对冲比率及现金留存比率

以初始交易日前 250 日的日频率数据计算股票组合市场模型的 Beta，根据假设，股指期货价格与现货价格的 Beta 为 1，所以对冲比率设置为 Beta。同时至少预留期货头寸价值的 20%作为保证金，以降低保证金不足风险。

4. 确定初始股票头寸和期货头寸

根据确定的对冲比率及现金留存规模计算股票规模、期货头寸规模，确定初始保证金。

$$股票头寸=\frac{总资产}{1+\text{Max}(0.2,\ \text{VaR})\times \text{Beta}} \tag{17-1}$$

$$期货头寸=股票头寸\times \text{Beta} \tag{17-2}$$

$$初始保证金=期货头寸\times \text{Max}(\text{VaR},\ 0.2) \tag{17-3}$$

5. 动态调整股票头寸和期货头寸

对组合的 Beta 及 Alpha 进行监控，当 Beta 波动大于阈值或 Alpha 降低到阈值之下时重新构建股票组合，并且重复前四个步骤，重新确定股票头寸及期货头寸。

调整股票头寸的时间为当日股市收盘时刻，并按照每只股票的收盘价进行买入和卖出计算。

（四）数据类型与处理

1. 多因素模型的数据

数据来源于本章第一节“多因子选股策略”。

2. Alpha 策略的数据

行情数据：沪深 300 指数及成分股行情数据、数据区间内所有沪深 300 股指期货行情数据。

基准指数：上证综指。

数据区间：2010 年 4 月 16 日至 2012 年 11 月 27 日。

（五）策略实证

1. 基本设置

对采用 Alpha 选股模型得到的股票组合进行 Alpha 套利，展示其效果。主要的设置如下：

（1）投资组合多头选择采用 Alpha 选股模型得到股票组合。

（2）预留的期货保证金比率为 95%置信度下沪深 300 指数滚动 30 天窗口最大涨幅的现金（但不低于 20%）。

（3）空头选择沪深 300 指数期货当月合约，固定展期方式，换仓条件是在每月的交割日的倒数第 3 天换下月合约。

（4）每日动态监测股票组合的 Alpha 和 Beta，当 Beta 变动的绝对值大于某一阈值

(Betadif)或 Alpha 降低幅度大于某一阈值(Alphadif)时,重新选股并配置资产组合。

(5) 样本区间为 2010 年 4 月 16 日至 2012 年 11 月 27 日。

(6) 现货买入交易成本为买入股票价值的 0.002,卖出交易成本为卖出股票价值的 0.002,期货单边交易成本为买卖期货价值的 0.000 05。

(7) 优化条件为:

$$\begin{aligned}&\text{Min}\,\sigma(Beta)\\&\text{s.t. } Alpha \geqslant \text{Min}(Alpha)\\&\sum \omega = 1\\&0 \leqslant \omega \leqslant 1\end{aligned}$$

其中,Beta 为投资组合的市场风险暴露,ω 为股票的权重,Alpha 为超额收益,Min($Alpha$) 为 Alpha 需要达到的阈值。

(8) 由于股指期货刚推出时,价格不稳定,合约不完整,所以测试时间段为 2011 年 11 月 7 日至 2012 年 11 月 27 日,即从 2011 年 11 月 7 日开始构建组合,计算策略收益。

2. 实证结果

基于上述设置,Alpha 套利实证结果如下:

当股票数量为 60 时,Alpha 阈值为0.000 3,Beta 阈值为 0.1,优化约束条件为 Alpha≥0.001 5。

区间时间段:254 天。

区间累计收益(年化收益率):2.98%。

由图 17-5 可以发现,投资组合的累计收益率相对于沪深 300 股指、期货累计收益率更高而且更加稳定。风险:最大回撤为−4.44%。

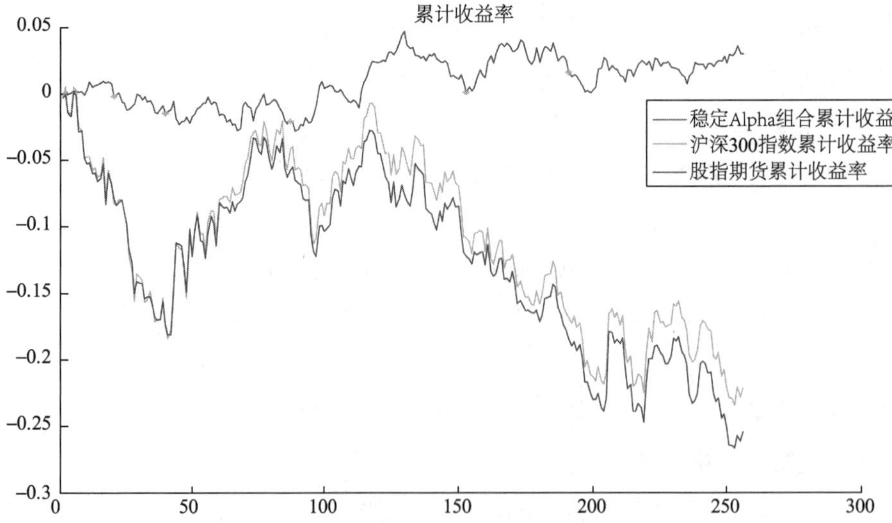

图 17-5 策略实证结果

第三节　指数增强策略

一、指数增强方法简介

指数增强型投资方法是主动型投资方法和指数型投资方法的有机结合，属于“被动投资为主，主动投资为辅”的投资理念，指数增强型投资方法被指数增强型基金所广泛应用。

主动型基金一般追求超越市场的业绩，而指数型基金试图复制选定指数的表现并控制跟踪误差。指数增强策略的目标是在控制跟踪误差的前提下获取增强收益。什么是跟踪误差？首先定义基金跟踪偏离度：$TD_{ti}=R_{ti}-R_{tb}$，其中 R_{ti} 为基金的净值变化率，R_{tb} 为基金的业绩基准同期收益率。跟踪误差是跟踪偏离度的标准差，计算公式为：

$$TE=\frac{1}{n-1}\sum_{t=1}^{n}\left[TD_{ti}-\frac{1}{n}\left(\sum_{t=1}^{n}TD_{ti}\right)\right]^{2} \tag{17-4}$$

一般而言，被动指数基金的年化跟踪误差需要控制在4%以内，指数增强型基金的年化跟踪误差需要控制在7.75%以内。而指数增强型基金的投资目标是要在控制跟踪误差的前提下追求稳定、持续超越标的指数的表现。指数增强型基金与主动型基金相比具有明确的基准，对投资人而言策略相对更透明、投资风格更平稳、风险把控性更强，而与被动型指数基金相比又存在获取更高收益的可能。

图17-6是指数增强型投资方法的概览。对于指数增强思路，可以从宏观到微观角度进行分解，具体体现在仓位控制(择时)、行业轮动、选股三个方面，这三方面在实践方式上都可以统一区分成“主动”和“量化”两种，越靠近宏观层面，主动与量化的差别越小，越靠近微观层面，二者差别越大。不论采用以上哪种操作思路，投资管理人都可以考虑配合衍生金融工具或一些其他方式进行增强，如通过打新或借助股指期货、融资融券、期权、可转债等工具进行增强，以提高产品的收益。

投资人通过对市场的判断可以选择自上而下的指数增强策略。仓位控制是基于投资人在宏观层面对市场宏观环境的判断，行业轮动是基于投资人在中观层面对于不同行业表现的判断，选股是基于投资人在微观层面对于个股业绩的判断。

二、仓位控制策略

指数增强型基金的仓位，即持股持债的比例，并不能像主动管理型基金特别是混合型基金一样进行大范围的调整。指数增强型基金的仓位在基金合同中都有约定，只

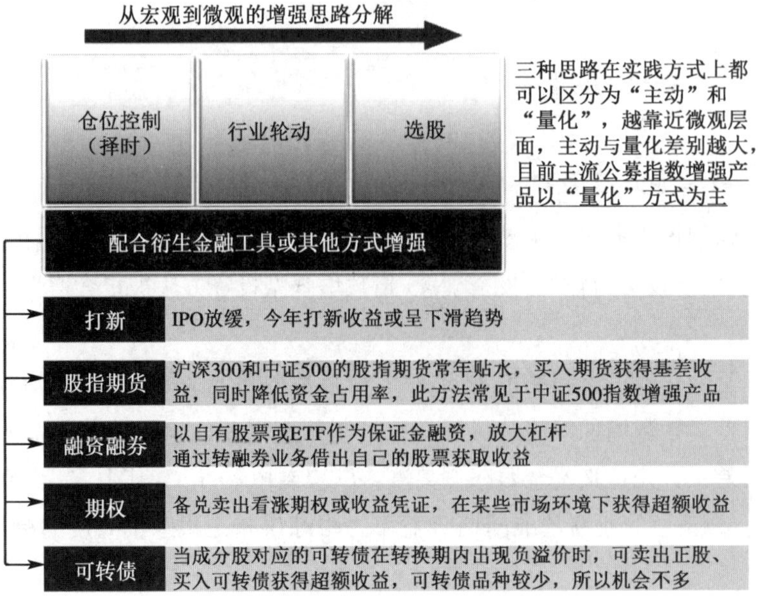

图 17-6　指数增强方法汇总

能在一个较小的范围内浮动。一般规定股票资产投资比例不低于基金资产的 80%或 90%，而且其中投资于标的指数成分股和备选成分股的资产不低于非现金基金资产的 80%。

仓位控制本质上就是中长线择时，其目的是预判大盘走势，在上涨时调高仓位，在下跌时降低仓位，以此来获得比基准更高的收益，调整频率一般为月频至年频。

股票净值占基金资产净值比可以直接反映出基金持仓中股票资产的变化，从一定程度上反映投资者对于股票持仓的调整，也即投资者择时的思路。大部分指数增强型公募基金的股票净值占基金资产净值比是比较稳定的，也存在若干只浮动比较大的基金。例如代码为 001015 的基金在 2016 年至 2017 年一季度股票仓位维持在 85%左右，2017 年二季度到四季度增至 90%以上，2018 年一季度又回落至 86%，推测其存在主动调节股票仓位的情况。

三、行业轮动指数增强策略

行业轮动是利用行业间相对变化趋势而获利的策略。在一个完整的经济周期中，有些是先行行业，有些是跟随行业。把握经济周期中的行业轮动顺序，在轮动开始前进行配置，在轮动结束后进行调整，可以获取超额收益，实现指数增强的目标。

量化行业轮动模型没有固定的套路，通常基于长、中、短三个不同周期去定量梳理随着目标周期波动所展现的行业轮动规律，或者基于行业的基本面数据及行业指数行情进行规律挖掘。

主动方法对于行业轮动的把握则是依赖于基金经理对于周期和行业的理解，思路可能多种多样，有些难以确切阐述或量化执行。这里利用“行业偏离度”指标衡量指数增强型基金在行业配置上与标的指数的差异，指标的具体定义为：将基金持仓中每一行业权重(所有行业的权重之和为1)减去对应行业在指数中的权重理解为“单一行业偏离”；对于所有29个行业，将29个“单一行业偏离”的绝对值求和，最后除以2，即为“行业偏离度”，公式如下：

$$\text{行业偏离度}=\frac{1}{2}\sum_{i=1}^{29}\left|\text{行业 } i \text{ 在基金持仓中权重占比}-\text{行业 } i \text{ 在基准指数中权重占比}\right| \tag{17-5}$$

行业偏离度的定义类似单边换手率，其取值范围为[0, 1]，越靠近0，表示基金的行业权重配比与指数越接近。我们依据跟踪标的指数的不同对36只指数增强型基金进行分类，统计基金的平均行业偏离度以及最小行业偏离度。其中对于基金的行业权重，采用2017年基金年报所公布的基金持仓明细进行计算，对于指数的行业权重，采用2017年12月31日的成分股明细进行计算，结果如表17-3所示。

表17-3 指数增强型基金行业偏离度

标的指数	指数增强型基金的数目	平均行业偏离度	最小行业偏离度
沪深300	20	13.16%	4.20%
中证500	10	15.10%	7.29%
中证1000	2	7.23%	5.54%
上证50	2	17.00%	4.39%
新成立暂无数据	2		

资料来源：Wind，华泰证券研究所。

除了跟踪标的指数外，大部分指数增强型基金在行业的配置上都有自己的调整，比如，在标的指数为沪深300的20只指数增强型基金中，有6只基金在医药行业中的权重为0，而沪深300在这一行业中的权重为0.5%；某规模较大的沪深300指数增强型公募基金在医药、食品饮料、国防军工、农林牧渔、钢铁共5个行业的权重均为0。基金的行业权重配比可以在一定程度上反映通过择时和行业配置的轮动来实现增强收益的思路。

四、选股指数增强策略

选股是基金管理人非常注重的一个层面，量化选股模型的主流是多因子模型，还有 Smart Beta、基本面量化选股、事件驱动选股等模型，主动方法选股则主要依靠公司研究，选择被错误低估的股票。此外还可以借鉴期货管理策略中的配对交易，将其应用于股票市场进行个股权重配置。

量化多因子选股模型的长处在于科学跟踪误差控制，而主动选股方法下，跟踪误差比较难以控制，容易造成比较大的波动。

根据各个指数增强型基金 2017 年年报公布的数据，我们对比了基金持仓的股票与标的指数成分股之间的差异，统计了基金持仓的股票数目、持仓股票池中属于标的指数成分股的股票数目占比、持仓股票池中属于标的指数成分股的股票权重占比、个股权重偏离度，结果如表 17-4 所示。其中个股权重偏离度的定义为：

$$\text{个股权重偏离度}=\frac{1}{2}\sum_{i\in 全A}|\text{股票} i \text{在基金持仓中权重占比}-\text{股票} i \text{在基准指数中权重占比}| \tag{17-6}$$

这一定义类似单边换手率，其取值范围为[0, 1]。

表 17-4　　2017 年基金持仓与标的指数成分股对比

基金编号	标的指数	持仓股票数	持仓股票池中属于标的指数成分股的股票数目占比	持仓股票池中属于标的指数成分股的股票权重占比	个股权重偏离度
1	上证 50	90	42.2%	83.2%	39.7%
2	上证 50	57	86.0%	99.2%	4.0%
3	沪深 300	112	52.7%	86.9%	68.8%
4	沪深 300	109	50.5%	82.9%	66.8%
5	沪深 300	168	56.5%	94.5%	61.7%
6	沪深 300	265	38.9%	86.4%	61.5%
7	沪深 300	121	99.2%	99.1%	60.5%
8	沪深 300	113	74.3%	91.0%	59.8%
9	沪深 300	100	63.0%	83.2%	59.0%
10	沪深 300	147	55.8%	84.7%	56.9%
11	沪深 300	157	55.4%	80.7%	53.1%
12	沪深 300	125	72.0%	89.7%	52.7%
13	沪深 300	225	44.0%	86.4%	51.6%
14	沪深 300	89	82.0%	99.7%	49.1%
15	沪深 300	135	73.3%	86.5%	45.9%
16	沪深 300	304	56.3%	95.7%	43.6%

(续表)

基金编号	标的指数	持仓股票数	持仓股票池中属于标的指数成分股的股票数目占比	持仓股票池中属于标的指数成分股的股票权重占比	个股权重偏离度
17	沪深 300	190	59.5%	86.6%	42.5%
18	沪深 300	172	96.5%	99.9%	31.5%
19	沪深 300	323	74.3%	92.5%	23.0%
20	沪深 300	333	89.8%	93.7%	14.3%
21	沪深 300	309	97.1%	99.2%	11.6%
22	沪深 300	296	92.9%	99.2%	4.9%
23	沪深 300				
24	中证 500	149	56.4%	86.5%	82.1%
25	中证 500	184	67.4%	84.7%	81.1%
26	中证 500	146	59.6%	87.3%	79.7%
27	中证 500	170	67.6%	82.2%	77.1%
28	中证 500	162	69.1%	85.2%	75.2%
29	中证 500	234	56.8%	92.7%	75.1%
30	中证 500	195	75.4%	84.7%	70.6%
31	中证 500	262	69.8%	82.9%	67.5%
32	中证 500	344	62.5%	82.9%	63.5%
33	中证 500	388	60.3%	80.8%	62.7%
34	中证 500				
35	中证 1000	164	70.7%	81.6%	88.8%
36	中证 1000	428	64.5%	80.7%	82.7%

资料来源：Wind,华泰证券研究所。

从表 17-4 可以看出,大部分指数增强型基金持仓股票中属于标的指数成分股的股票数目占比并不高,说明大部分基金都是在比较宽泛的范围内选股,但也有 3 只基金这一占比超过 95%,说明它们的策略基本上是指数成分股内部选股(即通过调节成分股权重进行增强)。虽然持仓股票池中属于标的指数成分股的股票数目占比浮动较大,但这些股票的权重占比均在 80%以上(合同约定必须在 80%以上)。有一只沪深 300 指数增强型基金(表 17-4 中编号 6)共持仓 265 只股票,属于成分股的数目占比仅 38.9%(即 103 只),但权重却占到了 86.4%,说明其持仓的剩余 162 只股票权重之和仅 13.6%,平均每只股票不到 0.1%。

从最后一列可以看出,有的指数增强型基金个股权重偏离度较大,说明其选股的主观能动性较强，在风险控制方面可能是通过多因子模型或其他量化模型完成的，并非在个股层面严格控制持仓组合与基准指数的一致性。而有的基金个股偏离度很小，说明其操作方式已经非常类似被动指数基金了，通过严格控制持仓组合与基准指数的一致性来控制风险，而增强收益是通过打新或买入贴水的股票期货等其他方式来完成的。

五、主动指数增强策略

主动指数增强策略中，通过90%的仓位采用指数成分股全样本复制，剩余10%仓位采用主动选股方法。主动指数增强的总体方法是“核心—卫星”资产配置策略。具体而言，“核心组合”在整个投资组合中占有较大权重，采用被动复制指数的方法，对投资组合的安全和收益起到“保驾护航”的作用；“卫星组合”在整个投资组合中所占的权重略小，以核心组合为基本依托，采用积极、主动、灵活的投资方法，为投资组合“锦上添花”，创造超额收益。“核心组合”的资金占比一般为80%至95%，也有个别基金低至70%左右。而构建“卫星组合”策略的形式可以多种多样，例如，根据GARP策略选择当前价值被低估但持续增长的股票；根据龙虎榜超配因正面事件而上榜的股票；根据指数成分股及其备选成分股的流动性指标，剔除或低配流动性较差的个股等。

这一策略中相对指数增强的收益来源于5%-20%仓位的主动投资部分，而投资的关键就在于如何确保这部分的主动投资能为投资组合带来正向收益，并且不致带来过大的跟踪误差。

六、量化指数增强：以多因子模型为主

多因子模型是目前管理较大规模量化产品的主流方法，是量化选股方法中理论体系最丰富的模型之一。多因子模型是由套利定价模型发展而来的，是对于风险—收益关系的定量表达，不同因子代表不同风险类型的解释变量。

除了主流的多因子模型之外，配对交易也常用于量化指数增强型基金中。配对交易是最经典的统计套利策略，期货市场的配对交易策略常用于处于上下游关系的两个商品期货，常见的组合有大豆与豆油、大豆与豆粕、铁矿石与螺纹钢、焦煤与焦炭。股票市场中两个产品的价格有类似的相关性逻辑。如果两个上市公司存在子母公司关系，那么它们的股票价格往往会存在强相关性；此外，同一个公司在不同交易所（比如A股市场和H股市场）权益凭证的价格往往具有强相关性。

七、通过衍生金融工具或其他方式增强

上文主要针对方法论进行分析，需要说明的是，无论采用量化方法还是主动方法，用哪种实践思路去做，都可以借助衍生金融工具或其他方式进行增强，如借助股指期

货、融资融券、期权、可转债等工具,或通过打新等方式增强。

(一) 打新

一般投资于股票的公募基金都可以通过打新获得收益,指数增强型产品也不例外。

(二) 买入贴水的股指期货

股指期货是与指数价格高度相关的金融衍生品,目前国内交易的股指期货为沪深300、中证500和上证50股指期货。直观来讲,配置深度贴水的股指期货资产带来的指数增强效应主要来自两个方面:一方面,A股市场做空机制缺失,国内股指期货在过去很长一段时间都存在深度贴水的现象,在中证500股指期货上尤为明显。因为股指期货在交割日会与股指现货趋于一致,这也就意味着从当前时间到交割日,股指期货带来的收益会高于股指现货;另一方面,由于股指期货保证金制度,投资股指期货可以降低资金占用率,结余的资金可以通过现金管理工具获取收益。

(三) 融资融券

融资融券能够带来的指数增强效应一般源于两方面:

(1) 当看好后市时,可以用自有股票或ETF作为保证金融资,放大杠杆;

(2) 通过转融券业务借出自己的股票以获取收益。

(四) 备兑卖出看涨期权或收益凭证

期权与收益凭证是非线性投资产品,相比于股指现货和股指期货,拥有更为自由的收益结构,可以实现更为自由的投资目标。对于备兑卖出看涨期权,如看涨期权到期时不被执行,则会获得额外的期权费收益。对于收益凭证,可以看作一系列期权和固定收益产品的组合,具有更为自主订制的特点,可通过向券商购买特别定制的收益凭证使投资人在一定市场条件下获得超过指数的回报。

(五) 可转债

借助可转换债券进行指数增强的机会在于可转债和对应股票之间的价格可能不同步。一般来说,股价持续下跌时,在股票市场中没有太多的投资机会,投资者会转向可转债的投资,从而导致可转债的市场价格"虚高",此时成为"正溢价"。相反,在牛市中股票市场比较活跃,股价持续上涨,投资者在进行投资选择时偏向于能直接获取正收益的股票。因此可转债的市场价格会呈现"虚低"的现象,此时成为"负溢价"。

具体而言,当指数成分股所对应的可转换债券在转换期内出现负溢价时,可以通过卖出正股、买入可转债的方法进行收益的增强。如果可转债的负溢价率减小甚至变为正溢价,则持有可转债可以获取相对股票的增强收益;如果正股价格相对于可转债进一步上升,可转债的负溢价率变大,则可以将可转债转换为股票,锁定收益。因此,利用可转债增强收益的风险相对可控。

八、指数增强策略实例

量化指数增强策略主要以多因子模型为主，这里介绍两个较为简单的指数增强策略：分层抽样策略和多因子线性优化策略。两个策略的差异主要体现在风险因子的控制上，分层抽样策略仅控制行业和市值两个维度的风险，实践起来比较简单；多因子线性优化策略则严格控制投资组合在多个维度上的风险，实践起来稍微复杂。在两个策略中，我们均使用打分法对个股未来收益做预测，使用的因子如表 17-5 所示。

表 17-5　　打分法所使用的因子列表

大类因子	细分因子
估值	EP 和 BP
成长	净利润同比增长率
盈利	ROE 和 ROA
反转	过去六个月收益率
波动率	过去三个月波动率
换手率	过去一个月日均换手率

资料来源：华泰证券研究所。

将各因子去极值、中性化、标准化后等权相加，作为股票未来收益的预测值。

（一）分层抽样策略概述

市值和行业是重要的风险因子。分层抽样策略的精髓是使投资组合在这两个风险维度上与基准指数保持一致，在市值、行业属性比较相似的若干只股票中优选一只预期收益最高的进行投资，获取超额收益。

首先阐明策略中所使用的行业分类。以 29 个一级行业为蓝本，将银行和非银行金融两个一级行业更细致地拆分成二级行业，我们采用总共 32 个行业的分类准则。

接下来描述策略的细节与步骤。首先，将基准指数成分股按以上行业划分成 32 个子集，在每个子集中用市值因子将股票划分为数目相等的三组，并计算每组内所有股票在基准指数中的总权重。其次，在每个小组中选择预期收益（打分法）最高的一只股票，令它在投资组合中的权重等于它所处小组的权重。这样选出包含 96 只股票的分层抽样组合，如图 17-7 所示。

（二）分层抽样策略表现

以 2008 年 1 月 1 日到 2018 年 1 月 1 日作为回测时间段，每个月换仓一次，手续费设置为单边千分之二。在沪深 300 指数上的回测结果如下，达到了年化超额收益 7.36%。

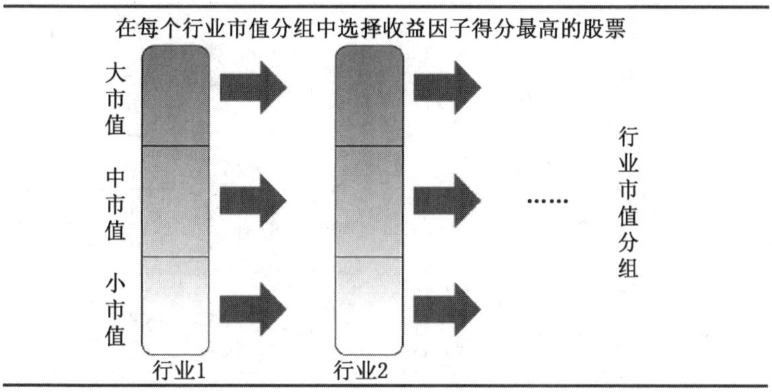

资料来源：华泰证券研究所。

图 17-7　分层抽样指数增强策略示意

资料来源：Wind，华泰证券研究所。

图 17-8　分成抽样策略表现

（三）多因子线性优化策略概述

在众多的多因子模型中，MSCI 提出的 Barra 风险因子框架使用得最为广泛。中国市场大致有十类风险因子，分别是市值因子、Beta 因子、动量反转因子、残差波动率因子、非线性市值因子、估值因子、流动性因子、盈利因子、成长因子和杠杆因子。

除了行业和市值因子之外，还可以考虑控制投资组合在更多的风险因子上的暴露与基准指数一致，以期获得更小的跟踪误差。

（四）多因子线性优化策略表现

以 2008 年 1 月 1 日到 2018 年 1 月 1 日作为回测时间段，每个月换仓一次，手续费设置为单边千分之二。在沪深 300 指数上的回测结果如下，得到了 5.08%的年化超额收益率。

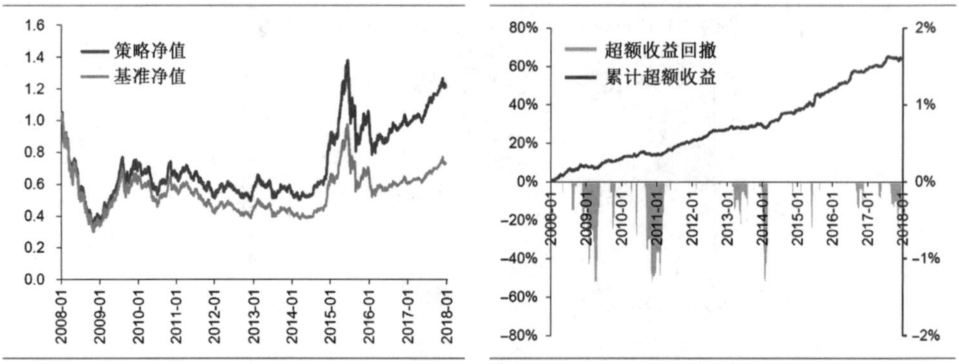

资料来源：Wind，华泰证券研究所。

图 17-9　多因子线性优化策略表现

从回测结果来看，两个策略都能有效达到指数增强的目的。分层抽样策略由于只控制了行业和市值两个风险因子，使得策略收益更高，但也承担了更多的风险；多因子线性优化策略在控制多个维度的风险之后，能够更加有效地控制跟踪误差，但收益稍微降低。

第四节　量化择时策略

一、量化择时策略的原理

有效市场理论认为，证券价格总能反映一切公开和未公开的信息，在有效市场中任何投资者都无法通过任何方法获取超额利润。在有效市场中，投资者理性预期和套利者都扮演了重要的角色，几乎所有投资者对于信息的理解和判断在证券价格上的反应都是一致的，当证券价格偏离其合理估值时，套利者总能够非常迅速地进行反向套利，使证券价格合理回归。

量化择时是量化投资策略的一种，它利用数量化方法，通过对各种宏观、微观指标的量化分析，试图通过回溯历史数据，找到影响大盘走势的关键信息，并且对未来走势进行预测。股票量化择时是预测市场走势，并由此判断、调整投资组合的风险水平，从而获取更大的收益。量化择时的关键在于数据和数量模型，利用历史数据建立模型来选择合适的时机做多或做空，从而获得超额收益。常用的量化择时方法有趋势择时、牛熊线择时、市场情绪择时、Hurst 指数择时、支持向量机分类择时以及 SWARCH 模型择时方法等。趋势择时的基本思想来自技术分析，通过一种或多种统计指标，选取符合特定标准的证券，进行买入、卖出操作。

二、量化择时模型的评价

评判一个量化择时模型是否有效，需要从两个方面来考虑：一是模型发出信号的频率，二是择时模型发出信号的准确率，两个方面共同决定着量化择时模型的效果，决定着量化择时模型的适用性。

这里的频率是指择时模型在一定时间内发出的买卖交易信号的次数。由于A股的T+1交收制度，当天买入的股票只能在第二天卖出，对于公募基金等机构投资者来讲，频率高于1日的择时模型并不能发挥作用，这时量化择时信号发出买卖交易信号的时间间隔必须大于1日。而对于高频交易和日内交易的投资者则不存在这个问题。频率越高，也意味着对单次获利的要求提高，但是由于每次交易都会产生交易佣金、印花税等费用，因此频率越高的量化择时模型将产生更高的交易费用，只有大部分买卖的收益是大于交易成本的，才能保证模型获利。此外频率越高，意味着该模型能够容纳的资金规模越有限，时间间隔越小，在时间间隔内进行大规模的资金换手将产生更大的冲击成本，从而将低买高卖的收益抵消掉。因此一定要根据资金规模的大小来决定量化择时模型的交易频率。

准确率是评价量化择时模型有效性的第二个方面，衡量模型在一段时间内给出交易信号的正确概率，正确概率是量化择时模型的根本，一个量化择时模型只要正确概率高，而交易次数以及平均每次交易的盈利不是过低，就是一个好模型。

三、量化择时策略的方法

最基本的量化择时方法就是技术分析方法。

1. 最为经典的择时策略是均线理论

所谓移动平均线，是指一定交易时间内(日、周、月、年)的算术平均线。如以5日均线为例，将5日内的收盘价逐日相加，然后除以5，得出5日的平均值，再将这些平均值连起来，这条绘出的线就被称为5日移动平均线。其他的均线也是以此类推。在技术分析中，市场成本原理非常重要，它是趋势产生的基础，市场中的趋势之所以能够维持，是因为市场成本的推动力。例如，在上升趋势里，市场成本是逐渐上升的，下降趋势里，市场成本是逐渐下降的。

2. 指标或指标组合择时

不同指标有不同的作用和特点，目前使用较为广泛的指标类型包括趋势指标、超买超卖指标、能量指标、量价指标、大盘指标、压力支撑指标等，利用技术指标或指标组合判断当前市场状态，在指标或指标组合发出交易信号时进行交易。

3. 市场情绪择时

利用投资者情绪来判断大盘走势，当投资者悲观失望、撤出资金时，市场行情容易继续下跌，当市场情绪热烈时大盘容易继续上涨。目前的市场情绪可通过封闭基金的折溢价水平、投资者调查和新增开户数等信息来判断。

4. 趋势跟踪择时

最容易被投资者学习和使用的就是趋势跟踪择时，认为趋势存在延续性，想跑赢大势，只要找到趋势并跟踪操作就可以。作为策略，依据的是常用技术指标，比如ADX、BOLL、MA、MACD等。

5. 噪音择时策略

认为市场信息被市场中大型的知情交易者提前掌握了，但是，在交易中他们为避免进出市场对价格产生影响，会隐藏自己的交易意图。在不影响行情趋势的时候，这种掩饰交易意图的行为却引起了市场噪音的增大，当发现市场噪音突然放大的时候，就可以跟随大型知情交易者来获取利润。

6. 有效资金择时

对于大盘走势，通过不同时点推动大盘运行的有效资金的多寡来判断，往往需要有效资金的推动来实现行情的转向。

7. 分形理论择时

认为资本市场存在大量不同投资期限的投资者对信息有着不同的反应，所以资产价格具有趋势增强性，并不是随机游走，当前价格走势与过去走势是具有相关性的，而不是独立的。目前走势偏离随机游走的程度可以通过HURST指数判断，当HURST指数低于0.5时，之前的趋势对当前走势不再具有增强性，即可判断价格随时可能翻转。

8. 机器学习择时

认为股票市场中影响因素太多、金融规律复杂，大量信息直接产生的关系往往是非线性的，传统数学模型还需要苛刻的假设，无法很好地进行描述。而机器学习方法（如支持向量机SVM、卷积神经网络CNN等）克服了传统统计模式识别的缺点，作为数据挖掘领域应用于模式识别的新技术，具备良好的机器识别能力。

四、常见量化择时策略失效的原因

很多指标在逻辑上有自己的假设，例如MACD、均线等趋势策略，都假设市场处于趋势主导的行情；而一些反转技术指标则只能在震荡行情下有效。然而市场未来是趋势市还是震荡市，这些指标本身实际上无法提供任何信息。因此想要有效运用这些技术指标，需要投资者自己对市场格局具有较强的敏感性与经验，并基于主观判断选择是否利用这些指标的信号。

支撑技术分析有效性的重要假设：价格包含一切信息、历史会不断重复。在这一假设下，技术指标的构建目的是要将量价信息转化成需要表达逻辑的代理指标，然而很多经典的技术指标对于逻辑的刻画过于依赖参数的选取；即使市场中有些底层逻辑的确会令“历史重复”，但市场投资者结构的变化与市场技术的不断提升等因素，也会使得体现在量价上的一些模式特征或周期发生变化。也就是说历史上合适的参数，未来未必会继续有效。

因此量化择时策略除了技术上的改进，更重要的是要寻找到适合量化的择时逻辑，并且能够保证这些逻辑可以在未来的场景中重现。

五、量化择时案例

这里以一个阻力支撑相对强度（QRS）择时策略的案例来说明量化择时策略的基本流程。

（一）阻力位与支撑位策略原理

阻力位与支撑位是经典的技术分析概念，它们在传统技术分析中的运用思路非常灵活，基于不同场景，在趋势市中作为突破策略的信号，即价格向上突破阻力位时追涨做多，向下突破支撑位时杀跌做空；也可用在震荡行情中作为反转策略的信号，如价格向上接近阻力位时做空回调，向下接近支撑位时做多反弹。

从期望的角度理解，它刻画了市场整体的阻力位与支撑位；而方差在一定程度上反映的是该阻力位与支撑位的强度大小。如果市场上投资者对于支撑或阻力的意见分歧很大，或极易变动，那么它作为变量的方差就会显得很大，表明当前市场支撑或阻力的强度小；反之，如果众多交易者对预期较为一致，或变动不大，那么它作为变量的方差就会较小，表明支撑位或阻力位强度高，有效性强。

当将阻力与支撑的强度进行比较时，一个很容易想到的择时逻辑就是：如果当前市场支撑位强度大于阻力位的强度，那么市场未来更倾向于向牛市发展；反之若当前市场支撑位强度小于阻力位的强度，那么市场未来更倾向于向熊市发展。这样的择时逻辑正是量化策略希望刻画的情景。

（二）代理指标的构建

在确认了择时逻辑后，接下来就是从量价数据中抽取信息，构造有刻画能力的代理指标。

构造指标的第一步，放在对原始逻辑的实现上。在量价数据中，最能表示支撑与阻力概念的是最高价与最低价。

由于并非用支撑位与阻力位作突破或反转交易的阈值，而是更关注市场参与者对于阻力位与支撑位的定位一致性，因此一个简单想法是利用类似 $\Delta(high)/\Delta(low)$ 的值来描述支撑位与阻力位的相对强度，即最低价每变动 1 的时候，最高价变动的幅度。

实际上，$\Delta(high)/\Delta(low)$ 是连接高低价格平面上两点的斜率。由于市场量价本身噪音的存在，仅计算两点得到的斜率数据包含了太多的噪音。我们考虑通过最近 N 个(low，high)数据点来得到信噪比相对较高的最高、最低价相对变化程度。

使用线性回归，建立如下最高价与最低价之间的线性模型：

$$high_t = \alpha + \beta \cdot low_t + \in,\ \in \sim N(0,\ \sigma),\ t \in \{0,\ 1,\ 2,\ \cdots,\ N-1\} \tag{17-7}$$

式(17-7)中拟合出的 β 值即是用以刻画支撑与阻力强度对比的代理指标，表明最近一段时期，最低价每波动 1 个点位，最高价相应会波动 β 个点位。因此，β 越大，表明支撑强度相比阻力强度越显著，市场越容易上行，牛市中大概率对应后市加速上涨的走势，熊市中则对应后市止跌企稳的走势；同理，β 越小，表明阻力相对支撑的强度更甚，在牛市中可能预示着即将见顶，在熊市中则对应后市大概率加速深跌。

检查历史上不同 β 值下指数后续的预期收益率。以 $N=20$ 计算的 β 为例，我们以 0.01 为间隔将历史 β 值划分成不同子样本，计算每个子样本内 β 值对应的沪深 300 指数 10 日后收益率的均值，作为该 β 取值范围对应的未来指数预期收益率。

在限定了 β 取值区间样本数量后，β 取值与沪深 300 指数 10 天后预期收益率的相关系数高达 0.63。可见以 β 刻画的阻力支撑相对强度对后市收益率有一定的预示能力。

在确认了构建的技术指标有一定预测涨跌的能力之后，为了能利用它来构建量化择时策略，还需要对指标值进行标准化处理。

本例中将采取正态标准化计算 β 的 zscore 值，标准化后能得到更加直观的指标值。本例在指标中加入一个惩罚机制，使得大部分噪音指标能被过滤掉。在本例中，β 值的有效性与线性回归拟合效果明显正相关，因此可以用回归模型的决定系数 R^2 刻画技术指标的有效性。

最终的择时指标构建表达式为：$zscore(\beta) \cdot R^2$。其中 $zscore(\beta)$ 为信号项，而 R^2 为惩罚项。至此，初步完成了对择时逻辑的量化实现。同时基于该指标的择时模型构建也较为直观。

1. 阻力支撑相对强度择时技术指标 RSRS 构建流程

(1) 取最近 N 日最高价与同期最低价序列进行线性回归，记录回归模型的 β 值与 R^2；

(2) 取最近 M 日所有的 β 值作为样本，计算当日 β 值的正态标准分 zscore 值；

(3) Zscore 值与 R^2 相乘，即为最终指标值。

2. 构建择时策略

利用 QRS 指标构建择时策略，测试其择时能力。择时模型策略为：

(1) 计算 QRS 指标值；

(2) 若指标值向上穿过开仓阈值 S，则买入持有；

(3) 若指标值向下穿过平仓阈值 $-S$，则卖出平仓；

(4) 其余时候维持仓位不变。

完整的 QRS 择时模型一共有三个参数 N、M、S。以 2005/1/1 到 2016/12/31 作为样本内参数估计期，通过回测比较不同参数下模型净值表现来选取沪深 300 指数上 QRS 择时模型的参数。基于净值收益率与回撤的角度，选取 ($N=18$, $M=600$, $S=0.7$) 作为模型参数。

在该参数下，QRS 择时模型在样本内年化收益 14.0%，最大回撤 49.5%，开仓胜率54.3%，平均盈亏比 2.95；同期沪深 300 指数年化收益－3%，最大回撤达 72.3%。样本外模型的择时效果依旧显著，年化收益 11.1%，最大回撤仅 13.7%，开仓胜率 53.3%，平均盈亏比 8.56；同期沪深 300 指数年化收益 10%，最大回撤 32.5%。取得了较为理想的结果。

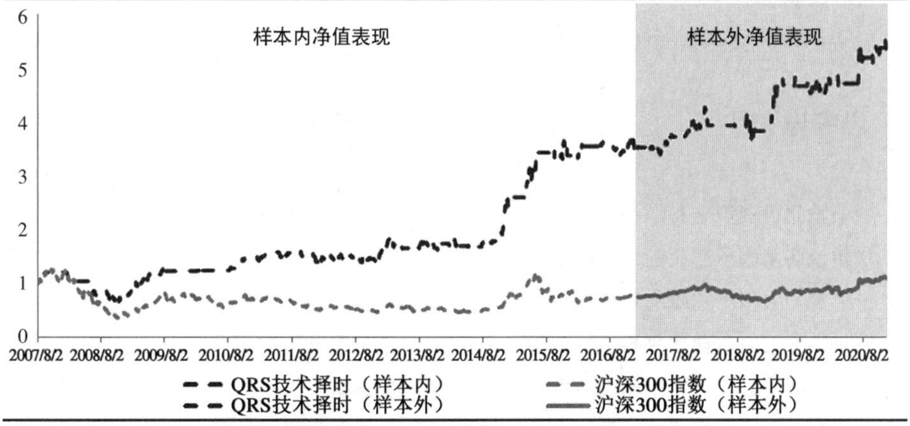

资料来源：Wind，中金公司研究部。

图 17-10　沪深 300 指数 QRS 择时模型样本内外净值表现

表 17-6　　　沪深 300 指数 QRS 择时模型统计结果

	样本内		样本外	
	QRS 技术择时	沪深 300 指数	QRS 技术择时	沪深 300 指数
年化收益率	14.00%	－3.00%	11.10%	10.00%
夏普比率	0.8	0.04	0.91	0.6
最大回撤	49.5%	72.3%	13.7%	32.5%
开仓胜率	54.3%	N/A	53.3%	N/A
平均盈亏比	2.95	N/A	8.56	N/A

资料来源：Wind，中金公司研究部。

本章小结

本章对当前金融市场中应用最为广泛的股票量化投资策略，如多因子选股、市场中性、指数增强策略和量化择时策略都进行了较为详细的分析，并利用具体的案例对各策略的逻辑、执行细节、收益和风险进行了说明。通过这些案例的学习可以对当前市场中的主要量化投资策略的逻辑思想、应用条件和相关分析方法有所了解。

关键词

量化选股(Quantitative Stock Selection)
多因子选股策略(Multi-factor Stock Selection Strategy)
市场中性策略(Market Neutral Strategy)
指数增强策略(Index Enhancement Strategy)
量化择时策略(Quantitative Timing Strategy)

思考与练习

1. 股票量化投资策略有哪些类别?
2. 举例说明多因子选股的风格因子。
3. 论述说明多因子选股的各项步骤。
4. 市场中性策略包含哪些策略? 列举一个策略，详细说明其方法。
5. 举例说明指数增强策略的某一类型，是否有改进的方法?
6. 量化择时的方法有哪些? 从本章的策略类型中找出你最偏好的类型，谈谈你对此类策略的看法。

参考文献

[1] Black F, Jensen M C, Scholes M. Studies in Theory of Capital Markets. New York, 1972.
[2] Wayne E. Ferson. Chapter 12 Tests of multifactor pricing models, volatility bounds and portfolio performance[J]. Handbook of the Economics of Finance, 2003.
[3] Daniel Capocci. Neutrality of market neutral funds[J]. Global Finance Journal, 2006(2).
[4] Yuming Wang, Jinpeng Ma. Excess volatility and the cross-section of stock returns[J]. North American Journal of Economics and Finance, 2014.
[5] 戴洁，武康平.中国股票市场技术分析预测力的实证研究[J].数量经济技术经济研究，2002(4).
[6] 杨喻钦.基于 Alpha 策略的量化投资研究[J].中国市场，2015(25).

[7] 华泰多因子系列之一：华泰多因子模型体系初探.
[8] 指数增强方法汇总及实例：量化多因子指数增强策略实证.
[9] 量化择时系列一：金融工程视角下的技术择时艺术.
[10] 组合与量化策略：统计套利——配对交易的盈利区间.
[11] 中信期货——期货策略专题报告：相关品种间的套利策略.
[12] 中信证券——金融产品深度解读系列：市场中性策略发展现状及其配置价值.

第十八章　套期保值策略

引言

在社会经济活动中，企业无时无刻不面临各种市场风险：资产管理公司面临金融市场风险，实体企业面临商品市场风险，而套期保值是常见的管理市场风险的重要策略。市场中的观点认为：企业如果在经营中应用套期保值策略来管理市场风险，那么说明企业经营管理稳健审慎。因此商业银行在进行贷款审核时，就会对应用套期保值策略管理市场风险的企业赋予优惠贷款利率，原因则是该企业经营审慎稳健。

本章主要介绍资产管理公司的套期保值策略。首先介绍套期保值策略的基本原理，然后分别介绍如何使用期货、期权进行套期保值交易。

第一节　套期保值策略

一、套期保值

套期保值就是对于一个资产组合 v_t，寻找一个对冲资产或资产组合 h_t，使得在预定的将来，它们的组合 $v_t^* = v_t + h_t$ 的价值在一定范围内。套期保值也称为套保或对冲。

习惯上，称资产组合 v_t 为套保对象，称资产组合 h_t 为套保工具，称资产组合 $v_t^* = v_t + h_t$ 为套保组合。套保对象 v_t 可以是金融资产组合，也可以是企业经营利润，或者是企业产品销售收入、原料购买成本等。

理想的套期保值，是寻找一个套保工具 h_t，h_t 的空头能够复制资产组合 v_t，套保对象与套保工具完全负相关。这样，它们的组合 $v_t^* = v_t + h_t$ 的将来现金流是确定的，资产组合没有风险。根据套期保值原理，正常的市场中没有套利机会。因此，资产组合 $v_t^* = v_t + h_t$ 的收益率就是无风险利率，资产组合就是无风险资产。

由于金融资产的价值不确定，我们通常采用极小化方差 $Var(v_t + h_t)$ 的方法寻找最优套期保值交易策略。最优套期保值交易 v_t^* 是如下优化问题的解：

$$Var(v_t^*) = \min Var(v_t + h_t) \tag{18-1}$$

其中，方差 $Var(v_t^*)$ 称为套期保值风险，理想的套期保值应该使 $Var(v_t^*) = 0$。在实际进行套期保值交易中，并不总是可以达到理想的套期保值。因此，套期保值交易的目标，是使 $d\,v_t^* \cong 0$，即 $d\,v_t \cong -d\,h_t$。

套期保值通常是利用远期、期货、期权、互换等衍生工具对冲风险，锁定资产组合将来的价值。其策略是选择适当数量的衍生工具，使原始资产组合加上衍生工具构成的新资产组合的未来不确定性减到最小。在一定条件下，可以使新的资产组合价值确定，完全对冲不确定性风险。

如果是用衍生证券多头进行套期保值，称为多头套期保值；当用衍生证券空头进行套期保值时，称为空头套期保值。套期保值交易行为产生的成本称为套期保值成本。例如，衍生产品保证金带来的机会成本、交易佣金、套保团队的人力成本等。

市场交易行为有三种：套期保值交易、套利交易和投机交易。套期保值者规避风险，以确保资产管理稳定的预期正常收益。套保并不是为了赚钱，它只是一种保障在给定期限下投资组合价值不受市场价格波动影响的操作手段。

套利者寻找市场错误定价的机会，利用市场的错误赚钱；但是，套利交易活动本身能够减弱甚至消除市场错误定价。投机交易者承担风险以换取获得高收益的机会，投机交易者承担价格风险，促进价格发现，适度的投机减缓价格波动，提高市场流动性。

在市场经济下，投机交易者成为对冲交易者的交易对手。对冲交易者希望规避风险，转让风险溢价给投机者。而套利交易者的出现，可以促使商品或证券的市场价格趋于公平。三种交易行为的相互竞争，促进市场资源配置效率提高。投机交易与对冲交易在一个时间点通常只有一笔交易，而套利交易至少有两笔交易。投机交易行为不考虑存在的其他交易行为，对冲交易受到套保对象的严格约束，套利交易的两笔交易相互对冲风险。

二、衍生品交易操作

（一）期货交易操作

期货市场的主要交易制度有保证金制度、每日结算制度、强制平仓制度、到期交割制度、持仓限额制度、大户持仓报告制度、涨跌停板制度、保证金存管制度等。

其中,每日结算制度也称当日无负债制度。根据结算价每日计算期货交易账户盈亏、交易保证金及各种费用,并划转资金。如果账户保证金不足,则要求追加保证金或者被强制平仓。

国内商品期货的每日结算价是期货合约当日成交价格按成交量的加权平均价。期货交易的每日账单是按结算价显示账面权益和盈亏的。各期货品种次日的涨跌幅度和涨跌停板是按结算价来计算的。

开仓也叫建仓,是指投资者新买入或新卖出一定数量的期货合约。平仓是指投资者买入或者卖出与其所持仓合约的品种、数量及交割月份相同但交易方向相反的合约,以了结期货交易的行为。期货投资者在开仓之后尚没有平仓的合约,叫作未平仓合约,也叫持仓。所有期货未平仓合约之和称为持仓量或未平仓合约,它是期货市场活跃程度和流动性的标志。

开仓之后,股指期货投资者有两种了结期货合约的方式可以选择,分别是:择机平仓,或者持有至最后交易日并进行现金交割。

会员、客户出现下列情形之一的,交易所对其实行强行平仓:

(1) 结算会员结算准备金余额小于零,且未能在规定时限内补足;

(2) 客户、从事自营业务的交易会员持仓超出限额标准,且未能在规定时限内平仓;

(3) 因违规、违约受到交易所强行平仓处罚;

(4) 根据交易所的紧急措施应予以强行平仓;

(5) 其他应予以强行平仓的情形。

为了进行期货交易,首先需要进入期货市场,即:选择期货经纪公司;开户、签署代理合同;建立期货交易账户;交纳保证金;下达交易指令;报单、进场交易;交易回报和确认;结算。

强制平仓制度下,期货交易者可能被逼仓。多头被逼仓称为逼多,空头被逼仓称为逼空。1997 年株冶伦敦锌期货市场被逼空,2020 年中国银行美国原油期货被逼多。这两次逼仓事件导致株冶、中国银行巨大亏损。

(二) 期权交易操作

期权交易类型有买入开仓、卖出平仓、卖出开仓、买入平仓、备兑开仓、备兑平仓。其中,卖出开仓需保证金,买入平仓成交后释放保证金。备兑开仓、备兑平仓称为策略指令,备兑开仓需要 100%现券担保,备兑平仓后释放担保现券。

上海证券交易所 50ETF 期权目前采用盘中双向持仓、日终单向持仓制度,自动对冲相同仓位。具体要求如表 18-1 所示。

表 18-1　　交易所期权交易的仓位要求

权利仓	非备兑义务仓	备兑持仓	对冲后
10	6	0	4 张权利仓(释放 6 张保证金)
10	50	3	2 张权利仓(释放 5 张保证金与 3 张备兑对应标的证券)
10	12	3	2 张非备兑义务仓,3 张备兑持仓(释放 10 张保证金)
0	2	2	2 张非备兑义务仓,2 张备兑持仓
10	0	15	5 张备兑持仓(释放 10 张备兑对应标的证券)

上海证券交易所采用在竞价制度下引入竞争性做市商的混合交易制度,竞价交易为主体,通过做市商连续提供双边报价,平衡市场供给,确保期权定价合理。为避免市场过度波动,对期权交易实行涨跌停制度和熔断机制、断路器机制,主要避免权利金过低时,频繁进入断路器。

期权义务方必须按照规则缴纳保证金,每日收市后,登记公司会根据标的证券价格波动计收维持保证金。保证金的收取分级进行,登记公司向结算参与人收取保证金,结算参与人向客户收取保证金。

备兑开仓操作"三步曲",第一步持有标的现货,第二步进行锁券,第三步以标的证券作担保卖出认购期权,具体操作如下:

(1) 购买标的现货。进入证券交易页面,购买标的证券。

(2) 备兑券锁定。备兑开仓以现券作为担保,开仓之前需要对标的进行锁定。点击"其他委托—锁定解锁",在页面右侧选择想要锁定的现货,输入锁定数量。

(3) 备兑开仓/平仓。备兑券锁定后回到交易界面,选择报价方式、委托数量和委托价格进行下单。

(4) 备兑券解锁。备兑开仓提前平仓后,要将锁定的证券进行解锁操作。

上交所目前推出的期权为欧式期权,只有在到期日当天(期权到期月份的第四个星期三)才可以执行行权操作。投资者在到期日当天在页面左侧点击"行权",选择需要执行行权操作的合约、行权数量并点击"确定"。权利方提交行权指令时需要钱券充足。

第二节　期货套期保值策略

一、应用期货套期保值

我们主要讨论运用期货进行套期保值。运用远期合约进行套期保值的策略与运用期货的策略相似,我们以两个例子进行说明。

为应用期货进行套期保值，需要购买或出售一定数量的期货合约。套期保值率是指投资者为了对套保对象进行套保而使用的期货合约的数量。

由于期货合约是标准化了的交易合约，每份合约规定了交易标的资产的具体数量。所以，在利用期货合约进行套期保值的时候必须计算所需要的合约数量。如果用于套保的期货合约所需交易的标的资产的数量，与现货市场上资产的交易数量不同，则套期保值不能完全规避风险。

假设期货合约的标的资产与套保对象是完全同质的资产，即现货与期货的标的资产完全相同。于是，在数值上，套期保值所需要的合约份数应该等于资产现货市场实际交易的数量除以单位合约规定的资产交易数量。

$$\text{合约份数} = \frac{\text{现货实际交易数量}}{\text{单位合约规定数量}} \tag{18-2}$$

由于每手期货合约的标的资产的数量固定，套保者的现货数量因人而异，因此，式(18-2)在数值上可能不是整数，而期货交易的手数又必须是整数。也就是说，按照式(18-2)计算的期货合约份数并不能完全实现套期保值。

二、最佳套期比率

在现实交易中，由于期货是标准化合约，其到期日往往与套期保值者实际需要交割的日期不相匹配，有时候现货市场的交易品种与期货合约的标的资产不相同，套期保值者并不能找到合适的期货合约来进行套期保值。所以，在确定套期保值率时，必须分析现货价格的波动性、期货价格的波动性以及现货与期货之间的相关性，寻找最佳套期比率，使得套期保值后资产组合的风险最小。

套期保值策略中，共有三个要素：套保对象、套保工具（通常为衍生工具）、衍生工具的标的资产。在运用衍生工具套期保值时，衍生工具合约的头寸不一定与资产风险暴露一致，两者之间存在一个最佳比率，使得套期保值后资产组合的风险最小，这个比率称为最佳套期比率。

假定 ΔS 为套保对象价格在进行套期保值时间内的变化量，ΔF 为期货价格在进行套期保值时间内的变化量，σ_S 为套保对象价格变化（ΔS）的标准差，σ_F 为期货价格变化(ΔF)的标准差，ρ 为 ΔS 与 ΔF 之间的相关系数，h 表示套期保值比率。如果套期保值者进行空头套期保值，在套保期间内套保组合的价值变化为 $\Delta S - h\Delta F$。如果套期保值者进行多头套期保值，则在套保期间内套保组合的价值变化为 $h\Delta F - \Delta S$。无论哪一种情况，套保组合价值变化的方差为：

$$v = \sigma_s^{\,2} + h^2 \sigma_F^{\,2} - 2h\rho\sigma_S\sigma_F \tag{18-3}$$

对式(18-3)两边关于套期保值比率 h 求偏导，令偏导数等于零，解方程得到 h。

$$h=\frac{\rho\,\sigma_S}{\sigma_F} \tag{18-4}$$

这个 h 使得套保组合价值变化的方差最小，即 h 就是最佳套期比率。

将最佳套保比率代入式(18-3)，得到套保后的最小方差是：

$$v=(1-\rho^2)\,\sigma_S^2 \tag{18-5}$$

通过式(18-4)我们得到了最佳套期保值比率，等于现货价格变化和期货价格变化之间的相关系数乘以现货价格变化的标准差和期货价格变化的标准差之间的比值。在实际应用中，应用最佳套期比率，可以使套期保值风险最小化。

［例 18-1］　如果 $\rho=1$，$\sigma_s=\sigma_F$，则 $h=1$；如果 $\rho=1$，$2\sigma_s=\sigma_F$，则 $h=0.5$。

［例 18-2］　假设某企业预期在 3 个月后需要购入 100 万加仑的汽油，已知一加仑飞机燃油在未来 3 个月内价格变动的标准差为 0.03。该企业选择购买原油期货进行套期保值，该期货在未来 3 个月价格变动的标准差为 0.04，并且飞机燃油与原油期货的相关系数为 0.8。则最佳保值比率为：$h=0.8\times0.03/0.04=0.6$。如果一份原油期货的交易数量为 42 000 加仑，该公司需要购买的合约份数为 0.6，则 (1 000 000/42 000)×0.6＝14.3，所以该公司应该购买 14 份原油期货合约。

三、基差分析

在实际进行套期保值时，理想的套期保值常常不存在，进行套期保值并不总是能够完全消除风险。

不能完全对冲的原因主要有下面三种可能：需要对冲其价格风险的资产与衍生工具合约的标的资产可能不完全相同，套期保值者不能够完全对冲风险；套期保值者可能不确定将来进行资产交易的确切时间，也就无法确定套期保值需要的衍生工具的到期日；即使能够确定将来进行资产交易的时间，市场能够提供的衍生工具合约可能在这个时间之前或之后才到期，于是，套期保值需要的衍生工具可能在到期日之前就进行平仓。

由于进行套期保值并不总是能够完全消除风险，这时，我们称套期保值存在基差风险。套期保值的基差定义为：

基差＝现货价格－期货价格

在套期保值到期之前，基差可能为正，或为负，或为零。显然，基差的大小与套期保值的效果关系密切。基差越小，套期保值的效果越好。

影响基差大小的因素主要有需要对冲的资产与衍生工具合约的标的资产的相关

性、购买或出售资产时间的不确定性、套期保值时间与衍生工具合约到期日之间的差异。

基差是期货市场最重要的概念之一，其对于理解套期保值过程有着相当重要的作用。由于存在现货商品的运输及储存成本等费用，通常情况下期货合约的价格高于现货商品的价格，在套期保值期间，基差可能会随着现货价格以及期货价格的变动而变动，基差的变动将直接影响套期保值的效率。基差风险可以使得套期保值者的头寸状况变好或变坏。

如果假设 T 为套期保值终止的时刻，S_0 为需要套期保值的资产在当前的现货价格，S_T 为已经进行套期保值的资产在 T 时刻的现货价格，F_0 为当前期货价格，F_T 为合约到期时的期货价格，S_T^* 为 T 时刻期货合约的标的资产的价格，通过对冲，公司确定的购买(或出售)资产的价格为：

$$S_T + F_0 - F_T = F_0 + (S_T^* - F_T) + (S_T - S_T^*)$$

如果记 v_t^* 为投资策略收益，不考虑交易成本，则套期保值到期时，空头套期保值的价值为：

$$\begin{aligned} v_T^* &= (F_T - F_0) - (S_T - S_T^*) - (S_T^* - S_0) \\ &= (F_T - S_T^*) - (F_0 - S_0) - (S_T - S_T^*) \end{aligned}$$

$S_T^* - F_T$ 和 $S_T - S_T^*$ 是基差的两个部分。当需要套期保值的资产与期货合约的标的资产相同时，$S_T - S_T^* = 0$，套期保值的基差仅为 $S_T^* - F_T$；当需要套期保值的资产与期货合约的标的资产不相同时，套期保值的基差增加 $S_T - S_T^*$。

需要对冲的资产与期货合约的标的资产的相关性、购买或出售资产时间的不确定性、套期保值时间与期货合约到期日之间的差异等都是影响基差大小的主要因素。如果需要进行套期保值的资产与期货合约标的资产完全一致，将来购买或出售资产的确切时间与期货合约到期日完全一致，则在期货合约到期日时基差应该为零。

基差风险可以使得套期保值者的头寸状况变好或变坏。对空头套期保值者而言，如果基差意外地增加，即现货价格与期货价格之差增加，套期保值者的头寸状况变好，相反，如果基差意外地变小，则套期保值者的头寸状况变坏。对多头套期保值者而言则刚好相反。

如果基差等于零，则套期保值者可以达到完全套期保值；如果基差不等于零，则套期保值者可能会遭受损失或者获得收益，两者都不是套期保值的初衷。

四、期货合约的选择

套期保值有成本因素，也可能有基差风险，这些都会影响套期保值的效果。所以，对于套期保值者来说，选择合适的期货合约就显得非常重要。期货合约的选择一般遵循以下原则：

1. 选择流动性高、与被套期保值的现货商品高度相关的合约品种。流动性高，套期保值者的交易成本小，流动性风险和基差风险小，与现货商品高度相关，则可以减少套期保值所需要的期货合约数量。例如，如果投资者希望对银行CD利率实施套期保值，可是银行CD期货合约并不存在。考虑到银行CD实际上是一种短期货币市场工具，我们可以用国债期货合约对其进行套保。

2. 套期保值者持有期货合约头寸的时间应当尽可能接近合约到期日，并且该月份应在套期保值终止之后。通常的做法是选择套期保值终止后的下个月作为期货合约的到期月。

3. 要建立可获利的期货头寸。套期保值的目的就是规避现货市场出现的风险，一旦期货头寸发生亏损，将增加套期保值者的资金压力，套期保值者不得不继续追缴期货保证金，否则套期保值将无法进行。

4. 权衡期货合约是否被正确定价。如果套期保值者选择做空交易，则在期货市场上卖空期货合约时，应该尽量选择那些定价被高估的合约；反之，如果套期保值者选择做多交易，则应该选择那些定价被低估的合约，这样会更有利于实现期货头寸的盈利。如果机构或公司希望消除任何汇率波动对将来资产或负债价值的影响，则可以使用期货合约或远期合约进行外汇套期保值。

［例 18-3］　一个英国进出口贸易公司，在两个月后得到一笔213.5万美元的出口货物货款，在三个月后付出150.2万欧元的进口货物货款，公司用英镑支付员工工资和计算利润。该公司面临未来英镑对美元和欧元汇率变化的风险，消除任何汇率波动的影响。

该公司可以采取以下套期保值策略。

策略一：签两个外汇远期合约，将一个外汇远期合约在两个月后以213.5万美元卖出，获得英镑；在三个月后以150.2万欧元买入另一个外汇远期合约，支付英镑。

策略二：在期货交易所购买两个外汇期货合约，一个外汇期货合约在两个月后卖出美元，卖出美元的数量尽可能与213.5万美元接近。另一个外汇期货合约在三个月后买入欧元，买入欧元的数量尽可能与150.2万欧元接近。

这两个策略的特点如下：

策略一的对冲可以使得对冲的期限与将来的外汇收入或支出的期限、对冲的外汇数量与将来的外汇收入或支出的数量完全一致。因此，对冲的结果，可以完全消除将来汇率变化的风险，将来的外汇收益或支出的价值在今天完全确定，消除了外汇风险。由于远期合约对冲没有初始费用，使用远期合约对冲的成本为零。

策略二的对冲受限于标准期货合约的条款，合约到期的期限与将来外汇的收入或支出的期限可能不完全一致，合约买卖外汇的数量，与将来外汇的收入或支出的数量也有可能不完全一致。对冲的结果，可能不能完全消除外汇风险。这时候，有必要计算外汇头寸在对冲时的风险暴露。虽然期货合约的购买(签约)没有费用，但是，由于期货交易保证金的存在，使用期货合约对冲的成本不为零。

比较应用远期合约与期货合约进行套期保值的特点，我们很容易发现，应用远期合约可以实现完全的套期保值，没有套期保值的成本。但是，应用期货合约进行套期保值时，不一定能够实现完全的套期保值，有套期保值的成本。但是，在实际进行套期保值时，由于远期合约并不总是随时随地可以得到，并且还存在着对手的违约风险，而期货合约可以很方便地在期货交易所得到。有时，我们不得不用期货合约进行套期保值。

如果机构或公司希望消除利率变化对公司经营的影响，则可以考虑应用国债期货合约管理利率风险。

[例 18-4] 上市公司 CHGF 计划发行 5 000 万元的长期债券，其息票率为 10%，一年派息两次，在 30 年后一次性支付本金，它需要 1 个月的时间准备有关的文件。该公司担心在其发行债券之前，市场利率会上升 1 个百分点。

为了避免市场利率上升增加公司的融资成本，该公司可以通过卖出国债期货来进行套期保值。假设当前年息票率为 8%、为期 20 年的国债的到期收益率为 9%，企业债的到期收益率为 10%，当市场利率上升时，所有债券的到期收益率以同样幅度上升。债券价格及其变化如表 18-2 所示。

表 18-2　　利率与债券价格变化

债券面值为 100	年息票率为 8%的国债价格	年息票率为 10%的企业债价格
如果市场利率不变	90.799 2	100
如果市场利率上升 1 个百分点	82.840 9	91.275 1
债券价格变化	7.958 3	8.724 9

于是，套期保值比率为：

$$套期保值比率=\frac{将要套期保值的债券的价值波动}{用作套期保值的金融工具的价值波动}=\frac{8.724\,9}{7.958\,3}=1.096\,3$$

为了对债券进行套期保值，该公司需要为每一张新发行的债券卖空年息票率为 8%的国债期货合约1.096 3张。因此，该公司需要卖空的期货合约数量由下式给出：

$$合约数量=套期保值比率\times\frac{需要套期保值的本金数量}{套期保值工具的面值}$$

假设每张国债期货合约的本金数量为10万元，则该公司需要卖空的合约数量为：

$$合约数量 = 1.0963 \times \frac{50\ 000\ 000}{100\ 000} = 548$$

如果在筹备发债期间，市场利率上升一个百分点，该公司发债成本增加为：50 000 000×0.087 249＝＄4 362 450；但是它可以从期货合约中获利，为548×100 000×0.079 583＝＄4 361 148，获得的利润将冲销掉99.97%的机会成本。

第三节　期权套期保值策略

一、Delta 对冲（套期保值）策略

Delta 对冲策略是应用期权进行套期保值的基本策略，该策略组合基础资产和以基础资产为标的资产的期权，使得这个资产组合在一定的时间内免受标的资产价格微小变动的影响。应用 Delta 对冲后，套期保值资产组合的价值在一定的时间内不随基础资产价格的变化而变化，即套期保值后的资产组合的 Delta 等于零。

记 S 为需要套期保值的资产，对冲这个资产的衍生证券头寸价值为 f，所谓 Delta 对冲，即选择适当的 Δ，使得当 S 有一个小的变化时，$\Delta S - f$ 基本不变，这个 Δ 为：

$$\Delta: \frac{衍生证券价值变化}{标的资产价格变化} = \frac{\partial f}{\partial S}$$

如果 $\Delta = 0$，则称为 Delta 中性策略。

投资者的套期保值头寸保持 Delta 对冲状态（或 Delta 中性）只能维持相当短暂的时间，这是因为标的资产价格随着时间的变化而变化，衍生证券价值也在不断变化中，Delta 值也在不断地变化。因此，在实行这个套期保值操作后，如果希望套期保值后的资产组合继续保持 Delta 中性，则需要不断地调整套保头寸。因此，这种策略被称为动态对冲策略。

Delta 对冲后，套期保值后的资产组合的方差为 $v = var(\Delta S - f)$，令 v 取极小值，可得最佳套期保值率：

$$\Delta = \frac{\partial f}{\partial S} \tag{18-6}$$

套期保值的最小方差为：

$$v = var\left(\frac{\partial f}{\partial S} S - f\right) \tag{18-7}$$

当不能完全对冲时，即使应用最佳对冲率，仍然不能够完全消除持有资产的风险，则产生基差风险。

[例 18-5] 假设某股票看涨期权的 $\Delta=0.6$，当前期权价格为 10 元，当前股票价格为 100 元，投资者出售 20 份股票看涨期权(即出售 2 000 股股票的期权)。

投资者如果采用对冲策略，购买 $0.6\times2\,000=1\,200$ 股股票，则投资者在期权头寸上的损益与股票头寸上的损益抵消(Delta 中性)，对冲结果是得到瞬时无风险证券组合。

例如，如果股票价格上升 1 元，持有股票增值 1 200 元。期权的价格上升 $0.6\times1\times100=60$ 元，出售 20 份股票看涨期权的头寸将损失 1 200 元；反之，如果股票价格下降 1 元，持有股票损失 1 200 元。期权的价格下降 $0.6\times1\times100=60$ 元，出售 20 份股票看涨期权的头寸将盈利 1 200 元。

随着时间变化，股票价格和期权价值也将变化，这时，需要采取动态对冲操作策略，即随时间变化，随时调整对冲比率。

[例 18-6] 在例 18-5 中，股票价格上升，将导致 Delta 增加，从 0.60 上升到0.65。这时，为保持 Delta 中性，应该持有 $0.65\times2\,000=1\,300$ 股股票，即需要增加购买 100 股股票。可见，为保持 Delta 中性，需要随着时间的推移，不断调整对冲头寸，也就是需要动态对冲操作。

为减少使用期权套期保值的成本，必须放弃使用期权套期保值的部分利益。虽然世界上没有免费的午餐，但是，却有可能不需要放弃所有期权套期保值的利益，通过适当地接受一定的汇率风险，选择虚值期权对冲外汇风险，可以降低期权溢价。

[例 18-7] 一个英国进出口贸易公司，在 180 天内要支付 100 万美元。该公司面临美元汇率变化的风险。作为套期保值的目标，该公司既希望防止在美元升值时造成过多的损失，又希望在美元贬值时，能够从中获利。

该公司可以采取以下套期保值策略。

策略一：按照即期汇率购买美元，考虑到利率因素，使所购买的美元在 180 天后价值 100 万美元。

策略二：购买看涨期权，即按照某一确定的英镑/美元汇率购买 100 万美元的权利。如果英镑相对美元升值，使得该期权处于虚值，则不执行该期权，直接从现货市场购买美元，支付货款。否则，执行该期权，用得到的美元支付货款。

这两个策略的特点如下：

策略一可以使得对冲的外汇数量与将来的外汇支出数量近似相等，仅仅在 180 天后才支付美元的情况下，对冲能够完全消除外汇风险；如果支付外汇的时间不确定，不一定能够完全消除外汇风险。该策略的对冲成本几乎为零。

策略二的对冲可能完全消除外汇不利变化带来的风险，获得外汇有利变化带来的好处，但是必须支付期权费，因此对冲成本较高。如果使用柜台交易期权对冲，可以使得对冲的外汇数量与将来的外汇支出数量完全相等；如果使用交易所交易的标准期权合约，则可能使得对冲的外汇数量与将来的外汇支出数量不完全相等。

期权为投资者提供了一个机会，使投资者能够在保留盈利机会的同时，避免坏的结果出现。例如，一家人寿保险公司出售了有保证的投资收益合约（保单）后，答应向投资人支付固定的利息，该保险公司可以通过买入一份利率期货的看涨期权来进行套期保值。一家公司如果面临着利率上升（或固定收益证券价格下降）的风险，则公司可以通过买入利率期货的看跌期权来进行套期保值。

［**例 18-8**］　假设某资产管理公司购买了 100 亿元的年息票率为 8%的 30 年期国债，自 1 年前购进债券后，市场利率上升了 100 个基点。为了避免在未来 6 个月内由于利率再上升而导致债券的价值再度下跌的风险，该公司将采取措施进行套期保值。

公司可以购买一份为期 6 个月的国债看跌期权，期权的名义本金是 100 亿元，执行价格是 6 个月后假设国债的到期收益率为 9.00%时债券的价格。

表 18-3　　**期权套期保值的可能结果**　　单位：万元

国债到期收益率	国债价格	现货头寸的损益	看跌期权的价值	净损益
7.00%	112.275 0	225 213		2 252 130
7.50%	105.849 0	160 952		1 609 520
8.00%	100.000 0	102 461		1 024 610
8.50%	94.666 2	49 123		491 230
9.00%	89.892 8	389		3 890
9.50%	85.331 5	−44 224	44 613	3 890
10.00%	81.239 5	−85 144	88 533	3 890
10.50%	77.479 0	−122 749	123 138	3 890
11.00%	74.016 5	−157 374	155 763	3 890

若该公司购买这样一份看跌期权，无论未来 6 个月内市场利率如何变化，套期保值头寸价值不小于到期收益率在 9.00%水平的国债价格。

二、资产组合保险与指数套期保值

许多机构持有高度分散化的资产组合，资产组合的风险主要是系统风险，个别风险因分散而可以被忽略。如果机构希望保证其持有的资产组合价值不低于某一确定目标，则机构仍然可以采取 Delta 对冲策略，即持有指数的看跌期权的套期保值策略。

进行指数套期保值时，为计算最佳套期保值率，我们需要知道套保资产组合的β系数。设资产组合的现在价值是 v_0，套期保值期为时刻 t，套期保值的目标价值是资产组合价值保持 v_t 或更高，在套期保值期内，无风险利率为 r_f，资产组合的红利率为 r_p，指数的红利率为 r_S，指数现值为 S_0，指数在时刻 t 的价值为 S_t。为进行套期保值，我们需要计算实现套期保值目标的指数期权合约的执行价格。

设指数期权合约的执行价格为 S_t，则在时刻 t，需要套保的资产组合的总价值应为：

$$v_0 \times \left[1 + r_f + \beta\left(r_s + \frac{S_t - S_0}{S_0} - r_f\right) - r_p\right]$$

令：

$$v_0 \times \left[1 + r_f + \beta\left(r_s + \frac{S_t - S_0}{S_0} - r_f\right) - r_p\right] = v_t$$

得到：

$$S_t = S_0 \left[1 + r_f - r_s + \frac{\dfrac{v_t}{v_0} + r_p - 1 - r_f}{\beta}\right] \tag{18-8}$$

这就是实现套期保值目标的指数期权合约的执行价格。

［**例 18-9**］ 设一个证券组合的 $\beta = 2$，现在价值是 100 万元，当前无风险利率是每年 12%，证券组合和指数的红利收益率为每年 4%，指数现在价位为 250 点，设保险的目标价值是使得证券组合的价值为 0.9 百万元，保险期限为 3 个月。下面我们计算实现套期保值目标的指数期权合约的执行价格。

为计算实现套期保值目标的指数期权合约的执行价格，我们首先将各个年收益率换算为与套保期限相同的三个月收益率，$r_f = 3\%$，$r_s = 1\%$，$r_p = 1\%$。

由于 $S_0 = 250$，$\beta = 2$，将这些数据代入式(18-8)，得到 $S_t = 240$，实现套期保值目标的指数期权合约的执行价格为 240。

指数通常是用点表示大小。沪深 300 指数的市场数据就是点数，沪深 300 指数一个点价值 300 元，即指数的 300 倍。如果每一份合约的价值是指数的 100 倍，对于证券组合中每 100S(S 为指数点)，资产管理者买入执行价格为 240 的看跌期权合约，就可以保护证券组合的价值，使其免受指数下降到低于 240 的损失。由于 $\beta = 2$，证券组合中每 100S 元买 2 份看跌期权，于是，为实现套期保值，应该购买 $\beta \times \frac{v_0}{S_0} = 2 \times \frac{1\ 000\ 000}{25\ 000} = 80$ 份执行价格为 240 点的看跌期权。

三、构造合成期权

当为高度分散化的资产组合进行套期保值时，还可以采取构造合成期权的套期保值策略。通过购买标的资产(或其期货合约、期权等)，构造一个合成证券，使这个合成证券等价于与理论分析一致的对冲期权。这样，就可以应用这个合成证券达到对冲的目的，实现套期保值。

在实际金融风险管理中，我们经常发现，市场上没有足够的期权满足对冲的需要，或者，可能得不到想要的期权，或者，期权执行条件不一定符合要求。这样就产生采取构造合成期权的套期保值策略的需求。

所谓构造合成期权，即根据对冲 Δ，在一定时间，卖出占原资产组合的一定比例的资产，并投资于无风险资产，或者反向操作，卖空无风险资产，买进资产。该策略的实质，就是使资金在股票和无风险资金之间重新分配。当股票价值增加时，出售无风险头寸，增加股票组合头寸；否则，增加无风险头寸，减少股票组合头寸。著名的 LOR 产品，就曾经是一个成功的合成期权产品。

使用指数期货进行套期保值比较便宜，所以，仅仅在没有合适的指数用于套期保值时，才采取构造合成期权进行套期保值的方法。当应用合成期权进行套期保值时，必须经常关注市场行情。当市场异常波动时，可能导致合成期权(指数)方法实施困难，不能迅速卖出或买进资产，因而无法构造合成期权。

第四节 套期保值的应用

一、减少成本的策略

从前面的分析，我们知道，采用不同的套期保值策略，公司需要付出的成本不同，承担的风险也不同。如果机构或公司愿意适当地承担一定的风险，则在选择套期保值策略时可以减少对冲的成本。这种付出的减少，是以承担的风险增加为代价的。我们看下面的例子。

[例 18-10] 一家德国进出口贸易公司预计在 90 天内要支付 100 万美元进口货款，因此该公司面临欧元汇率变化的风险。公司认为未来外汇市场中很可能 1 美元大约等于 0.9—1.3 欧元。作为套期保值的目标，该公司既希望防止在美元升值时造成过多的损失，又希望在美元贬值时能够从中获利，并且要使对美元的不利变动提供的保护所需的成本小，保护的程度应充分。

当前，欧元对美元的现货汇率为 1 美元换 1.1 欧元，3 个月的远期汇率为 1 美元换

1.2 欧元。期权保险费的报价如表 18-4 所示：

表 18-4　　期权保险费报价

执行价格	美元的看涨期权（欧元的看跌期权）	美元的看跌期权（欧元的看涨期权）
0.900 0	1 028	72
1.000	682	166
1.100	336	338
1.200	183	692
1.300	101	1 060

为了实现公司的套期保值目标，公司可以适当地承担一定的外汇风险来选择套期保值策略，这样既可以减少对冲的成本，又可以实现套期保值的目的。我们比较下面四个策略。

策略一：不进行套期保值。

策略二：应用期货（远期）合约套期保值。

策略三：购买执行价格为 1.1 的看涨期权套期保值。

策略四：购买执行价格为 1.1 的看涨期权，同时出售一个执行价格为 1.2 或 1.3 的看涨期权来套期保值；或者，购买执行价格为 1.1 的看跌期权，同时出售一个执行价格为 1.2 或 1.3 的看跌期权来套期保值。

在上述四个套期保值策略中，策略一没有成本，但是有风险，即获利或损失都有可能；策略二没有成本，也没有风险，但是也没有获利的可能；策略三有一定的成本，但是获得将来汇率发生有利变化时获利的机会；策略四有一定的成本，但是获得将来汇率发生有利变化时获利的机会。策略四的成本比策略三小，但是，它的获利潜力也比策略三小。

策略四中，对冲者被保护基础货币升值仅仅影响到卖空价格，超出卖空价格的损失将由买空的收益来中性化。因此，对冲者以较低的成本有效地减少不满意的货币升值的风险。

如果公司认为未来外汇市场中很可能 1 美元大约等于 0.9-1.3 欧元，则选择策略四是较好的决策。虽然策略四牺牲了可能的潜在收益，但是，公司认为这个潜在收益发生的可能性不大，很可能仅仅是理论上的收益，实际上不可能出现。

在实际的公司财务决策中，通常可以从多种方案中进行选择，我们看下面的例子。

［例 18-11］ 在 8 月中旬，上市公司 CHGF 的财务人员预计，该公司在 11 月中旬左右需要一笔期限 6 个月、数量为 1 000 万美元的款项。银行提出的贷款利率是 3 个月期的 LIBOR＋1.00％。当前的收益曲线向上倾斜，预期的 3 月期 LIBOR 远期利率

是5%。因此预期的贷款利率是6%。

公司的财务人员应该怎样用套期保值管理这笔贷款的利率风险？他有四种选择：

策略一：不采取任何措施。可能的风险：LIBOR每上升10个基点，利息支付将增加5 000美元(10 000 000×0.001÷2)。

策略二：卖空12月到期的3个月期欧洲美元期货合约。该合约当前报价是94.90，即远期利率是5.10%。欧洲美元期货合约的本金数量是100万美元，该公司大约卖出20张期货合约。

$$合约数量=\frac{6\ 个月}{3\ 个月}\times\frac{10\ 000\ 000}{1\ 000\ 000}=20$$

该公司将在银行贷款到位时，在9月中旬卖空欧洲美元。在合约到期日之前，公司再将期货平仓，这样公司的风险程度将大为降低。

策略三：利用欧洲美元期货的看跌期权，使公司避免利率上升的风险，并得到利率下跌而带来的机会。套期保值的成本是一笔期权费。假定12月份的看跌期权(执行价格是95.00)的当前价格是400美元。这样，公司就可以通过花费8 000美元(＄400×20份合约)购买20份期权合约，将LIBOR的利率控制在5%的水平。

策略四：购买一份基于LIBOR的远期利率协议(FRA)。一家大型的货币中心银行报价为：银行答应支付给交易对方在3个月内开始的6个月期限FRA超过5.05%的利差(按本金1 000万美元计算)，而交易对方则答应支付给银行低于5.05%的利差。因此，FRA就将在3个月内开始的6月期LIBOR锁定在5.05%的水平。

我们将对这四个策略的分析作为习题。

二、套期保值交易评述

基本的套期保值交易策略是应用远期(期货)、期权和互换进行，套期保值的结果，使得将来资产价值的最终结果确定，减少公司面临的金融风险，并不一定改进财务绩效。例如，当资产价格上升时，持有的资产价值增加，但空头套期保值的期货空头将有损失；当资产价格下降时，将来要购买的资产价值下降，购买资产付出的成本将降低，但多头套期保值的期货多头将有损失，两者相抵。

但是，套期保值会带来成本。当用期货进行套期保值时，套期保值者希望用期货交易的收益去抵消现货商品发生的损失。但是，至少在部分时间内可能出现现货商品的收益和期货合约的损失。由于期货合约是实行每日结算制度，对期货合约产生亏损，套期保值者必须存入额外的保证金以弥补该损失，即使现货商品产生的收益大于期货合约发生的损失，也很难用现货头寸的盈利来抵补期货合约的亏损。因为期货合约的盈利和亏损可以立即确认，而现货损益只有在套期保值终止时才可实现，期货和现货损益的确认时间不同。如果使用套期保值，同时出现现货头寸的收益和期货头寸的亏损，从事后的实际效果来看，不使用套期保值的结果更好。

企业在决定进行套期保值时，必须仔细考虑各种可能性。一旦出现上述的情况，企业将为此支付保证金，增加企业资金成本；如果期货合约持续亏损，企业将因为支付追加保证金而减少运营资金，极端情况下将严重影响企业正常的经营活动。如果企业不愿支付追加保证金而提前轧平期货头寸，那么套期保值就无法继续进行，现货头寸将暴露在风险之下，在极端情况下会给企业带来灾难性影响。

三、套期保值的教训

［例 18 12］ 德国金属公司石油套保事件

1992 年，德国金属公司(Matallgesellschaft, MG)签约，以稍高于当时市场价格的固定价格向客户出售 5-10 年的石油产品，同时采用期货合约多头进行套期保值。期货合约向前滚动以维持套期保值。1993 年底，因为石油价格持续下降，MG 需要补充保证金。MG 公司由于担心流动性风险，因而平仓所有对冲交易，同时放弃了向客户收取固定价格的合约。最终 MG 损失了 13.3 亿美元。

［例 18-13］ 株冶锌期货套保事件

株洲冶炼厂(株洲冶炼集团有限责任公司)是中国最大的铅锌生产和出口基地之一，其生产的“火炬牌”锌是我国第一个在伦敦交易所注册的商标，经有关部门特批，该厂可以在国外金属期货市场上进行套期保值。

1997 年株冶的年锌锭产量为 25 万吨左右，但是，在伦敦金属交易所株冶卖出了 45 万吨的期货合约，交割月份为 1997 年 5-8 月，卖出价格基本上在 1 000 美元左右。由于具体经办人员越权透支进行交易，出现亏损后继续在伦敦市场上抛出期锌合约，在伦敦卖出锌的数量远远超过株冶的年锌锭产量。结果发生逼仓现象，导致亏损越来越大。株冶在最后集中性平仓的 3 天内亏损额达 1.758 亿多美元，折合人民币 14.591 亿多元。

［例 18-14］ 沙钢的钢铁套期保值交易

2009 年 3 月 27 日钢材期货正式挂牌交易，沙钢即积极进场进行螺纹期货交易。沙钢是生产钢铁的大型企业，正常的套期保值逻辑下沙钢应该在期货市场卖出钢铁期货。

上海期货交易所的持仓榜显示，4 月下旬，沙钢在当时螺纹钢主力合约 0909 上持有空单约 31 000 手。到 7 月 14 日，沙钢持有螺纹钢 0909 合约为 38 744 手。

7 月 15 日，螺纹钢突破前期高点，开始了一波猛烈的上涨。而从这一天开始，沙钢出现减仓。当日沙钢减仓 5 068 手，剩余持仓 33 676 手。随后，螺纹钢主力合约价格一路上升至8月初的5 000元/吨左右，较半个月前上涨了约1 000元/吨。8月10日，沙钢螺纹钢0909合约剩余持仓已经为641手。8月11日，0909合约持仓榜前20位中已经没有沙钢的身影。

8月19日，沙钢再度出现在持仓榜，不过，这次沙钢是螺纹钢期货合约多头。当日，沙钢增仓螺纹钢主力0911合约14 300手，持仓量达16 349手，位居该合约多头持仓榜第5位。当日螺纹钢期价约4 200元/吨。

事实上在8月4日前后价格到达顶峰后，螺纹钢就进入下滑区间。在沙钢建立多头仓位后，价格的下滑并未停顿。9月11日，沙钢在螺纹钢0911的多头合约已减仓至1 046手。9月14日螺纹钢期价约4 000元/吨时，沙钢从多头持仓榜上消失了。

9月21日沙钢卖出5 271手螺纹钢0912合约，又一次出现在持仓榜第19位。10月12日后，沙钢不断增加0912合约空头仓位。到10月30日，空单增加至14 388手。与此同时，沙钢也不断增加1001合约空头仓位，直至9 276手空单，居持仓榜第二位。

从9月21日沙钢重新变成空头起至10月12日，螺纹钢价格一直下滑。到10月12日沙钢再度增加空单后，螺纹钢价格又开始回升。到沙钢增仓至空头榜首位时，螺纹钢价格已较10月12日上涨100多元/吨。在螺纹钢期货市场做空、做多、再做空的三个阶段交易中，沙钢承受巨大亏损。

本章小结

套期保值是非常重要的风险管理手段，本章首先介绍套期保值的基本原理和衍生产品交易。在此基础上，逐次介绍应用期货对冲投资者风险和用期权的套期保值策略。

关键词

套期保值(Hedging)　　基差风险(Basis Risk)

期货对冲(Futures Hedging)　　期权套保(Option Hedging)

Delta对冲(Delta Hedge)

思考与练习

一、思考题

1. 请解释套期保值原理、多头套期保值、空头套期保值和套期保值成本，并举例说明。
2. 请解释如何应用远期(期货)、期权与互换进行套期保值。
3. 请解释套期保值率和最佳套期比率。

4. 什么是应用期货进行套期保值的基差？产生基差的原因有哪些？

5. 在应用期货进行套期保值时，选择期货合约时应该遵循哪些原则？

6. 什么是减少成本的套期保值策略？请举例说明。

7. 什么是投资组合保险策略？它有哪些弱点？

8. 如何利用期权进行套期保值？

9. 什么是 Delta 对冲策略？

10. 如何进行指数套期保值？

二、练习题

1. 如果在进行套期保值时间内的套保对象价格变化量与期货价格的变化量的相关系数 $\rho = 0.9$，套保对象价格变化的标准差 $\sigma_S = 35\%$，期货价格变化的标准差 $\sigma_F = 37\%$，请计算最佳套期保值率。

2. 什么是 Delta 中性策略？为什么 Delta 中性策略是动态对冲策略？

3. Delta 对冲的基差风险是如何产生的？

4. 假设某股票看涨期权的 $\Delta = 0.56$，当前期权价格为 12 元，当前股票价格为 105 元，投资者出售 20 份股票看涨期权(即出售 2 000 股股票的期权)。如果投资者采用 Delta 中性对冲策略，则需要购买多少股股票？

5. 在题 4 中，如果股票价格的上升将导致 Delta 从 0.56 上升到 0.60，为保持 Delta 中性，投资者应该持有多少股股票？如果股票价格的下降导致 Delta 从 0.56 下降到 0.50，投资者应该持有多少股股票？

6. 设一个证券组合的 $\beta = 1.5$，现在价值是 100 万元，当前无风险利率是每年 10%，证券组合和指数的红利收益率为每年 4%，指数现在价位为 250 点，设保险的目标价值是使得证券组合的价值为 0.9 百万元，保险期限为 6 个月。请计算实现套期保值目标的指数期权合约的执行价格。

7. 什么是合成期权？合成期权有哪些用途？如何构造合成期权？

8. 进出口贸易公司经常会收到或支付外汇，公司希望消除任何汇率波动对公司现金流的影响，请问该公司可以采取哪些套期保值策略？

9. 假设在 7 月中旬，上市公司 CHGF 的财务人员预计，该公司在 10 月中旬左右需要一笔期限 6 个月、数量为 100 万美元的款项。银行提出的贷款利率是 3 个月期的 LIBOR+1.00%。当前的收益曲线向上倾斜，预期的 3 月期 LIBOR 的远期利率是 4.5%。请问公司的财务人员可以选择哪些策略对这笔贷款的利率风险进行套期保值？

10. 如何计算用期权进行套期保值的对冲率？

参考文献

王安兴.金融工程(第二版)[M].上海：上海财经大学出版社，2016.